U0908288

高职高专示范专业课程改革规划教材

汽车零部件识图

易　波　编著
王颜辉　主审

机 械 工 业 出 版 社

本书是为适应高等职业教育以“校企合作、定单培养”的模式，满足以提高学生的综合能力为教学目标的教育教学改革需要，根据高等职业教学计划大纲编写的。本书以任务驱动课程模式理念为指导，以职业活动为主线，通过任务加强技能训练。主要内容包括：图样的基石——平面图形、平面图形成图的原理——投影法则、机械零件标准结构的表达及识读等十个学习活动情境。

本书可作为高等职业技术学院汽车类专业的教材，也可作为汽车行业从业人员岗位培训用书。

图书在版编目(CIP)数据

汽车零部件识图/易波编著. —北京：机械工业出版社，2011.8(2018.2 重印)
高职高专示范专业课程改革规划教材
ISBN 978-7-111-35454-3

Ⅰ.①汽… Ⅱ.①易… Ⅲ.①汽车—零部件—机械图—识别—高等职业教育—教材 Ⅳ.①U463

中国版本图书馆 CIP 数据核字(2011)第 149959 号

机械工业出版社(北京市百万庄大街 22 号　邮政编码 100037)
策划编辑：徐　巍　责任编辑：徐　巍　杜凡如
版式设计：霍永明　责任校对：陈延翔
封面设计：路恩中　责任印制：李　飞
北京铭成印刷有限公司印刷
2018 年 2 月第 1 版第 6 次印刷
184mm×260mm · 21.75 印张 · 534 千字
9901—11400 册
标准书号：ISBN 978-7-111-35454-3
定价：55.00 元

凡购本书，如有缺页、倒页、脱页，由本社发行部调换

电话服务
社服务中心：(010)88361066
销售一部：(010)68326294
销售二部：(010)88379649
读者购书热线：(010)88379203

网络服务
门户网：http://www.cmpbook.com
教材网：http://www.cmpedu.com
封面无防伪标均为盗版

前　　言

本书是为了适应当前高等职业教育以提高学生的综合能力为教学目标的教育教学改革需要，以任务驱动课程模式组织编写的。

本课程的主要任务是培养学生具有一定的绘制简单零件图和识读汽车零、部件图的能力，能够识读汽车维修中的装配立体图，具备运用标准、手册等资料的能力。养成遵守“国标”的习惯和严谨、细致的工作素质，为学习“汽车发动机构造”、“汽车底盘构造与维修”等课程打基础。本书主要特点：

1. 本书进行了颠覆性的“革命”，打破以往课本中的章节内容，把这些内容全部融入到十个情境，四十个任务中去，每个任务都有新的知识点，对应一定的教学内容，先易后难，一步一个台阶。在教学过程中，为了防止知识不成体系，对任务中出现的新内容进行较系统的集中讲解，保证了知识的系统性和连续性。每个任务中的说明性插图和文字都是围绕着这些任务来设置的。

2. 教学方法采用项目和任务驱动式。边学边练，讲练结合，采用了提示、想一想、练一练、做一做、学一学、试一试、巩固练习、画图举例、小试身手等形式多样的教学方法。特别贴近读者实际需要，易上手，见效快。

3. 本书突出了直观性在教学过程中的主体地位，采用大量的视图、立体图、实物照片等辅助方法，展示知识要点，体现结构特点，提高学习兴趣。

4. 本书采取以识读为主，读画结合，以画图促识图的教学方法。

5. 标有“＊”的任务为选学内容，不作课程要求。

本书由湖南交通职业技术学院汽车系易波副教授编著，在编著过程中得到湖南交通职业技术学院领导、同仁的重视和支持，特别是得到了企业退休工程师王颜辉老先生的帮助，在此表示最衷心的感谢！

由于作者水平有限，书中难免有某些缺点和错误，欢迎读者批评指正。

编著者

目　　录

绪　　论

一、工程语言的世界

在机械(汽车)、电子、仪器、建筑等行业的工程技术领域里，为准确表达所涉及产品的规格、性能、结构、形状等信息，都是通过“工程语言”来进行表达的。

根据图形的投影原理，依据国际、国家或行业的标准和统一的规定，对工程中的对象进行表达的图形及依附其中的技术条件代号、符号和标记等，称为图样。图样表达了设计者的设计理念和意愿，传达了相关的技术信息。它是生产活动的主要依据，也是进行技术交流的重要的“工程语言”。

当你打开《汽车零部件识图》这本书时，就意味着你已经开启了进入“工程语言世界”的大门。

这是一门理论性、实践性和应用性极强的专业技术基础课程，是立志从事汽车工程或机械类工程工作人员的必修课。

“工程语言”的历史源远流长。自从人类劳动开创文明以来，人类在其生存和发展中，逐渐认识了自然，造出了劳动工具，营造了住所，开始了用图形表达意图并进行交流，中国的象形文字就是从“图形”开始的。随着生产的不断发展，人类在实践中总结出一套工程制图的方法，逐步达到满足既能准确、完整、清晰地表达形体，又便于指导制造和施工，形成了工程领域中的“工程语言”。

21 世纪，计算机辅助设计(CAD)技术大大地推动了现代制造业的发展，“工程语言”的内涵将更加广泛和丰富，同时促进了数控(加工)技术更为广泛深入的发展。“工程语言”将在我们手中演奏出更加精彩的乐章!

二、学习活动情境目标和基本要求

本课程营造了学习活动情境，以任务书的形式进行逐步深入学习。课程的主要学习目标就是围绕汽车零部件的识图展开的，目的就是让学生会识读汽车零部件图，能读懂汽车零部件图，着重对学生的理论认知和实践能力进行培养。

1. 学习活动情境目标

1）深入了解“工程语言”所涉及的内涵，能按照《机械制图》等国家标准识读图样。

2）掌握机械图样绘制的基本知识、基本方法和表达的基本技能。

3）培养对物体的空间想象和形象思维能力。

4）了解零件图表达的内容及其特点，会识读零件图。

5）了解装配图表达的内容及其特征，会运用相关的国家标准及规定识读部件装配图。

2. 学习活动基本要求

1）学习活动情境任务书中所列出的基本内容和知识点是要求学生必须掌握的。

2）学习活动情境任务书中所列出的技能点是要求学生必须会或能做到的。

3）开展学习活动情境时，要求与汽车机械基础、机械制图、机械制造相关知识和实验课、实践课相结合。

4）要求掌握知识点，会实践技能点。

三、学习活动情境学习方法的提示

学习活动情境中的任务书表达了在规定的课时所要求必须完成的学习活动任务和技能点。学习目标、知识点和技能点在任务书中明了准确，基本点、重点、难点在任务书中列出，引导学生开展学习活动情境活动，每个任务书的章节中穿插思考题和练习题，可在课堂上对课堂教学的内容进行消化吸收，不增加学生的课外学习负担；同时，教师也可以进行及时答疑，有利于提高学生的实践能力，做到在授课时内完成学习活动的目标任务。每一学习活动情境结束后，都有学习活动情境任务测评表，有利于学生在老师的指导下，回顾总结，相互交流。《汽车零部件识图》涉及汽车机械基础、机械制图、机械制造等多学科知识，同时又要求具备扎实的实践活动经验，因此，对学生的学习方法特作如下提示：

1）对要求达到的识读图的目标所涉及的基本理论知识，特别是“工程语言”所涉及的内容一定要下工夫理解、记熟。

2）本课程是既有理论又具有实践性的技术基础课，其核心内容是空间点、线、面的投影，尤其是正投影的原理，组合体、空间机件在三投影面体系中的投影规则的学习，是为后面的识读零件图与装配图打基础的课程。本阶段的学习不仅要理解，而且要多动手画投影图，这样做是为了既熟知了理论，又树立了对空间物体的想象能力。

3）任务书多是通过识读图的实例展开学习活动的，学生要善于从中归纳总结出一般规律或方法步骤，反过来，又用这些规律去解决习题中提出的问题。本书中的学习活动情境就是应用实例——理论——实践——再提高的模式展开的。

4）本书意在识读汽车工程领域中的机械图样，汽车工程涉及的专业面很广，专业性极强。汽车构造也较为复杂，识读汽车的工程图是要具备相当的专业技术知识为基础的。本书的内容是机械制图中最基本的，也是必须熟知的知识，希望同学们能脚踏实地，一步一个脚印地学习。

5）为检验学生的学习活动效果，每一个学习活动情境都有任务测评表，学生和老师之间、同学之间可以开展测评活动，以利于学生总结学习经验，同时也利于老师教学的深化与提高，进一步营造和谐的学习氛围。

6）学习活动情境任务书中所列出的基本内容是要求学生掌握和运用的，是采用提示的方法来引导学习的。注有＊号任务书的内容只要求学生了解或选修。

学习活动情境一：走进工程语言世界

任务一	工程语言的基本要素——图样	学时：90min
学习目标	1. 观察图样的图框、标题栏、技术要求，能说出图纸的幅面。 2. 观察图样的图形，能说出图形中的格式、比例和字体的号数。 3. 观察图样的尺寸标注，指出图中有哪些标注尺寸，并能说出图中每部分结构的尺寸数字。 4. 总结出构成机械图样的基本要素。	
知识点	1. 国家标准《机械制图》有关图幅、图框、比例和字体的基本规定。 2. 明确图幅、图框、比例和字体应用的原则。 3. 初步了解尺寸标注的意义。	
技能点	1. 会按照《机械制图》国家标准的有关规定画图框和标题栏。 2. 会在各种场合应用适当的比例，正确画出不同比例的图形。 3. 按照《机械制图》国家标准的有关字体规定，正确书写汉字、数字及字母。	
零件图样		

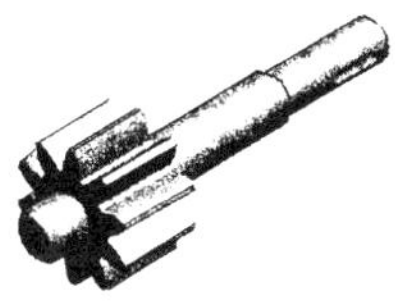

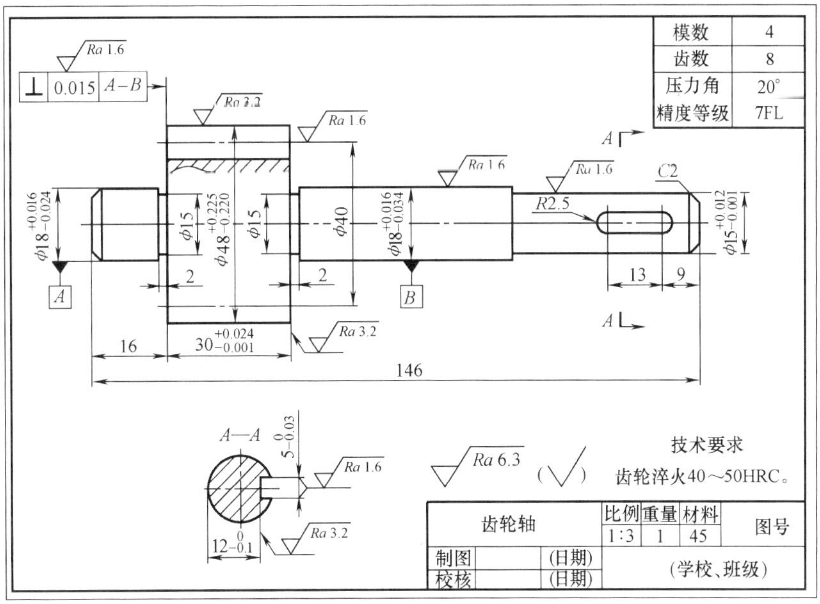

模数 4
齿数 8
压力角 20°
精度等级 7FL
Ra 1.6
0.015 A−B
Ra 3.2
Ra 6.3
C2
R2.5
A
B
A—A
16
146
13
9
2
技术要求
齿轮淬火40～50HRC。
齿轮轴
比例 重量 材料
1:3 1 45
图号
制图 (日期)
校核 (日期)
(学校、班级)

齿轮轴实物与零件图

（续）

任务一	工程语言的基本要素——图样	学时：90min

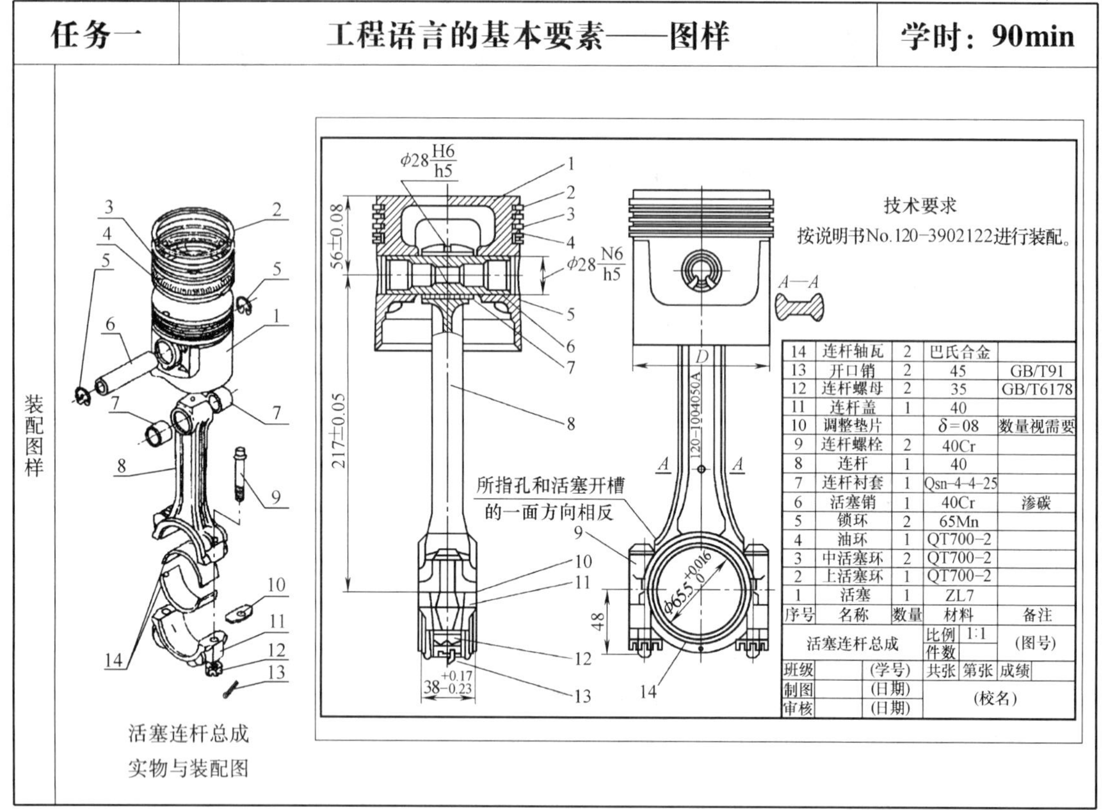

序号	名称	数量	材料	备注
14	连杆轴瓦	2	巴氏合金	
13	开口销	2	45	GB/T91
12	连杆螺母	2	35	GB/T6178
11	连杆盖	1	40	
10	调整垫片		δ=08	数量视需要
9	连杆螺栓	2	40Cr	
8	连杆	1	40	
7	连杆衬套	1	Qsn-4-4-25	
6	活塞销	1	40Cr	渗碳
5	锁环	2	65Mn	
4	油环	1	QT700-2	
3	中活塞环	2	QT700-2	
2	上活塞环	1	QT700-2	
1	活塞	1	ZL7	

活塞连杆总成		比例 1:1 件数	(图号)	
班级	(学号)	共张	第张	成绩
制图	(日期)	(校名)		
审核	(日期)			

说明：零件图样图幅与装配图样图幅均为A3，因位置限制，适当缩小。

我们把在冶金、机械、化工、建筑、仪表、电子、航空、航天等系统工程生产实践中起着重要作用，传递其中所涉及的设计者意图、产品相关零部件结构、形状、尺寸和性能，以及其合理使用、维护保养、维修、技术要求等信息的图样，称之为“工程语言”。

机械工程上所用的图样称为机械图样，如图1-1所示。

从这两张机械图样中，我们发现其共同特点是图样中均包含有：图纸的幅面与格式、标题栏、比例、图形、图线、字体、尺寸标注、技术要求以及图样所表达的零部件名称等基本要素。

我们把它们简要地概括为以下几点基本要素，并分别给予描述。

机械图样的基本要素——图纸幅面、格式与图框、标题栏、比例、字体、图线、尺寸标注等。

机械图样是机械设计和制造机械零件及设备过程中重要的技术文件，为便于生产、管理和技术交流，规范这种机械工程上的语言，让其成为我们大家的共同语言，世界各国都制定了机械制图的统一标准，我国国家质量监督检验检疫总局颁布了一系列《技术制图》和《机械制图》的国家标准，其中对于图样内容、尺寸注法等都作了统一规范，它们是机械图样绘制、识读和使用的准则，是设计、生产以及维修等工作人员都必须严格遵照执行的，并要求这些工作人员要牢固地树立标准化的观念。

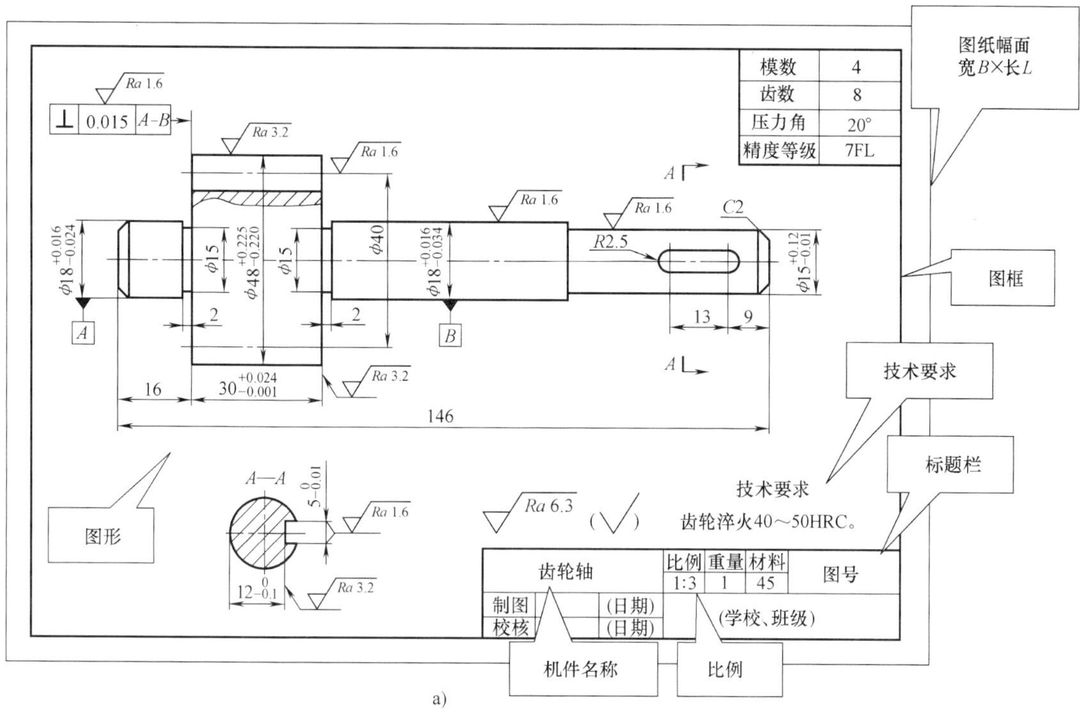

a)

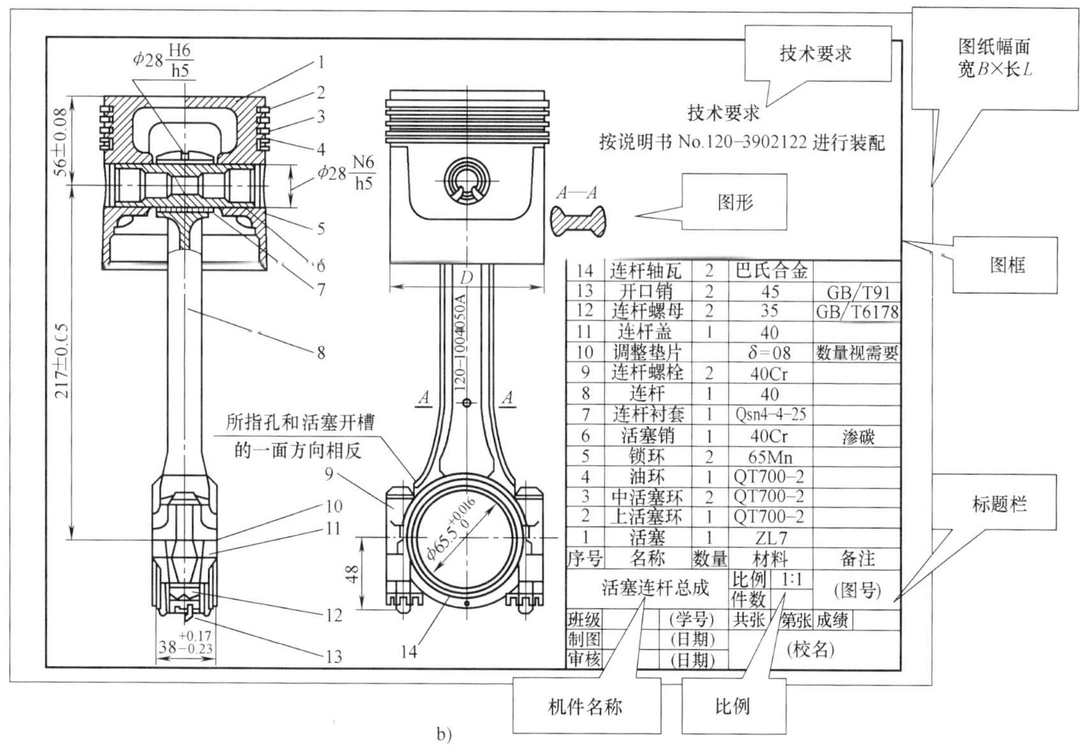

序号	名称	数量	材料	备注
14	连杆轴瓦	2	巴氏合金	
13	开口销	2	45	GB/T91
12	连杆螺母	2	35	GB/T6178
11	连杆盖	1	40	
10	调整垫片		δ=08	数量视需要
9	连杆螺栓	2	40Cr	
8	连杆	1	40	
7	连杆衬套	1	Qsn4-4-25	
6	活塞销	1	40Cr	渗碳
5	锁环	2	65Mn	
4	油环	1	QT700-2	
3	中活塞环	2	QT700-2	
2	上活塞环	1	QT700-2	
1	活塞	1	ZL7	

活塞连杆总成		比例 1:1		(图号)
		件数		
班级	(学号)	共张	第张	成绩
制图	(日期)	(校名)		
审核	(日期)			

b)

图 1-1　图样的基本要素

一、图纸幅面与格式(GB/T 14689—2008)

1. 图纸幅面

图纸幅面是指图纸的宽度 B 与长度 L 围成的图纸面积($B \times L$)。我们举例的图纸图幅宽 B 为297mm，长 L 为420mm，表示为 297×420，按《技术制图》、《机械制图》国家标准规定，其幅面代号为A3。

为了统一图纸幅面，便于管理和装订，符合缩微复制等要求，国家标准GB/T 14689—2008进行了规定，制图样时应优先采用表1-1所示的5种基本幅面，其尺寸关系如图1-2所示。

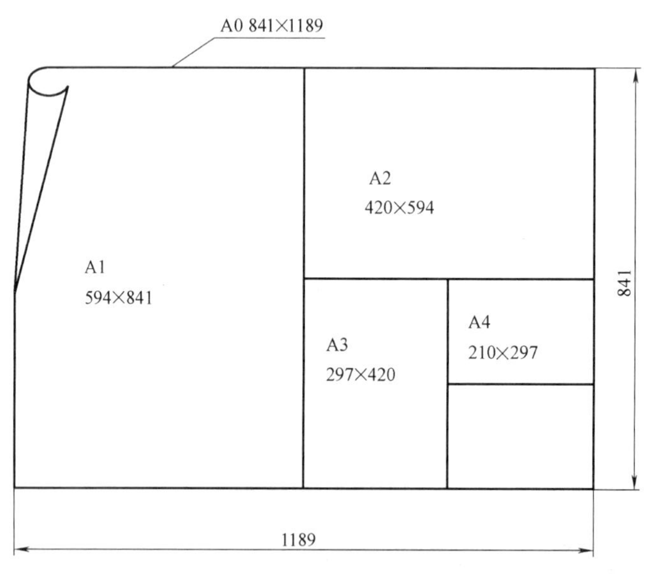

图1-2　基本图纸幅面与尺寸关系

小贴士

我们制图和识读图时，图纸幅面尺寸和格式应按照国家标准GB/T 14689—2008的规定执行。国家标准中的每一个标准都有标准代号。例如，国家标准《机械制图、图样画法、图线》GB/T 4457.4—2002，其中，国家标准各称为《机械制图、图样画法、图线》、“GB”为国家标准代号，它是“国家标准”汉语拼音的缩写，简称“国标”；“T”表示推荐性标准，不带“T”，则为国家强制性标准；“4457.4”表示该标准编号；“2002”表示该标准颁布的年份。

A4幅面是A3幅面对折；A3幅面是A2幅面对折；A2幅面是A1幅面对折；A1幅面是A0幅面对折，见表1-1。

表1-1　图纸幅面及尺寸

幅面代号		A0	A1	A2	A3	A4	备　注
幅面尺寸($B \times L$)		841×1189	594×841	420×594	297×420	210×297	
周边尺寸	e	20		10			不留装订边宽
	c	10			5		留装订边宽
	a	25					

2. 图框格式

（1）图纸格式　图纸上必须用粗实线画出图框，其格式分为留装订边和不留装订边两种，分别如图 1-3a、b 所示。值得注意的是同一产品的图样只能采用一种格式。通常采用 A3 横装或 A4 竖装。

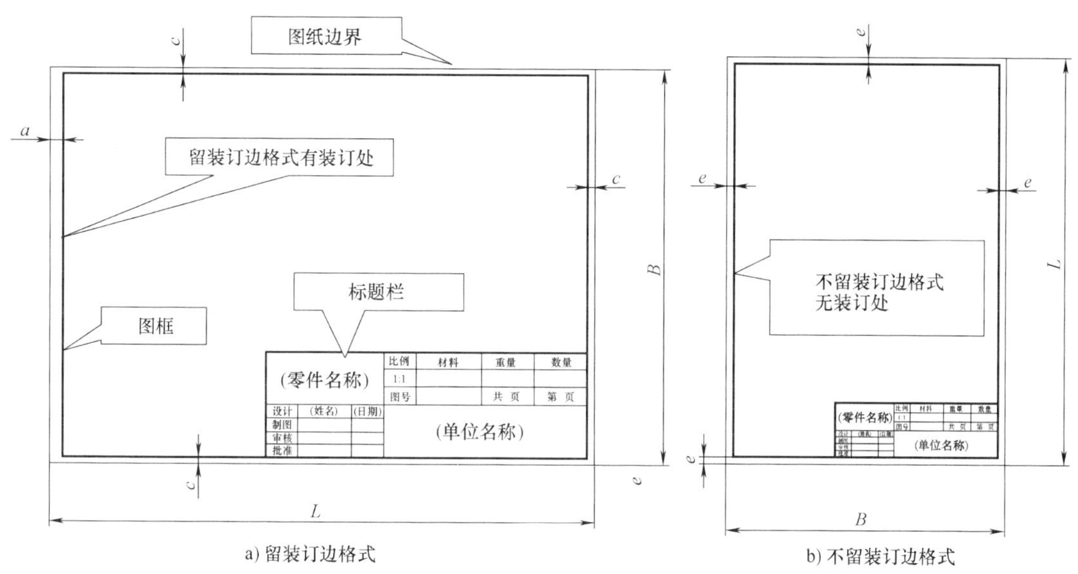

图 1-3　图框格式

（2）标题栏（GB/T 10609. 1—2008）　标题栏是由名称、代号区、签字区等其他区域组成的栏目，位于图纸的右下方，底边与下图框线重合。标题栏的位置一经确定，看图的方向也就确定下来了。国家标准 GB/T 10609. 1—2008 对标题栏的格式内容及尺寸作了统一的规定。图 1-4 所示为图样标题栏格式；图 1-5 所示是国家标准标题栏的格式与尺寸；图 1-6 所示是国家标准装配明细栏的格式与尺寸；图 1-7 所示是制图作业标题栏参考格式与尺寸；图 1-8 所示是制图作业装配明细栏参考格式与尺寸。

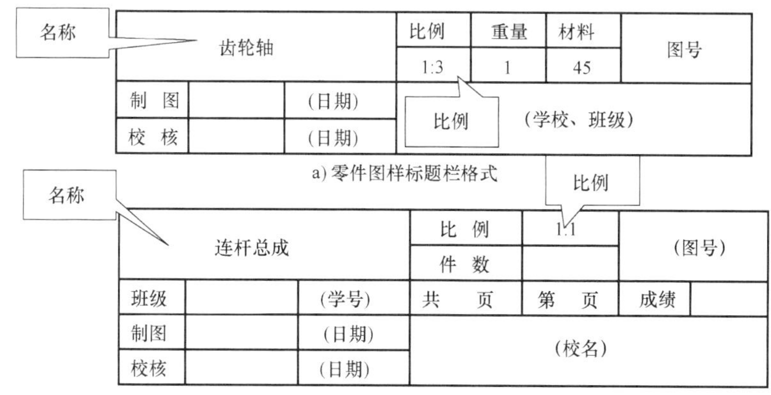

图 1-4　图样标题栏格式

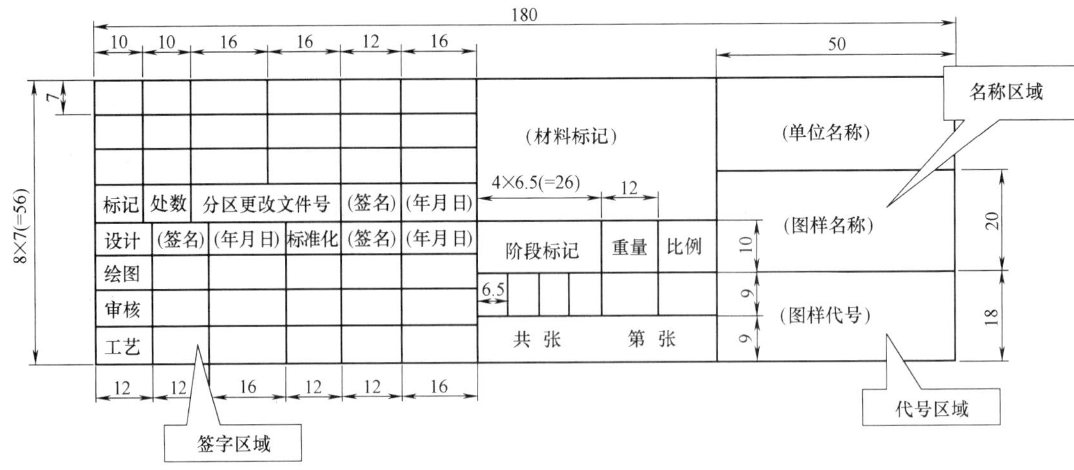

图 1-5　国家标准标题栏的格式与尺寸

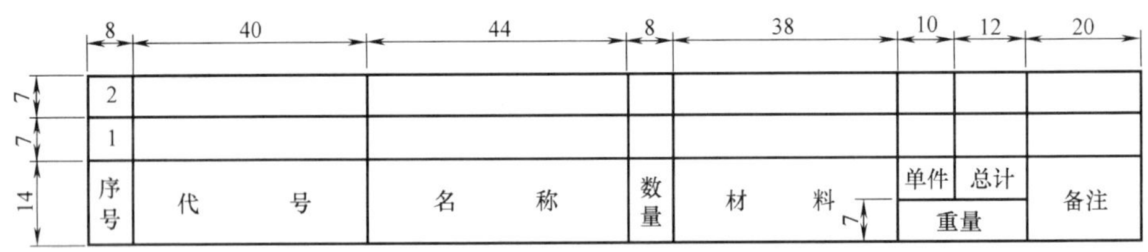

图 1-6　国家标准装配明细栏的格式与尺寸

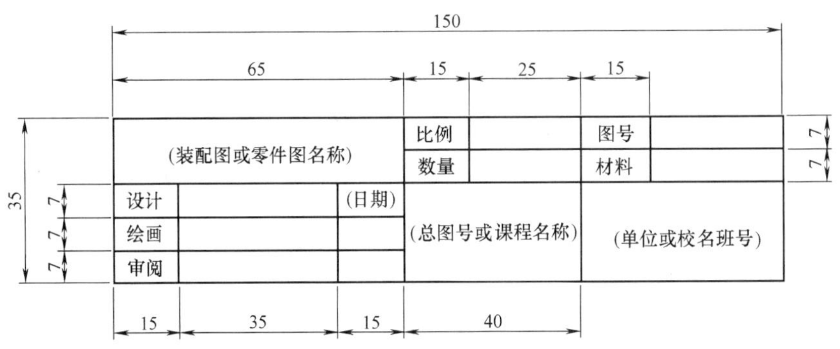

图 1-7　制图作业标题栏参考格式与尺寸

序号	代　　号	名　　称	数量	材　　料	备注
2					
1					

(列宽：8、40、44、8、40、10；行高：7、7、14)

图 1-8　制图作业装配明细栏参考格式与尺寸

小贴士

标题栏应符合国家标准 GB/T 10609.1—2008 中的规定。

图 1-9 所示为装配图样(连杆总成)装配图明细栏格式示例。

14	连杆轴瓦	2	巴氏合金	
13	开口销	2	45	GB/T91—2000
12	连杆螺母	2	35	GB/T6178—2000
11	连杆盖	1	40	
10	调整垫片		08	数量视需要定
9	连杆螺栓	2	40Cr	
8	连杆	1	ZG40	
7	连杆衬套	1	QSn 4－4－25	
6	活塞销	1	40Cr	
5	锁环	2	65Mn	
4	油环	1	QT700－2	
3	中活塞环	2	QT700－2	
2	上活塞环	1	QT700－2	
1	活塞	1	ZL7	
序号	名称	数量	材料	备注

图 1-9　图样装配图明细栏格式

试一试

1. 说一说机械图样有哪些基本要素？

2. 根据国家标准对图纸幅面及格式的规定，自己分别画留装订边和不留装订边图纸幅面为 A4 的图框。

3. 根据国家标准对标题栏的规定，参考作业标题栏格式及尺寸，结合图样标题栏格式自己设计一个零件图的标题栏。

二、比例(GB/T 14690—1993)

比例是指图中图形与实物相应要素的线性尺寸之比，表 1-2 所列比例为常采用的绘图比例。

表 1-2　常用绘图比例(GB/T 14690—1993)

种　类	比　例	种　类	比　例
原值比例	1:1	缩小比例	1:1.5　1:2　1:2.5　1:3　1:4　1:5
放大比例	2:1　2.5:1　4:1　5:1　10:1		

绘图时，应尽量优先采用 1:1 的原值比例，这样，图样就能直接反映实物的大小；若机件太大或太小可采用缩小或放大比例。图形中所标注的尺寸数值是表达机件的设计(实物)大小，而与图形的比例无关，如图 1-10 所示。

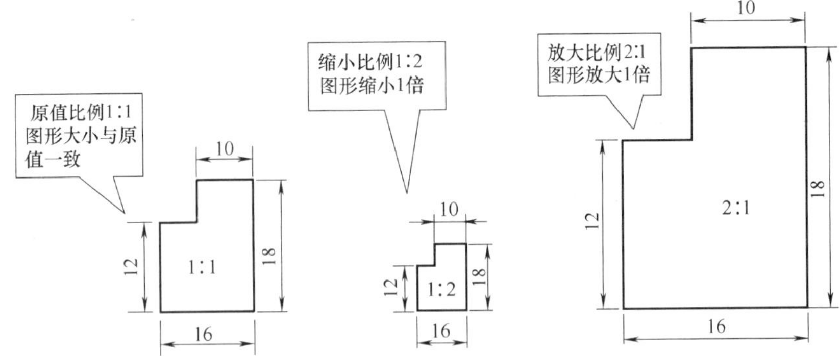

图 1-10　同一机件不同比例的图形

试一试

1. 说一说图形比例的含义；请分别叙述在什么情况下，使用放大比例、缩小比例；为什么尽量优先采用 1:1 的原值比例？

2. 分别说出给出的零件图样和装配图样标题栏中比例的含义。

3. 参照图 1-10 自己动手画一画同一尺寸的长方形比例分别为 1:1、1:2、2:1 的图形。

三、字体（GB/T 14691—1993）

从给出图样的尺寸标注与技术要求中，我们知道图样中少不了要书写汉字、数字和字母。书写汉字、数字和字母时必须做到：字体工整、笔画清楚、间隔均匀、排列整齐。国家标准 GB/T 14691—1993 有明确的规定。字体的号数即字体的高度 h，分为八种：20、14、10、7、5、3.5、2.5、1.8（单位：mm）。

汉字应写成长仿宋体，并采用国家正式公布的简化字。一般汉字的高度不应小于 3.5mm，其宽度一般为字高的 $1/\sqrt{2}$。

数字和字母可写成直体或斜体（常用斜体），斜体字字头向右倾斜，与水平基准线约成 75°。

字体示例

汉字应写成长仿宋体，采用国家正式公布的简化字。

长仿宋体的特点是横平竖直，注意起落，结构均匀，填满方格。

（1）汉字字体示例

10 号字

字体工整笔画清楚间隔均匀排列整齐

7 号字

横平竖直注意起落结构均匀填满方格

5 号字

技术制图机械电子汽车船舶土木建筑矿山井坑港口

3.5 号字

螺纹齿轮端子接线飞行指导驾驶舱位挖填施工引水通风闸阀坝棉麻化纤

(2) 数字与字母示例　数字和字母分 A 型（斜体）和 B 型（直体）两种，分别见【数字和字母字体示例一】、【数字和字母字体示例二】。A 型字体的笔画宽度为高度的 1/14；B 型字体的笔画宽度为字高的 1/10。

在同一图样上，只允许采用一种形式的字体。

【数字和字母字体示例一】A 型

【阿拉伯数字】

【大写拉丁字母】

【小写拉丁字母】

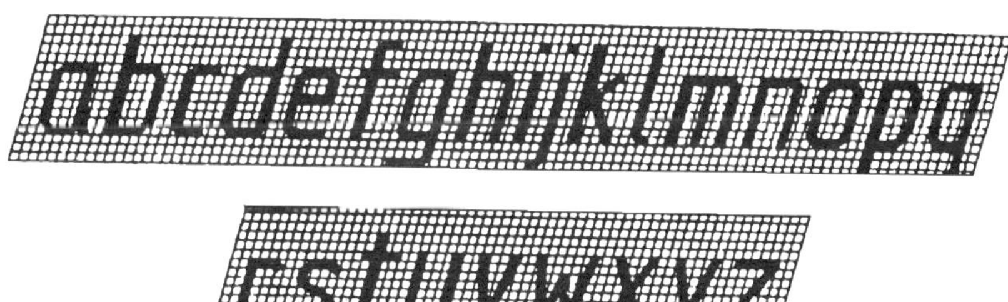

【罗马字母】

【数字和字母字体示例二】B 型

【阿拉伯数字】

【大写拉丁字母】

ABCDEFGHIJKLMNOPQRSTUVWXYZ

【小写拉丁字母】

a b c d e f g b i j k l m n o p q r s
t u v w x y z

【罗马字母】

Ⅰ Ⅱ Ⅲ Ⅳ Ⅴ Ⅵ Ⅶ Ⅷ Ⅸ Ⅹ Ⅺ Ⅻ

(3) 其他符号示例　用指数、分数、极限偏差、注脚等的数字和字母，一般采用小一号的字体。见【数字与字母示例】【数字与字母示例】。

R3　$2\times45^{\circ}$　M24-6H　78 ± 0.1　$\Phi65H7$

$\Phi20^{+0.010}_{0.023}$　$\Phi15^{0}_{0.011}$　$\Phi9H7/c6$　$90\frac{H7}{f6}$

10f6　3P6　3p6　10Js5(±0.003)

巩固练习

1. 动手画一幅 A3 和 A4 的图幅和标题栏。
2. 你能识别给出图样的汉字和字母的字体属于哪一种吗?
3. 如果要把一幅图形放大 2 倍，或者缩小 1/2 进行画图，如何分别确定其比例?
4. 自己动手写一写 A 型和 B 型汉字和字母，做到：字体工整、笔画清楚、间隔均匀、排列整齐。

任务二	图样的图形表述——图线和标注尺寸	学时：90min
学习目标	1. 观察图样的图形，能说出图形中图线的线型与应用场合，并能正确画出这些图线。 2. 观察图样的尺寸标注，指出图中哪些是尺寸界线、尺寸线和尺寸数字，并能说出图中每部分结构的尺寸数字。	
知识点	1. 国家标准有关字体、图线和尺寸注法的规定。 2. 尺寸标注基本规则、标注尺寸的要素及应用。	
技能点	1. 会应用各种线型，会根据图线规定要求画出这些图线。 2. 会按照尺寸标注的基本原则，正确进行尺寸标注。	
零件图样图线应用示例	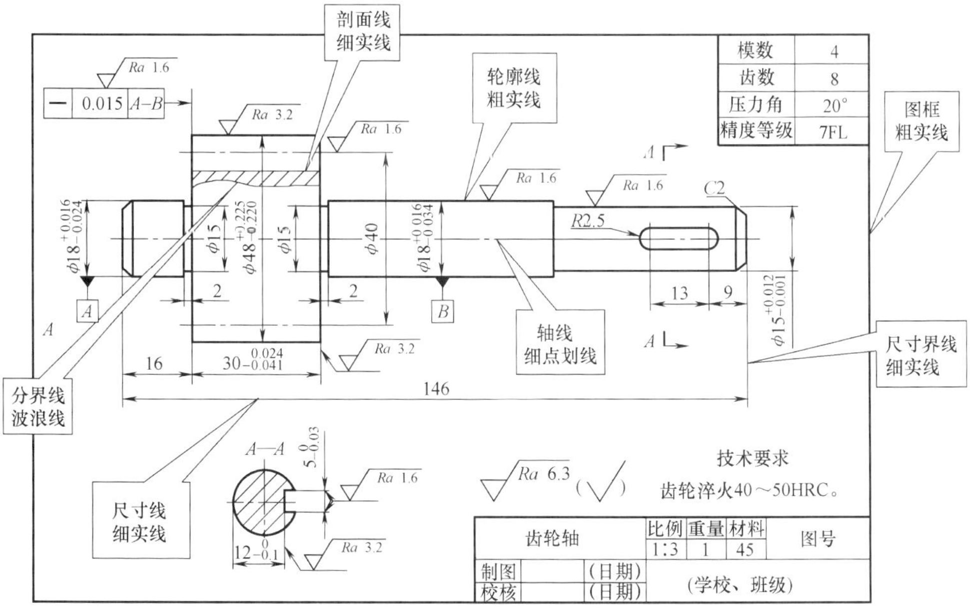 剖面线细实线 轮廓线粗实线 图框粗实线 轴线细点划线 尺寸界线细实线 分界线波浪线 尺寸线细实线 模数 4；齿数 8；压力角 20°；精度等级 7FL 技术要求 齿轮淬火40～50HRC。 齿轮轴；比例 1∶3；重量 1；材料 45；图号 制图（日期）；校核（日期）；（学校、班级）	

（续）

任务二	图样的图形表述——图线和标注尺寸	学时：90min

装配图样图线应用示例

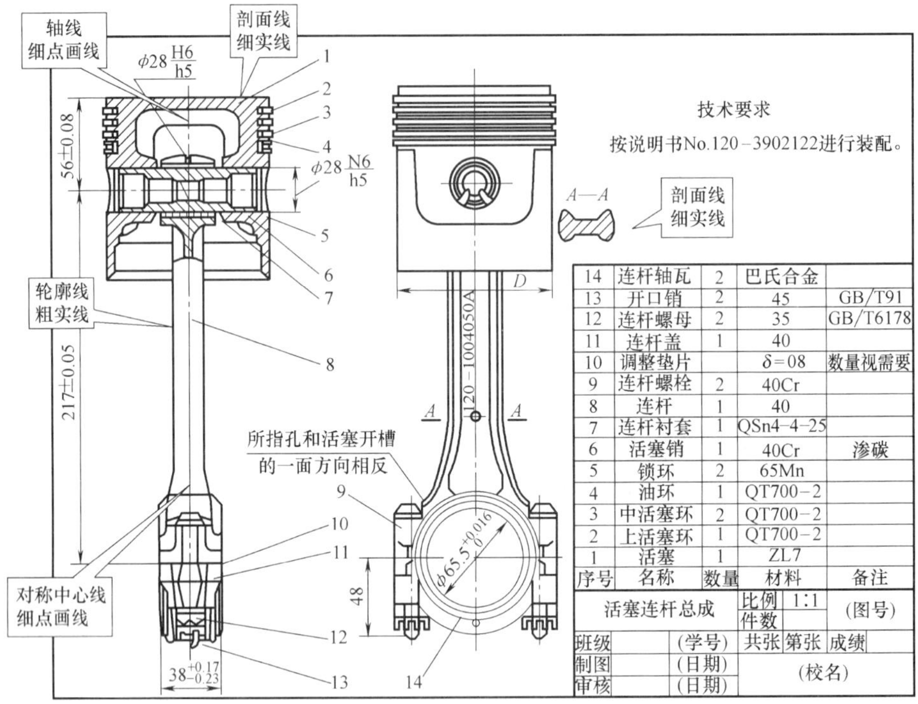

轴线 细点画线
剖面线 细实线
$\phi28\frac{H6}{h5}$
$\phi28\frac{N6}{h5}$
56±0.08
217±0.05
轮廓线 粗实线
对称中心线 细点画线
$38^{+0.17}_{-0.23}$
48
所指孔和活塞开槽的一面方向相反
120－1004050A
A—A
剖面线 细实线
$\phi65.5^{+0.016}_{0}$
D

技术要求

按说明书No.120－3902122进行装配。

序号	名称	数量	材料	备注
14	连杆轴瓦	2	巴氏合金	
13	开口销	2	45	GB/T91
12	连杆螺母	2	35	GB/T6178
11	连杆盖	1	40	
10	调整垫片		δ=08	数量视需要
9	连杆螺栓	2	40Cr	
8	连杆	1	40	
7	连杆衬套	1	QSn4-4-25	
6	活塞销	1	40Cr	渗碳
5	锁环	2	65Mn	
4	油环	1	QT700-2	
3	中活塞环	2	QT700-2	
2	上活塞环	1	QT700-2	
1	活塞	1	ZL7	

活塞连杆总成		比例 1:1 件数		(图号)
班级	(学号)	共张	第张	成绩
制图	(日期)	(校名)		
审核	(日期)			

一、图线（GB/T 4457.4—2002）

我们了解到给出的图样中机件的形状、结构、尺寸、图形等均是通过图线来表达的。

国家标准《技术制图 图线》GB/T 17450—1998 规定了各种技术图样的 15 种基本线型，《机械制图 图样画法 图线》GB/T 4457.4—2002 规定的基体线型共有 9 种形式，各类线型、宽度、用途如表 1-3 所示，应用范例见图 1-11。

表 1-3 图线种类及其应用

名称	线型	一般应用
实线	线宽约为 d	粗实线用作可见轮廓线、剖切符号用线等
细实线	线宽约为 $d/2$	细实线用作尺寸线、尺寸界线、剖面线、指导线等
细虚线	1　2～6　线宽约为 $d/2$	不可见轮廓线
粗虚线	线宽约为 d	允许表面处理表示线
点画线	≈3　15～30　线宽约为 $d/2$ 线宽约为 d	细点画线用作轴线、对称中心线 粗点画线用作限定范围表示线

（续）

名　称	线　型	一般应用
细双点画线	≈5　15～20　线宽约为 $d/2$	极限位置轮廓线、成形前轮廓线、中断线相邻辅助零件轮廓线
双折线	线宽约为 $d/2$	断裂处的边界线
波浪线	线宽约为 $d/2$	断裂处的边界线、视图与剖视图的分界线

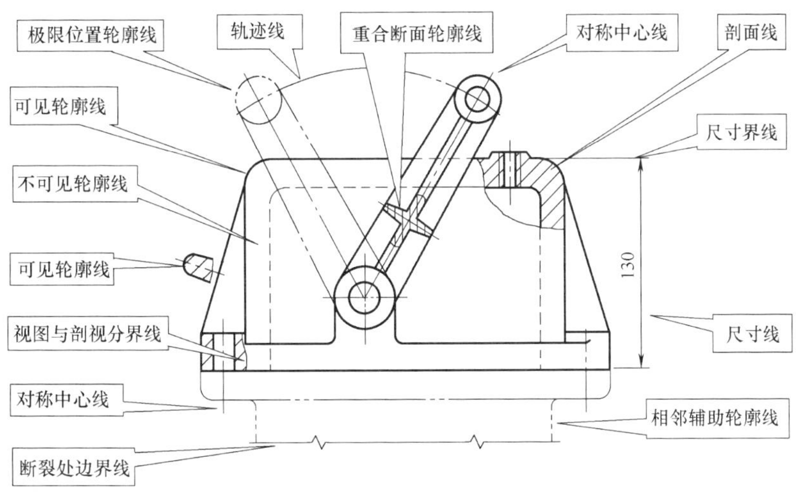

图 1-11　图线应用范例

1）国家标准规定图线宽度 d 的推荐系列为 0.13、0.18、0.25、0.35、0.5、0.7、1、1.4、2，单位为 mm。

2）图线宽度分粗、细两种，粗线的宽度按图的大小和复杂程度，一般取 0.5～0.7mm，细线宽度约为 $d/2$。

提示

图线画法提示如图 1-12 所示。

1）同一图样中同类图线的宽度基本一致，细虚线、细点画线及细双点画线的线段长度和间隔应各自大致相等。

2）两条平行线(包括剖面线)之间的距离应不小于粗实线宽度的两倍，其最小距离不得小于 0.7mm。

3）绘制圆的中心线时，圆心应为画线的交点；在较小的圆上绘制点画线有困难时，可用细实线代替。

4）对称图形的对称中心线一般超出图形的轮廓线约 3～5mm，超出量在整幅图样中应基本一致。

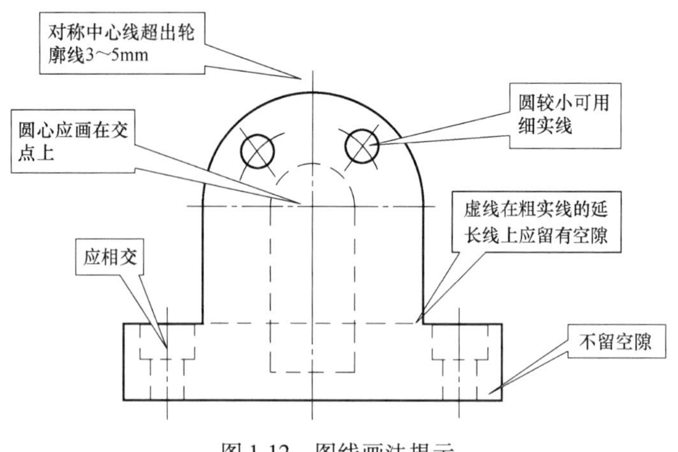

图 1-12　图线画法提示

小试身手

1. 请指出装配图样中使用的图线各是什么线型？

2. 按照表 1-3 中所列的线型图线，自己动手画一画，并指出各自应用的场合。

3. 指出题图 1. 2-1 中所示的常用线型是哪几种，各有何用途？并按照图示的尺寸要求练习画一画。

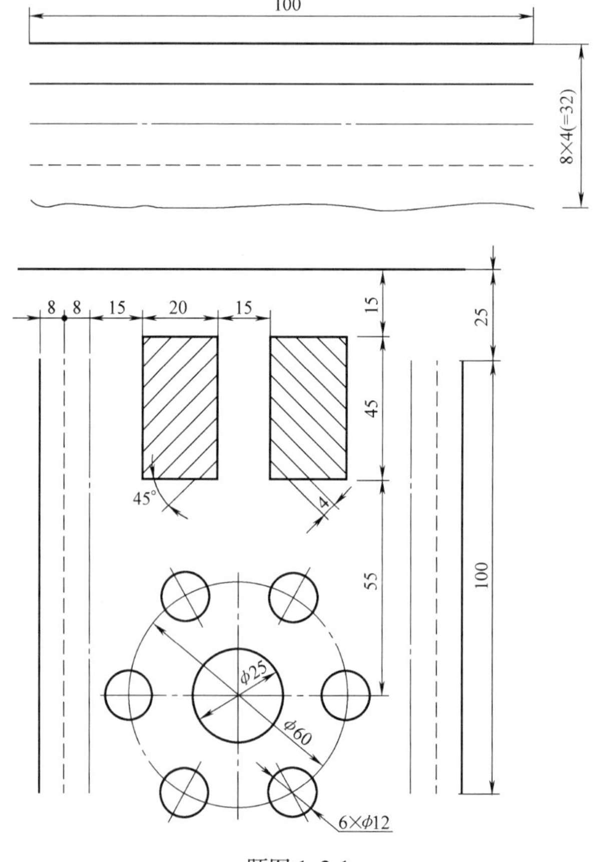

题图 1. 2-1

二、尺寸标注(GB/T 4458.4—2003、GB/T 19096—2003)

图形是用来表达机械零件的形状和结构的，而其大小则是由所标注的尺寸所确定的。尺寸是图样中的重要内容之一，是制造机械零件或进行维修的直接依据。因此，在标注尺寸时，必须严格按照国家标准的有关规定，做到：准确、齐全、清晰、合理。尺寸的标注必须符合国家标准 GB/T 4458.4—2003、GB/T 19096—2003 尺寸注法的规定。

首先，让我们了解一下给出的齿轮轴零件图样中尺寸标注的构成，见图 1-13。

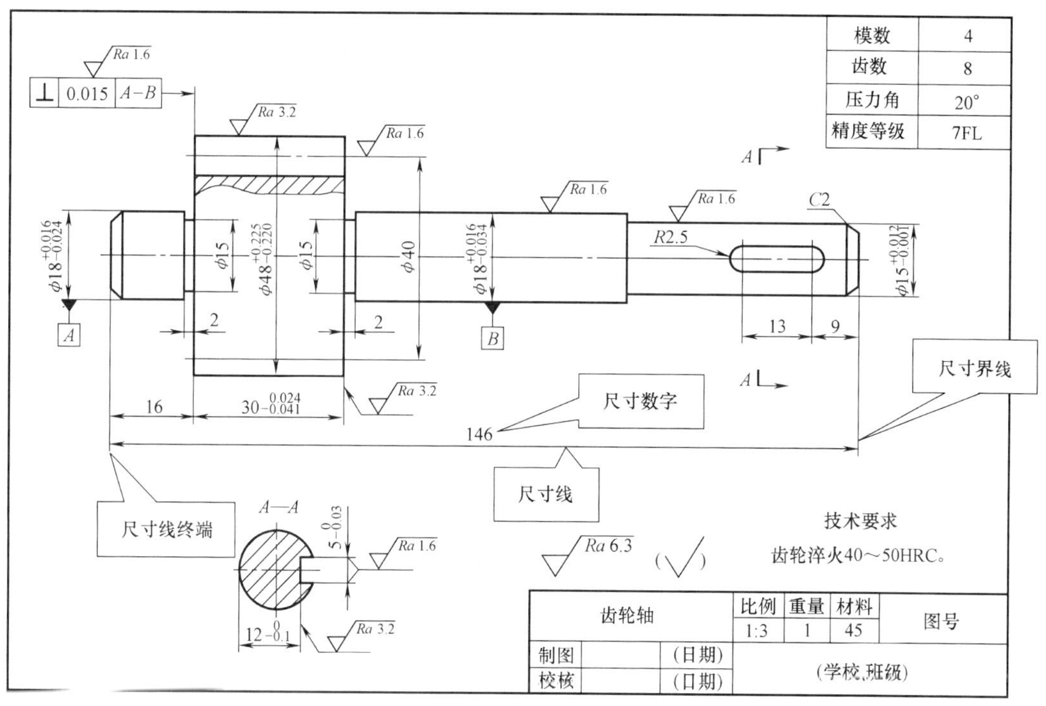

图 1-13 齿轮轴零件图

从图 1-13 中齿轮轴全长 146 这个尺寸的标注，可以看出，它是由尺寸界线、尺寸线和尺寸数字三个要素组成的；图 1-13 中所示的其他尺寸标注，同样是由尺寸界线、尺寸线和尺寸数字组成。由此可见，标注尺寸的三个要素是尺寸界线、尺寸线和尺寸数字。

1. 标注尺寸的要素

标注尺寸的三个要素是尺寸界线、尺寸线和尺寸数字，那它们各自有什么特点呢？

1）尺寸界线和尺寸线画成细实线，应由图形的轮廓线、轴线或对称中心线处引出，也可以利用轮廓线、轴线或对称中心线作为尺寸界线。尺寸线不能用其他图线代替，一般也不得与其他图线重合或画在其延长线上。线性尺寸线必须与所注的线段平行，见表 1-4。

表 1-4　尺寸标注法示例

项目	图　　例	说　　明
尺寸界线	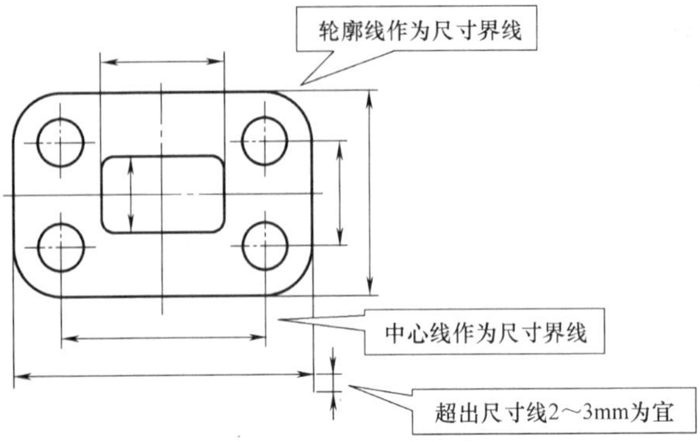	尺寸界线应由图形的轮廓线、轴线或对称中心线处引出，也可利用轮廓线、轴线或对称中心线作为尺寸界线 尺寸界线一般应与尺寸线垂直且超出尺寸线 2 ~ 3mm
尺寸线	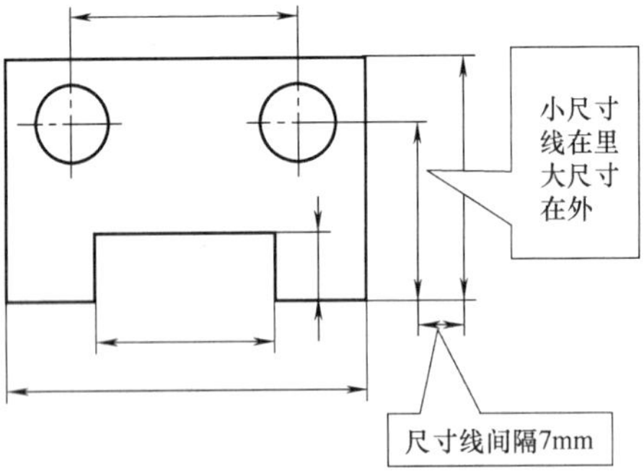	尺寸线不能用其他图线代替，一般也不得与其他图线重合或画在其他图线的延长线上 尺寸线应平行于被标注的线段，其间隔及两平行的尺寸线间间隔约为 7mm 尺寸线间或尺寸线与尺寸界线之间应尽量避免相交
尺寸数字	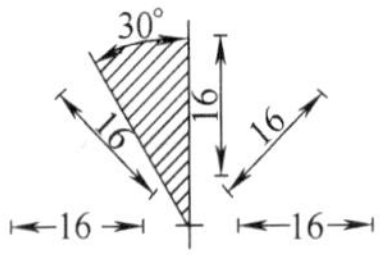 a) 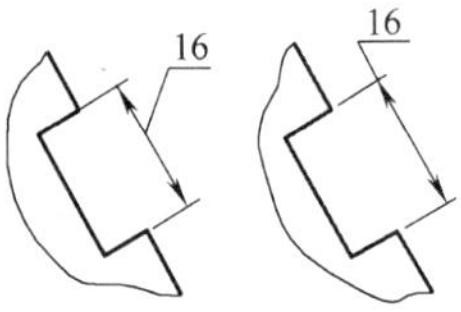　b) 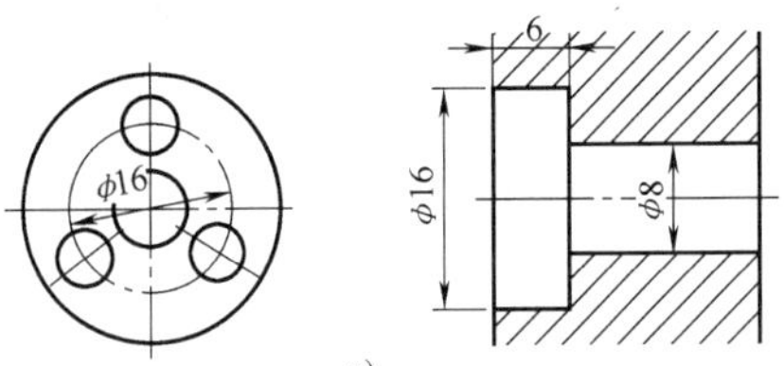　c)	尺寸数字一般书写在尺寸线上方或中断处 线性尺寸数字的注写方向如图 a 所示，并尽量避免在30°范围内标注尺寸，当无法避免时，可按图 b 所示的形式标注 尺寸数字不能被图样上的任何图线所通过，当不可避免时，必须将图线断开，见图 c
直径和半径	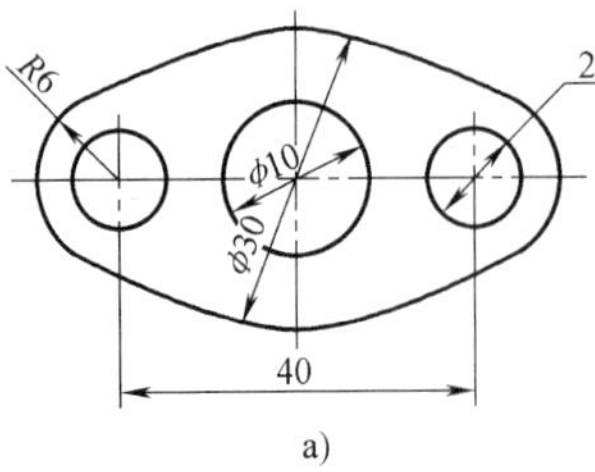 a) 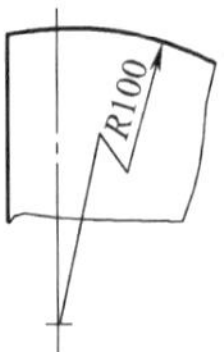　b)	标注直径时，在尺寸数字前加注符号“φ”，标注半径时在尺寸数字前加注符号“R”，其尺寸线应通过圆心，尺寸线终端应画成箭头(图 a) 当圆弧半径过大或在图纸范围内无法标出其圆心位置时，可按图 b 的形式标注

（续）

项目	图例	说明
角度	60° 55° 5° 30° 75° 45° 90° 60°	标注角度尺寸的尺寸界线应沿径向引出，尺寸线是以角度顶点为圆心的圆弧线，角度数字应水平注写，角度较小时也可用指引线引出标注
小尺寸	3 2 3 5 4 5 6 5 R5 R5 R5 R3 R2 ϕ10 ϕ10 ϕ10 ϕ5	没有足够地方画箭头或注写尺寸数字的较小尺寸，可按图示形式进行标注

2）尺寸线的终端有箭头和斜线两种形式，见图 1-14。同一张图样只能采用一种尺寸线终端形式。采用箭头形式时，在地方不够的情况下，允许用圆点或斜线代替箭头，见表 1-4 中“小尺寸”的标注。

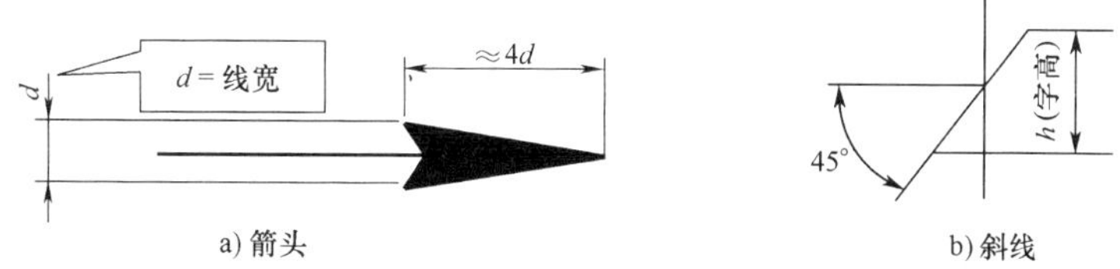

a) 箭头　　b) 斜线

图 1-14　尺寸线终端的形式

3）尺寸数字一般标注在尺寸线上方。同一张图样尽可能采用一种尺寸数字注写方法。尺寸数字不可被任何图线所通过，当不可避免时，必须把图线断开，见表 1-4。

2. 标注尺寸的基本规则

1）机件的真实大小应以图样上所标注的尺寸数值为依据，与图形的大小及绘图的准确度无关。

2）图样中的尺寸以 mm 为单位时，不必标注计量单位的符号或名称。如果用其他计量单位，则必须注明其相应的计量单位符号。

3）图样中所注的尺寸为该图样所示机件的最终完工尺寸，否则应加说明。

4）机件的每一尺寸一般只标注一次，并应标注在表示该结构最为清晰的图形上。

5）标注尺寸的符号和缩写词应符合表 1-5 的规定。

表 1-5　常用尺寸标注符号和缩写词

名　称	符　号	名　称	符　号
直径	Φ、φ	球半径	SR
半径	R	厚度	t
球直径	$S\Phi$	正方形	□

（续）

名　　称	符　　号	名　　称	符　　号
45°倒角	C	埋头孔	⌵
深度	↧	均布	EQS
沉孔或锪平	⌴		

3. 平面图形的尺寸标注

1）平面图形尺寸标注的基本要求是：正确、完整、清晰。

2）标注尺寸应符合国家标准有关尺寸注法的规定。

3）标注尺寸不得有重复或遗漏；标注尺寸时应当注意布局清晰。

想一想

1. 图 1-13 齿轮轴图样中标注尺寸的三要素和尺寸标注的要素各有什么特点？
2. 你能说说尺寸注法有哪些规则吗？

小试身手

请你完成下列图形的尺寸标注，小试一下身手吧。

1. 线性尺寸练习(题图 1. 2-2)

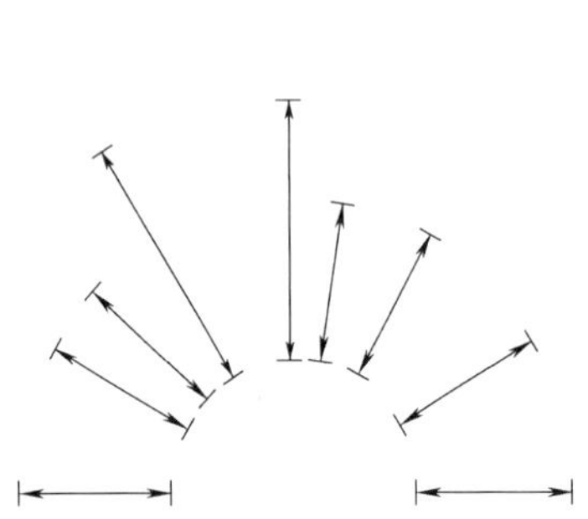

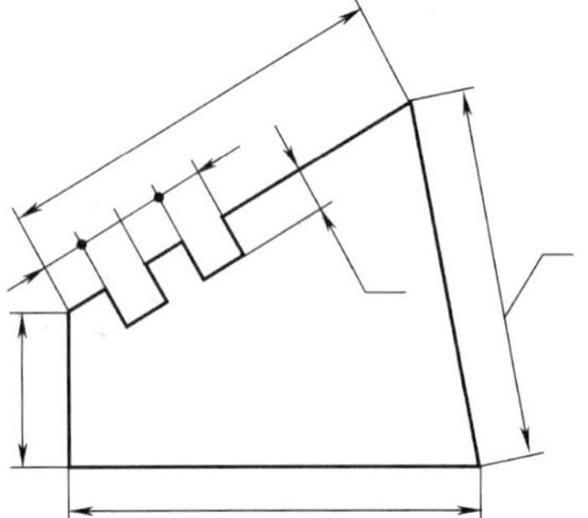

题图 1. 2-2

2. 角度标注(题图 1. 2-3)

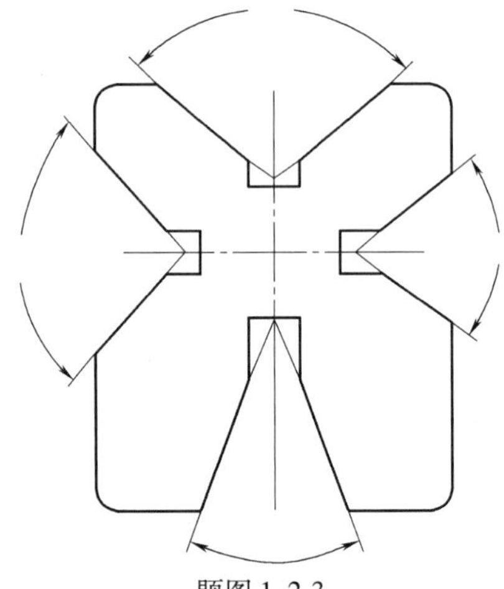

题图 1. 2-3

3. 圆的直径标注(题图 1.2-4)

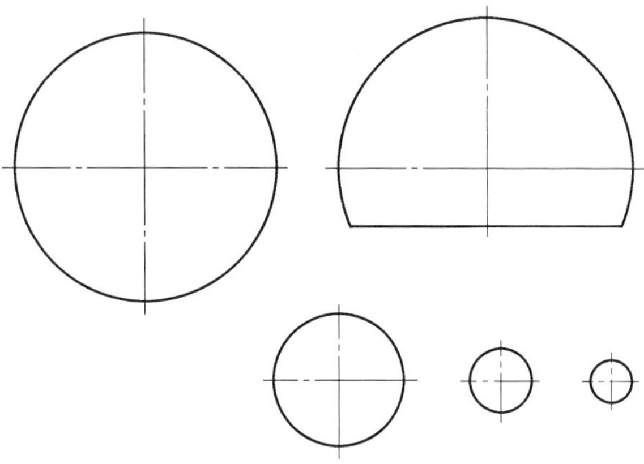

题图 1.2-4

4. 圆弧半径标注(题图 1.2-5)

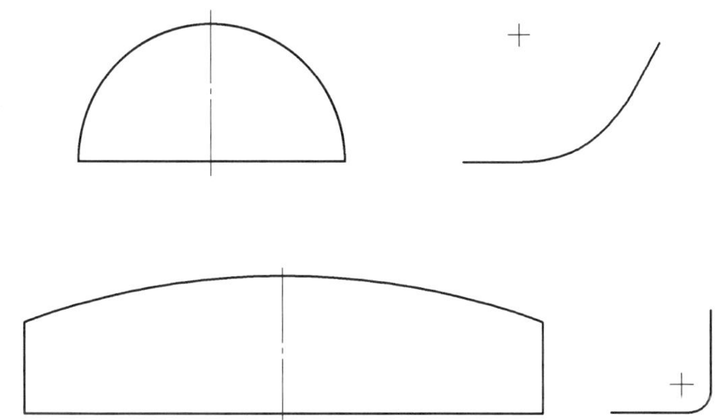

题图 1.2-5

5. 右图中的标注有错误，请在左图中正确进行尺寸标注(题图 1.2-6)。

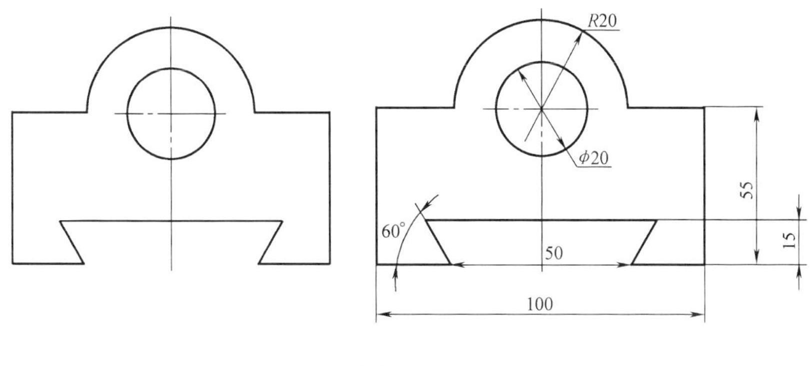

题图 1.2-6

6. 请按 1:2 的比例在左边位置画出右图图形，并标注相应尺寸(题图 1.2-7)。

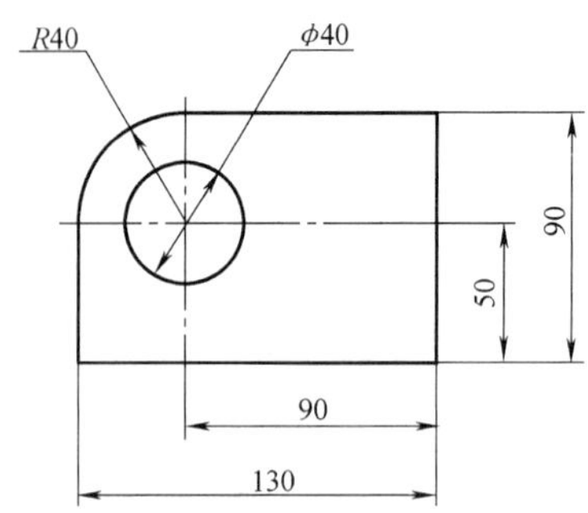

题图 1.2-7

学习活动情境一任务测评表

班级		姓名		日期		自评	互评	备注
1. 你知道机械制图国家标准所规定的内容有哪些吗?								
2. 你知道比例有哪些种类吗?								
3. 你知道各种图线所表达的含义吗?								
4. 你了解了哪些尺寸标注方法，你会标注吗?								
5. 你学会写长仿宋体字了吗?								
6. 你学会线型抄画和不同类型尺寸标注了吗?								
个人小结:								
总体评价						教师签字		

学习活动情境二：图样的基石——平面图形

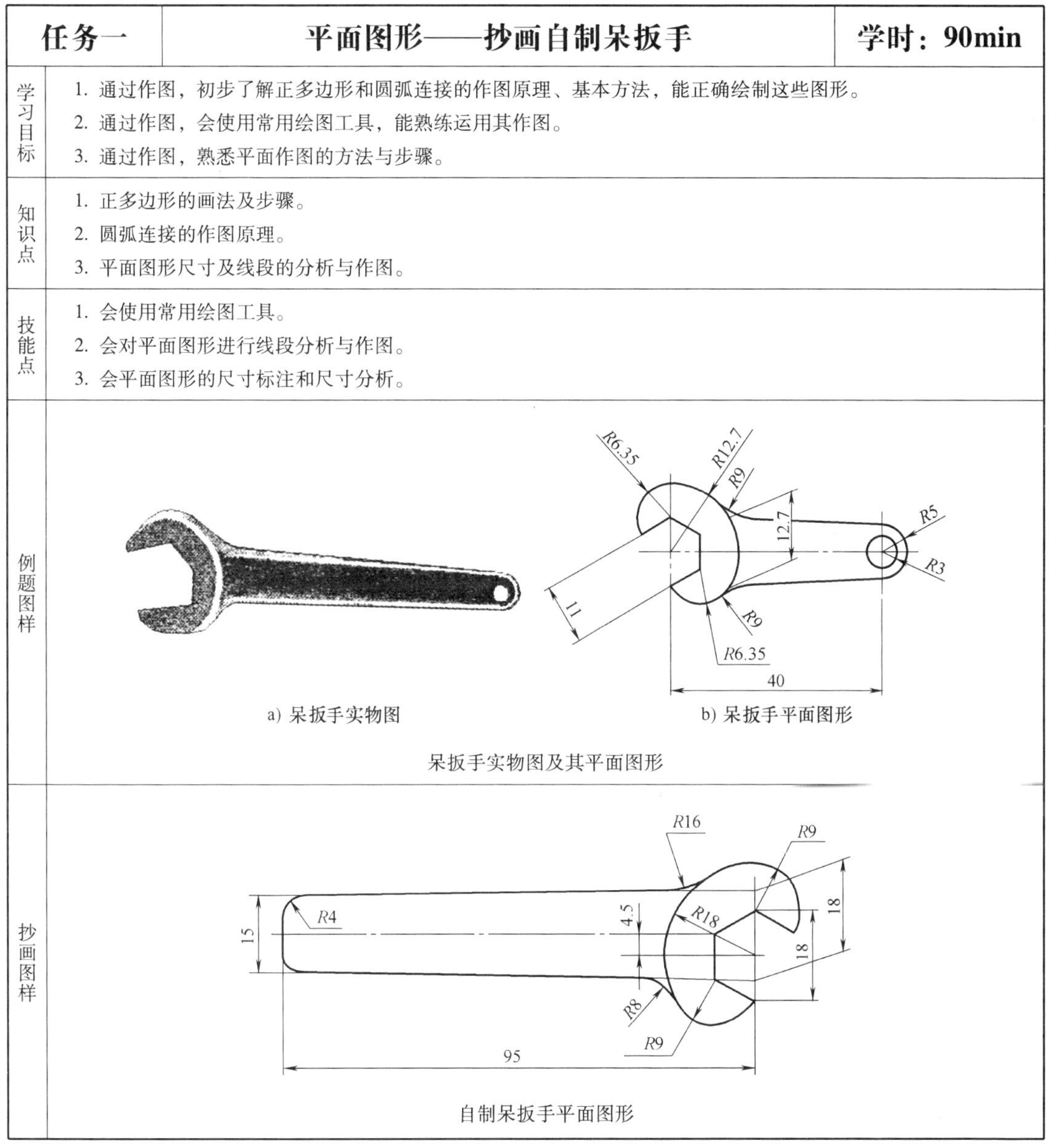

任务一	平面图形——抄画自制呆扳手	学时：90min
学习目标	1. 通过作图，初步了解正多边形和圆弧连接的作图原理、基本方法，能正确绘制这些图形。 2. 通过作图，会使用常用绘图工具，能熟练运用其作图。 3. 通过作图，熟悉平面作图的方法与步骤。	
知识点	1. 正多边形的画法及步骤。 2. 圆弧连接的作图原理。 3. 平面图形尺寸及线段的分析与作图。	
技能点	1. 会使用常用绘图工具。 2. 会对平面图形进行线段分析与作图。 3. 会平面图形的尺寸标注和尺寸分析。	
例题图样	a) 呆扳手实物图　b) 呆扳手平面图形 呆扳手实物图及其平面图形	
抄画图样	自制呆扳手平面图形	

谈到作图，就少不了要使用一些绘图工具，所以在画图之前，得先介绍一下常用绘图工具及其使用。

一、作图用的常用绘图工具及其使用

1. 图板、丁字尺和三角板

（1）图板　板面要求平整，左边为导边，必须平直光滑。图板用来铺放图纸，图纸四角可用胶带纸固定在图板上，如图 2-1 所示。

（2）丁字尺　由尺头和尺身组成，主要用来画水平线。使用时尺头内侧必须紧靠图板的导边可上下移动，由左至右画出水平线，如图 2-2 所示。

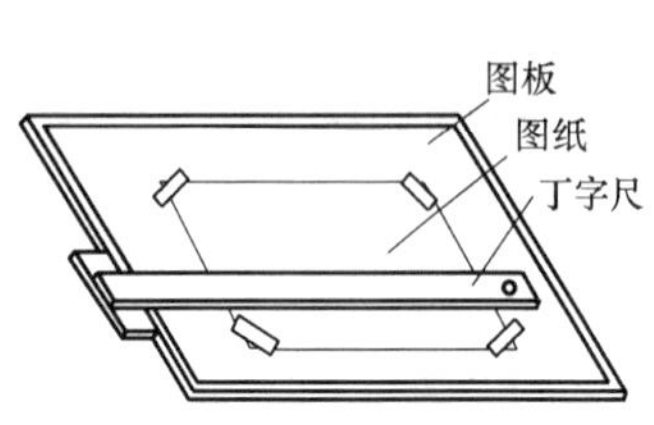

图 2-1　图板、图纸及丁字尺

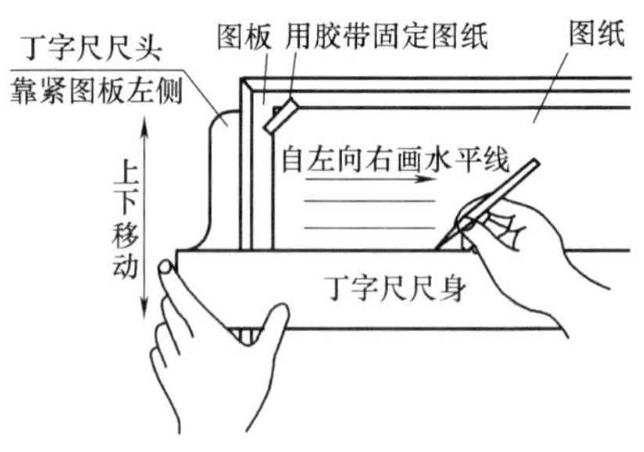

图 2-2　使用丁字尺画水平线

（3）三角板　一副三角板是由锐角为 45°、30°(60°) 的两块直角三角板组成。两块三角板组合使用可画与水平线成 15°、75° 的倾斜线，以及任意已知直线的平行线或垂直线，如图 2-3 所示。三角板与丁字尺配合使用，可画出垂直线及与水平线成 45°、60° 的倾斜线，如图 2-4 所示。

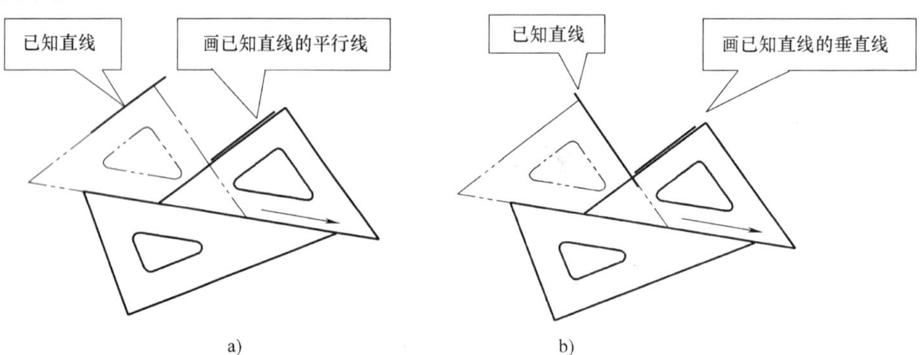

图 2-3　两块三角板配合使用

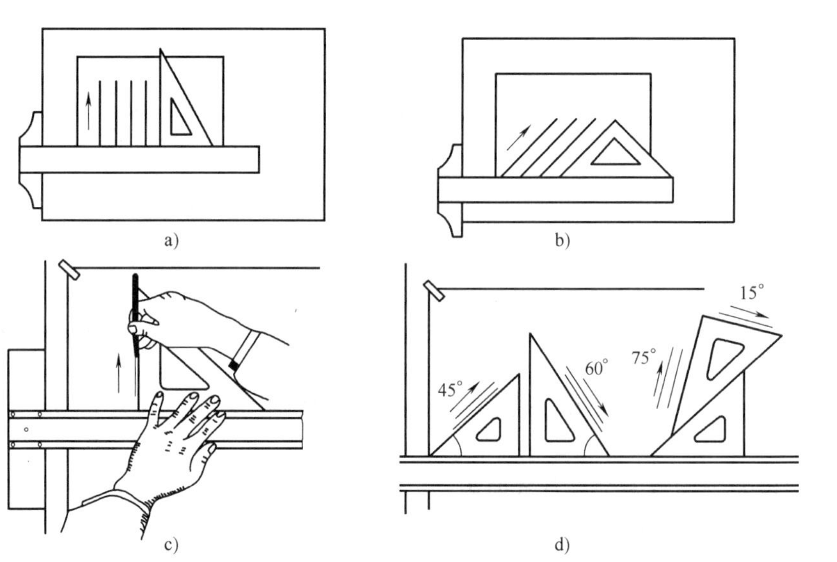

图 2-4　丁字尺与三角板配合使用

2. 圆规和分规

（1）圆规主要用于画圆及圆弧　一般圆规应附有铅笔芯插腿、钢针插腿、直线笔插腿和延伸杆等，如图 2-5a 所示。在画图时，圆规的钢针应使用有台阶的一端，以避免图纸上的针孔扩大，应使铅笔芯尖与针尖大致等长，如图 2-5b 所示。

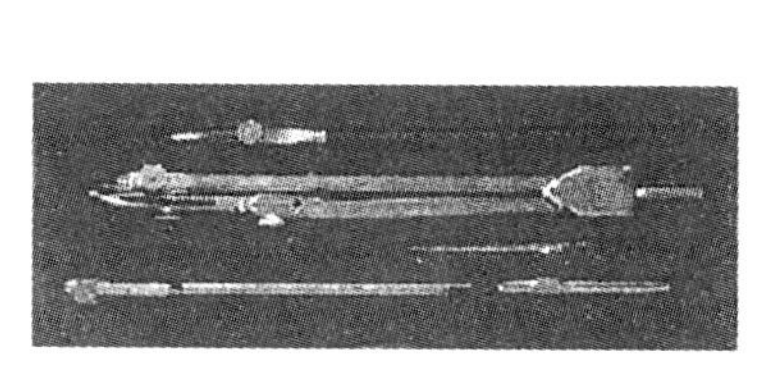

a) 圆规及其附件

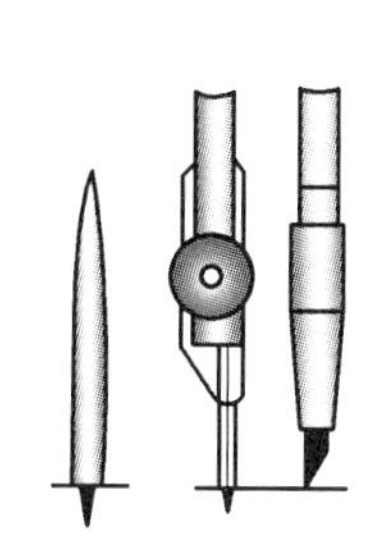
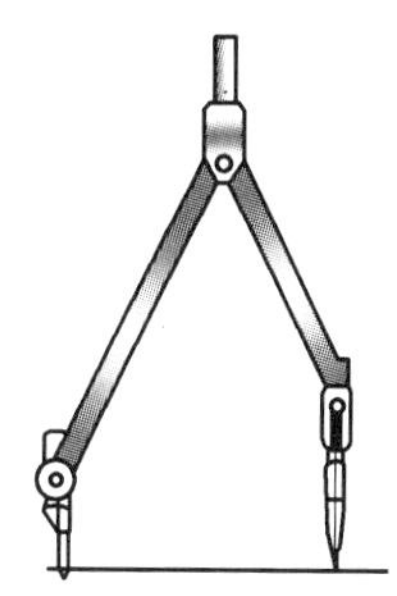

b) 圆规的使用方法

图 2-5　圆规的使用方法

（2）分规主要用于量取线段长度和等分线段　其形状类似圆规，但两腿都是钢针。为准确地量取尺寸，分规的两针尖应保持尖锐，并拢时平齐，如图 2-6a 所示，以便准确地在比例尺上量取线段长度。使用分规分割线段的方法，如图 2-6b 所示。

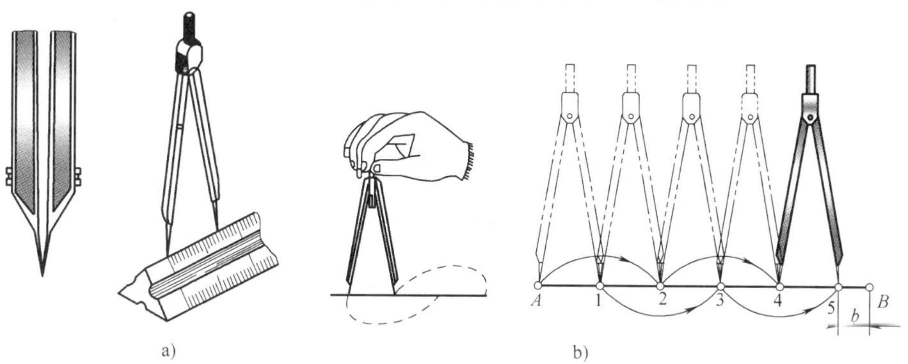

图 2-6　分规的使用方法

3. 铅笔

铅笔用于画图线或写字。铅笔的笔芯有软硬之分，铅笔上标注的“H”表示铅芯硬度，“B”表示铅芯的软度，“HB”表示软硬适中。“H”前的数字越大，表示铅芯越硬，画线色淡；“B”前的数字越大，则表示铅芯越软，画线色深。绘图时，一般用“H”、“2H 铅笔画细线，打底稿；用“HB”“B”、“2B”铅笔画粗实线，加深图线；用“HB”书写文字。铅笔的削法如图 2-7 所示。

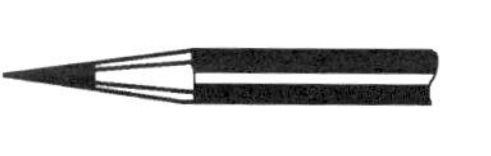

a) 硬度 H、2H 或 HB 铅笔

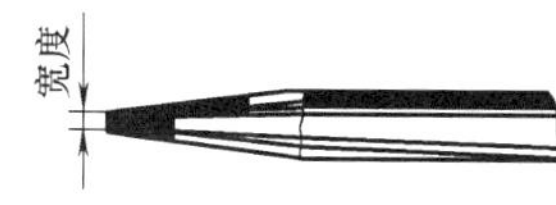

b) 软度 B 或 2B 铅笔

图 2-7　铅笔的削法

二、平面几何图形的基本画法

（一）圆的等分和正多边形的画法

1. 用丁字尺和三角板作图

1）作内接正三角形，如图 2-8 所示。

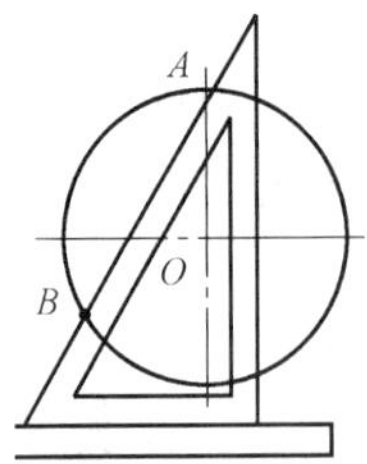

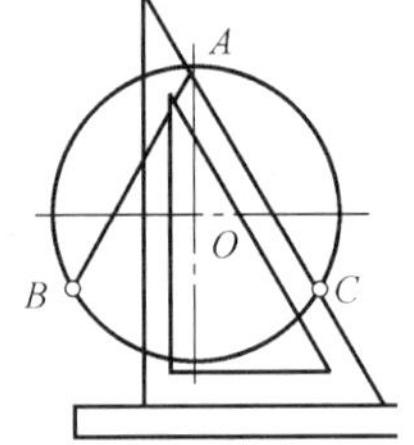

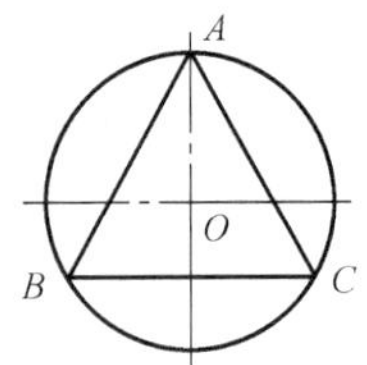

图 2-8　作内接正三角形

2）作内接正方形，如图 2-9 所示。

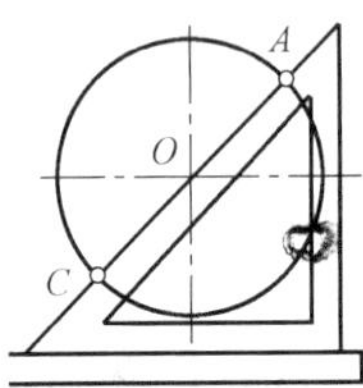

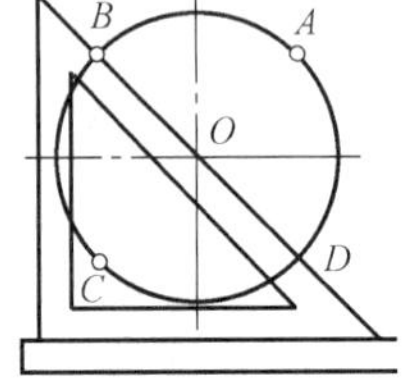

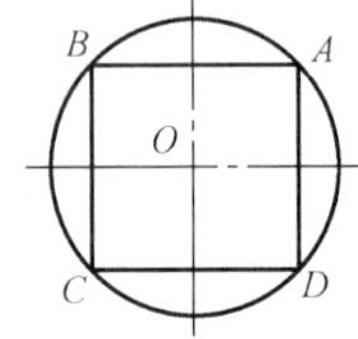

图 2-9　作内接正方形

2. 用丁字尺、三角板和圆规作图

1）作内接正五边形，如图 2-10 所示。

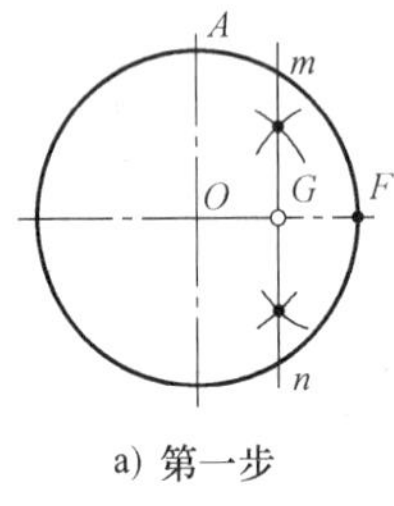

a) 第一步

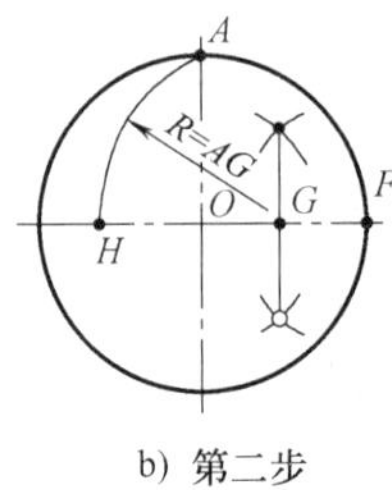

b) 第二步

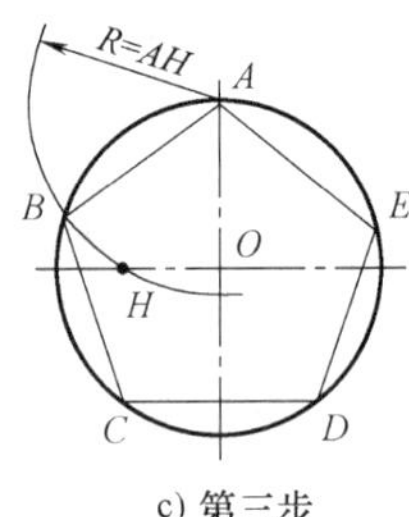

c) 第三步

图 2-10　作内接正五边形

① 作中心线 OF 的垂直平分线，与 OF 交于 G 点，如图 2-10a 所示。

② 以 G 为圆心、线段 AG 的长为半径作圆弧 HA，如图 2-10b 所示。

③ 以 A 为圆心、$R=AH$ 为半径，依次等分圆，得交点 B、C、D、E，如图 2-10c 所示。

④ 用直线连接 A、B，A、E，B、C，C、D，D、E，即得到圆的内接正五边形 $ABCDE$。

2）作内接正六边形，如图 2-11 所示。

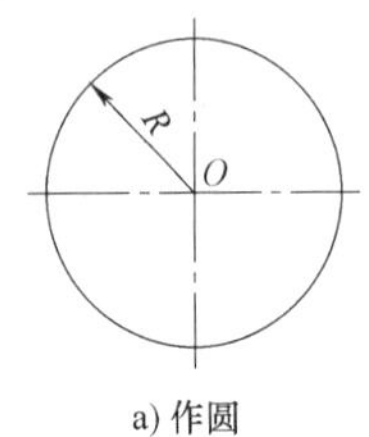

a) 作圆

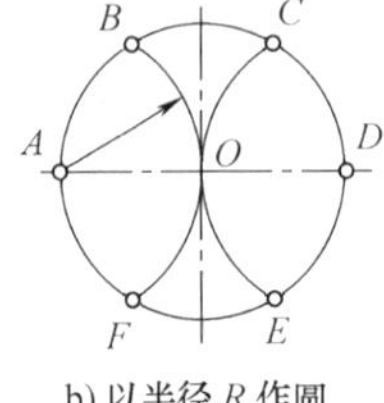

b) 以半径 R 作圆的等分点

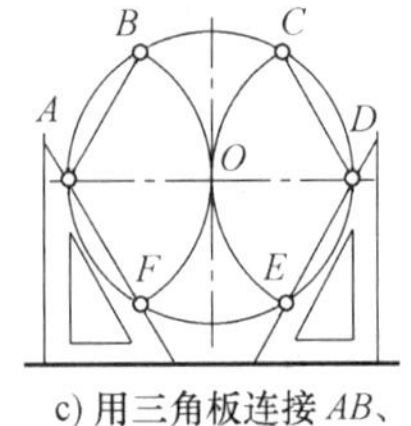

c) 用三角板连接 AB、AF、CD、DE

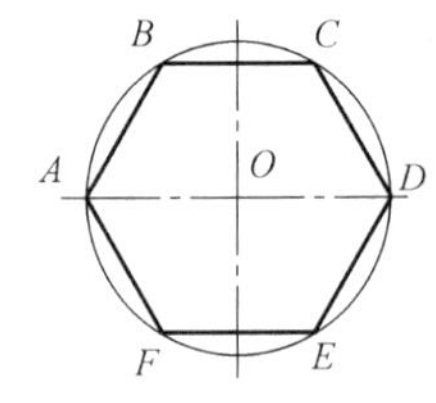

d) 连接 BC、FE

图 2-11　作内接正六边形

3）作内接正七边形，如图 2-12 所示。

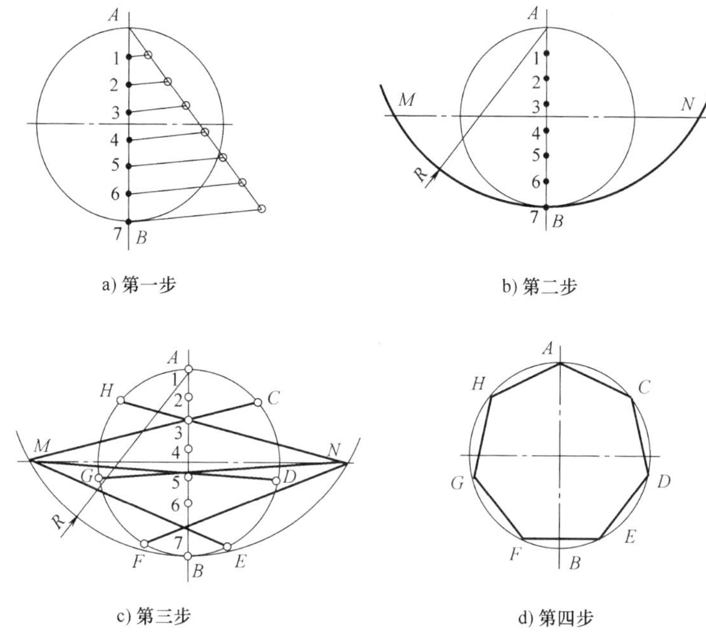

a) 第一步　b) 第二步　c) 第三步　d) 第四步

图 2-12　作内接正七边形

① 第一步，把直径七等分，得到等分点 1、2、3、4、5、6，如图 2-12a 所示。

② 第二步，以 *A* 点为圆心、*AB* 长为半径作圆弧，交水平直径的延长线于 *M*、*N* 两点，如图 2-12b 所示。

③ 第三步，分别从 *M*、*N* 两点向数点(2、4、6)连线并延长相交于圆周上，得交点 *C*、*D*、*E*、*F*、*G*、*H*，如图 2-12c 所示。

④ 第四步，依次用直线连接 *A*、*C*，*D*、*E*，*F*、*G*，*H* 各点，即得所作正七边形 *ACDEFGH*，如图 2-12d 所示。

想一想

参见表 2-1 所示，说一说正六边形的两种作图方法和步骤。

表 2-1　正六边形的两种作图方法和步骤

种　　类	作 图 步 骤
正六边形	D/2 a) 作法一　b) 作法二

（二）椭圆的作图

1. 同心圆法画椭圆（图 2-13）

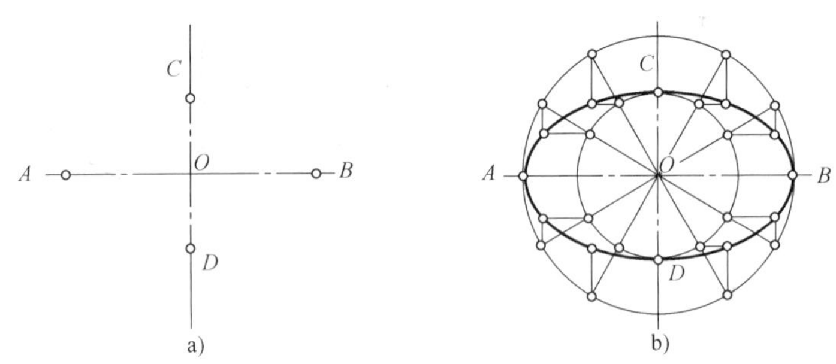

图 2-13　同心圆法画椭圆

作图步骤：

① 以点 O 为圆心，分别以 OA 和 OC 为半径作两个同心圆，如图 2-13a 所示。

② 过中心点 O 作任意辐射线，如图 2-13b 所示。

③ 过辐射线与大圆的交点向长轴 AB 画垂直线，过辐射线与小圆的交点画水平线的交点即为椭圆上的点，如图 2-13b 所示。

④ 将上述各点依次光滑地连接起来，即得到所求作的椭圆，如图 2-13b 所示。

2. 近似画法（四心画法）画椭圆

作图步骤：

① 画出相互垂直平分的长轴 AB 与短轴 CD，如图 2-14a 所示。

② 连接 AC，并在 AC 上取 $CE = OA - OC$，如图 2-14a 所示。

③ 作 AE 的中垂线，并与长、短轴分别交于 O_3，再作对称点 O_4、O_2，如图 2-14b 所示。

④ 以 O_1、O_2、O_3、O_4 各点为圆心，以 O_1C、O_2D、O_3A、O_4B 为半径，分别画圆弧，即得所求作的近似椭圆，如图 2-14c 所示。

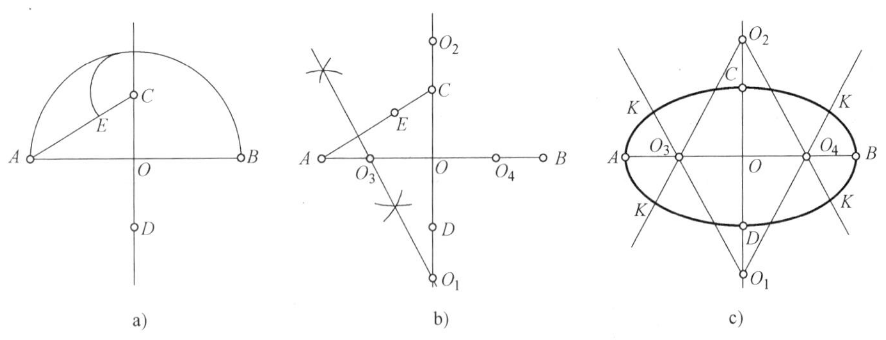

图 2-14　近似画法（四心画法）画椭圆

（三）圆弧连接的画法

提示

圆弧连接的实质是使用连接圆弧与已知直线或圆弧相切，其切点即为连接点。

1. 用圆弧连接两直线

作图步骤：

① 先求出连接圆弧的圆心——分别作出已知直线以连接距离为圆弧半径 R 的平行线。

② 再找连接接点(切点)——已知直线的平行线交点即为连接圆弧的圆心 O，自点 O 分别向已知两直线作垂线，其交点即为连接点(切点)1、2。

③ 在连接点 1、2 之间，以 O 点为圆心，R 为半径，作出连接圆弧，即完成了圆弧连接，如图 2-15 所示。

想一想

已知两直线的相对位置不同，如图 2-15 所示。以 R 为半径作它们的连接弧，作图步骤是否相同呢？

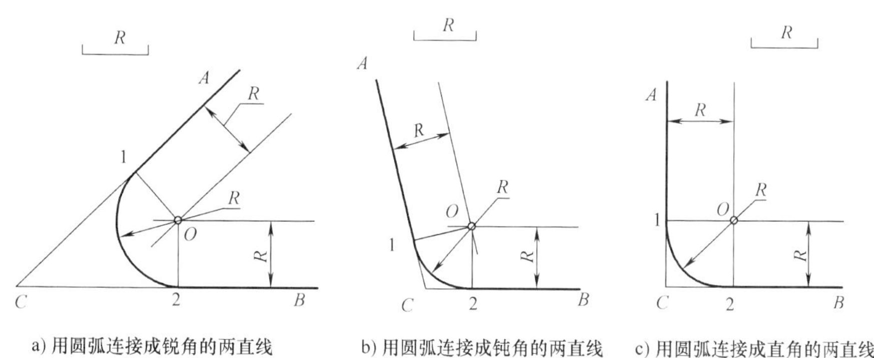

a) 用圆弧连接成锐角的两直线　b) 用圆弧连接成钝角的两直线　c) 用圆弧连接成直角的两直线

图 2-15　用圆弧连接两直线

2. 用圆弧连接以下几种状况的画法(表 2-2)

① 连接已知　直线和圆弧的画法。

② 外切连接已知两圆弧的画法。

③ 内切连接已知两圆弧的画法。

④ 分别外切和内切连接已知两圆弧的画法。

表 2-2　用圆弧连接其他几种状况的画法

状况	已知条件	作图方法与步骤		
		1. 求连接圆弧圆心	2. 求连接点(切点)A、B	3. 画连接圆弧，并按图线标准加粗
连接已知直线和圆弧	R, R, O_1, M, N	$R-R_1$, O_1, O, R, M, N	A, O_1, O, M, N, B	A, O_1, O, R, M, N, B

（续）

状况	已 知 条 件	作图方法与步骤		
		1. 求连接圆弧圆心	2. 求连接点（切点）A、B	3. 画连接圆弧，并按图线标准加粗
外切连接已知两圆弧	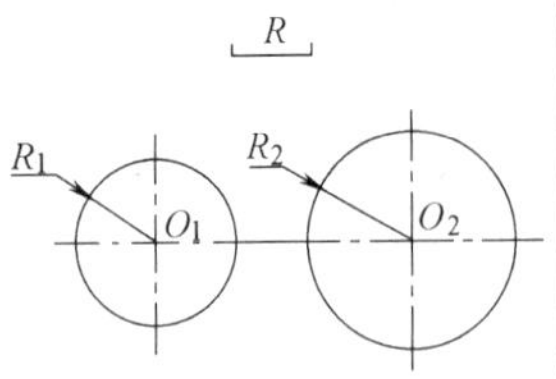	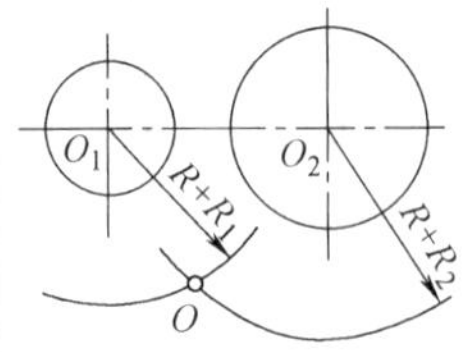	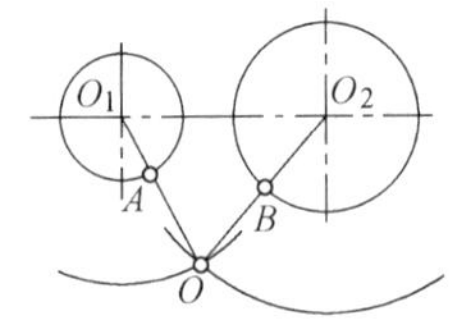	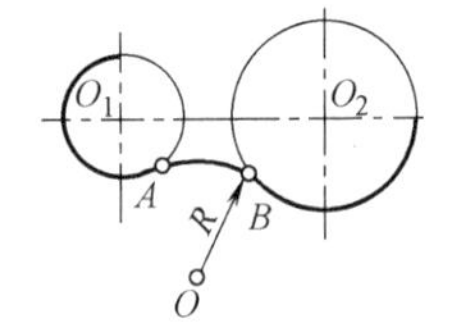
内切连接已知两圆弧	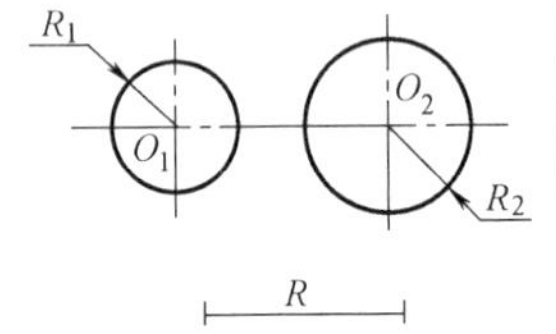	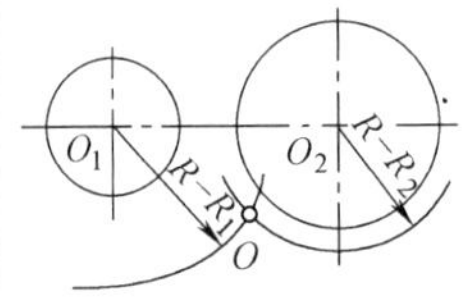	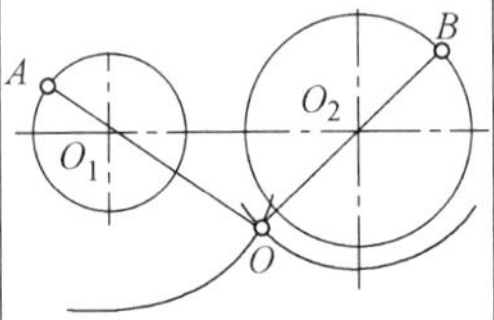	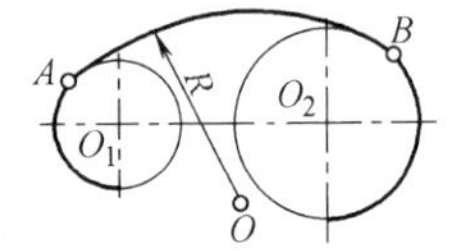
分别外切和内切连接已知两圆弧	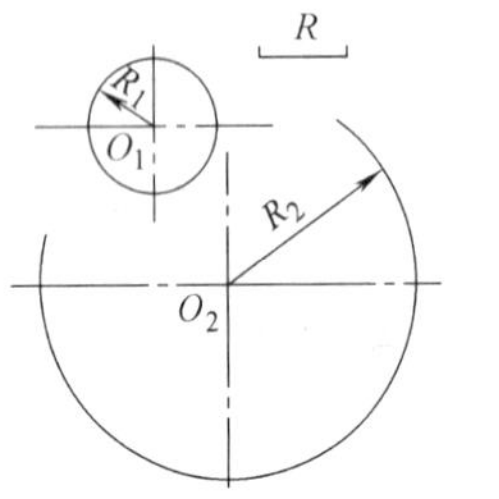	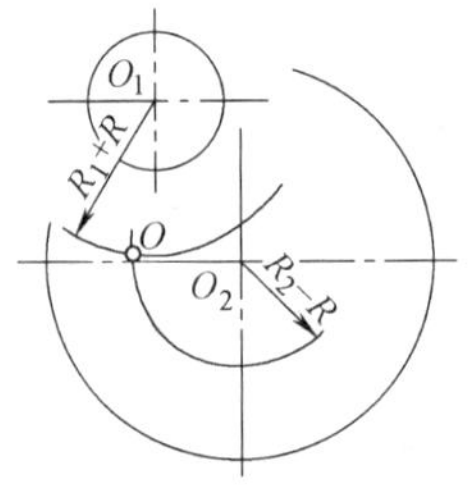	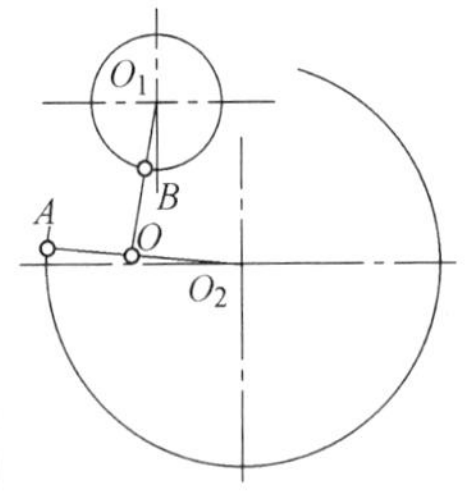	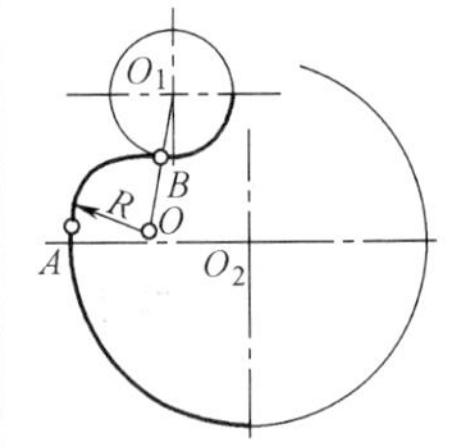

小贴士

用圆弧连接作图的共同步骤是：

① 先求出连接圆弧的圆心。

② 再求出连接点（切点）。

③ 最后画出连接圆弧，并按图线标准描线。

例 2-1 呆扳手平面图形的尺寸分析与抄画作图

1）平面图形的尺寸分析。

我们在抄画呆扳手平面图形之前，先分析图 2-16 所示的呆扳手平面图中给定尺寸的特征。

抄画时，要确定图画在图纸的位置、作图的比例和起始的基准线；先画出已给出尺寸的已知线段；然后画出中间线段及连接线段；完成全图后，清洁图面，擦除作图辅助线；最后按图样标注尺寸。那么，我们就用呆扳手平面图形，做个抄画示范吧。

2）抄画呆扳手平面图。

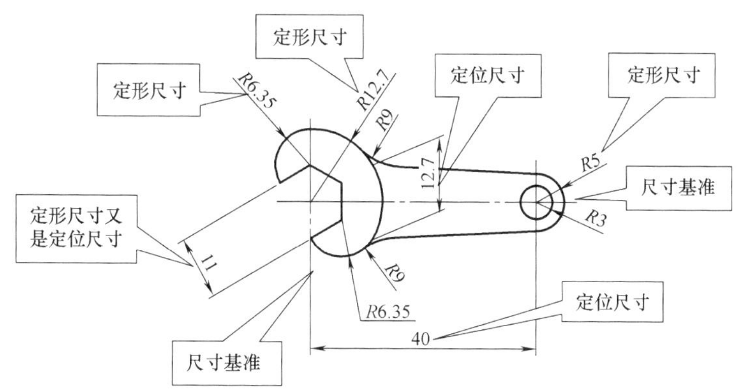

图 2-16　呆扳手平面图

① 画出基准线(图 2-17)。

② 画出已知线段(图 2-18)。

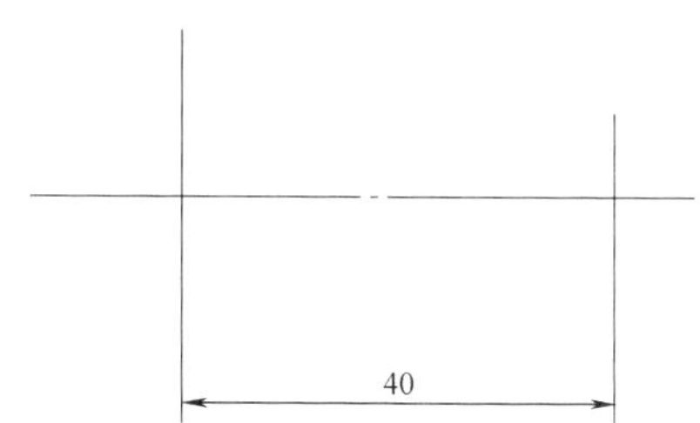

图 2-17　画基准线

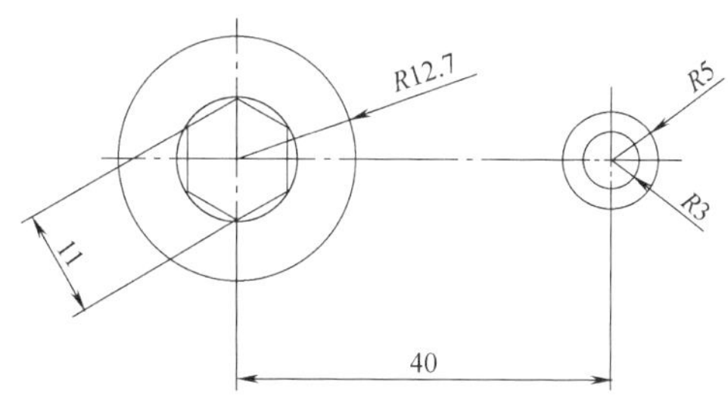

图 2-18　画已知线段

③ 画出中间线段(图 2-19)。

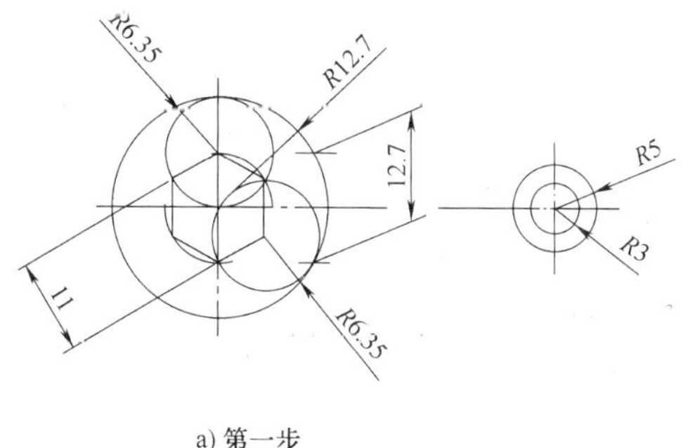

a) 第一步

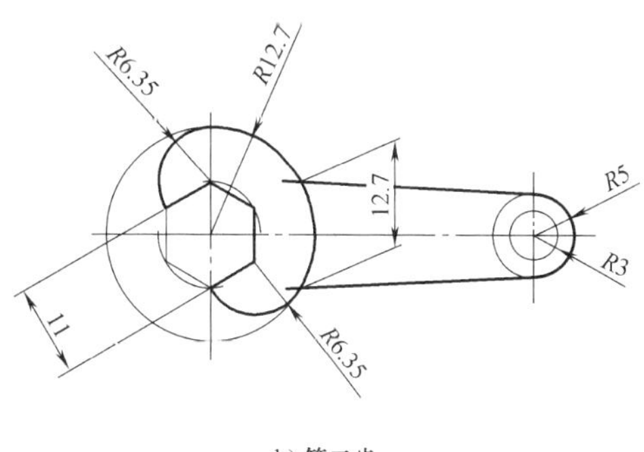

b) 第二步

图 2-19　画中间线段

④ 画出连接线段(过渡圆弧)(图 2-20)。

⑤ 擦除作图辅助线并按图样标注尺寸(图 2-21)。

3）平面图形尺寸的特征。

根据上面抄画作图的过程，通过对平面图形尺寸的分析，我们可以把平面图形尺寸的特点归纳为以下三点：

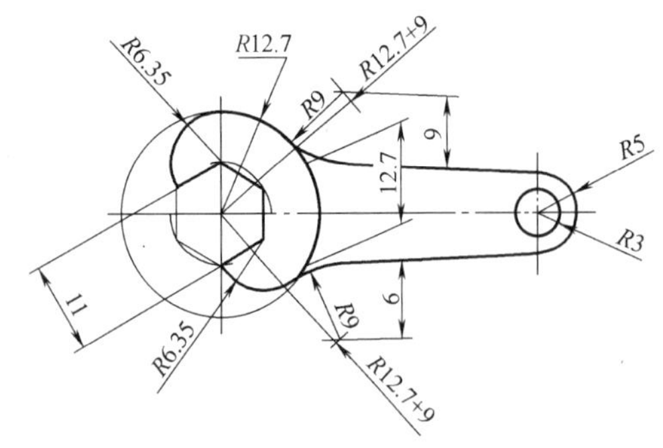

图 2-20　画连接线段(过渡圆弧)

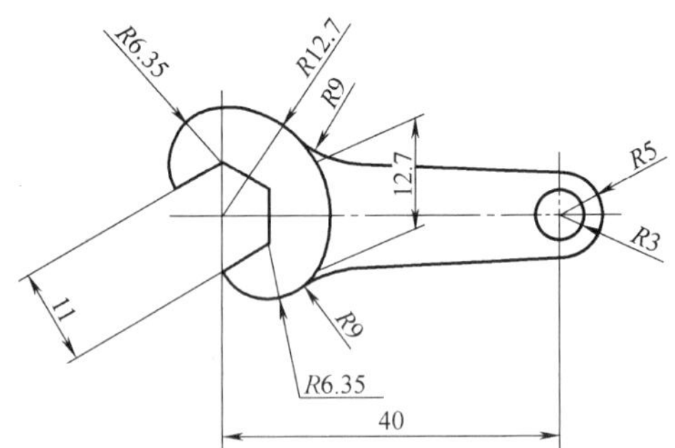

图 2-21　按图样标注尺寸

① 尺寸基准。尺寸基准标注尺寸的起点。平面图形的长度方向和高度方向都要有一个基准。这个基准通常选用图形的对称线、底边、侧边和圆的中心线等。这里选定的是圆的中心线，如图 2-17 所示。

② 定位尺寸。定位尺寸是确定平面图形各组成部分相对位置的尺寸，如图 2-16 中的 40 和 12. 7 等。

③ 定形尺寸。定形尺寸是确定图形各组成部分形状大小的尺寸，如线段的长度、圆及圆弧的直径、半径、角度的大小等，如图 2-16 中的 *R*12. 7、*R*6. 35、*R*3、*R*5 及 11 等。

提示

值得一提的是，有时候尺寸既是定形尺寸又是定位尺寸，具有双重作用，如图 2-16 中的尺寸 11。

4）平面图形的线段分析。

要顺利进行平面作图，就要认真地对平面图形的线段进行分析。通过上面抄画作图的过程，我们总结出标注尺寸完整所具备的三种类型线段：已知线段、中间线段、连接线段。

① 已知线段。有标注完整的定形尺寸和定位尺寸的线段，作图时，根据标注的尺寸可以直接画出的线段，我们称之为已知线段，如图 2-16 中正六边形的尺寸 11、圆弧 *R*12. 7、*R*3、*R*5。

② 中间线段。只标注出定形尺寸和某个方向的定位尺寸的线段，作图时，需要依靠与一端相切或相接的线段作出后，才能由已知的尺寸和几何关系画出的线段，称之为中间线段，如图 2-16 中的圆弧 *R*12. 7 与 *R*5 之间的斜线段及圆弧 *R*6. 35。

③ 连接线段。只标注有定形尺寸而未标注出定位尺寸的线段，作图时，其定位尺寸需依据与其相接线段的连接关系，待相邻线段作出后，通过几何作图才能画出的线段，如图 2-16 中的圆弧 *R*9。

5）平面图形的作图步骤。

我们根据作图示范，将平面图形的作图步骤归纳如下：

① 对平面图形进行尺寸分析和线段分析，找出尺寸基准、定位尺寸和定形尺寸，进而确定出已知线段、中间线段和连接线段，拟出作图顺序。

② 选定比例，确定图纸的图幅及其格式，画底稿。先用细实线画出平面图形的对称线、中心线或基线，再依次画出已知线段、中间线段和连接线段。

③ 校准底稿，清洁图面，按图线的线型规定把其加深；完成全图。

④ 最后按国家标准规定的尺寸注法，画上尺寸界线和尺寸线，写上尺寸数字；再次校核、修正。

小贴士

熟练地使用常用的绘图工具进行作图，这是我们必须掌握的一项基本功。

小试身手

1. 按题图 2.1-1 所示，试作圆的内接圆弧。

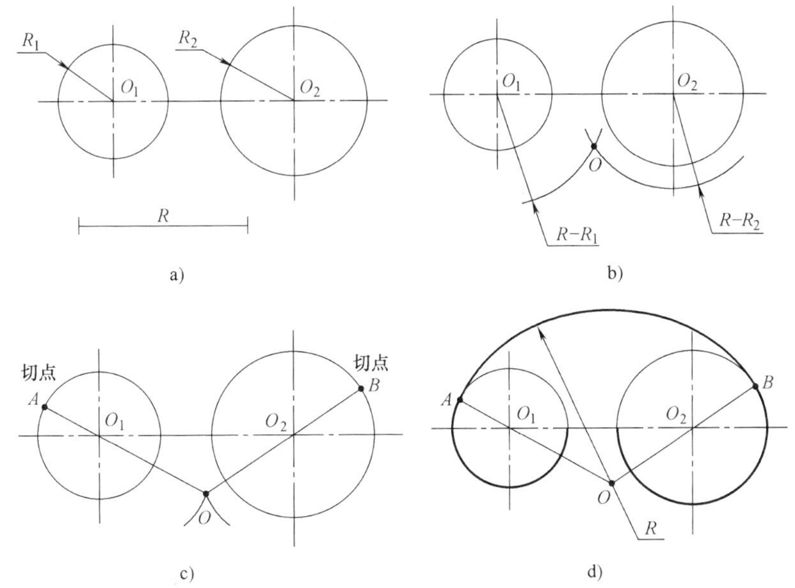

题图 2.1-1

2. 按题图 2.1-2 所示，抄画平面图形，并进行尺寸线段分析和标注尺寸。

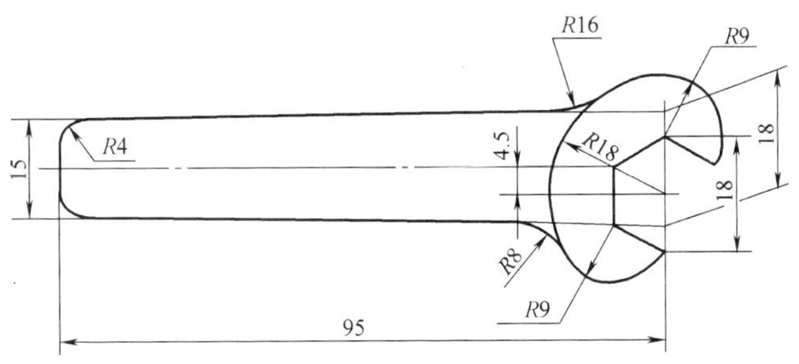

题图 2.1-2

任务二	运用尺寸和线段分析抄画平面图形、标注尺寸	学时：90min
学习目标	1. 会用常用绘画工具画平面图形。 2. 会运用平面图形中尺寸分析法和线段分析法，确定作图步骤。 3. 进一步培养学生具有严谨、耐心、细致的学风。	
知识点	1. 线段连接的画法及其步骤。 2. 圆弧的连接作图。 3. 平面图形线段的分析与作图及尺寸标注。	
技能点	1. 会使用常用绘图工具作图。 2. 会平面图形的作图及尺寸线段分析。 3. 会进行平面图形尺寸标注。	
例题图样	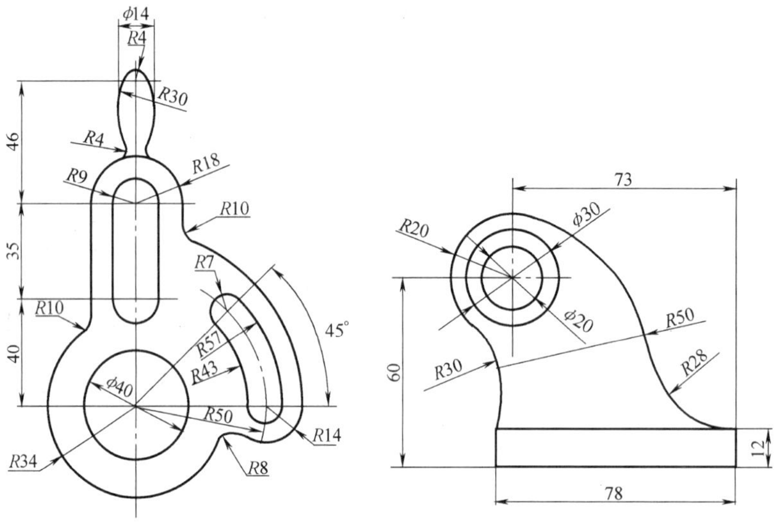 a) 连接板平面图　　b) 支座平面图 平面图形抄画与尺寸线段分析	
尺寸和线段分析抄画平面图	1. 认真分析连接板与支座平面图中的尺寸和图线，并分别在图形上标出以下内容(不少于两个)。 尺寸分析： ① 定位基准。 ② 定形尺寸。 ③ 定位尺寸。 线段分析： ① 已知线段。 ② 中间线段。 ③ 连接线段。 2. 抄画连接板平面图和支座平面图，如上图所示。	

平面图形是在同一平面内，由若干直线和曲线封闭连接组合而成的图形。绘制平面图形时，要对这些直线或曲线的尺寸和连接关系进行分析，才能确定正确的作图方法和步骤。下面我们以例题图样连接板平面图为例说明。

例 2-2 连接板作图(图 2-22)

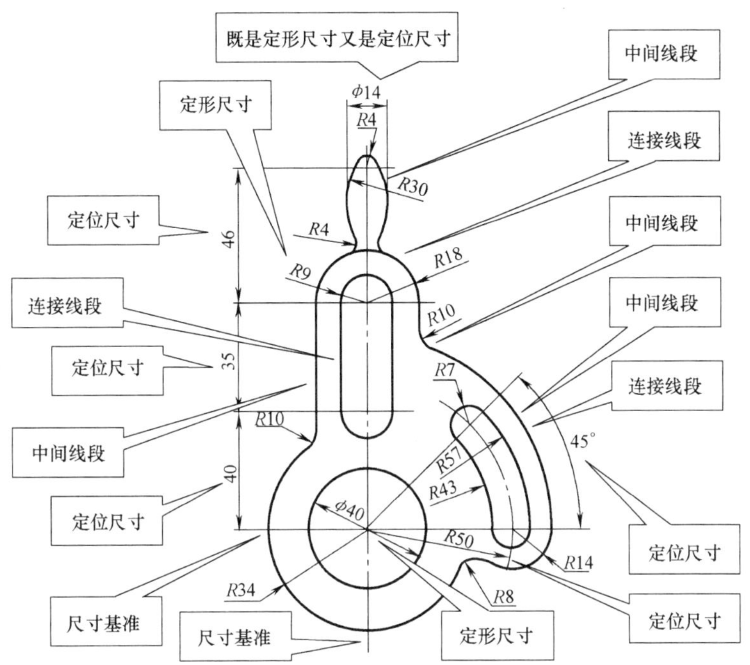

图 2-22 连接板尺寸与线段分析

① 画出基准线，如图 2-23 所示。

② 画出已知线段，如图 2-24 所示。

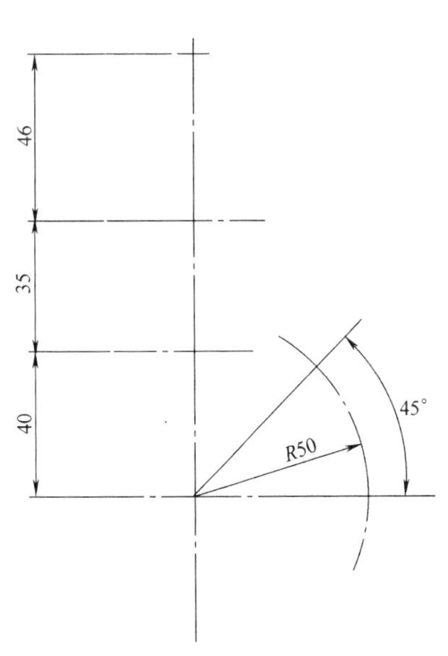

图 2-23 基准线与定位尺寸

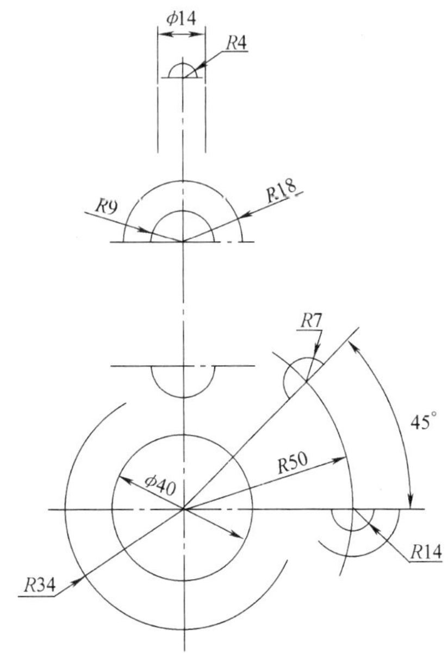

图 2-24 已知线段与定形尺寸

③ 画出中间线段，如图 2-25 所示。

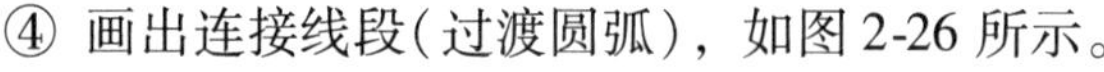

④ 画出连接线段(过渡圆弧)，如图 2-26 所示。

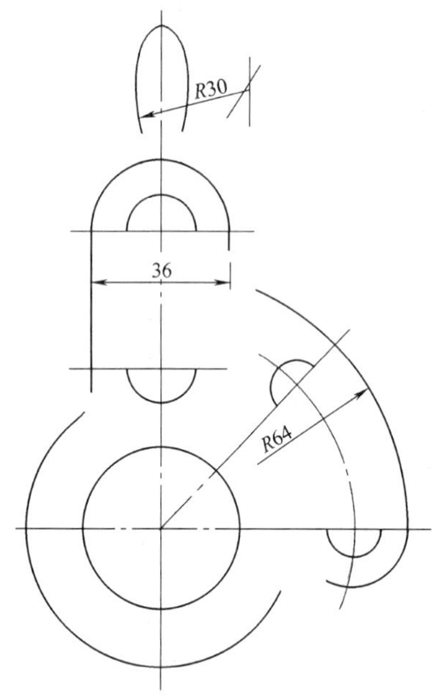

图 2-25　中间线段

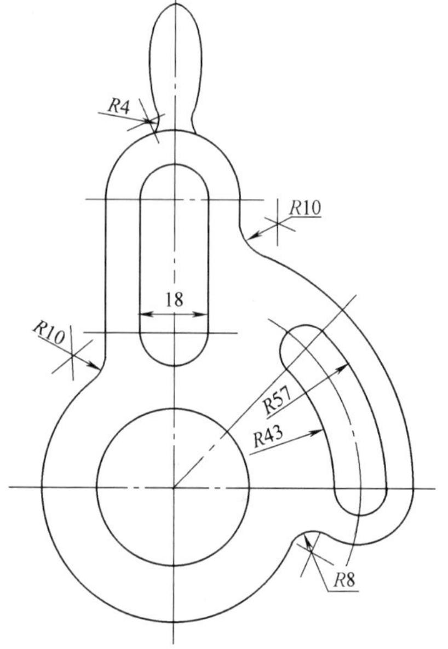

图 2-26　连接线段

⑤ 擦除作图辅助线，按标准加深图线和按图标注尺寸，如图 2-27 所示。

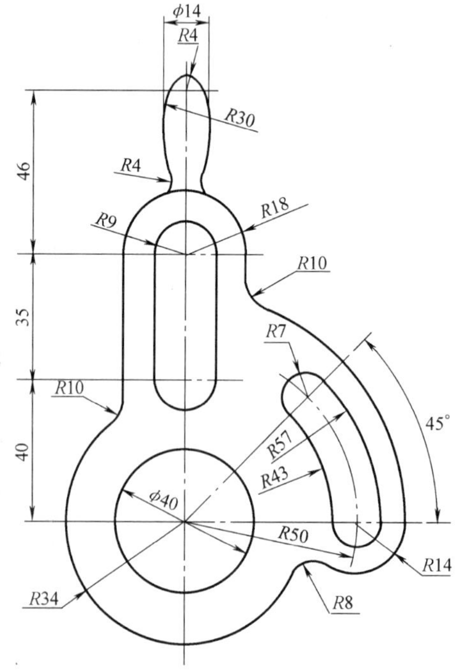

图 2-27　连接板的线段分析和尺寸分析与作图过程

试一试

根据题图2.2-1所示，试进行尺寸与线段分析，抄画支座平面图，并在图中指出定形尺寸、定位尺寸(包括定位基准)和已知线段、中间线段及连接线段。

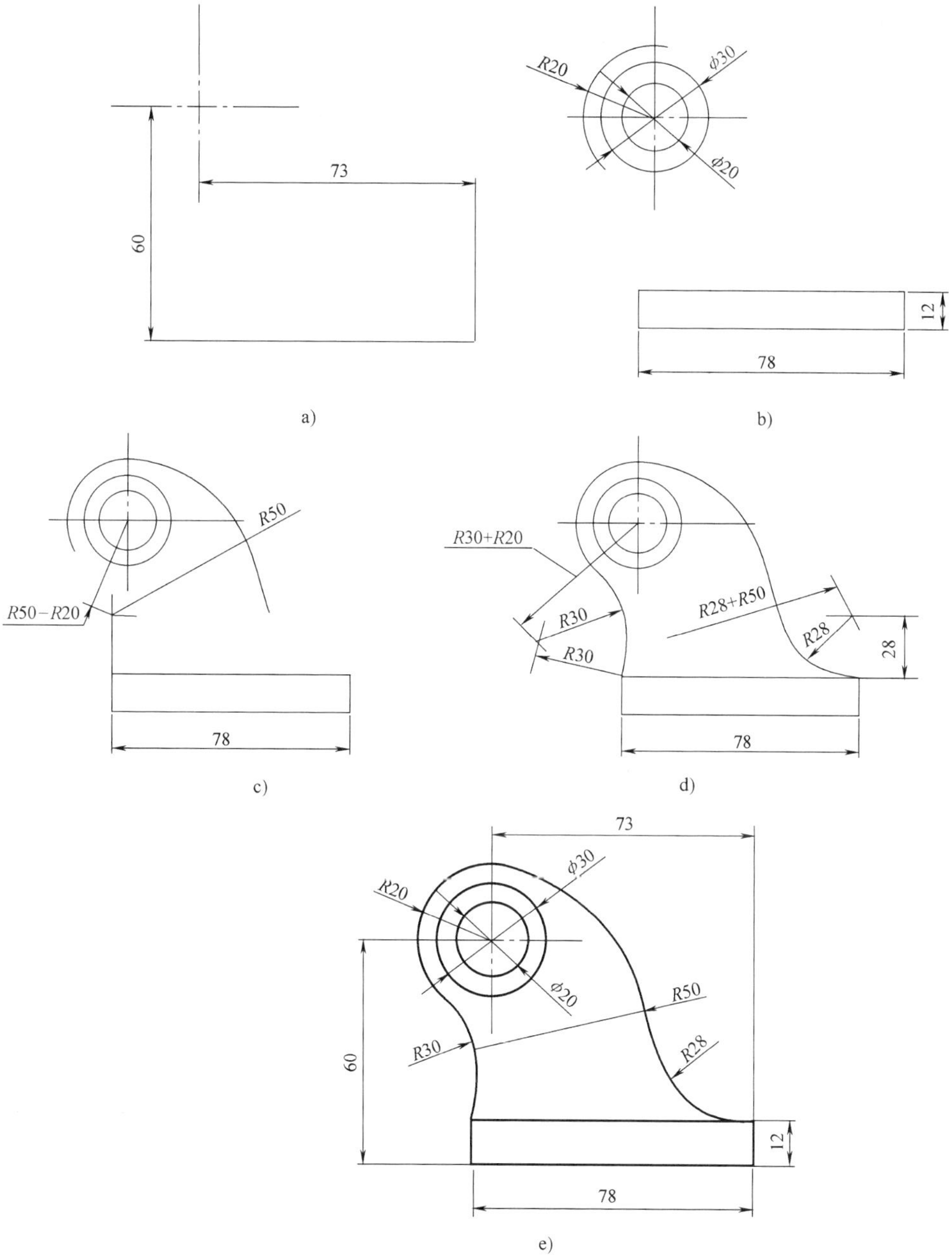

a)

b)

c)

d)

e)

题图2.2-1　尺寸与线段分析并抄画支座平面图

学一学

平面图形标注尺寸的基本要求是正确、完整、清晰。首先要遵守国家标准有关尺寸标注的基本规定，一般是先标注定形尺寸，再标注定位尺寸。通过几何作图可以确定的线段，不标注尺寸。尺寸标注完成后，检查是否有重复或遗漏。在作图过程中没有用到的尺寸是重复尺寸，要删除；若按尺寸无法完成作图，则说明尺寸不齐全，应补注所需尺寸。标注尺寸时应注意布局清晰。表2-3所示为几种平面图形尺寸标注示例。

表2-3　平面图形尺寸标注示例

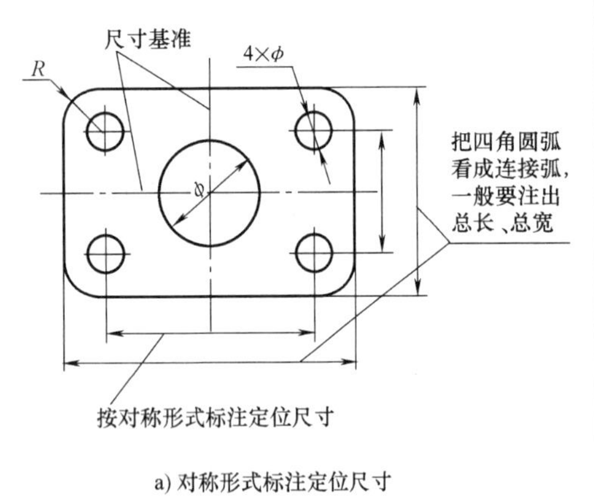

a) 对称形式标注定位尺寸

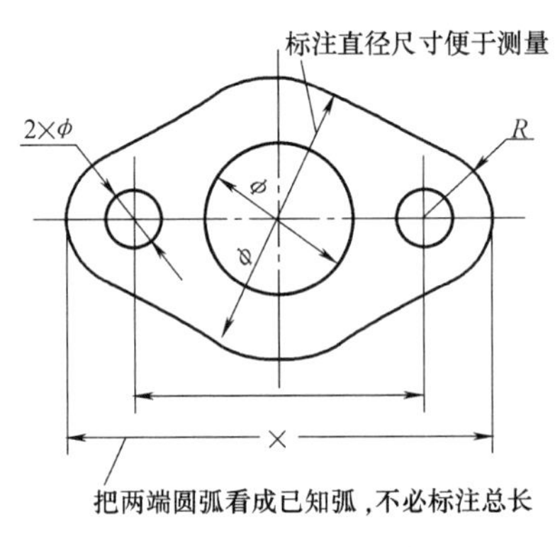

b) 两端为已知圆弧不必再标注总长

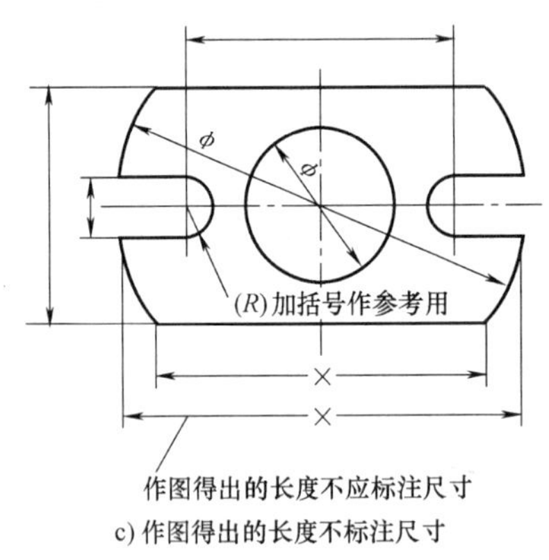

c) 作图得出的长度不标注尺寸

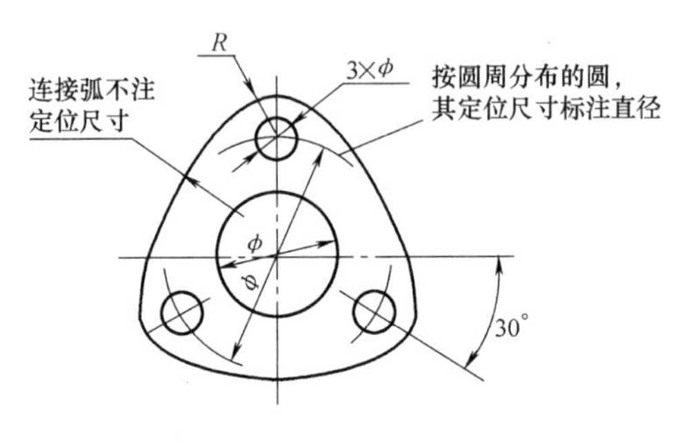

d) 按圆周分布圆的定位尺寸(标注分布圆直径)

小贴士

平面图形尺寸与线段的分析方法，是我们识读汽车零部件图非常重要的基础知识。我们必须学会运用，并牢牢掌握它。尺寸标注的依据是GB/T 4458.4—2003和GB/T 19096—2003。

小试身手

如题图 2.2-2 所示，试进行尺寸与线段分析，抄画三星支架板图，并标注尺寸。

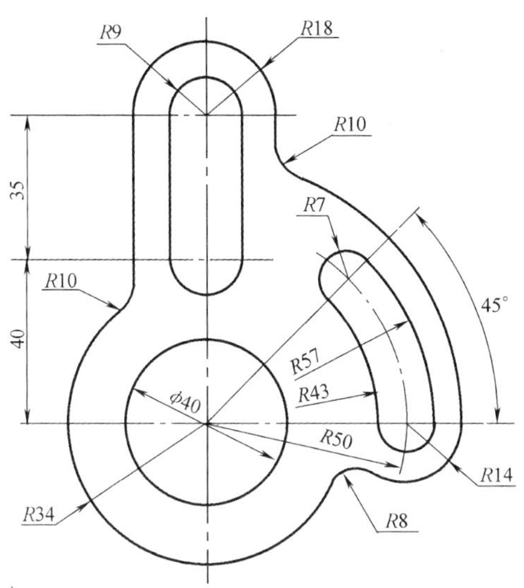

题图 2.2-2　三星支架板

学习活动情境二任务测评表

班级		姓名		日期		自评	互评	备注
1. 你会使用常用绘图工具画正多边形了吗？								
2. 你会用圆弧连接直线或圆弧了吗？								
3. 你会线段和尺寸分析了吗？								
4. 你了解了哪些尺寸标注方法？你会标注了吗？								
5. 你会抄画平面图形了吗？								
6. 你会标注不同类型的尺寸了吗？								
个人小结：								
总体评价						教师签字		

学习活动情境三：平面图形成图的原理——投影法则

任务一	投影的基本要素——投影面体系和投影法则	学时：90min
学习目标	1. 知道投影面体系基本要素。 2. 会运用正投影法基本原理和基本规律。 3. 会三投影面体系的组成与展开。	
知识点	1. 投影法的概念和投影法的分类。 2. 正投影法的基本特性。 3. 三投影面体系的组成和展开。 4. 三视图之间的对应关系。	
技能点	1. 能理解投影面体系各基本要素的含义。 2. 能理解正投影法基本原理和基本规律。 3. 会运用点、线、面的投影规律作图。 4. 会运用三视图之间的对应关系识图，补图线。	
投影面系及投影法	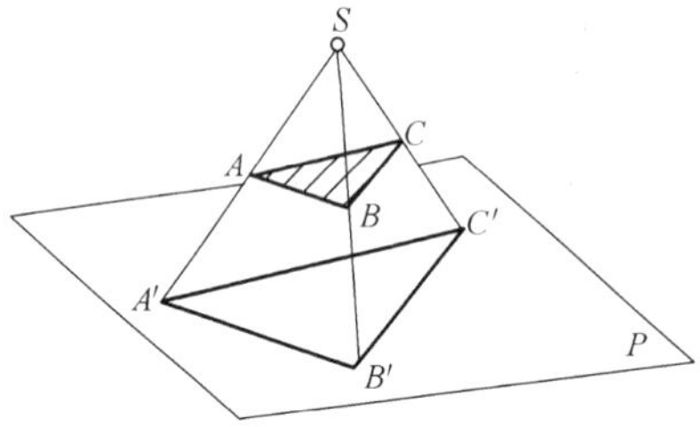 a) 单投影面系投影（中心投影法） 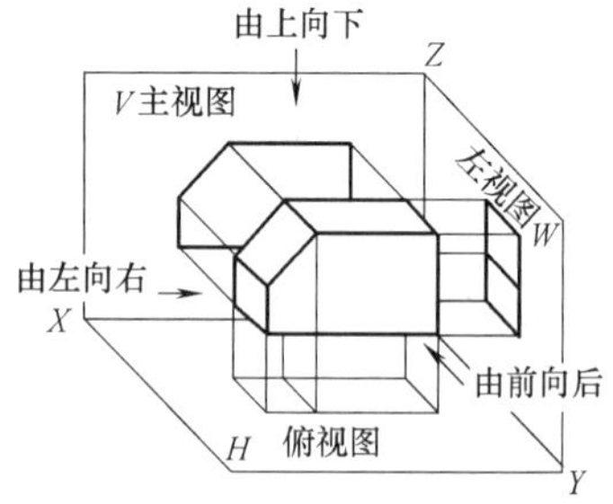 b) 三投影面系投影（正投影法）	
点、线、面的正投影	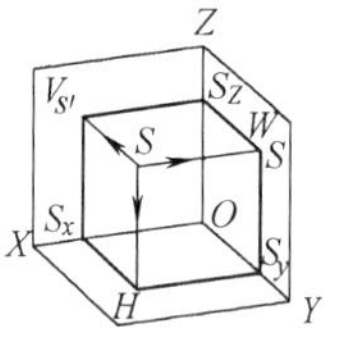 a) 点在三投影体系中的投影 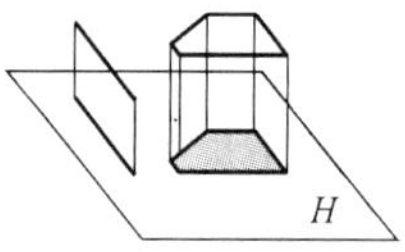 b) 直线、平面平行于投影面的投影 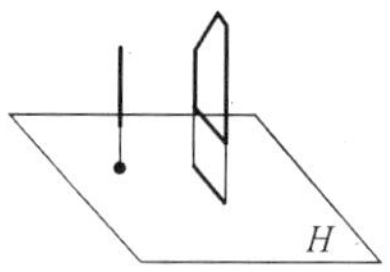 c) 直线、平面垂直于投影面的投影 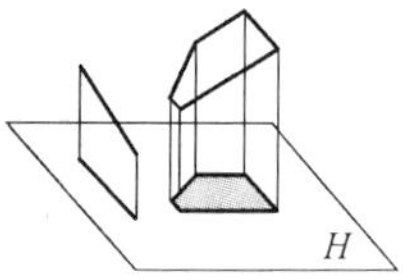 d) 直线、平面位于投影面一般位置的投影	
三视图之间的对应关系	1. 同一物体三视图投影规律： 主视图反映物体的长度和高度。 俯视图反映物体的长度和宽度。 左视图反映物体的高度和宽度。 主、俯视图长对正；主、左视图高平齐；俯、左视图宽相等。 2. 三视图间的位置关系：主视图在上方，俯视图在主视图的正下方，左视图在主视图的正右方。 3. 三视图的方位关系： 物体有上、下、左、右、前、后六个方位。 主视图反映物体的上、下和左、右的相对位置关系。 俯视图反映物体的前、后和左、右的相对位置关系。 左视图反映物体的前、后和上、下的相对位置关系。	

一、基本知识

1. 投影法的概念

物体在光线照射下会在地面或墙上产生影子。根据这种自然现象，人们经过科学地研究，总结出其规律，形成了投影法。

用投射线通过物体，并在选定投影面上获得其投影的方法，我们称之为投影法。这个过程必须具备三个基本要素：投射中心、投射线和投影面。

（1）投射中心　如图 3-1 所示，把光源抽象为一点 S，称其为投射中心，也称为投影中心。

（2）投射线　点 S 与物体 $\triangle ABC$ 上任一点之间的连线（如 SA、SB……）称为投射线，也称为投影线。

（3）投影面　承载其投影的平面 P 称为投影面。

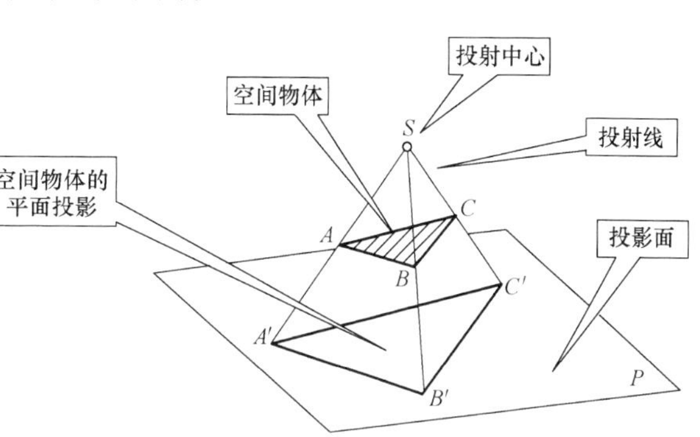

图 3-1　中心投影法

延长 SA、SB、SC 与投影面 P 相交，其交点 A'、B'、C'分别称为点 A、B、C 在 P 面上的投影，$\triangle A'B'C'$即为$\triangle ABC$ 在 P 面上的投影。

2. 投影法的分类

投影法分为中心投影法和平行投影法两类。

（1）中心投影法　投影线都通过投影中心的投影法称为中心投影法，如图 3-1 所示。

用中心投影法得到的物体图形，不能反映物体的真实大小，但立体感强，常用于绘制美术图或建筑图的外形图，但不能用于绘制机械图样。

（2）平行投影法　当投影中心与投影面的距离为无穷远，所有的投影线被视为是相互平行时，我们称这种投影法为平行投影法，如图 3-2 所示。平行投影法又分为斜投影法（图 3-3）和正投影法（图 3-4）两种。

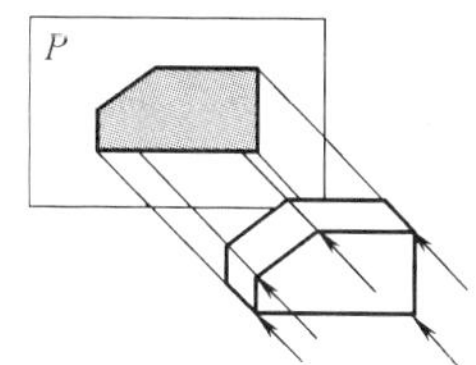

图 3-2　平行投影法

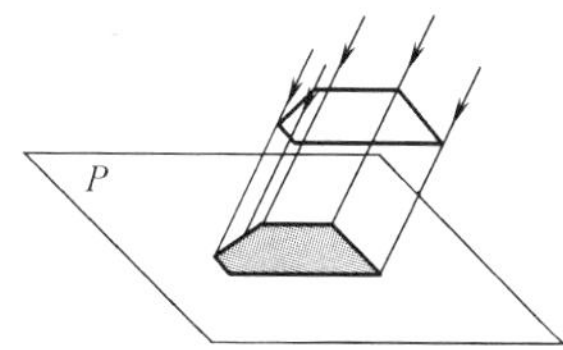

图 3-3　斜投影法

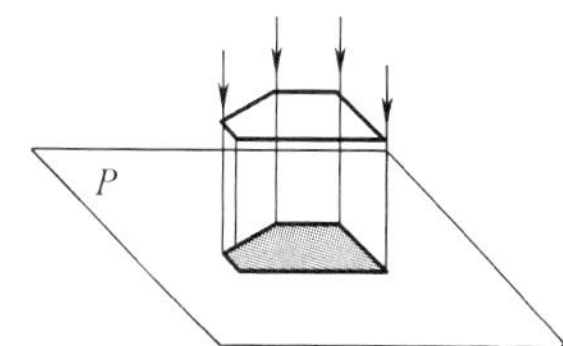

图 3-4　正投影法

由于正投影法能在投影面上准确地表达空间物体的形状和大小，而且度量性好，作图也方便，因此，在工程上得到了广泛的运用。机械图样主要是用正投影法绘制的。

正投影法的基本原理是我们学习汽车零部件识图的基础和关键。

3. 正投影法的基本特性

（1）真实性　当直线或平面平行于投影面时，直线的投影反映实长；平面的投影反映平面的真实形状，如图 3-5a 所示。

（2）积聚性　当直线或平面垂直于投影面时，直线的投影积聚成一点；平面的投影积聚成直线，如图 3-5b 所示。

（3）类似性　当直线或平面倾斜于投影面时，直线的投影仍为直线，但却小于实长；平面的投影类似于真实图形，但其投影小于真实图形，如图 3-5c 所示。

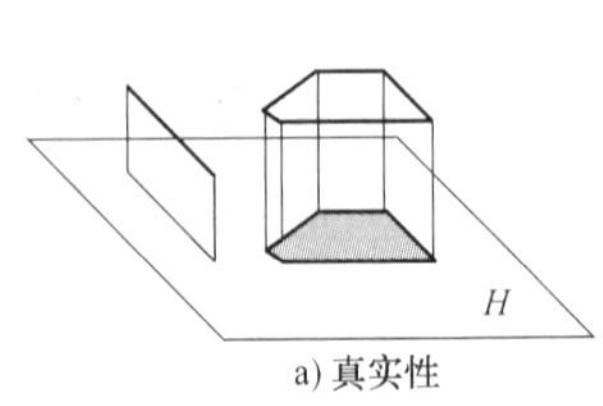

a) 真实性

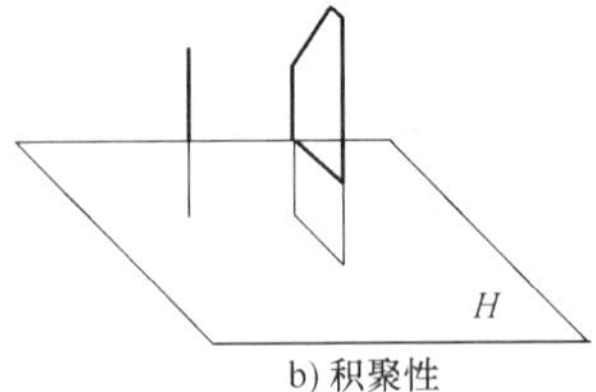

b) 积聚性

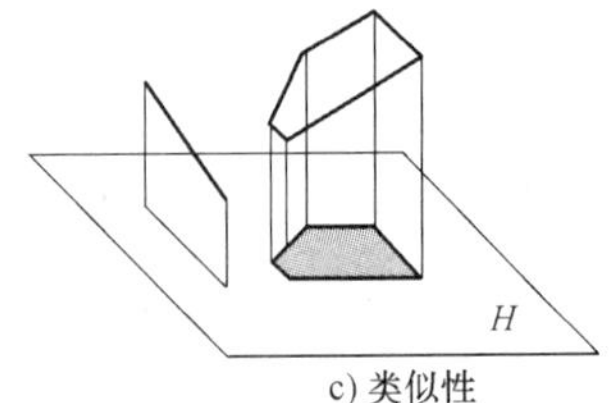

c) 类似性

图 3-5　正投影法的基本特性

想一想

中心投影法为什么不能用于绘制机械图样，而机械图样又为什么要用正投影法绘制呢？

4. 物体的三面投影图

（1）单投影面投影的特点　用正投影法画出的物体投影图形称为视图。

用正投影法在一个投影面上得到的物体的投影视图，只能反映物体一个方向的形状、大小，不能完整地反映物体的形状及大小，如图 3-6 所示，三个不同形状的物体在同一个投影方向的投影视图却是一样的，因此不能完整地反映各自真实的形状及大小。

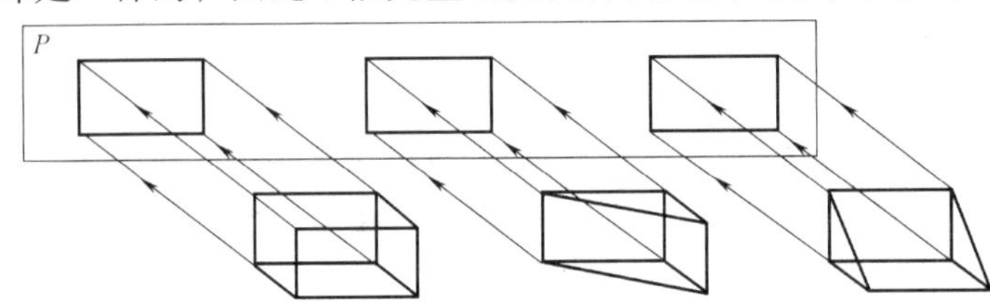

图 3-6　单面投影

（2）三投影面投影的特点　要完整地反映物体的形状和大小就必须增加由不同投影方向所得到的其他投影视图，互相补充，才能将物体完整地表达清楚。在实践中，单投影面体系逐步发展成由互相垂直的三个投影面组成的三投影面体系。三投影面体系是由三个相互垂直的投影面、三个相互垂直投影面相交形成的三根投影轴和三面投影视图组成，如图 3-7 所示。

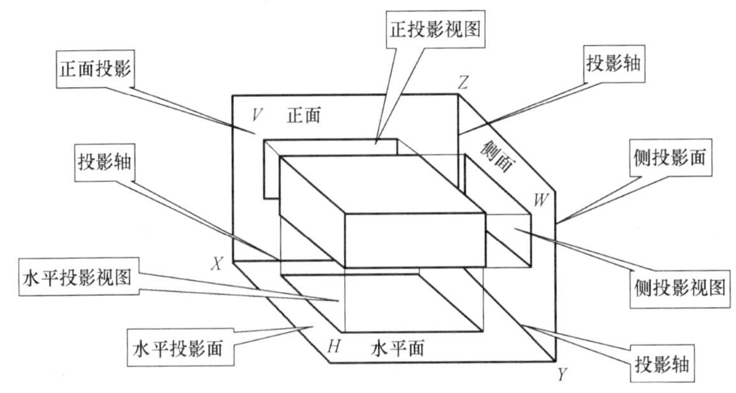

图 3-7　三投影面体系

1）投影面：三投影面体系有三个相互垂直的投影面。正投影面，简称正面，用 V 表示；水平投影面，简称水平面，用 H 表示；侧投影面，简称侧面，用 W 表示。

2）投影轴：投影面的交线称为投影轴。V 面与 H 面的交线为 OX 轴，简称 X 轴；H 面与 W 面的交线为 OY 轴，简称 Y 轴；V 面与 W 面的交线为 OZ 轴，简称 Z 轴。X、Y、Z 三轴的交点称为原点，用 O 表示。

3）三视图：在工程上，把观察者的视线看成平行投影线，按正投影法和国家相关标准及规定绘制的物体图形，称为视图。在三投影面体系中可获得的视图有主视图、俯视图和左视图，我们将其称为三视图。工程上常用的三视图如图 3-8a 所示。

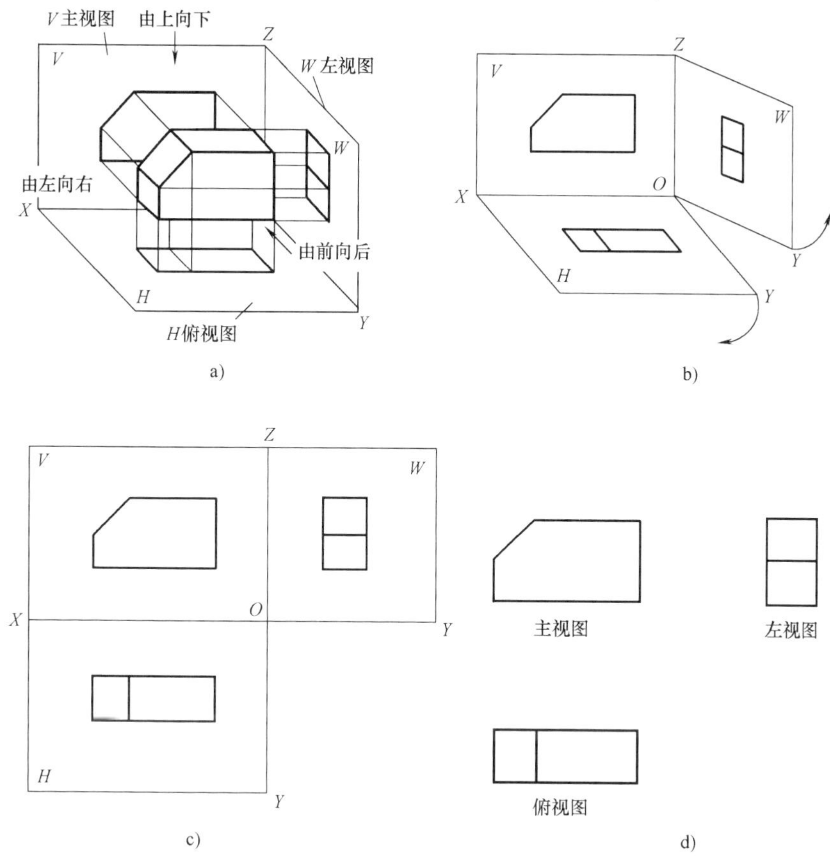

图 3-8　三视图的形成

正视图——由物体的前方向后方投影所得到的视图，即该物体在正面上投影得到的视图。

俯视图——由物体的上方向下方投影所得到的视图，即该物体在水平面上投影得到的视图。

左视图——由物体的左方向右方投影所得到的视图，即该物体在侧面上投影得到的视图。

把三个视图画在同一平面上，必须把三个视图展开。即：正面（V）保持不动，水平面（H）绕 OX 轴向下旋转 90°，侧面（W）绕 OZ 轴向右旋转 90°如图 3-8b 所示。

展开在一个平面上的三视图如图 3-8c、d 所示。

4）三视图的投影规律，如图 3-9 所示。

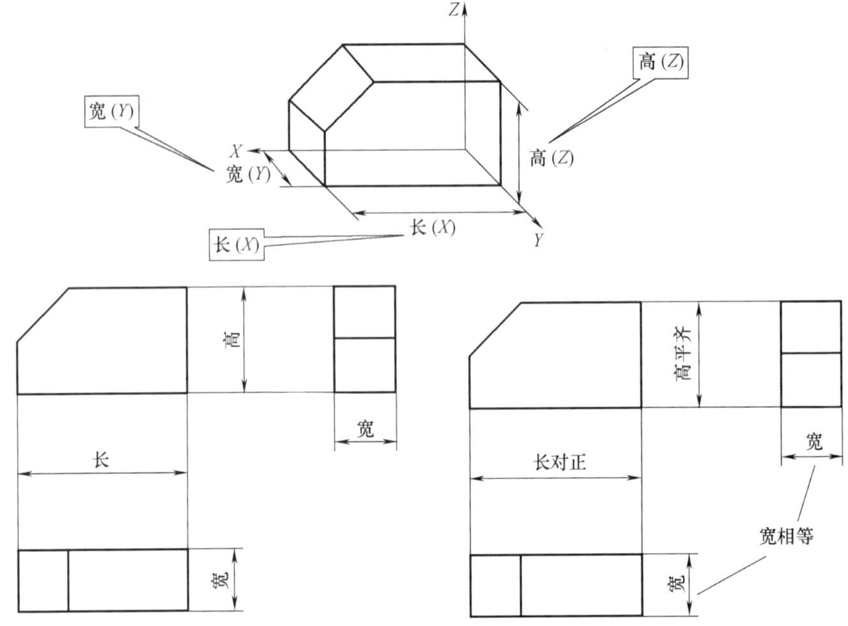

图 3-9　三视图的投影规律

① 同一物体三视图投影规律：

主视图反映该物体的长度和高度。

俯视图反映该物体的长度和宽度。

左视图反映该物体的高度和宽度。

主、俯视图长对正；主、左视图高平齐；俯、左视图宽相等。

② 三视图间的位置关系：主视图在上方，俯视图在主视图的正下方，左视图在主视图的正右方。

③ 三面视图的方位关系：物体有上、下、左、右、前、后六个方位。

主视图反映物体的上、下和左、右的相对位置关系。

俯视图反映物体的前、后和左、右的相对位置关系。

左视图反映物体的前、后和上、下的相对位置关系。

想一想

1. 指出题图 3. 1-1 三投影面体系中三投影面的名称且标明投影轴以及长方体在三投影面

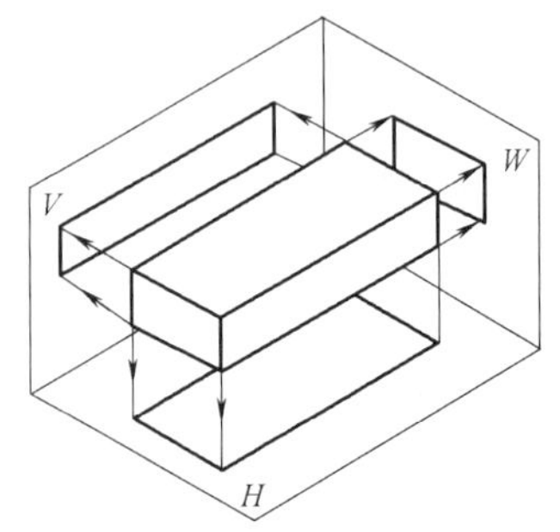

题图 3. 1-1　长方体在三投影面体系中的投影

体系中的各投影面视图的名称。

2. 在题图 3.1-2 中，选择与三视图对应的立体图。

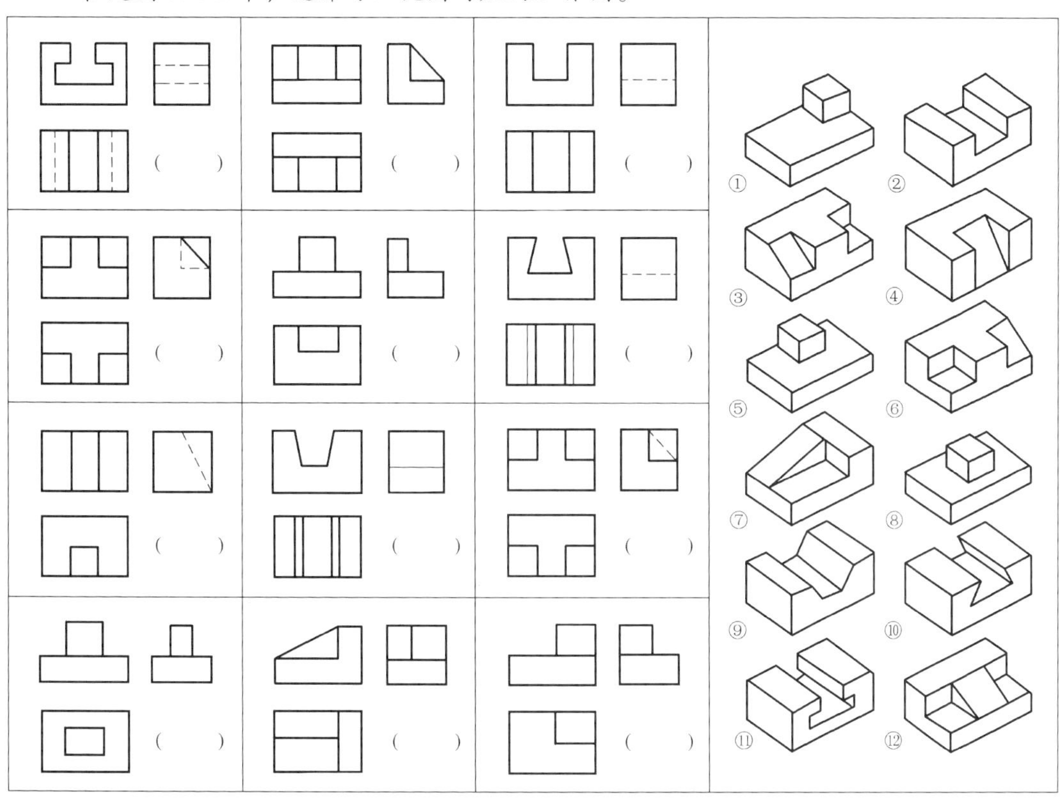

题图 3.1-2

3. 在题图 3.1-3 中，找出与三视图对应的立体图形，将相应的序号填写在括号中：

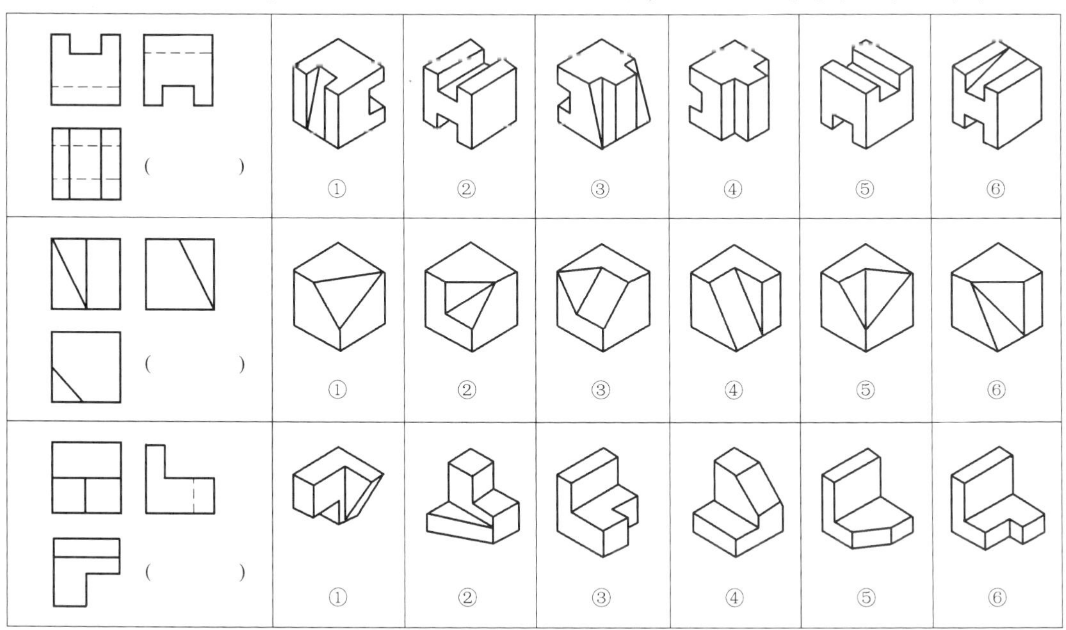

题图 3.1-3

小试身手

1. 根据题图 3.1-4 中的立体图补画出视图所缺的图线。

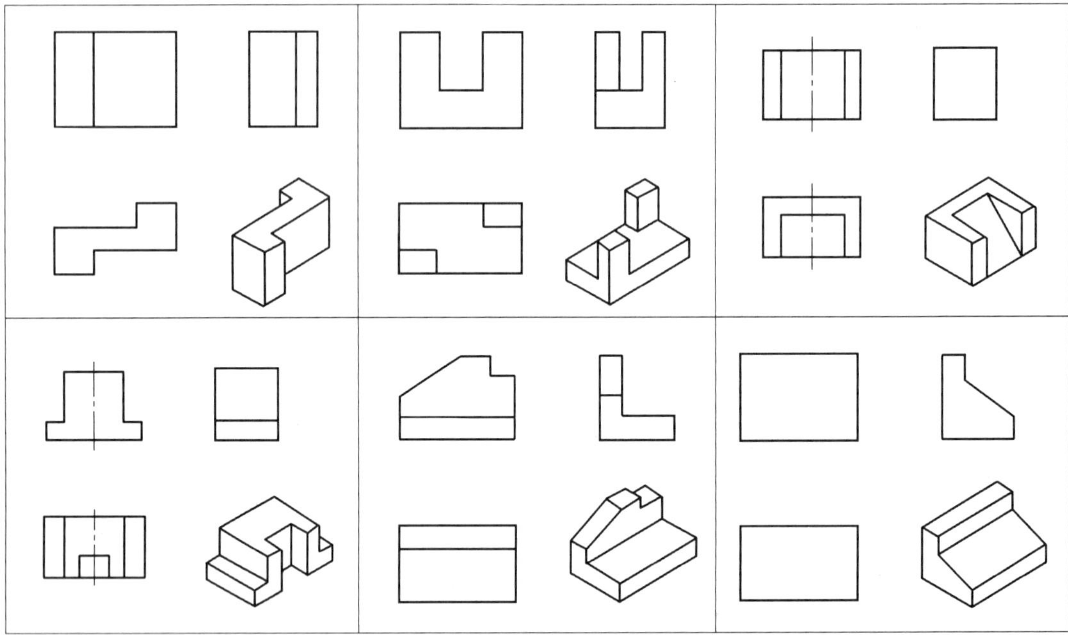

题图 3.1-4

2. 根据题图 3.1-5 中的立体图辨认其相应的两视图，并补画出视图所缺的第三个视图。

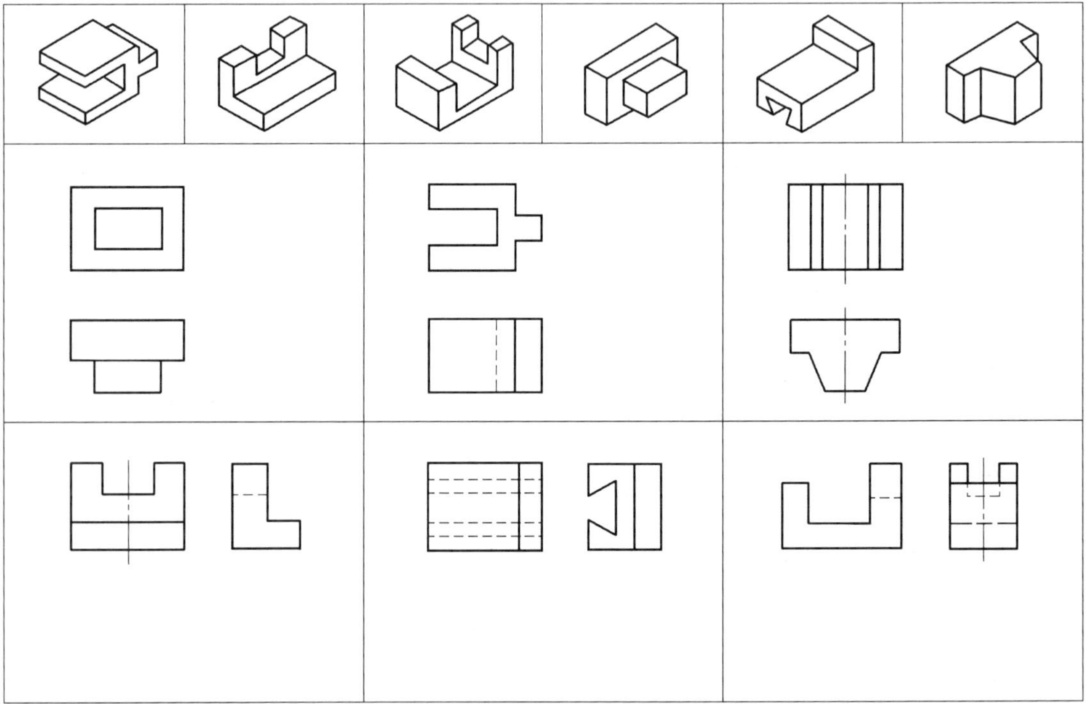

题图 3.1-5

任务二	点在三投影面体系中的投影法则 学时：90min
学习目标	1. 了解点在三投影面体系中的投影规则。 2. 理解点的投影与坐标的关系。 3. 会展开点三投影面体系的投影视图。
知识点	1. 点的投影特性和点的三面投影。 2. 点的投影规则。 3. 点的投影与点坐标的关系。
技能点	1. 会读出点在三投影面体系中投影的坐标。 2. 会正确判断空间两点的相对位置。 3. 会根据重影点的投影特性，识读重影点的投影。
点的空间位置及点的三面投影坐标	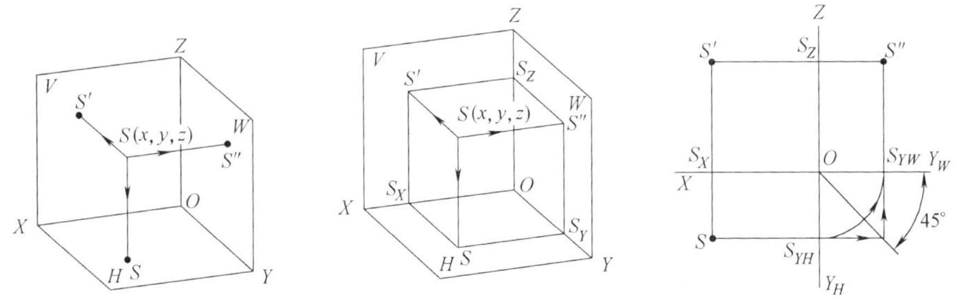 a) 点的空间位置　b) 点的三面投影
空间两点的投影及坐标	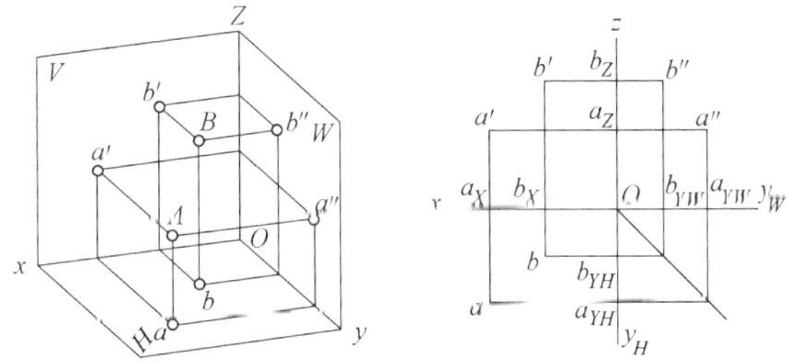 a) 空间两点在三投影体系中的投影　b) 空间两点在投影面上的投影
点三面投影坐标及空间两点位置的判断	1. 点的三投影面投影及其距离： 点 V 正面的投影分别反映点距 W 面（侧面）和 H 面（水平面）的距离。 点在 H 水平面的投影分别反映点距 W 面（侧面）和 V 面（正面）的距离。 点在 W 侧面的投影分别反映点距 V 面（正面）和 H 面（水平面）的距离。 2. 点在三投影面体系中的投影坐标遵循“三等”的对应原则： 点在 V 正面与 H 水平面的投影 X 轴的坐标对应相等。 点在 H 水平面与 W 侧面的投影 Y 轴的坐标对应相等。 点在 V 正面与 W 侧面的投影 Z 轴的坐标对应相等。 知道了点的 X 轴、Y 轴、Z 轴的坐标，即可确定点在空间的位置。 3. 空间两点在三投影面体系中的投影坐标是判断空间两点相对位置的依据。 需要特别注意的是重影点投影的定义和重影点的重影性及重影点的可见性。

点是构成物体的最小基本几何元素。两点决定一条直线，三点决定一个平面。而任何物体都是由点、线、面所围成。那么，要画出物体的投影图，就必须掌握点的投影规律。

1. 点的空间位置

空间点的位置通常由点的三轴坐标来确定的，即由点 $S(x,y,z)$ 来确定，如图 3-10 所示。

2. 点的投影特性

点的投影永远是点。如图 3-11 所示，点在三个投影面上的投影均是点。

3. 点的三面投影

空间点 $S(x,y,z)$ 在 H、V、W 面上的投影，如图 3-11 所示，H 面(水平面)上的投影记作 S，V 面(正面)上的投影记作 S'，W 面(侧面)上的投影记作 S''。

把图 3-11a 展开在同一平面上，保持 V 面不动，H 面绕 X 轴向下转 90°，W 面绕 Z 轴向右转 90°，如图 3-11b 所示。而实际作图时，不画投影的边框线，即如图 3-11c 所示。

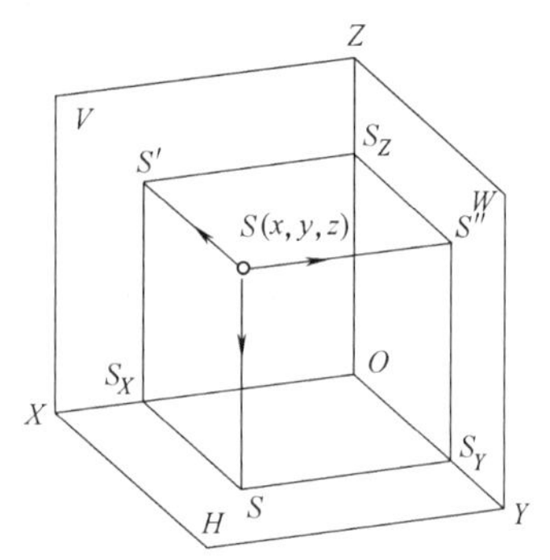

图 3-10　空间点的位置

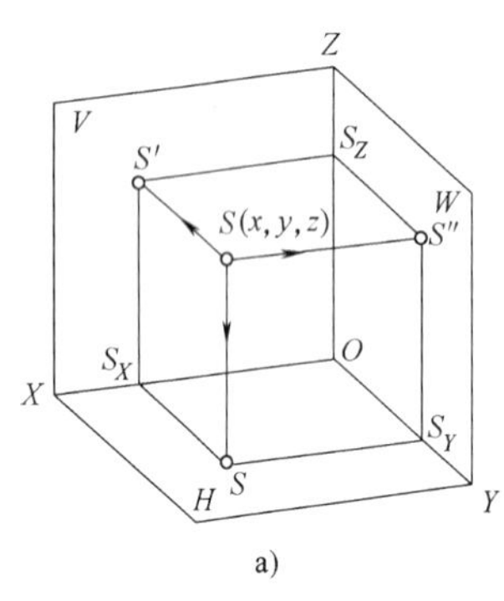

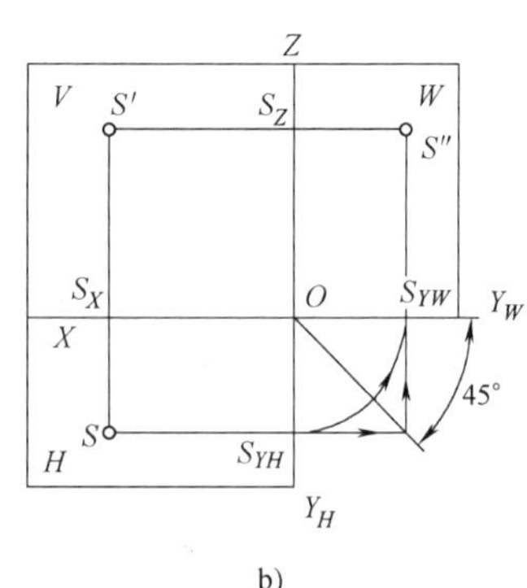

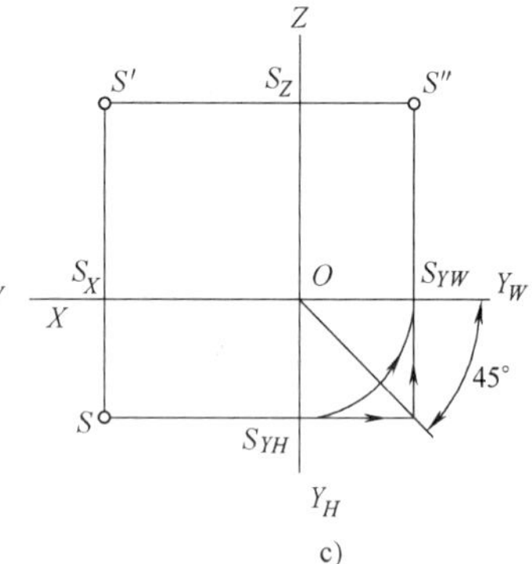

图 3-11　点的三面投影

4. 点的投影规律

1）点的正面投影与水平投影的连线一定垂直于 OX 轴，$SS' \perp OX$。

2）点的正面投影与侧面投影的连线一定垂直于 OZ 轴，$S'S'' \perp OZ$。

3）点的水平投影到 OX 轴的距离等于点的侧面投影到 OZ 轴的距离，即，$S''S_Z = SS_X$。

点的本身并没有长、宽、高，但点在三投影面体系中的投影规律实质上与“三等”的关系是一致的，如图 3-11c 所示。

例 3-1　已知点 A 的 V 面投影 a' 与 H 面投影 a，求作 W 面投影 a''，见图 3-12a。

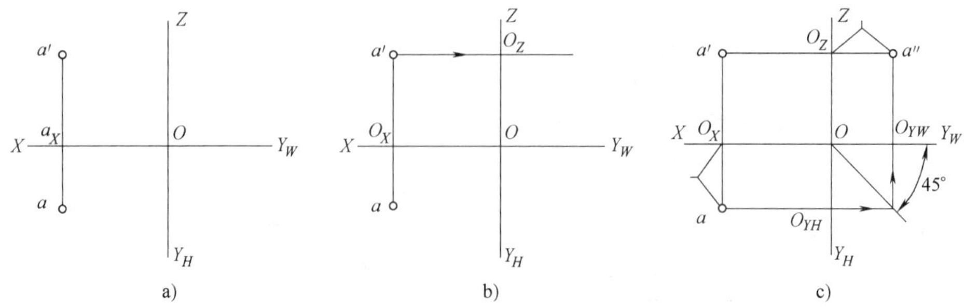

图 3-12　已知点的两面投影求第三投影

分析：根据点的投影规律可知 $a'a'' \perp OZ$，过 a' 作 OZ 轴的垂线 $a'a_Z$，并延长至 a'' 使 $a''a_Z = aa_X$，延长线端点 a'' 即为点 A 在 W 面的投影。

作图：

1）过 a' 作 $a'a_Z \perp OZ$，并延长，见图 3-12b。

2）量取 $a''a_Z = aa_X$，即可求得 a''，见图 3-12c。亦可用 45°线作图求得 a''。

5. 点的投影与点坐标的关系

在三投影面体系中，点的位置可由点到三个投影面的距离来确定。如果将三个投影面作为三个坐标面，投影轴作为坐标轴，则点的投影和点的坐标关系如图 3-13 所示。

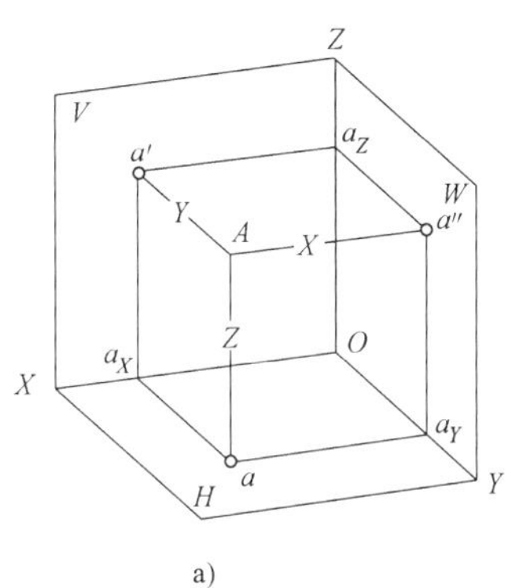

a)

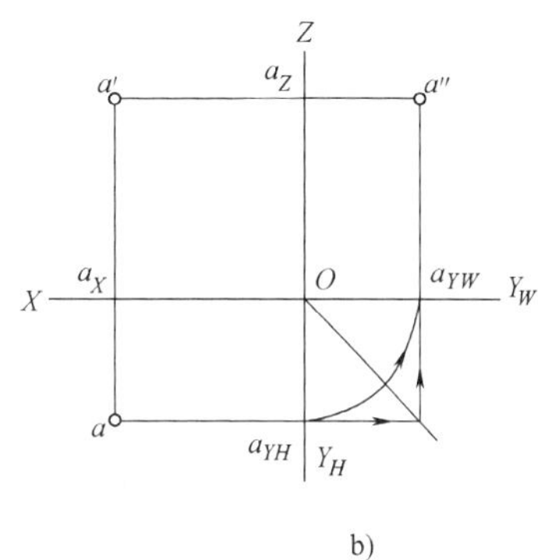

b)

图 3-13　点的投影和点的坐标的关系

点 A 到 W 面的距离为 $Aa'' = a_XO = a'a_Z = aa_Y$ 即 X 的坐标。

点 A 到 V 面的距离为 $Aa' = a_YO = a''a_Z = aa_X$ 即 Y 的坐标。

点 A 到 H 面的距离为 $Aa = a_ZO = a''a_Y = a'a_X$ 即 Z 的坐标。

空间一点的位置可由该点的坐标(x、y、z)确定。

因此，点 A 三投影的坐标分别为 $a(x、y)$、$a'(x、z)$、$a''(y、z)$。可见，任一投影都包含了两个坐标，故一点的两个投影必须包含确定该点空间位置的三个坐标，能确定点的空间位置。

试一试

已知空间点 B 的三个坐标是：$X=20$、$Y=15$、$Z=10$(单位为 mm)，也可表述为 B(20、15、10)，求作 B 点的三面投影。

提示

作上题时，要根据已知条件，即点 B 的三轴坐标，先作出该点的两个投影，然后，再求作另一个投影。你就动手试一试吧。

6. 两点的相对位置

在投影图中，空间两点的相对位置可由它们同面投影的坐标值大小来判别。如图 3-14 所示，A 点的 X 轴坐标大于 B 点 X 轴坐标，A 点在 B 点左侧；A 点的 Y 轴坐标大于 B 点 Y 轴坐标，A 点在 B 点前方；A 点的 Z 轴坐标小于 B 点 Z 轴坐标，A 点在 B 点下方。空间两点的上下和左右相对位置比较容易判别，所以要特别注意两点在 H 面和 W 面投影的前后相对位置的判别。

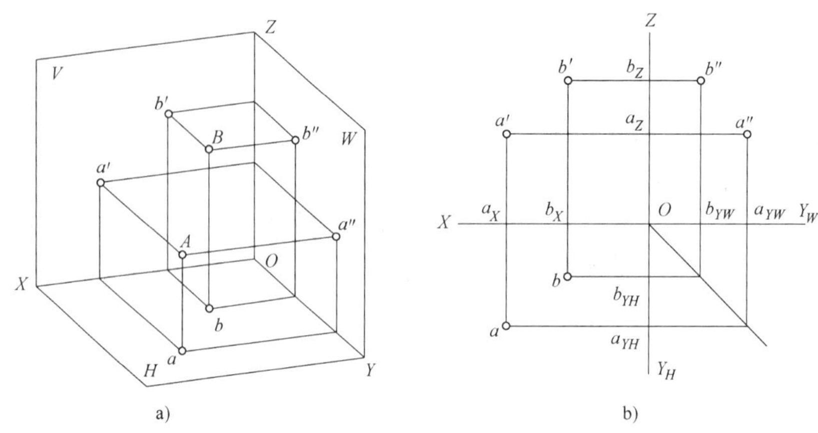

图 3-14　空间两点的相对位置

7. 重影点的投影

如果 C 点和 D 点的 X、Y 轴坐标相同，C 点 Z 轴坐标大于 D 点 Z 轴坐标，如图 3-15 所示，则 C 点和 D 点的 H 面投影 c 和 d 重合在一起，称为 H 面的重影点。重影点在标注时，将不可见的投影加括号，如 C 点在上，遮住了下面的 D 点，所以 D 点水平投影用 (d) 表示。

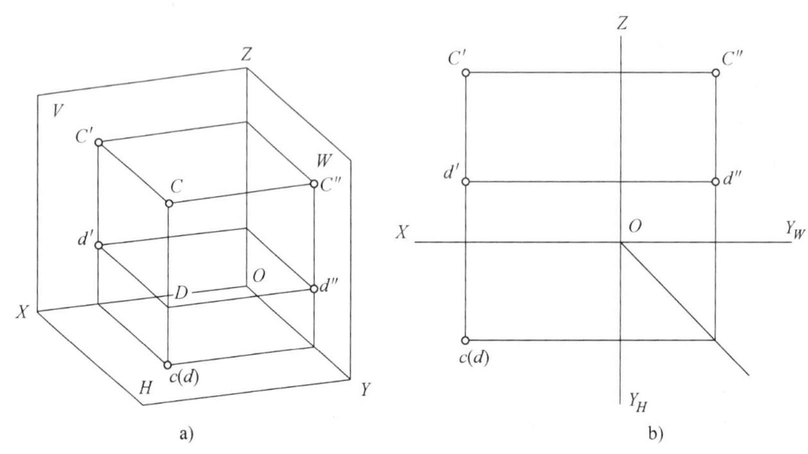

图 3-15　重影点的投影

（1）重影性　空间两点的同一投影面上的投影重合于一点的性质，称为重影性。

（2）可见性　在投影图上，如果两点具有重影性，那么重影点中对重合投影面的距离较大的那个点是可见的，而另一点是不可见的，对于点的不可见投影需加括号表示，如图 3-15a 中的 C、D 是重影点。在图 3-15b 中，重影点投影用 c 表示点 C 的可见性，(d) 表示 D 点在 H 面上投影是不可见的。

巩固练习

1. 根据点的坐标，在题图 3. 2-1 中作点的三面投影，并说明其空间位置。

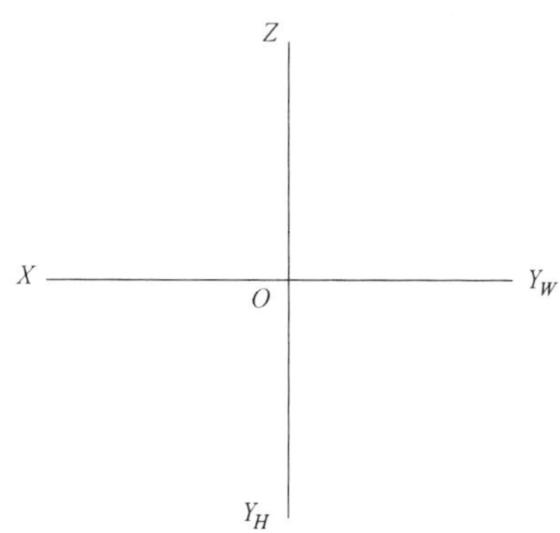

坐标 点	X	Y	Z
A	0	25	20
B	25	30	0
C	30	0	15
D	15	20	10

最高点________最低点________

最前点________最后点________

最左点________最右点________

题图 3.2-1

2. 在题图 3.2-2 中，已知点 A 的三面投影，B 点在 A 点的左方 15，前方 10，下方括号，求作 B 点的三面投影图。

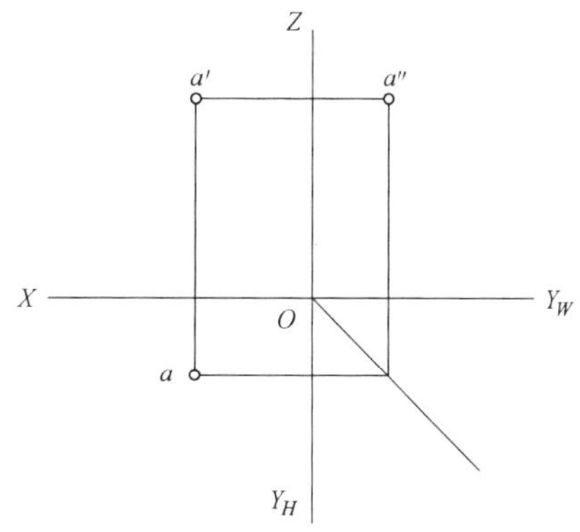

题图 3.2-2

3. 参照题图 3.2-3 所示的三视图，在立体图上标出 C、D 两点位置，并填空。

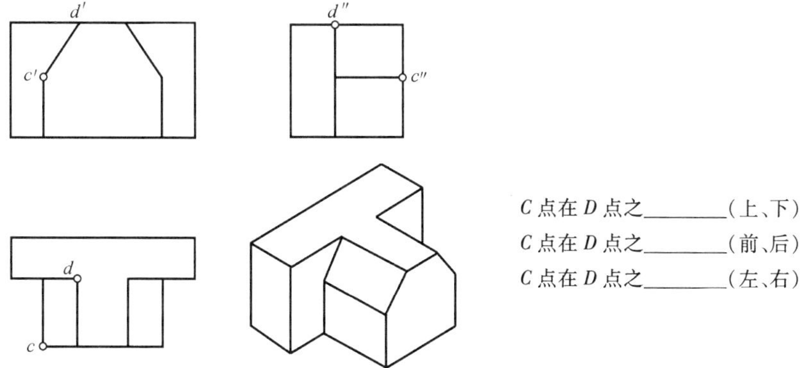

C 点在 D 点之________（上、下）

C 点在 D 点之________（前、后）

C 点在 D 点之________（左、右）

题图 3.2-3

4. 在题图 3.2-4 中作出 C、D 两点的三面投影，并标注可见性(尺寸从图中量出，取整数)。

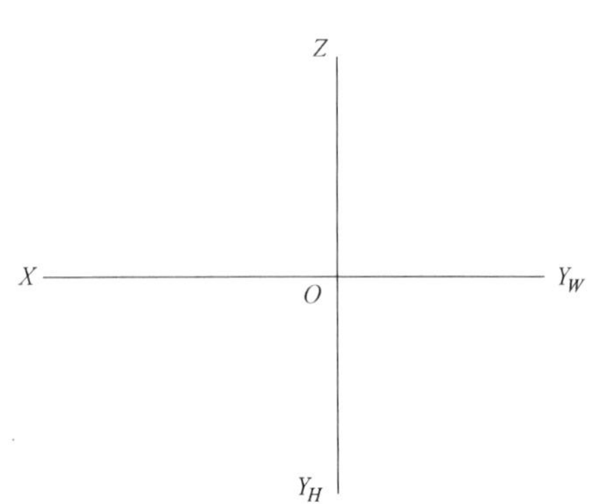

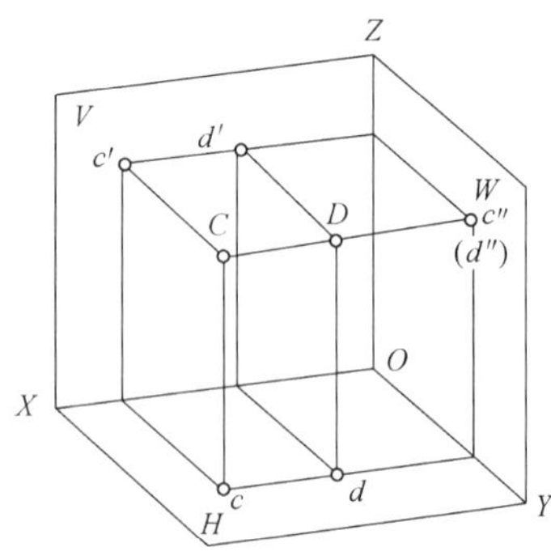

题图 3.2-4

任务三	直线在三投影面体系中的投影法则	学时：90min
学习目标	1. 理解直线在三投影面体系的投影规则。 2. 正确判断直线的空间位置。	
知识点	1. 直线的三面投影和直线的投影特性。 2. 空间直线相对投影面的位置及其投影特性。 （1）投影面倾斜直线的投影特性——长变短。 （2）投影面平行直线的投影特性——为实长。 （3）投影面垂直直线的投影特性——聚成点。	
技能点	会运用直线在三投影面体系中的投影特性，识读和补画视图。	
空间直线相对投影面位置及其投影特性	空间直线相对投影面的位置：特殊位置的直线；投影面的平行线或垂直线；一般位置直线。而平行、垂直、倾斜直线的投影特性分别表现为真实性、积聚性和收缩性。 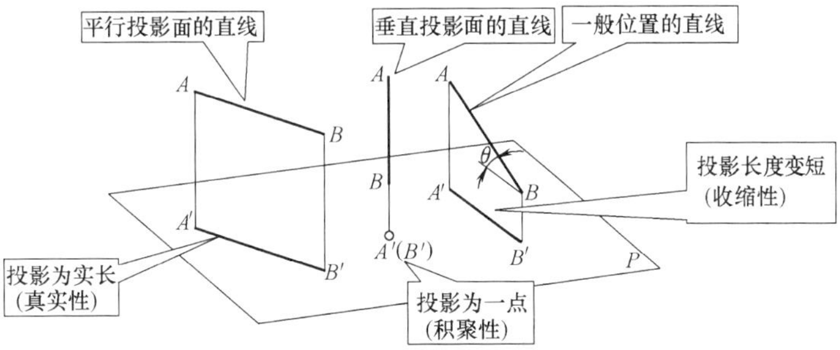 平行投影面的直线 垂直投影面的直线 一般位置的直线 投影长度变短（收缩性） 投影为实长（真实性） 投影为一点（积聚性）	
由直线的两面投影作其第三面投影	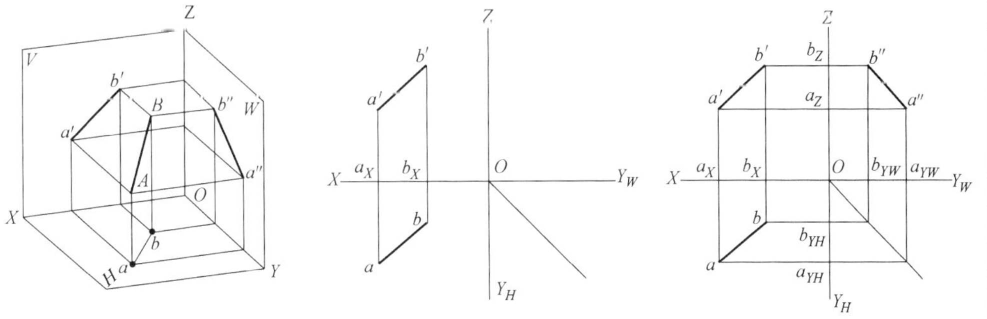	
空间直线的三面投影规律	直线的三投影面投影的规律： （1）投影面平行线的投影特性：直线平行投影面，其投影为实长。 直线倾斜投影面，其投影长度变。 直线垂直投影面，其投影聚成点。 （2）投影面垂直线的投影特性：直线平行投影面，其投影为实长。 直线垂直投影面，其投影聚成点。 （3）一般位置直线的投影特性：直线倾斜投影面，其投影长度变。	

一、直线的投影及其特性

空间两点可以决定一条直线，作直线投影时，只要作直线上任意两点的投影，然后将它们连接起来，就得到了直线的投影，如图 3-16 所示。

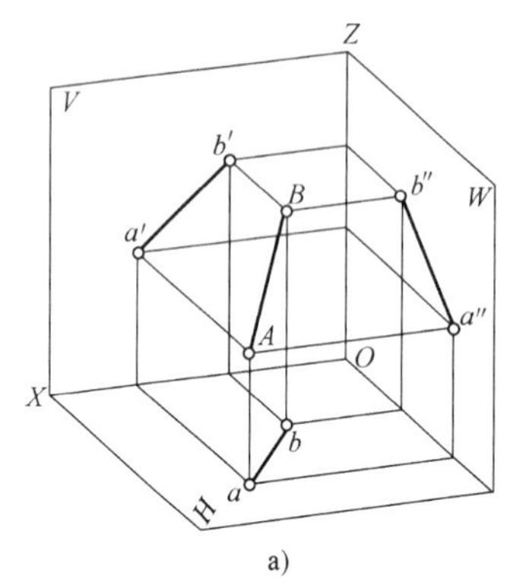

a)

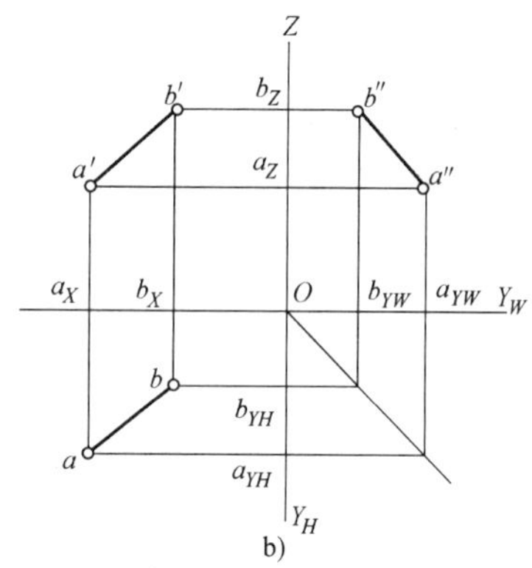

b)

图 3-16 直线的投影

1. 投影面平行线

如表 3-1 所示，只有平行于一个投影面而倾斜于另两个投影面的直线，称为投影面平行线。投影面平行线有三种位置：

水平线——平行于 H 面并与 V、W 面倾斜的直线。

正平线——平行于 V 面并与 H、W 面倾斜的直线。

侧平线——平行于 W 面并与 H、V 面倾斜的直线。

表 3-1 投影面平行线的投影特性

	三 视 图	投 影 图	投 影 特 性
水平线			1. 水平投影 $ab=AB$ 2. 正面投影 $a'b'/\!/OX$；侧面投影 $a''b''/\!/OY_W$；都不反映实长 3. β、γ 反映直线对 V 面和 W 面倾角的真实大小
正平线			1. 正面投影 $c'b'=CB$ 2. 水平投影 $cb/\!/OX$，侧面投影 $c''b''/\!/OZ$，都不反映实长 3. α、γ 反映直线对 H 面、W 面倾角的真实大小。$\beta=0$

（续）

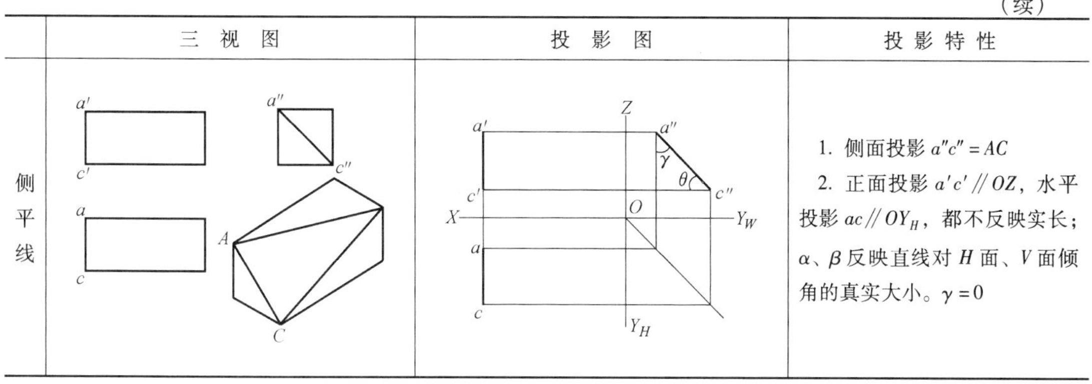

	三 视 图	投 影 图	投 影 特 性
侧平线			1. 侧面投影 $a''c''=AC$ 2. 正面投影 $a'c'$ // OZ，水平投影 ac // OY_H，都不反映实长；α、β 反映直线对 H 面、V 面倾角的真实大小。$\gamma=0$

直线与投影面所夹的角即为直线对投影面的倾角。α、β、γ 分别表示直线对 H、V、W 面的倾角。

提示

投影面平行线的投影特性概括为：

直线平行投影面其投影为实长；

直线倾斜投影面其投影长度变；

直线垂直投影面其投影聚成点。

2. 投影面垂直线

只有垂直于一个投影面，倾斜于另两个投影面的直线，称为投影面垂直线。投影面垂直线也有三种位置，如表 3-2 所示。

表 3-2 投影面垂直线的投影特性

	三 视 图	投 影 图	投 影 特 性
铅垂线	a' a'' b' b'' A $a(b)$ B	Z a a' b b'' X O Y_W $a(b)$ Y_H	1. 水平投影 $a(b)$ 积聚成一点 2. 正面投影 $a'b'$ // OZ，侧面投影 $a''b''$ // OZ，都反映实长
正垂线	$c'(d')$ b'' d'' c'' d D c C	Z $c'(d')$ d'' c'' X O Y_W d c Y_H	1. 正面投影 $c'(d')$ 积聚成一点 2. 水平投影 cd // OY_H，侧面投影 $c''d''$ // OY_W，都反映实长

（续）

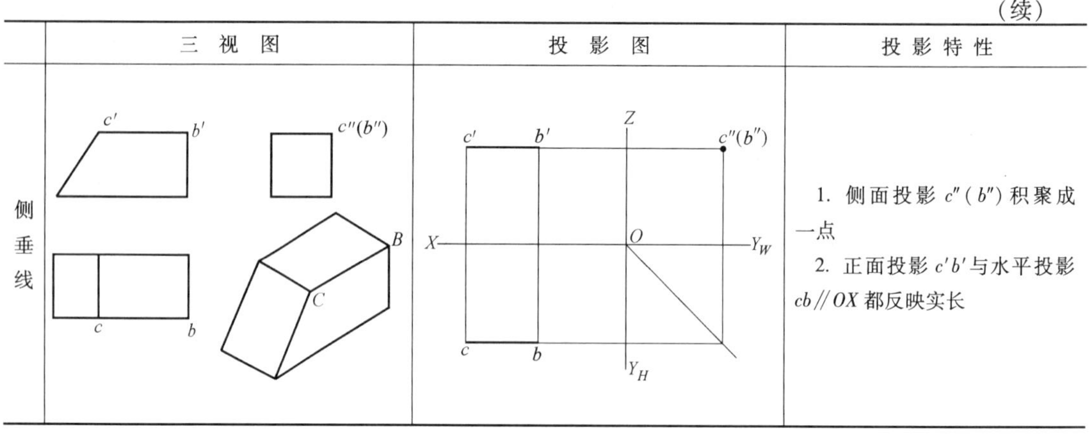

	三 视 图	投 影 图	投 影 特 性
侧垂线			1. 侧面投影 $c''(b'')$ 积聚成一点 2. 正面投影 $c'b'$ 与水平投影 cb // OX 都反映实长

铅垂线——垂直于 H 面并与 V、W 面平行的直线。

正垂线——垂直于 V 面并与 H、W 面平行的直线。

侧垂线——垂直于 W 面并与 H、V 面平行的直线。

投影面垂直线的投影特性：

投影面垂直线的投影在其垂直的投影面上积聚成一点，在与之平行的投影面上为反映实长的平行直线，见表 3-2。

3. 一般位置直线

对三个投影面均处于倾斜位置的直线，称为一般位置直线，如图 3-17 所示。其投影特性如下：

（1）在三个投影面上的投影均是倾斜直线。

（2）投影长度均小于实长。

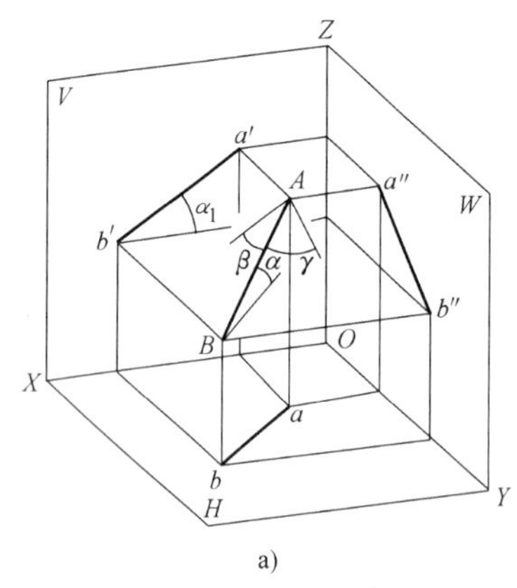

a)

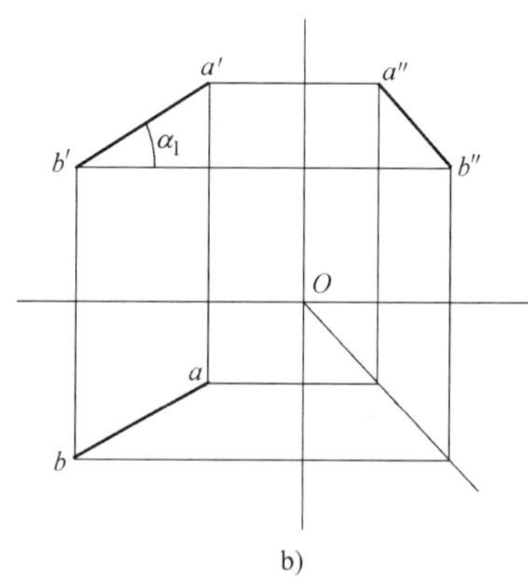

b)

图 3-17　一般直线的投影

小试身手

1. 说一说直线相对同一个投影面有几种位置，各种位置的投影情况及其图样特性如何，完成表格内容。

直线相对于投影面的位置	投　影	投影特性

2. 根据直线的二面投影作出第三面投影并完成填空，如题图 3.3-1 所示。

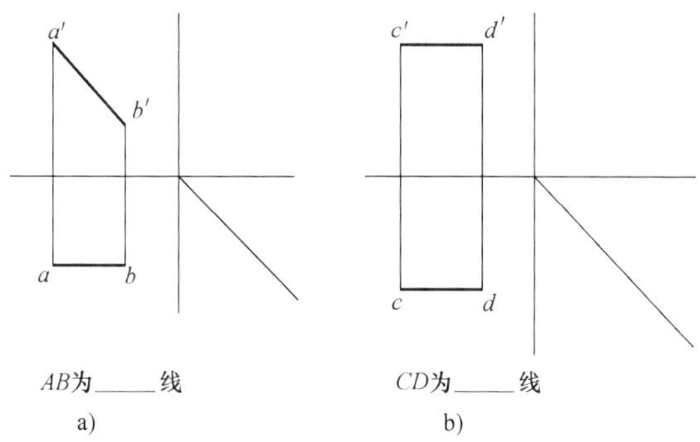

题图 3.3-1

3. 如题图 3.3-2 和题图 3.3-3 所示，注出直线 AB、CD 的另一面投影符号，在立体图中标注字母 A、B、C、D，并填空说明其空间位置。

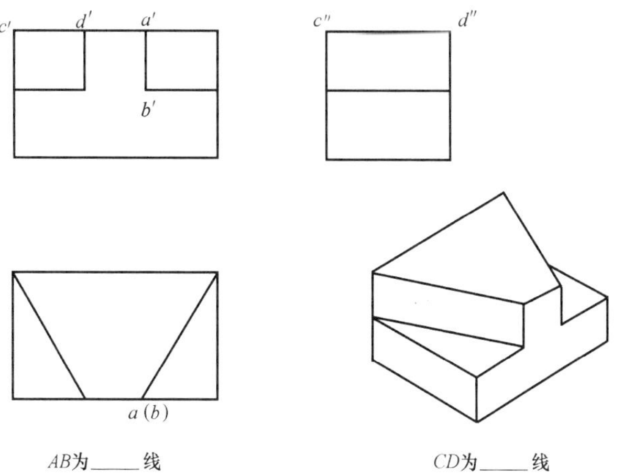

题图 3.3-2

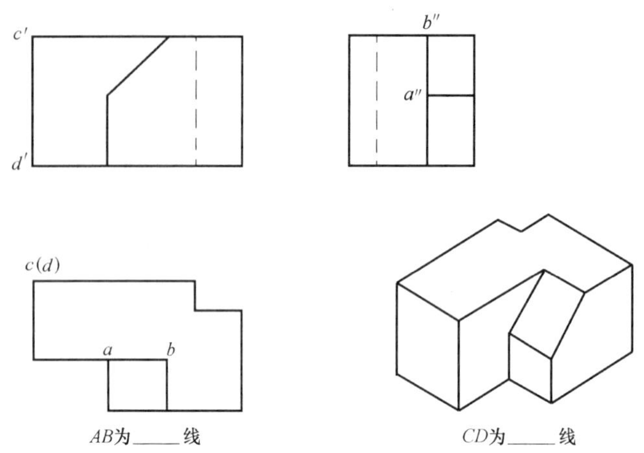

题图 3. 3-3

4. 如题图 3. 3-4 所示，过 A 点作正垂线 $AB=15$（由前向后）。

5. 如题图 3. 3-5 所示，过点 C 作侧垂线 $CD=12$（由右向左）。

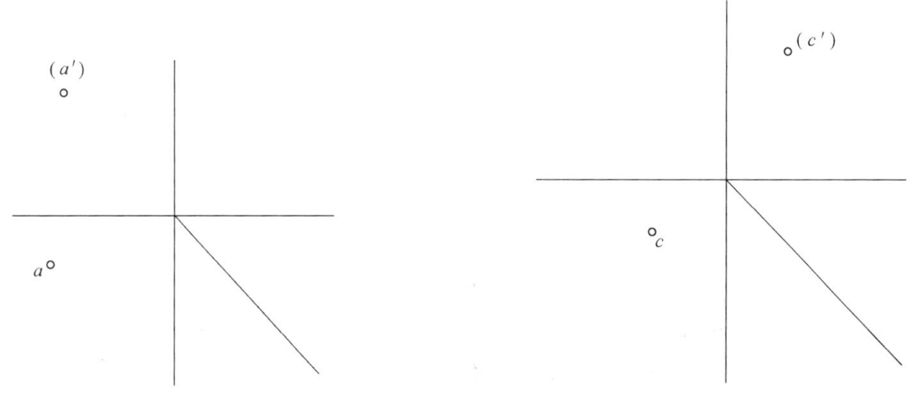

题图 3. 3-4

题图 3. 3-5

6. 如题图 3. 3-6 所示，EF 为水平线，方向向右向前，长度为 25，与 V 面的倾角 $\beta=30°$。

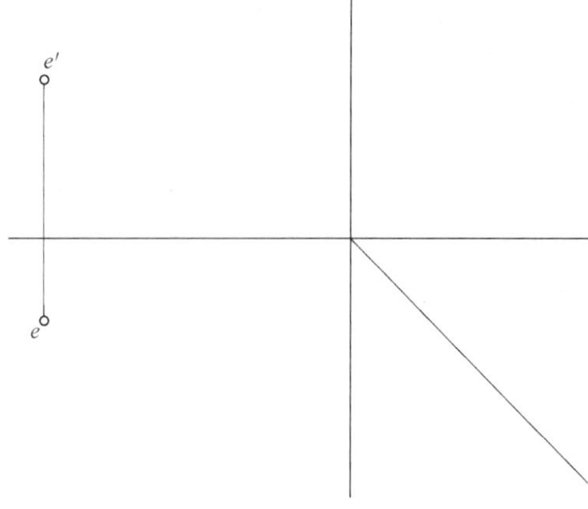

题图 3. 3-6

巩固练习

如题图 3. 3-7 所示，补画左视图并填空。

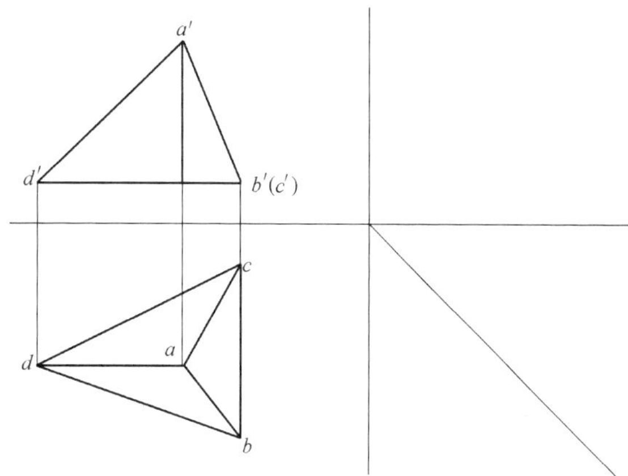

题图 3. 3-7

AB 是________线，*AD* 是________线，*BC* 是________线。

任务四	平面在三投影面体系中的投影法则	学时：120min
学习目标	1. 理解平面在三投影面体系的投影规则。 2. 会正确判断平面的空间位置。	
知识点	1. 平面的三面投影及其投影特性。 2. 空间平面相对投影面的位置及其投影特性。 （1）投影面倾斜平面的投影特性——类似形。 （2）投影面平行平面的投影特性——原形。 （3）投影面垂直平面的投影特性——聚成线。	
技能点	会运用直线在三投影面体系中的投影特性作平面投影。	
空间平面相对投影面的位置及其投影特性	空间平面相对投影面的位置：特殊位置的直线；投影面的平行面或垂直平面；一般位置平面。而平行、垂直、倾斜平面的投影特性分别表现为真实性、积聚性和收缩性。 平行投影面　垂直投影面　一般位置 投影为原形（真实性）　投影为直线（积聚性）　投影面积变（收缩性）　P	
由平面两面投影作其第三面的投影	X　O　Z　Y_W　Y_H	
空间平面三面投影规律	平面的三投影面投影的规律： （1）投影面平行面的投影特性：平面平行投影面，其投影为原形。 平面倾斜投影面，其投影类似形。 平面垂直投影面，其投影聚成线。 （2）投影面垂直面的投影特性：平面平行投影面，其投影为原形。 平面垂直投影面，其投影聚成线。 （3）一般位置平面的投影特性：直线倾斜投影面，其投影类似形。	

在三面投影体系中，平面相对于投影面的位置也可分三种：一般位置平面、投影面的平

行面、投影面垂直面，后两类平面也称为特殊位置平面。

1. 一般位置平面

一般位置平面与三个投影面都处于倾斜位置的平面，其投影特性如下：

1）在三个投影面上的投影均为原平面的类似形。

2）投影比原形缩小，不反映真实形状。

如图 3-18 所示，$\triangle ABC$ 与 V、H、W 面都倾斜，所以在三个投影面上的投影 $\triangle a'b'c'$、$\triangle abc$、$\triangle a''b''c''$均为缩小了的类似形。三个投影面上的投影都不能直接反映该平面对投影面的倾角。

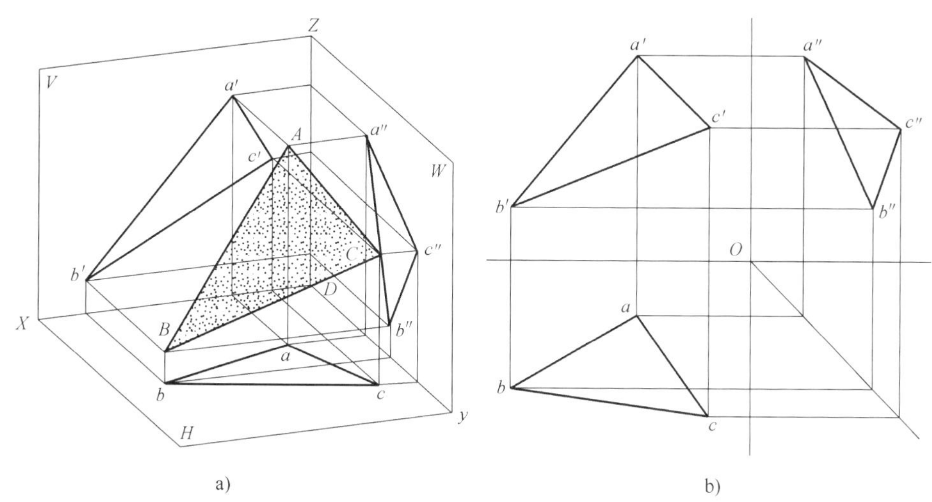

图 3-18 一般位置的平面

2. 投影面的平行面

平行于一个投影面且垂直于另外两个投影面的平面为投影面的平行面。在三投影面体系中，也有三种位置，详见表 3-3。

表 3-3 投影面平行面及其投影特性

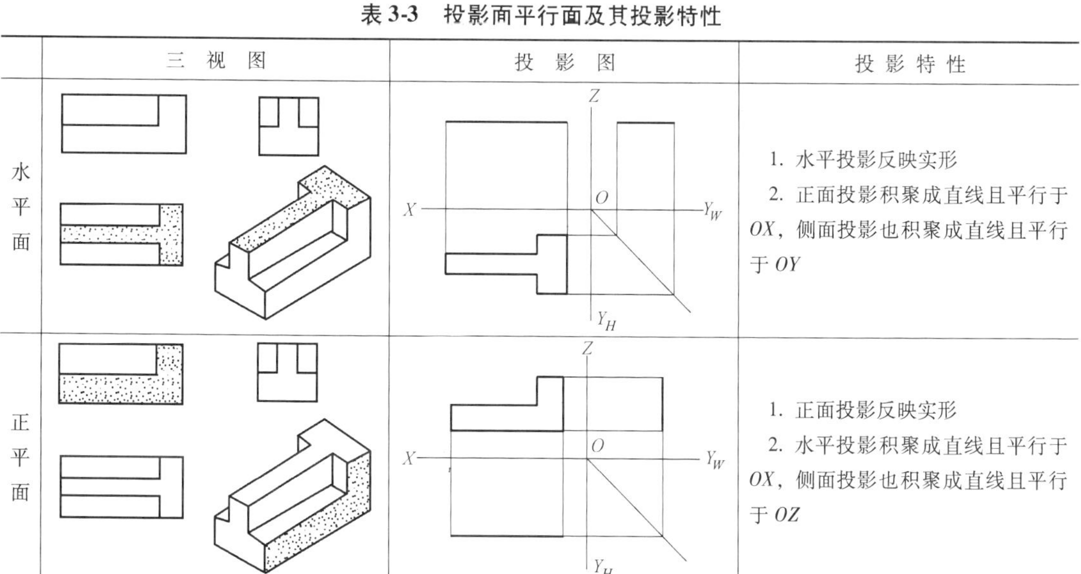

	三视图	投影图	投影特性
水平面		Z, X, O, Y_W, Y_H	1. 水平投影反映实形 2. 正面投影积聚成直线且平行于 OX，侧面投影也积聚成直线且平行于 OY
正平面		Z, X, O, Y_W, Y_H	1. 正面投影反映实形 2. 水平投影积聚成直线且平行于 OX，侧面投影也积聚成直线且平行于 OZ

（续）

	三视图	投影图	投影特性
侧平面	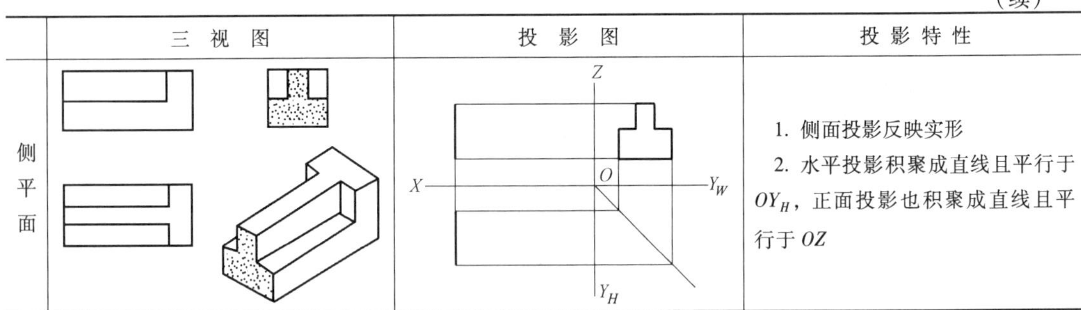		1. 侧面投影反映实形 2. 水平投影积聚成直线且平行于 OY_H，正面投影也积聚成直线且平行于 OZ

（1）水平面　平行于 H 面且垂直于 V、W 面的平面。

（2）正平面　平行于 V 面且垂直于 H、W 面的平面。

（3）侧平面　平行于 W 面且垂直于 V、H 面的平面。

投影面的平行面投影特性：与其平行的投影面上的投影同原形；与之垂直的投影面上的投影积聚成直线且平行于相应的投影轴。

3. 投影面的垂直面

垂直于一个投影面且倾斜于另外两个投影面的平面为投影面的垂直面。在三投影面体系中，也有三种位置，详见表3-4。

表3-4　投影面垂直面及其投影特性

	三视图	投影图	投影特性
铅垂面			1. 水平投影积聚成直线，β、γ 反映对 V 面、W 面倾角的真实大小，$\alpha=90°$ 2. 正面投影和侧面投影为平面的类似形
正垂面			1. 正面投影积聚成直线，α、γ 反映平面对 H 面、W 面倾角的真实大小，$\beta=90°$ 2. 水平投影和侧面投影为平面的类似形
侧垂面			1. 侧面投影积聚成直线，α、β 反映平面对 H 面、V 面的倾角真实大小，$\gamma=90°$ 2. 水平和正面投影为平面的类似形

（1）铅垂面　垂直于 H 面且倾斜于 V、W 面的平面。

（2）正垂面　垂直于 V 面且倾斜于 H、W 面的平面。

（3）侧垂面　垂直于 W 面且倾斜于 V、H 面的平面。

投影面的垂直面投影特性：与其垂直的投影面上的投影积聚成直线；与之倾斜的投影面上的投影缩小成其类似形。

小试身手

1. 如题图 3.4-1 所示，已知平面的两个投影面的投影，作其第三投影面上的投影。

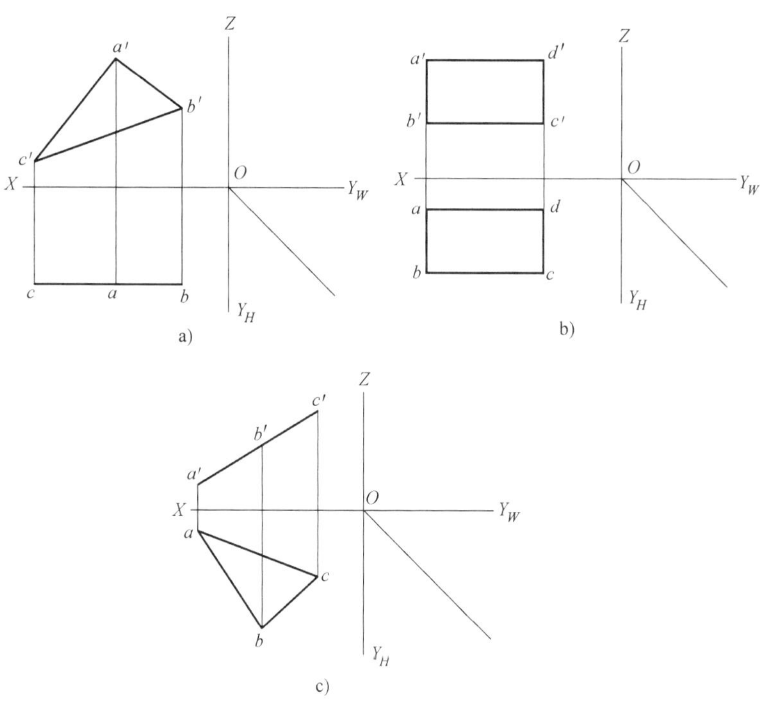

题图 3.4-1

2. 如题图 3.4-2 所示，根据正三棱在三面投影体系的投影，试分析正三棱各锥面与各投影面的相对位置。

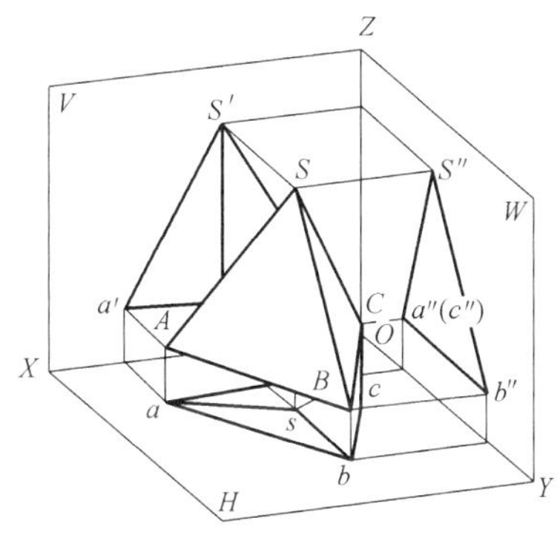

题图 3.4-2

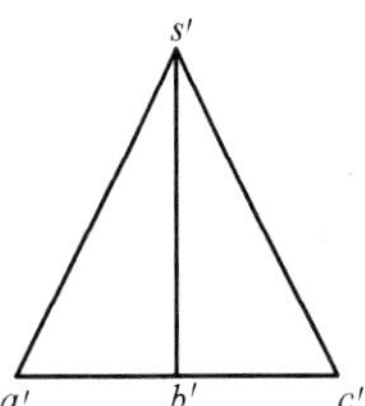

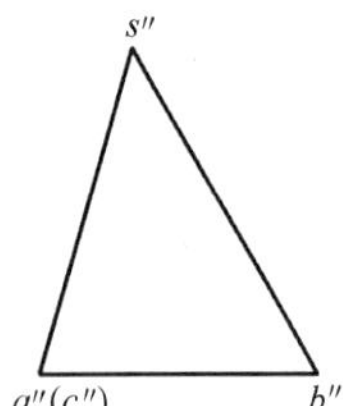

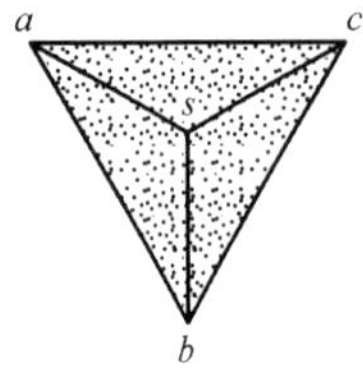

a)

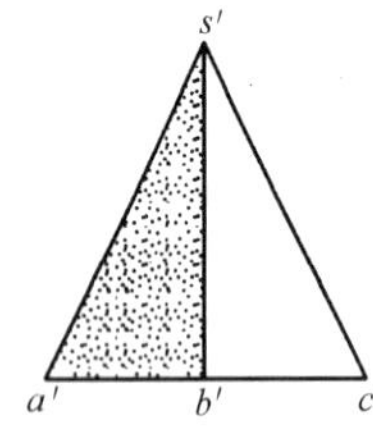

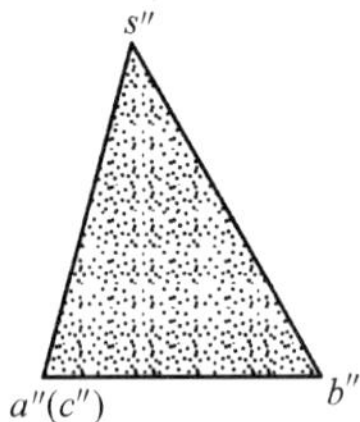

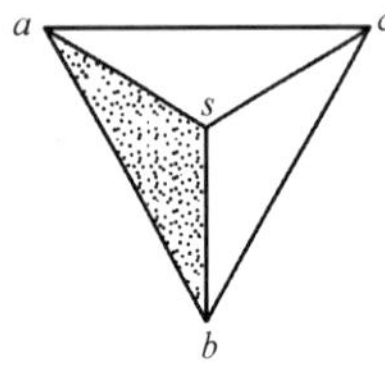

b)

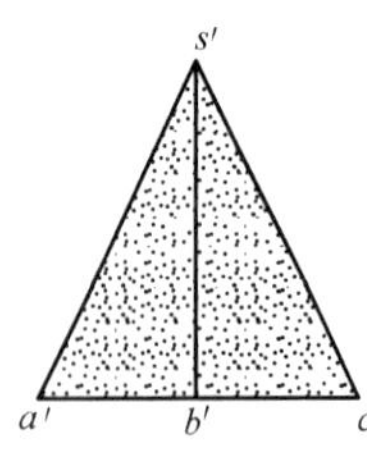

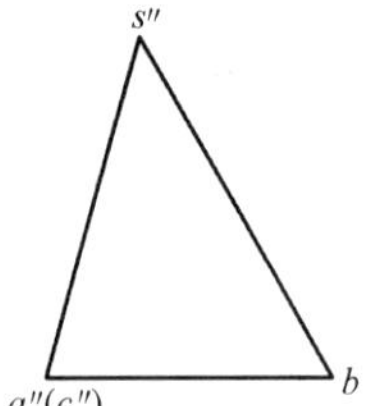

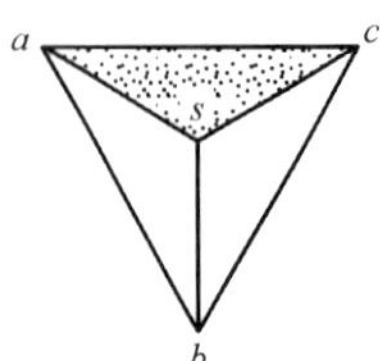

c)

学一学

1. 点在特殊位置直线上的投影

直线上点的投影的从属关系：如果点在直线上，则点的各个投影点必在该直线的同面投影上，反之，若点的各个投影都在直线的同面投影上，则点一定在该直线上。

2. 点在特殊位置平面上的投影

点在特殊位置平面上的投影，利用特殊位置平面投影的积聚性特征——在与其垂直的投影面上积聚为一条直线，判断该点则一定在这条直线上。

3. 点在一般位置平面上的投影

点在一般位置平面上的投影，由于一般位置平面没有积聚性，因此，在求作平面上点的投影时不能直接作出，必须在平面上过该点作一条辅助线，然后在辅助线的投影上求作该点的投影。

巩固练习

在题图 3.4-3、题图 3.4-4、题图 3.4-5 中的三视图中，标出平面 P、Q 和直线 AB、CD 的三面投影，并根据其对投影面的相对位置填空。

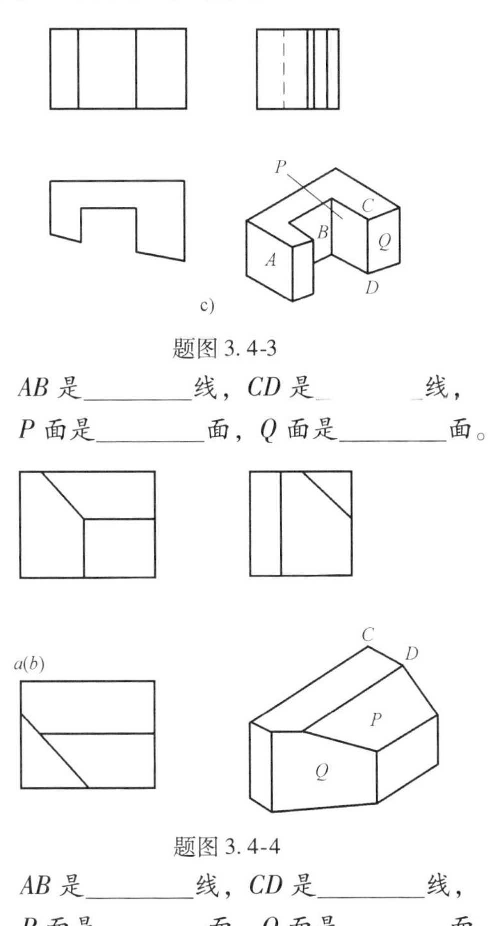

题图 3.4-3

AB 是________线，CD 是________线，

P 面是________面，Q 面是________面。

题图 3.4-4

AB 是________线，CD 是________线，

P 面是________面，Q 面是________面。

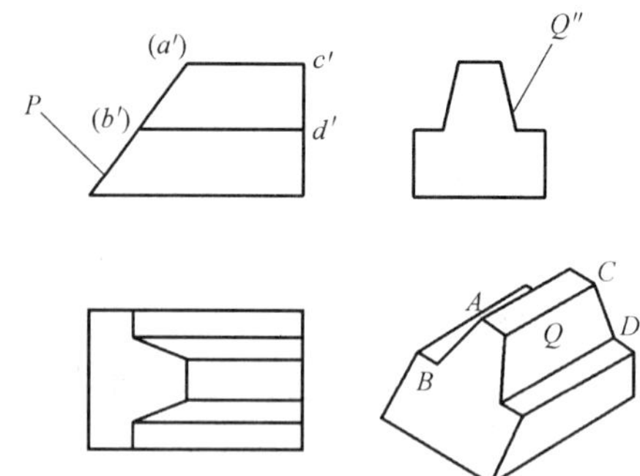

题图 3.4-5

AB 是________线，*CD* 是________线，共有________条一般位置直线。

P 面是________面，*Q* 面是________面。共有________个侧垂面。

试一试

自己动手试一试，求作点、直线在平面上的投影吧！

任务五*	空间一般位置直线的实长与平面实形的换面投影法	学时：90min
学习目标	1. 理解直线和平面在三投影面体系中的换面投影规则。 2. 正确求作一般位置直线和平面的真实大小。	
知识点	1. 直线、平面的换面投影及其投影特性。 2. 空间平面相对投影面的位置及其投影特性。 （1）投影面倾斜平面的投影特性——类似形。 （2）投影面平行平面的投影特性——原形。 （3）投影面垂直平面的投影特性——聚成线。	
学习要求	会运用直线、平面在三投影面体系中换面投影的特性作图。	
空间直线、平面换面投影的特性	空间直线或平面相对投影面的位置平行时，其投影特性均表现为真实性。换面法就是运用了这一特性来求得其实形的。 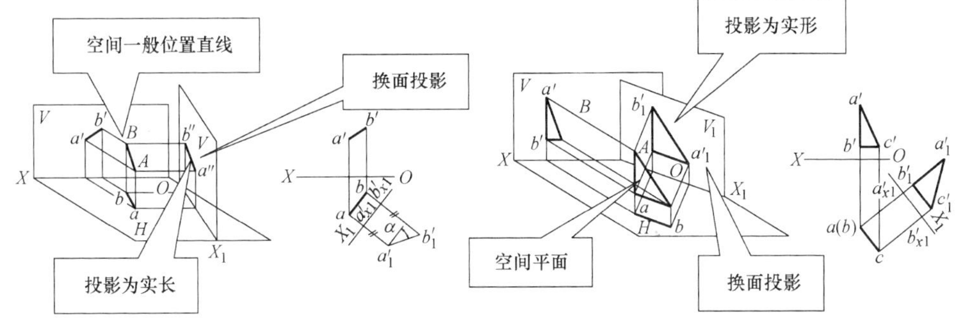 	
用换面法求作直线和平面实形图	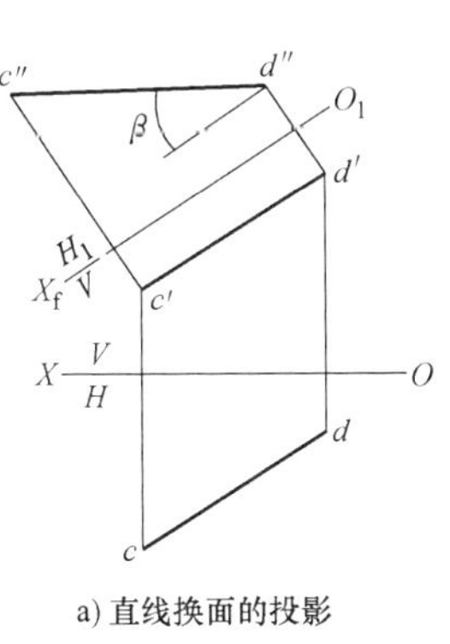 a) 直线换面的投影 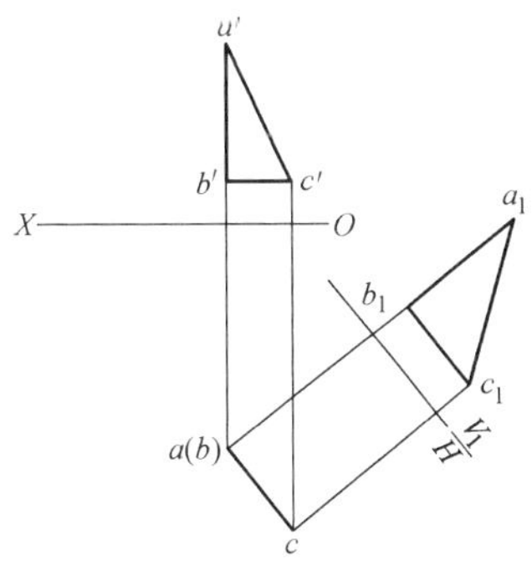 b) 平面换面的投影	
换面法运用的原理	换面投影的运用原理： （1）换面投影特性是运用直线、平面在平行的投影面上投影为实形的特性，来进行变换作出与空间直线或平面实形相平行的投影面，进行投影的。 （2）换面法可以应用在三投影面体系中不能直接求得反映空间直线、平面实形投影图形的情形，尤其在机械图样中，被用来表述难以一次性表达清楚的机械零件部位。	

一、求作直线的实长和其对投影面的倾角

如图 3-19 所示，一般位置直线 AB 在 H、V 面上的投影不反映实长，也不反映直线对投影面的倾角。若用一个平行于 AB 直线的新投影面 V_1 代替原来的 V，则 AB 在 V_1 面上的投影就能反映其实长以及对 H 面的倾角 β。这种变换投影面使空间的直线或平面在新投影面上处于有利于反映实长或实形的解题方法，被称为换面法。

提示

新投影面必须垂直于被保留的投影面 H，X_1 为新投影轴。这时原来的投影 a、b 与 V_1 面上新投影 a_1'、b_1'的投影连线 $aa_1' \perp X_1$、$bb_1' \perp X_1$。并且 a_1'、b_1'到 X_1 的距离等于被代替的投影 a'、b'到被代替的投影轴 X 的距离，即 $a_1'a_{x1} = a'a_x = Aa = ZA$，$b_1'b_{x1} = b'b_x = Bb = ZB$。（$ZA$、$ZB$ 为点 A、B 在 Z 轴的投影坐标）

用换面法求作一般位置直线的实长和对 H 面的倾角 β 的作图步骤，如图 3-19b 所示。

1）在适当的位置作新投影轴 $X_1 /\!/ ab$；

2）分别过 a、b 作新投影轴 X_1 的垂线 aa_{x_1}、bb_{x_1}，并在其延长线上分别量取 $a_{x_1}a_1' = a'a_x$，$b_{x_1}b_1' = b'b_x$。

3）连接 $a_1'b_1'$，即 AB 在 V_1 面上的新投影。

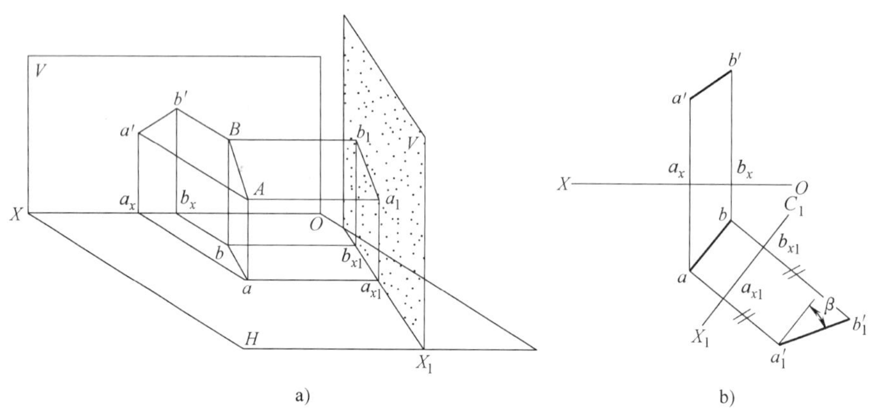

图 3-19　一般位置直线变换成新投影面的平行线

二、求作投影面垂直面的实形

如图 3-20a 所示，$\triangle ABC$ 为铅垂面，作为新投影面 V_1 平行于$\triangle ABC$，则$\triangle ABC$ 在 V_1 面

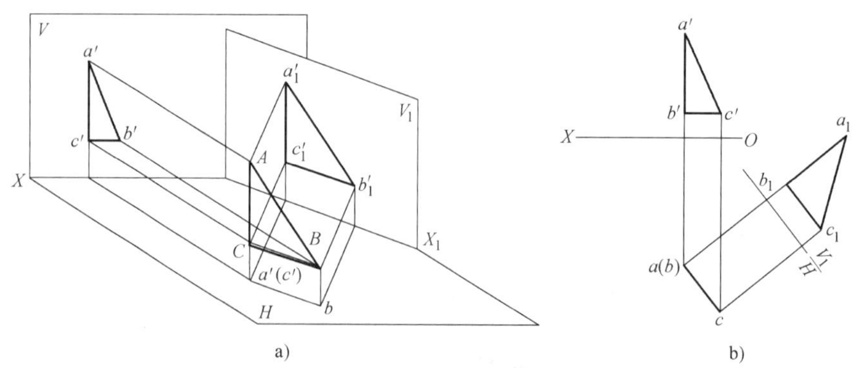

图 3-20　用换面法求铅垂面的实形

上的投影反映实形。由于已知平面垂直于 H 面，因此，所作的新投影轴 X_1 必与已知平面的积聚性投影平行。其作图步骤如图 3-20 所示。

1）在适当的位置作新投影轴 $X_1 // \triangle ABC$。

2）作出 $\triangle ABC$ 各顶点的新投影 $a_1'b_1'c_1'$，即为所求作 $\triangle ABC$ 的实形。

学习活动情境三任务测评表

班级		姓名		日期		自评	互评	备注
1. 你知道有几种投影法吗？它们各有什么特点？								
2. 你知道机械制图用的是哪种投影法吗？为什么？								
3. 你知道点、直线和平面的投影特性吗？								
4. 你了解三面投影体系的构成吗？								
5. 你了解点、直线、平面在三投影体系中的投影特性吗？								
6. 会求作点、直线和平面在第三投影面的投影了吗？								
个人小结：								
总体评价						教师签字		

学习活动情境四：基本体投影图的形成原理——投影法则

任务一	平面体的形成与其投影法则	学时：90min
学习目标	1. 理解基本体的概念：平面体和曲面体。 2. 会运用平面体在三投影面体系中的投影规则作其投影图。	
知识点	1. 平面体、曲面体的概念。 2. 三棱柱与四棱锥的投影特性：长对正、宽相等、高平齐。	
技能点	会求作三棱柱与四棱锥表面上的点在三投影面体系中投影的三视图。	
四棱锥的投影特性	四棱锥在三投影面体系中的投影特性表现为长对正、宽相等、高平齐。 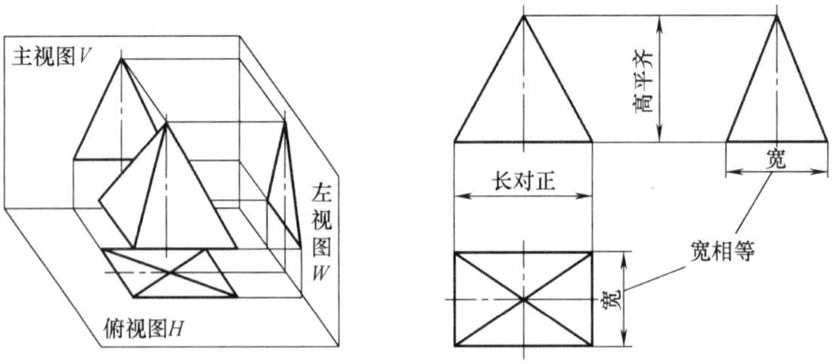 主视图V　左视图W　俯视图H 高平齐　长对正　宽　宽相等　宽	
求作四棱锥的三视图	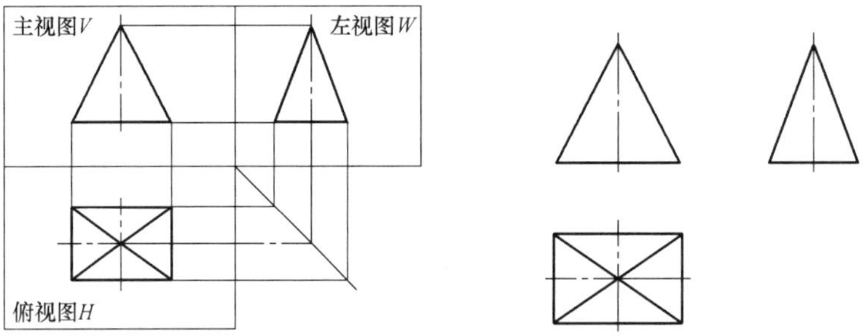 主视图V　左视图W　俯视图H	
棱锥、棱柱表面上点的投影	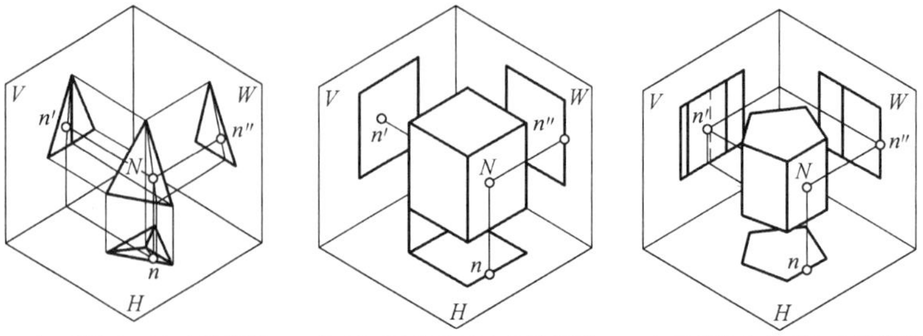 a) 正三棱柱表面上点的投影　b) 正四棱柱表面上点的投影　c) 正五棱锥表面上点的投影 平面体上点的投影特性是棱面上的点的投影必定在该棱面相应的投影面上，且符合点的投影规律。	

1. 基本体的概念

任何物体均可看作是由若干基本体组合而成。基本体包括平面体和曲面体两大类，如图4-1所示。

（1）平面体　表面都是由平面组成的形体，例如：棱柱、棱锥等。

（2）曲面体　表面是由曲面和平面或者全部由曲面构成的形体（至少要有一个表面是曲面），曲面体常见的有圆柱、圆球、圆锥、圆环等。

平面体：

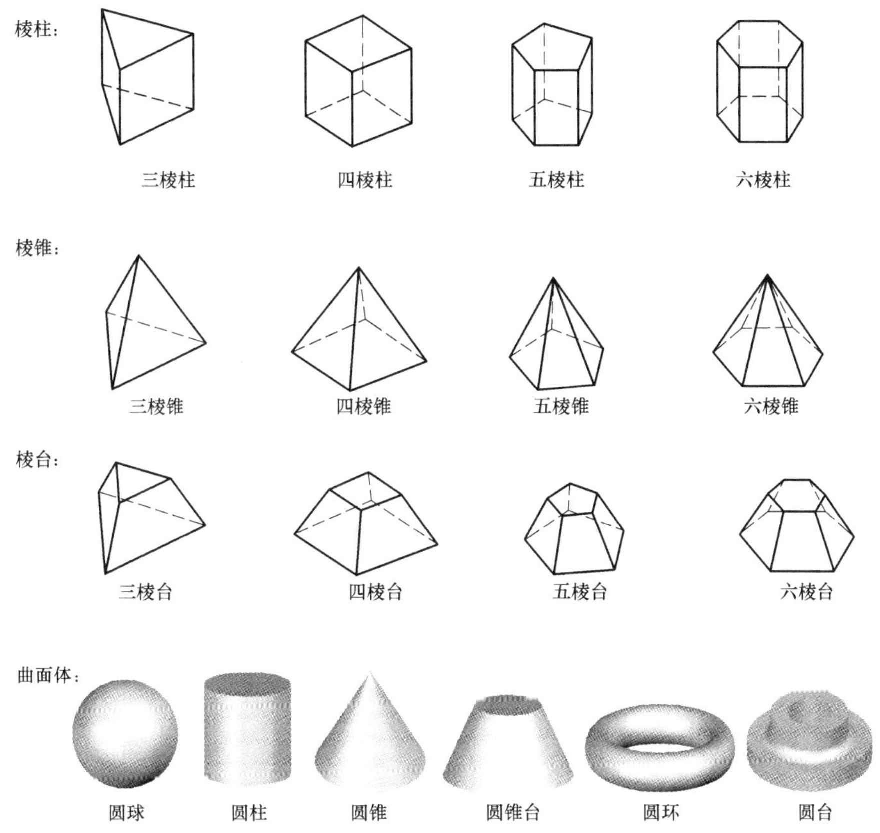

图4-1　基本体

想一想

题图4.1-1所示的这些几何体哪些是平面体？

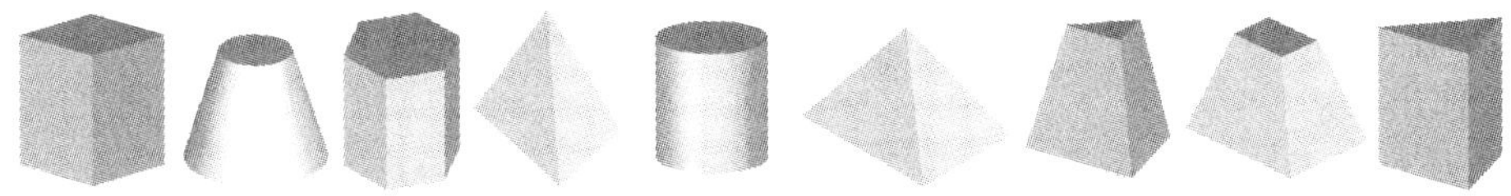

题图4.1-1

2. 四棱锥的投影分析

图4-2所示正四棱锥的底面平行于水平面，前、后棱边平行于正面，另两棱边平行于侧

面，在这种位置时，正四棱锥的投影特征是：底面的投影为实形，相交于顶点的四条棱边是既不平行也不垂直于任何一个投影面的直线，投影均为直线，它们的投影在三个投影面上不反映实长，交点就是四棱锥顶点的投影，四个棱面中前、后棱面为侧垂面，其在正面的投影是棱面的类似形，而在侧面投影则积聚成直线；左、右两棱面为正垂面，其在侧面的投影也是类似形，在正面的投影也积聚成直线。

3. 作图

1）作四棱锥的对称中心线和底平面基线，先画出底面俯视图——矩形，如图4-2c所示。

2）根据四棱锥的高度定出锥顶 S 的投影位置，然后在主、俯视图上分别用直线连接锥顶与底面四个顶点的投影，即得出四条棱边的投影。因为是正四棱锥，四条棱线的水平投影为矩形的对角线。再由主、俯视图作出左视图，如图4-2d所示。

由图4-2可以看出其投影规律是长对正、宽相等、高平齐。

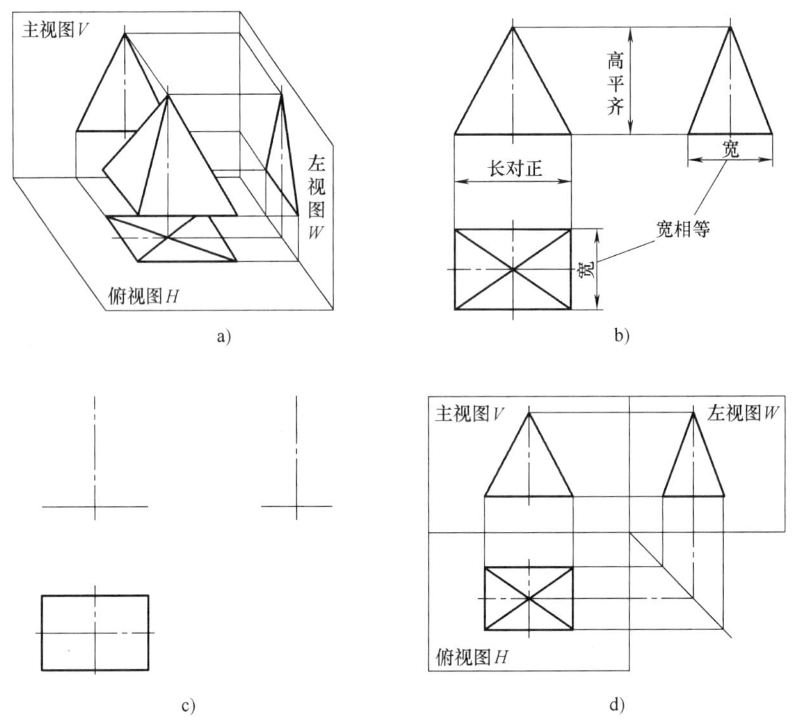

图4-2　四棱锥的投影特性

4. 四棱锥表面上点的投影

如图4-3b所示，已知四棱锥面 SBC 上点 N 的正面投影 n'，求作 n 和 n''。利用辅助线法由 $s'e'$ 过 n' 作辅助线 $s'e'$，再由 $s'e'$ 作出 se，并在 se 上定出 n。由于四棱锥面 SBC 是侧垂面可由 n' 直接作出 n''。

5. 三棱柱表面上点的投影

（1）投影分析　如图4-4所示，正三棱柱的两端面即顶面与底面平行于水平面，后棱面平行于正面，另两个棱面垂直于水平面。在这种位置下，三棱柱的投影特征是：顶面和底面的水平投影重合，并反映实形——正三角形。三个棱面的水平投影积聚为三角形的三条边。

（2）作图

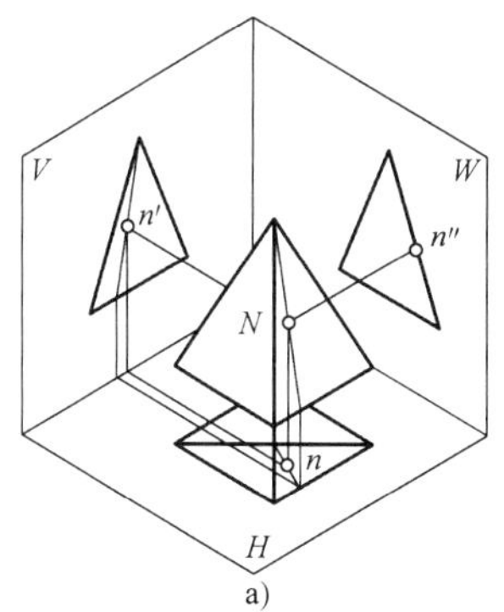

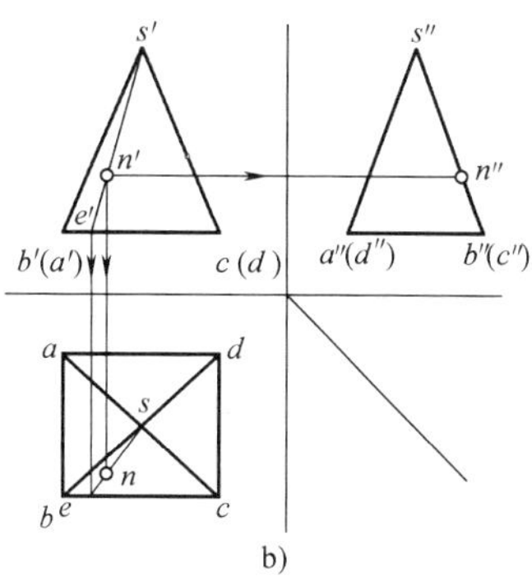

图 4-3　四棱锥表面上点的投影

1）作三棱柱的对称中心线和底面基线，并画出具有形状特征的视图——俯视图的等边三角形，如图 4-4b 所示。

2）按长对正的投影关系量取三棱柱的高度并画出主视图，再按宽相等、高平齐的投影关系画出左视图，如图 4-4c 所示。

3）N 点在棱面 $ABCD$ 上，所以其在水平面上的投影 n 必在棱面 $ABCD$ 的水平面的积聚直线 $a(c)b(d)$ 上，再按已知两面投影求作第三面投影的方法作出该点在左视图上的投影 n''。

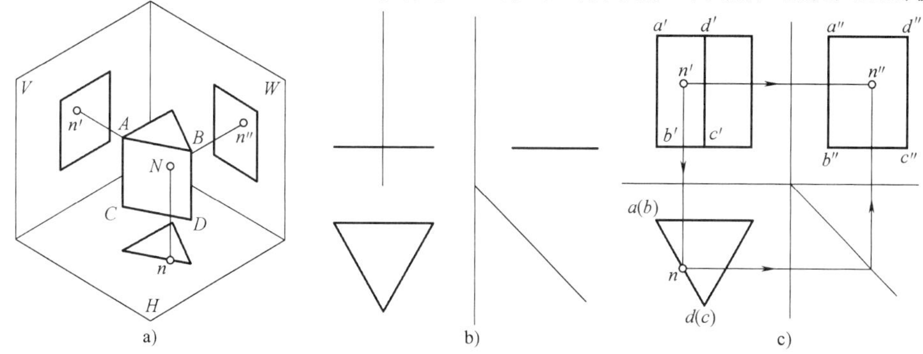

图 4-4　三棱柱的投影及其表面上点的投影

小试身手

试完成题图 4.1-2 所示的正三棱锥、正四棱柱、正五棱柱的投影及其表面上点 N 的投影的三视图。

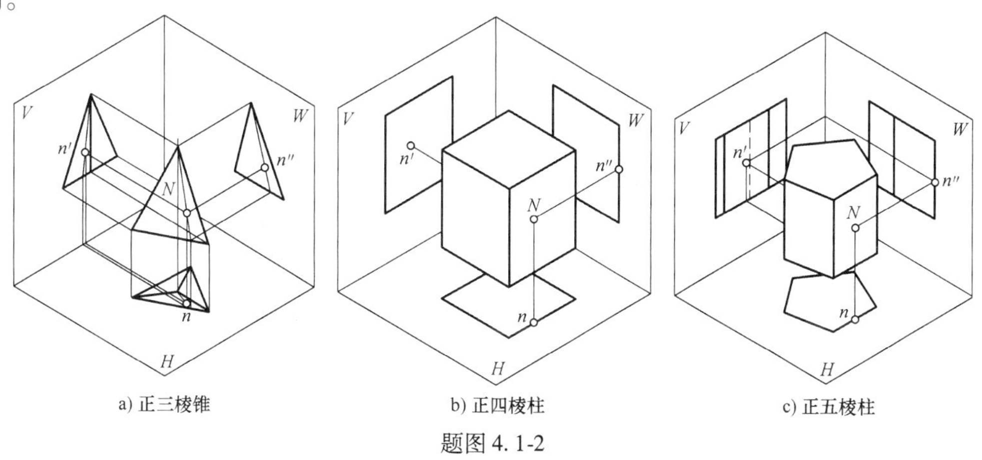

a) 正三棱锥　　b) 正四棱柱　　c) 正五棱柱

题图 4. 1-2

任务二	曲面体的形成与其投影法则	学时：90min

学习目标

1. 了解曲面体的形成。
2. 会运用曲面体在三投影面体系中的投影规则。

知识点

1. 曲面体的形成。
2. 三棱柱与四棱锥的投影特性。

技能点

会运用圆球、圆柱与圆锥表面上的点在三投影面体系中投影的规则，作点的投影。

圆锥和圆柱投影的特性

圆锥与圆柱在三投影面体系中的投影特性表现为长对正、高平齐、宽相等。

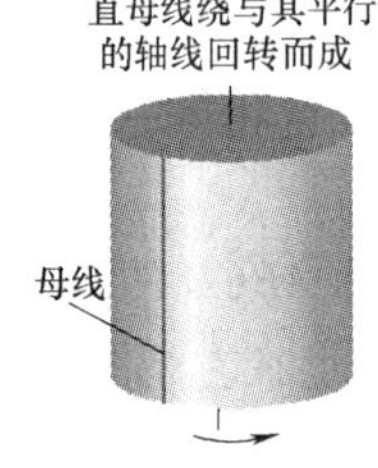

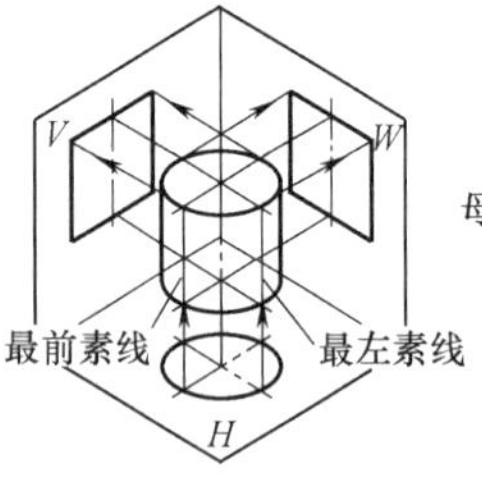

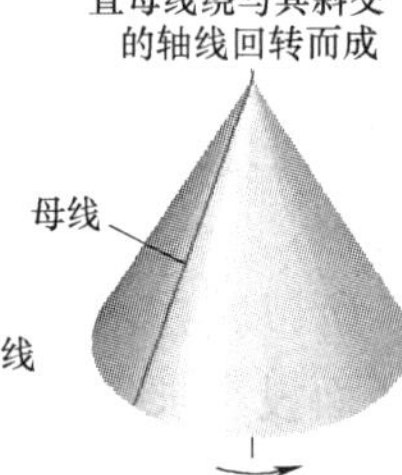

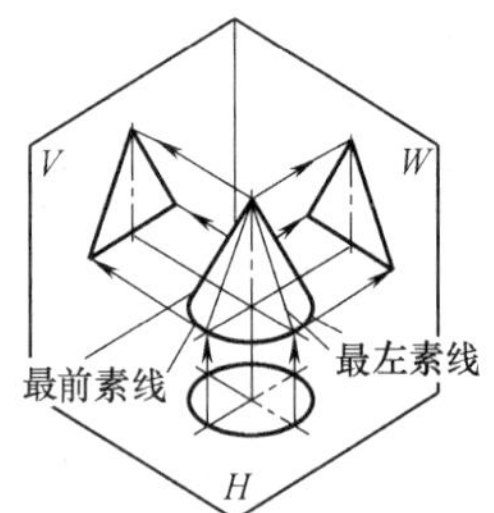

求作圆锥、圆柱的三视图

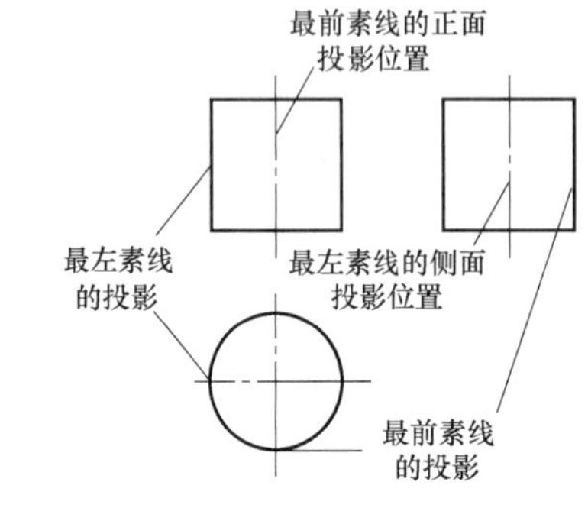

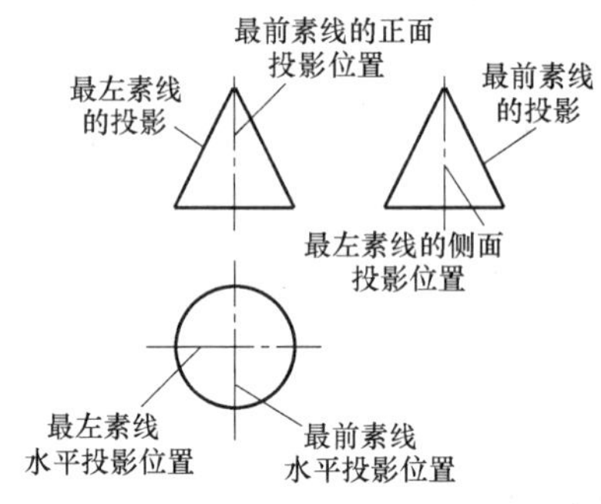

圆柱与圆锥表面上点的投影

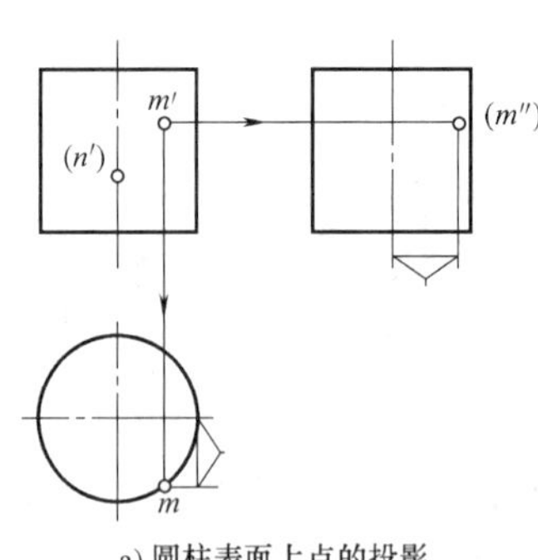

a) 圆柱表面上点的投影

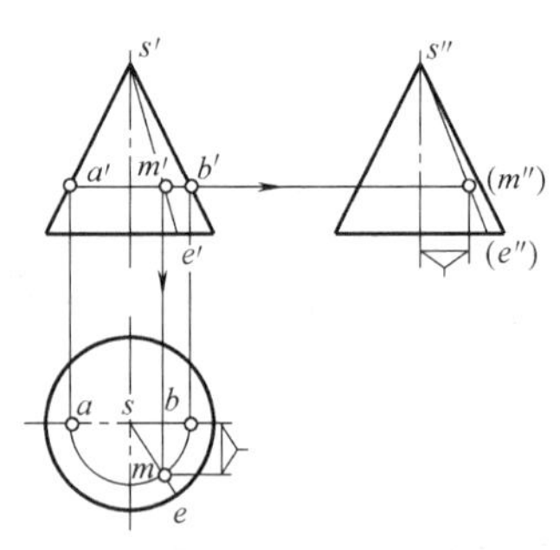

b) 圆锥表面上点的投影

曲面体上点的投影特性是曲面上的点的投影必定在过该点的曲面相应截面圆的投影面上，且符合点的投影规律。试归纳一下，圆球与圆环三视图及其表面上的点的投影的特性。

一、圆柱体

圆柱体是由圆柱面与上下两底面围成的。圆柱面可看作是由一条母线绕平行于它的轴线旋转而成的。圆柱面上任意一条平行二轴线在直母线，称为圆柱面的素线，如图 4-5a 所示。

1. 投影分析

如图 4-5b 所示，当圆柱轴线垂直于水平面时，圆柱上、下两底面的水平投影反映实形，正面和侧面投影积聚成直线。圆柱面的水平投影为一圆周，两底面水平投影重合。在正面投影中前后两半圆面的投影重合为一矩形，矩形的两条竖线分别是圆柱面最左、最右素线的投影，同时也是圆柱面前、后分界的转向轮廓线。在侧面投影中，左、右两半圆柱面的投影重合为一矩形，矩形的两条竖线分别是圆柱面最前、最后素线的投影，也是圆柱面左、右分界的转向轮廓线。

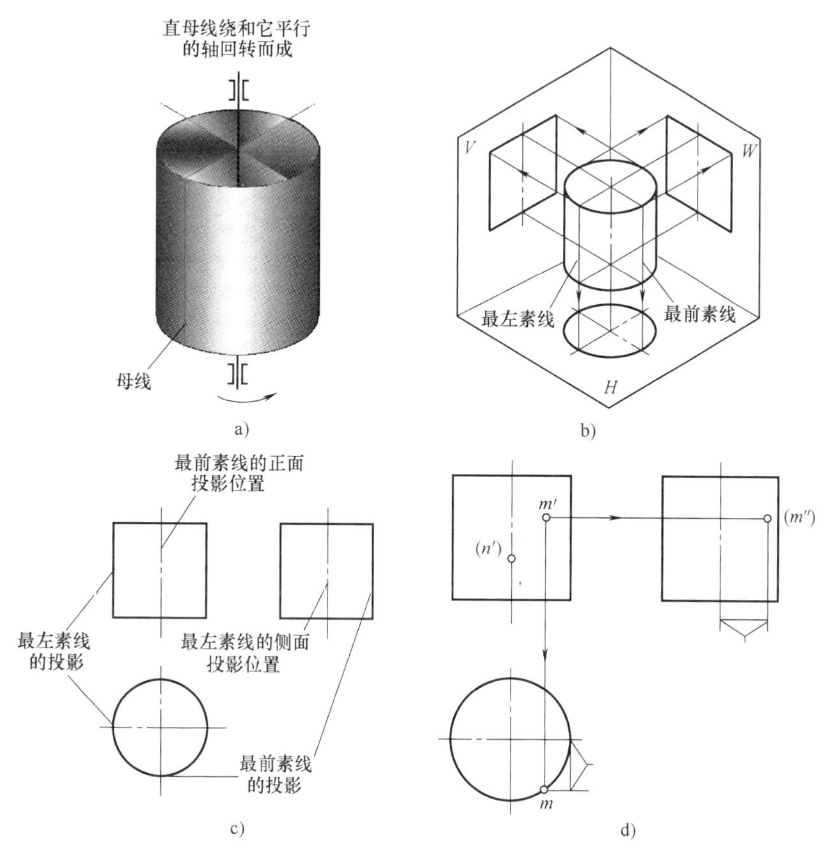

图 4-5　圆柱的三视图及其表面上点的投影

2. 作图方法

画圆柱体的三视图时，先画出其各投影的中心线，再画圆柱面投影具有积聚性圆的俯视图，然后根据圆柱体的高度画出另外两个视图，见图 4-5c。

3. 圆柱体表面上点的投影

如图 4-5d 所示，已知圆柱面上的点 M 的正面投影 m'，求作 m 和 m''。首先根据圆柱面水平投影的积聚性作出 m，由于 m'是可见的，则点 M 必在前半圆柱面上，所以 m''是不可见的。

试一试

参考图 4-5d，若已知圆柱面上点 N 的正面投影 n'，试一试，分析求作 n 和 n''，并判断其可见性。

二、圆锥

圆锥体由圆锥面和底面围成。圆锥面可看作由一条直母线绕与它斜交的轴线回转而成。圆锥面上任何一条与轴线斜交的直母线为圆锥的素线，如图 4-6a 所示。

1. 投影分析

图 4-6b、c 所示为轴线垂直于水平面的正圆锥的三视图。锥底面平行于水平面，水平投影反映实形，正面和侧面投影积聚成直线。圆锥面的三个投影都没有积聚性，其水平面投影与底面的水平面投影重合，全部可见。正面投影由前、后两个半圆锥面的投影重合为一个等腰三角形，三角形的两腰分别是圆锥面最左、最右素线的投影，也是圆锥面前、后分界的转向轮廓线。侧面投影由左、右两半圆锥面的投影重合为一等腰三角形，三角形的两腰分别是圆锥最前、最后素线的投影，也是圆锥面左、右分界的转向轮廓线。

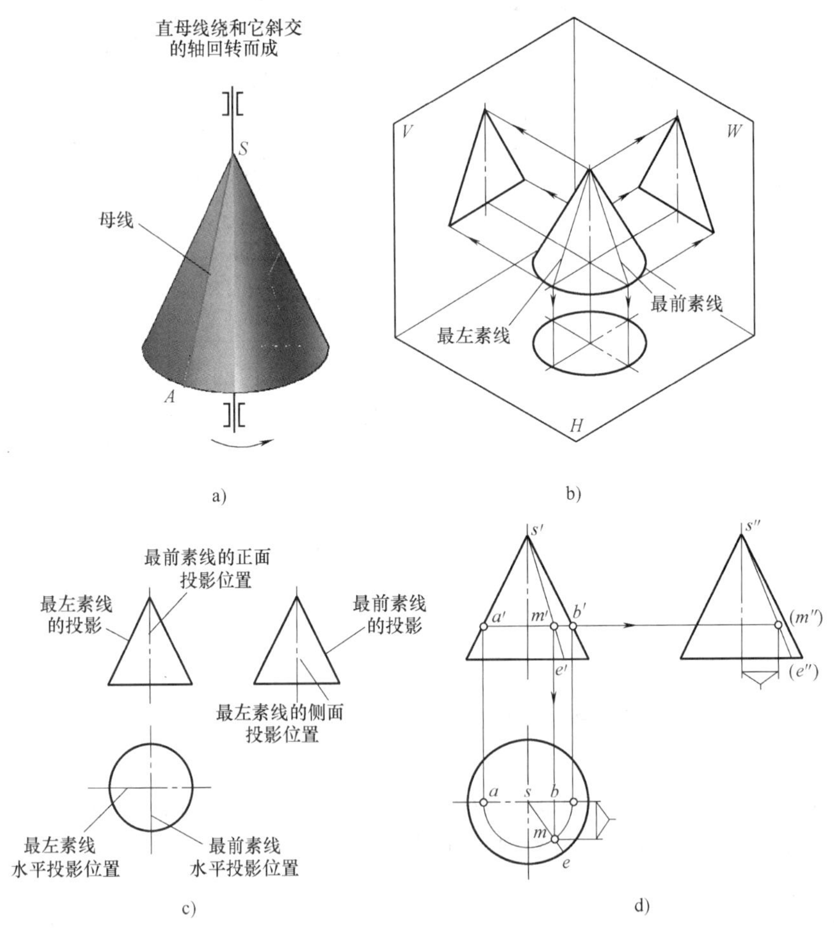

图 4-6 圆锥的三视图及其表面上点的投影

2. 作图方法

画圆锥的三视图时，先画其各投影的中心线，再画底面的相应投影，然后画出锥顶点的投影和等腰三角形，完成圆锥的三视图，如图 4-6c。

3. 圆锥体表面上点的投影

如图 4-6d 所示，已知圆锥表面上点 M 的正面投影 m'，求作 m 和 m''。根据 M 点的位置和可见性，可确定点 M 在前、右圆锥面上，点 M 的三面投影均是可见的。

作图方法有两种：

（1）辅助素线法　如图 4-6d 所示，过锥顶 S 和点 M 作辅助素线 $s'e'$，然后作出该辅助素线的水平面和侧面的投影 se 和 $s''e''$，再由点在直线上投影关系作出 m 和 m''。

（2）辅助纬圆法　如图 4-6d 所示，过 M 点在圆锥面上作垂直于圆锥轴线的水平辅助纬圆，点 M 的各投影必在该圆的同面投影上。过 m' 作圆锥轴线的垂直线，交圆锥左、右轮廓线于 a'、b'，$a'b'$ 即为辅助纬圆的正面投影，以顶点的投影为圆心，以 $a'b'$ 为直径，作辅助纬圆的水平投影，由 m' 求得 m，再由 m' 和 m 求得 m''。

小试身手

参照图 4-6d，若点 M 的位置是在前、左圆锥面上，你能根据圆锥表面上点 M 的正面投影 m'，求作 m 和 m'' 吗？

三、圆球

圆球的表面可看作同一条圆母线绕其直径回转而成，如图 4-7a 所示。

1. 投影分析

从图 4-7b 可以看出，圆球的三个视图都是等径圆，并且是圆球上平行于相应投影面的三个不同位置的最大轮廓圆。其正面的投影轮廓圆是前、后两半球面可见与不可见的分界线；其水平的投影轮廓圆是上、下两半球面可见与不可见的分界线；而其侧面的投影轮廓圆是左、右两个半球面可见与不可见的分界线。

2. 作图方法

先确定球心的三面投影，过球心分别画出圆球的轴线的三个投影，再画出与球等径的圆，如图 4-7c 所示。

3. 圆球表面上点的投影

如图 4-7d 所示，已知圆球表面上点 M 的正面投影 m'，求作 m 和 m''。由于球面的三个投影都没有积聚性，可利用辅助纬圆法求解。过 m' 作水平辅助纬圆的正面投影 $a'b'$，再作出其水平投影 ab（以 o 为圆心、$a'b'$ 为直径画圆）。在该圆的水平投影上求得 m，由于 m' 不可见，所以点 M 在后半球面上。再由 m' 和 m 求得 m''。由于点 M 在左半球面上，m'' 是可见的。

试一试

参照图 4-7d，若点 M 在圆球的前、上球面位置，已知圆球表面上点 M 的正面投影 m'，求作 m 和 m''。你试一试好吗？

四、圆环

圆环的表面可看作由一个圆形母线绕不通过其圆心，但与圆心在同一平面上的轴线回转而成的，如图 4-8a 所示。

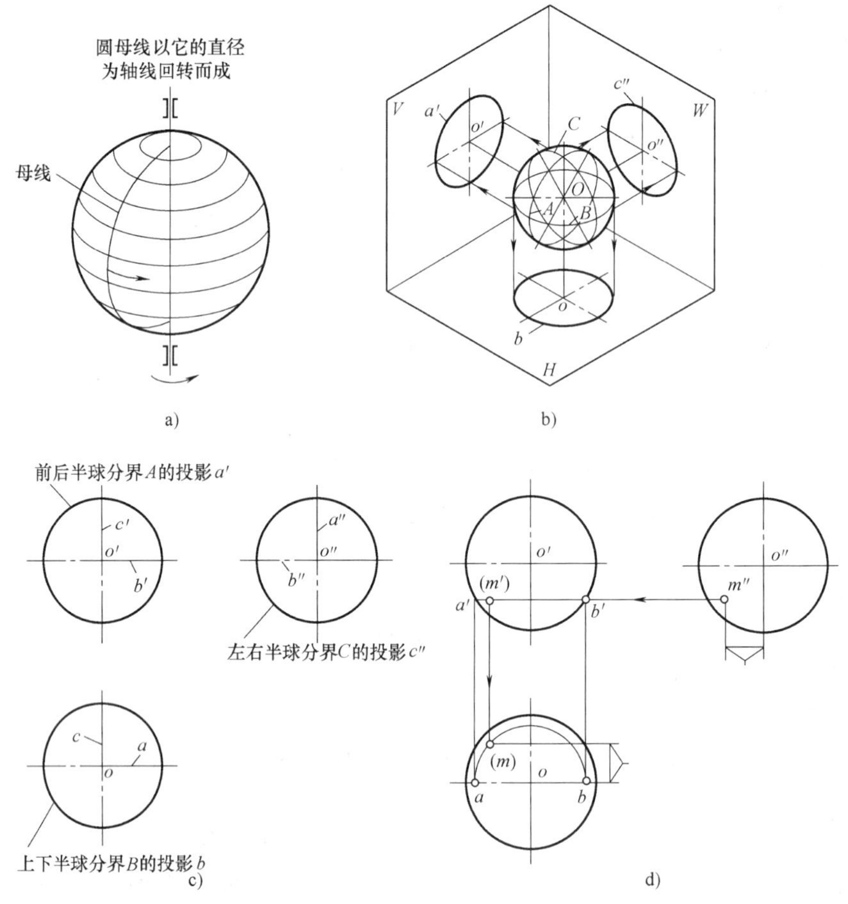

图 4-7　圆球的三视图与其表面上点的投影

1. 投影分析

从图 4-8b 可以看出，圆环的俯视图是两个同心圆，分别是圆环上最大和最小两个纬圆的水平投影，也是上半圆环面与下半圆环面可见与不可见的分界线；点画线圆是母线圆圆心运动轨迹的投影，主视图中的两个小圆是平行于正面的最左、最右两个两素线圆的投影，两个粗实线半圆及上、下两条公切线为外环面的正投影的转向轮廓线，内圆环面在主视图上是不可见的，用虚线表示。

2. 作图方法

按母线圆的大小及位置，先画出圆环的轴线和中心线，再作出反映母线圆实形的正面投影以及上、下两条公切线，然后按主视图上外环面和内环面的直径，作出俯视图上最大、最小轮廓圆，如图 4-8c 所示。左视图与主视图相同。

3. 圆环表面上点的投影

如图 4-8d 所示，已知圆环表面上点 M 的水平投影 m，求作 m'。

分析：该回转体面由上、下两个圆柱组成，两圆柱面之间为环面(1/4 内环面)过渡。

作图：

1）在俯视图上以 O 为圆心，Om 为半径作圆，即为辅助纬圆的水平投影。

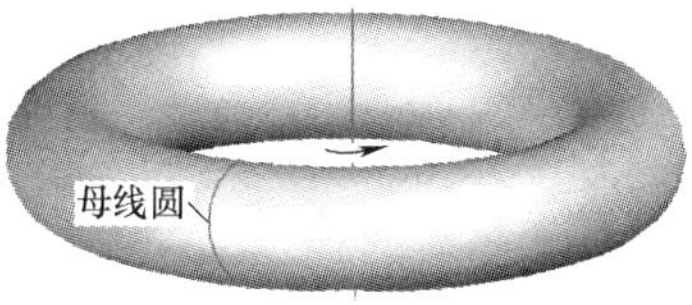

图 4-8　圆环的三视图与其表面上点的投影

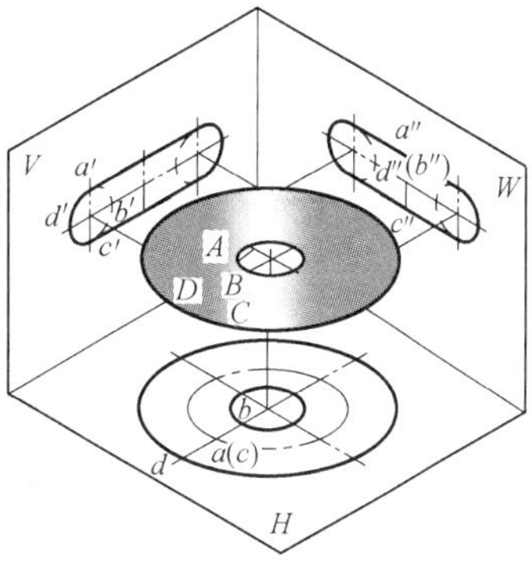

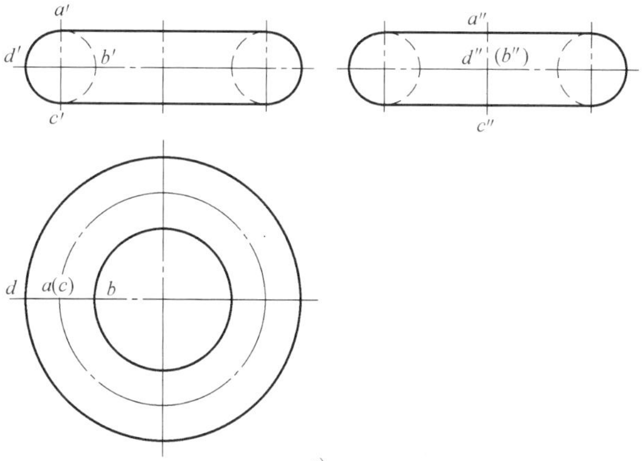

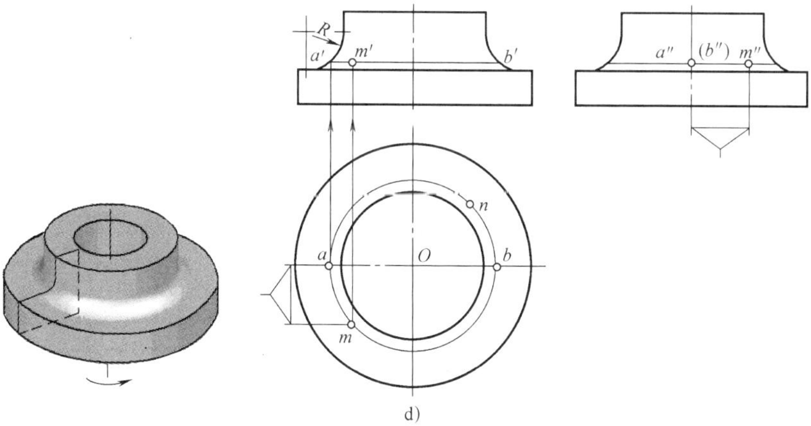

2）作出辅助纬圆的正面投影 $a'b'$，再由 m 求得 m'。

想一想

1. 你知道下面的辅助作图方法吗？

辅助线法

辅助素线法

辅助纬圆法

2. 表达一个立体图形大小，不一定要画出三个视图，有时画两个视图就可以了。但有时三个视图也不能完整表达物体的形状，而需要更多的视图。你考虑一下图 4-8 中的圆环是否用两个视图就能表达清楚了呢？

小试身手

根据图 4-8d 中点 N 的水平投影 n，试求作该点的正面投影 n'和侧面投影 n''。

巩固练习

1. 根据题图 4. 2-1 所示，求作圆柱表面上点的投影，并指出包含 B 点的素线是圆柱体表面上什么位置素线？

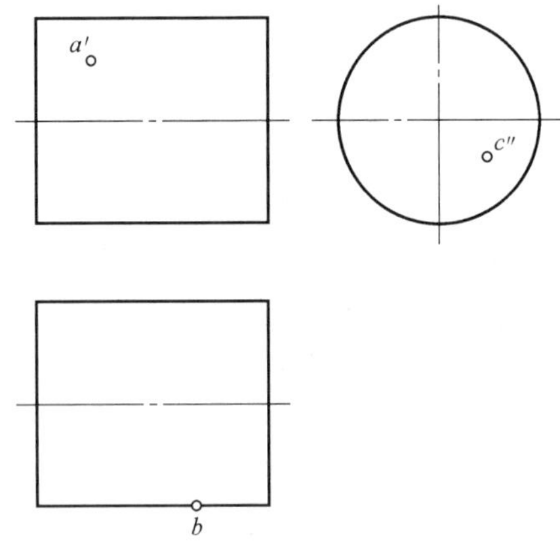

题图 4. 2-1

2. 如题图 4. 2-2 所示，补画左视图并作其表面上的投影。

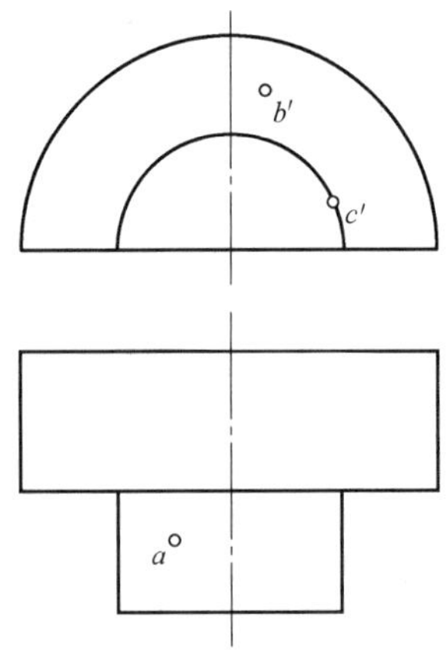

题图 4. 2-2

<table>
<tr><td>任务三</td><td>平面与立体表面交线投影的法则与识读</td><td>学时：120min</td></tr>
<tr><td>学习目标</td><td colspan="2">1. 运用平面体与平面相交，其表面交线的特性，识读交线的投影图。
2. 运用曲面体与平面交线投影的特性，识读交线的投影图。</td></tr>
<tr><td>知识点</td><td colspan="2">1. 立体表面交线的投影法则。
2. 三棱柱、四棱锥与平面相交，其交线的投影特性与作图方法。
3. 平面与曲面体相交，其交线的投影特性与作图方法。</td></tr>
<tr><td>技能点</td><td colspan="2">1. 会运用立体表面交线在三投影面体系中的投影特性识读其交线投影的三视图。
2. 会作立体表面与平面交线投影的三视图。</td></tr>
<tr><td>立体与平面相交投影特性</td><td colspan="2">平面与立体的交线在三投影面体系中的投影特性表现，仍为长对正、宽相等、高平齐。
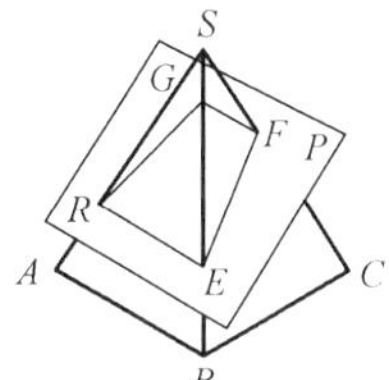 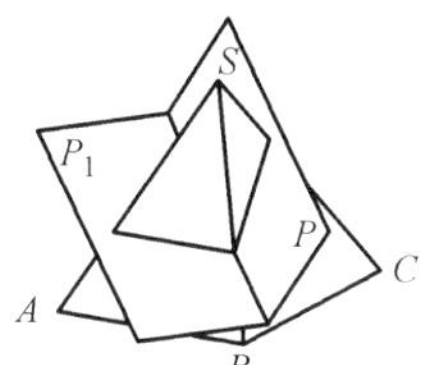 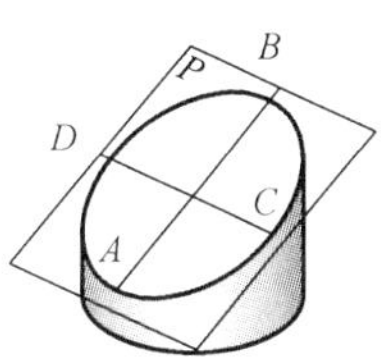 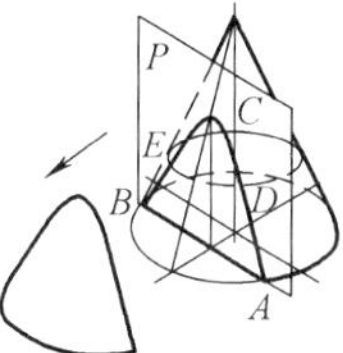</td></tr>
<tr><td>求作立体表面交线的三视图</td><td colspan="2">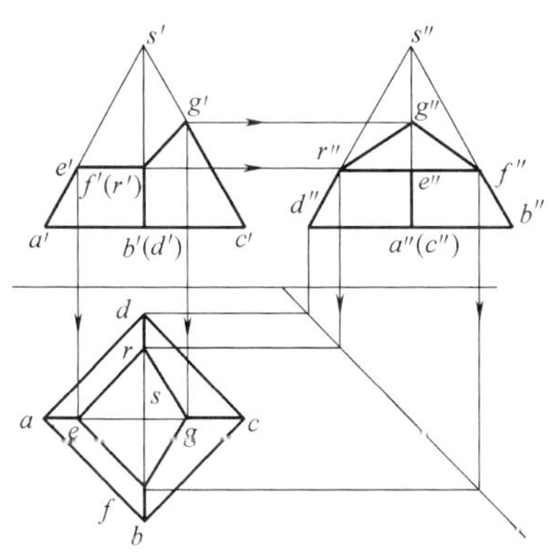 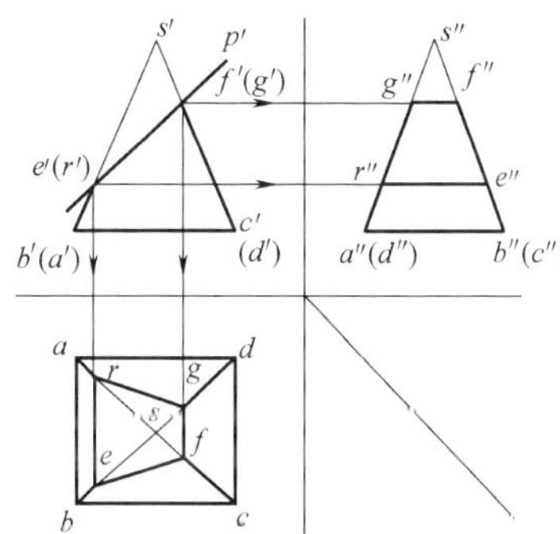</td></tr>
<tr><td>截平面与圆锥表面相交截交线的投影与识读</td><td colspan="2">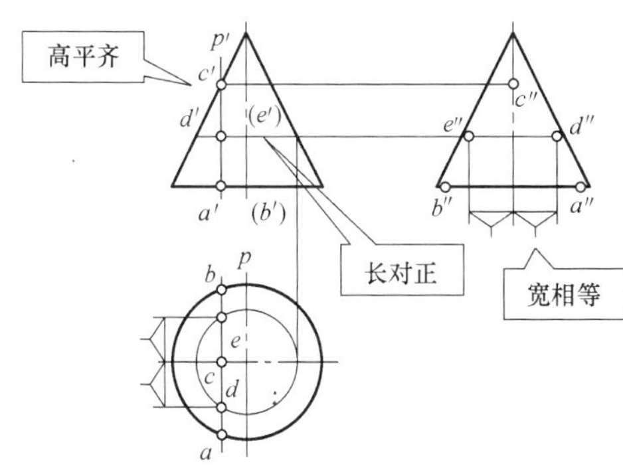 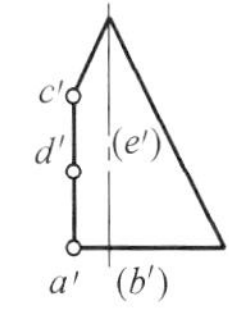 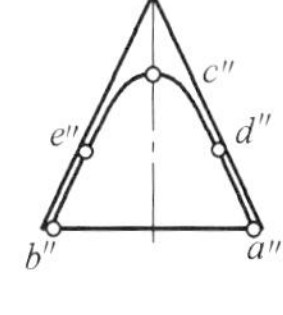 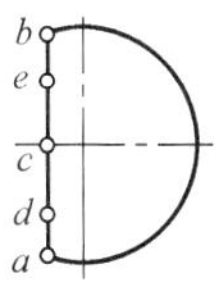
a) 侧平面与圆锥表面交点的投影　　b) 截切后圆锥体的三视图识读
截平面与曲面体表面上交点的投影特性依然符合点的投影规律。往往需要借助于辅助素线、辅助纬圆、辅助平面等方法求出中间点的投影，这样作出的曲线更光滑、更准确。</td></tr>
</table>

一、平面与平面体相交交线的画法与识读

平面与立体表面相交而产生的交线称为截交线，该平面称为截平面。截交线的特点是截交线既在截平面上也在立体表面上，是截平面与立体表面上的共有线。截交线上的点是截平面与立体共有的点，换言之，识读截交线的视图，就是求作截平面与立体表面的共有点和共有线。

小贴士

许多机械零件都是由基本体切割或由基本体叠加而成的，基本体的切割和叠加都是基本体的组合形式。基本体被平面切割后，其表面会产生截交线；而基本体相交(叠加的一种形式)后其表面会产生相贯线。学习和掌握截交线与相贯线是我们识读复杂组合体投影的基础。

例 4-1 如图 4-9 所示，正四棱锥 *SABCD* 与正垂面 *P* 相交，如图 4-9a 所示，求作平面与四棱锥交线的三视图。

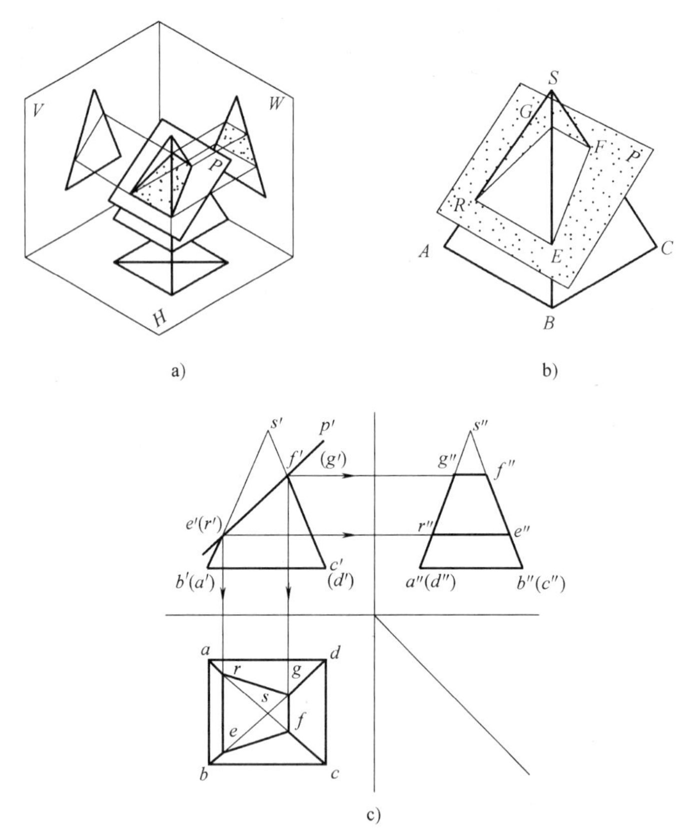

图 4-9　正四棱锥与正垂面交线的投影

1）分析。正垂面 *P* 与正四棱锥 *SABCD* 的四条棱边都相交，所以截交线构成了一个四边形 *EFGR*，其顶点分别为 *E*、*F*、*G*、*R*，是各条棱边与平面 *P* 的交点，如图 4-9b 所示。

如图 4-9c 所示，交线的正投影积聚在 p'上，$e'(r')$、$f'(g')$分别是四边形 *EFGR* 四个顶点 *E*、*F*、*G*、*R* 在正面的投影与 p'的交点。运用直线上点的投影特性，则可由交线的正面投

影作出其水平投影和侧面投影。

2）作图

① 作出正四棱锥 *SABCD* 的三视图以及 p' 的位置，如图 4-9c 所示。$s'a'$ 和 $s'b'$ 与 p' 的交点分别为 e'、(r')，$s'c'$ 和 $s'd'$ 与 p' 的交点分别为 f'、(g')；$s''a''$、$s''b''$、$s''c''$、$s''d''$ 与 p'' 交点为 e''、f''、g''、r''。

② 因为正四棱锥的底平面平行于水平面，其前、后两个侧平面是侧垂面，左、右两侧平面是正垂面，平面 *P* 是正垂面与正四棱锥斜交，如图 4-9a 所示。所以，连接各点得到的交线 *ER* 与 *FG* 在正面投影有积聚性，而侧面的投影，则遵循高平齐原则，水平投影 *er*、*fg* 与侧面投影 $e''r''$、$f''g''$ 均反映实长。

③ 平面 *P* 与正四棱锥前、后平面的交线 *EF* 与 *GR* 是一般位置直线，但它们在上，与侧面上的投影与前、后平面侧面投影有积聚性。

例 4-2 如图 4-10a 所示，正四棱锥 *SABCD* 被正垂面 *P* 和 P_1 截割，求作截平面截割四棱锥后的三视图。

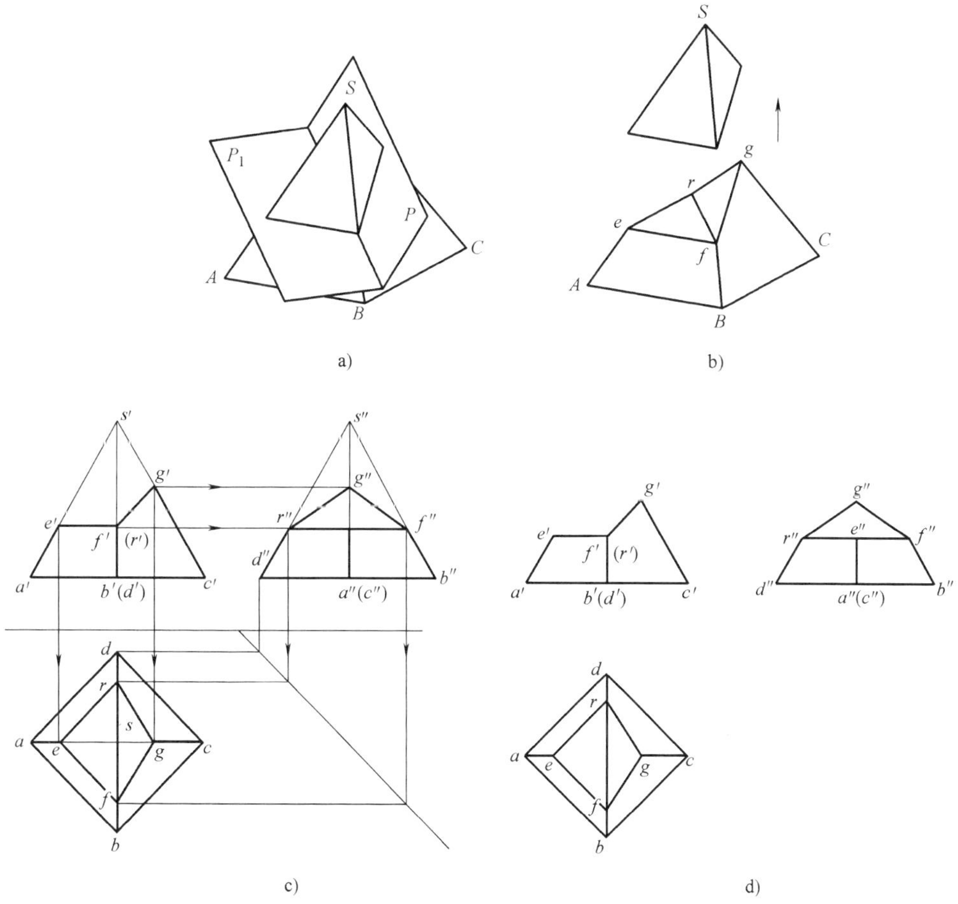

a)　b)　c)　d)

图 4-10 求作切割后四棱锥的三视图

1）分析。如图 4-10b 所示，正四棱锥 *SABCD* 的底平面与水平面平行，棱边 *SA*、*SD* 为正平面的平行线，棱边 *SB*、*SC* 为侧平面的平行线，正四棱锥 *SABCD* 被正垂面 *P* 和 P_1 截割，并移出切割的锥顶部分。正四棱锥 $SABCD$ 处在这样一个位置时，正垂面 P 和 P_1 依次与正四棱锥 $SABCD$ 的四条棱边 SA、SB、SC、SD 相交，交点分别为 E、F、G、R，截平面 P 和 P_1 是两相交正垂面，所以 P 和 P_1 正面投影 p' 和 $p_1{}'$ 积聚成两条相交直线，其交线 FR（正垂线）在正面投影积聚成一点，p' 和 p_1' 与正四棱锥 $SABCD$ 的四条棱边交点的正面投影分别为 e'、f'、g'、r'，其中 f'、r' 重叠，r' 为不可见。

2）作图方法。按正四棱锥 $SABCD$ 与正垂面 P 和 P_1 相交在三面投影体系中的位置，先画出四棱锥 $SABCD$ 三视图正垂面 P 和 P_1 的正面投影 p' 和 p_1' 及与四条棱边交点的正面投影 e'、f'、g'、(r')。

然后，按照长对正、高平齐、宽相等的投影规则，即可分别作出 E、F、G、R 在水平面的投影 e、f、g、r，和侧面投影 e''、f''、g''、r''，如图 4-9c 所示。

最后，依次连接各点，擦除辅助线和被截割的部分，将线条按国家图线标准的规定加深，如图 4-10d 所示。

试一试

平面 P 与 L 型六面体相交，如题图 4.3-1a 所示。已知其交线的正面和侧面的投影，求作其水平面投影。你动手试一试吧！

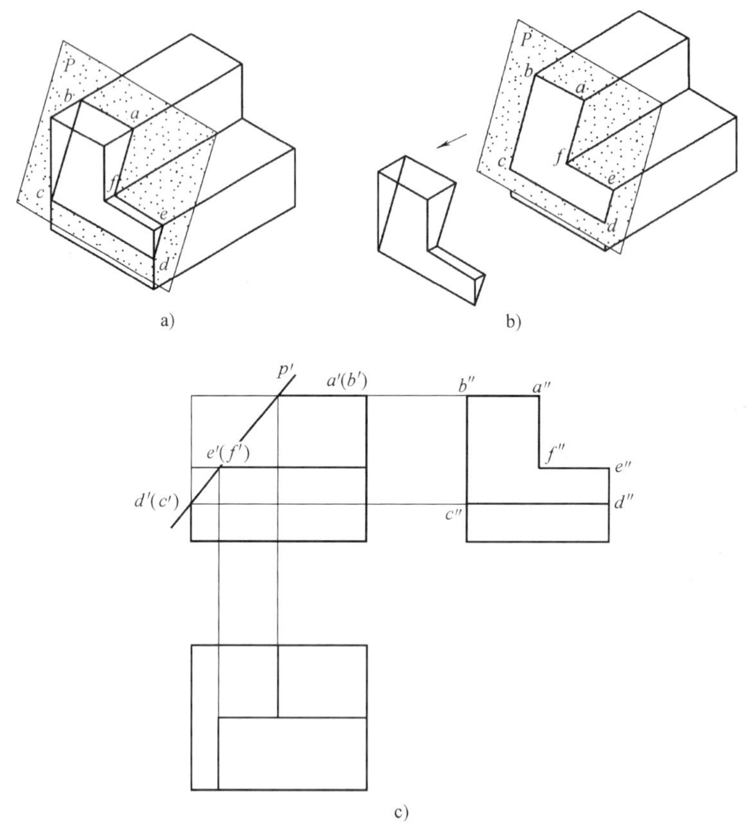

题图 4.3-1　平面 P 与 L 型六面体相交

二、平面切割曲面基本体的投影与识读

1. 平面切割圆柱体的投影与识读

平面切割圆柱体，由于截平面与圆柱轴线的相对位置不同，圆柱被平面截切后产生的截交线有圆、矩形和椭圆。

1）当截平面平行于圆柱轴线，截交线为矩形，如图 4-11a 所示。

2）当截平面垂直于圆柱轴线，截交线为圆，如图 4-11b 所示。

3）当截平面倾斜于圆柱轴线，截交线为椭圆，如图 4-11c 所示。

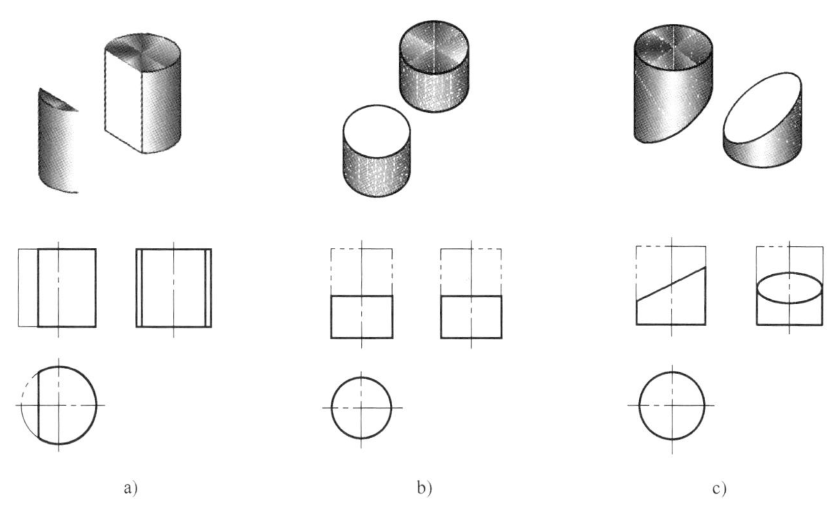

图 4-11　平面截切圆柱体截交线的投影与识读

例 4-3　如图 4-12a 所示，圆柱体被正垂面 P 截割，求作截平面截割圆柱后的三视图。

2. 分析

如图 4-12a 所示，直立的圆柱体被正垂面 P 截割，正垂面 P 与圆柱轴线倾斜，所以其截交线是一个椭圆。

圆柱体的圆柱面的三面投影都有积聚性，所以交线的水平投影和侧面投影分别积聚在其圆周和最前与最后母线的投影上。截平面的正面投影积聚成一条直线并与直立的圆柱体最左、最右母线正面的投影相交，交点为 a'、b'，与其最前和最后的母线交点是 c'、d'，而交点 d'为不可见，这些点也称为特殊点的投影。根据点的投影规则即长对正、高平齐，宽相等，可以求得交点的水平面投影 a、b、c、d 和侧面投影 a''、b''、c''、d''。单凭这些特殊点的投影作出侧面的光滑曲线的投影——椭圆是很困难的，必须采用**立体表面求点**的方法或**辅助平面法**作出中间点的投影，然后光滑连成曲线才行，如图 4-12c 所示。

3. 作图方法

1）按图 4-12a 所示位置，先将圆柱体的三视图画出，再画出正垂截面 P 的正面投影 p'（倾斜）。

2）求特殊点，即截平面 P 与圆柱最左、最右、最前、最后素线的交点正面投影 a'、b'、c'、d'和侧面投影 a''、b''、c''、d''。

3）求中间点，采用立体表面求点法，利用积聚性，在正面投影上定出 e'、f'、g'、h'，

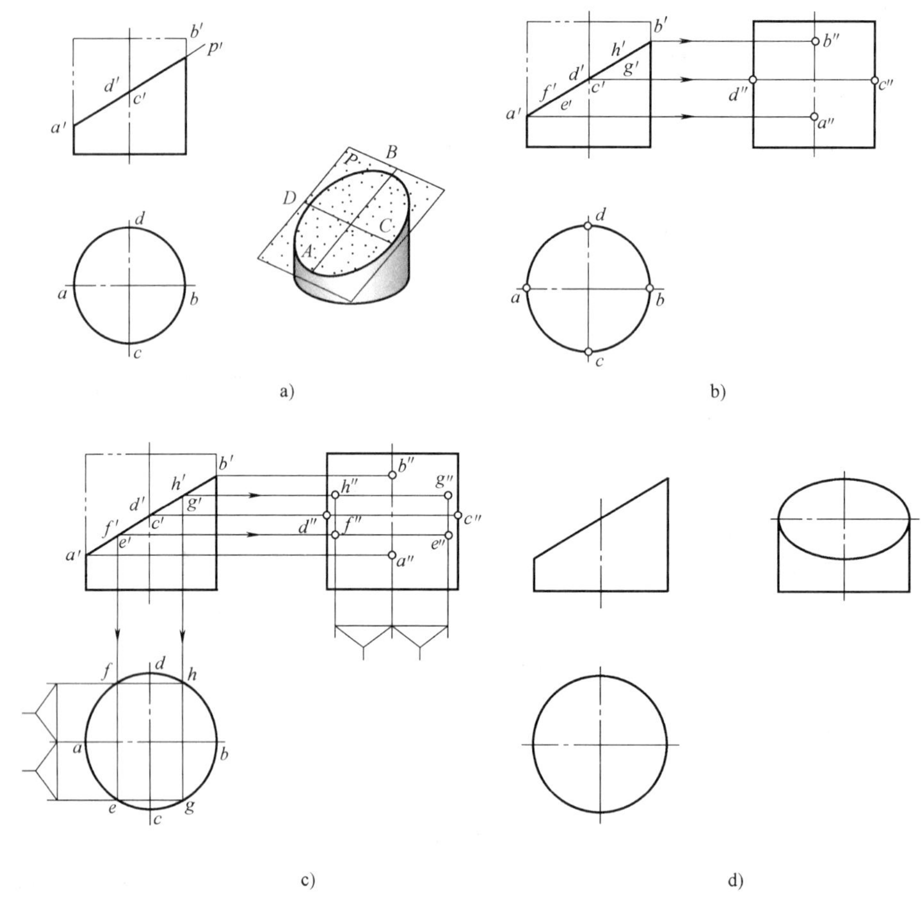

图 4-12　求作正垂面截割圆柱体后的三视图步骤

然后，根据点的投影规则：高平齐、长对正、宽相等，分别求出它们的正面投影 e、f、g、h 和侧面投影 e''、f''、g''、h''。

4）用光滑的曲线连接各点，即得出了截交线的侧面投影——椭圆。按国家制图图线标准的规定，加深图线，擦去辅助线，即为求作正垂面截割圆柱体后的三视图，如图 4-12d 所示。

提示

为便于识读截交线的投影，我们应该掌握以下分析要点：

1）从投影图中要分析是什么基本体被什么平面截切。

2）分析截平面与被截切基本体的相对位置以及截平面与投影面的相对位置。

3）分析截交线的空间形状。

4）分析截交线在各投影图中的投影情况：真实性、积聚性、类似性。

4. 平面切割圆锥体的投影与识读

截平面与圆锥相交时，根据截平面与圆锥轴线不同的相对位置可形成五种不同形状的截交线。截平面与底面夹角为 α、圆锥素线与底面夹角为 β，如图 4-13 所示。

1）当截平面平行于圆锥轴线（$\alpha=90°$）时，截交线为双曲线加直线，如图 4-13a 所示。

2）当截平面平行于圆锥面上一条素线（$\alpha=\beta$）时，截交线为抛物线加直线，如图 4-13b 所示。

3）当截平面垂直于圆锥轴线（$\alpha=0°$）时，截交线为圆，如图 4-13c 所示。

4）当截平面倾斜于圆锥轴线（$\alpha<\beta$）时，截交线为椭圆，如图 4-13d 所示。

5）当截平面过圆锥锥顶时，截交线为三角形，如图 4-13e 所示。

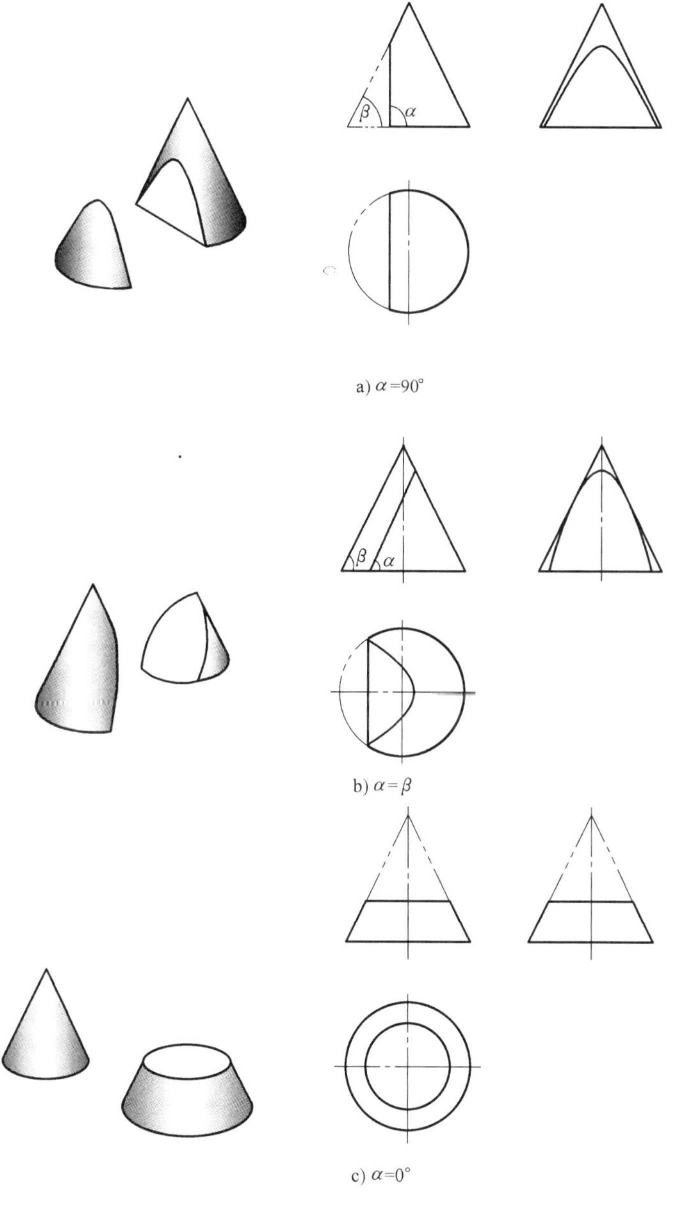

图 4-13　平面截切圆锥截交线的投影与识读

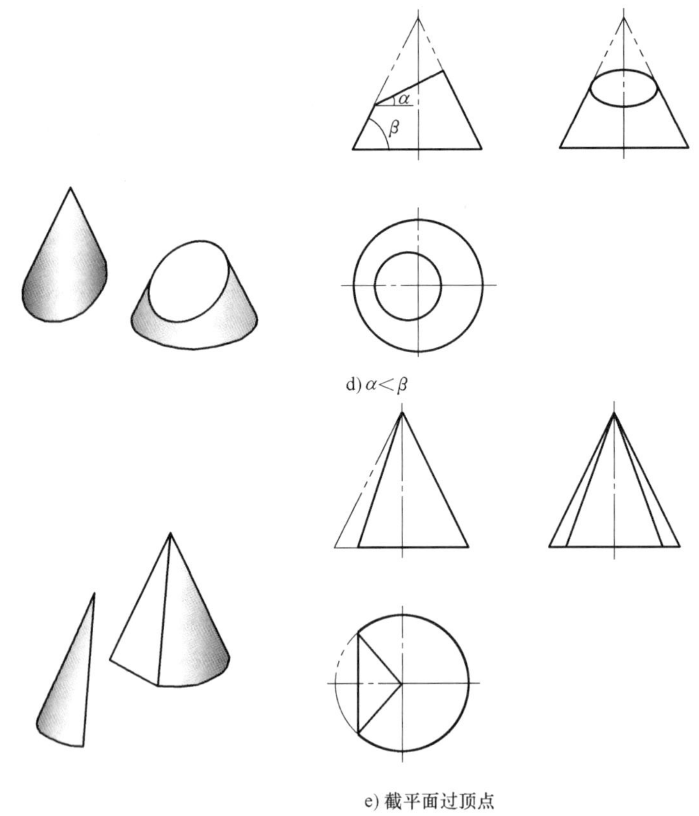

d) $\alpha<\beta$

e) 截平面过顶点

图 4-13　平面截切圆锥截交线的投影与识读（续）

例 4-4　如图 4-14a 所示，画出圆锥被平行于轴线侧平面截割后的三视图与识读。

1）分析。截平面 P 为正垂面，圆锥底面平行于水平面，实际上，截平面 P 处于平行于圆锥轴线位置来截切圆锥，其截交线是双曲线加直线，其侧面投影反映实形，水平投影和正投影积聚成直线，我们可用辅助纬圆法或辅助素线法作出交线的侧面投影，如图 4-14b 所示。

2）作图

① 求特殊点　最高点是圆锥最左素线与 P 面的交点，利用积聚性作出正面投影 c' 和水平投影 c，再由正面投影 c' 和水平投影 c 作出侧面投影 c''；最低点 A、B 是圆锥底面与 P 面的交点，直接作出 a、b 和 a''、b''。

② 求中间点　在适当的位置作水平纬圆，该圆的侧面投影与 P 面的交点 d''、e'' 即为交线上两点的正面投影，再作出 d、e 和 $d'(e')$。

③ 依次光滑连接 a''、d''、c''、e''、b''即为交线的侧面投影。

5. 平面切割圆球的投影与识读

平面与圆球相切割时，其交线均为圆，但圆的大小取决于截平面与球心的距离。当平面平行于投影面时，在该投影面上交线圆的投影反映实形，另外两个投影面上的投影积聚成直线，如图 4-15 所示。

例 4-5　如图 4-16a 所示，已知半球体被正垂面截割的主视图，求作其俯视图和侧视图。

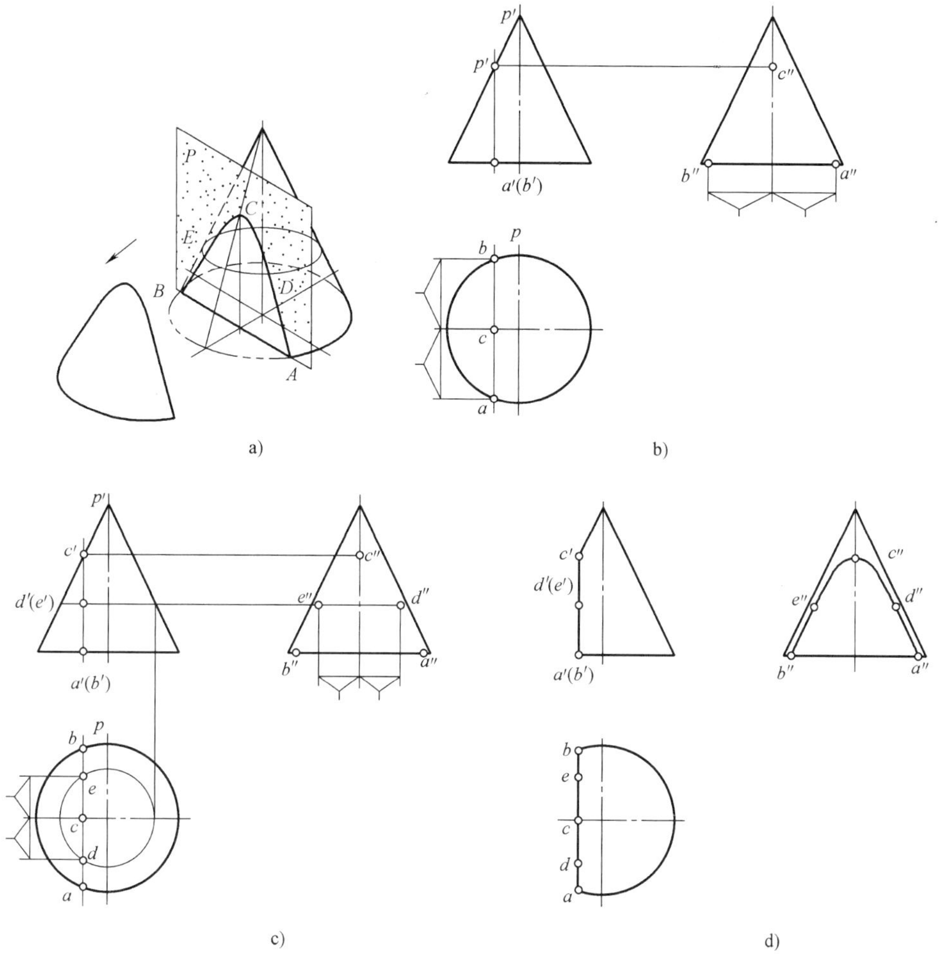

a)　　b)

c)　　d)

图 4-14　圆锥被平行于其轴线侧平面截割后的三视图与识读

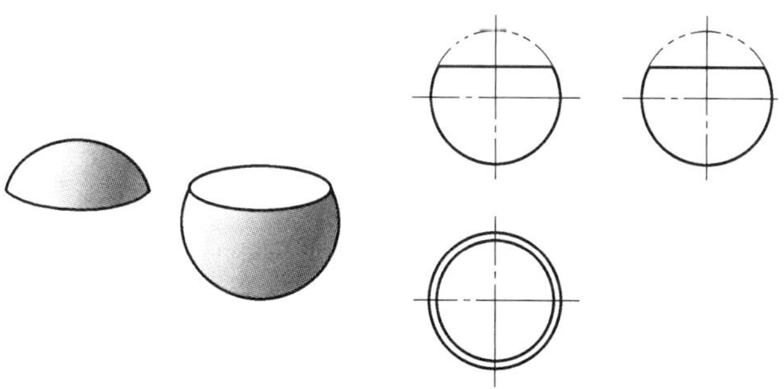

图 4-15　平面截切球体交线的投影与识读

1）分析。如图 4-16a 所示，主视图是由一个水平面和一个侧平面截割半球体所组成。水平面与半球相交部分的水平投影是一段水平圆弧 abc，侧面投影积聚成一条直线 $a''b''c'''$；而侧平面与半球表面的交线在侧面上的投影同样也是一段圆弧 $a''d''c''$，它的水平投影则积聚成一条直线 adc。

2）作图

① 作水平面与半球表面交线的俯视图，水平面与半球表面交线的水平投影为一段圆弧，其半径可从正面投影量取，与半球表面交线的侧平面投影积聚成一条直线，如图 4-16b 所示。

② 作侧平面与半球表面相交的侧视图，侧平面与半球表面交线的侧面投影为一段圆弧，其半径可从正面投影量取，水平面与半球表面交线的侧平面投影积聚成一条直线，如图 4-16c 所示。

③ 如图 4-16d 所示，即为求作其俯视图和侧视图。

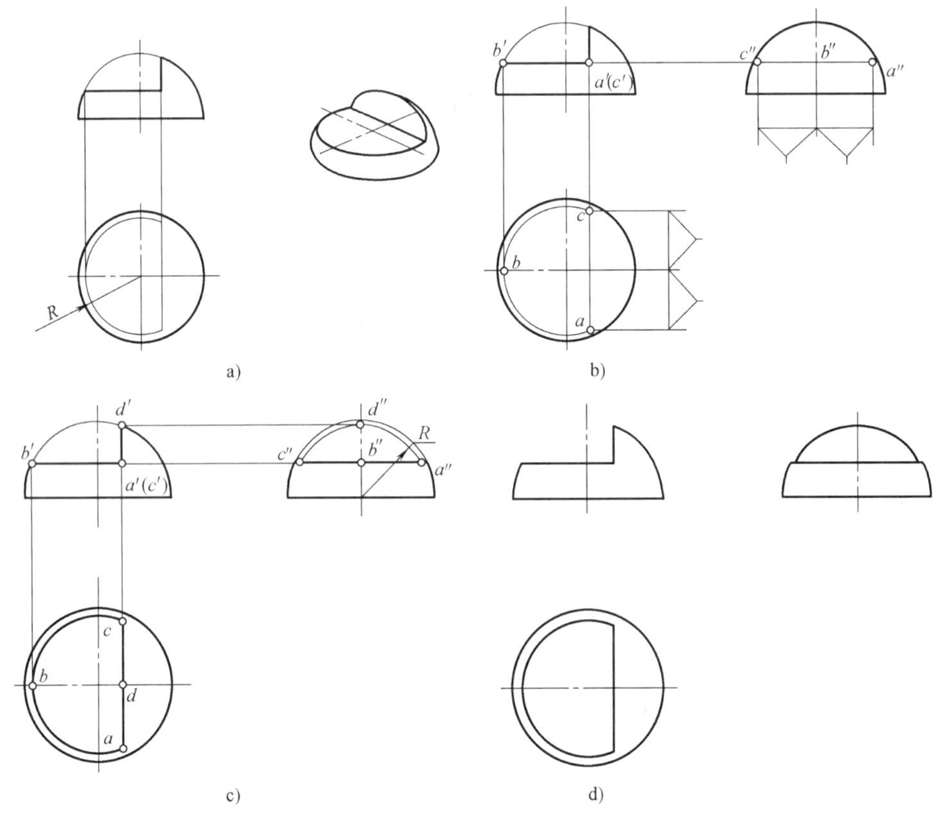

图 4-16　平面切割半球体交线的三视图

6. 平面与复合曲面体相交交线的投影与识读

截平面与同轴复合曲面体相交时，先要分析该形体是由哪几个基本体组成的，再分析平面与被截割基本体的相对位置、交线的形状和投影特性，然后逐步画出平面对每个基本体产生的交线。

例 4-6　如图 4-17a 所示，求作顶尖的三视图。

1）分析。顶尖头部由同轴(轴线为侧垂线)的圆锥和圆柱组成，被 *P*、*Q* 两个平面切去一部分。平面 *P* 为平行于轴线的水平面，与圆锥面的交线为双曲线，与圆柱面的交线为两条侧垂线(*AB*、*CD*)。平面 *Q* 为正垂面，与圆柱面的交线为椭圆(部分)。而 *P*、*Q* 两平面的交线为正垂线。

2）作图

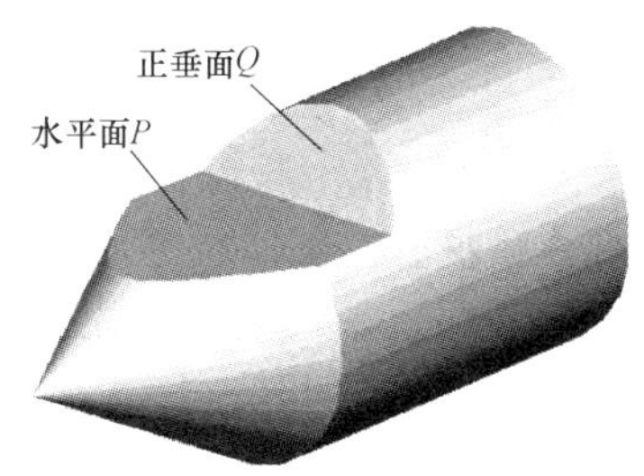

复合曲面体(由圆锥与圆柱组成并被水平面P和正垂面Q切交形成)

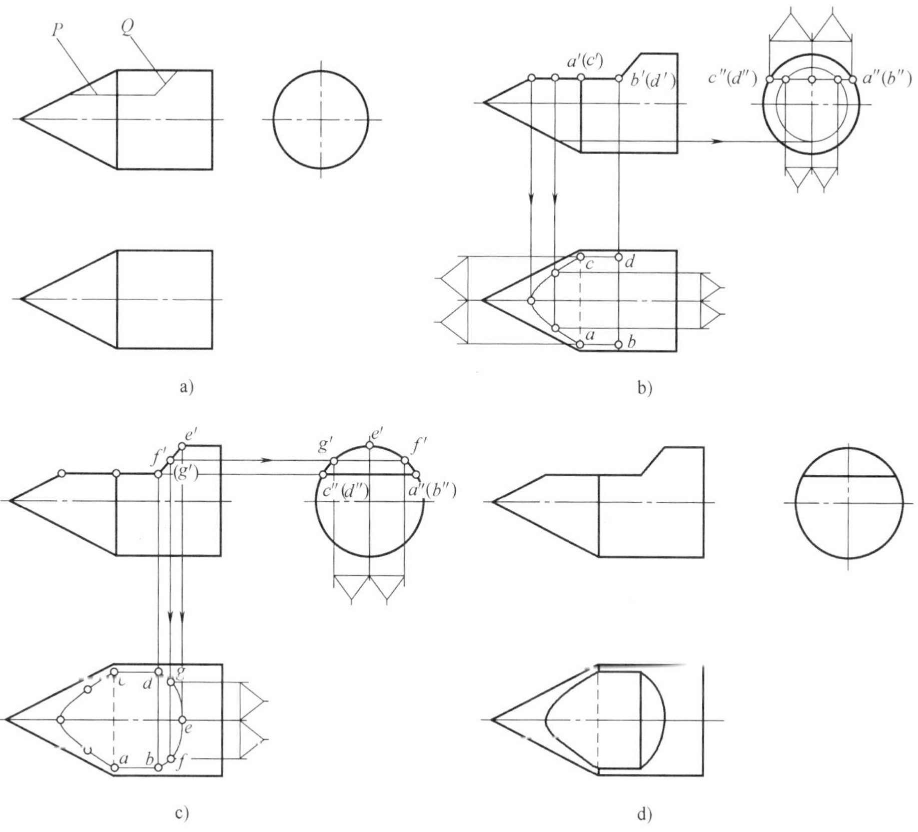

图 4-17　平面切割复合曲面体交线的三视图

① 画出同轴复合曲面体完整的三视图，在主视图上作出 *P*、*Q* 两平面有积聚性的正面投影，如图 4-17a 所示。

② 平面 *P* 与圆锥面的交线(双曲线)可用辅助纬圆法或辅助素线法作出。按投影关系作出平面 *P* 与圆柱面的交线 *AB*、*CD* 的水平投影 *ab*、*cd*，以及 *P*、*Q* 两平面交线 *BD* 的水平投影 *bd*，如图 4-17b 所示。

③ 正垂面 *Q* 与圆柱面交线(椭圆弧)的正面投影积聚成一条直线时面投影积聚为圆。由 *g'* 作出 *g* 和 *g''*，在椭圆弧正面投影的适当位置定出 *e'*、*f'*，直接作出侧面投影 *e''*、*f''*，再由 *e''*、*f''* 和 *e'*、*f'* 作出 *e*、*f*。依次连接 *b*、*f*、*e*、*g*、*d* 即为正垂面 *Q* 与圆柱面交线的水平投影，如图 4-17c 所示。

④ 作图结果如图 4-17d 所示，注意俯视图中圆柱与圆锥交接处的一段虚线不要遗漏。

小试身手

1. 根据题图 4. 3-2a 所示，补画俯视图；根据题图 4. 3-2b 所示，补画主视图。

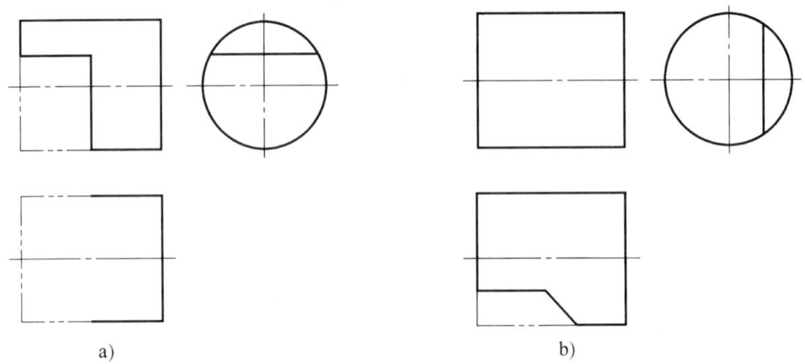

题图 4. 3-2

2. 正截平面 P 截切圆锥，如题图 4. 3-3 所示，请完成截交线在主视图上的投影。

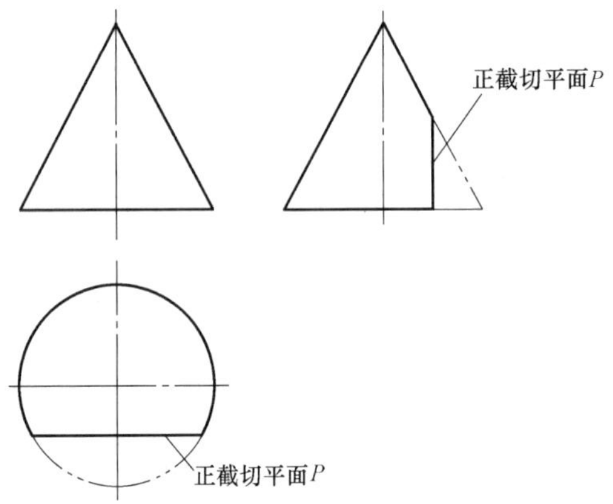

题图 4. 3-3

巩固练习

1. 根据题图 4. 3-4a 所示，补画主视图；根据题图 4. 3-4b 所示，补画交线的主视图和侧

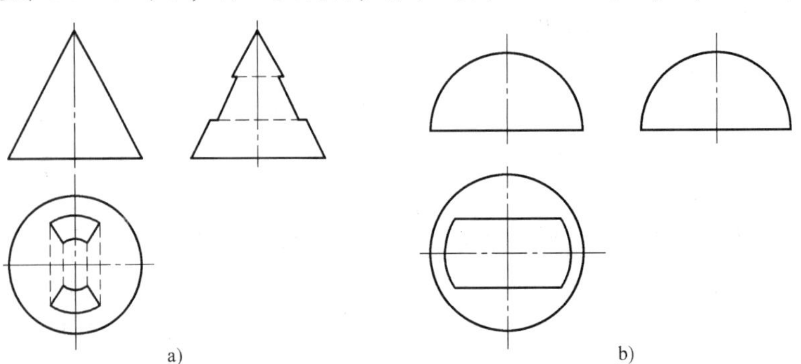

题图 4. 3-4

视图。

2. 根据题图 4.3-5 所示，补画左视图，并完成圆柱表面上 A、B、C 点的投影。

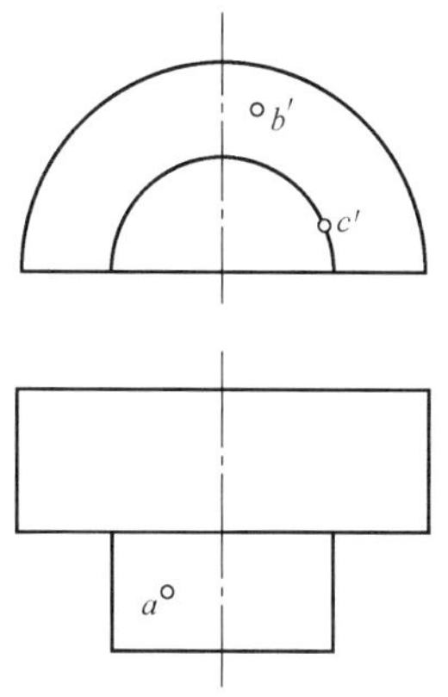

题图 4.3-5

任务四	曲面体表面相贯线的投影法则与识读	学时：120min
学习目标	1. 理解相贯线的概念和特性，会其相贯线的画法与识读。 2. 理解曲面体相贯线的特性，会其相贯线的画法与识读。	
知识点	1. 圆柱与圆柱相交表面相贯线的投影与识读。 2. 圆柱、圆锥与平面相交相贯线的投影特性与识读。 3. 平面与曲面体相交的特性。	
学习要求	1. 会立体表面相贯线在三投影面体系中的投影作图方法：特殊点与中间点。 2. 会识读各种相贯线的投影。	
圆柱与圆柱相交相贯线投影特性	圆柱与圆柱相交相贯线的投影特性为长对正、高平齐、宽相等。 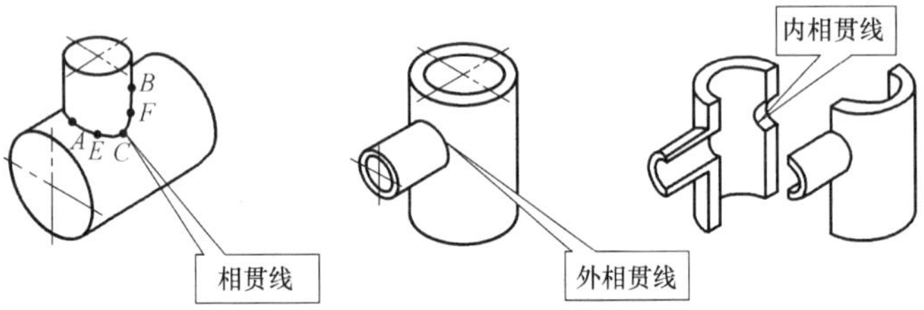 B F A E C 相贯线 外相贯线 内相贯线	
圆锥与圆柱相交相贯线的三视图	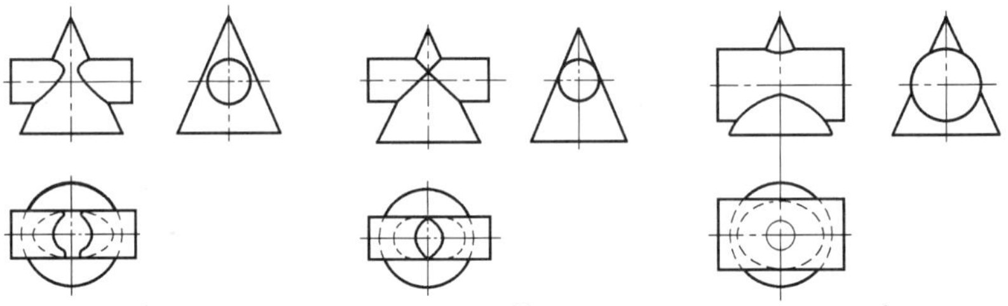 a) b) c) 圆柱与圆锥正交，圆锥大小不变，相贯线随圆柱大小变化发生相应变化，相贯线有三种情况。	
立体相交相贯线的投影与识读	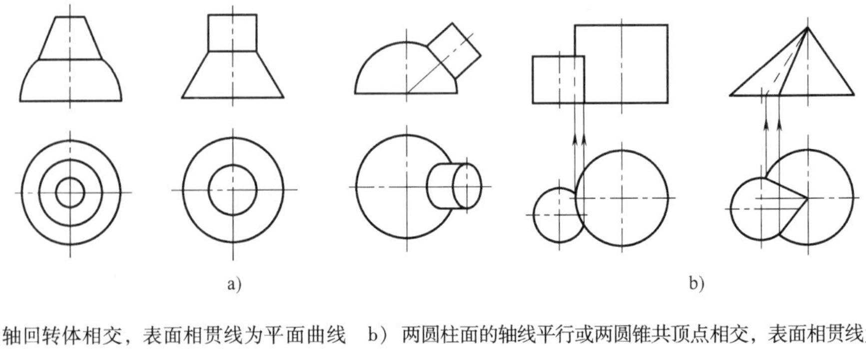 a) b) a）同轴回转体相交，表面相贯线为平面曲线　b）两圆柱面的轴线平行或两圆锥共顶点相交，表面相贯线为直线 截平面与曲面体表面上交点的投影特性符合点的投影规律。往往要借助于辅助素线、辅助纬圆、辅助平面等方法求出中间点的投影，这样作出的相贯线更光滑、更准确。	

一、相贯线的概念及其特性

1. 相贯线的概念

两曲面体相交，表面形成的交线称为相贯线，如图 4-18 所示。

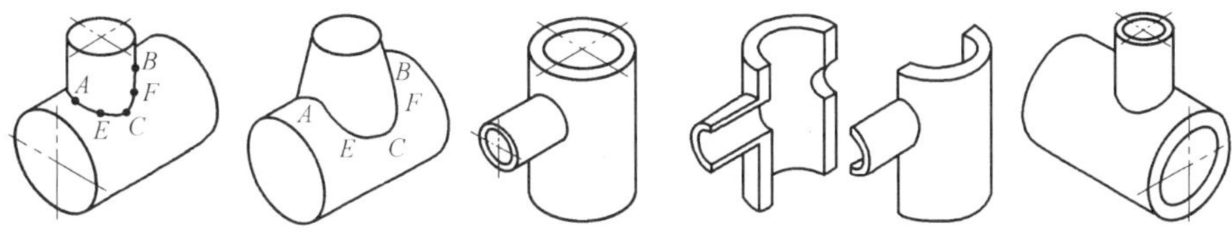

图 4-18　相贯线的示例

2. 相贯线的特性

1）相贯线一般为封闭的空间曲线，特殊情况下也可能是平面曲线和直线。

2）相贯线是两立体表面的共有线，相贯线上的点是两曲面体表面上的共有点。

小贴士

识读曲面体相交的相贯线，就是求作相交曲面体表面上共有点的连线。

二、圆柱与圆柱正交

如图 4-19a 所示，两圆柱体相交，当其中一个是轴线垂直于投影面的圆柱，则在该投影面上的投影必须在圆柱的积聚投影圆周上。利用这一特性，可在交线上取若干点，再按回转体表面取点的方法作出相贯线的其他投影。

1. 两圆柱正交的相贯线求作与识读

（1）分析　图 4-19a 所示为不同直径的两圆柱体垂直相交，由于直立圆柱的水平投影和水平圆柱的侧面投影都有积聚性，所以交线的水平投影和侧面投影分别积聚在它们有积聚性的圆周上。因此，只要求作交线的正面投影即可。因为交线前后对称，所以在其正面投影中，可见的前半部与不可见的后半部重合，并且左右对称。

（2）求作相贯线与识读的步骤

1）先求作特殊点：水平圆柱的最高素线与直立圆柱最左、最右素线的交点 A、B 是交线上的最高点，也是最左、最右点。因此，a'、b'，a、b 和 a''、b'' 均可直接作出。C 点是交线上的最低点，也是最前点，c''和 c 可直接作出，再由 c''、c 求得 c'见图 4-19b。

2）求中间点：利用积聚性，在侧面投影和水平投影上定出 e''、f''和 e、f，再由 e''、f''和 e、f 求得 e'、f'，如图 4-18c 所示。同样的方法可再作出相贯线上一系列点的投影。光滑连接各点即为相贯线的正面投影，如图 4-19d 所示。

2. 两圆柱体垂直相交时相贯线的简易画法

在工程上，经常遇到两圆柱体垂直相交的情况，对于相贯线的简化作图，允许用圆弧代替非圆曲线。如图 4-20 所示，两圆柱轴线垂直相交，且平行于正面的两圆柱相交，相贯线的正面投影以大圆的半径为半径画圆弧即可。

3. 圆柱穿孔的相贯线的求作与识读

图 4-21 所示是两个带穿孔的圆柱正交。圆柱孔与圆柱面相交时，在孔中会形成相贯线。两圆柱孔相交时，其内表面也会形成相贯线。内表面相贯线的形成和求作方法及识读和外表面的相贯线一样。

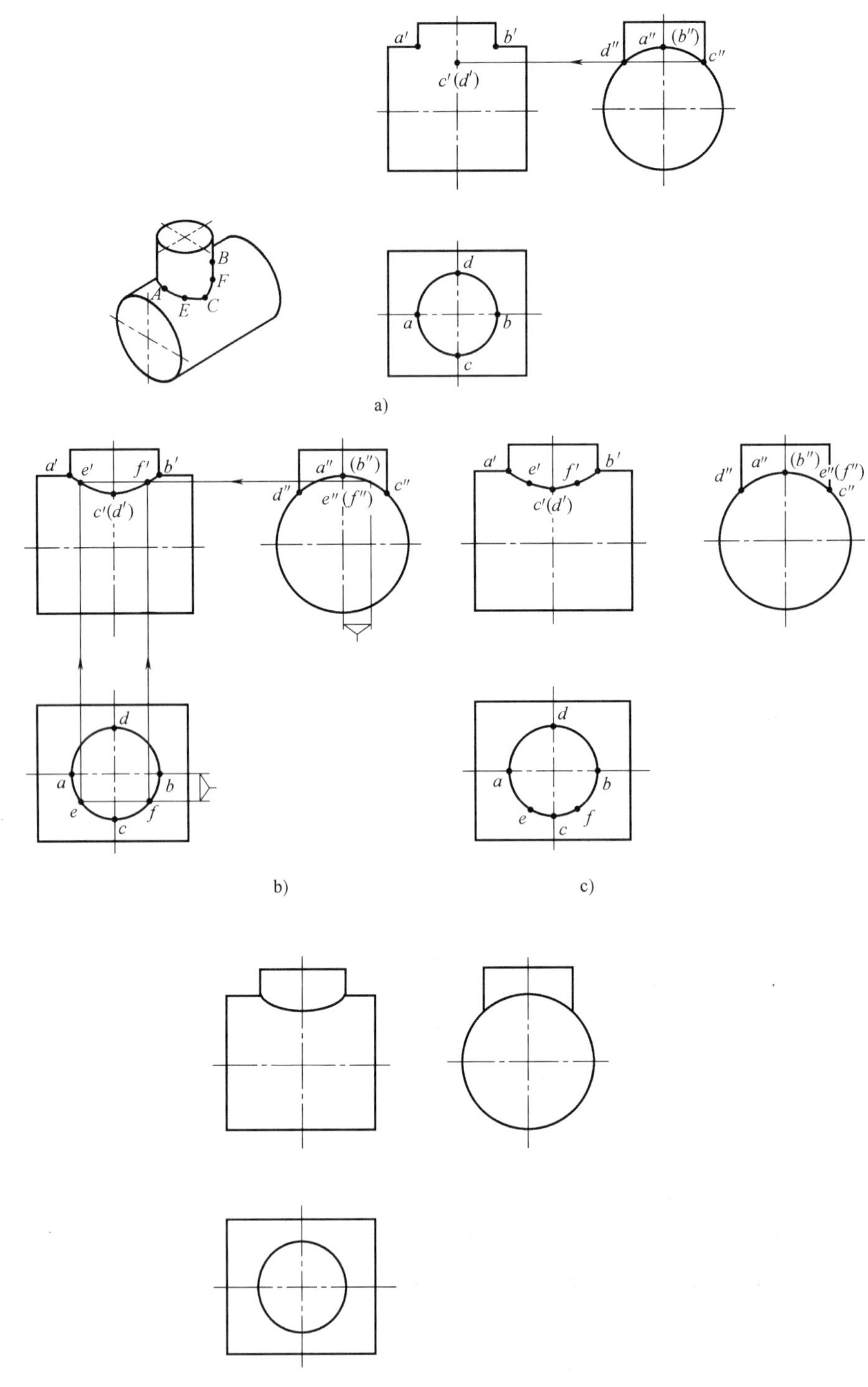

图 4-19　两圆柱体正交相贯线的投影与识读

三、圆柱与圆锥相交

1. 圆柱与圆锥正交相贯线求作与识读

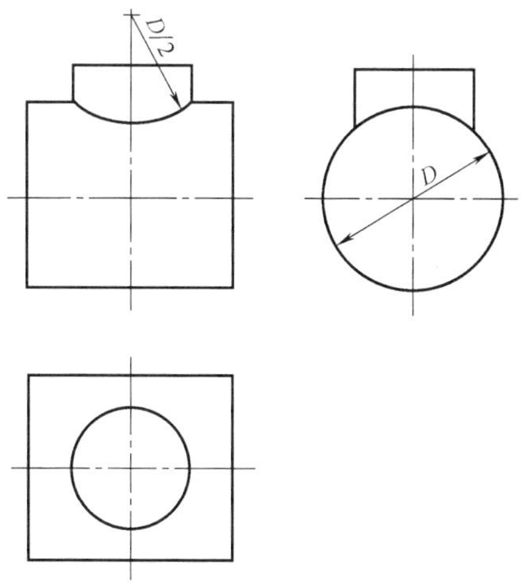

图 4-20　圆柱相交相贯线的简易画法

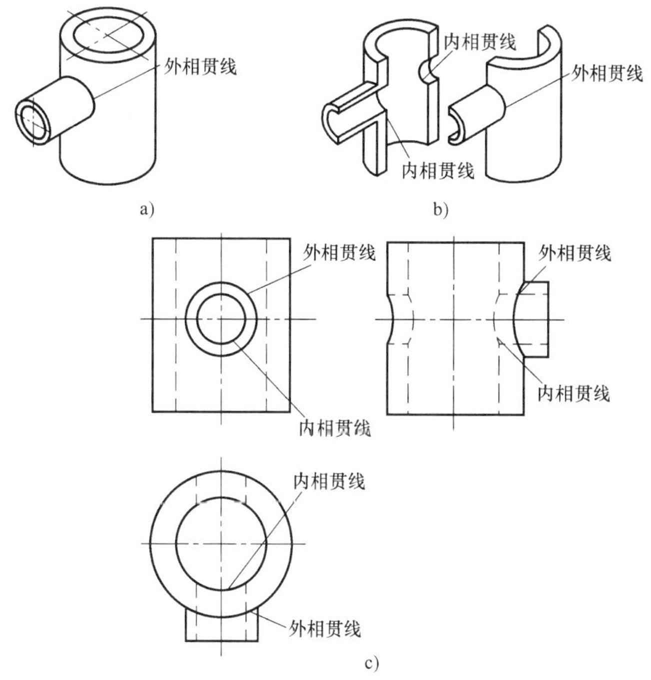

图 4-21　圆柱穿孔的表面相贯线

（1）分析　如图 4-20 所示，圆柱与圆锥轴线垂直相交，其表面相贯线为封闭的空间曲线，并且相贯线的前后、左右对称。由于圆柱轴线垂直于侧面，所以相贯线的侧面投影与圆柱面的侧面投影重合为一段圆弧。相贯线的正面投影和水平投影采用辅助平面法求作。

（2）作图与识读

1）求特殊点：根据相贯线上最高点 C、D(同时也是最左、最右点)和最低点 A、B(也是最前、最后点)的侧面投影 c''、d''、a''、b'' 直接作出其特殊点的正面投影 c'、d'、a'、b' 和水平投影 c、d、a、b，如图 4-22a 所示。

2）求中间点：在最高点与最低点之间的适当位置作出辅助平面 P。如图 4-22b、c 所示，P 平面(水平面)与圆锥的交线是圆，其水平投影反映实形，该圆的半径可在侧面投影中量取，或在正面投影中以圆锥外轮廓线的延长线与 p' 的交点投影作图。P 平面与圆柱的交线是矩形，它在水平投影中的位置也可以从侧面投影中量取。在水平投影中，圆和矩形的交点 e、f、g、h 即为交线上四个点的水平投影。其正面投影 e'、f'、g'、h' 应在 p'上，侧面投影 e''、f''、g''、h'' 应位于 p''与圆的相交处。

3）在正面投影和水平投影上分别依次光滑连接各点，即为其相贯线求作的结果，如图 4-22d 所示。

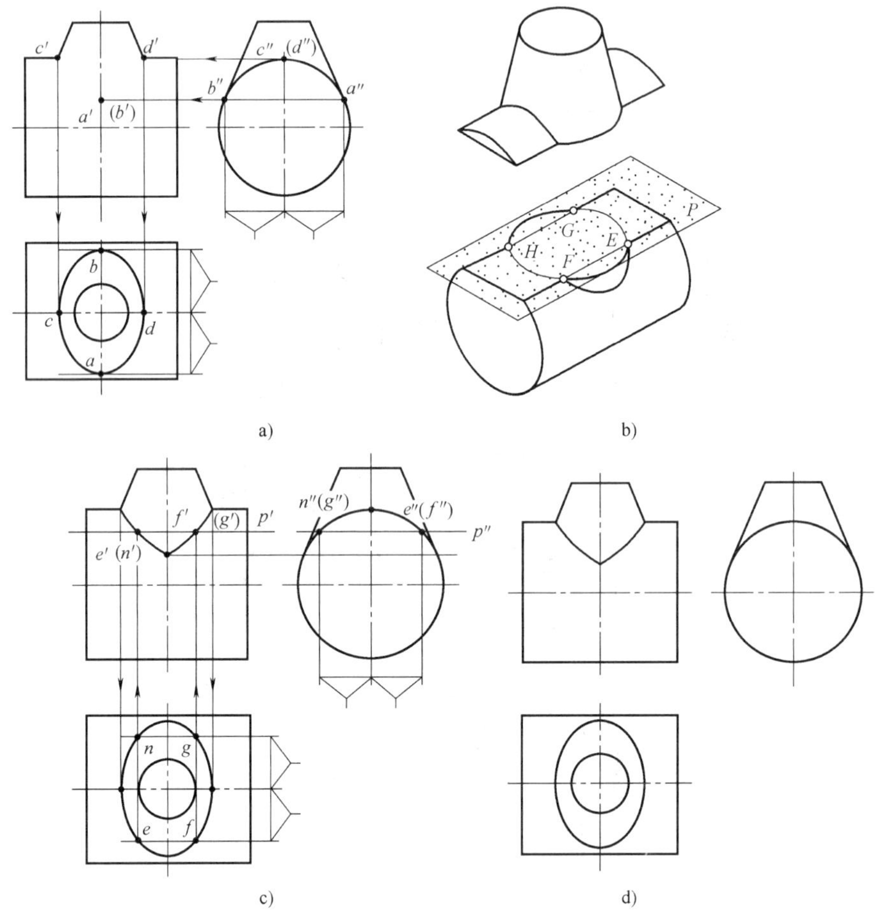

图 4-22　圆柱与圆锥正交相贯线的求作和识读

2. 圆柱与圆锥正交相贯线变化

正交的圆柱与圆锥相对大小变化引起相贯线投影的变化规律，如图 4-23 所示。

四、两回转体表面交线的特殊情况

1. 同轴两回转体相交表面的相贯线

具有同轴的两回转体相交时，其表面相贯线为垂直于该轴线的圆，如图 4-24 所示。

2. 两回转体轴线相交且具有公共内切球的相贯线

具有公共内切球的两回转体轴线相交，相贯线投影如图 4-25 所示。

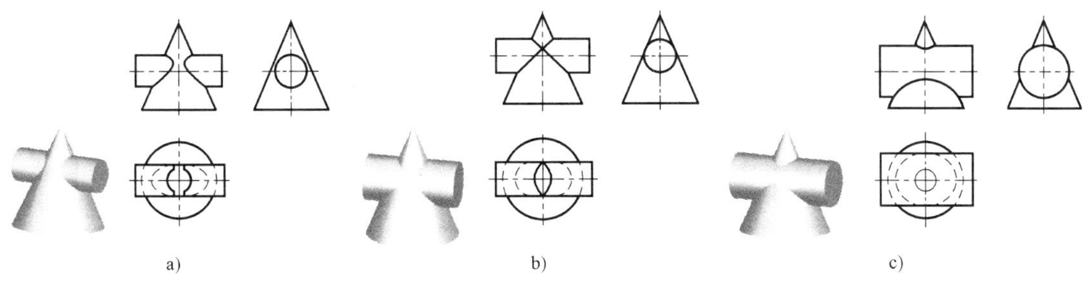

a)　　b)　　c)

图 4-23　圆柱与圆锥正交三种状况的交线投影和识读

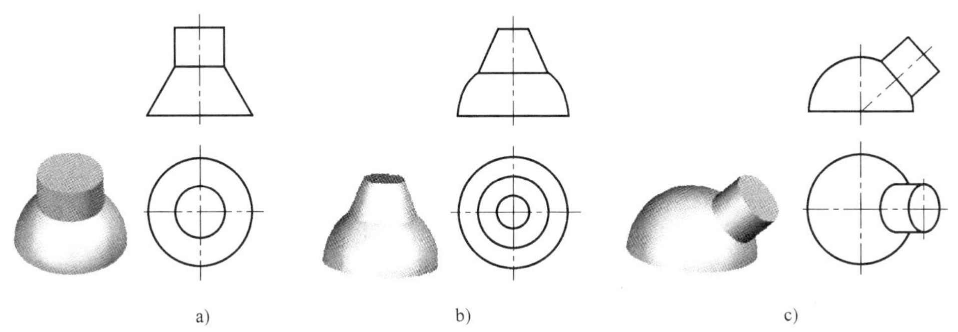

a)　　b)　　c)

图 4-24　同轴回转体的表面相贯线的投影

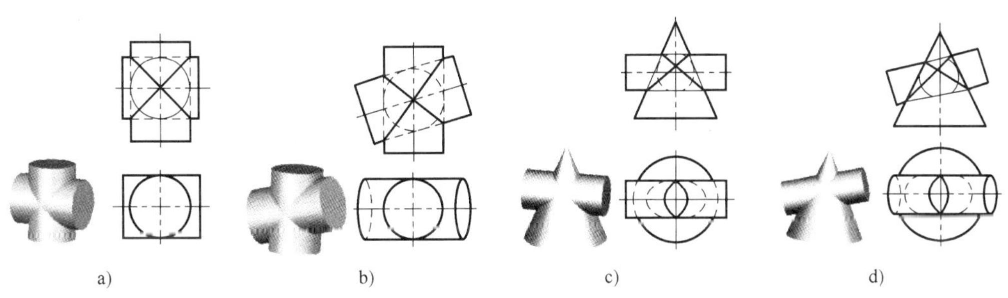

a)　　b)　　c)　　d)

图 4-25　具有公共内切球的两回转体表面相贯线的投影

3. 两圆柱面的轴线平行或两圆锥面共锥顶的相贯线

两圆柱面的轴线平行或两圆锥面共锥顶时，其表面相贯线为直线，如图 4-26 所示。

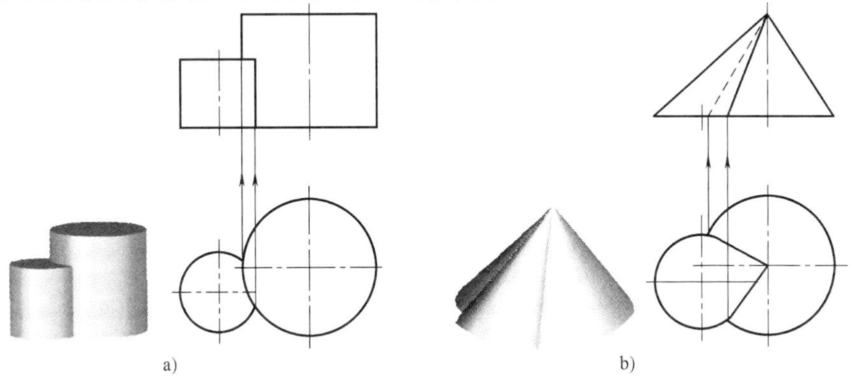

a)　　b)

图 4-26　两回转体表面相贯线为直线的投影

想一想

如题图 4.4-1 所示，选出其交线正确投影的视图(在括号内打上√)。

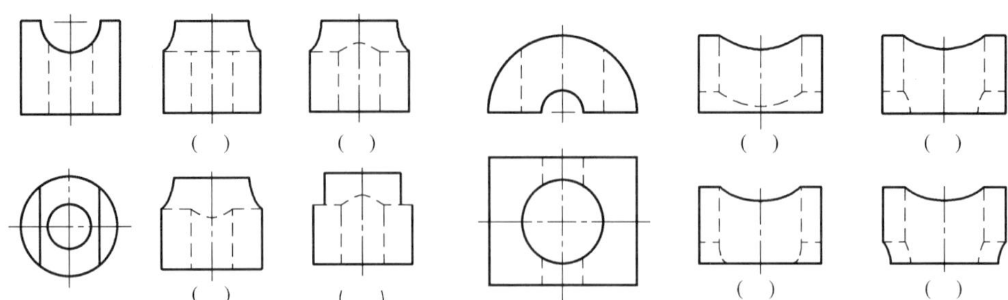

题图 4.4-1

小试身手

如题图 4.4-2 所示，分别补作其交线的投影视图。你发现有什么特殊性吗?

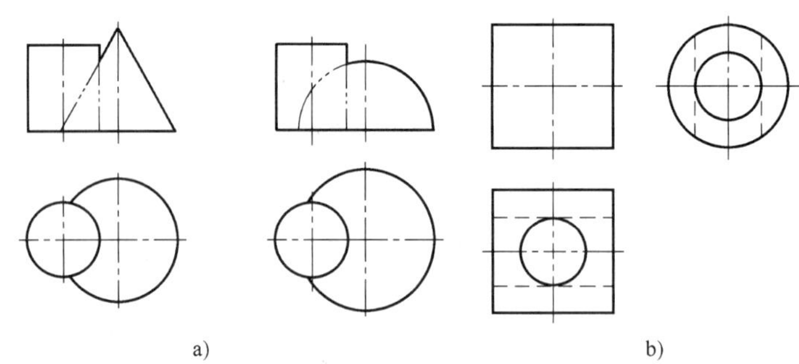

题图 4.4-2

巩固练习

如题图 4.4-3a、b 所示，分别求作其交线的正面投影的主视图，你发现有什么不同吗?

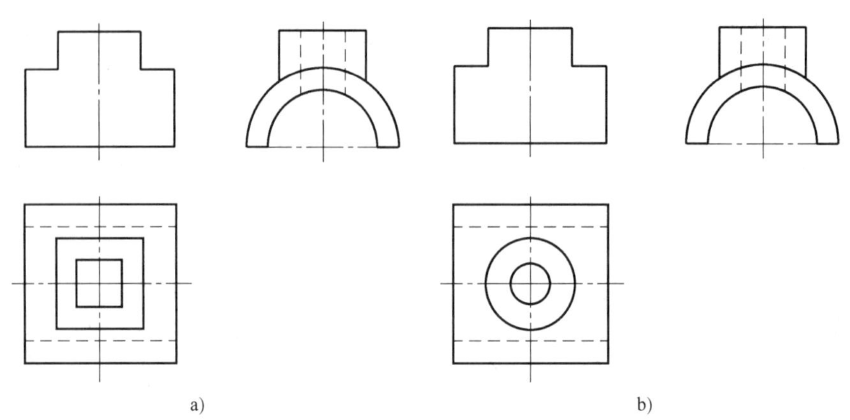

题图 4.4-3

学习活动情境四任务测评表

班级		姓名		日期		自评	互评	备注
1. 你知道基本体有哪些吗？								
2. 你知道基本体表面上点的投影特性吗？								
3. 你学会平面与多面体表面截交的投影作图了吗？								
4. 你学会平面与曲面体表面截交的投影作图了吗？								
5. 你学会平面与立体表面截交的投影作图了吗？								
6. 你学会曲面体相交表面相贯线投影的作图了吗？								
个人小结：								
总体评价						教师签字		

学习活动情境五：组合体的表达及识读

任务一	组合体的表达形式与识读	学时：90min
学习目标	1. 理解组合体的概念和特性。 2. 会运用组合体的形体分析法。 3. 理解组合体视图识读的含义及基本要领，培养空间想象能力。	
知识点	1. 组合体的构成形式。 2. 组合体的形体分析方法与其识读。 3. 组合体的三视图与识读。	
技能点	1. 会组合体表达的作图方法。 2. 会识读各种组合体。	
组合体构成形式	组合体的构成形式主要有：叠加型、切割型、综合型。 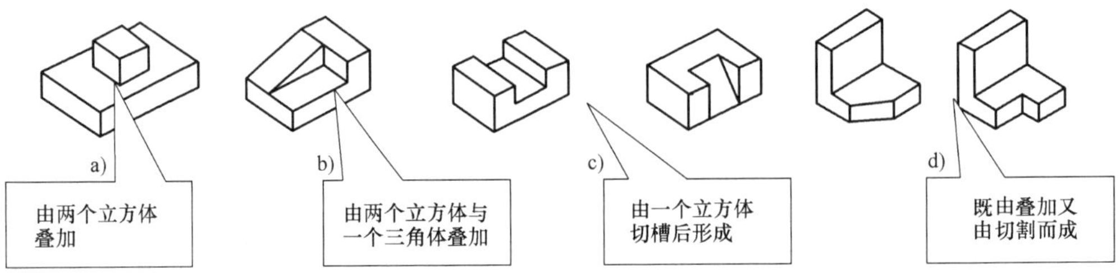 a) 由两个立方体叠加 b) 由两个立方体与一个三角体叠加 c) 由一个立方体切槽后形成 d) 既由叠加又由切割而成	
组合体表面连接方式及其特性	组合体都是由两个或两个以上基本体以不同的表面连接方式构成的。其相邻表面连接关系有共面与不共面、相交与相切等。 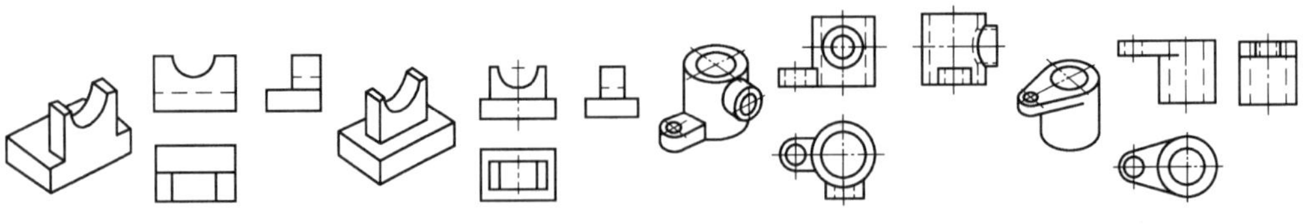 a) 共面视图 无分界线 b) 不共面视图 有分界线 c) 相交处 视图上有交线 d) 相切处 视图上无交线	

（续）

<table>
<tr><td>任务一</td><td>组合体的表达形式与识读</td><td>学时：90min</td></tr>
<tr><td>组合体三视图识读的基本要领</td><td colspan="2">1. 熟悉基本体的形体表面特征。 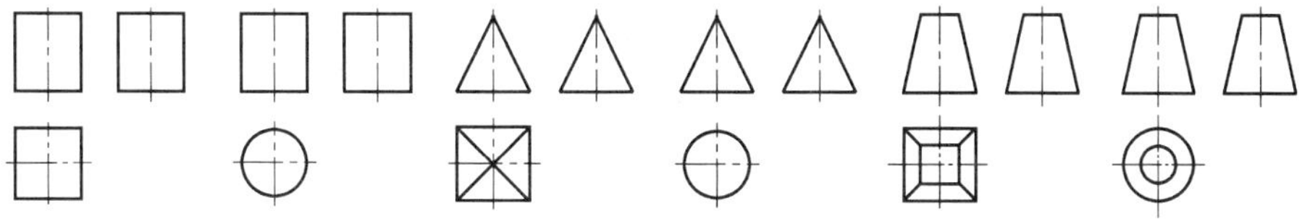
a) b) c) d) e) f)
2. 全部视图联系识读，确定物体形状。 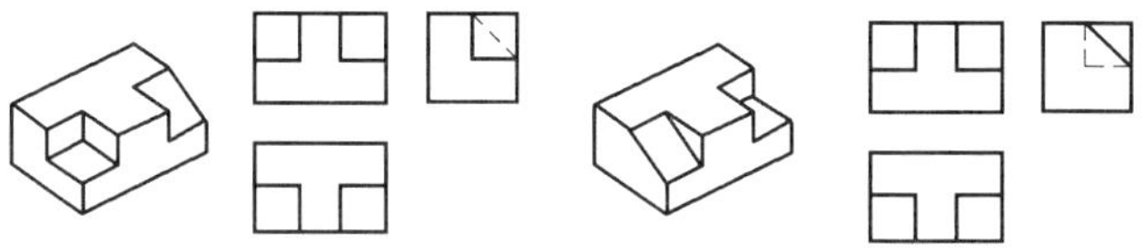
g) h)
3. 按“长对正、高平齐、宽相等”投影规律，理解视图中的线框和图线的含义。
总之，全面分析，几个视图联系起来看；局部分析，明确线框和图线含义；捕捉特征，构思物体形状。</td></tr>
</table>

一、组合体的构成形式

1. 组合体的概念

任何复杂的机器零件，从形体分析都可以看成是由多个简单的基本几何体经过叠加、切割、穿孔等或者综合而成的。这种由两个以上基本体组合构成的整体称为组合体。

掌握组合体的画法与读图的方法十分重要，将为我们进一步学习零件图的识读打下基础。

组合体的形式有以下三种：

（1）叠加型—由两个以上基本体叠加而成，如图 5-1a 所示。

（2）切割型—由基本体经过切割、钻孔、切槽等方法形成的形体，如图 5-1b 所示。

（3）综合型—有叠加亦有切割组合而成的形体，这是最为常见的组合体，如图 5-1c 所示。

2. 组合体上相邻表面间的连接形式

无论哪种形式构成的组合体，各基本体之间都有一定的相对位置关系，并且各形体之间的表面都有一定的连接关系。就其连接形式可归纳为以下四种：

（1）共面—当两个基本体叠加时，相邻两基本体的表面互相平齐，连成一个平面，结合处没有界线，在其共面的视图中没有图线，如图 5-2a 所示。

（2）不共面—如果两基本体叠加时，结合面相错，不共面，在结合部两基本体之间有分界线，其视图中要有图线表示，如图 5-2b 所示。

（3）相交—两个基本体的表面彼此相交，产生交线（截交线或相贯线），要画出表面交线（截交线或相贯线）的投影，视图中要有图线表示，如图 5-2c 所示。

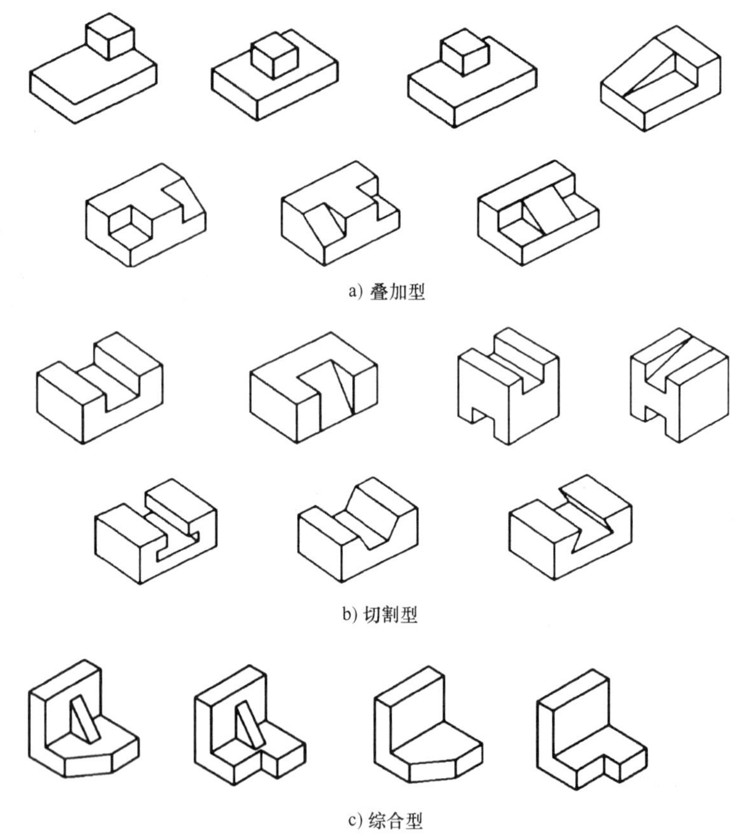

图 5-1　组合体的结构形式

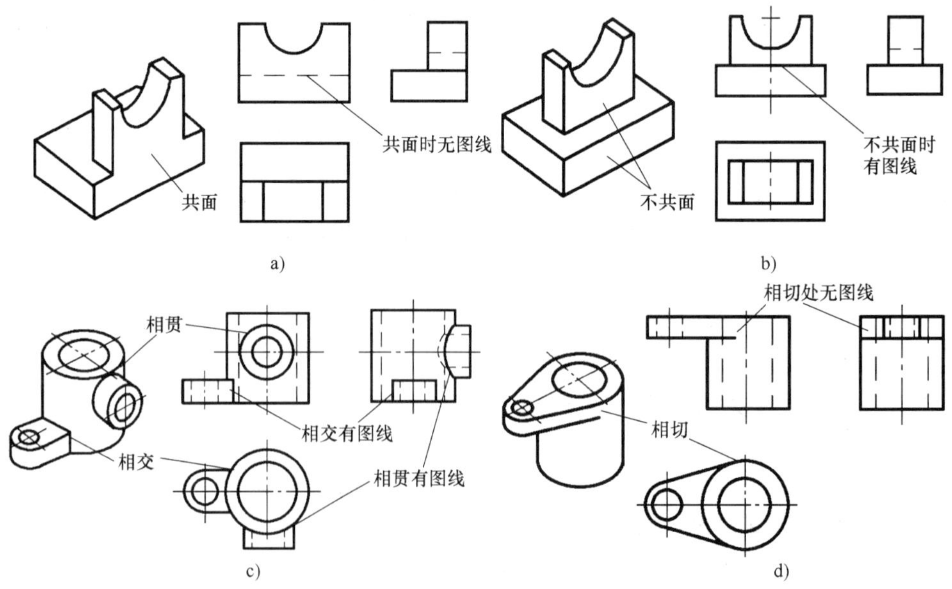

图 5-2　组合体的连接形式

（4）相切—两基本体相切时，相邻表面为光滑过渡，二者之间没分界线，相切处不必画出切线，在视图中没有图线表示，如图 5-2d 所示。

3. 组合体三视图的识读分析

识读组合体的视图，常常把复杂的组合体分解成若干个基本体的组合，如图 5-2 所示，结合组合体的结构特点和基本体之间的相对位置关系，进行识读分析，有步骤地根据其投影关系：长对正、高平齐、宽相等和其空间形状来进行识读。这就是形体分析法，而这种分析方法是画图和读图的基本方法，也是本书汽车零部件识读常用的基本方法。

学习识读图，就是根据已给出的视图，运用识读基本要领和基本方法进行分析，想象出其空间的形体、形状的过程，称之为识读图。

二、组合体视图识读的基本要领

1. 熟练掌握基本体的形体表达特征

如图 5-3a、b 所示，三视图中若有两个视图的外形的轮廓形状为矩形，则该基本体为柱；如图 5-3c、d 所示，若为三角形，则该基本体为锥；如图 5-3e、f 所示，若为梯形，则该基本体为棱台或圆台。而要判断上述基本体是棱柱（棱锥、棱台）还是圆柱（圆锥、圆台），必须要借助第三视图的形状。如图 5-3a、c、e 所示若是多边形，该基本体为棱柱（棱锥、棱台）；如图 5-3b、d、f 所示，若为圆，则该基本体为圆柱（圆锥、圆台）。

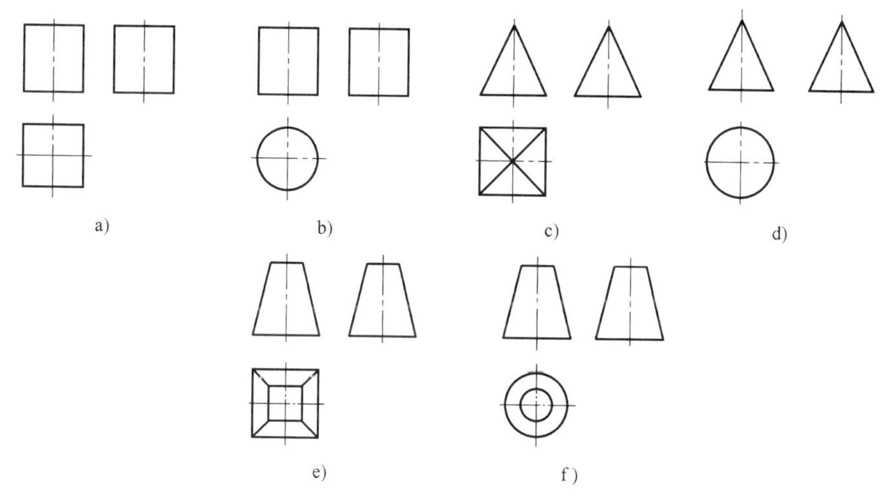

图 5-3 基本体的形体特征

2. 几个视图联系起来识读确定物体形状

在机械图样中，机械零件的形状、形体一般是通过几个视图来表达的，每个视图只能反映机械零件一个方面的形状。因此，由一个或两个视图往往是不能确定机件的形状、形体的。

图 5-4a、b 所示的两组图形，它们的主、俯视图都相同；图 5-4c、d 所示的主、左视图相同；图 5-4e、f 所示的主、俯视图也相同；但实际上它们都分别表示了不同形状的物体。由此可见，读图时必须将几个视图联系起来，互相对照分析，才能正确地想象出该物体的形状和形体来。

3. 理解视图中线框和图线的含义

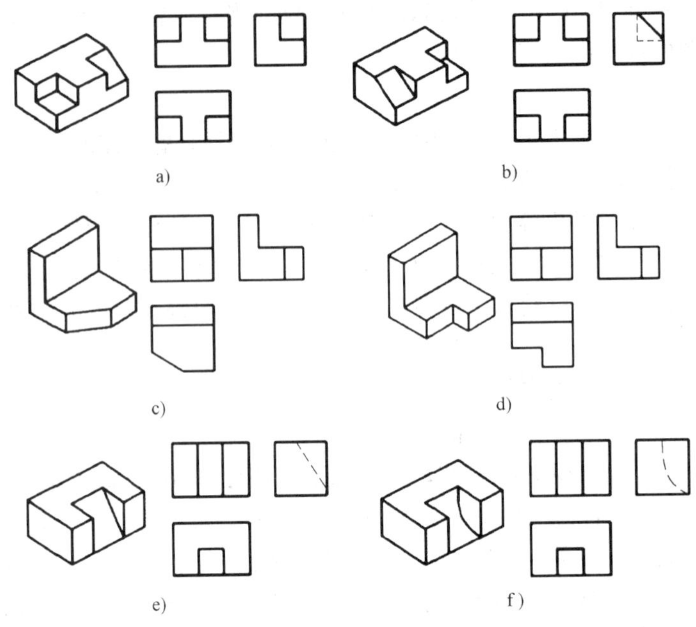

图 5-4　三个视图联系起来分析确定物体形状和形体

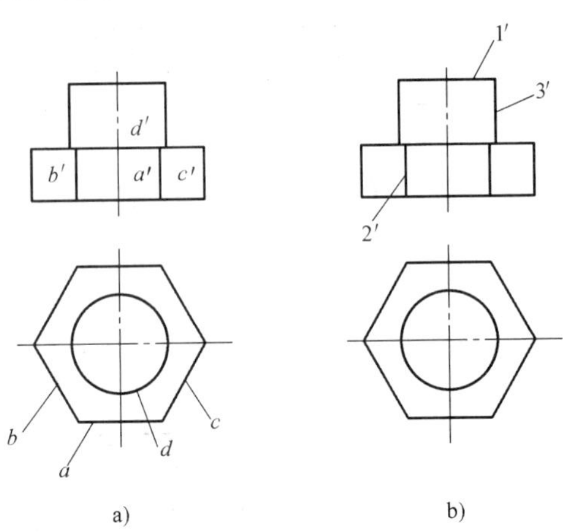

图 5-5　视图中线框和图线的含义

视图中的每一个封闭线框，通常都是物体上一个表面(平面或曲面)的投影。图 5-5a 所示的主视图中有四个封闭的线框，对照俯视图可知，线框 a'、b'、c'分别是六棱柱前面三个棱面的投影；线框 d'则是圆柱体前半圆柱面的投影。

若两线框相邻或大线框套有小线框，则表示物体上不同位置的两个表面。既然是两个表面，就会有上下、左右之分，或者是两个平面相交。如图 5-5a 所示，俯视图中大线框六边形中的小线框圆，就是六棱柱顶面与圆柱顶面的投影。对照主视图分析，圆柱顶面在上，六棱柱顶面在下。主视图中的 a'线框与左面的 b'线框以及右面的 c'线框是相交的两个表面；a'线框与 d'线框是两个表面，对照俯视图，六棱柱前面的棱面 A 在圆柱面 D 之前。

视图中的每一条图线，可能是立体表面有积聚性的投影，或两平面交线的投影，也可能是曲面转向轮廓线的投影。如图 5-5b 所示，主视图中的 1′是圆柱顶面有积聚性的投影，2′是 A 面与 B 面交线的投影，3′是圆柱面转向轮廓线的投影。

提示

识读图时采用的形体分析法的基本要领和基本方法十分重要，其内容为按线框，分部分；对投影，悟形状；合起来，思整体。我们需要多加练习，熟练掌握，灵活应用。培养和提高空间想象能力，有助于提高识读机械零件视图的能力。

小试身手

1. 题图 5. 1-1 所示为压板的构成图，试分析压板是如何构成的，属于何种类型的组合体。

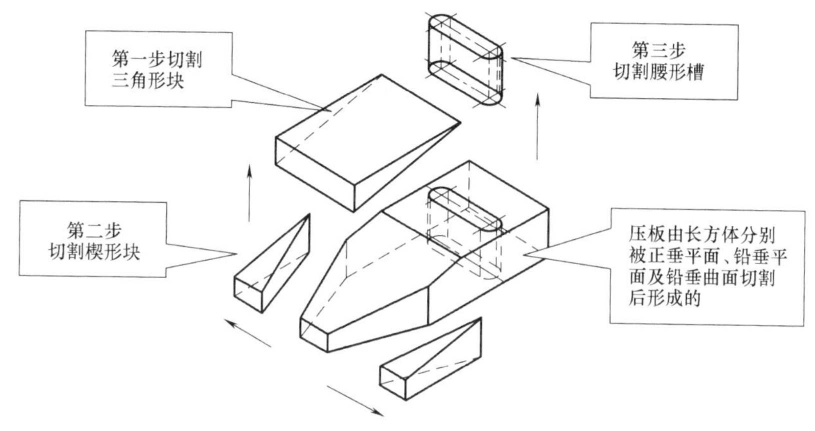

题图 5. 1-1　压板(组合体)形成

2. 题图 5. 1-2 所示为支座的构成图，试分析支座是如何构成的，属于何种类型的组合体。

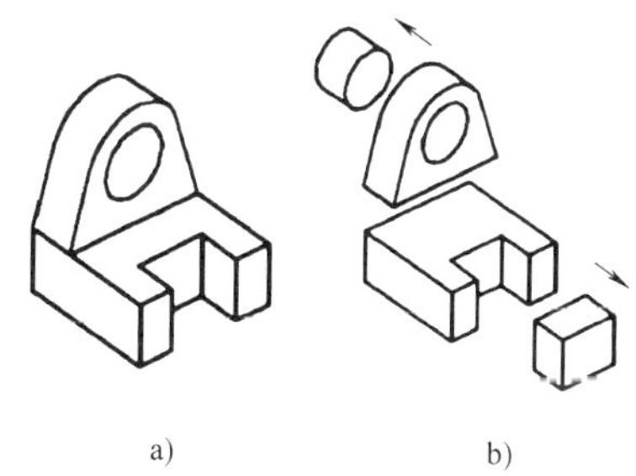

题图 5. 1-2　支座(组合体)构成

3. 如题图 5. 1-3 所示，叙述组合体的构成及其表面连接方式，识读组合体的三视图，说明每组视图各有什么不同?

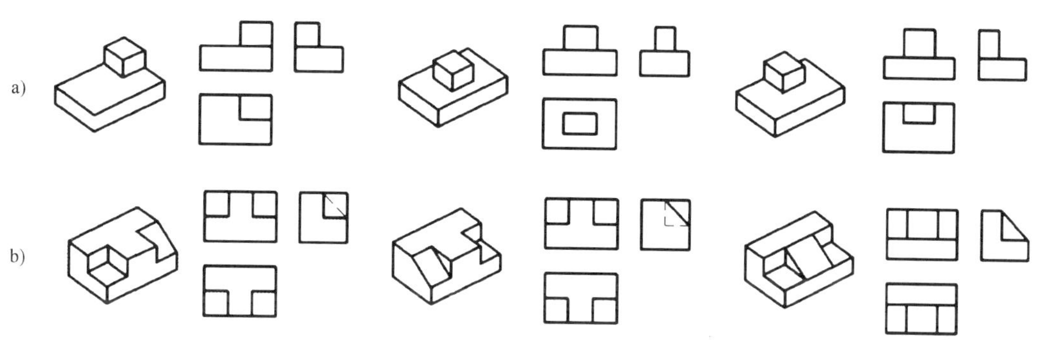

题图 5. 1-3　组合体的构成与其三视图

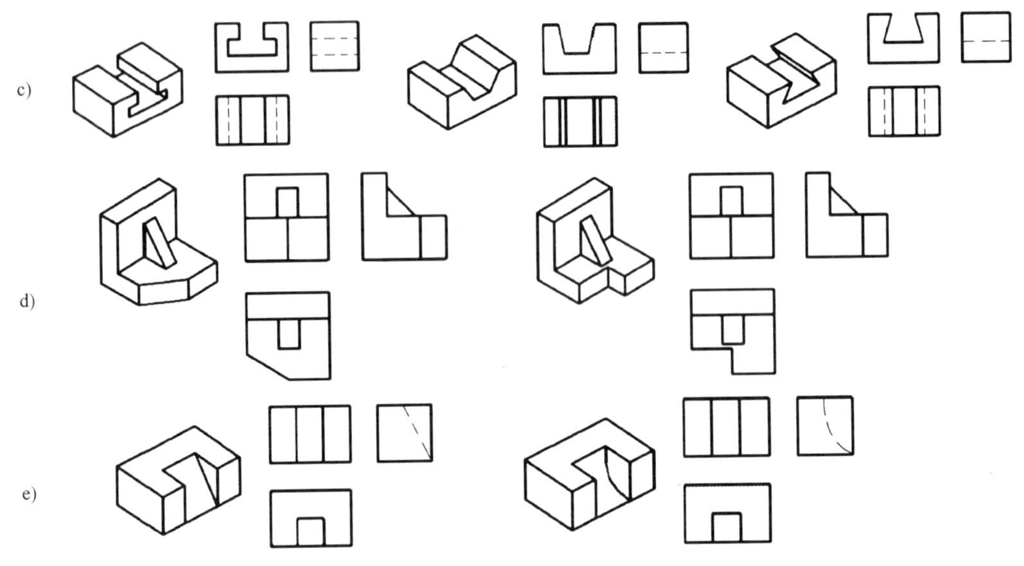

题图 5.1-3　组合体的构成与其三视图(续)

巩固练习

1. 如题图 5.1-4 所示，叙述组合体的构成及其表面连接方式，并识读该组合体的三视图。

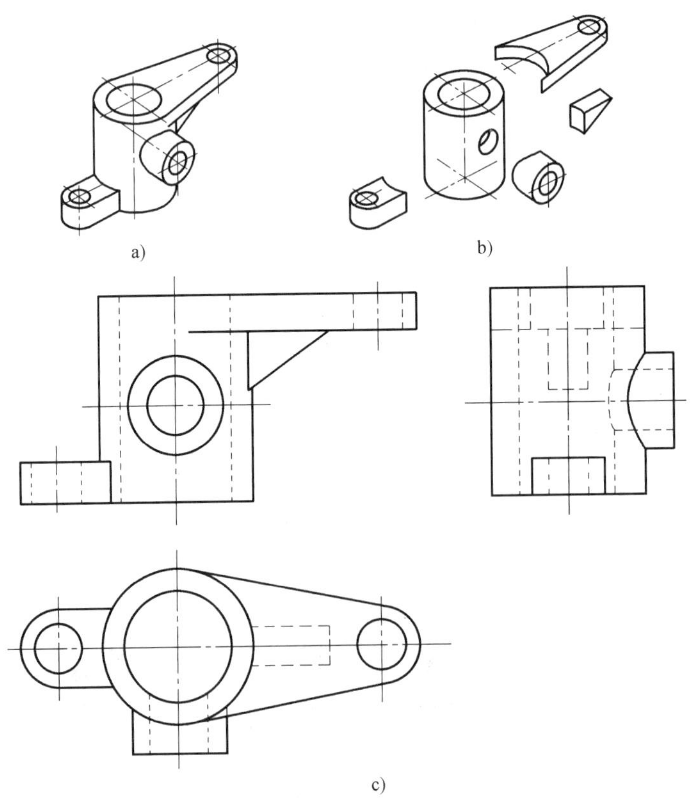

题图 5.1-4　组合体构成与其三视图

任务二	组合体三视图识读的基本方法及应用	学时：120min
学习目标	1. 理解组合体三视图的识读的基本要领。 2. 运用组合体的形体分析法与面形分析法，进行识读视图。 3. 了解组合体三视图的作图方法，提高空间想象能力。	
知识点	1. 组合体三视图作图的分析方法及其作图步骤。 2. 组合体三视图识读的形体分析法和面形分析法。 3. 组合体的三视图识读方法的应用。	
技能点	1. 会组合体三视图的作图方法。 2. 能识读组合体的三视图。 3. 会运用组合体三视图识读的分析方法，补视图和补缺线。	
识读组合体三视图的形体分析法	组合体三视图识读的基本方法主要有：形体分析法和面形分析法。 形体分析法主要是将复杂的组合体分解为几个基本体及其表面连接关系进行识读分析。 支承座 底板 支承板 筋板 a) b) c)	
组合体三视图识读面形分析法	组合体三视图的面形分析法主要是依据面形的投影关系进行识读分析的。 a) 前面投影 b) 左侧面投影 c) 顶面投影 d) 切槽面投影 a）主、俯视图为类似形，左视图积聚成直线；b）主视图积聚成直线，俯、侧视图为类似形；c）主、侧视图积聚成直线，俯视图为实形；d）槽底面俯视图为实形，主、侧视图积聚成直线；槽两侧面侧视图为实形，主、俯视图积聚成直线。	
组合体的三视图识读方法及应用	1. 应用形体分析法，已知组合体的主、俯视图，根据立体图补作左视图，如下图 a、b、c、d 所示。 a) b) c) d)	

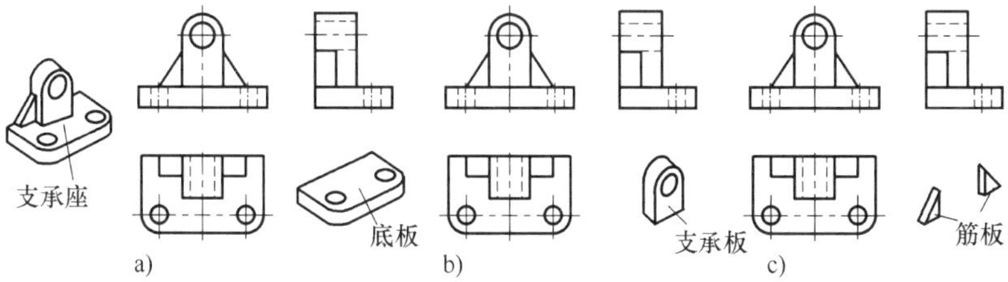

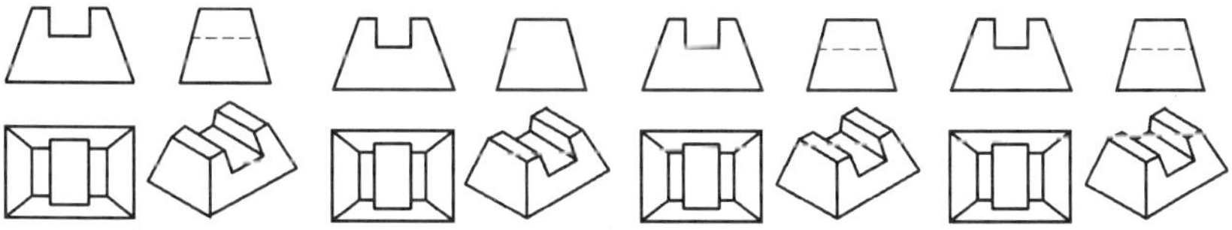

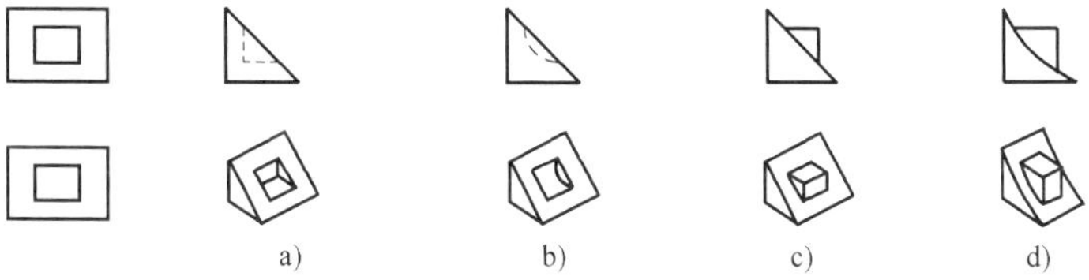

（续）

<table>
<tr><td>任务二</td><td colspan="2">组合体三视图识读的基本方法及应用</td><td>学时：120min</td></tr>
<tr><td>组合体的三视图识读方法及应用</td><td colspan="3">2. 应用面形分析法，如下图 a、b、c 所示；已知组合体主、俯视图，依据立体图补全视图中的缺线。
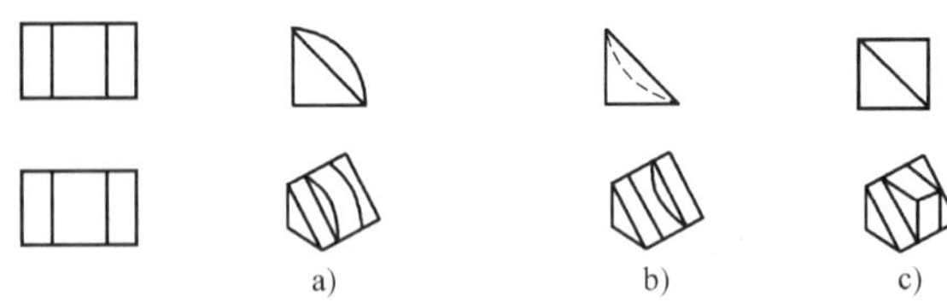
3. 根据投影规律，理解视图中线框和图线的含义，灵活运用相互联系和空间想象，多加练习融会贯通，为汽车零部件识图奠定基础。</td></tr>
</table>

读图的基本方法主要有形体分析法和面形分析法两种，两种分析法常常是联系起来运用的，这样有利于识读较为复杂的视图。

要学习正确识读组合体三视图，必须了解画组合体三视图的作图方法和步骤，这样就可从中掌握读图的基本要领。

一、组合体三视图的画法

1. 叠加型组合体视图的画法

（1）形体分析　叠加型组合体是由几个基本体叠加而成的，所以要先搞清楚组合体是由哪几个基本体组成的，它们之间的表面连接关系。这样就会使得我们作图时心中有数。

（2）选择视图　正确选择视图，有利于正确、明了地表达组合体的构成，也为识读视图提供了有利的前提。选择视图时首先要选择主视图。组合体的主视图的选择一般考虑两个因素：

1）确定主视图的投影方向。在三面投影体系中，确定组合体的投影位置，首先考虑的是，选择能较全面反映组合体各部分特征以及它们之间的相对位置，作为主视图的投影方向。如图 5-6a 所示，这是一个轴承座，为确定其主视图的投影方向，在 *A*、*B*、*C*、*D* 四个投影方向中进行比较，如图 5-7 所示，*A* 向最为明显地反映轴承座各部的轮廓特征，所以确定以 *A* 向作为主视图的投影方向。

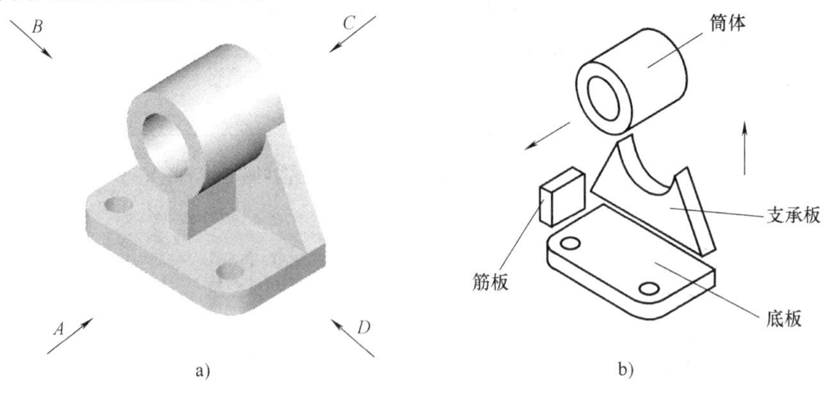

图 5-6　组合体的形体分析

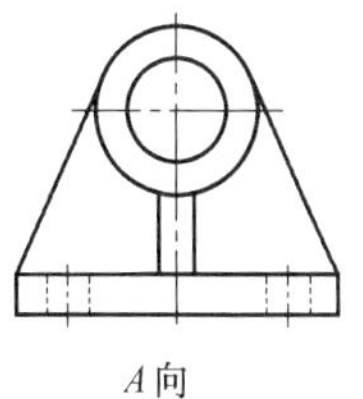

*A*向

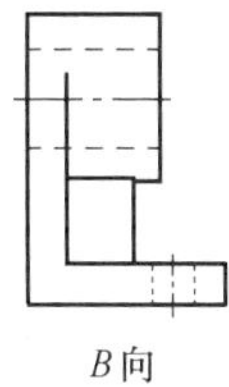

*B*向

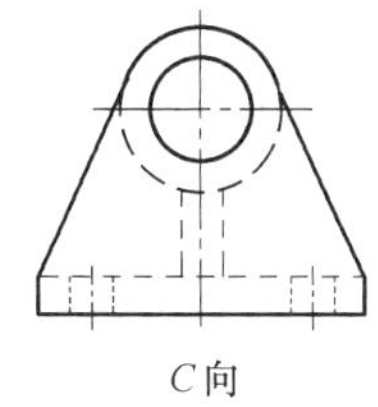

*C*向

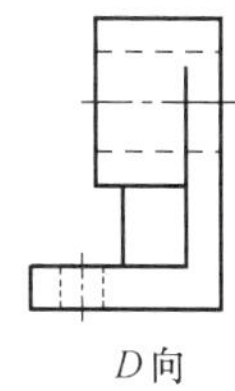

*D*向

图 5-7 主视图的投影方向分析

2）主视图确定了，俯视图和左视图也就随之而定了。俯视图与左视图补充表达主视图上未能表达清楚的部分，如底板的形状及通孔的位置能在俯视图中反映出来，底板的形状也在左视图中表达清楚了。

（3）布置视图 根据组合体的大小，定出比例，选定图幅，确定各视图的位置，布局清晰、合理，画出各视图的基线，如组合体的底面、端面、对称中心线等。

（4）作图步骤(也是识读视图的分析思路) 一般步骤是先画主要部分，后画次要部分；先确定位置，后定形状；先画基本形体，再画切口、穿孔、圆角等局部形状。

1）运用形体分析逐个画出各部分基本体，同一形体的三个视图，应当按基本投影关系同步进行，而不能画完一个视图后，再去画另一个视图，这样容易出现投影错误。识读视图时也是一样，逐个基本体依据各部分投影关系进行。

2）画每一部分基本体的视图时，应先画反映该部分形体特征的视图。如图 5-8c 所示，先画圆筒的主视图，再画它的俯视和左视图。对于底板上的圆孔和圆角，则先画俯视图，再画主视图，如图 5-8f 所示。

3）完成基本形体的三视图后，应检查形体之间表面连接处的投影是否正确。如图 5-8d 所示，支承板的左右侧面与圆筒的表面相切，支承板在俯视图和左视图上应画到切点处为止。肋板与圆筒表面相交处，应画出交线的投影。回转体的轮廓线穿入另一形体实体部分的一段不应画出，如图 5-8d 所示，圆筒的左右轮廓线在俯视图上处于支承板宽度范围内的一段不画，圆筒最下面的轮廓线在左视图上处于肋板和支承板宽度范围内的一段也不画，如图 5-8e 所示。

2. 切割型组合体的画法

图 5-9 所示的组合体可看作是由长方体移去 1、2、3 三部分而成的。切割组合体视图的画法可用面形分析法。面形分析法就是根据表面的投影特性来分析组合体表面的性质、形状和相对位置，从而进行画图和读图的方法。

切割型组合体视图的作图过程如图 5-9 所示。作图时应注意以下几点：

1）作每个切口的投影时，应先从反映形体特征轮廓，且具有积聚性投影的视图开始，再按投影关系画出其他视图。如图 5-10a 所示，第一次切割时，先画切口的左视图，再画主视图和俯视图中的图线；第二次切割时，如图 5-10b 所示，先画方槽的俯视图，再画左视图和主视图中的图线；第三次切割时，如图 5-10c 所示，先画切角的主视图，再画俯视图和左视图中的图线。

2）注意切口截面投影的类似性。例如图 5-10b 中，方槽与斜面 P 相交形成的截面形的水平投影 p 与正面投影 p' 应为类似形。

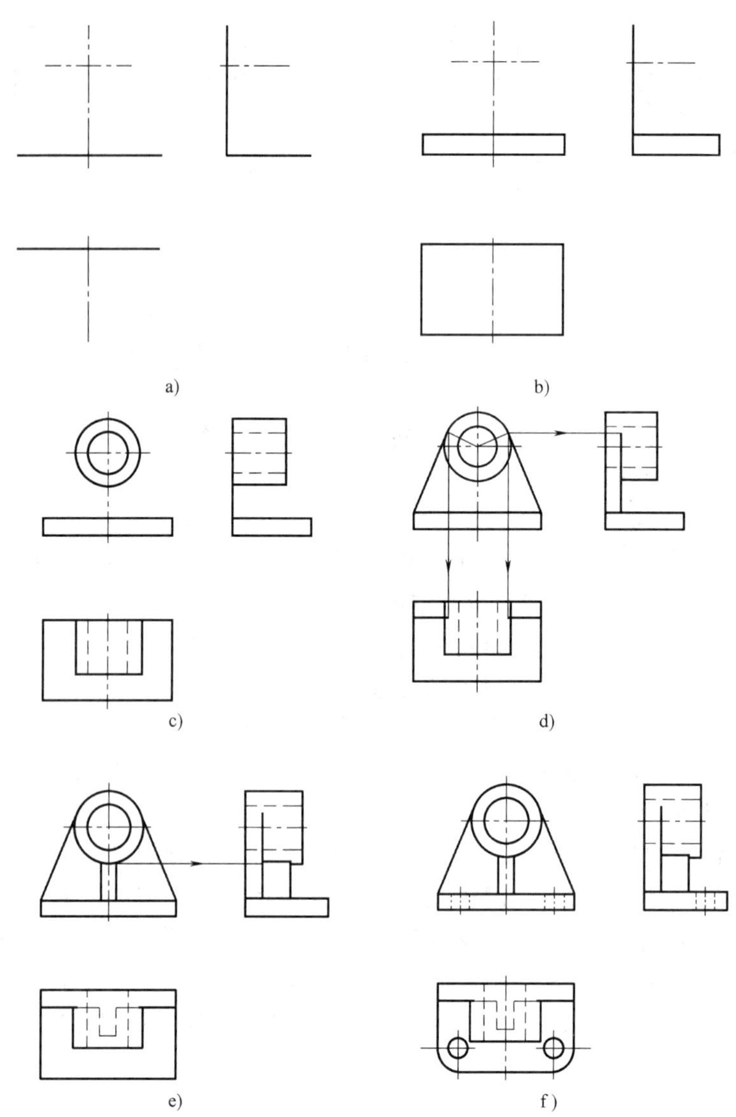

图 5-8　轴承座的作图过程

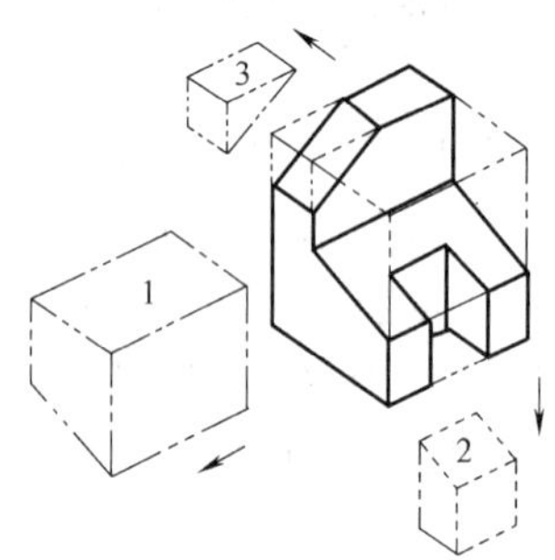

图 5-9　切割型组合体

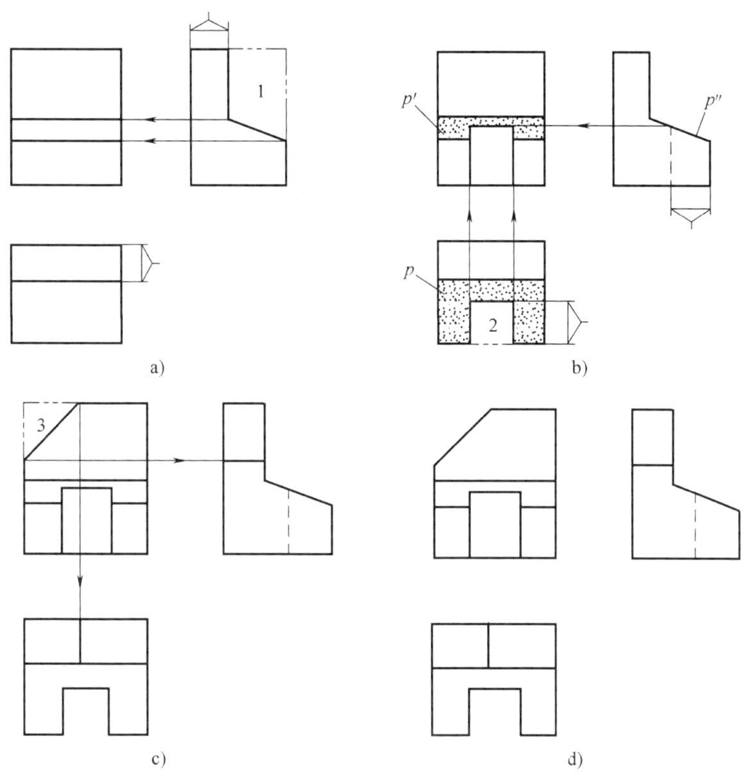

图 5-10　切割型组合体视图的作图过程

提示

1）运用形体分析法，将支座分解成五个基本体部分，逐一进行分析，确定作图步骤。

2）依据各部分表面连接的方式和位置关系，注意它们的连接部位交线的特性。

3）作出其三视图后，要逐一进行读图检查。

4）按线框，分部分；对投影，想形状；联合起来，构思整体。

3. 综合型组合体视图的作图

下面通过图 5-11 所示的综合型组合体（支座）的作图步骤和识读分析，来进一步了解综合型组合体视图的作图方法。

1）将组合体进行形体分解，了解其是由哪些基本体组成。

2）搞清楚各基本体之间的连接方式（例如是相交还是相切，是否共面等）。

3）以一基本体为主体逐一画出各基本体的三视图，并识别其投影的可见性。

4）最后根据投影关系以及各基本体之间的连接方式进行修整作图。

想一想

图 5-11 所示是一个综合型组合体（支座）。根据图 5-12 的提示，请想一想该综合型组合体三视图的作图步骤和识读方法。

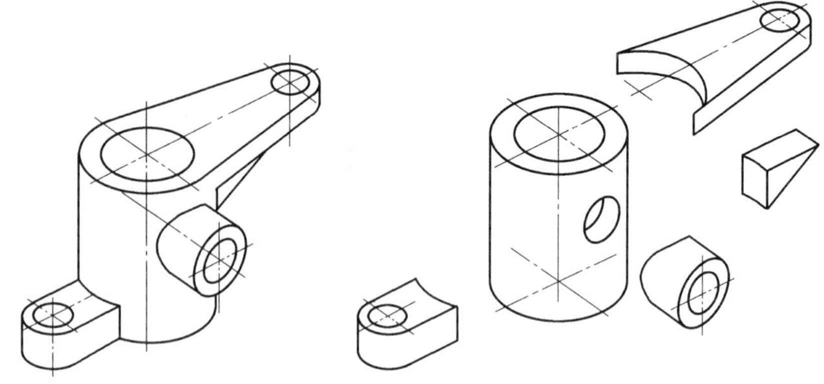

图 5-11　综合型组合体（支座）的构成

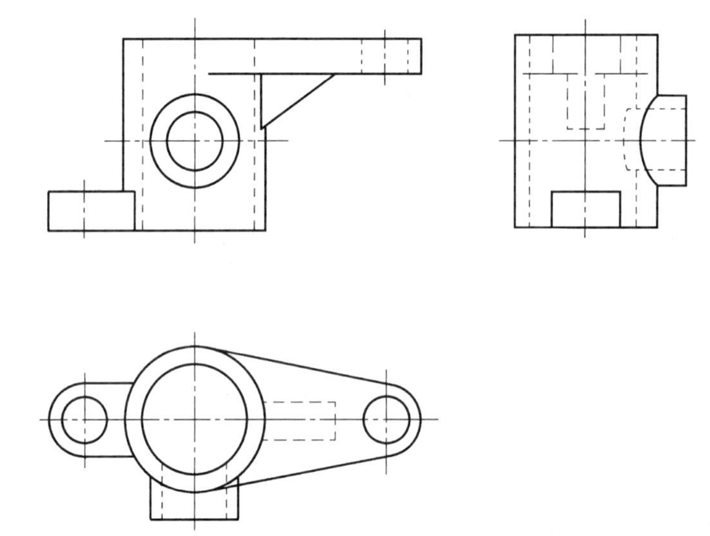

图 5-12　综合型组合体（支座）三视图的识读

二、组合体视图的识读基本方法

组合体的作图，是将空间的三维形体按正投影法用二维图形表达出来。而读组合体的视图，则是根据二维图形，分析视图之间的投影关系，想象出三维形体的空间形状。正确而迅速读懂组合体的视图，就必须熟悉读图的基本方法。

1. 运用形体分析法读图

运用形体分析法读图时，应将视图中的一个封闭线框看作一个基本体的投影，找出另外两个视图中与之对应的两个线框，将三个线框联系起来想象该形体的形状。

1）认识视图，抓住特征。先搞清图样上有几个视图，然后分清其他视图与主视图之间的关系；找出最能代表机械零件形状特征的视图，再通过其他视图的配合，对物体的空间构成有一个初步的了解。

2）分析投影，联想形体。根据机件的特征视图，从图上对机件进行形体分析，按封闭线框代表形体轮廓的投影原理，分解成几个部分。利用三视图“长对正”、“高平齐”、“宽相等”的投影原理，联想每部分的三个投影，分别想象出各部分的形状。

识读图一般的顺序是：先识读主要部分，后次要部分；先识读容易确定的部分，后难于确定的部分；先整体后细节。

3）综合起来，联想整体。在看懂了每一部分形体形状的基础上，结合整体的三视图，确定它们之间相对位置的关系，想象出视图所表达的机件整体形状。

例 5-1 图 5-13 所示为支承座的三视图，运用形体分析法分析得知，其是由底板、支承架和三角形筋板构成的。

首先，在支承板三视图中找到反映底板实形的俯视图投影，然后找其主视图中的投影，再根据其主、俯视图的投影，识读其左视图的投影，如图 5-14a 所示。支承架部分先从其主视图识读，因为主视图的投影反映了支承架的实形，再识读其俯视图和左视图上的投影，如图 5-14b 所示。筋板部分由两个三角形的筋板组成，也是先从反映其实形的主视图识读，后是俯、左视图对照投影关系进行识读，如图 5-14c 所示。最后，将各部分联系起来，依据它们表面连接方式识读它们的交线投影。这样就能很好地识读支承座的三视图了。

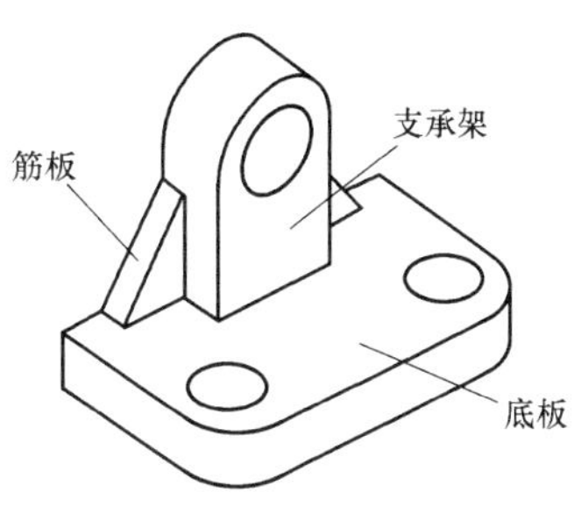

图 5-13 支承座构成

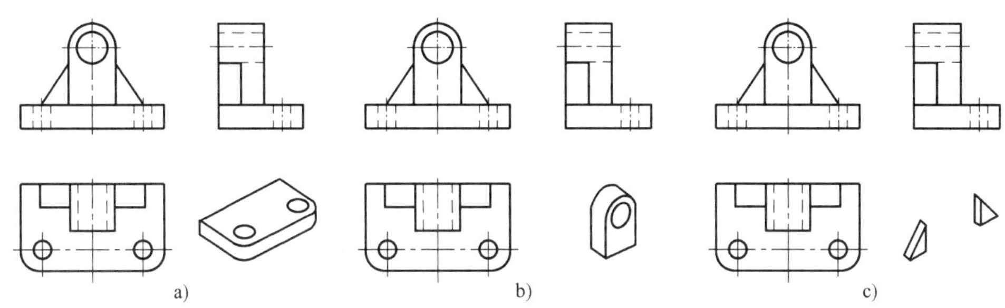

图 5-14 形体分析法识读支座三视图

2. 运用面形分析法读图

对于复杂的组合体中比较难懂的部分，运用面形分析法读图时，往往是把视图中的一个线框看成是机械零件上的一个面（平面或曲面）的投影，常常运用面的投影规律，在其他视图上找到其对应的图形，分析这个面的投影特性（实形性、积聚性、类似性），读懂这些面的形状，以及各部分表面的位置关系，联想出组合体（机械零件）的整体形状。面形分析法是形体分析法的补充，一般从左至右或从上至下，对视图中的线框和线条逐一进行分析，从而完成全图的识读。

例 5-2 应用面形分析法识读切槽四棱台的三视图，如图 5-15 所示。

识读分析：

图 5-15 所示是一个切槽四棱台三视图，正四棱台的两两侧平面对称，上、下底平面平行。先从其俯视图中找出各部线框，俯视图中的线框 1、2、3、4 代表着四个平面在其上的投影，为了分析清楚、正确识读，我们按这四个部分在视图中的投影逐一进行形面分析。如图 5-16a 所示，线框 1 在主、俯视图上的投影是类似形，在左视图上的投影积聚成直线，由三面的投影特性得

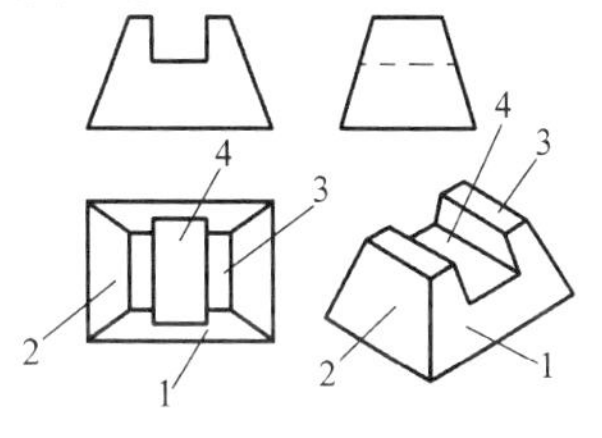

图 5-15 切槽四棱台三视图的识读

知，它表示的是侧垂面；线框 2 在主视图上的投影积聚成直线，而在俯视图和左视图上的投影为类似形，根据投影特性知道它是正垂面，如图 5-16b 所示；线框 3 在俯视图上的投影反映实形，在主、左视图上的投影积聚成直线，表示该部分是水平面，如图5-16c所示；线框 4 从主视图上的投影可以看出切槽的实形，切槽两侧的平面是侧平面，其在主视图上的投影积聚成直线，槽底平面是水平面，所以它们在主视图上的投影也积聚成直线，在左视图上的投影反映槽侧面的实形，俯视图上的投影反映槽底部的实形，如图 5-16d 所示。

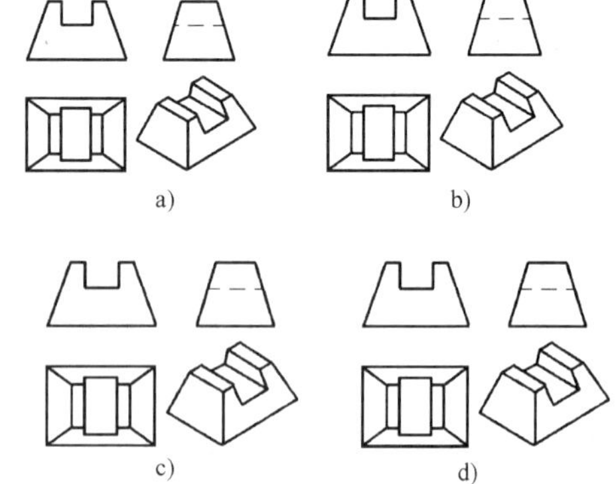

图 5-16　面形分析法识读切槽四棱台三视图

综合面形分析的结果，切槽四棱台的整体形状就在我们的想象之中了。

3. 读图基本技能的综合应用

上述两种读图的分析方法，往往是综合应用，相互提示，启发空间想象，形成识读能力。这些基本技能的训练和综合应用是提高我们识读图能力的关键，而补视图和补缺图线，常常是应用最多的基本训练。我们一定要打好这个基础。

小贴士

作图时，最容易出现的失误就是遗漏了图线，所以检查是否遗漏图线是确保视图完整无误的关键；补视图和补缺线是一项重要的基本技能。

（1）补视图　补视图的主要方法是形体分析法。但有时也要结合面形分析法进行补充分析，补画线条或线框，达到正确补画视图的要求。而补图的顺序一般是先外后内，先叠加后切割。

例 5-3　如图 5-17a 所示，已知其主、俯视图，参照立体图的提示，分别补画左视图。

仅从给定的主、俯视图来看，如果没有立体图形的提示，是不能确定其左视图上的投影的，具有不确定性，必须参照相应的立体图，才能确定。如图 5-17b 所示，立体图形表达的是一个侧卧的三棱柱，在其棱面上切割出一个处于相同状态的小三棱柱，小三棱柱的各表面与视图上给定的三棱柱表面对应平行，所以，在左视图上补出小三棱柱的投影，反映其两侧的三角形实形。如图 5-17c 所示，立体图的提示是在其棱面上切出一个素线平行于三棱柱棱

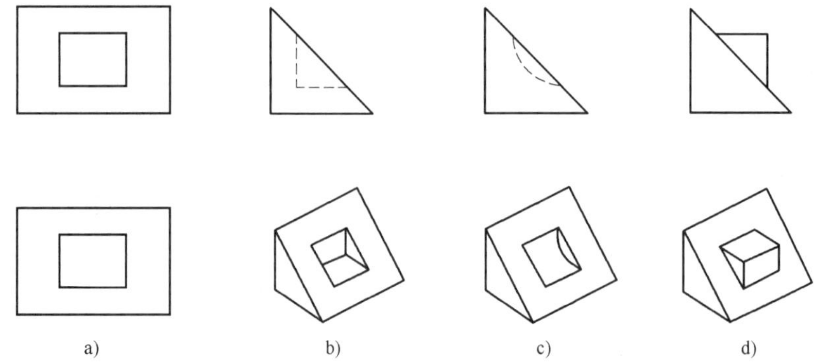

图 5-17　根据已知的主、俯视图参照立体图形补作视图

边的圆柱表面；图 5-17d 所示是在三棱柱棱面上叠加一小三棱柱，小棱柱的棱边平行于给定三棱柱的棱边。图 5-17b、c、d 三种状况主、俯视图的投影均符合给定的条件，只有根据不同的提示而侧视图不同。

由此可见，要确定三视图所表达的机件的唯一性，必须几个视图联系起来看。

(2) 补缺线　补缺线需要充分利用形体分析法和面形分析法，综合分析视图补全图中遗漏的图线，使视图表达正确、完整。

例 5-4　如图 5-18 所示，根据已知的主、俯视图，参照立体图形补作图线。

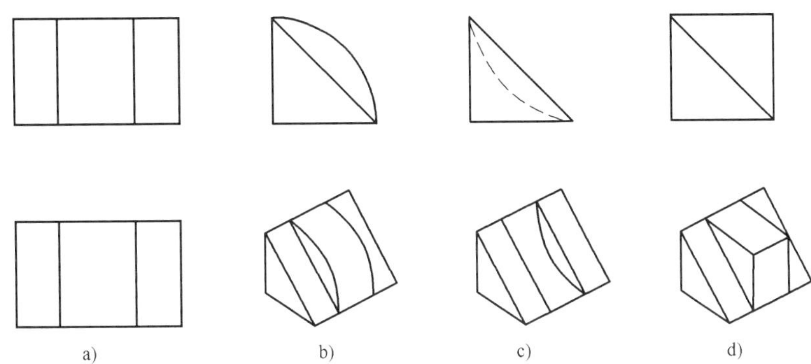

图 5-18　根据已知的主、俯视图并参照立体图形补作图线

小试身手

1. 请根据题图 5. 2-1 的提示，应用识读三视图的基本方法，试进行形体分析读图，并描

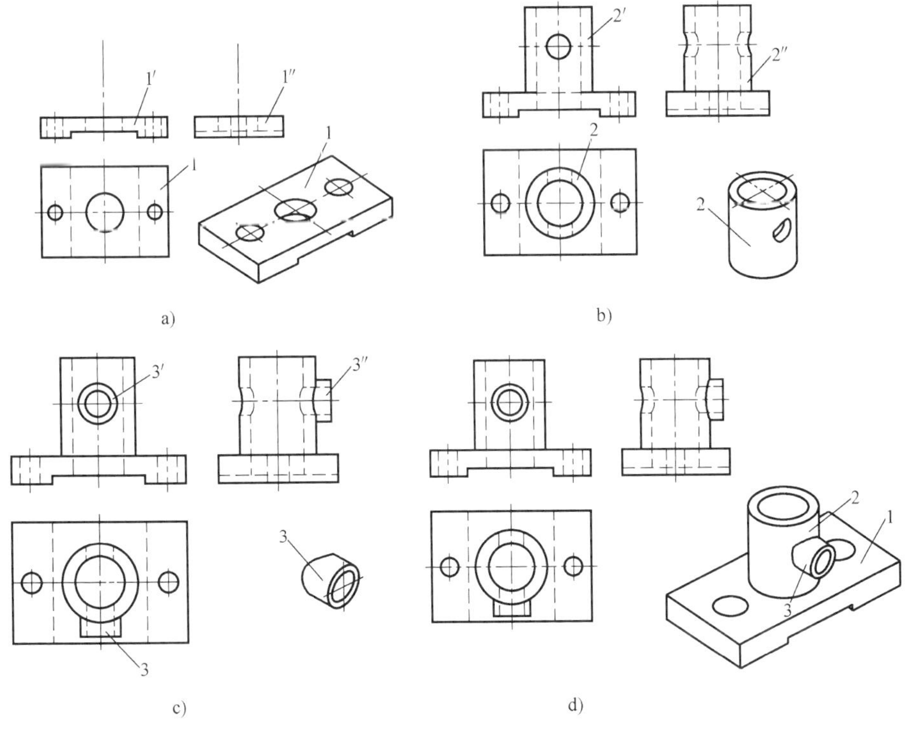

题图 5. 2-1

述读图的过程。

2. 描述切槽四棱台的读图过程(题图 5.2-2)。

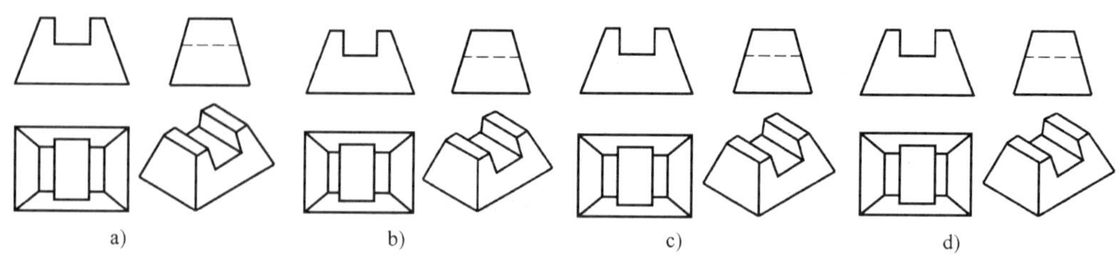

题图 5.2-2

巩固练习

1. 根据题图 5.2-3 所示，参考实物，补画视图中所缺的图线。

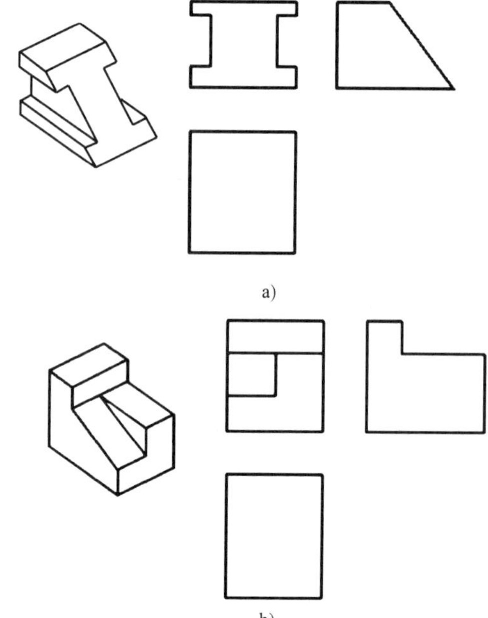

题图 5.2-3

2. 根据题图 5.2-4 所示，补画视图中的缺线。

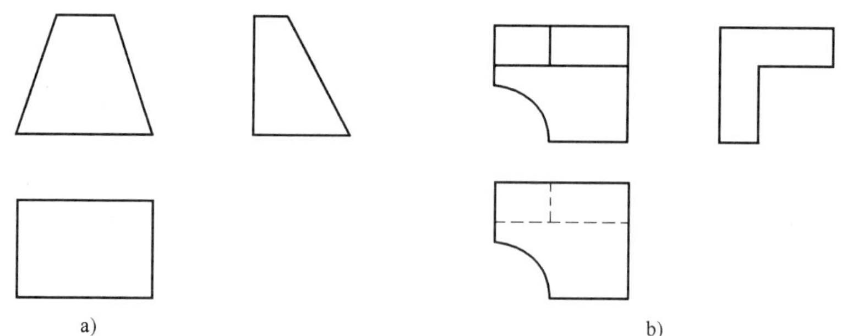

题图 5.2-4

3. 如题图 5. 2-5 所示，已知各机件的两个视图，补画另一视图。

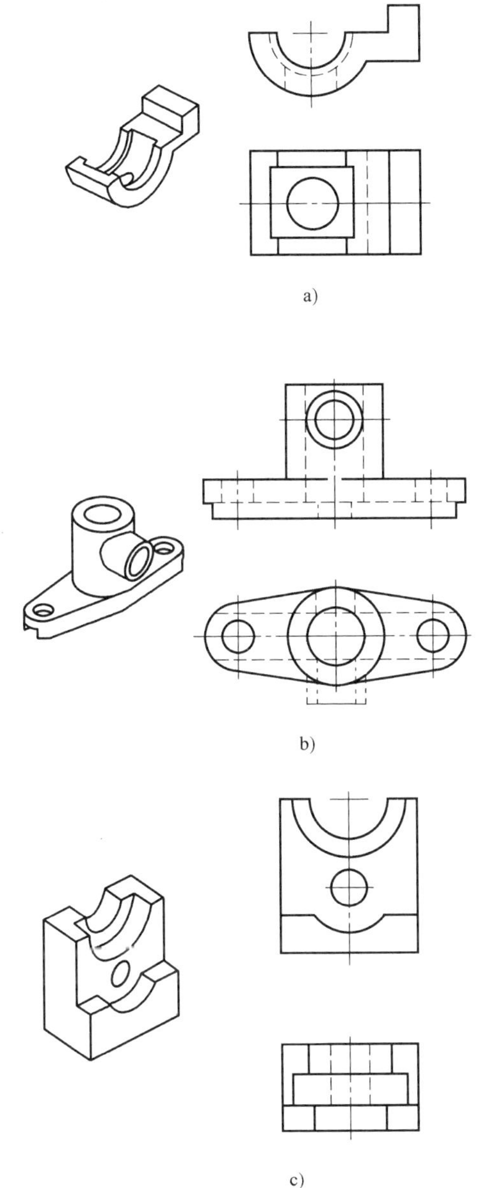

题图 5. 2-5

任务三	组合体的尺寸标注	学时：120min
学习目标	1. 会基本体的尺寸标注。 2. 掌握尺寸标注的几个基本概念。 3. 会组合体尺寸标注。	
知识点	1. 基本体的尺寸标注方法。 2. 尺寸基准、定形尺寸、定位尺寸、总体尺寸的基本概念。 3. 组合体尺寸标注的基本要素和基本要求。	
技能点	1. 会基本体尺寸的标注。 2. 会确定组合体尺寸标注中的尺寸基准、定形尺寸、定位尺寸、总体尺寸。 3. 会正确、完整、清晰地标注组合体的尺寸。	
基本体的尺寸标注	基本体的尺寸标注主要有：底面尺寸和高度尺寸。底面尺寸的标注，由底面的具体形状确定。 平面体标注 ( ) φ a) 正三棱柱　b) 正六棱柱　c) 正五棱柱　d) 正四棱台 曲面体标注 φ　φ顶　φ底　φ　φ　Sφ a) 圆柱　b) 圆台　c) 圆环　d) 圆球	
组合体尺寸标注要点	1. 尺寸标注的几个基本概念：尺寸基准、定形尺寸、定位尺寸、总体尺寸。 2. 组合体尺寸标注的基本方法：先定形尺寸后定位尺寸(在长、宽、高三个方向选定尺寸基准)，最后是总体尺寸(注意，当组合体一端为同轴圆孔回转体时，仅标注孔的定位尺寸和外端圆柱面的半径，不标注总体尺寸)。 3. 组合体尺寸标注的基本要求：尺寸正确、尺寸齐全、尺寸清晰。 4. 尺寸布局应注意的几个方面：突出特征，相对集中，布局整齐，有序明了。	
组合体尺寸标注要求	1. 应用形体分析法，了解组合体三视图中各部分的形体尺寸，逐一在视图中标注定形尺寸，如图 5-22a 所示。 2. 应用面形分析法，明确组合体三视图中各部分相对位置关系，确定尺寸基准(一般在长、宽、高三个方向上，选取组合体的对称平面、轴线、端面和底面作为尺寸基准)，确定定位尺寸，如图 5-22b、c 所示。 3. 在视图中标注组合体的总体尺寸，按照组合体尺寸标注的要求，做到尺寸符合国家标准的规定，尺寸齐全、清晰，既无遗漏，又无重复，整齐明了，如图 5-22c 所示。	

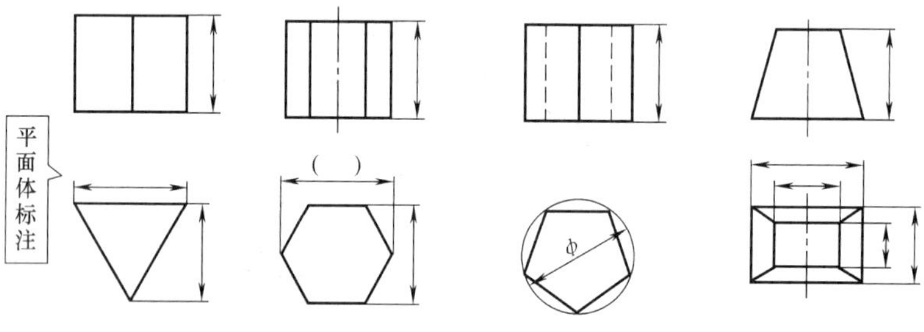

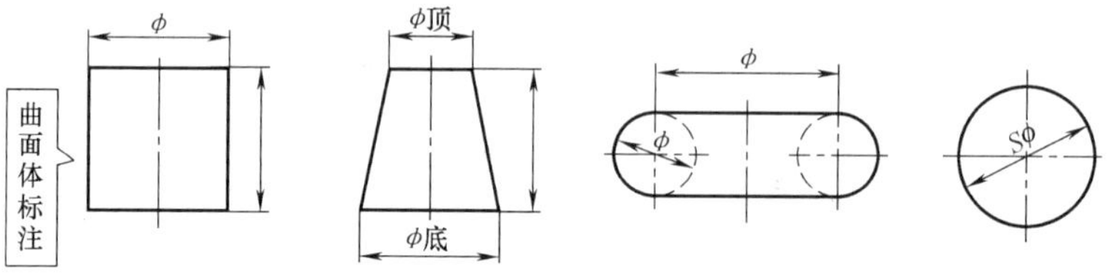

组合体的三视图用来表达组合体的形状，而要想表达它的真实大小和各部件相对位置，就得在其三视图上标注出尺寸。组合体尺寸标注的基本要求是：正确、完整、清晰。正确就是指符合国家标准的规定；完整就是指标注尺寸既无遗漏，也无多余；清晰是指尺寸布局整齐、清楚，便于读图，掌握三视图表达的组合体真实形状和大小。

一、基本体的尺寸标注

要掌握组合体的尺寸标注，必须了解基本体的尺寸标注。基本体的大小通常是由其长、宽、高三个方向的尺寸标注来表达的。

1. 平面体的尺寸标注

平面体的尺寸标注应根据平面体具体形状进行标注。图 5-19a 所示为三棱柱的底面尺寸和高度尺寸。如图 5-19b 所示，六棱柱的底面尺寸有两种注法，一种是注出正六边形的对角线尺寸(外接圆直径)，另一种是注出正六边形的对边尺寸(内接圆直径)，常用的是后一种方法，而将对角尺寸作为参考尺寸，加上括号。如图 5-19c 所示，正五棱柱的底面为正五边形，只要标注其外接圆直径。如图 5-19d 所示，四棱台则必须标出上、下底的长、宽尺寸和高度尺寸。

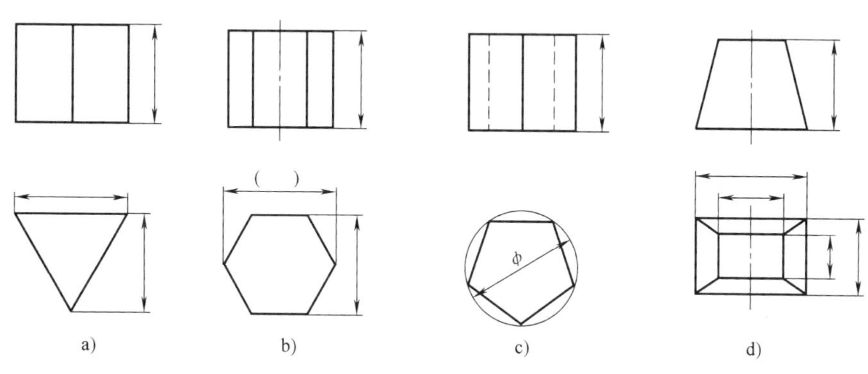

图 5-19　平面体尺寸标注

2. 曲面体的尺寸标注

如图 5-20a、b 所示，圆柱(或圆锥)应注出底圆直径和高度尺寸，圆台还要注出顶圆直径。在标注直径尺寸时在数字前加注字母“ϕ”。如图 5-20c 所示，圆环要注出母线圆及中心圆直径尺寸。值得注意的是，当完整标注了圆柱(或圆锥)、圆环的尺寸后，只要用一个视图就能确定基本尺寸和大小，其他视图就可省略不画了；如图 5-20d 所示，圆球只作一个视图加注尺寸就行了，但圆球在直径数字之前应加注“$S\phi$”。

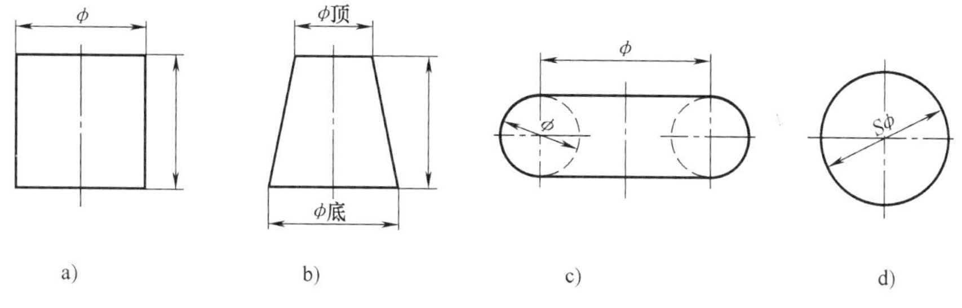

图 5-20　曲面体尺寸标注

3. 带切口形体的尺寸标注

对于带切口的形体，除了基本体尺寸外，还要注出确定切平面位置的尺寸。由于形体与切平面的相对位置确定后，切口的交线就完全确定了，因此不必在交线上标注尺寸。如图5-21所示，打有“×”的为多作尺寸。

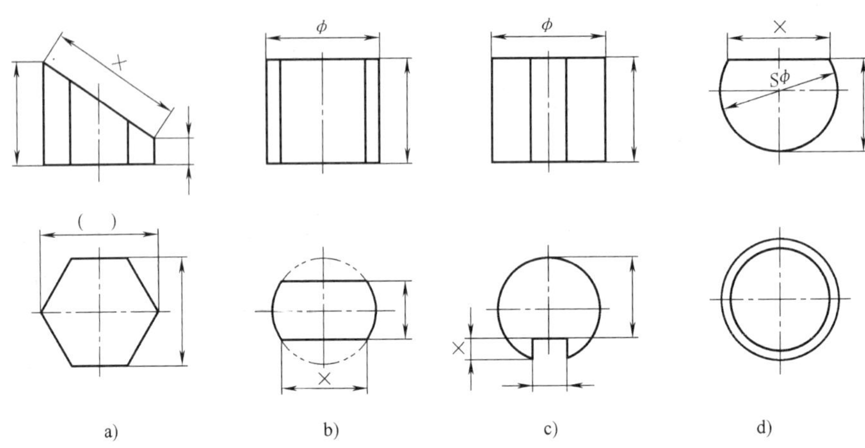

图 5-21 带切口形体的尺寸标注

二、组合体的尺寸标注

小贴士

组合体尺寸的标注是十分重要的基本知识，一定认真学习，并为今后的学习奠定基础。

1. 尺寸基准和尺寸分类

（1）尺寸基准　标注尺寸的起点，称为尺寸基准（简称基准）。空间物体都有长、宽、高三个方向的尺寸，所以组合体在长、宽、高三个方向都有一个尺寸基准。标注每一个方向的尺寸都应选取好基准，一般选取组合体的对称平面、轴线（或中心线）、端面和底面等作为尺寸基准。

（2）尺寸分类　根据尺寸在视图中的作用分，有三种尺寸：

① 定形尺寸：确定组合体各部分尺寸大小的尺寸（有时定形尺寸同时也是定位尺寸）。

② 定位尺寸：确定形体之间相对位置的尺寸。

③ 总体尺寸：确定形体总长、总宽和总高的尺寸。

2. 基本要求

在组合体视图上标注尺寸的基本要求是：正确、完整、清晰。

（1）正确　尺寸标注符合国家标准的规定，且符合视图上所表达物体相关部位的真实尺寸。

（2）完整　各类尺寸标注齐全，既无多余，也无遗漏。

① 逐一标注出定形尺寸、定位尺寸和总体尺寸（反映组合体总长、总宽、总高的尺寸）。

② 半径尺寸必须标注在反映圆弧实形的投影图上，且相同的半径尺寸前不加注个数。

③ 截交线、相贯线上和表面相切的切点位置都不标注尺寸。

④ 尺寸不可标注成封闭的尺寸链。

⑤ 避免重复标注，最后可作适当调整。

（3）清晰　布局合理整齐明了，利于读图和查找相关尺寸。

① 尺寸应尽可能标注在表达形体特征最明显的视图上。

② 同一形体的尺寸应尽量集中在一个或两个视图上标注，便于看图。

③ 尺寸尽量标注在视图的外部，高度尺寸标注在主、左视图之间，长度尺寸标注在主、俯视图之间，以保持两图之间的联系，避免尺寸线，尺寸数值与投影图的轮廓线相交。

④ 同一方向连续的几个尺寸尽量放在一条直线上标注；同一方向不连续的多个尺寸标注时，小尺寸尽量靠近轮廓线，大尺寸远离轮廓线，以便避免尺寸凌乱。

⑤ 尺寸线应尽量不标注在虚线上。

在标注尺寸时，应保证在正确、完整、清晰的前提下，视具体情况考虑，合理调整。

3. 举例说明

（1）尺寸齐全　要使尺寸标注齐全，做到无遗漏又无重复的基本方法是掌握组合体尺寸标注的基本顺序。

例 5-5　试根据图 5-22 所示的组合体(支座)阐述组合体尺寸标注的基本方法和基本要求。

1）按形体分析法，先注出基本形体大小的尺寸——定形尺寸。如图 5-22a 所示，根据形体分析，该组合体(支座)由底板、支承架板两个基本体组成。在主视图上，标注出底板的长度尺寸 40 和高度尺寸 8；支承架板上孔的尺寸 $\phi10$、顶部半圆半径尺寸 $R8$ 和高度尺寸 17(因顶部为半圆,总高不必加上半径尺寸 $R8$)，支承架板的尺寸 17 同时也是孔 $\phi10$ 的定位尺寸；在俯视图上标注出底板的宽度尺寸 25、支承架板的长度尺寸 16 和宽度尺寸 10。

2）根据底板与支承架板之间的位置关系，再标注出其相对位置的尺寸——定位尺寸。如图 5-22b 所示，在标注定位尺寸时，在长、宽、高三个方向确定尺寸基准，在主视图上，确定底板的底平面为高度方向的尺寸基准，标注出孔 $\phi10$ 与底板的底平面的位置尺寸 25；在俯视图上，确定底板的后平面为宽度方向的尺寸基准，标注出孔 $2\times\phi6$ 在宽度方向的位置尺寸 18；标注支承架板与底板在宽度方向上的相对位置尺寸 4；标注尺寸 26 表达了在长度方向孔 $2\times\phi6$ 之间的位置，而它们却是以底板的中心线作为长度方向的尺寸基准(具有对称位置形体特征的位置尺寸基准一般选取中心线或轴线为尺寸基准)。

3）根据其结构特点注出组合体的总体尺寸。如图 5-22c 所示，总长尺寸即为底板的长度尺寸 40，总宽尺寸同样也是底板的宽度尺寸 25，而总高尺寸就是 25，因支承架板的顶部为半圆，其半径 $R8$ 是不必标注总高尺寸的。必须注意，当组合体一端为同轴圆孔的回转体时，通常仅标注孔的定位尺寸和外端圆柱面的半径，该方向上是不标注总体尺寸的。

最后根据已标注出的尺寸进行调整，去掉多余的尺寸标注或造成尺寸链封闭或重复的尺寸。在这里支承架板上标注的高度尺寸 17 会造成尺寸链封闭，所以去掉或省略。

（2）尺寸清晰

例 5-6　试根据图 5-23 所示的组合体(支座)阐述组合体尺寸标注的基本方法和基本要求。

组合体(支架)由底板、筒体和筋板三部分组合而成，各部分的尺寸标注如图 5-23c 所示。

如图 5-23a 所示，底板的定形尺寸长 80、宽 45. 高 10，其上的四个小圆孔为 $4\times\phi8$(4 ×

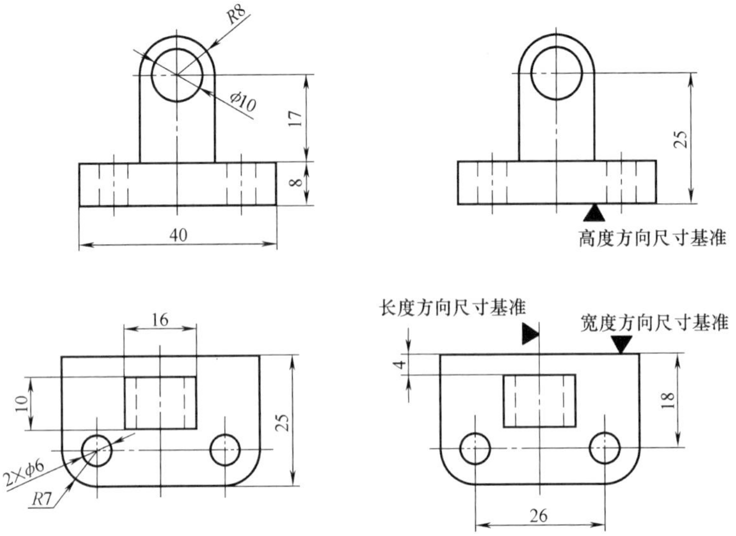

a) 标注定形尺寸

b) 标注定位尺寸(确定尺寸基准)

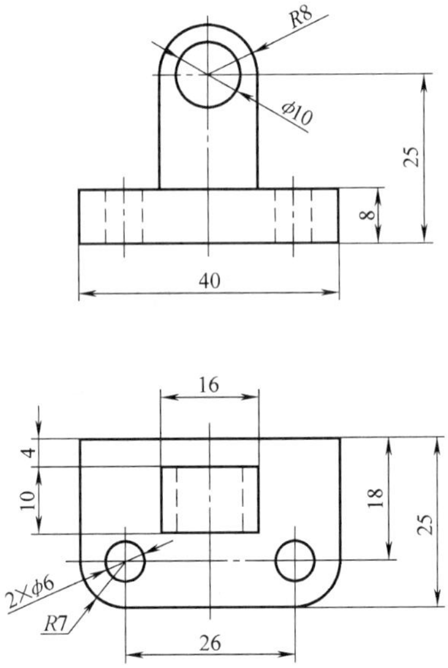

c) 标注总体尺寸

图 5-22　组合体(支座)的尺寸标注

表示为 4 个 ϕ8 直径的孔)，中心孔直径为 ϕ20，它们的定位尺寸基准分别是底板在长度方向和宽度方向的对称平面(或是中心孔 ϕ20 的轴线)，孔 4 × ϕ8 在长度方向的定位尺寸 60，宽度方向的定位尺寸 25。

如图 5-23b 所示，筒体由同轴的外圆柱面、内圆柱面和上下两平面围成，它的定形尺寸有外圆柱面定形尺寸 ϕ30、内圆柱面定形尺寸 ϕ20 和高 26；其上切槽的尺寸宽为 8、深为 4，槽的定位尺寸基准在长度方向是通过筒体的轴线对称平面，宽度方向上是筒体轴线，高度方向上是筒体的上平面；下方一个通孔的定形尺寸为 ϕ6，其在高度方向上的尺寸基准是筒体的下平面，定位尺寸 10，长与宽方向的定位基准同切槽。

如图 5-23d 所示，筋板的定形尺寸长 25、宽 8、高 20，圆弧半径 $R15$，因筋板左、右对称分布，形状相同，尺寸标注一件就可以了。

如图 5-23e 所示，各部分的组合是以筒体的轴线为基准，即以 $\phi30$ 圆柱表面的轴线为三部分组合的定位基准，图中定位尺寸表达了它们之间的位置关系。因此，组合体(支架)的总体尺寸是总长即为底板的长度尺寸 80，总宽也是底板的宽度 45，总高尺寸是以底板的底平面作为高度方向尺寸基准的，总高尺寸 36。

图 5-23f 所示为组合体(支架)三视图上的尺寸标注，经过整理，尺寸布局正确、完整、清晰。

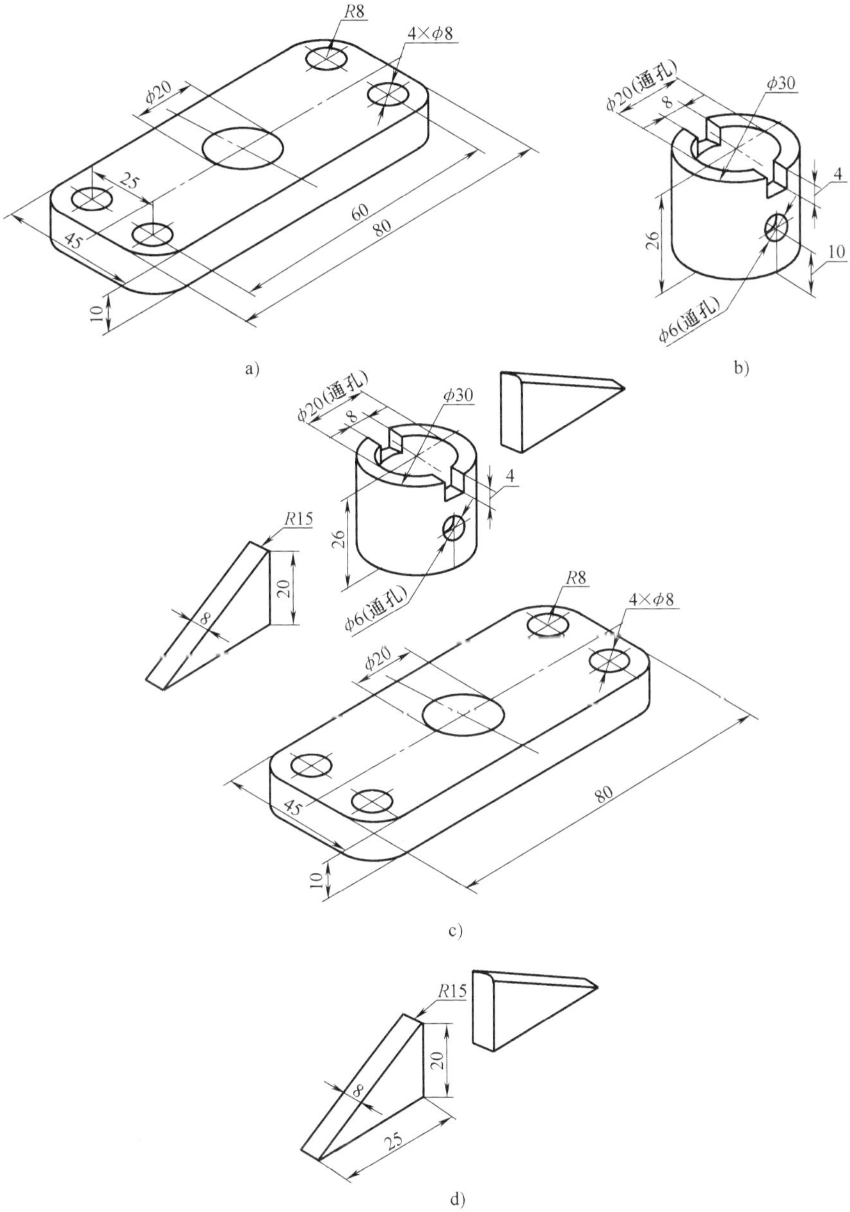

a)　　b)

c)

d)

图 5-23　组合体(支架)的尺寸标注

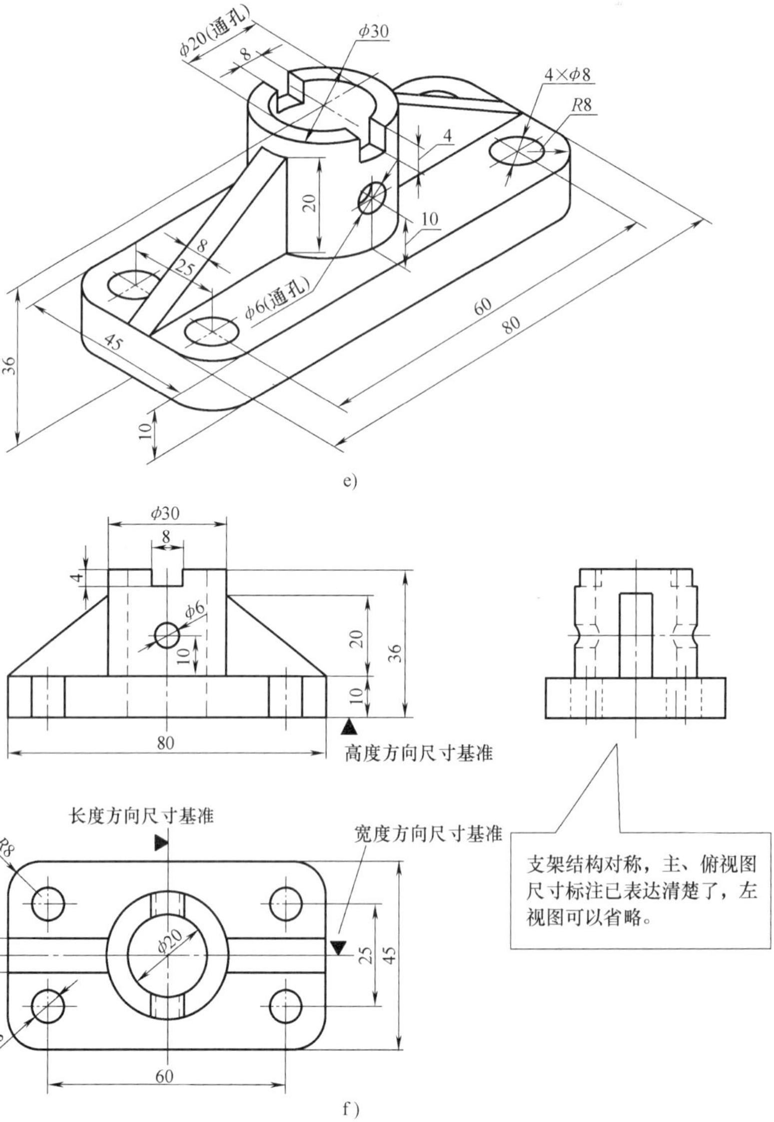

e)

支架结构对称，主、俯视图尺寸标注已表达清楚了，左视图可以省略。

f)

图 5-23 组合体(支架)的尺寸标注(续)

小贴士

标注尺寸要做到正确、完整、清晰，就必须熟悉国家标准有关尺寸标注的相关规定，养成以先定形尺寸，再定位尺寸，后总体尺寸为尺寸标注顺序的习惯，并将尺寸标注在表达该部分最为清晰的视图上。

小试身手

1. 如题图 5.3-1 所示，请运用形体分析法，画出组合体的三视图；根据已给定的尺寸，进行尺寸标注；并分别指出各部分的定形尺寸、定位尺寸和总体尺寸(用▼符号标出长度、宽度、高度方向的尺寸基准)。

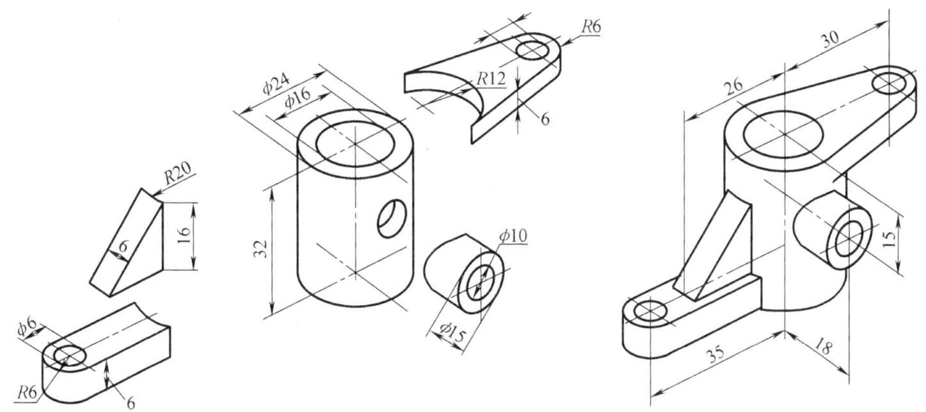

题图 5.3-1

2. 如题图 5.3-2 所示，请绘制三视图，进行尺寸标注。

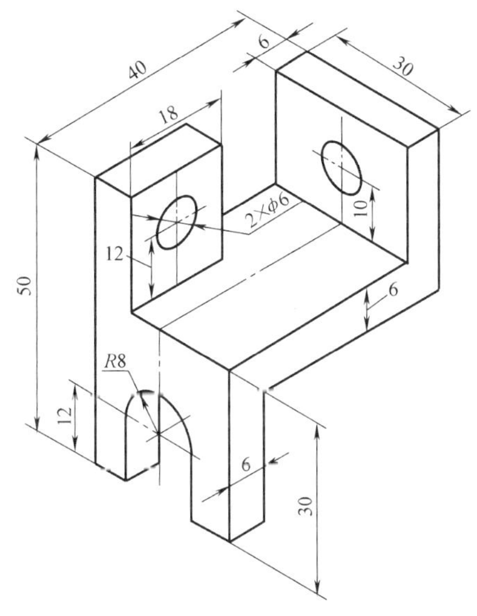

题图 5.3-2

巩固练习

1. 如题图 5.3-3 所示，绘制该机件三视图，并进行尺寸标注，指出其定形尺寸、定位尺寸和总体尺寸。

2. 标注组合体尺寸。从题图 5.3-4 的视图中测量(取整数)尺寸，并标出长、宽、高的尺寸基准。

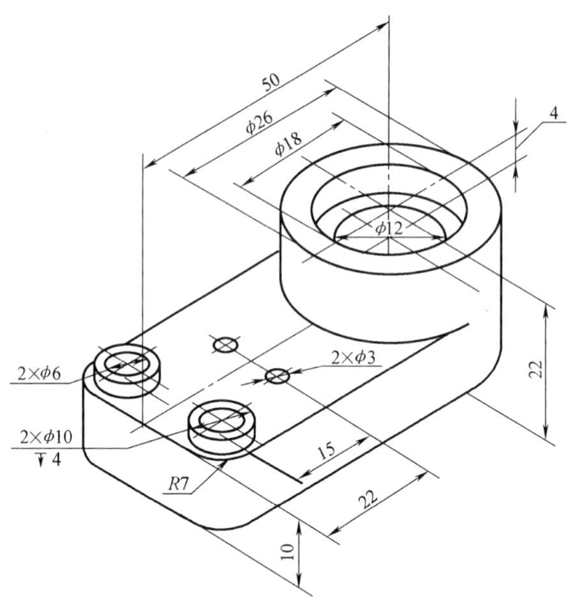

题图 5.3-3

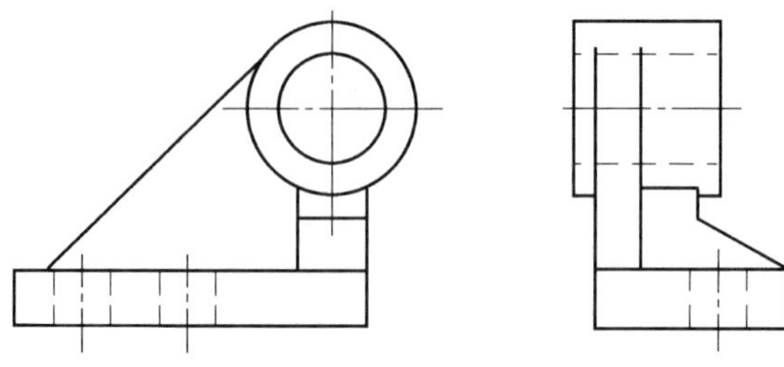

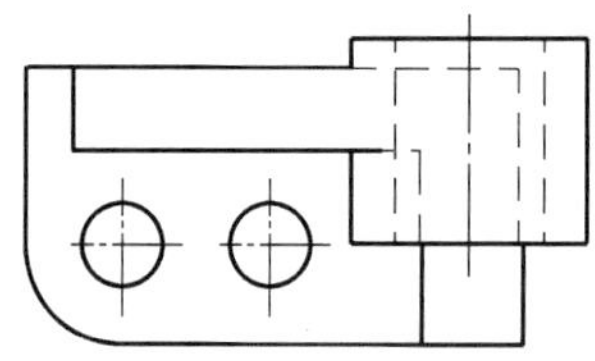

题图 5.3-4

学习活动情境五任务测评表

班级		姓名		日期		自评	互评	备注
1. 你知道组合体有哪些类型吗？								
2. 你知道组合体的组合形式和连接方式吗？								
3. 你知道组合体三视图的表达了吗？								
4. 你了解尺寸类型与其标注方法了吗？								

（续）

<table>
<tr><td>班级</td><td></td><td>姓名</td><td></td><td>日期</td><td></td><td>自评</td><td>互评</td><td>备注</td></tr>
<tr><td colspan="6">5. 你学会组合体三视图识读的分析方法了吗？</td><td></td><td></td><td></td></tr>
<tr><td colspan="6">6. 你学会了画组合体的三视图了吗？</td><td></td><td></td><td></td></tr>
<tr><td colspan="9">个人小结：</td></tr>
<tr><td>总体评价</td><td colspan="5"></td><td>教师签字</td><td colspan="2"></td></tr>
</table>

学习活动情境六：机械图样的表达及识读

<table>
<tr><td>任务一</td><td colspan="2">机械图样的外部表达形式——视图</td><td>学时：120min</td></tr>
<tr><td>学习目标</td><td colspan="3">1. 理解视图表达机械图样的基本概念。
2. 理解基本视图、向视图、局部视图和视图的概念及标注规定。
3. 会运用视图相关的国家标准及其规定。</td></tr>
<tr><td>知识点</td><td colspan="3">1. 基本视图、向视图、局部视图和斜视图的概念与配置要求。
2. 基本视图、向视图、局部图和斜视图的应用。
3. 视图相关的国家标准及其规定。</td></tr>
<tr><td>技能点</td><td colspan="3">1. 会基本视图、向视图、局部视图、斜视图的应用和配置。
2. 明确视图标注的基本要素和基本要求。
3. 正确地应用和完整地配置视图，清晰地表达机件和识读视图。</td></tr>
<tr><td>视图的基本概念与配置</td><td colspan="3">机械图样的表达主要是通过视图来进行的。视图的形成是放置在正六面体中间的空间机件向正六面体的六个表面（投影面）正投影，从而得到视图：主视图、俯视图、左视图、右视图、仰视图和后视图六个基本视图。 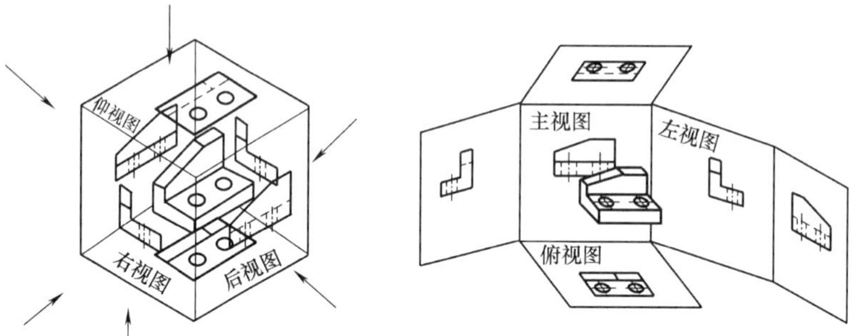
仰视图 右视图 后视图
a) 视图配置
主视图 左视图 俯视图
b) 基本视图投影面展开</td></tr>
<tr><td>向视图的标注要点</td><td colspan="3"> 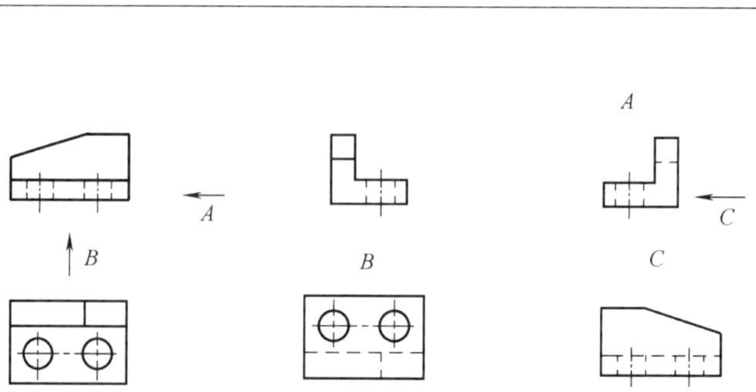A B C
向视图是可以自由配置的视图。向视图上方用大写拉丁字母标出该向视图名称；并在相应的视图旁，用箭头指明投射方向。</td></tr>
</table>

（续）

任务一	机械图样的外部表达形式——视图	学时：120min
局部视图和斜视图标注规定	V A H 正垂面 a)　A 局部视面 斜视面 b)	

在实际生产中，汽车的机件结构形状是多种多样的，仅用三视图是不能表达清楚的，还需要采取更多有效表达方法。为此，国家标准《机械制图》中规定了视图、剖视图和断面图等基本表示法。熟悉理解这些基本表示法，就可以根据不同机件的结构特点，从中选取适当的表示法，来完整、清晰地表达出各种各样的机件的内外结构形状。

一、视图

视图是用正投影法将机械零件向投影面投射所得到的图形，主要是用来表达机械零件的外部结构形状，一般仅表达出机件的可见部分，不可见部分必要时用虚线表达出。

小贴士

表达机械零件外部形状的视图主要有基本视图、向视图、局部视图和斜视图四种。视图的表达与画法要遵循 GB/T 1745. 1—1998 和 GB/T 4458. 1—2002 的规定。

基本视图

机件向基本投影面投射所得到的视图，称为基本视图。基本视图共有六个，除了我们已经学过的主视图、俯视图和左视图外，还有从右向左投射所得到的右视图，从下向上投射所得到的仰视图以及从后面向前投射所得到的后视图，如图 6-1a 所示。

六个基本投影面展开时，规定正面不动，其他投影面按图 6-1b 所示的方向展开至正面处于同一平面上。

六个基本视图按图 6-1c 所示配置时，一律不注明视图名称，它们仍遵循：“长对正、高平齐、宽相等”的投影关系。

主视图——由机械零件的前方向后方投射得到的视图。

俯视图——由机械零件的上方向下方投射得到的视图。

左视图——由机械零件的左方向右方投射得到的视图。

右视图——由机械零件的右方向左方投射得到的视图。

仰视图——由机械零件的下方向上方投射得到的视图。

后视图——由机械零件的后方向前方投射得到的视图。

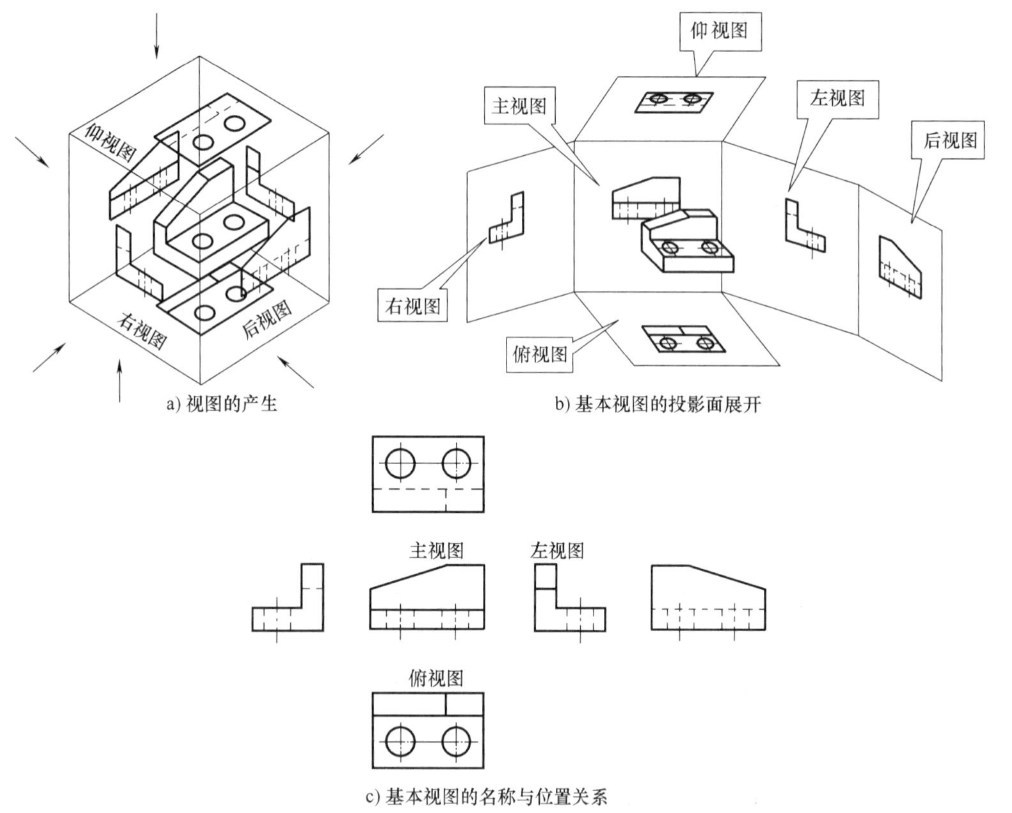

a) 视图的产生
b) 基本视图的投影面展开
c) 基本视图的名称与位置关系

图 6-1 六个基本视图的配置与形成

小贴士

1）基本视图的投影规律：主视图、俯视图和仰视图、后视图长相等；主视图、左视图和右视图、后视图高平齐；俯视图、左视图和仰视图、右视图宽相等。

2）基本视图的方位关系：除后视图外的各视图靠近主视图的一边均表示机件的后面；各视图远离主视图的一边均表示机件的前面。后视图和主视图的上下不变，左右相反，如图 6-1c 所示。

提示

在实际绘图时，应根据机械零件结构的复杂程度选用合适的基本视图，不是任何机械零件都需要六个基本视图，而是以用最少的视图把机械零件表达清楚为原则。

二、向视图

向视图是可以自由配置的视图，即未按规定位置配置的基本视图。为便于识读和查找自由配置后的向视图，应在向视图的上方用大写拉丁字母标出该向视图的名称（*A*、*B*、*C* 等），并在相应的视图附近用箭头指明投射方向，注上相同的字母，如图 6-2 所示。

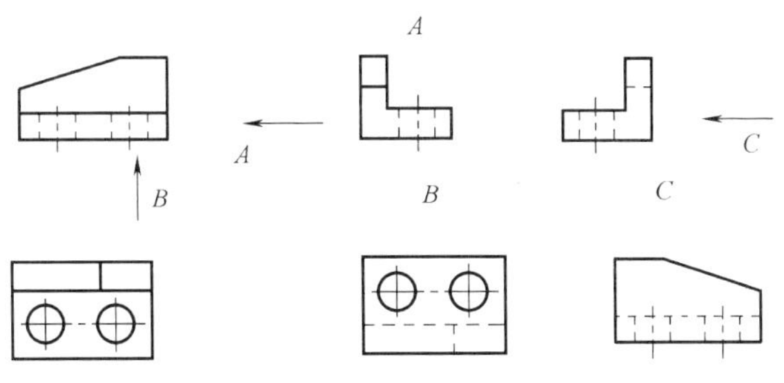

图 6-2 向视图

小贴士

1）向视图是基本视图的另一种表达形式，其主要区别在于视图的配置位置发生了变化，而内在联系却不变。所以，向视图中表示投射方向的箭头应尽可能地配置在主视图上，以便所获得的视图与基本视图一致。表示后视图的投射箭头却应配在左视图或右视图上。

2）向视图的字母名称和箭头旁的字母一律采用大写的拉丁字母，且与读图方向一致便于识读。

三、局部视图

将机械零件的某部分向基本投影面投射所得的视图称为局部视图，如图 6-3a 所示。在采用一定数量的基本视图后，机械零件上仍有部分结构形状尚未表达清楚，而又没必要再画出完整的其他基本视图时，可考虑采用局部视图来表达。

局部视图的配置与表达方法

1）局部视图的断裂边界用波浪线或双点画线表示，如图 6-3b 所示。但当所表示的局部结构是完整的，其图形的外形轮廓呈封闭时，波浪线可省略，如图 6-3a 的 *C* 向视图。

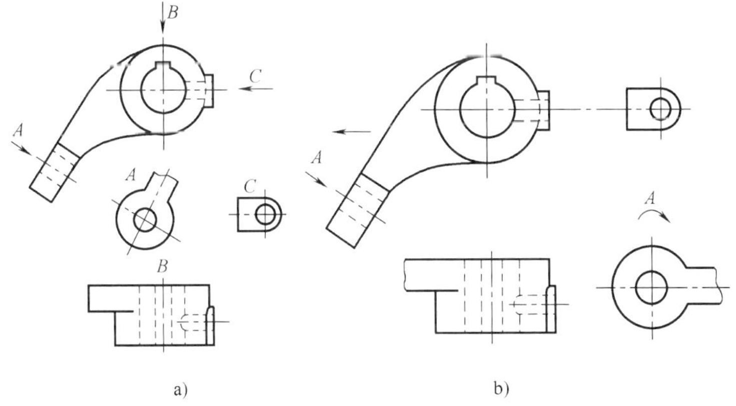

图 6-3 压紧杆向视图与斜视图

2）局部视图的配置可选取以下形式，进行必要的标注。

按基本视图的配置形式配置，如图 6-3b 中位于俯视图处的局部视图，则不必标注；按向视图的形式配置和标注，如图 6-3a 中的 *C* 向局部视图；按第三角画法配置在含所需表示的局部结构的视图附近，如图 6-3b 中压紧杆右端凸台。此时，应用细点画线连接两图形，且不必标注。

比较图 6-3a 与图 6-3b 中压紧杆的两种表达方案，显然，图 6-3b 的视图布局更紧凑些。

图6-4a所示的是压紧杆三视图，压紧杆的耳板是倾斜的，所以它的俯视图和左视图均不能反映实形，表达不清楚，不便于识读。为表达压紧杆的倾斜结构，可如图6-4b所示，加一个平行于耳板的正垂面作为辅助投影面，沿垂直于正平面的A向投射，在辅助平面上就可得到倾斜结构的实形。这种将机件向不平行于基本投影面的平面投射得到的视图称为斜视图。

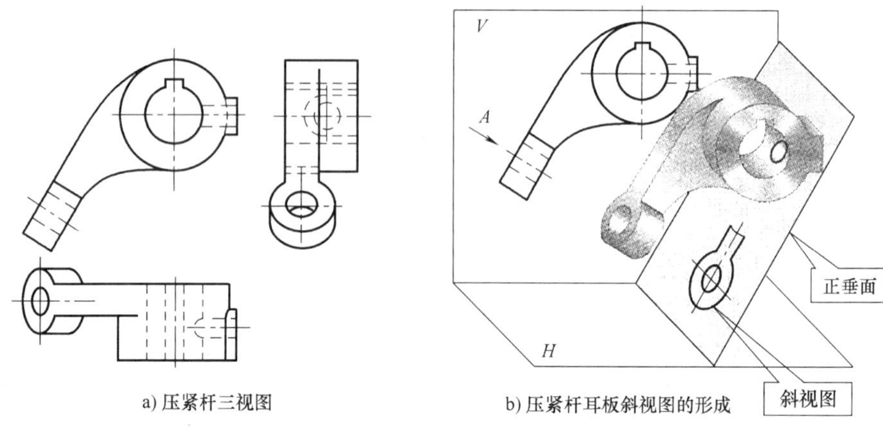

a) 压紧杆三视图　　b) 压紧杆耳板斜视图的形成

图6-4　压紧杆三视图与斜视图的形成

提示

表达与识读斜视图时应注意：

1）斜视图常用于表达机械零件上的倾斜结构，在表达倾斜结构的实形时，机件的其他部分不必画出，用波浪线断开即可，如图6-4a中的A所示。

2）斜视图的配置和标注一般按向视图相应的规定，必要时，允许将斜视图旋转配置，此时应加注旋转符号，如图6-4b所示。旋转符号为半径等于字体高度的半圆形，表示斜视图名称的大写拉丁字母应靠近旋转符号的箭头端，也允许将旋转角度标注在字母之后(为“×⌒”或“⌒”)。

试一试

试一试，动手补全六个视图(黑图线的视图为已知的三视图)，并画出所有细虚线。

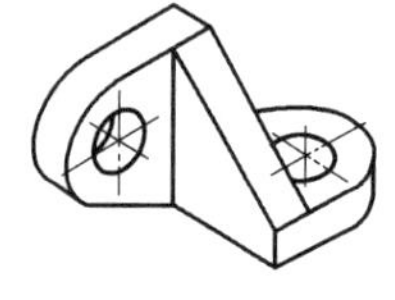

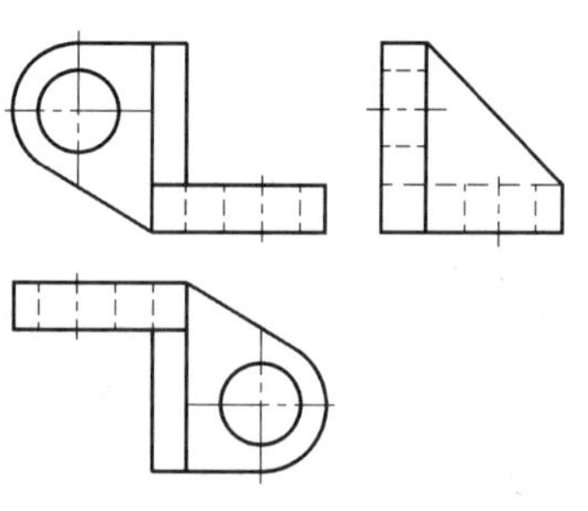

题图6.1-1

小试身手

1. 根据题图 6.1-2 所示的主、俯、左视图补画右、后、仰三个视图。

2. 完成题图 6.1-3 中的 *C*、*G* 向视图。

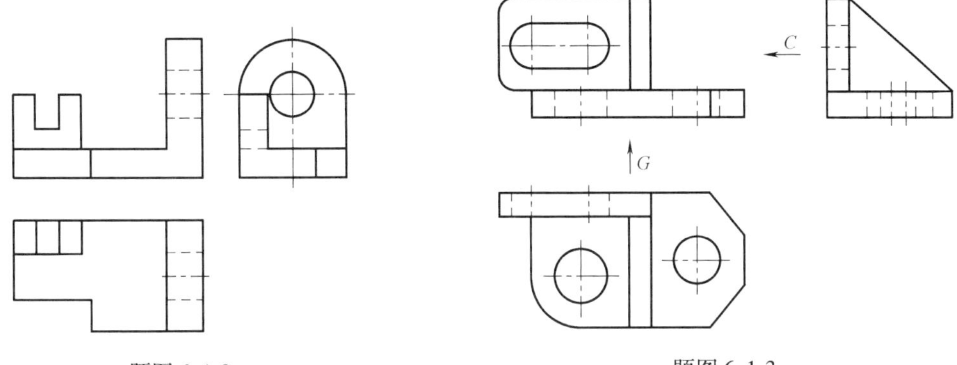

题图 6.1-2　　题图 6.1-3

3. 参照题图 6.1-4 所示，描述一下斜视图的形成过程、视图的配置和标注形式，并动手画一画。

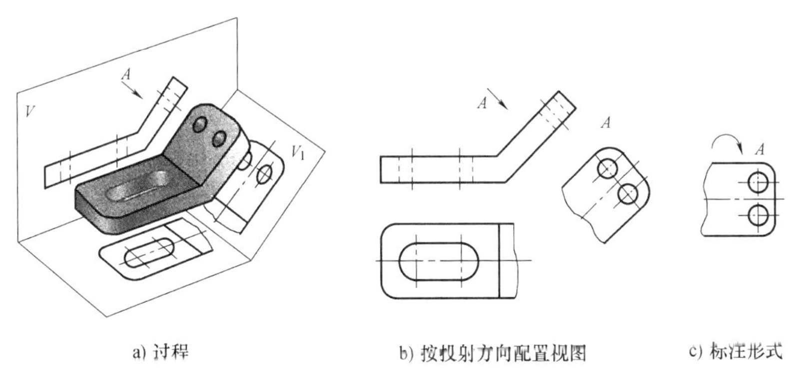

题图 6.1-4

4. 如题图 6.1-5 所示，画出 *A* 向的向视图（题图 6.1-5a）和斜视图（题图 6.1-5b），且说一说局部视图和斜视图标注的基本规定。

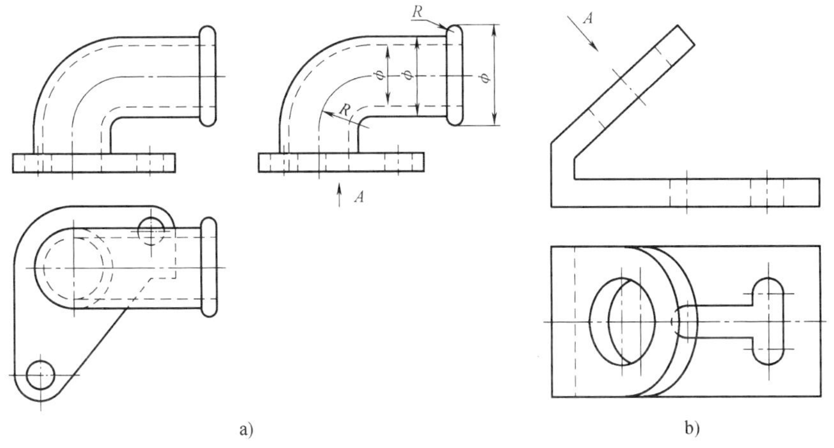

题图 6.1-5

5. 在题图 6. 1-6 中按投影关系进行必要的标注。

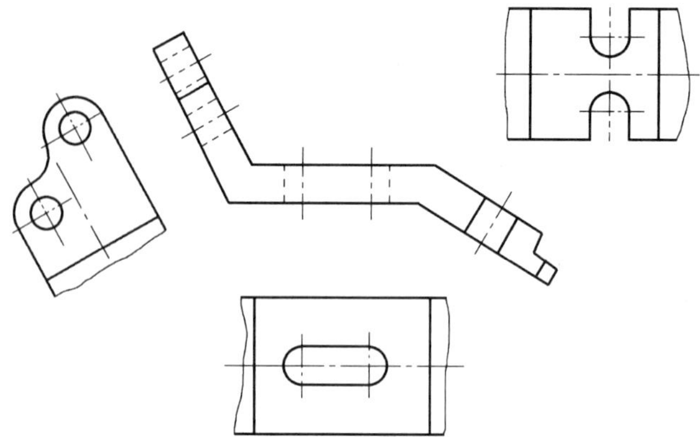

题图 6. 1-6

6. 按题图 6. 1-7 所示，画出 A 向斜视图和局部视图。

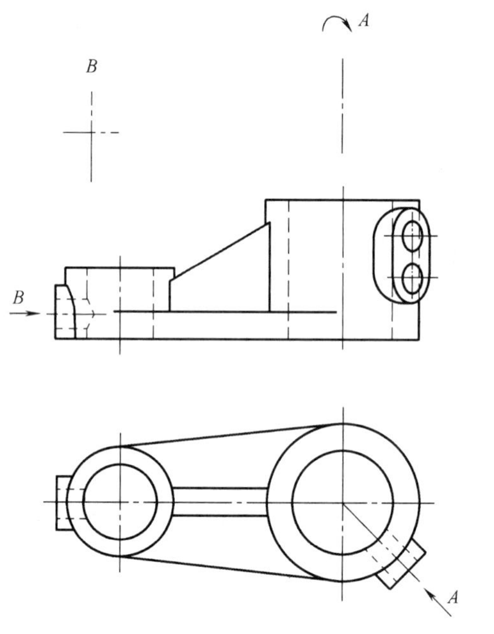

题图 6. 1-7

任务二	机械图样的内部表达形式——剖视图	学时：120min

学习目标

1. 理解剖视图表达机械图样的基本概念。
2. 理解全剖视图、半剖视图、局部剖视图的概念及标注规定。
3. 会运用剖视图标注的国家标准及其规定。

知识点

1. 全剖视图、半剖视图、局部剖视图的概念与配置标注的基本要素和基本要求。
2. 全剖视图、半剖视图、局部剖视图的应用。
3. 剖视图相关的国家标准及其标注的规定。

技能点

1. 能说出全剖视图、半剖视图、局部剖视图的应用和配置标注的基本要素和基本要求。
2. 会进行全剖视图、半剖视图、局部剖视图的标注。
3. 会正确地应用和完整地配置视图，清晰地表达机件和识读视图。

剖视图基本概念与配置

机械图样的表达主要是通过视图来进行的。视图主要是表达机械零件外部形状，而剖视图却是用来表达机械零件内部结构。

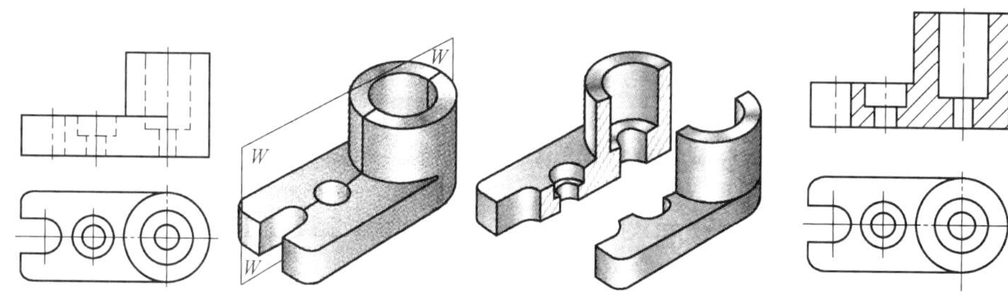

a) 剖视图的形成过程　　b) 部视图

剖视图类型配置与标注要点

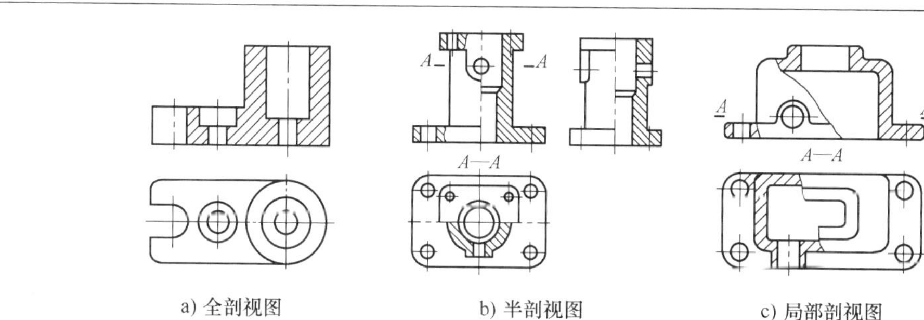

a) 全剖视图　　b) 半剖视图　　c) 局部剖视图

剖视图的画法应遵循国家标准 GB/T 17452—1998、GB/T 445. 8—2002 的规定。

剖视图的类型有：全剖视图、半剖视图、局部剖视图。剖视图标注方法已经标准化，应符合 GB/T 4458. 6—2002 的规定。其标注内容包括剖切线剖切符号和字母。

剖切平面的综合应用

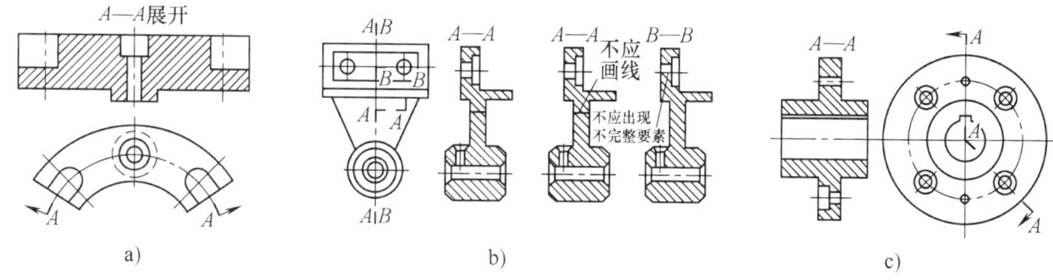

a)　　b)　　c)

1. 单一剖切面—— 剖切面是一个平面或者是圆柱面的一部分，一般通过孔或槽的轴线或对称面，如图 a 所示。
2. 几个平行剖切面——剖切平面转折处，不画出分界线，如图 b 所示。
3. 几个相交剖切面(交线垂直于某一投影面)——先剖切后旋转绘制闭路电视高图；剖切面后面的结构仍按原来的位置投影，如图 c 所示。

用视图表达机件形状时，对于机件上不可见的内部结构(孔、槽等)要用虚线表示，如图6-5a所示的支架主视图。但如果机件的内部结构比较复杂，图上的虚线较多，有些与外形轮廓重叠，既不便画图和读图，也不便于标注尺寸。因此，可按国家标准规定采用剖视图来表达机件的内部形状。

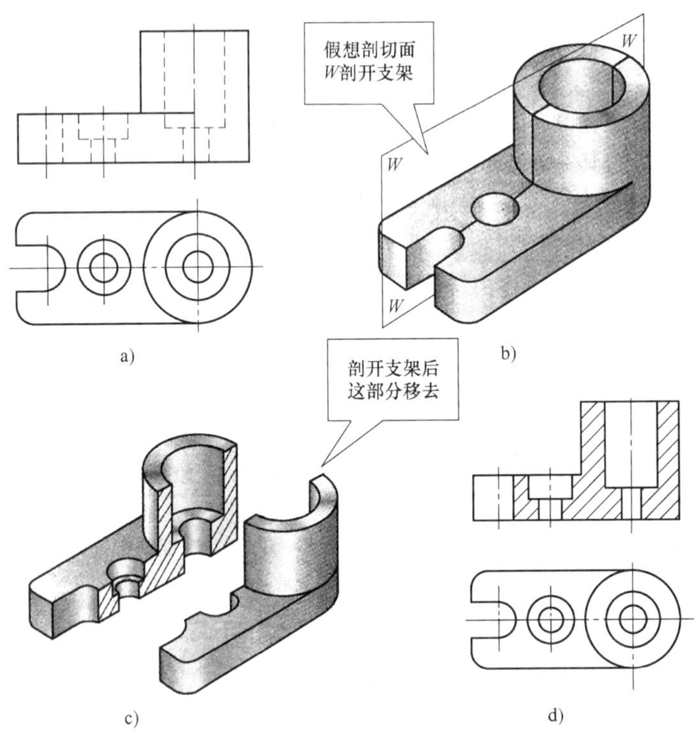

图6-5　支架剖视图的形成过程

一、剖视图的概述(GB/T 17452—1998、GB/T 4458.6—2002)

1. 剖视图及形成

假想用剖切面剖开机件，将处在观察者与剖切面之间的部分移去，而将其余部分向投影面投射所得到的图形称为剖视图，简称剖视。剖视图的形成过程，如图6-5b所示。图6-5d中的主视图即为支架的剖视图。剖切面一般是平面或圆柱面，而平面用得最多。表达机件内部的真实形状，剖切面一般通过孔、槽的轴线或对称面，且使剖切面平行或垂直于某一投影面。

2. 剖视图画法

（1）确定剖切面的位置　先确定在哪个视图作剖视，并在相关视图上确定标注剖切面的位置。如图6-5b所示，选取平行于正面的对称面为剖切面，主视图画剖视。

（2）画剖视图　剖开机件，移走前半部分，将剖切面截切机件所得断面及机件的后半部分向正面投射，如图6-5c所示，画出图6-5d所示的剖视图。

（3）画剖面符号　剖视图中，剖切平面与机件接触部分(即断面图形)称为剖面区域，要画出与材料相应的剖面符号。国家规定了各种材料的剖面符号，见表6-1。

3. 剖面符号

在机械设计中，用金属材料制作的零件最多。为了便于画图，国家标准规定，表示金属材料的剖面符号是最简明易画的平行细实线。剖面线的方向如图 6-6 所示。这种剖面符号称为剖面线。剖面符号在国家标准 GB/T 17452—1998 中有明确的规定，如表 6-1 所示。

提示

剖面线应符合国家标准 GB/T 17452—1998、GB/T 4458.6—2002 的规定，与机械零件主要轮廓线或剖面区域的对称线成 45°角，画成等距离的平行细实线。同一零件的剖面线在各个剖视图（或断面图）中的倾斜方向和间隔都必须一致。

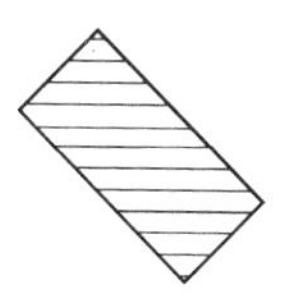 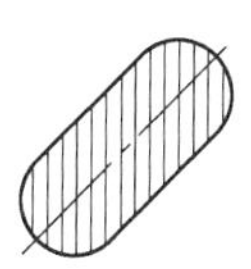 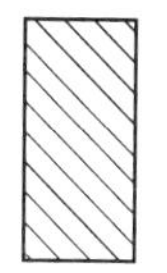 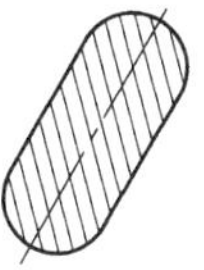 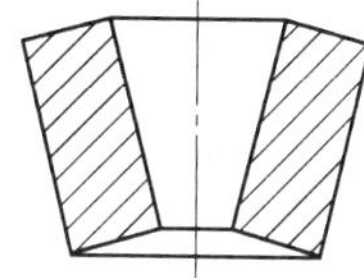

图 6-6　剖面线的方向

表 6-1　剖面符号（GB/T 4457.5—1984）

转子、电枢、变压器和电抗器等叠钢片		混凝土	
非金属材料（已规定的符号除外）		钢筋混凝土	
型砂、填砂、粉末冶金、砂轮、陶瓷刀片、硬质合金刀片等		砖	
玻璃及供观察用的其他透明材料		网格、筛网、过滤网等	
木材纵剖面		液体	
木材横剖面			

小贴士

1）剖面符号仅表示材料的类别，材料的代号和名称必须另行注明。

2）叠钢片的剖面线方向，应与束装中叠钢片的方向一致。

3）液面用细实线绘制。

4. 剖视图的配置与标注

剖视图应首先考虑配置在基本视图中，如图 6-7 所示的 *A—A*；也可以按投影关系配置在相应的位置上，如图 6-20 中的 *A—A*；必要时才考虑配置在其他适当的位置，如图 6-7 所示的 *B—B*。

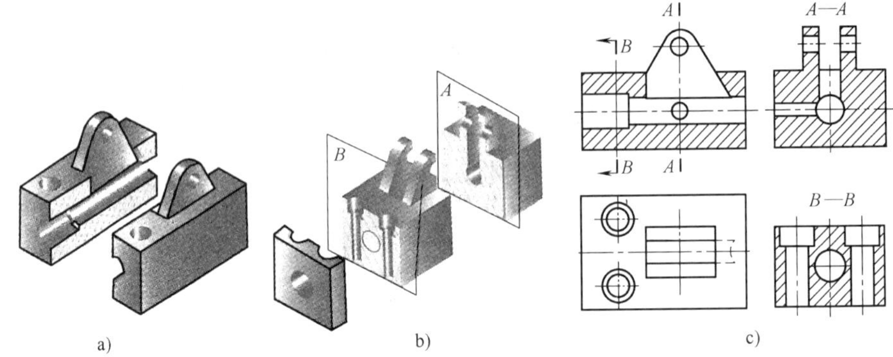

图 6-7 剖视图的配置与标注

为了便于读图，剖视图一般应标注，标注的内容包括以下三要素：

（1）剖切线 指示剖切面的位置，用细点画线表示。剖视图中通常省略不画。

（2）剖切符号 指示剖切面的起止和转折位置（用粗短线表示）以及投影方向（用箭头表示）的符号。

（3）字母 用来表示剖视图的名称，用大写拉丁字母注写在剖视图的上方，如图 6-7 中的 *B—B*。

提示

1）当单一剖切面通过机件的对称平面或基本对称平面，且剖视图是按投影关系配置，中间没有其他图形隔开时，可不标注，如图 6-5d 和图 6-8b 中的主视图。

2）当剖视图按基本视图或投影关系配置时，可省略箭头，如图 6-7 中所示的 *A—A*。

在上述情况时，剖视图可省略标注。

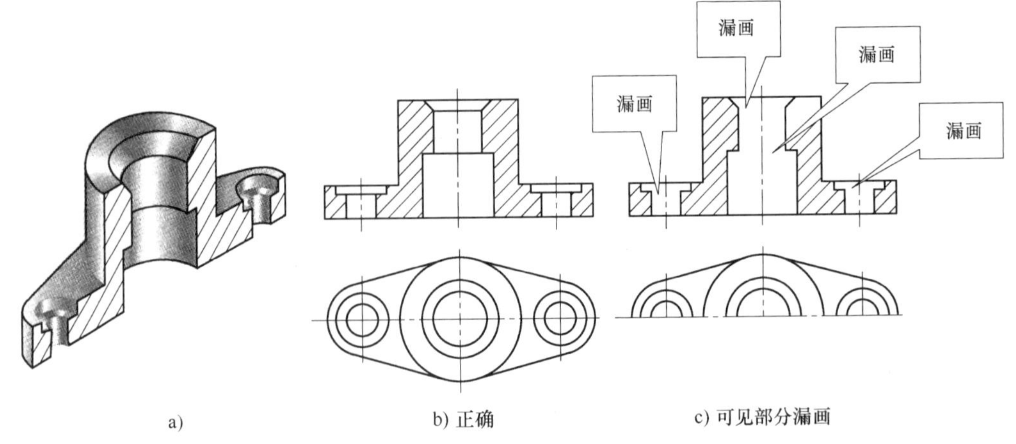

a) b) 正确 c) 可见部分漏画

图 6-8 剖切面后面的可见轮廓线不能漏画

5. 画剖视图时应注意的要点

1）剖视图只是假想将机件剖开，在表达某一机件的一组视图中，一个视图画成剖视图后，而其他视图仍应完整地画出。

2）剖视图后面的可见部分应全部画出，不可省略或漏画。

想一想

补画题图 6. 2-1 所示剖视图中缺失的图线。

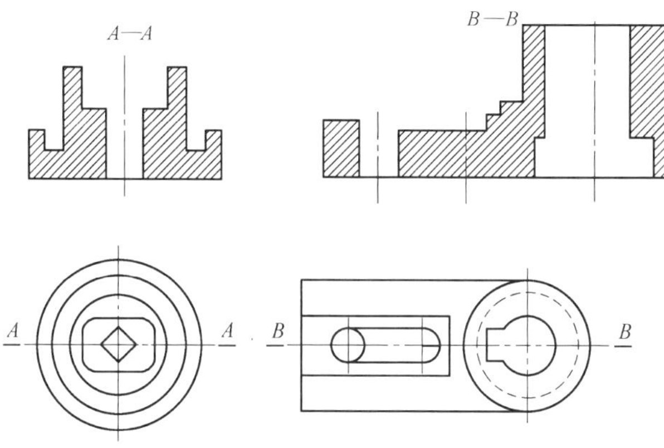

题图 6. 2-1

二、剖视图的种类及其应用

根据剖视图的剖切范围，可分为全剖视图、半剖视图和局部剖视图三种。而前述的剖视图画法和标注，是这三种剖视图都适用的基本要求和规定。

全剖视图

全剖视图是用剖切面完全地剖开机件所得到的剖视图，适用于表达外形比较简单，而内部结构较为复杂且不对称的机件，如图 6-5d 和图 6-8b 中的主视图。

同一机件可以假想进行多次剖切，画出多个剖视图，如图 6-7 和图 6-9 所示。但应注意，各剖视图的剖切线方向和间隔应完全一致。在图 6-9 所示主视图的剖视图中，由于剖切

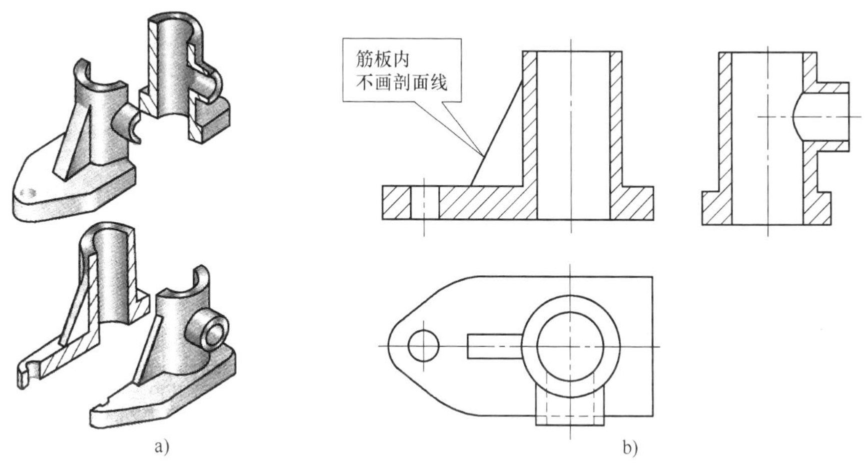

图 6-9　全剖视图

平面通过机件上的三角形肋板，按国家标准规定，对于机件的肋、轮辐及薄壁等，如按纵向剖切，这些结构都不画剖面符号，而以粗实线将它们与其邻接部分分开，在图中所示的主视图中肋板的轮廓范围内不画剖面线。

想一想

1. 如题图 6.2-2 所示，说说该全剖视图的形成过程和国家标准对全剖视图有哪些规定？从剖面符号你知道该零件是什么材料的吗？

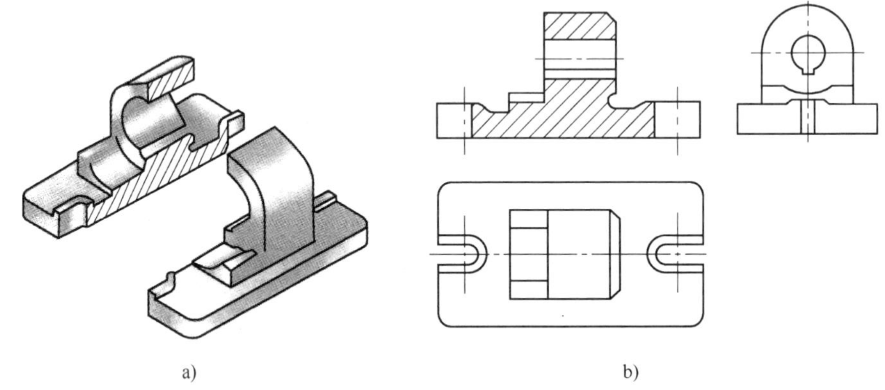

a)　　b)

题图 6.2-2

2. 将题图 6.2-3 中的主视图画成全剖视图。

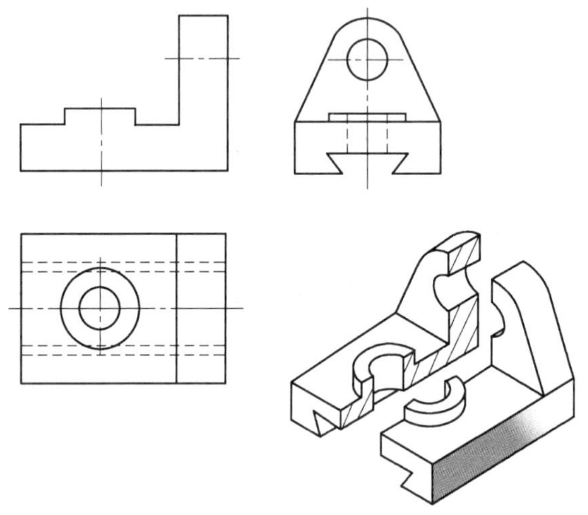

题图 6.2-3

3. 半剖视图

当机件具有对称平面时，向垂直于对称平面的投影面上投射所得的图形，可以对称中心线为界，一半用剖视图表示，另一半用视图来表示，这种剖视图称为半剖视图。如图 6-10 所示，机件左右对称及前后也对称，所以，它的主视图、俯视图和左视图都可用半剖视图表达。

半剖视图既表达了机件的内部形状，又保留了外部形状，因此常用于内外形状都比较复杂的对称机件的表达。

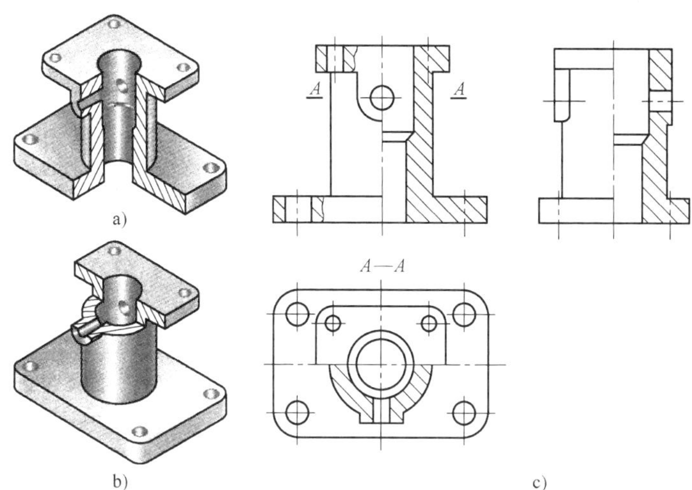

图 6-10　半剖视图(一)

小贴士

必须注意，半剖视图与半个视图的分界线应为细点画线，不得画成粗实线。机件内部形状能在半剖视图中表达清楚了的，在另一半表达外形的视图中一般就不再用虚线表达出来了。

当机件的形状接近对称时，且不对称部分另有图形表达清楚时，也可用半剖视图来表达，如图 6-11 所示。

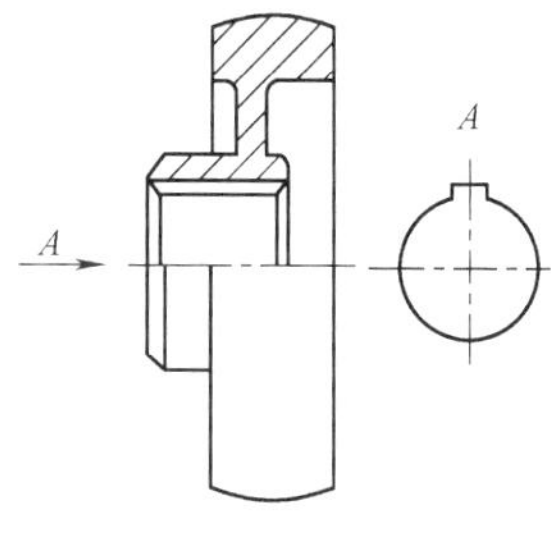

图 6-11　半剖视图(二)

小试身手

1. 如题图 6.2-4 所示，请在主视图中用全剖视图表达其内部结构，补画半剖视图的左

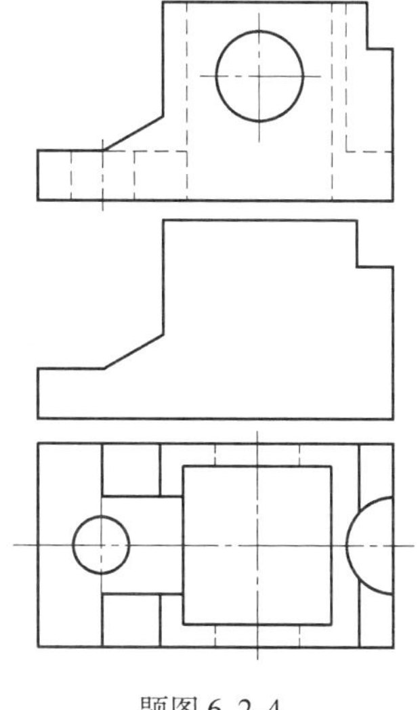

题图 6.2-4

视图。

2. 试一试，请分别在题图 6. 2-5a、b、c 中，选出正确的主视图。

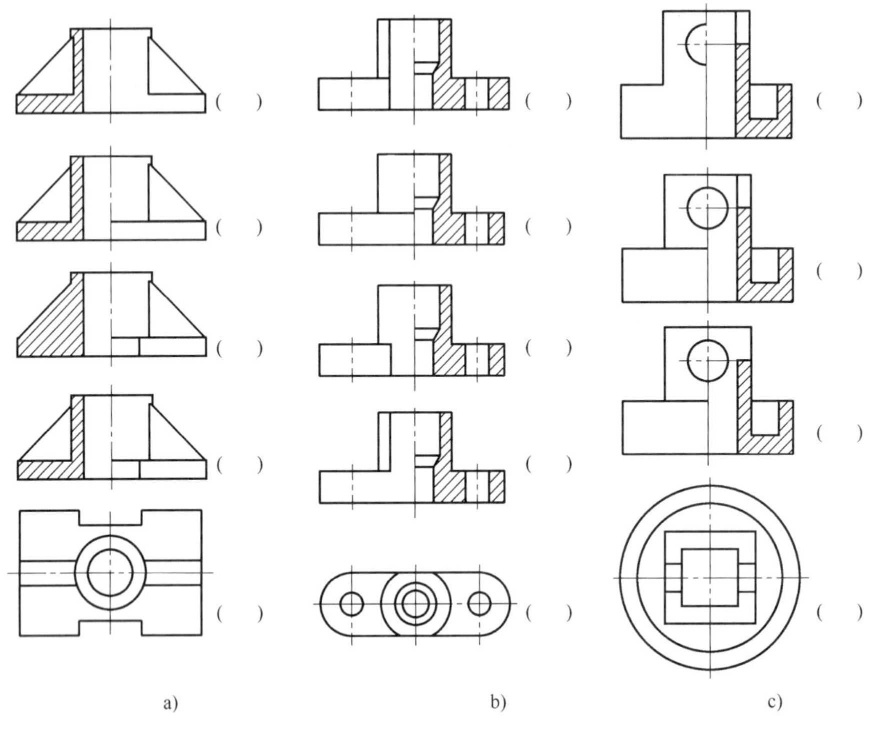

题图 6. 2-5

3. 局部剖视图

局部剖视图是用剖切面局部剖切机件所得到的剖视图。

如图 6-12 所示的箱体，其顶部有个矩形孔，底板上有四个安装孔，箱体的上、下、左、右、前、后都不对称。兼顾内外结构形状的表达，将主视图画成两个不同剖切位置的局部剖视图。俯视图上，为保留顶部的外形，采用 *A—A* 剖切位置的局部剖视图。

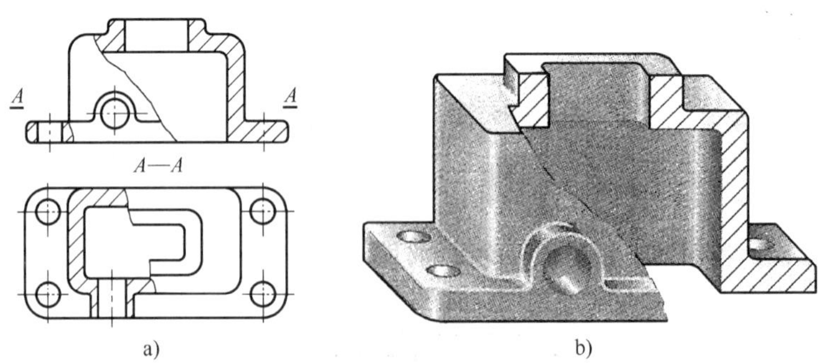

图 6-12　局部剖视图(一)

局部剖视图的标注与全剖视图相同，当只用一个剖切平面且剖切位置明确时，局部剖视图不必标注。

局部剖视图的剖切位置和剖切范围根据需要确定，是一种比较灵活的表达方法，运用得当，可使图形表达得简洁而清晰。局部剖视图通常用于以下情况：

1）当不对称机件的内外形状均需要表达，或者只有局部结构内形需剖切表达，而又不宜采用全剖视图时，如图6-12所示。

2）当对称机件的轮廓线与中心线重合，而又不宜采用半剖视图时，如图6-13所示。

3）当实心机件如轴、杆等上面的孔或槽等局部结构被剖开表达时，如图6-14所示。

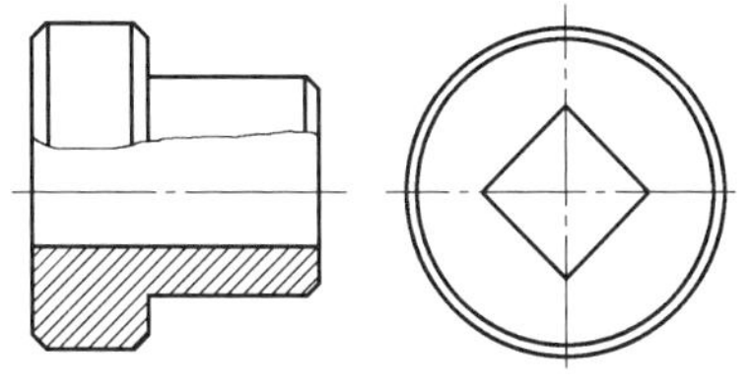

图6-13　局部剖视图（二）

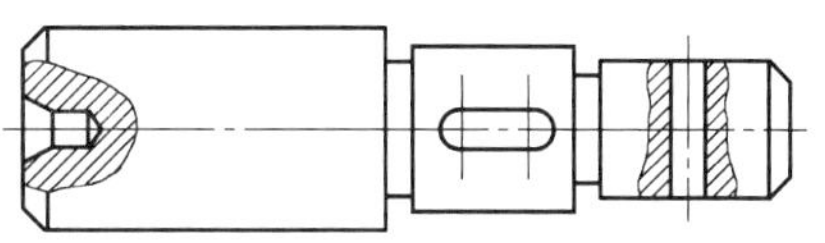

图6-14　局部剖视图（三）

提示

画局部剖视图时应注意的几点：

1）局部视图中剖开与未剖部分投影的分界线画波浪线，视为剖切机件裂痕的投影。波浪线应画在机件的实体上，不得超出机件的轮廓线，也不能画在机件实体的中空处，如图6-16b所示。

2）波浪线不应在轮廓线的延长线上，也不得用轮廓线代替或与图样上的其他线重合，如图6-16d所示。

局部剖视图的剖切范围也可以用双折线代替波浪线分界，如图6-15所示。

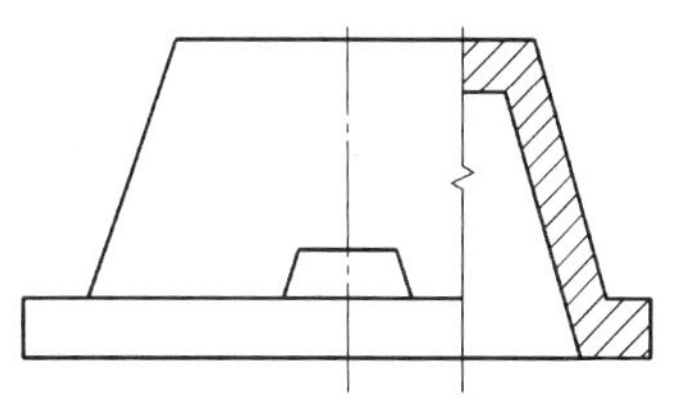

图6-15　局部剖视图（四）

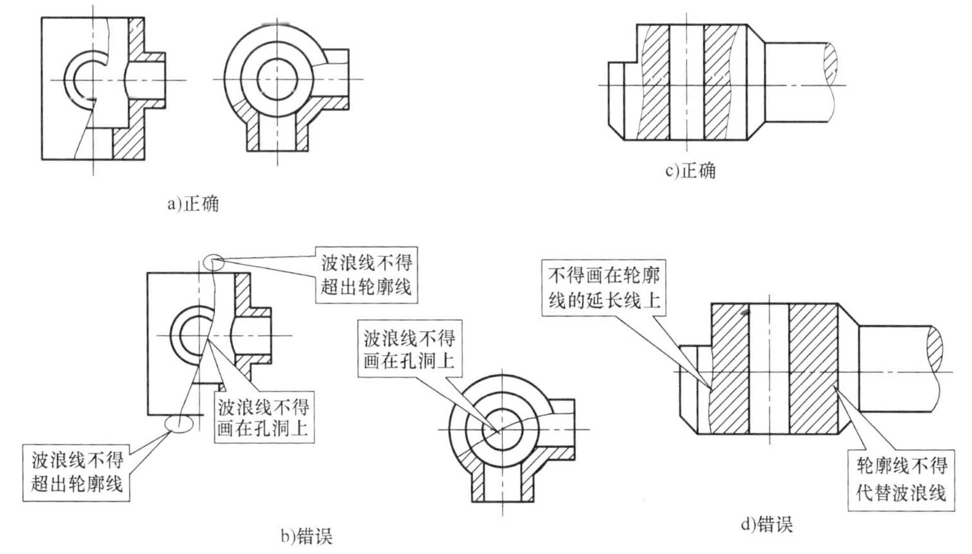

图6-16　局部剖视图波浪线画法

小贴士

斜视图与局部视图异同点：

相同点：都是只画一部分，断裂边界用波浪线断开。

不同点：局部视图是基本视图的一部分，而斜视图却不是，用途也不同。

三、剖切面的选择

1. 单一剖切面

当机件的内部结构位于一个剖切平面上时，可选用单一剖切面。单一剖切面包括单一的剖切平面和柱面，应用最多的是单一剖切平面。单一剖切平面一般为投影面的平行面。上述的全剖视图、半剖视图、局部剖视图示例都是采用平行于某一基本投影面的单一剖切平面剖开机件的，可见单一剖切平面剖切的方法应用最为普遍。

当机件需要表达具有倾斜结构的内部形状时，如图 6-17 所示，若采用平行于投影面的剖切平面剖切，将不能反映倾斜结构内部的实形。这时，可采用一个与倾斜部分的主要平面平行且垂直于某一基本投影面的单一剖切平面剖切，再投影到与剖切平面平行的投影面上，即可得到该部分内部结构的实形，如图 6-17 中的 *B—B* 剖视图。必要时允许将图形转正，并加注旋转符号。

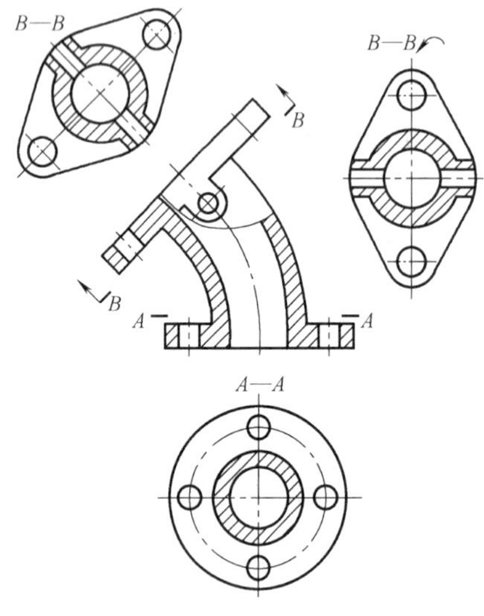

图 6-17　不平行基本投影面的单一剖切面

A—A 展开

图 6-18　单一圆柱剖切面

单一剖切平面还包括单一圆柱面，如图 6-18 所示。采用柱面剖切时，机件的剖视图应按展开方式绘制，如图 6-18 所示。

2. 几个平行剖切面

当机件的内部结构位于几个平行平面上时，可采用几个平行平面剖切，如图 6-19 所示。

如图 6-19 所示，机件上几个孔的轴线不在同一平面内，可用两个互相平行的剖切平面沿一同位置孔的轴线剖切，这样就可在一个剖视图上把几个孔的形状表达清楚了。若采用一个剖切平面剖切，就不能将内部形状全部表达出来。

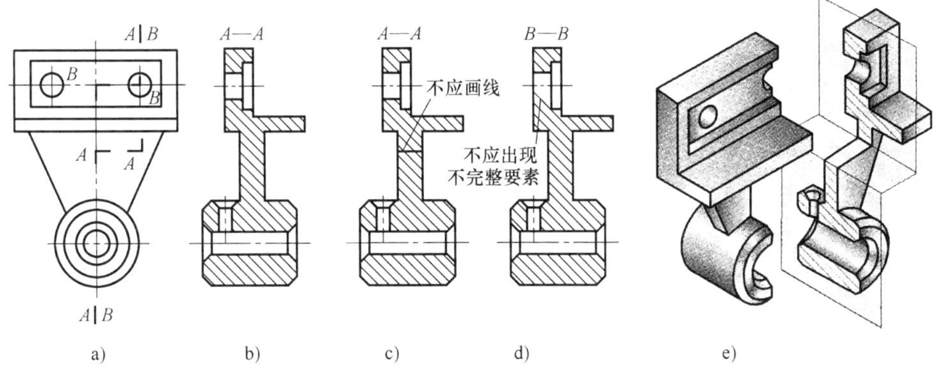

图 6-19　用两个平行的剖切平面剖切(一)

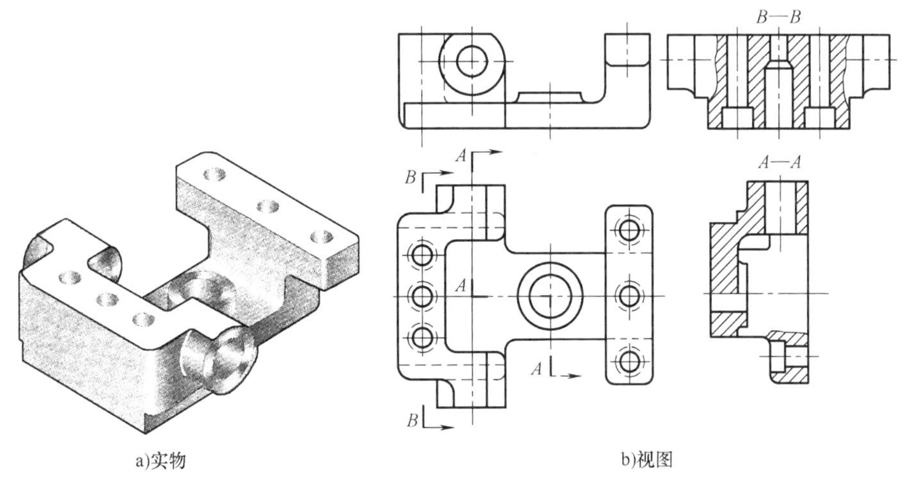

a)实物　　b)视图

图 6-20　用两个平行的剖切平面剖切(二)

小贴士

1）采用剖切平面画剖视图时，假想的剖切平面转折的界线是不要表达出来的，如图 6-19c 所示。

2）在剖视图中不能出现不完整要素，如图 6-19d 所示。仅当两个要素在图形上具有公共对称中心或轴线时，方可各画一半，如图 6-20 中的 *A—A* 所示。

3）这种剖视图的标注方法，如果剖切符号的转折处位置有限时，可以省略，如图 6-19b 所示。

3. 几个相交的剖切面(交线垂直于某一投影面)

当机件的内部结构形状用单一剖切面不能完整表达时，可采用两个(或两个以上)相交的剖切平面剖开机件，如图 6-21、图 6-22 所示，并将与投影面倾斜的剖切面剖开的结构及有关部分旋转到投影面平行后再进行投射。标注方法如图 6-21 所示。图 6-23 所示是采用三个相交剖切平面剖开机件来表达其内部结构。

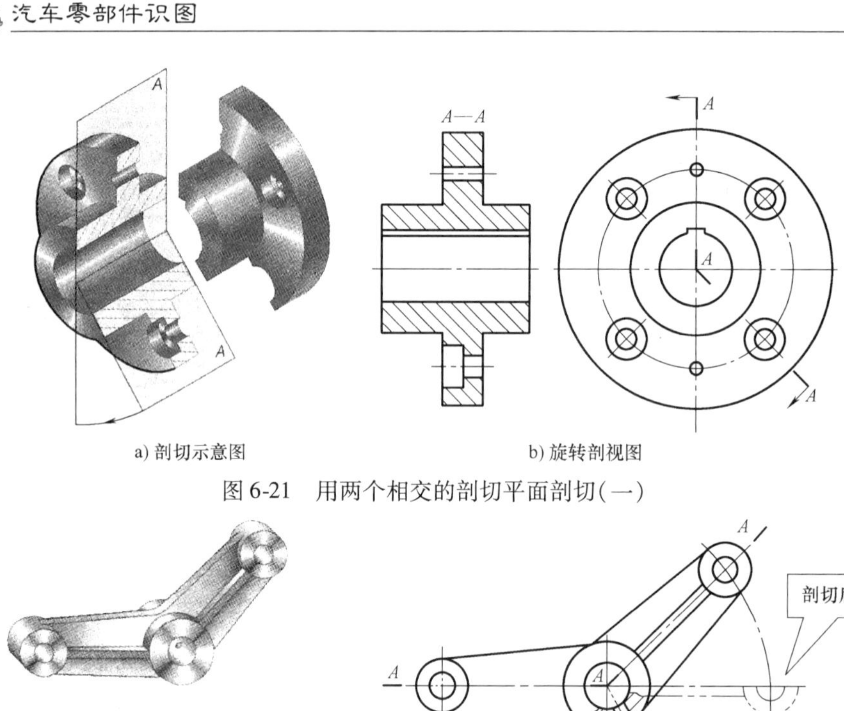

a) 剖切示意图　　b) 旋转剖视图

图 6-21　用两个相交的剖切平面剖切(一)

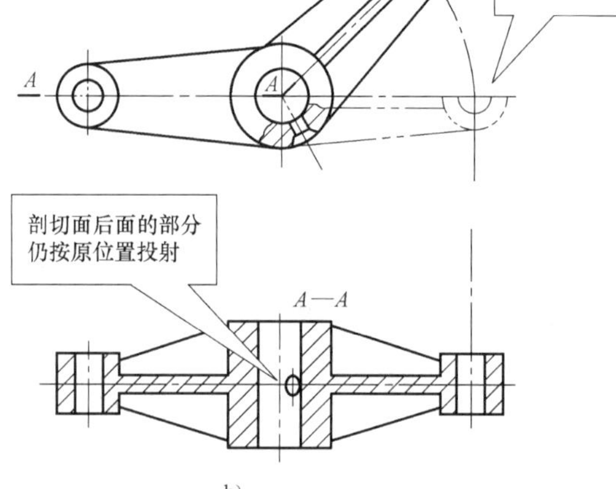

a)　　b)

图 6-22　用两个相交的剖切平面剖切(二)

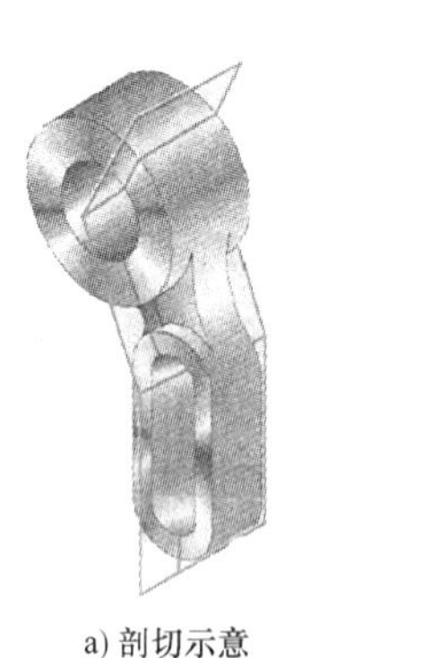

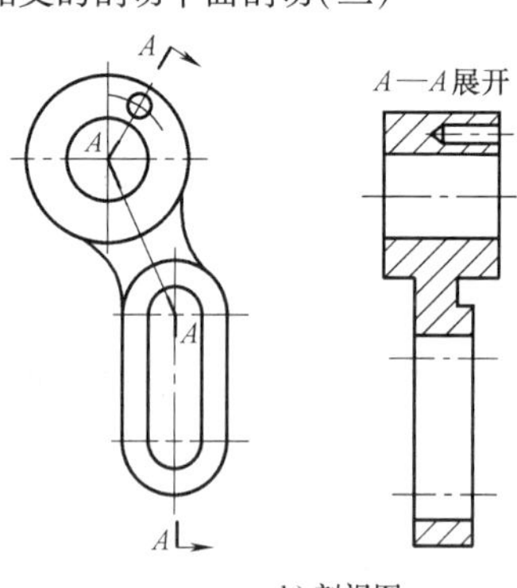

a) 剖切示意　　b) 剖视图

图 6-23　用三个相交的剖切平面剖切时的剖视图

小贴士

1）几个相交的剖切平面的交线必须垂直于某一投影面。

2）应按先剖切后旋转的方法绘制剖视图，如图 6-21 所示。

3）剖切面后面的结构，一般仍按原来的位置投射，见图 6-22 中的油孔。

提示

根据机件结构特点和表达的需要，可选取用单一剖切面、几个平行剖切平面和几个相交的剖切面剖开机件。

小试身手

1. 依据题图 6.2-6a 所示的视图，用几个平行的剖切平面将题图 6.2-6b 主视图画成全剖视图。

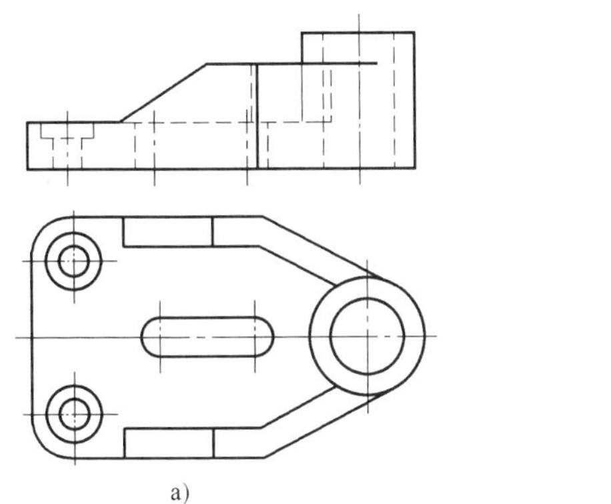

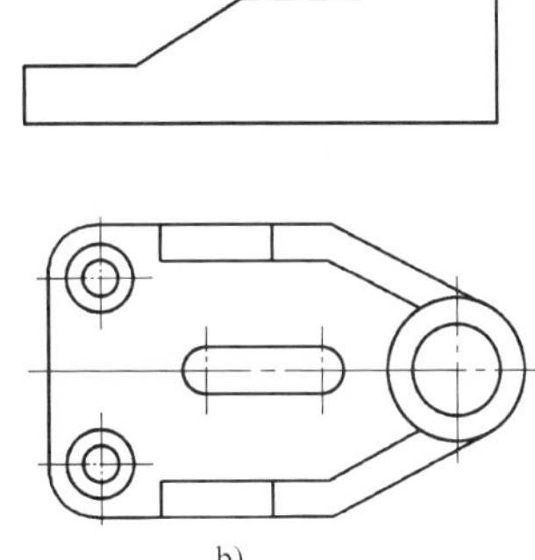

题图 6.2-6

2. 在题图 6.2-7 和题图 6.2-8 中，用几个平行的剖切平面将主视图画成全剖视图。

3. 在题图 6.2-9 中，选择正确的剖视图并在括号里打✓。

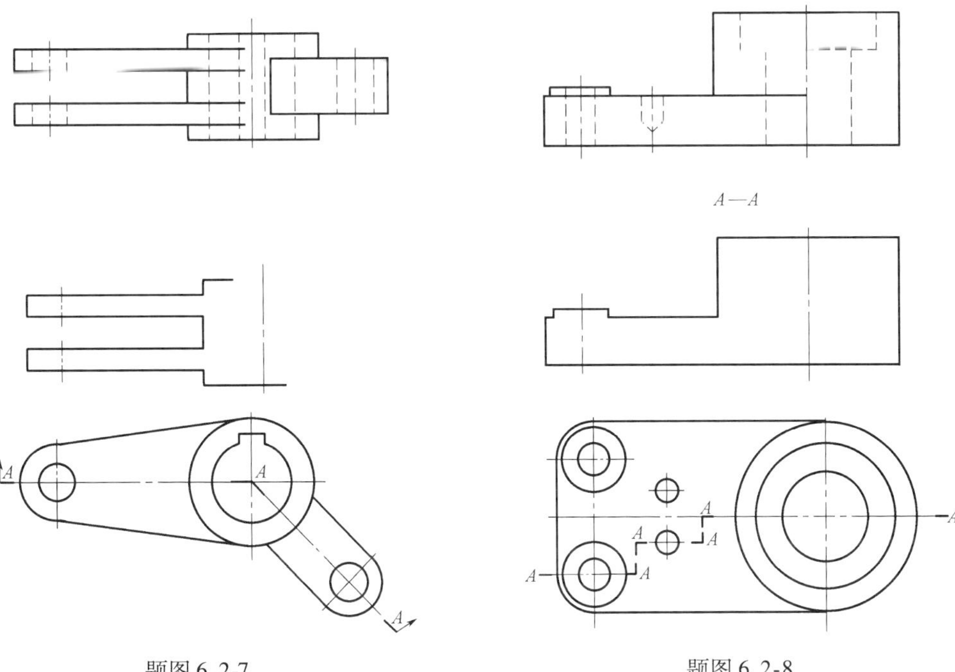

题图 6.2-7　　题图 6.2-8

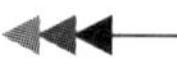

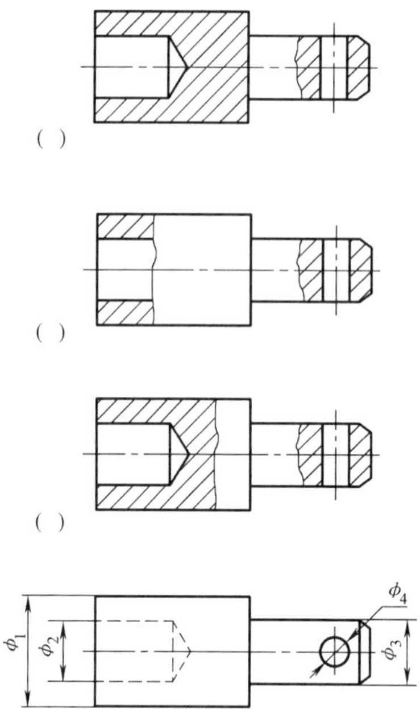
( )
( )
( )
ϕ_1
ϕ_2
ϕ_3
ϕ_4

a)

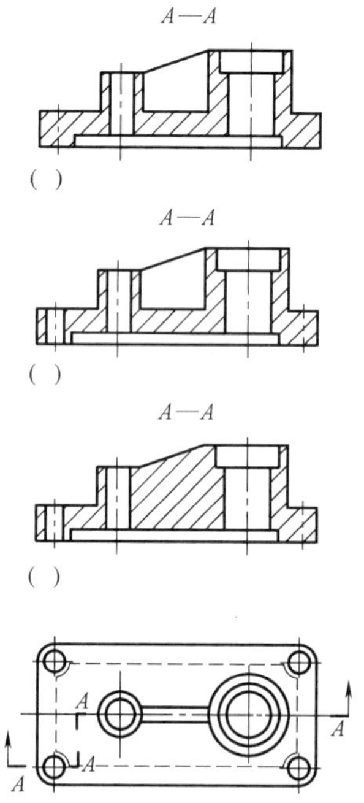
A—A
( )
A—A
( )
A—A
( )
A
A
A
A

b)

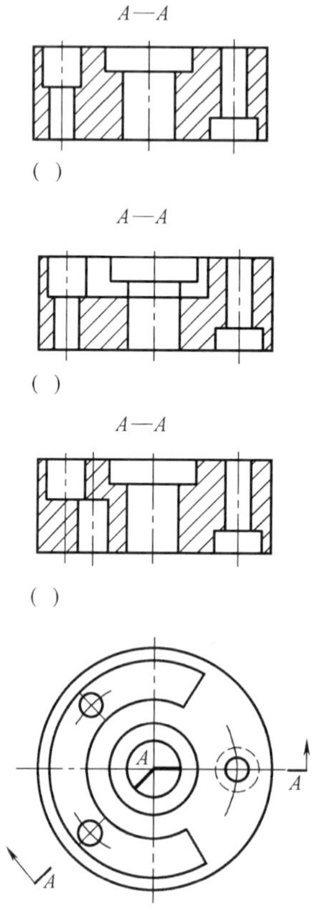
A—A
( )
A—A
( )
A—A
( )
A
A
A

c)

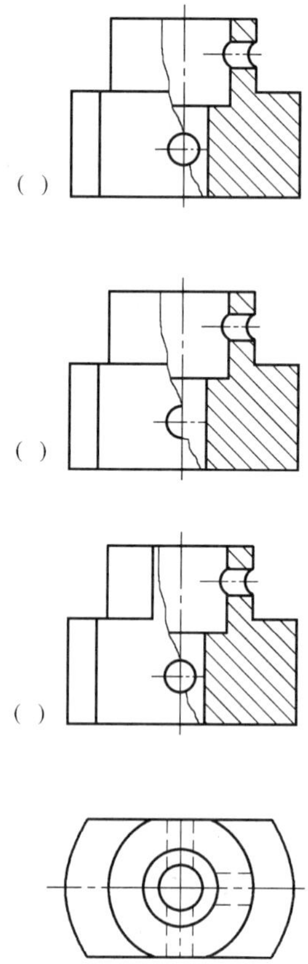
( )
( )
( )

d)

题图 6. 2-9

任务三	机械图样的其他表达形式——断面图、局部放大、简化画法	学时：120min

学习目标

1. 理解断面图表达机械图样的基本概念。
2. 理解断面图、局部放大、简化画法的标注规定。
3. 会应用断面图、局部放大、简化画法正确表达机件。

知识点

1. 断面图、局部放大图、简化视图的概念与配置标注的基本要素和基本要求。
2. 断面图、局部放大图、简化视图的应用。
3. 断面图、局部放大图、简化视图的相关的国家标准及其标注的规定。

技能点

1. 会断面图、局部放大图、简化视图的应用和配置。
2. 会进行断面图、局部放大图、简化画法的标注。
3. 会正确地应用和完整地配置视图，清晰地表达机件和识读视图。

断面图、局部放大图概念及特点

机械图样的表达主要是通过视图来进行的。视图主要是表达机件外部形状，而剖视图却是用来表达机件内部结构的，断面图、局部放大图、简化画法更进一步扩大了机械图样的表达形式。

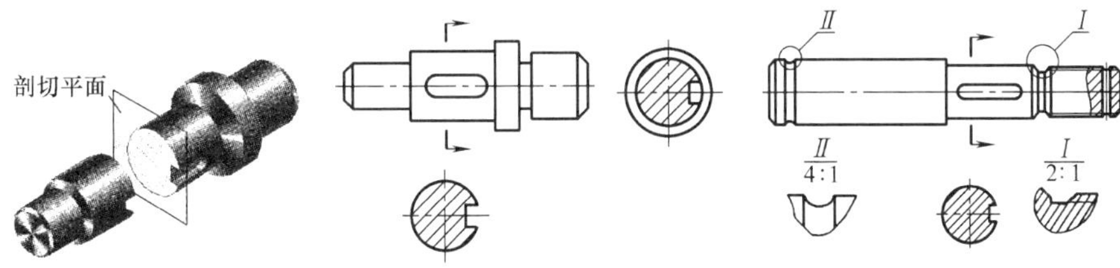

a) 断面图的形成过程　b) 断面图与剖视图　c) 局部放大图

断面图、局部放大图配置与标注要点

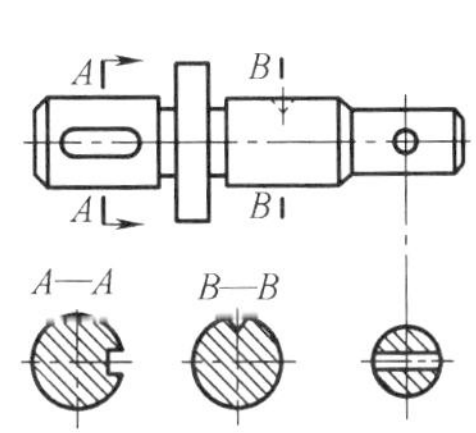

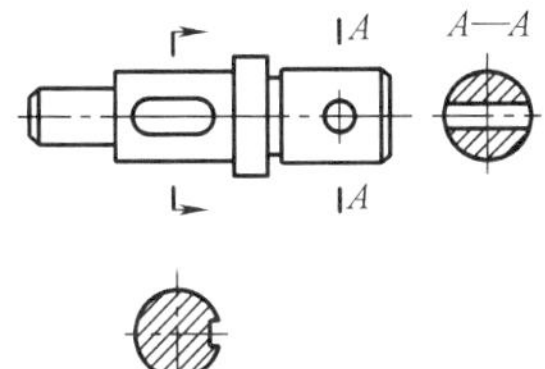

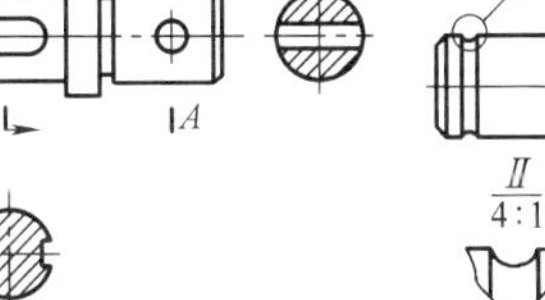

a) 断面图对称时箭头可省略　b) 断面图按投影关系配置　c) 局部放大图的表达可是视图、部面图

1. 断面图的画法应遵循国家标准 GB/T 17452—1998、GB/T 445. 8—2002 的规定。
2. 断面图的类型有：移出断面图和重合断面图。
3. 断面图、局部放大图的标注，应符合 GB/T 4458. 6—2002 的规定。其标注内容包括剖切线剖切符号和字母。

简化画法的表达

能灵活运用以下几种简化画法，应符合 GB/T 4458. 6—2002 的规定。

1. 机件上的肋、孔等结构的简化画法。
2. 机件上相同结构的简化画法。
3. 对称机件的简化画法。
4. 相贯线的简化画法。
5. 倾斜投影的简化画法。
6. 回转件上平面的简化画法。
7. 剖面符号的简化画法。
8. 较长机件的折断画法。

一、断面图

1. 断面图的概念

假想用剖切平面将机件的某处切断，仅画出剖切面与机件接触部分的图形，称为断面图，简称断面。如图6-24a所示的小轴，为使轴上的键槽表达清楚，假想一个垂直轴线的剖切平面在键槽处将轴切断，只画出断面的图形，并画上剖面符号，即为断面图，如图6-24b所示。

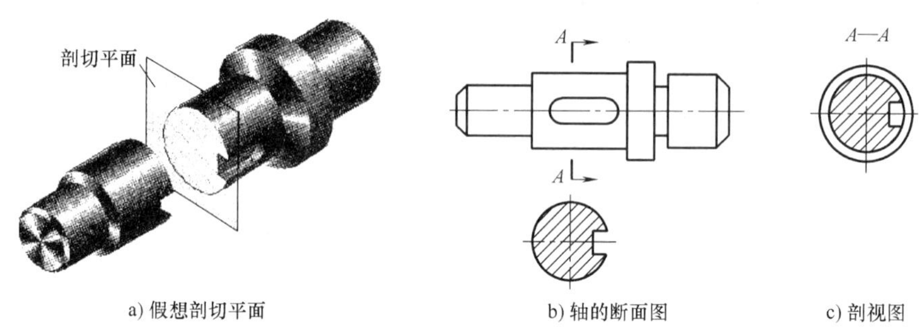

图6-24 断面图的形成

2. 断面图的作用

断面图主要用于表达机件上某些部分的断面形状，如型材断面形状、机件上的肋板、轮辐、实心杆、孔和槽等。

小贴士

剖视图与断面图的区别：断面图只画出机件被剖切后的断面形状，剖视图除了画出断面的形状外，还必须画出机件上位于剖切面之后的形状，如图6-24c所示。

断面图的表达方法(画法)要遵循GB/T 17452—1998、GB/T 4458.6—2002的规定。

3. 断面图的种类

按断面图配置的位置不同，断面图可分为移出断面图和重合断面图两种。

(1) 移出断面图　绘制在基本视图之外的断面图称为移出断面图，如图6-24b所示。

移出断面图的轮廓线用粗实线画出，并尽量画在剖切符号或剖切面迹线的延长线上，如图6-24b所示。

必要时也可将移出断面图配置在其他位置，如图6-25所示，标出相应的*A*—*A*断面图。

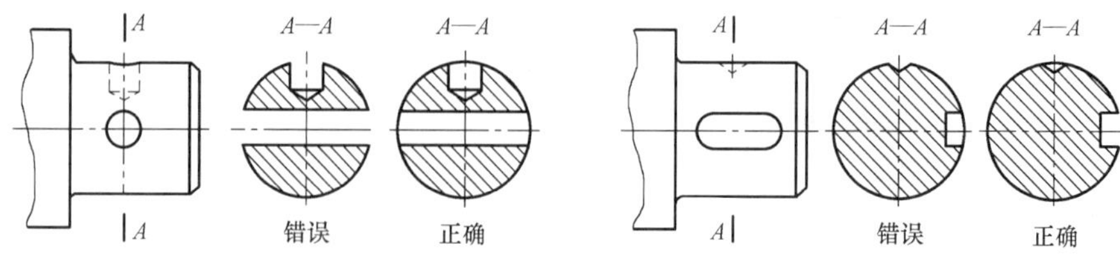

图6-25 移出断面图的表达(一)

1) 断面图的表达

① 当剖切平面通过由回转面而形成的孔或坑槽的轴心线时，如图6-25所示，这些结构应按剖视表达。

当剖切平面通过非圆孔会导致完全分离的断面时，如图6-26所示，也应按剖视图表达。

② 剖切平面应与被剖切部分的主要轮廓线垂直。由两个(或多个)相交的剖切平面剖切得到的移出断面，中间一段应断开，如图6-27所示。

③ 当断面图形对称时，也可画在视图中的断面处，此时，视图应用不到波浪线(或双点画线)断开，如图6-28所示。

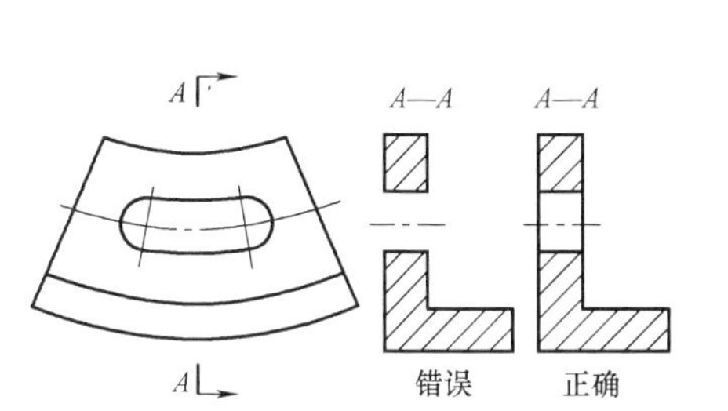

图6-26　移出断面图的表达(二)

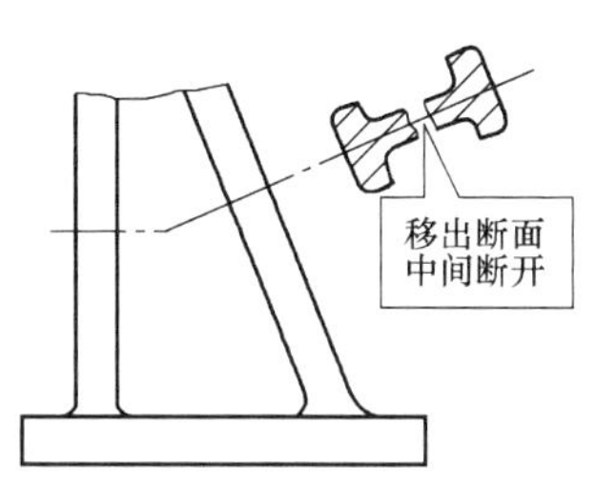

图6-27　移出断面图的表达(三)

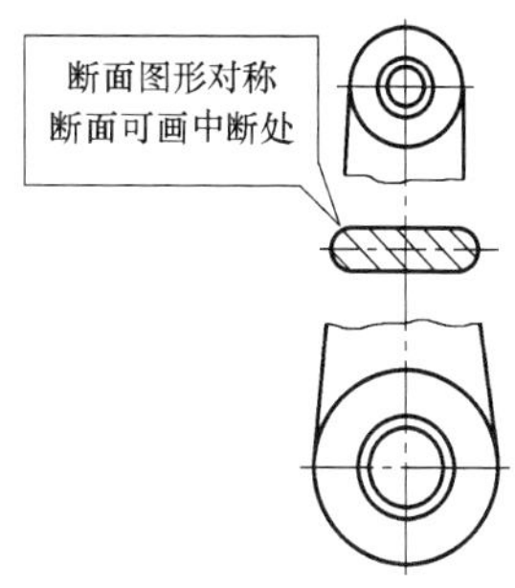

图6-28　移出断面图的表达(四)

2）移出断面图的配置和标注

① 未配置在剖切线延长线上的移出断面图，当图形不对称时，要用剖切符号表明剖切位置，画出箭头指示投射方向，并注写字母，如图6-29a中的*A—A*所示；如果图形对称，则可省略指示箭头，如图6-29a中的*B—B*所示。

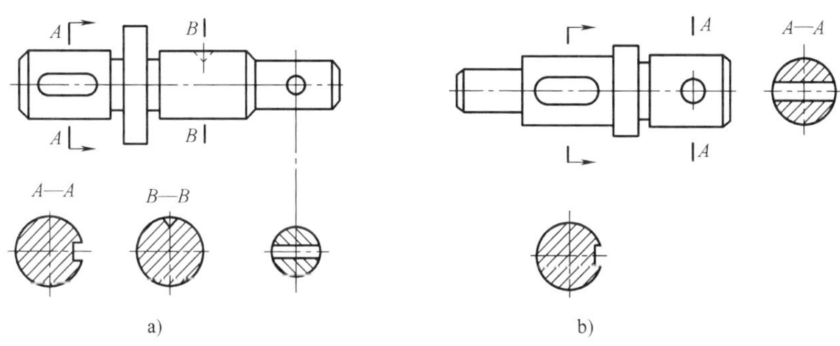

图6-29　移出断面图的配置与标注

② 配置在剖切符号的延长线上的移出断面图，当图形不对称时，可省略字母，如图6-29b所示。若图形不对称时可以不标注，如图6-29a右端所示。

③ 按投影关系配置的移出断面图也可省略箭头，如图6-29b中的*A—A*所示。

小试身手

1. 什么是断面图？断面图与剖视图有什么区别？试画出题图6.3-1中所指定位置的断面图，左端键槽深4mm，右端键槽深3mm。

2. 画出题图6.3-2中剖切线处的移出断面图。

(2) 重合断面图　画在视图轮廓线之内的断面图。

1）重合断面图的表达。重合断面图的轮廓线用细实线绘制。当视图中的轮廓线与重合

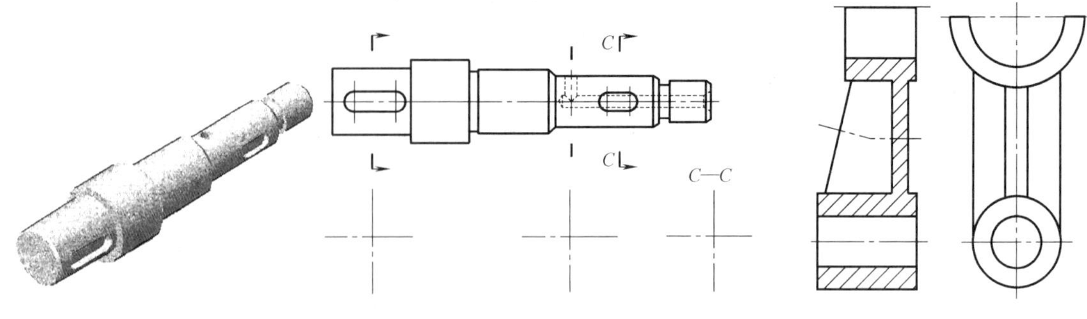

题图 6. 3-1

题图 6. 3-2

断面图的图形重合时，视图中的轮廓线仍应连续画出，不可间断，如图 6-30 所示。

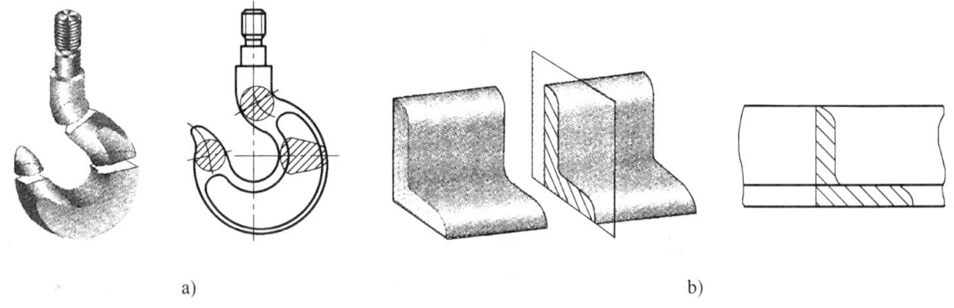

a)

b)

图 6-30 重合断面图表示法(画法)

2）重合断面图的标注。对称的重合断面不必标注，如图 6-30 所示。不对称的重合断面要标出剖切符号和表示投影方向的箭头，省略字母，在不致引起误解时，可省略标注，如图 6-30b 所示。

试一试

在题图 6. 3-3 的主视图上画有三剖切线处，试画出三个重合断面图。

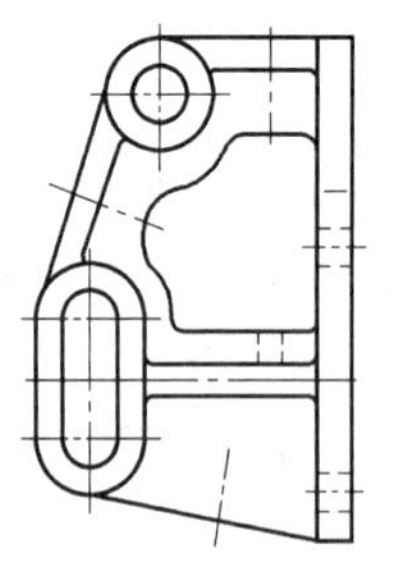

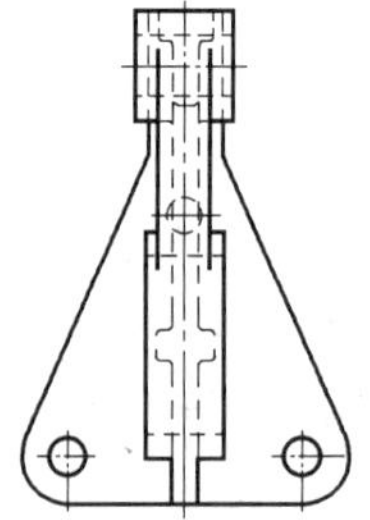

题图 6. 3-3

二、局部放大与简化画法

1. 局部放大图

将机件部分结构用大于原图所采用的比例画出的图形，被称为局部放大图，如图 6-31 所示。当同一机件上有几处需要放大时，可用细实线圈出被放大的部位，用罗马数字依次标

明放大的部位，并在局部放大图的上方标注出相应的罗马数字和所采用的比例。对于同一机件上不同部位，但图形相同或对称时，只需画出一个局部放大图，如图 6-32 所示。

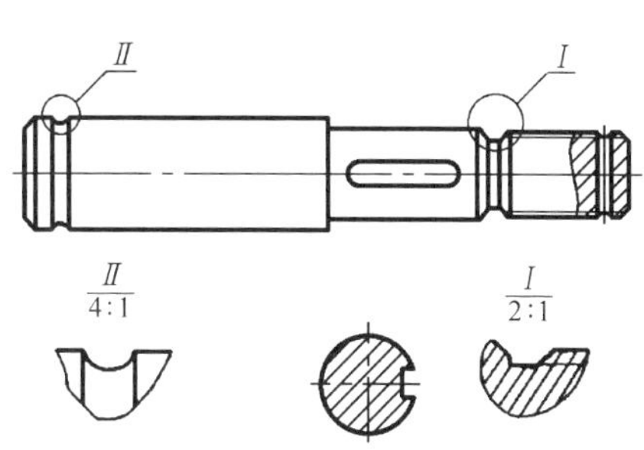

a) 多处局部放大（用罗马数字依次标明部位）

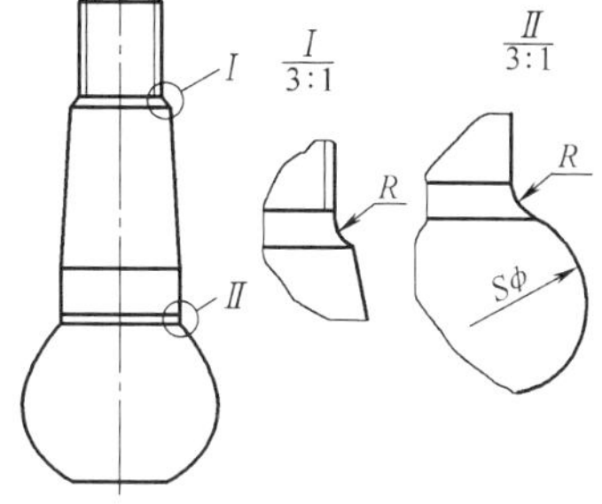

b) 多处局部放大（用罗马数字依次标明部位）

图 6-31　局部放大图(一)

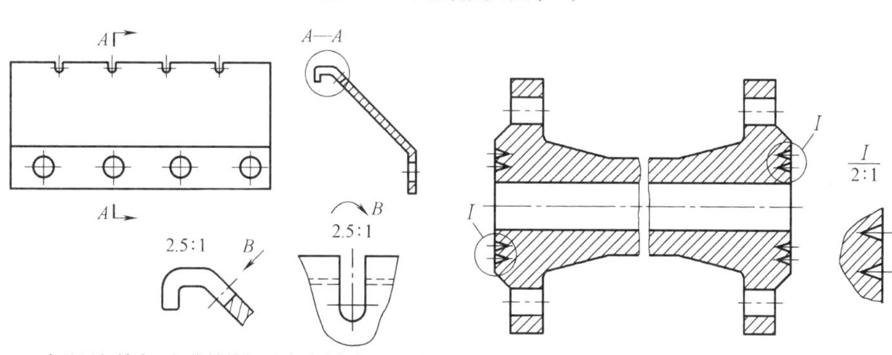

a) 多处局部放大（部位结构相同或对称仅标明一处）　b) 多处部位结构相同的局部放大表达

图 6-32　局部放大图(二)

小贴士

1）局部放大图可以画成视图、剖视图和断面图，与被放大部位的表达方式无关，如图 6-31a 所示。Ⅰ处部位的放大为断面图；Ⅱ处部位的放大为视图；而在图 6-31b 的图形中Ⅰ处、Ⅱ处均为外形视图。图 6-32b 所示的放大图是剖视图。

2）绘制局部放大图时，应在视图上用细实线圈出被放大的部位(螺纹牙形和齿形除外)，将局部放大图配置在被放大部位的附近，如图 6-31b 所示。当同一机件上有几处被放大时，应用罗马数字编号，并在局部放大图上方标注出相应的罗马数字和所采用的比例。

3）同一机件上不同部位的局部放大图，当结构相同或对称时，只需画出一个，如图 6-32a、b 所示。

4）必要时可用同一个局部放大图表达几处相同图形结构，如图 6-32b 所示。

想一想

描述一下题图 6.3-4 所示视图中局部放大图的表达方法。

2. 简化画法

（1）机件上的肋、孔等结构的简化表达　纵向剖切机件上的肋、轮辐及薄壁结构都不

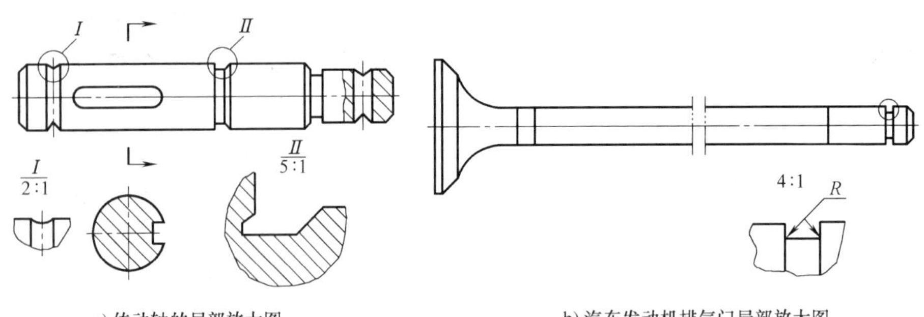

题图 6.3-4

画剖面符号，而用粗实线将它与其邻接的部分分开。当机件回转体上均匀分布的肋、轮辐及孔等结构不处于剖切平面上时，可将其旋转到剖切平面上画出，如图 6-33 所示。

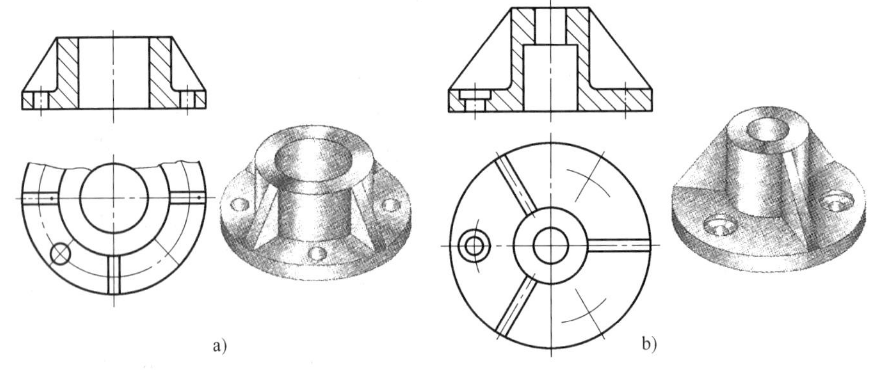

图 6-33　机件上的肋、孔等结构的简化表达

（2）机件上相同结构的简化表达　若机件上有规律分布的重复结构要素（如齿、槽）时，允许只画出其中的一个或几个完整结构，其余的可以用细实线连接或仅画出它们的中心位置，如图 6-34 所示。

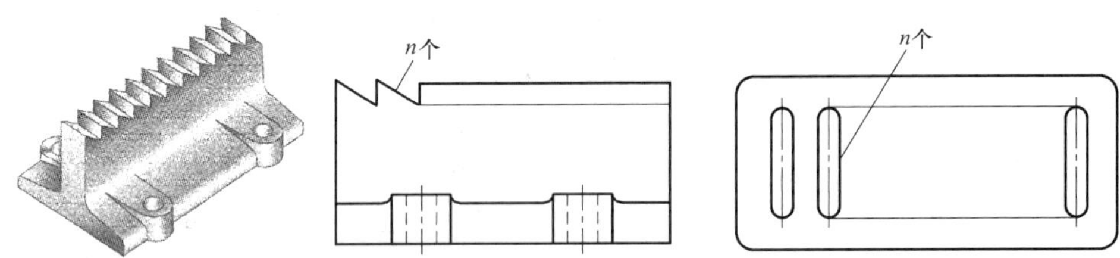

图 6-34　机件上相同结构的简化表达

（3）对称机件的简化表达　在不引起误解时，对称机件的视图可以只画一半或四分之一，并在对称中心线的两端画出两条与其垂直的平行细实线，如图 6-35 所示。

（4）相贯线的简化表达　在不引起误解时，图形中的过渡线、相贯线可以简化。例如用圆弧直线代替非圆曲线，如图 6-36 所示；也可采用模糊画法表示相贯线，如图 6-37 所示。

（5）倾斜投影的简化表达　与投影面倾斜角小于或等于 30°的圆或圆弧，其投影可用圆或圆弧代替真实投影的椭圆，如图 6-38 所示。

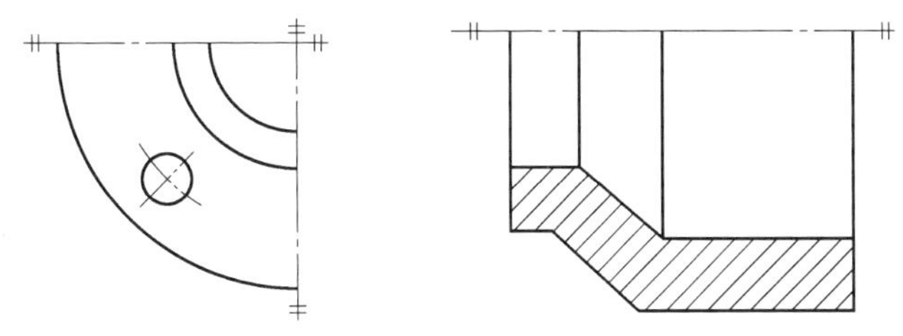

图 6-35　机件上对称结构的简化表达

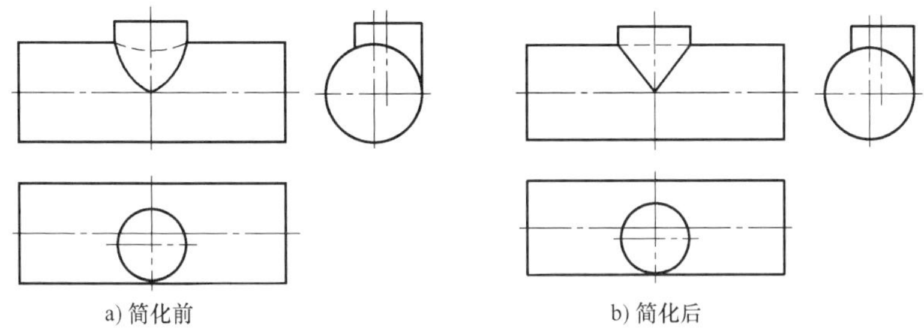

图 6-36　相贯线的简化表达

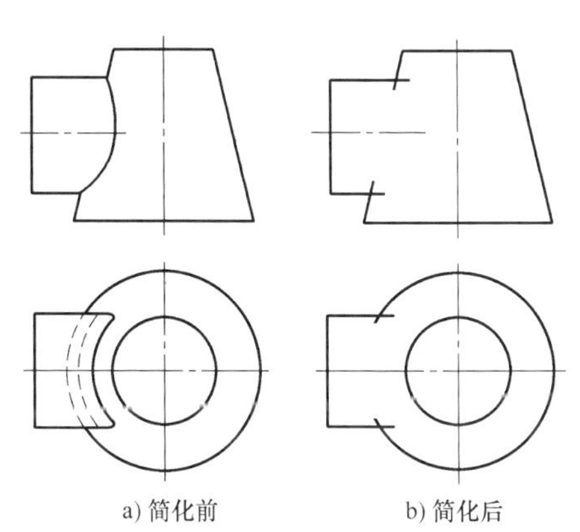

图 6-37　相贯线的模糊表达

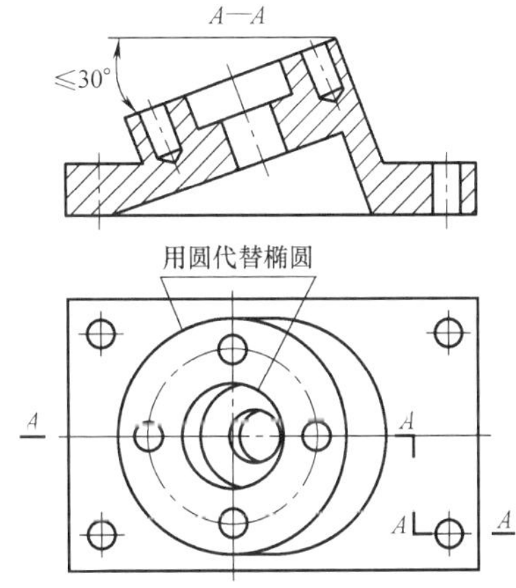

图 6-38　倾斜投影的简化表达

（6）回转件上平面的简化表达　为减少视图数，可用细实线画出对角线表达回转体机件上的平面，如图 6-39 所示。

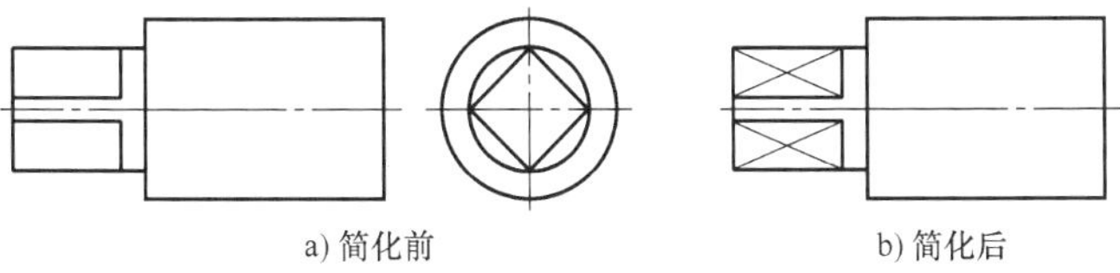

图 6-39　回转体上平面的简化表达

（7）剖面符号的简化表达　在不引起误解的情况下，剖面区域内的剖面线可以省略不画，如图 6-40a 所示；也可以用涂色或点阵代替剖面线，如图 6-40b 所示。

（8）较长机件的折断表达　较长的机件(如轴、杆、型材、连杆等)沿长度方向的形状相同

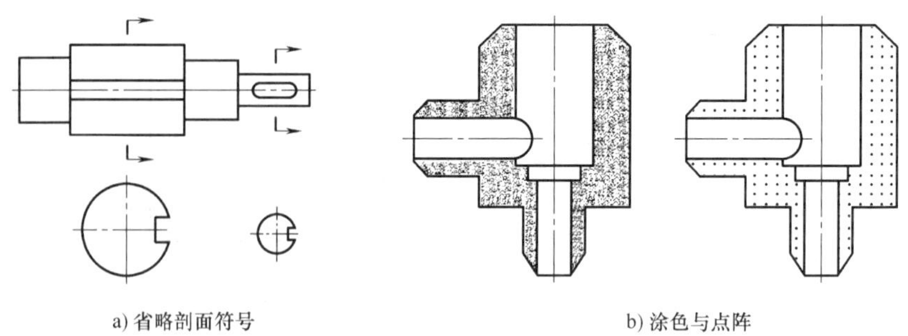

图 6-40　剖面符号的简化表达

或按一定规律变化时，允许采用断开画法表达，标注尺寸时仍按其实际尺寸标注，如图 6-41 所示。

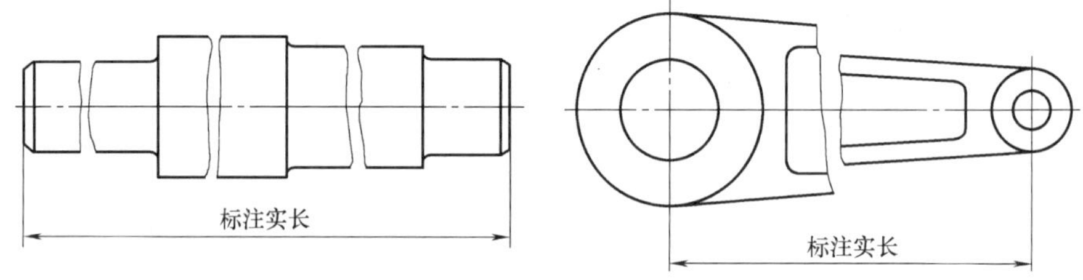

图 6-41　较长零件的折断表达

小贴士

零件上较小的结构，已在某个图形中表达清楚，其他图形就可采用简化画法来表达，如图 6-42 所示。关于简化画法在国家标准中共有 43 条规定，请大家认真学习。书中仅列出常用的几种简化表示法。

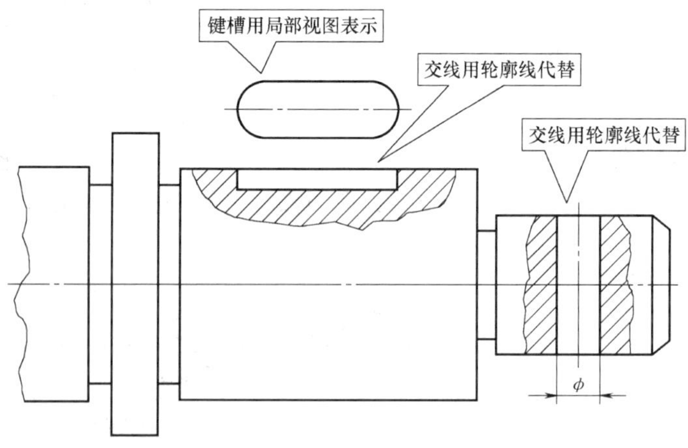

图 6-42　较小结构的简化表达

小试身手

1. 按题图 6.3-5 的要求，完成剖视图。

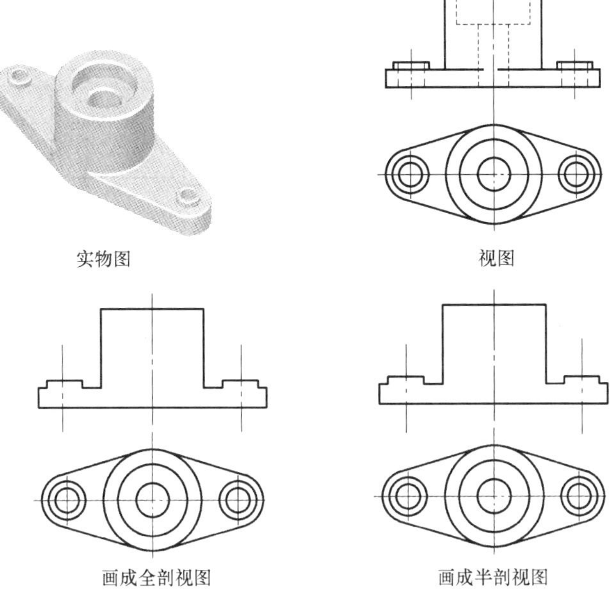

题图 6.3-5

2. 指出题图 6.3-6 中各图形的表达方法。

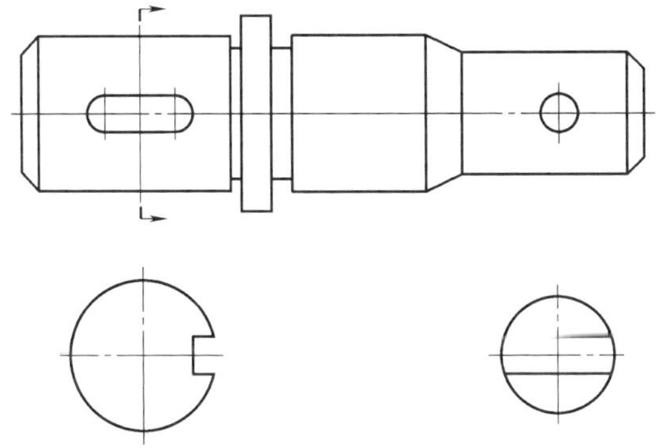

题图 6.3-6

3. 画出题图 6.3-7 中指定位置的断面图。

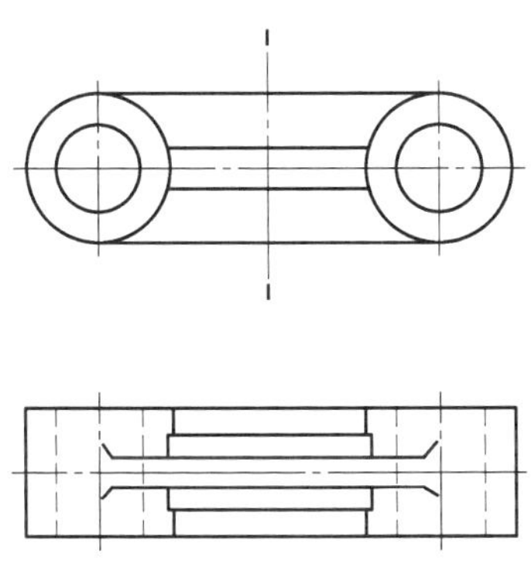

题图 6.3-7

4. 画出题图 6.3-8 中指定位置的断面图。

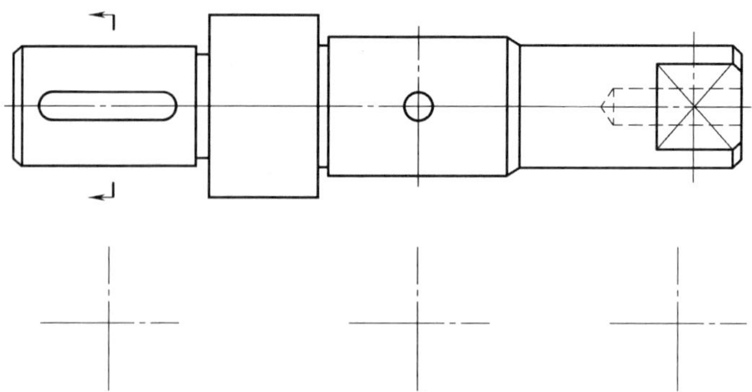

题图 6.3-8

5. 如题图 6.3-9 所示，用简化画法重画全剖主视图和俯视图。

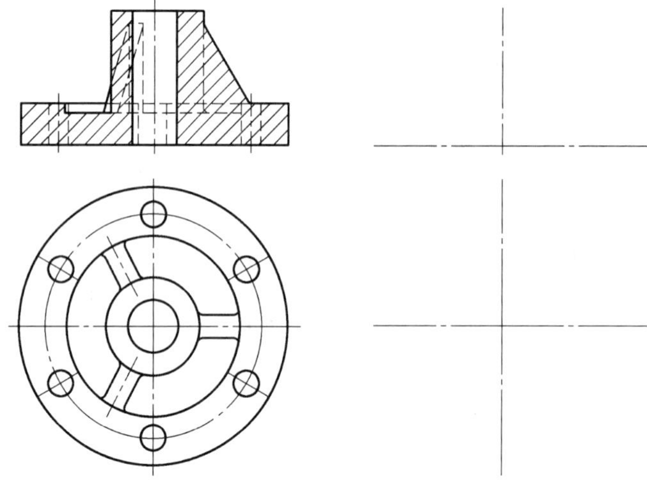

题图 6.3-9

任务四	机械图样的表达形式综合应用	学时：90min
学习目标	1. 理解表达机械图样几种形式的基本概念。 2. 熟悉机械图样表达中国家标准对标注的规定。 3. 会综合应用机械图样的表达形式，会正确、清晰地表达机件。	
知识点	1. 机件外部结构表达——基本视图、向视图、局部视图的概念与配置、标注及应用。 2. 机件内部结构表达——剖视图、半剖视图、局部视图的概念与配置、标注及应用。 3. 机件局部结构表达——断面图、局部放大图、简化视图的概念与配置、标注及应用。	
技能点	1. 会机件各种表达形式的应用和配置。 2. 会进行机件各种表达形式的标注。 3. 正确地应用和完整地配置视图，清晰地表达机件和识读视图。	
机件外部结构的表达形式	机械图样的表达主要是通过视图来进行的。视图主要是表达机件外部形状。其表达形式有：基本视图、向视图、局部视图、斜视图。画法应遵循国家标准 GB/T 17452—1998、GB/T 445. 8—2002 的规定。 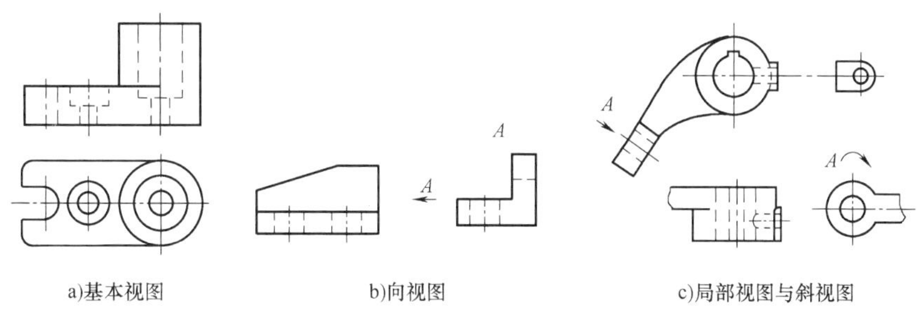 a)基本视图　b)向视图　c)局部视图与斜视图	
机件内部结构表达形式配置与标注	剖视图是用来表达机件内部结构的，其表达形式有：全剖视图、半剖视图、局部剖视图。 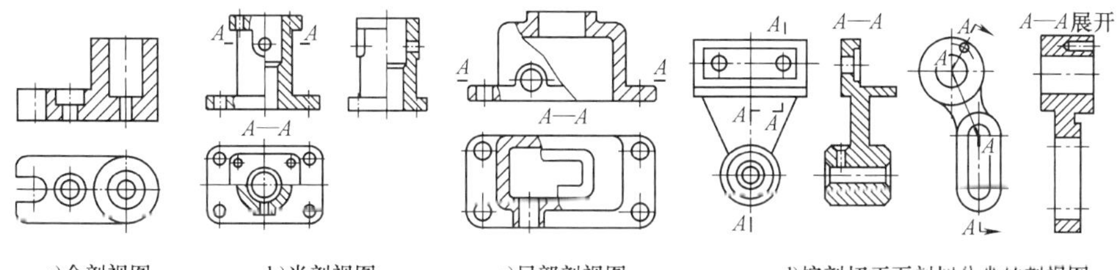 a)全剖视图　b)半剖视图　c)局部剖视图　d)按剖切平面剖切分类的剖视图 剖视图的画法应遵循国家标准 GB/T 17452—1998、GB/T 445. 8—2002 的规定。剖视图的类型有：全剖视图、半剖视图、局部剖视图。剖视图标注方法已经标准化，应符合 GB/T 4458. 6—2002 的规定。其标注内容包括剖切线、剖切符号和字母。	
断面图、局部放大图、简化画法综合应用	断面图、局部放大图、简化画法更进一步扩展了机械图样的表达形式。 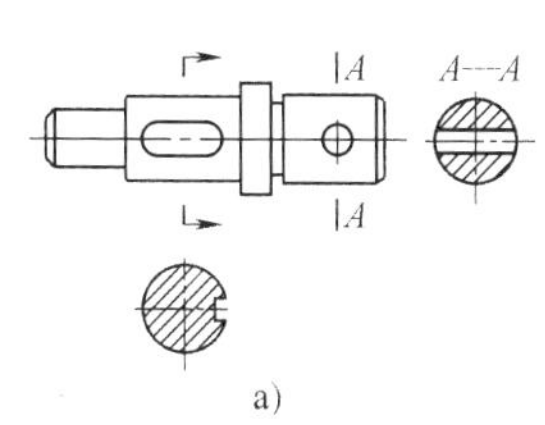 a) 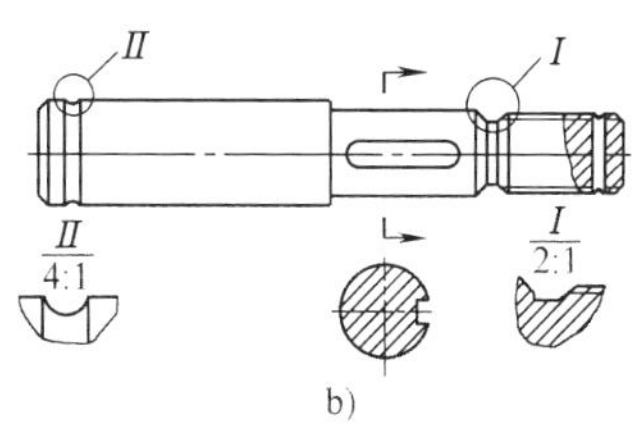 b) 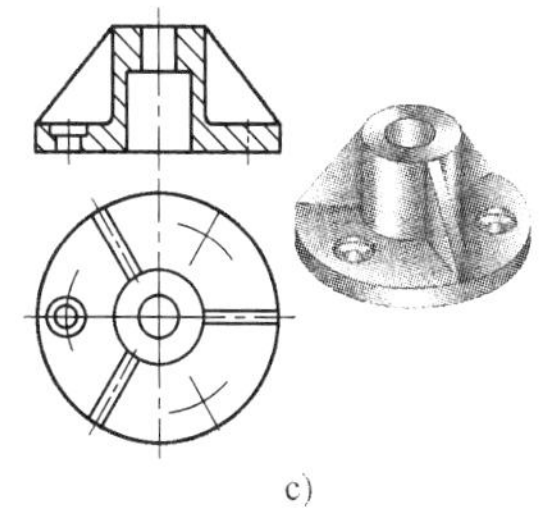 c) 1. 断面图——表达机件断面形状。 2. 局部放大图——表达机件上细小部位形状。 3. 简化画法——国家标准中共有 43 条规定。	

前面介绍了图样的各种表达方法，对于一个具体机械零件究竟要选用哪些视图呢？是剖视图还是断面图，应该根据机械零件的结构、形状特点来决定。在选择表达方案时要注意以下几点：

1）既要使每个视图、剖视图、断面图、局部放大图等都具有明确的表达目的，又要注意它们之间的相互联系，避免重复表达。

2）同一物体可能有多种表达方案，一定要对各种表达方案进行分析比较，选择较好的方案。机械图样中常用的表达方法归纳见表6-2。

表6-2　常用的图样表示法

分　类	视图形式		适用情况	配置及标注
视图：主要用于表达机件的外形轮廓	基本视图		表达机件的外形	各视图按规定位置配置，不标注
	向视图			可自由配置，标注时应在视图的上方标注“×”，在相应视图附近用箭头指明投射方向，并标注相同的字母
	局部视图		表达机件的局部外形	可按基本视图或向视图的配置形式配置并标注
	斜视图		表达机件倾斜部分的外形	按向视图的配置形式配置并标注
剖视图：主要用于表达机件的内部结构形状	按剖切范围分	全剖视图	外形简单、内形复杂的机件	一般应在剖视图的上方标注名称“×—×”，在相应的视图上用剖切符号表示剖切位置和投射方向，并标注相同的字母 当单一剖切平面通过机件的对称平面，按投影关系配置且中间又无其他图形隔开时，可省略标注
		半剖视图	对称或基本对称机件的内形和外形	
		局部剖视图	机件的局部内形	
	按剖切面分	单一剖切面	表达单个内部结构，或内部结构位于同一轴线的机件内形	
		几个平行的剖切平面	表达内部结构排列在几个互相平行平面上的机件	在相应视图上用剖切符号表示剖切位置，在剖切面起讫和转折处注写字母，用箭头指明投射方向，在剖视图上方用相同的字母标出剖视图名称
		几个相交的剖切平面	表达内部结构分布在几个相交平面上的机件	
断面图：主要用于表达机件的断面形状	移出断面图		表达机件的断面形状	一般用大写拉丁字母标注名称“×—×”，在相应的视图上用剖切符号表示剖切位置和投射方向，并标注相同的字母。但配置位置不同，标注的内容也不完全相同
	重合断面图			一般不标注
局部放大图	表达机件局部的细小结构			
简化画法	共43条规定，本书仅涉及常用几条简化画法，大家可参考国标有关规定			

注：“×”表示某个大写的拉丁字母。

例6-1　阀体的表达(图6-43)

1）形体分析。阀体由五个部分组成，即管体、上连接板、下连接板、左连接板和右连接板，整个阀体上下、左右、前后均不对称，如图6-43所示。

2）选择主视图。虽然阀体前后、左右均不对称，但它们有一个公共回转轴线，主视图采用“*A*—*A*”旋转剖，就清楚地表达了阀体内部的结构。

3）选择其他视图。因阀体各个方向均不对称，要表达左、右管道的相对位置采用

“B—B”阶梯剖，俯视图还同时表达了上下连接板的外形和小孔的分布情况。

主视图、俯视图已将阀体各部分的位置关系和连接情况表达清楚了，还有上下连接板、左右连接板的形状不能确定，采用 D 向局部视图来表达上连接板，用 E 向斜视图来表达右连接板；用“C—C”剖视图来表达左连接板。

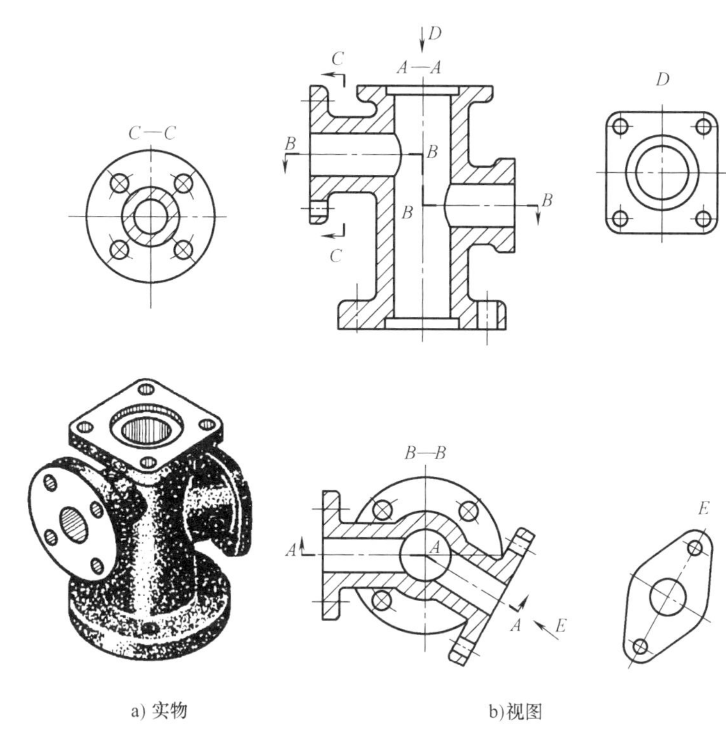

a) 实物　　b)视图

图 6-43　阀体

例 6-2　支架的表达(图 6-44)

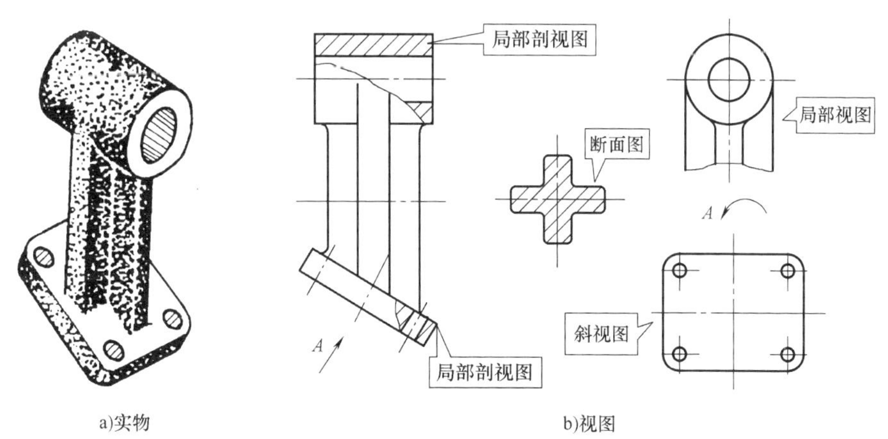

a)实物　　b)视图

图 6-44　支架

1）形体分析。支架由三部分组成，由下至上分别为倾斜底板、十字形肋板、圆柱筒，底板上有四个安装孔，整个支架前后对称。

2）选择主视图。通常选择最能反映机件形状特征的方向作为主视图的投射方向，同时将机件的主要轴线或主要平面平行于基本投影面，因此，应该把支架圆柱筒的轴线水平放置，如图 6-44 所示。为进一步表达圆柱筒的内部结构和底板上安装孔的结构，又保留肋板的外形，主视图采用的是局部剖视图。

3）选择其他视图。由于机件的下部为倾斜的底板，可采用斜视图来表达底板的外部实形；肋板的断面图，用移出断面图来表达；圆柱筒内外结构形状及圆柱筒与肋板之间的连接用主、左视图来表达，但由于倾斜的底板已用斜视图表达清楚了，所以左视图采用局部视图，把倾斜底板的底板部分省略，如图 6-44 所示。

巩固练习

1. 在题图 6. 4-1 中，选用适当的视图来表达机件。

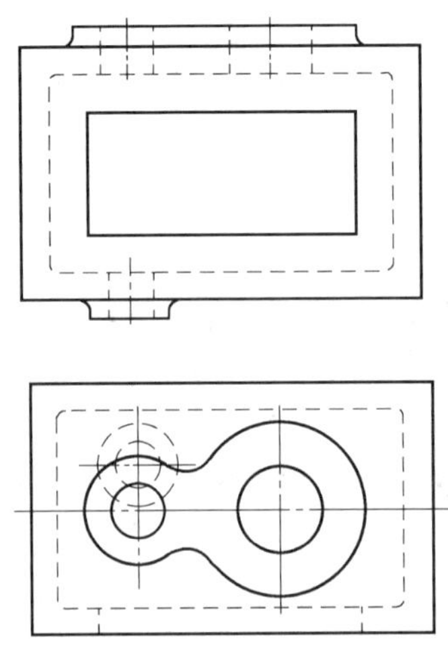

题图 6. 4-1

2. 选用适当的视图来表达题图 6. 4-2 中的机件，并标注尺寸。

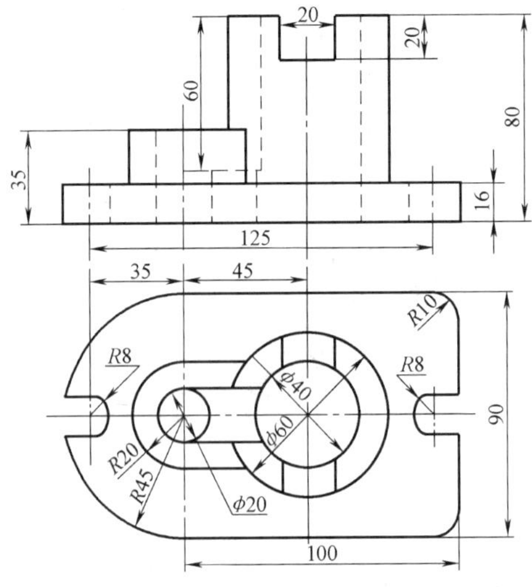

题图 6. 4-2

任务五*	机械图样的表达形式——第三角画法简介	学时：90min
学习目标	1. 了解第三角画法表达机械图样的基本概念。 2. 第三角画法表达机械图样六个基本视图的展开。 3. 第三角画法与第一角画法对机械图样表达形式的对比，会识读第三角画法表达的机件。	
知识点	1. 第三角画法表达机械图样的概念与配置。 2. 第三角画法表达机械图样的应用与第一角画法的对比。 3. 第三角画法表达机械图样相关的国家标准及其标注的规定。	
技能点	1. 第三角画法表达机械图样的应用和配置。 2. 掌握第三角画法表达机械图样画法的标注。 3. 正确地应用和完整地配置视图，清晰地表达机件和识读视图。	
第三角画法	机械图样表达主要是通过视图来进行的。第三角画法是另一种机械图样的表达形式。 a) 八个分角的位置　b) 第三角画法六面视图的展开 用三个互相垂直的投影面将空间分为八个部分，每部分为一分角，依次为Ⅰ～Ⅷ分角。将物体放在第三分角中，假想投影面是透明的，按人（观察者）→面（投影面）→物（机件）的位置关系作正投影，这种方法即第三角画法。	
第一角与第三角位置对比	a) 第一角画法的位置关系　b) 第三角画法的位置关系 第三角画法应遵循国家标准《技术制图 图样 视图》GB/T 17452—1998 的规定。	
第三角与第一角六面视图对比	a) 第三角画法的六面视图　b) 第一角画法的六面视图	

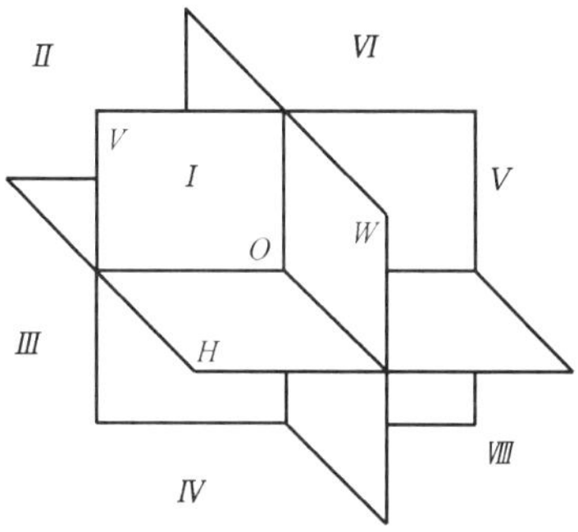

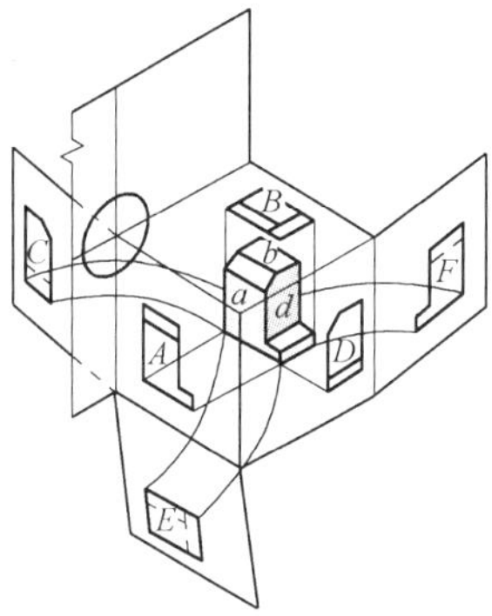

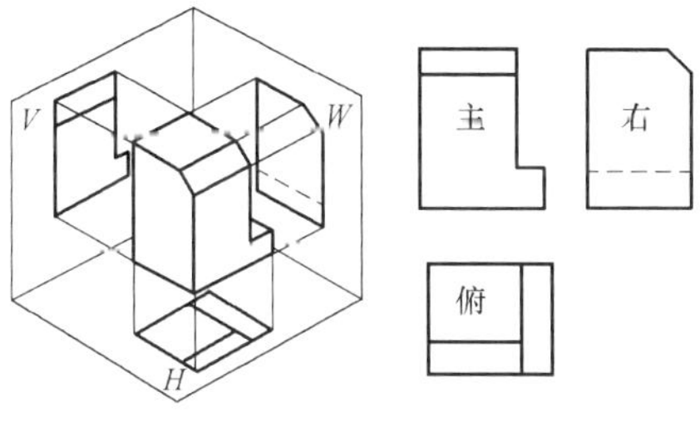

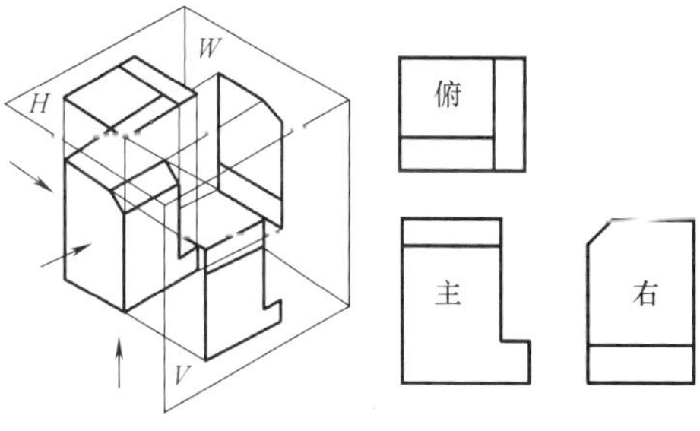

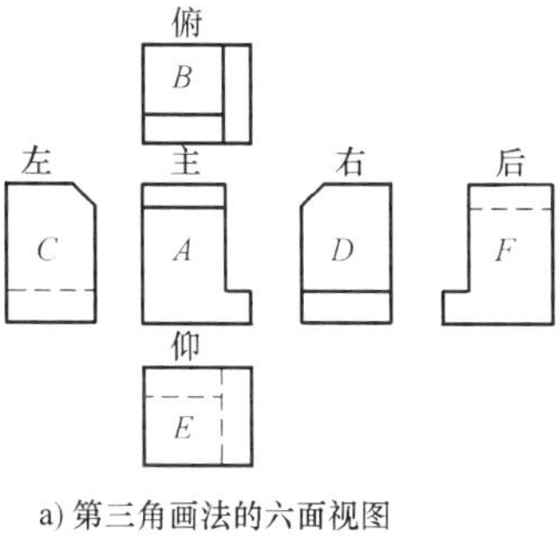

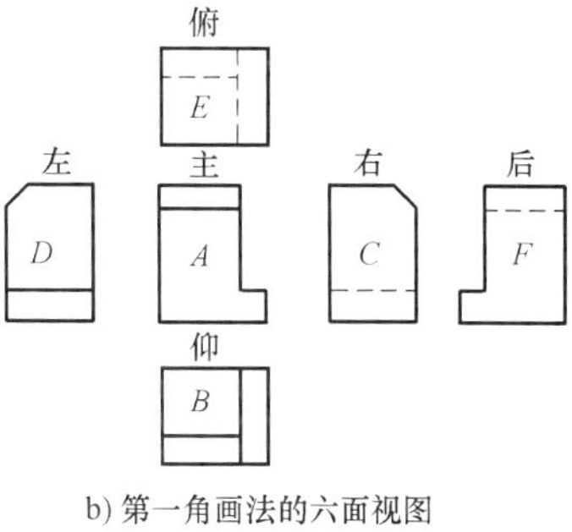

《技术制图 投影法》GB/T 17451—1998 中规定，技术图样应采用正投影法绘制，应优先采用第一角画法。世界上多数国家(如中国、英国、法国、俄罗斯、德国等)采用第一角画法；但是也有些国家(如美国、日本、加拿大、澳大利亚等)采用第三角画法。为了便于国际间的技术交流和协作，我国于 1993 年在国家标准 GB/T 4692 中规定，必要时(如合同规定等)允许使用第三角画法。所以我们对第三角画法要有所了解。

图 6-45 所示，为三个互相垂直相交的投影面，将空间分为八个部分，每一部分为一分角，依次为Ⅰ、Ⅱ、Ⅲ……Ⅶ、Ⅷ分角。

第一角画法是物体放在第一分角内(*H* 面之上、*V* 面之前、*W* 面之左)，使物体处于观察者与投影面之间，即保持视线→物体→投影面的位置关系，然后用正投影法获得视图，如图 6-46a 所示。

第三角画法是将物体放在第三分角内(*H* 面之下、*V* 面之后、*W* 面之左)，使物体处于视线→投影面→物体的位置关系(假想投影面是透明的)。然后用正投影法获得视图，如图 6-46b 所示。

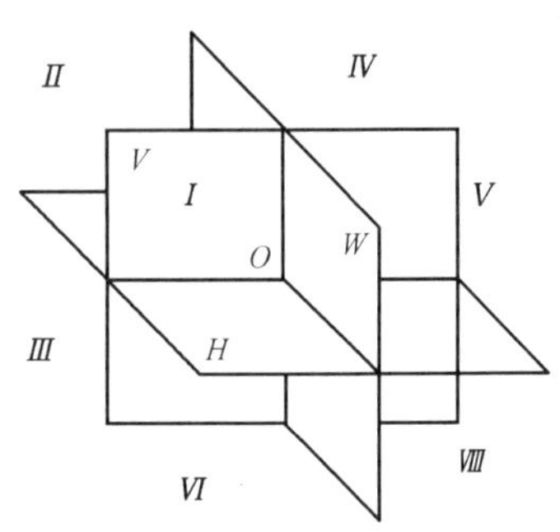

图 6-45 八个分角的位置

第三角画法中，在 *V* 面上形成自前方投射所得到的主视图；在 *H* 面上形成自上方投射所得到的俯视图；在 *W* 面上形成自右方投射所得到的右视图。如图 6-46b 所示，*V* 面不动，将 *H*、*W* 面分别绕 *X*、*Z* 轴向

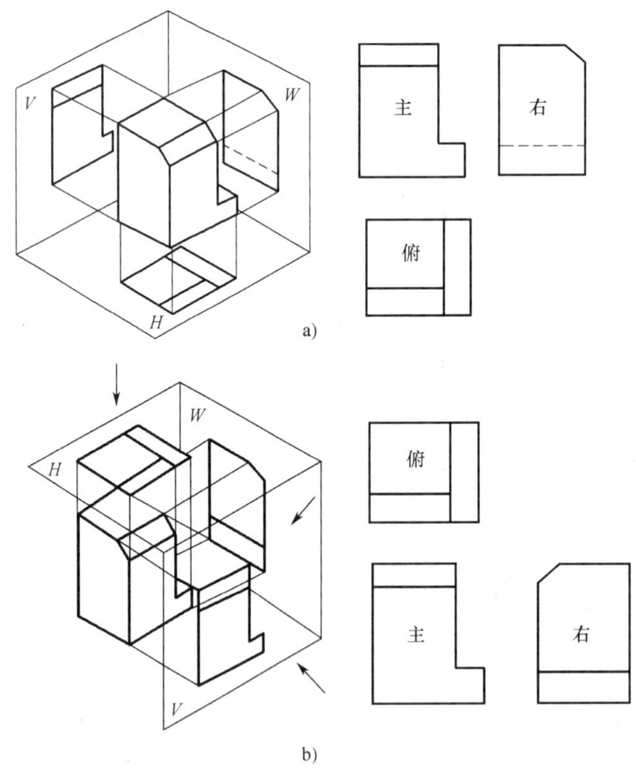

图 6-46 第一角与第三角的位置关系对比

上、向右旋转 90°，得到物体的三视图。与第一角画法一样，主视图、俯视图、右视图也保持“长对正、高平齐、宽相等”的投影关系。

第三角画法与第一角画法一样，有六个基本视图。将物体向正六面体的六个平面（基本投影面）进行投射，然后按图 6-47 所示方法展开，即得到六个基本视图。它们的相应配置如图 6-46a 所示。

第三角与第一角画法在各自的投影面体系中，由于观察者、物体、投影面三者之间的相对位置不同，决定了它们的六个基本视图的配置关系不同。从图 6-48 所示的两种配置的对比中可以清楚地看出，它们对应关系的不同之处：

第三角画法的俯、仰视图与第一角画法的俯、仰视图对换。

第三角画法的左、右视图与第一角画法的左、右视图对换。

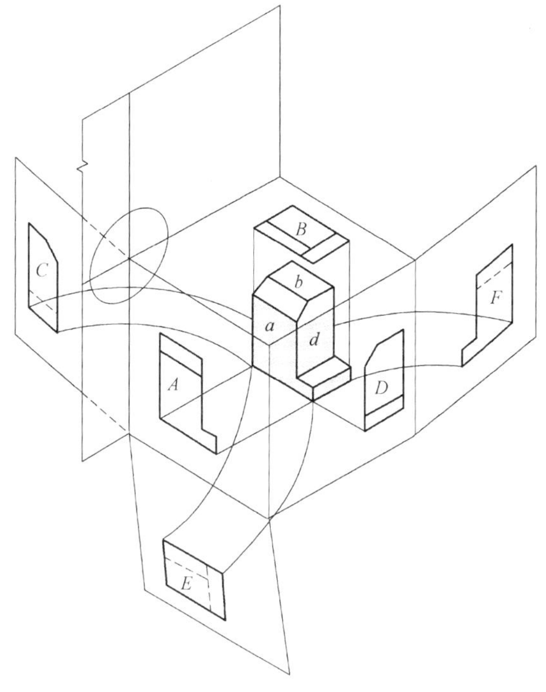

图 6-47　第三角画法六面基本视图的展开

第三角画法的主、后视图与第一角画法的主、后视图一致。

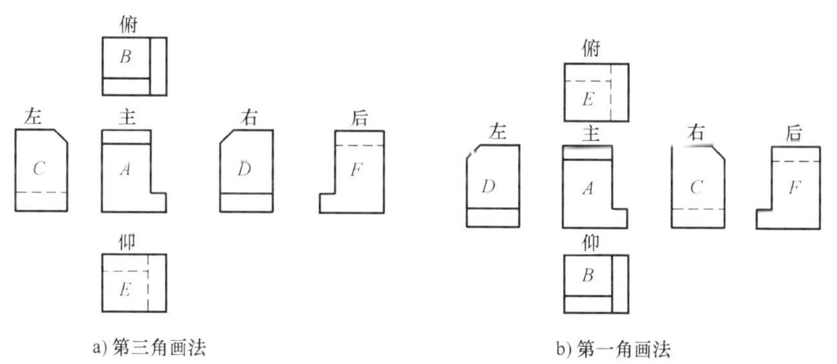

图 6-48　第三角画法与第一角画法的六面视图对比

采用第三角画法时，必须在图样中画出第三角投影的识别符号。图 6-49 所示为第一角和第三角画法的识别符号。

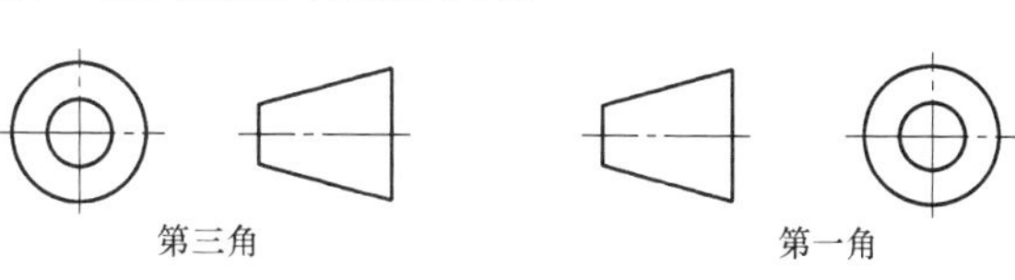

图 6-49　识别标识

图 6-50 所示的是机件的第一角和第三角画法对比。在识读图时，重要的是要搞清楚该机件是采用第三角画法还是第一角法，才能确切知道机件圆盘上的小孔是在后方还是前方。

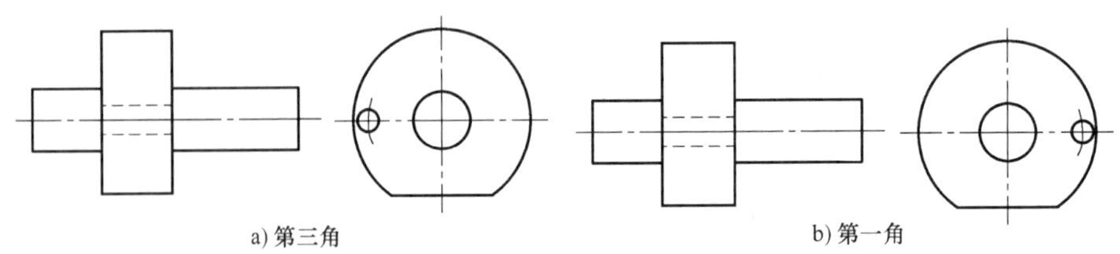

图 6-50 机件的第三角与第一角画法对比

想一想

1. 在题图 6. 5-1 中，用第三角画法绘制机件的六面基本视图。

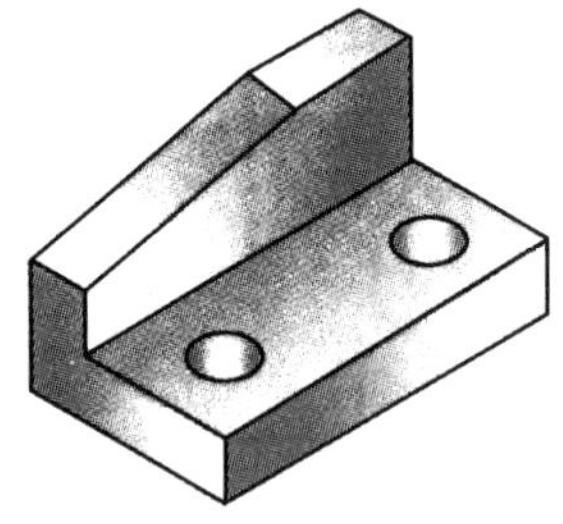

题图 6. 5-1

2. 用第三角画法补画题图 6. 5-2a 的右视图和 b 的俯视图。

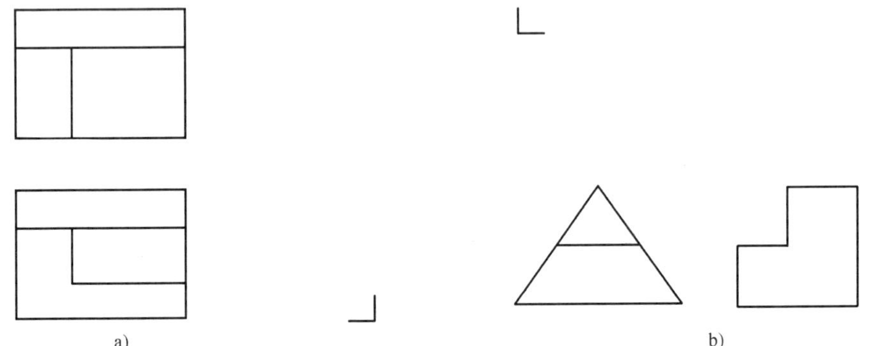

题图 6. 5-2

学习活动情境六任务测评表

班级		姓名		日期		自评	互评	备注
1. 你知道机械制图国家制图标准中常见的表达方法有哪些吗？								
2. 机械零件六个基本视图是如何形成的呢？								
3. 你知道局部视图与斜视图有什么异同吗？								
4. 机械零件内部结构的表达方法主要有哪几种？								
5. 你学会了机械零件断面图的表达方法了吗？								
6. 你学会了哪些机械零件的表达方法？你会应用这些识读机械零件图吗？								
个人小结：								
总体评价						教师签字		

学习活动情境七：机械零件标准结构的表达及识读

任务一	机械零件标准结构的表达——螺纹结构	学时：90min
学习目标	1. 理解机械零件标准结构的基本概念。 2. 理解螺纹结构的概念、种类及其标注规定。 3. 会用螺纹相关的国家标准及其规定识读各类螺纹。	
知识点	1. 机械零件标准结构的概念与国家标准的相关规定。 2. 螺纹的类型与标识。 3. 有关螺纹的国家标准及其规定。	
技能点	1. 会应用国家标准及其规定识读各类螺纹。 2. 会在视图中标注螺纹的类型、规格等。 3. 会正确地应用和完整清晰地表达机件中螺纹和识图。	
螺纹结构的形成与其基本要素	（1）螺纹的形成—在圆柱表面上沿着螺旋线所形成的具有规定牙型的连续凸起和沟槽。分外螺纹和内螺纹。见图 7-1。 （2）螺纹基本要素—牙型、直径（大径、中径、小径）、线数 n、螺距（P）与导程（$P h$）、旋向等。螺纹的牙型如图 7-2a 所示；外螺纹和内螺纹的直径（大径、中径、小径）如图 7-2b、c 所示。 螺纹的线数 n、螺距（P）与导程（Ph）如图 7-3 所示。 螺纹的旋向分左旋螺纹和右旋螺纹两种，如图 7-4 所示。 （3）螺纹的种类—按用途分，有紧固螺纹、传动螺纹、管用螺纹、专用螺纹等。	
螺纹结构表达	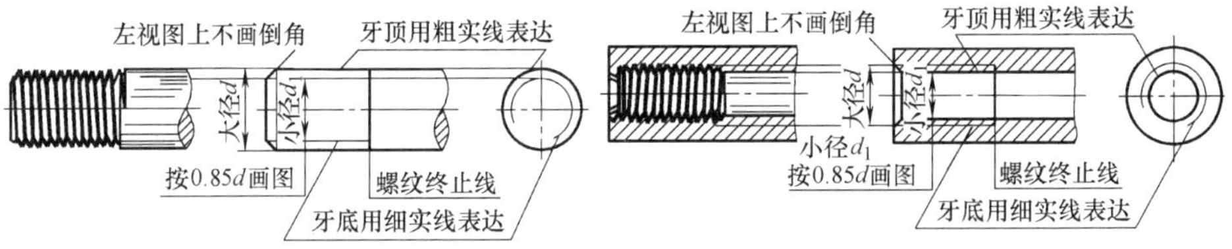 左视图上不画倒角　牙顶用粗实线表达　大径d　小径d　按0.85d画图　螺纹终止线　牙底用细实线表达 a) 外螺纹的表达形式 左视图上不画倒角　牙顶用粗实线表达　大径d　小径d_1　小径d_1　按0.85d画图　螺纹终止线　牙底用细实线表达 b) 内螺纹的表达形式	
螺纹标准件标注规定	1. 普通螺纹、梯形螺纹、锯齿形螺纹的螺纹标记。 [特征代号] [公称直径] × [导程（P 螺距）] [旋向]—[公差带代号]—[旋合长度代号] 2. 管螺纹的螺纹标记。 [特征代号] [尺寸代号] [公差等级代号]—[旋向]	

机械零件标准结构的概念：

机械零件是构成具有一定功能的机器的基本实体，是机器中最小基本单元。而机械零件上的一些功能结构和工艺结构以及一些特殊结构难以直接用投影法表达出真实的结构形状，在实际的生产实践中又完全没有必要这样做。国家标准为这些结构规定了他们的表达方法——规定了画法和标注方法。我们把这些机械零件上的具有功能性、工艺性、难以真实表达的特殊性结构称为机械零件标准结构。机械零件标准结构的表达形式主要分为功能结构、工艺结构及其他特殊结构。

机械零件标准结构主要有螺纹、齿轮、键、销、弹簧和传动件(滚动轴承等)。我们先介绍螺纹结构，如图 7-1 所示。

一、螺纹的基本知识

螺纹连接在日常生活中随处可见，螺纹连接在汽车上的应用也是非常广泛的，我们对螺纹的形成和螺纹连接特点的了解，对于我们进一步了解螺纹连接装置在汽车上的作用是非常重要的。

那么什么叫螺纹，螺纹又是如何形成的呢？

螺纹是在圆柱或圆锥表面上，沿着螺旋线所形成的具有规定牙型的连续凸起。在圆柱或圆锥外表面上形成的螺纹称为外螺纹(图 7-1a)，在内表面上形成的螺纹称为内螺纹(图 7-1b)。

形成螺纹的加工方法很多，图 7-1a 所示为在车床上车削外螺纹。内螺纹也可以在车床上加工，如图 7-1b 所示。若加工直径较小的螺孔，可如图 7-1c 所示，先用钻头钻孔(由于钻头顶角约为 120°，所以钻孔的底部应画成 120°)，再用丝锥攻丝加工内螺纹。

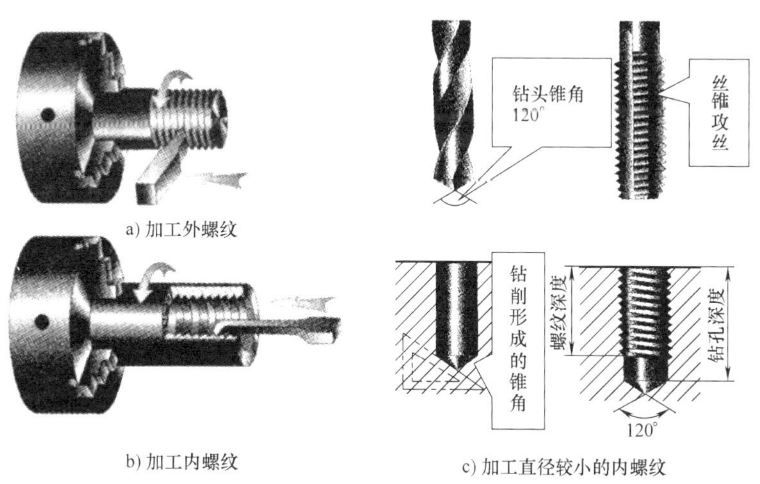

a) 加工外螺纹
b) 加工内螺纹
c) 加工直径较小的内螺纹

图 7-1　螺纹结构的形成

1. 螺纹要素

内、外螺纹总是成对使用的，只有当内、外螺纹的牙型、公称直径、螺距、线数和旋向五个要素完全一致时，才能正常地旋合。

(1) 牙型　通过螺纹轴线断面上的螺纹轮廓形状称为螺纹牙型。常见的螺纹牙型有三角形、梯形、锯齿形和矩形。其中，矩形螺纹尚未标准化，其余牙型的螺纹均为标准螺纹。

(2) 直径　螺纹的直径有大径、小径和中径(图 7-2)。

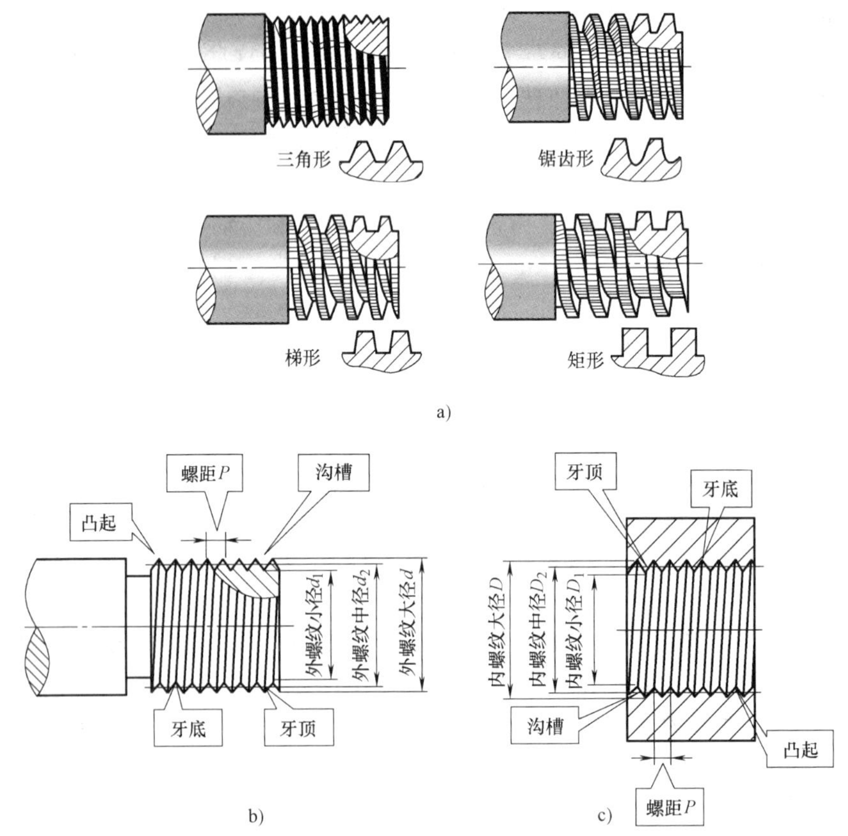

图 7-2　螺纹结构要素

大径是指与外螺纹牙顶或内螺纹牙底相切的假想圆柱或圆锥的直径(即螺纹的最大直径),内、外螺纹的大径分别用 D 和 d 表示,是螺纹的公称直径。

提示

代表螺纹尺寸的直径称为螺纹的公称直径。普通螺纹的公称直径是指螺纹的大径。对于管螺纹,则是尺寸代号,作图表达时所需的螺纹直径必须根据尺寸代号查阅相关标准获得,管螺纹的标记在图样上必须采用引出标注法标注。

小径是指与外螺纹牙底或内螺纹牙顶相切的假想圆柱或圆锥的直径。内、外螺纹的小径分别用 D_1 和 d_1 表示。

中径是指母线通过牙型上沟槽和凸起宽度相等处的假想圆柱或圆锥的直径。内外螺纹的中径分别用 D_2、d_2 表示。

(3) 线数　螺纹有单线和多线之分。沿一条螺旋线形成的螺纹为单线螺纹;沿两条或两条以上螺旋线形成的螺纹为双线或多线螺纹,如图 7-3 所示。

(4) 螺距和导程　螺纹上相邻两牙在中径线上对应两点间的轴向距离称为螺距(P);沿同一条螺旋线形成的螺纹,相邻两牙在中径线上对应两点间的轴向距离称为导程(Ph)，如图 7-3 所示。对于单线螺纹，导程 = 螺距；对于线数为 n 的多线螺纹，导程 = $n\times$ 螺距。

（5）旋向　螺纹有右旋和左旋两种，判别方法如图 7-4 所示。工程上常用右旋螺纹。

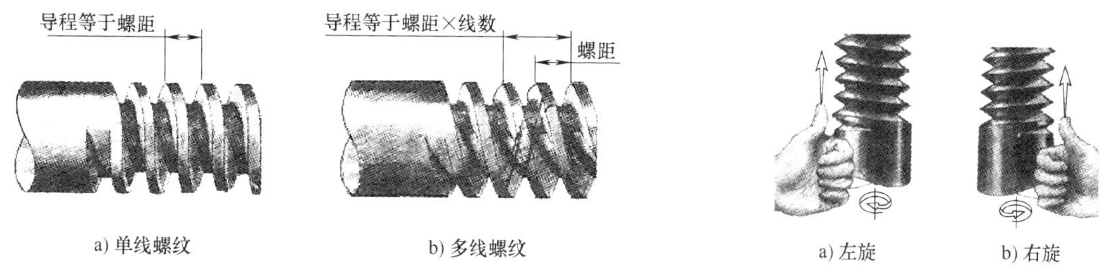

a) 单线螺纹　b) 多线螺纹　a) 左旋　b) 右旋

图 7-3　螺纹的线数、导程和螺距

图 7-4　螺纹的旋向

2. 螺纹分类

螺纹按用途可分为四类。

（1）紧固用螺纹　简称紧固螺纹，用来连接零件的连接螺纹，如应用最广的普通螺纹。

（2）传动用螺纹　简称传动螺纹，用来传递动力和运动的传动螺纹，如梯形螺纹、锯齿形螺纹和矩形螺纹等。

（3）管用螺纹　简称管螺纹，如 55°非常密封管螺纹、55°密封管螺纹、60°密封管螺纹等。

（4）专门用途螺纹　简称专用螺纹，如自攻螺钉用螺纹、气瓶专用螺纹等。

二、螺纹表达的规定

1. 外螺纹画法

如图 7-5a 所示，螺纹的牙顶(大径)和螺纹终止线用粗实线表示；牙(小径)用细实线表示。通常，小径按大径的 0.85 倍画出，即 $d_1\approx0.85d$。在平行于螺纹轴线的视图中，表示牙

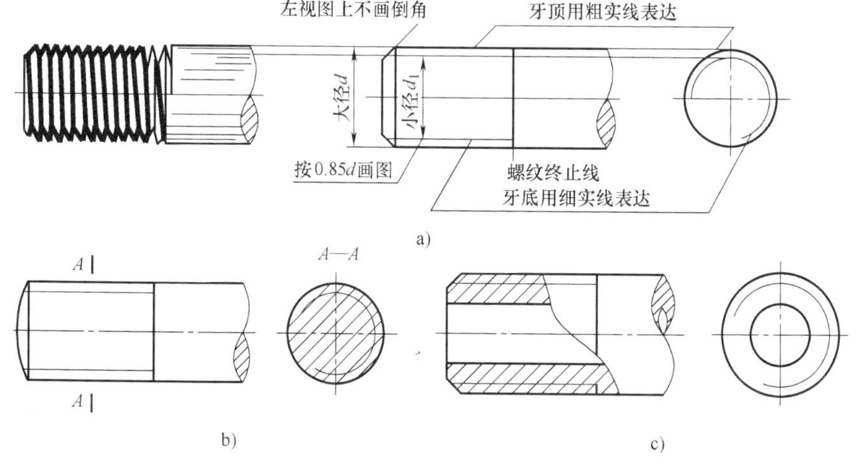

图 7-5　外螺纹画法

底的细实线应画入倒角或倒圆部分。在垂直于螺纹轴线的视图中，表示牙底的细实线只画约3/4圈，此时螺纹的倒角按规定省略不画。在螺纹的剖视图（或断面图）中，剖面线应画到粗实线，如图7-5b、c所示。

2. 内螺纹画法

在视图中，内螺纹若不可见，所有图线均用虚线绘制。剖开表示时，如图7-6a，螺纹的牙顶（小径）及螺纹终止线用粗实线表示；牙底（大径）用细实线表示，剖面线画到粗实线处。在投影为圆的视图中，表示牙底的细实线圆只画约3/4圈，倒角圆省略不画。

对于不穿通的螺孔（俗称盲孔），应分别画出钻孔深度 H 和螺纹深度 L（图7-1c），钻孔深度比螺纹深度深0.2～0.5D（D 为螺孔大径）。

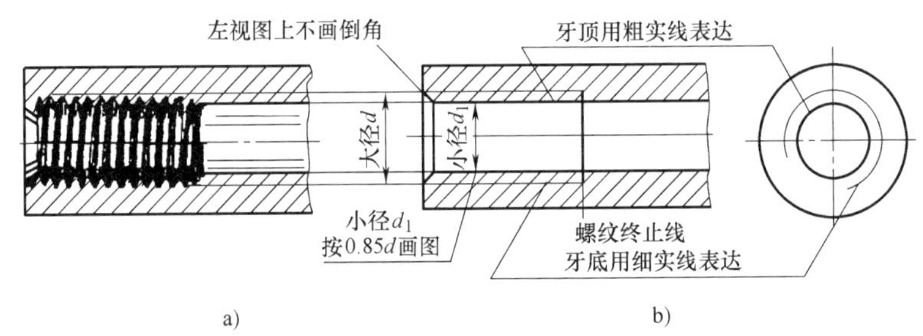

图7-6 内螺纹的表达画法

3. 螺纹连接的画法

如图7-7所示，内、外螺纹旋合（连接）后，旋合部分按外螺纹画，其余部分仍按各自的画法表示。必须注意表示大、小径的粗实线和细实线应分别对齐。

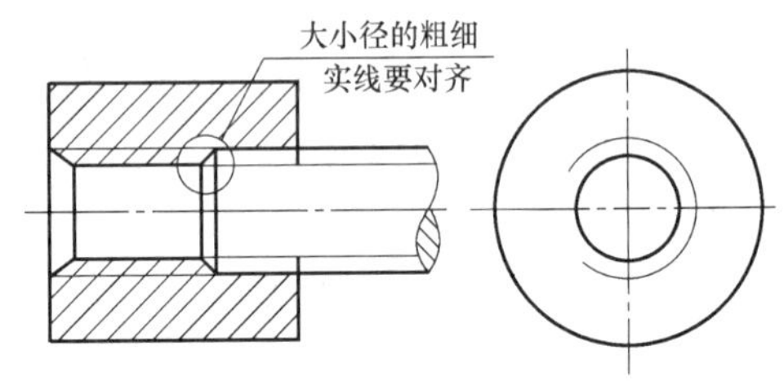

图7-7 螺纹连接的表达

三、螺纹的标注

螺纹按规定画法简化画出后，在图上不能反映它的牙型、螺距、线数和旋向等结构要素，因此，必须按规定的标记在图样中进行标注。

1. 常见标准螺纹和螺纹代号

1）普通螺纹、梯形螺纹和锯齿形螺纹的螺纹标记的构成为

特征代号 公称直径 × 导程（P螺距） 旋向 — 公差带代号[①] — 旋合长度代号

① 关于公差带的概念将在后面的学习活动情境中叙述。

2）管螺纹的螺纹标记的构成为

特征代号 尺寸代号 公差等级代号 — 旋向

例如：

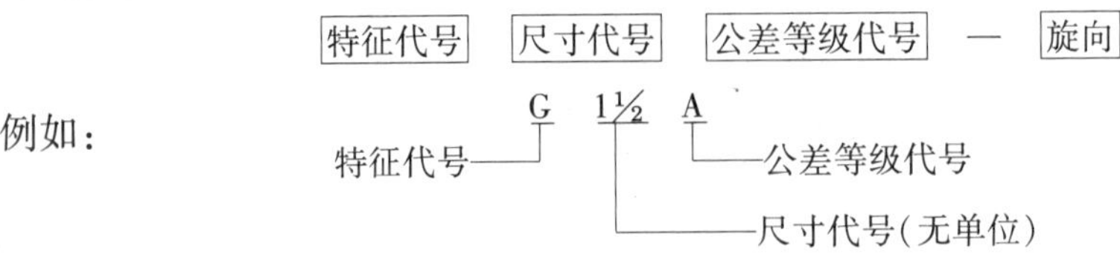

小贴士

1）普通螺纹特征代号：M。螺距：有粗牙和细牙两种，粗牙不标注，细牙必须标注。其标记应符合国家标准 GB/T 193—2003、GB/T 196—2003。

2）螺纹导程：单线螺纹不标注，多线螺纹必须标注导程和线数。左旋螺纹要注写 LH，右旋螺纹不注。

3）螺纹公差带代号：中、顶径公差带代号由表示公差等级的数字和表示公差带位置的字母组成，内螺纹大写、外螺纹小写；中径在前、顶径在后；中、顶径公差带代号相同时，只标注一个公差代号。

4）有配合关系的内外螺纹用分数表示，分子为内螺纹，分母为外螺纹。

5）旋合长度分为短旋合(S)、中旋合(N)、长旋合(L)三种。其中旋合 N 可以省略，也可直接写出长度值。

6）密封管螺纹的特征代号：Rc 表示圆锥内螺纹；Rp 表示圆柱内螺纹；R 表示圆锥外螺纹。其标记应符合国家标准 GB/T 7306.1～7306.2—2000。非密封管螺纹的特征代号：G。其标记由螺纹特征代号、尺寸代号、公差等级和其有必要说明的其他信息组成。其标记应符合国家标准 GB/T 7307—2001。

7）传动螺纹主要是指梯形螺纹和锯齿形螺纹两种。梯形螺纹的特征代号：T。锯齿形螺纹代号：S。其标记与普通螺纹相似。

提示

螺栓、螺柱、螺母、垫圈应按图 7-8 所示比例表达。D 表示螺栓或螺柱外螺纹的大径，d 表示螺母内螺纹的大径。

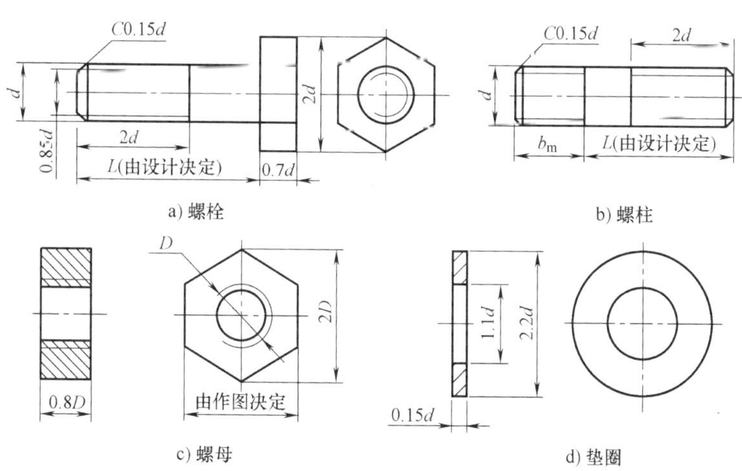

图 7-8　螺栓、螺柱、螺母、垫圈的按比例表达

2. 常用螺纹的标注示例

常用螺纹标注见表 7-1。

表 7-1　常用螺纹的标注示例

螺纹类别		特征代号		标注示例	说明
连接螺纹	普通螺纹	M	粗牙	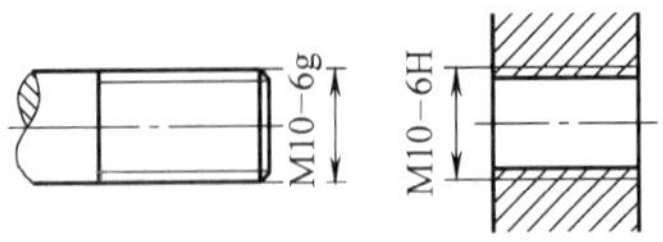 M10−6g　M10−6H	粗牙普通螺纹，公称直径 10，螺距 1.5(查表获得)，右旋；外螺纹中径和顶径公差带代号都是 6g；内螺纹中径和顶径公差带代号都是 6H；中等旋合长度
			细牙	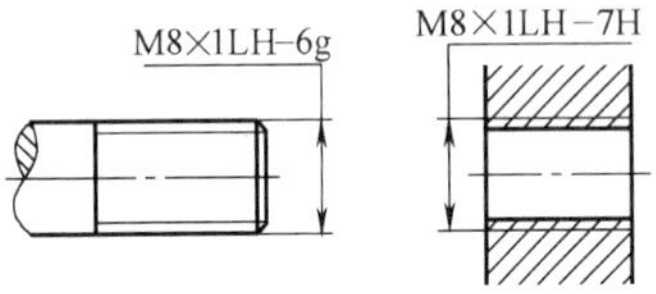 M8×1LH−6g　M8×1LH−7H	细牙普通螺纹，公称直径 8，螺距 1，左旋；外螺纹中径和顶径公差带代号都是 6g；内螺纹中径和顶径公差带代号都是 7H；中等旋合长度
	管螺纹	G	55°非密封管螺纹	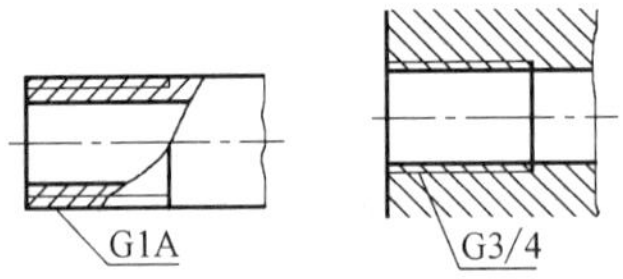 G1A　G3/4	55°非密封管螺纹，外管螺纹的尺寸代号为 1，公差等级为 A 级；内管螺纹的尺寸代号为 3/4。内螺纹公差等级只有一种，省略不标注
		R_C R_P R_1 R_2	55°密封管螺纹	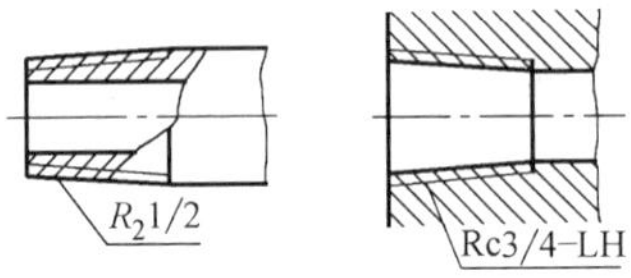 $R_2$1/2　Rc3/4−LH	55°密封管螺纹，特征代号 R_2 为圆锥外螺纹，尺寸代号为 1/2，右旋，与圆锥内螺纹配合；圆锥内螺纹的尺寸代号为 3/4，左旋；公差等级只有一种，省略不标注。R_P 是圆柱内螺纹的特征代号，与其配合的圆锥外螺纹的特性代号为 R_1
传动螺纹	梯形螺纹	Tr		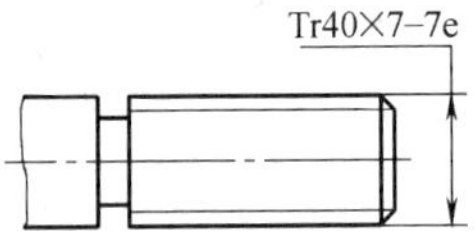 Tr40×7−7e	梯形外螺纹，公称直径 40，单线，螺距 7，右旋，中径公差带代号 7e；中等旋合长度
	锯齿形螺纹	B		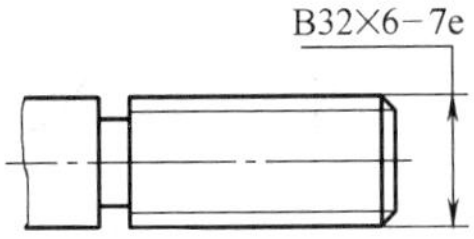 B32×6−7e	锯齿形外螺纹，公称直径 32，单线，螺距 6，右旋；中径公差带代号 7e；中等旋合长度

3. 常用螺纹紧固件的标注示例

常见螺纹紧固件标注见表 7-2。

表 7-2　常用螺纹紧固件的标注示例

名称及视图	规定标记示例	名称及视图	规定标记示例
开槽盘头螺钉 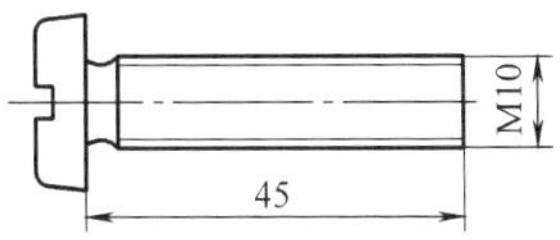 M10 45	螺钉 GB/T 67—2000 M10×45	双头螺柱（$b_m=1.25d$） 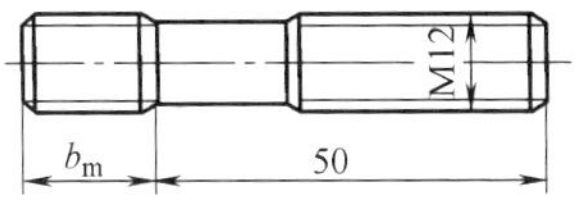 M12 b_m 50	螺柱 GB/T 898—2000 M12×50
开槽沉头螺钉 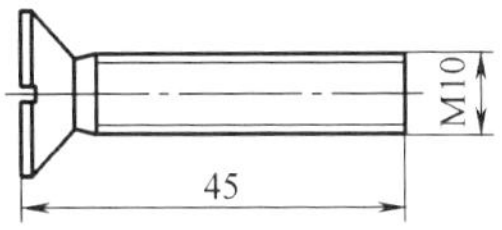 M10 45	螺钉 GB/T 68—2000 M10×45	Ⅰ型六角开槽螺母 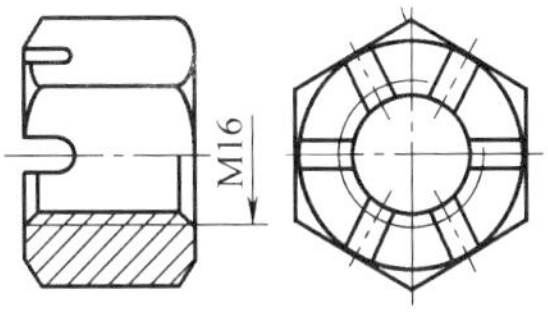 M16	螺母 GB/T 6178—2000 M16
开槽锥端紧定螺钉 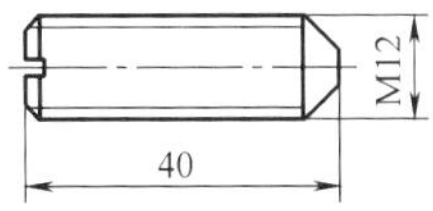 M12 40	螺钉 GB/T 71—2000 M12×40	平垫圈 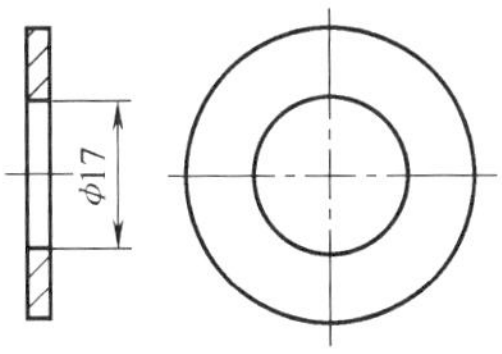 $\phi17$	垫圈 GB/T 97.1—2002 16—140HV
六角头螺栓 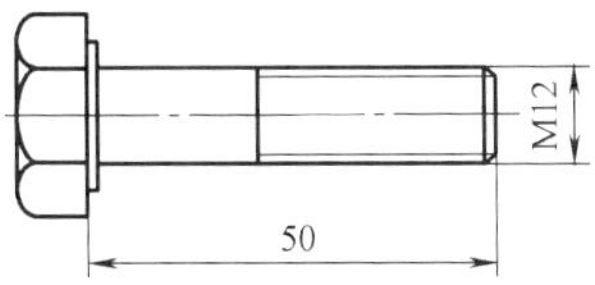 M12 50	螺栓 GB/T 5782—2000 M12×50	弹簧垫圈 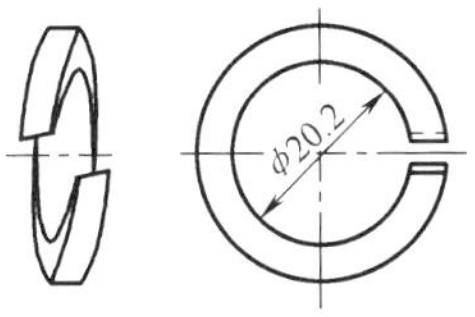 $\phi20.2$	垫圈 GB/T 93—2000 20

4. 常用螺纹紧固件的连接表达

（1）螺栓连接

1）螺栓连接的表达。螺栓适用于连接两个不太厚的并能钻成通孔的零件。连接时将螺栓穿过被连接两零件的光孔（孔径比螺栓大径略大，一般可按 $1.1d$ 画出），套上垫圈，然后用螺母紧固，见图 7-9a。螺栓连接的装配图画法如图 7-9b 所示。

2）螺栓连接装配图的表达应注意以下五点。

① 螺栓的公称长度 l 按下式计算：

$$l\geq\delta_1+\delta_2+0.15d(\text{垫圈厚})+0.8d(\text{螺母厚})+0.3d(\text{螺栓顶端露出的高度})$$

按上式计算出的长度，查螺栓标准 GB/T 5782—2000，选取略大于计算值的公称长度 l。

② 在剖视图中，当剖切平面通过螺栓轴线时，螺栓、螺母、垫圈均按不剖绘制。

③ 相邻两零件的表面接触时，画一条粗实线作为分界线，不接触表面画两条线。

④ 相邻两零件的剖面线方向相反。

⑤ 螺栓的螺纹终止线必须画在垫圈之下，否则螺母就有可能拧不紧。

（2）螺柱连接

1）螺柱连接的表达。当两个被连接的零件中，有一个较厚或不适宜用螺栓连接时，一

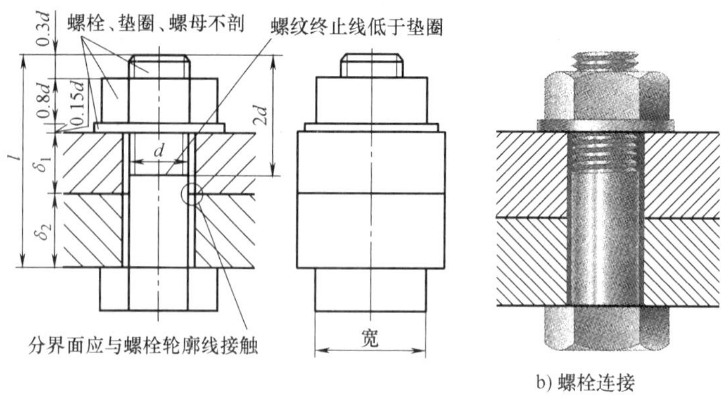

b) 螺栓连接

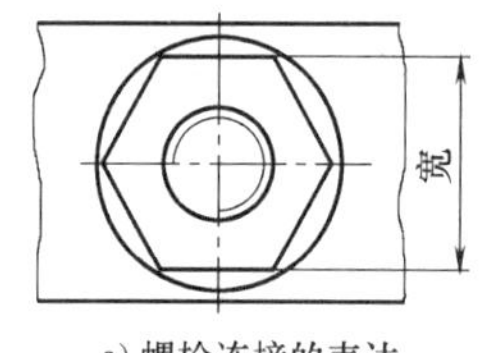

a) 螺栓连接的表达

图 7-9　螺栓连接的表达

般采用螺柱连接。螺柱两端都有螺纹，一端(旋入端)全部旋入一个被连接零件的螺孔内，另一端(紧固端)穿过另一个被连接零件的通孔，套上垫圈，再用螺母拧紧，如图 7-10a 所示。螺柱连接的装配图画法如图 7-10b。

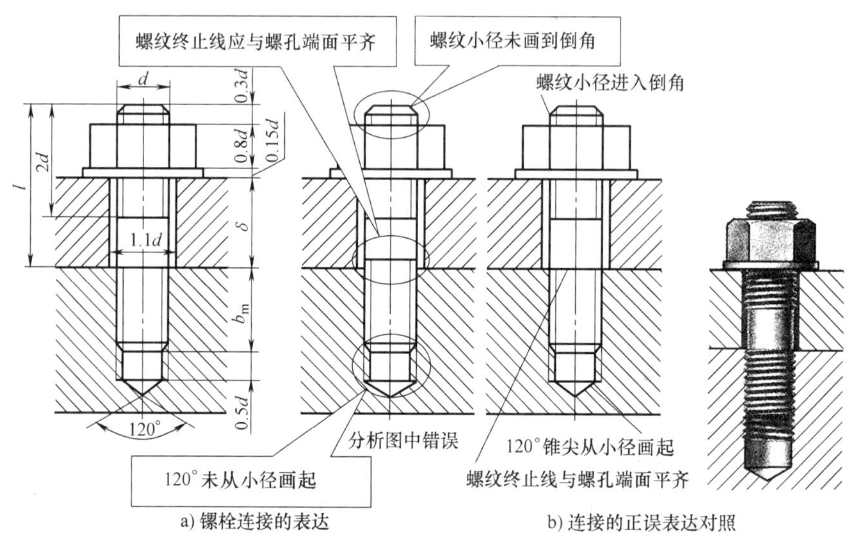

a) 镙栓连接的表达　　b) 连接的正误表达对照

图 7-10　螺柱连接的表达

2）螺柱连接装配图的表达应注意以下三点。

① 螺柱的公称长度按下式计算：

$$l \geqslant \delta + 0.15d(\text{垫圈厚}) + 0.8d(\text{螺母厚}) + 0.3d$$

按上式计算出的长度，查螺柱标准 GB/T 897—1988(限于篇幅,本标准未收入附录)，选取略大于计算值的公称长度 l。

② 旋入端长度 b_m 与被旋入零件的材料有关，钢或青铜 $b_m=d$，铸铁 $b_m=1.25d$ 或 $1.5d$，铝合金 $b_m=2d$。为保证连接牢固，应使旋入端完全旋入螺纹孔中，即在装配图上旋入端的螺纹终止线与螺纹孔端面平齐。

③ 被连接零件上的螺孔深度应稍大于 b_m，一般取螺纹长度加 $0.5d$。

图 7-10 给出了螺柱连接画法的正误对照。

（3）螺钉连接

1）螺钉连接的表达。螺钉适用于受力不大的零件之间的连接。被连接的零件中一个为通孔，另一个为不通的螺纹孔。对于螺钉连接的装配图画法，其旋入端与螺柱相同，被连接板孔口画法与螺栓相同，如图 7-11a 所示。螺钉根据其头部的形状不同而有多种形式，它们的画法如图 7-11b、c 所示。

2）螺钉连接装配图的表达应注意以下四点。

① 螺钉的公称长度 l 按下式计算：$l \geqslant \delta + b_m$

按上式计算出的长度，查标准选取公称长度 l。

② 旋入端长度 b_m 与螺柱旋入端相同。

③ 为了保证连接牢固，螺钉的螺纹长度与螺孔的螺纹长度都应大于旋入端深度，即装入螺钉后，螺钉上的螺纹终止线必须高出旋入端零件的上端面。

④ 圆柱头开槽螺钉头部的槽（在投影为圆的视图上）不按投影关系绘制，可按图 7-11a 所示画成与水平线成 45°的加粗实线，线宽为粗实线的 2 倍。

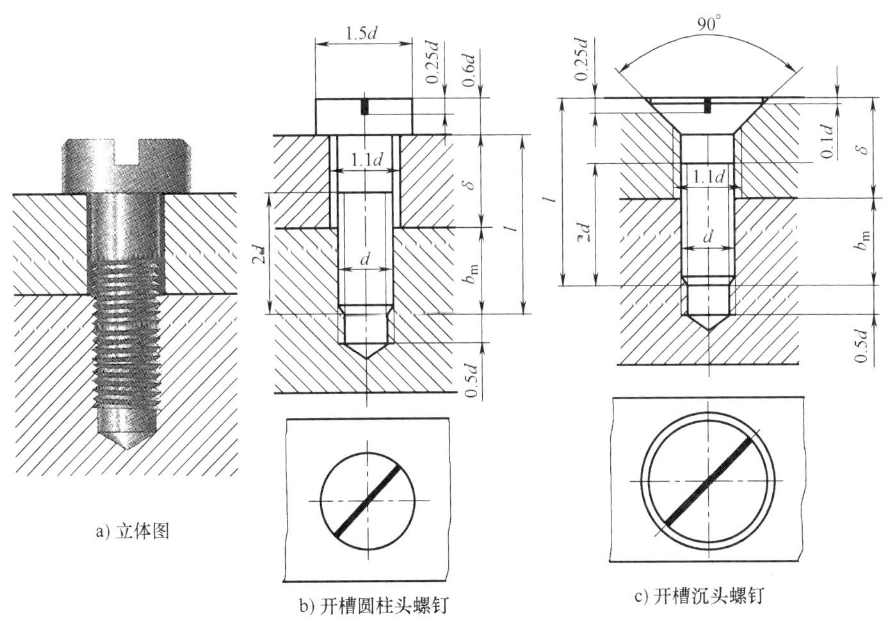

a) 立体图

b) 开槽圆柱头螺钉

c) 开槽沉头螺钉

图 7-11　螺钉连接装配图的表达

3）螺钉连接示例。图 7-12 所示为紧定螺钉连接的装配图画法。紧定螺钉通常起固定两个零件相对位置的作用，不致产生位移或脱落现象。使用时，螺钉拧入一个零件的螺纹孔中，并将其尾端压在另一个零件的凹坑或插入另一个零件的小孔中。

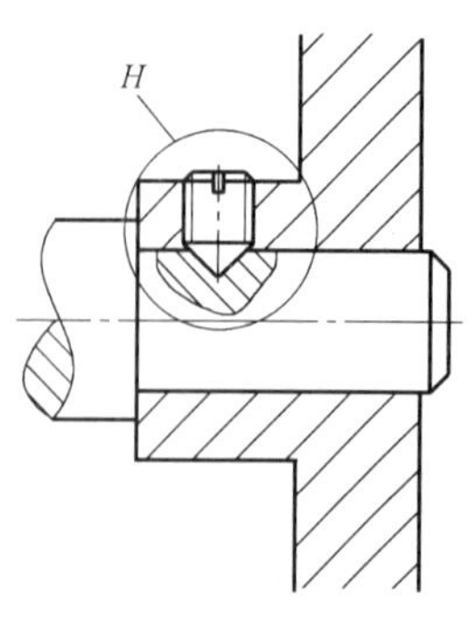

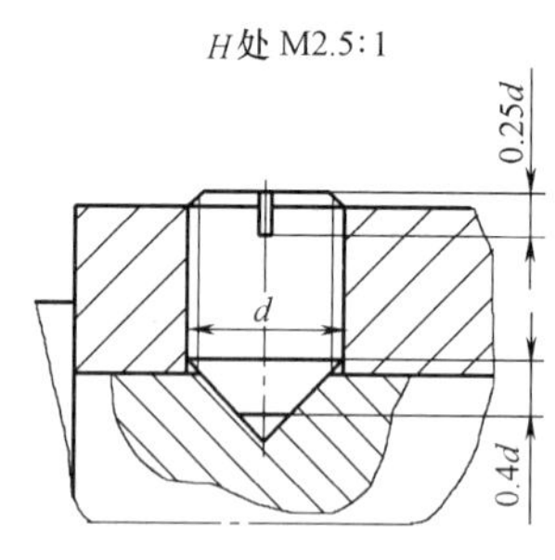

图 7-12　紧定螺钉连接的表达

小试身手

1. 请找出题图 7. 1-1 与题图 7. 1-2 中螺纹表达的错误，请将正确的表达画法画在指定的位置。

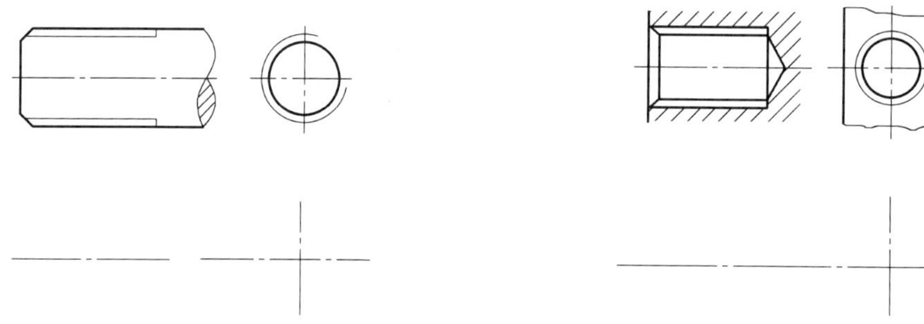

题图 7. 1-1　　　　题图 7. 1-2

2. 如题图 7. 1-3a 与 b 所示，外螺纹旋入的长度是 24mm，请完成题图 7. 1-3c 的螺纹连接的绘制表达。

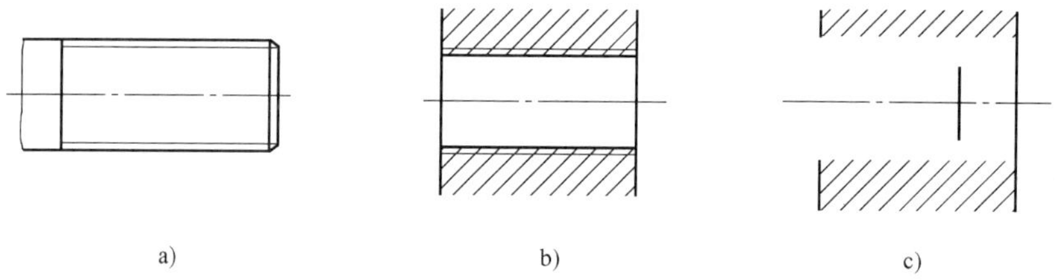

a)　　b)　　c)

题图 7. 1-3

3. 请在题图 7. 1-4 和题图 7. 1-5 上注出螺纹标记。

1）普通螺纹，粗牙，大径为 ϕ20mm，螺距为 2. 5mm，螺纹公差带代号：中径、顶径均为 6H。

2）55°非密封管螺纹，尺寸代号 3/4，螺纹公差等级 A。

3）按比例画法，完成 M12 螺栓（GB/T 5782—2000）、螺母（GB/T 41—2000）和垫圈（GB/T 97. 1—2002）的三视图（用比例 1∶1，主视图为全剖视图，俯视图和左视图为外形视图）；按照螺栓、螺母和垫圈国家标准中的标记示例，写出螺栓、垫圈和螺母的标记，如题

图 7.1-6 所示。

4）如题图 7.1-7 所示，完成开槽盘头螺钉 M12 ×25（GB/T 67—2000）的连接画法。主视图画成全剖视图，俯视图画成外形视图，比例为 1∶1。

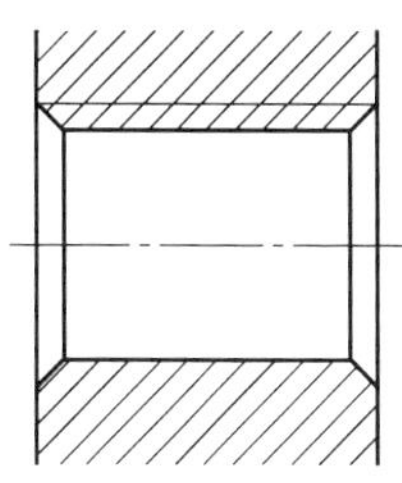

题图 7.1-4

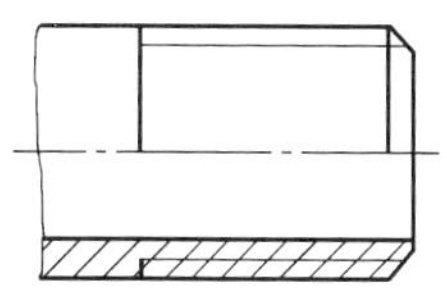

题图 7.1-5

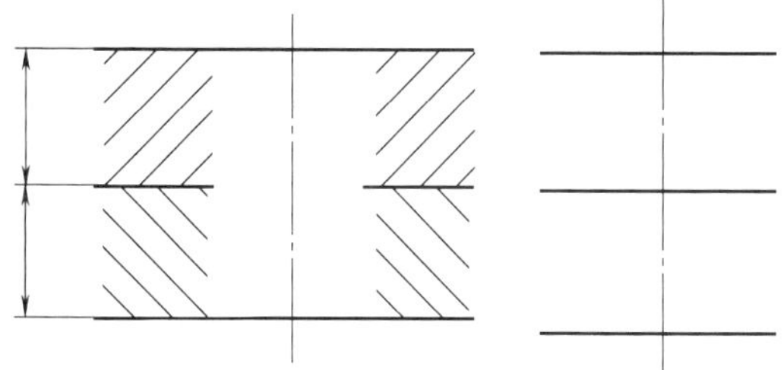

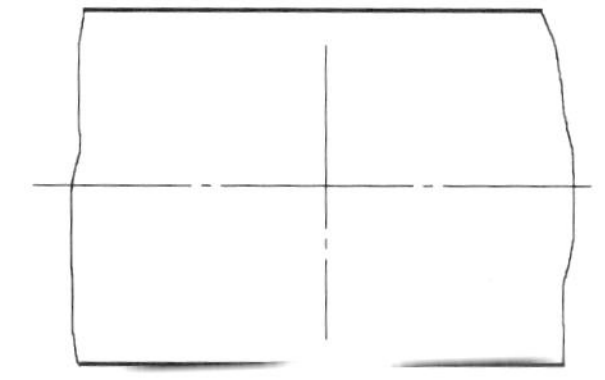

标记：螺栓＿＿

螺母＿＿＿＿

垫圈＿＿＿＿。

题图 7.1-6

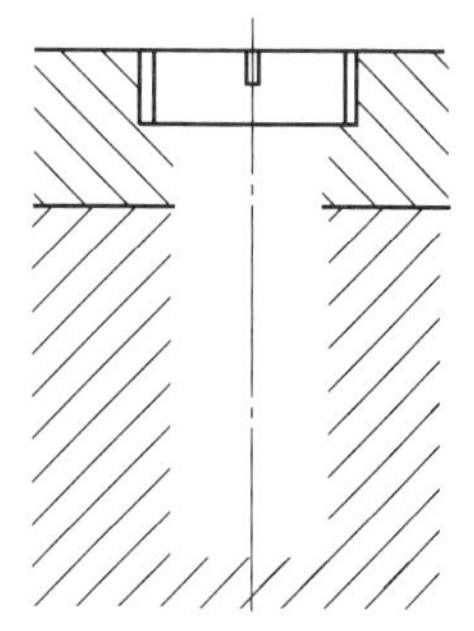

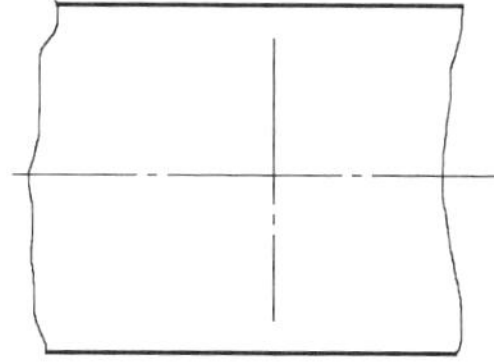

题图 7.1-7

任务二	机械零件标准结构的表达——键、销连接结构	学时：90min

学习目标

1. 了解机械零件键连接结构、销连接结构的基本概念。
2. 了解键连接结构和销连接结构的种类及其标注规定。
3. 会识读键连接结构和销连接结构的表达形式。

知识点

1. 机械零件键连接结构和销连接结构的概念与国家标准的相关规定。
2. 键连接结构和销连接结构的类型与标识。

技能点

1. 会表达各类键连接结构和销连接结构的国家标准规定。
2. 会在视图中标注键连接结构和销连接结构的类型、规格等。
3. 会正确地应用和完整清晰地表达机件中键连接结构和销连接结构的识图。

键连接结构形成与其基本要素

1. 键连接结构的形成是在圆柱表面上沿着轴线加工有规定的沟槽，其由轴键槽、孔键槽和键组成。

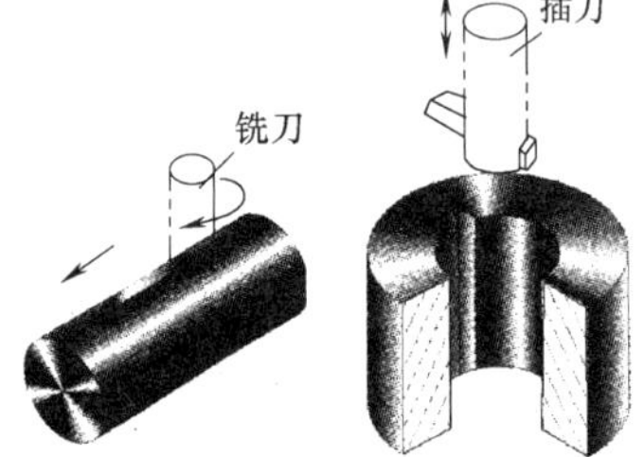

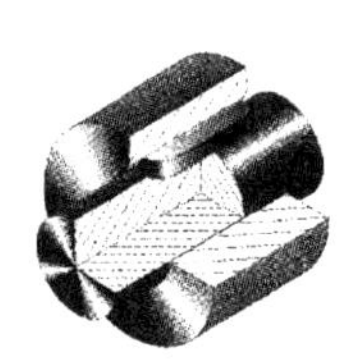

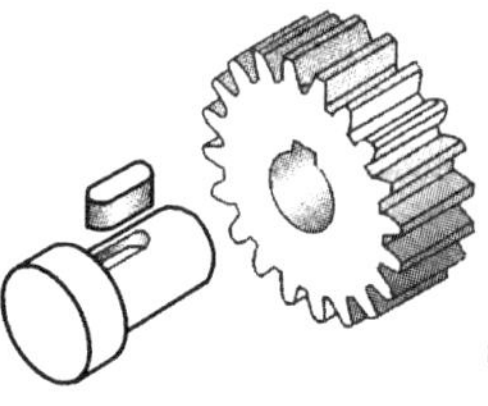

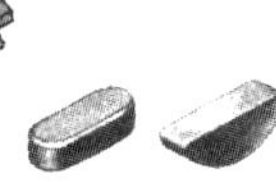

a) 轴键槽的加工　b) 内孔键槽的加工　c) 键的连接

2. 常用的键有：普通平键、普通半圆键、花键（外花键、内花键）等。

键连接结构的表达

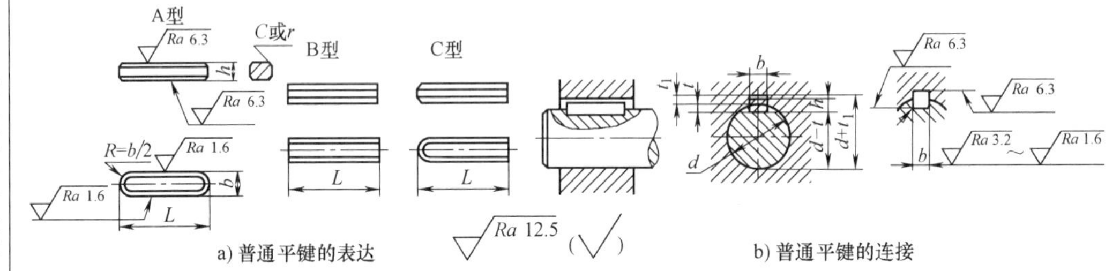

a) 普通平键的表达　b) 普通平键的连接

普通平键标记示例：A 型　键 18 × 11 × 100 GB/T 1096

表示 b = 18mm，h = 11mm，l = 100mm 的 A 型普通平键（A 型普通平键，A 可省略不注。）

销连接与其标注规定

名称及标准号	图例	标记示例
圆柱销 GB/T 119.1	Ra 0.8　端面 Ra 6.3　≈15°　≈15°　C　C　d　l	d=5mm、l=18mm、公差为m6的圆柱销: 销 GB/T 119.15 m6×18
圆锥销 GB/T 117	Ra 0.8　1:50　端面 Ra 6.3　a　a　r_1≈d　r_2　d　l	d=10mm、l=60mm 的圆锥销: 销 GB/T 117 10×60
开口销 GB/T 91	b　l　a　c　d	d=5mm、l=50mm 的开口销: 销 GB/ T 91 5×50

一、键连接与分类

1. 键连接的分类

键连接是汽车中最为常用的连接方式之一，是一种用于轴和轴上旋转零件(齿轮、链轮、带轮、蜗轮和摇臂等)之间的周向固定可拆卸性的连接。根据键连接的结构形状不同，汽车上常用的键连接主要有平键、半圆键和花键三种。键和花键是标准件，其材料、剖面尺寸、键和键槽的配合等都有国家标准。可选用适当类型和尺寸标准。

(1) 平键连接—有普通平键、导向平键和滑键三种，如图 7-13a、b、c 所示。普通平键又分 A 型(圆头平键)、B 型(单圆头平键)和 C 型(方头平键)三种。导向平键除具有普通平键的特点外较普通平键要长，必须用螺钉固定在键槽中，移动距离不大，同时起导向作用。键与键槽采用动配合连接，分 A 型和 B 型两种。滑键的性质与导向平键的作用相似，适用于移动距离较大的情况，其固定在轮毂上，并与轮毂一起在轴上滑动。

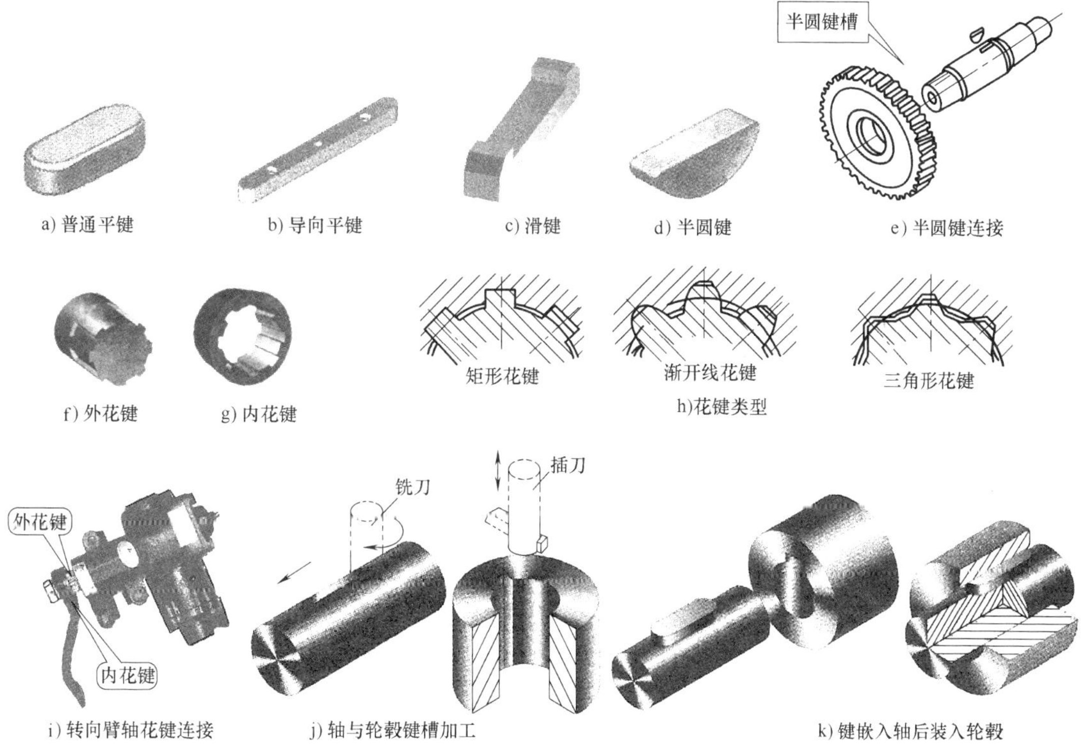

图 7-13　键的类型

(2) 半圆键连接—键呈半圆形，上面是平面，两侧是工作面，主要用于锥形轴端与轮毂的连接。结构紧凑拆卸方便，键能在键槽中摆动，以适应轮毂中键槽的斜度，轴上键槽较深影响轴的强度，只能用于轻载荷场合，如图 7-13d、e 所示。半圆键具有工艺性好、装配方便的特点，适用于锥形轴与轮毂的连接。

(3) 花键连接—花键的结构是沿圆周均匀分布的多个键齿，分别构成内、外花键，如图 7-13f、g 所示。由轴上加工的外花键和内孔壁上加工的内花键所组成的连接称为花键连接。花键连接也是两侧面为工作面，靠键的两侧面挤压传递转矩。花键具有比其他键型连接更多的特点：

1）齿数多，工作面积大，承载能力较强。

2）键齿分布均匀，各键齿受力均匀。

3）连接精度高，轴上零件对中性好。

4）导向性能好，具有滑键功能。

5）加工制造成本较高，且需专用设备来加工。

按花键齿形分类有矩形花键、渐开线花键、三角形花键三种，如图 7-13h 所示。国家标准 GB/T 1144—2001 规定，矩形花键为小径定心，具有定心精度高、定心稳定，通过磨削能消除热处理变形等特点而被广泛应用。渐开线花键的定心方式是齿形定心，当齿受载时，齿上的径向力能自动定心，利于各齿均匀承载，应用广泛且优先采用，例如汽车转向臂轴与转向垂臂之间的连接，如图 7-13i 所示。三角形花键键齿较小、齿数多，对轴的强度削弱较小，常被应用于较小直径轻载荷的场合。

图 7-13j、k 所示为普通平键键槽形成与其连接的过程。图 7-14 所示为普通平键的类型与尺寸标注。

2. 键连接的标记

（1）普通平键的标记

例如：键 18×11×100 GB/T 1096

表示 $b=18$mm，$h=11$mm，$l=100$mm 的 A 型普通平键（A 型普通平键的型号 A 可省略不注。）

（2）键槽的画法及尺寸标注

因为键是标准件，所以一般不必画出零件图，但要画出零件上与键相配合的键槽，如图 7-15 所示。键槽的宽度 b 可根据轴的直径 d 查表确定，轴上的槽深 t 和轮毂上的槽深 t_1 可从键的标准中查得，键的长度 l 应小于或等于轮毂的长度。键槽的画法和尺寸标注如图 7-15 所示，普通平键尺寸与轴径的关系见表 7-3，普通平键的尺寸和键槽断面尺寸按轴的直径可在附录 H 中查得。

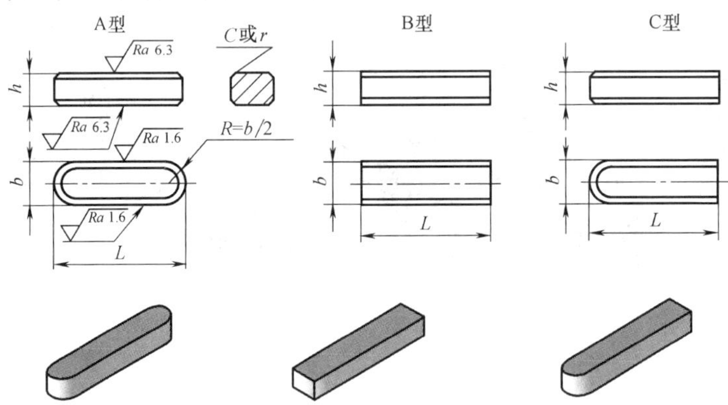

图 7-14　普通平键的类型与尺寸标注

表 7-3　普通平键尺寸与轴直径的关系

轴的直径 d	6～8	>8～10	>10～12	>12～17	>17～22	>22～30	>30～38	>38～44
键宽 b×键高 h	2×2	3×3	4×4	5×5	6×6	8×7	10×8	12×8
轴的直径 d	>44～50	>50～58	>58～65	>65～75	>75～85	>85～95	>95～110	>110～130
键宽 b×键高 h	14×9	16×10	18×11	20×12	22×14	25×14	28×16	32×18
键的长度系列 L	6，8，10，12，14，16，18，20，22，25，28，32，36，40，45，50，56，63，70，80，90，100，110，125，140，180，200，220，250，280，320，360，400，450，500							

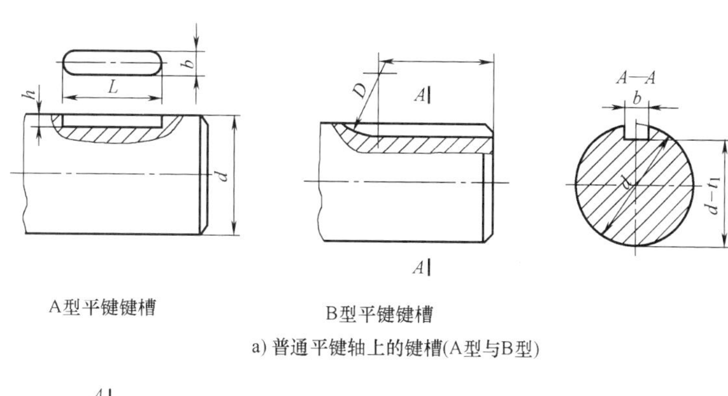

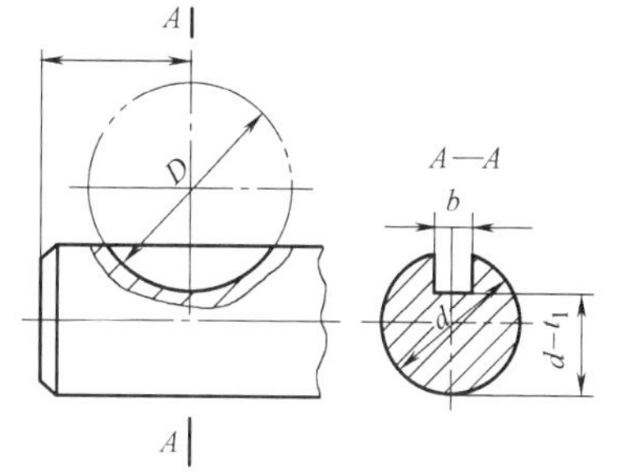

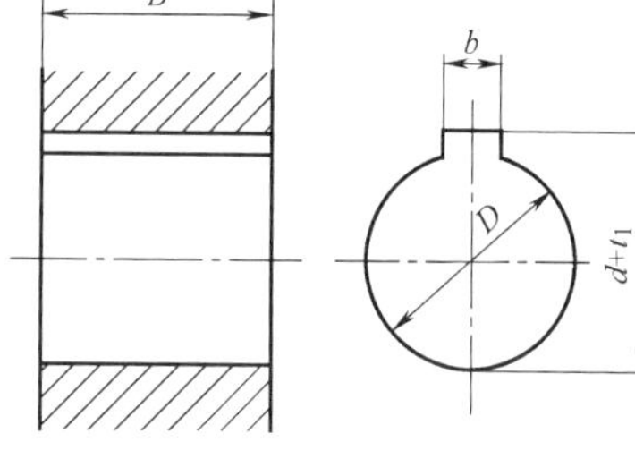

图 7-15　键槽的表达与其尺寸标注

小贴士

普通平键及键槽的尺寸标注可查阅附录 H 普通平键及键槽的尺寸（摘自 GB/T 1095—2003、GB/T 1096—2003）。

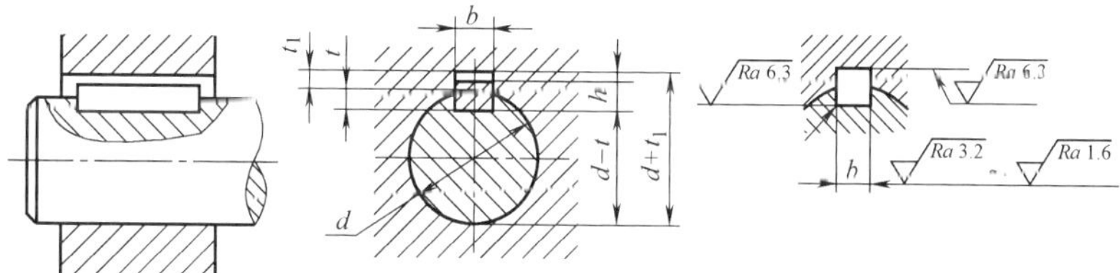

标记示例：GB/T 1096　键　B16×10×100，平头普通键（B 型）$b=16$mm、$h=10$mm、$L=100$m。

3. 键连接画法

图 7-16 是普通平键连接的装配图画法，主视图中键被剖切面纵向剖切，键按不剖处理。

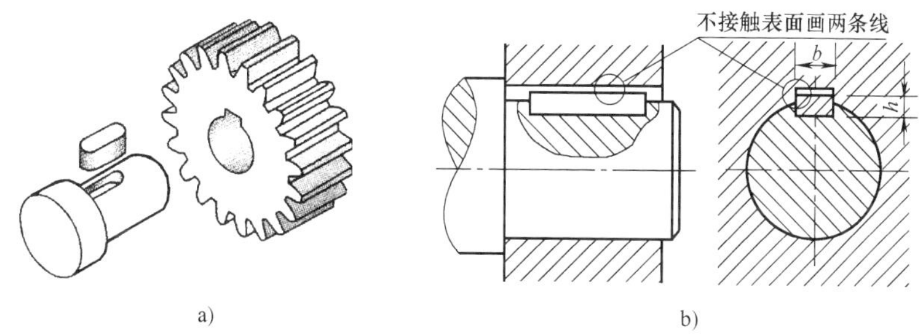

图 7-16　普通平键连接装配表达

为了表示键在轴上的装配情况，采用了局部剖视。左视图中键被剖切面横向剖切，键要画剖面线(与轮的剖面线方向一致但间隔不等)。由于平键的两个侧面是其工作表面，键的两个侧面分别与轴的键槽和轴孔的键槽两个侧面配合、键的底面与轴的键槽底面接触，画一条线，而键的顶面不与轮毂键槽底面接触，应画两条线。

小试身手

如题图 7.2-1 所示，齿轮和轴用 A 型圆头普通平键连接，轴孔的直径为 ϕ40mm。

1）请写出键的规定标记。键的规定标记：

2）通过查表确定键和键槽的尺寸，选用比例 1:2 画出下列视图、剖视图和断面图，标注图 7.2-1a 和 b 中轴径和键槽的尺寸。

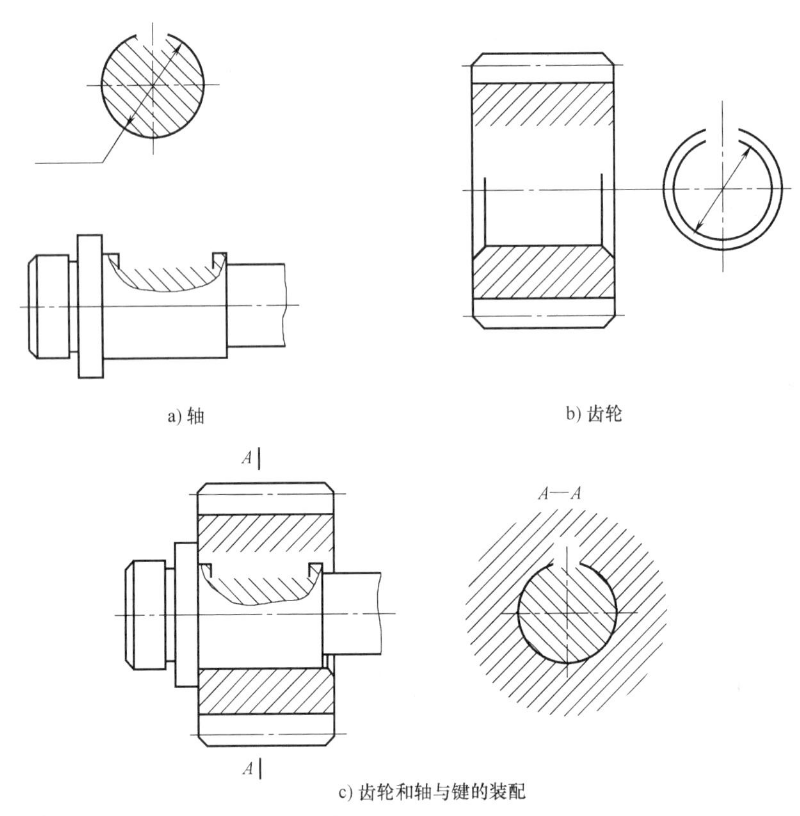

a) 轴

b) 齿轮

c) 齿轮和轴与键的装配

题图 7.2-1

二、销连接与分类

销连接是汽车中最常用的连接方式之一，是一种主要用于确定零件之间相互位置并能传递轻载荷的连接，也可用于轴和轮毂类零件或其他零件间的连接。

1. 汽车零件中的销连接

根据用途，销可分为定位销与传力销、安全销和销轴三种。

根据结构，销分为圆柱销、圆锥销、槽销、销轴、带孔销和开口销等，如图 7-17 所示。

(1) 定位销与传力销　主要用于零件间位置的确定和传递横向力和转矩。有圆柱销和圆锥销两大类，图 7-17d 所示为定位销作用示例。

圆柱销又分普通圆柱销、螺纹圆柱销、内螺纹圆柱销和弹簧圆柱销四种，如图 7-17b 所示。

圆锥销的锥度为 1∶50，便于安装，定位精度比圆柱销要高，有可靠的自锁性，多用于经常拆卸的部位。圆锥销也分为普通圆锥销、螺尾圆锥销、内螺纹圆锥销、开尾圆锥销四种，如图 7-17c 所示。

（2）安全销　安全销主要用于限制连接件间所能传递的最大转矩，当转矩超过最大值时，销会因过载而被剪断使传动中断，对其他零件起到了保护作用。安全销的另一种形式是起防松锁止作用的开口销。开口销与槽形螺母配合使用防止螺母松动。图 7-17e 所示为安全销作用示例。

（3）销轴　销轴起销钉的作用，主要用于铰接处，并用开口销锁定，其拆卸方便。通常销钉分普通销钉和带孔销钉两大类。

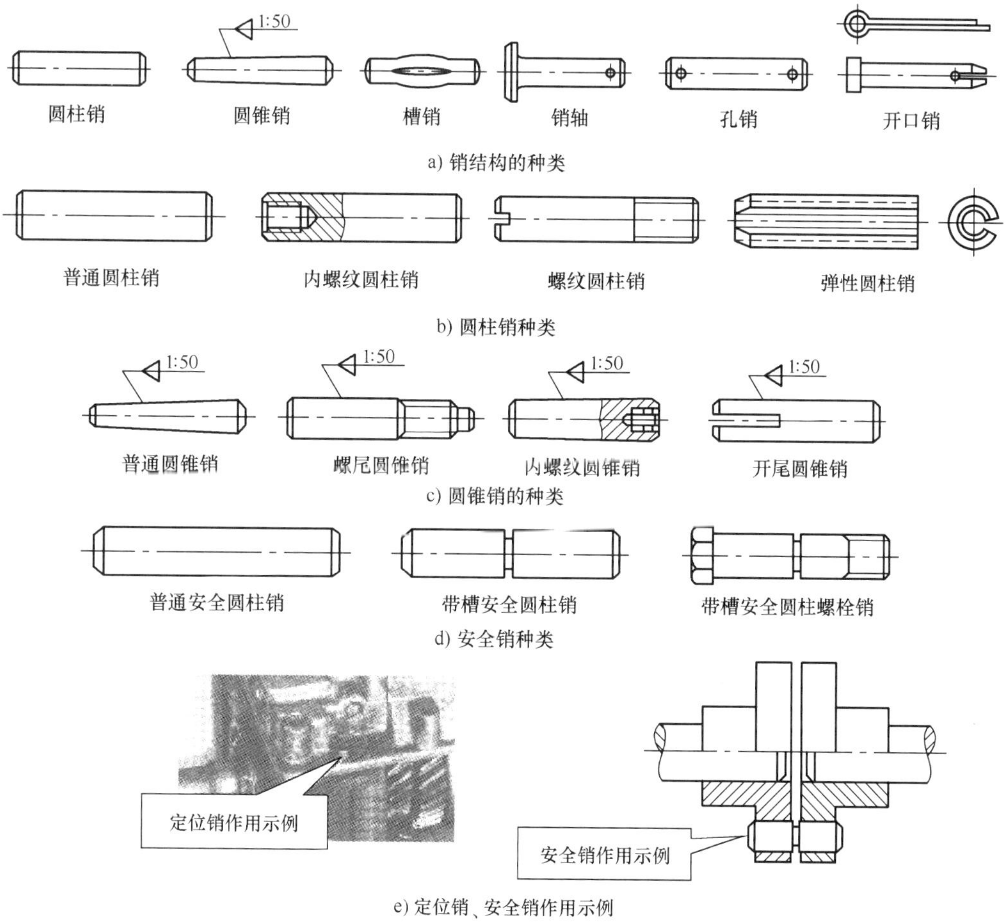

a) 销结构的种类

b) 圆柱销种类

c) 圆锥销的种类

d) 安全销种类

e) 定位销、安全销作用示例

图 7-17　销的种类与作用

2. 常用销的类型

圆柱销、圆锥销和开口销的主要尺寸、标记和连接的表达见表 7-4。

表 7-4　常用销的种类、标记和连接表达示例

名称及标准号	图　例	标 记 示 例
圆柱销 GB/T 119.1—2000	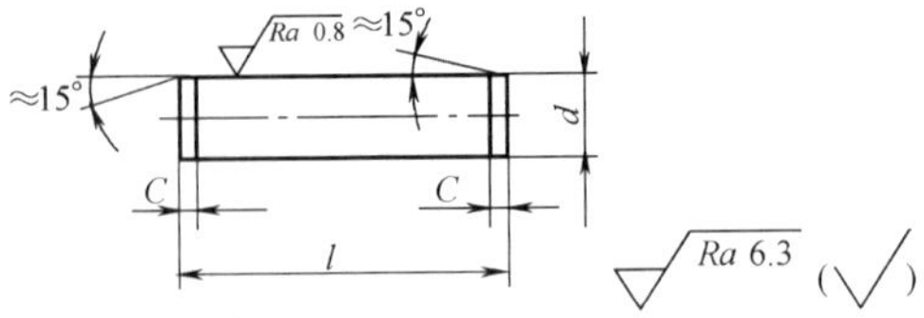	d = 5mm、l = 18mm、公差为 m6 圆柱销： 销 GB/T 119.1 5 m6 × 18
圆锥销 GB/T 117—2000	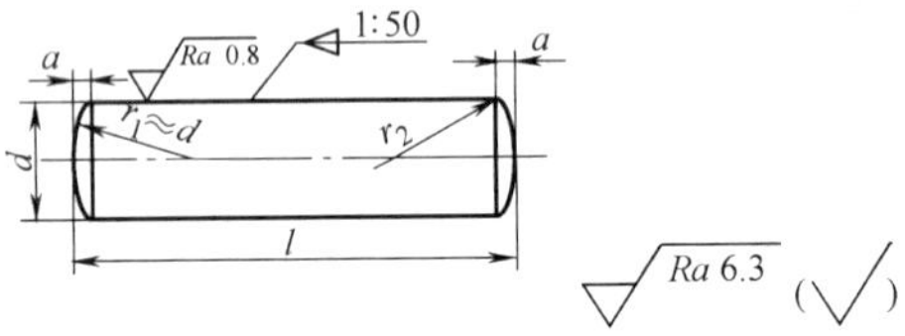	d = 10mm、l = 60mm 的圆锥销： 销 GB/T 117　10 × 60
开口销 GB/T 91—2000	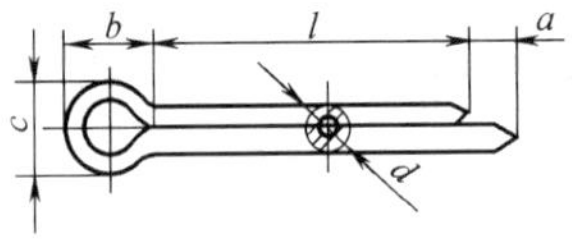	d = 5mm、l = 50mm 的开口销： 销 GB/T 91　5 × 50

名称及标准	主 要 尺 寸	标　　记	连 接 画 法
圆柱销 GB/T 119.1—2000	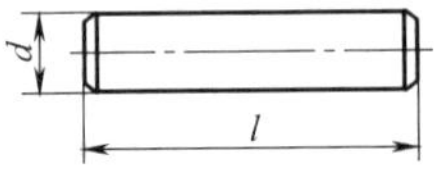	销 GB/T 119.1—2000 Ad × l	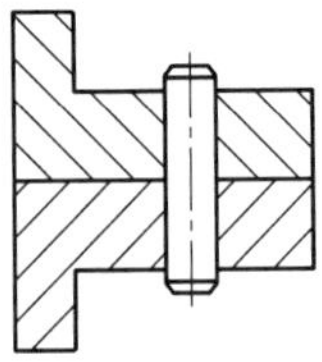
圆锥销 GB/T 117—2000	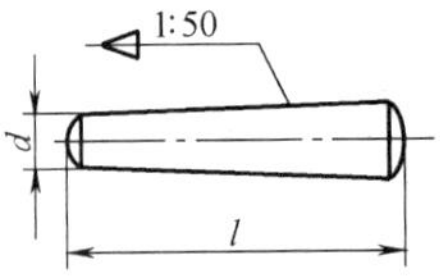	销 GB/T 117—2000 Ad × l	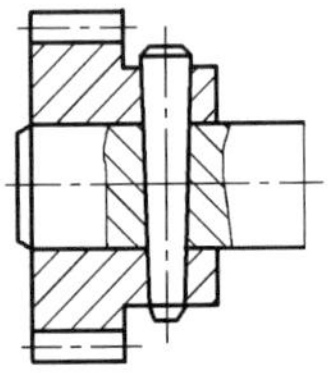
开口销 GB/T 91—2000	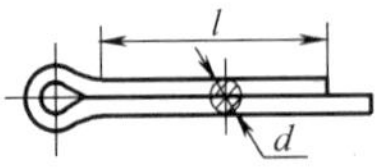	销 GB/T 91—2000 d × l	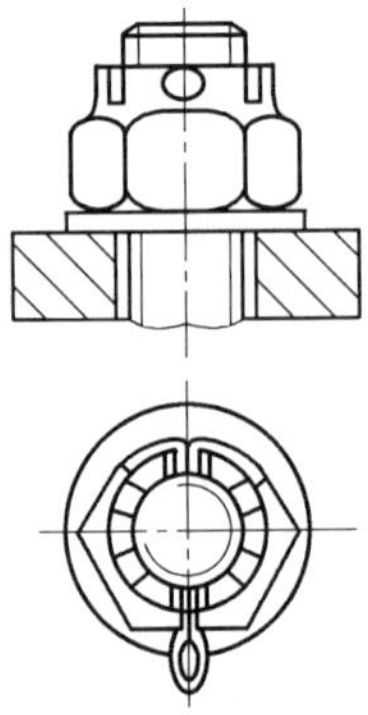

小贴士

销是标准件，销的材料、剖面尺寸与配合等都有国家标准，通常只选用适当类型和尺寸标准。用销连接定位的两零件，其销孔必须在装配时一起加工，因此，在零件图上销孔的尺寸应注明配合的要求，如图 7-18 所示。而对于锥度轴和锥孔的表达时，符号的方向应与锥度的方向一致，如图 7-19 所示。

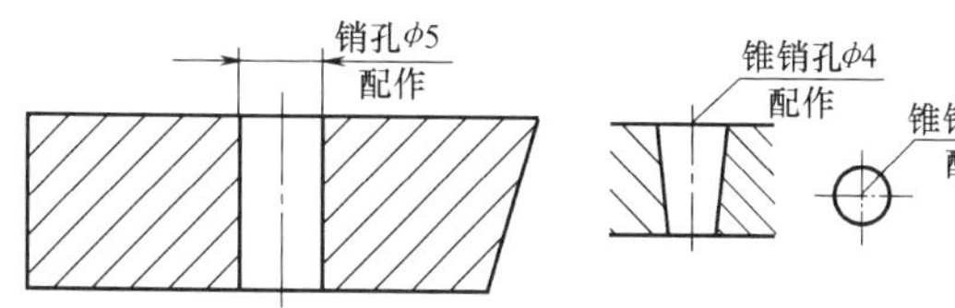

图 7-18　销孔的标注

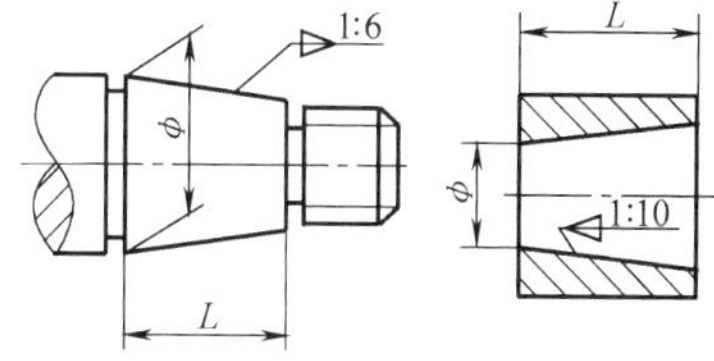

图 7-19　锥度轴和锥孔的表达

小试身手

1. 按题图 7. 2-2 所示，重画一个用 $\phi12\times30$ 圆柱销定位两个零件的全剖主视图，并按国家标准进行标记。

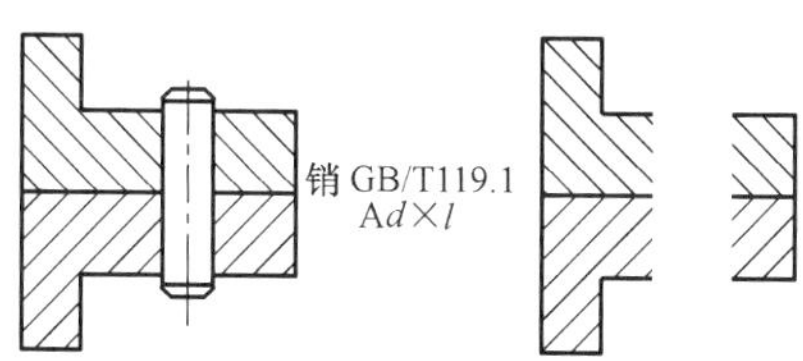

题图 7. 2-2

2. 如题图 7. 2-3 所示，分别说明键的类型并写出其标记。

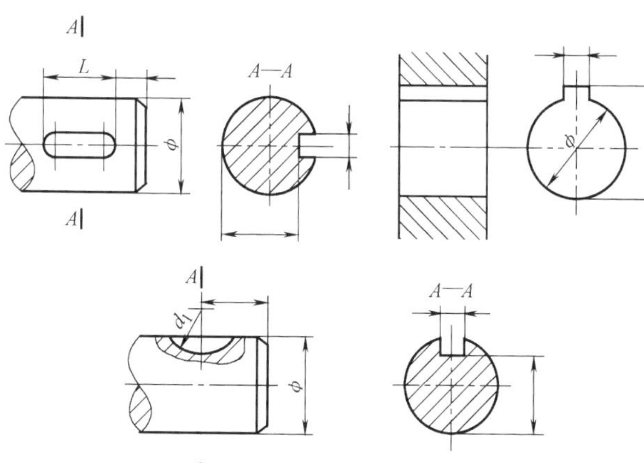

当轴和轮子用键连接时，为了安装键，在轴和轮子上，必须分别加工出键槽

题图 7. 2-3

3. 如题图 7.2-4 所示，分别说明锥销的类型并写出其标记。说明锥度代号的含义。

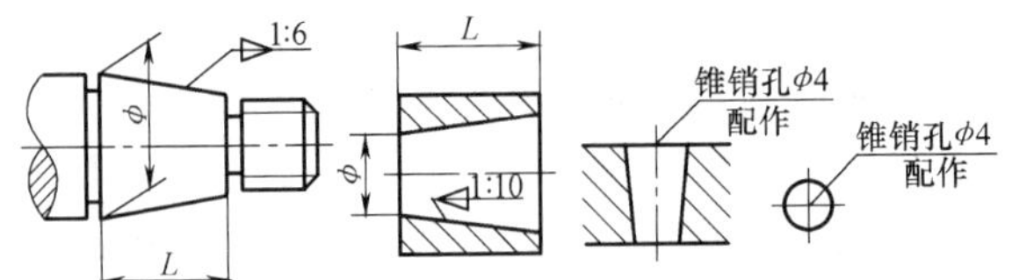

符号的方向应与锥度的方向一致

ϕ4 为与锥销孔相配的圆锥销的公称直径，锥销孔通常是将相邻两零件装在一起进行加工

题图 7.2-4

任务三	机械零件标准结构的表达——齿轮结构	学时：120min

学习目标

1. 了解机械零件齿轮结构的基本概念。
2. 了解齿轮结构的几何要素及其计算方法。
3. 了解齿轮结构的规定画法，会识读齿轮结构的表达形式。

知识点

1. 机械零件齿轮结构的表达中国家标准的相关规定。
2. 完整表达齿轮结构至少要知道的几个几何要素。

技能点

1. 会识读各类齿轮结构的国家标准规定。
2. 会在视图中标注齿轮结构。
3. 会正确地应用和完整清晰地表达机件中的齿轮结构及其识读。

齿轮结构基本几何要素及尺寸关系

齿轮结构的基本几何要素应符合 GB/T 28 21—2003 的规定。

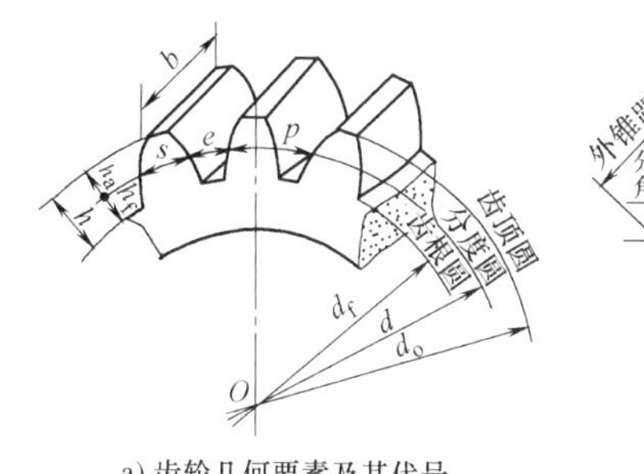

a) 齿轮几何要素及其代号

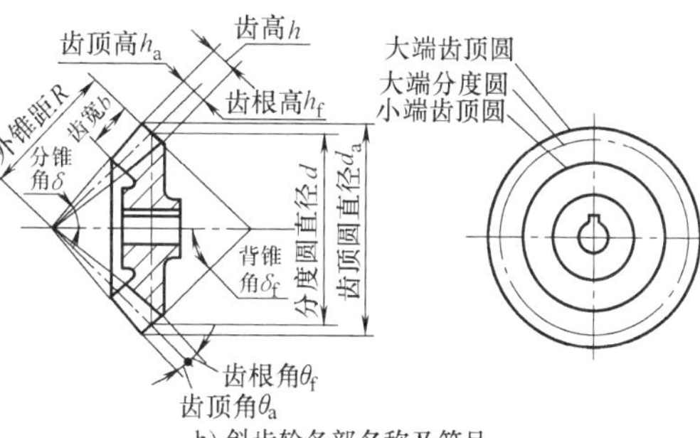

b) 斜齿轮各部名称及符号

齿轮的基本几何要素：模数 m、齿数 z、分度圆 d、齿顶圆、齿根圆、齿宽 b、齿高 h、齿根高等。

$m=\frac{p}{\pi}$，单位为 mm，齿轮的分度圆周长 $\pi d=zp$，则 $d=\frac{p}{\pi}\cdot z$，令 $\frac{p}{\pi}=m$，则 $d=mz$

单个圆柱齿轮结构表达

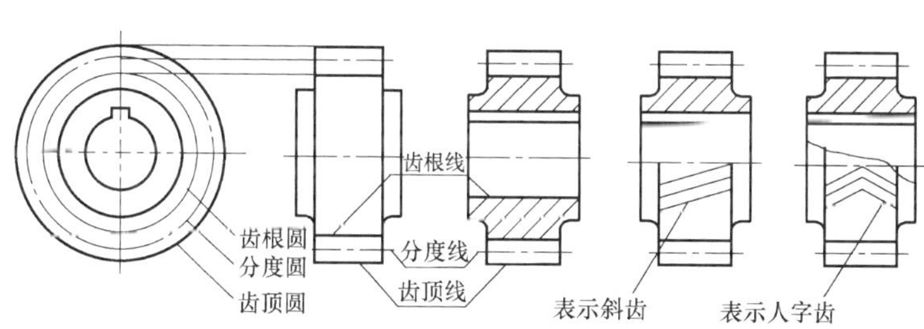

两圆柱齿轮啮合的表达

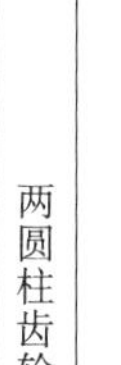

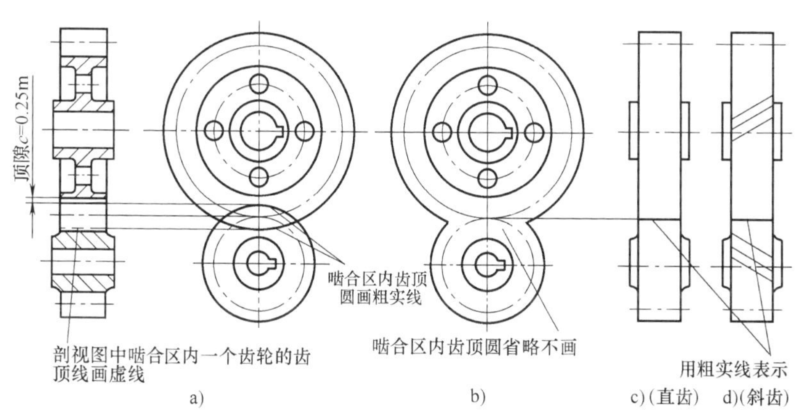

a)　b)　c)（直齿）　d)（斜齿）

齿轮传动在日常生活中随处可见，是机器或部件中的传动零件，在汽车传动系统中等广泛应用，用来传递动力，改变转速和回转方向。齿轮的轮齿部分已标准化。常见的有三种类型，如图 7-20 所示。

（1）圆柱齿轮　主要用于两平行轴之间的传动，如图 7-20a 所示。汽车机械有级变速器是其典型应用。

（2）锥齿轮　主要用于两交错轴之间的传动，如图 7-20b 所示，在汽车的差动轮系中应用。

（3）蜗杆蜗轮　主要用于两交错轴（两轴交错 90°）之间的传动，如图 7-20c 所示。汽车发动机翻转架装置是应用实例。

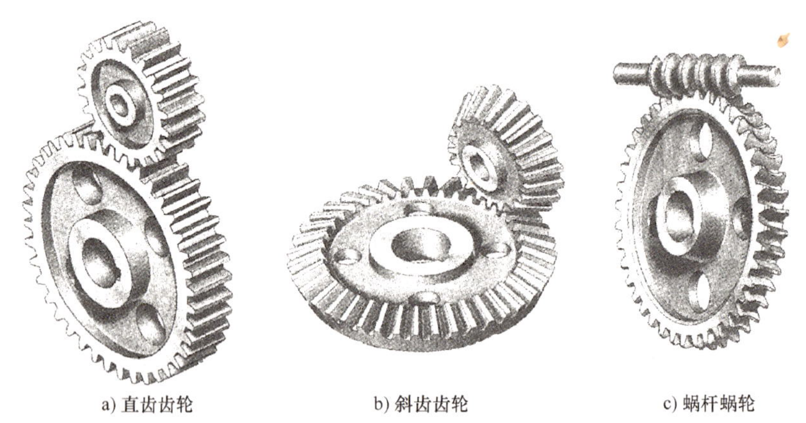

图 7-20　齿轮传动的常见类型

齿轮的齿廓曲线有多种，应用最广的是渐开线。本节主要介绍齿廓曲线为渐开线的标准圆柱直齿齿轮的几何要素及其画法，对锥齿轮和蜗轮蜗杆仅作简单介绍。

一、圆柱齿轮

圆柱齿轮按轮齿方向的不同分为直齿、斜齿和人字齿三种。

1. 直齿圆柱齿轮的几何要素及尺寸关系

齿轮几何要素及代号如图 7-21 所示。

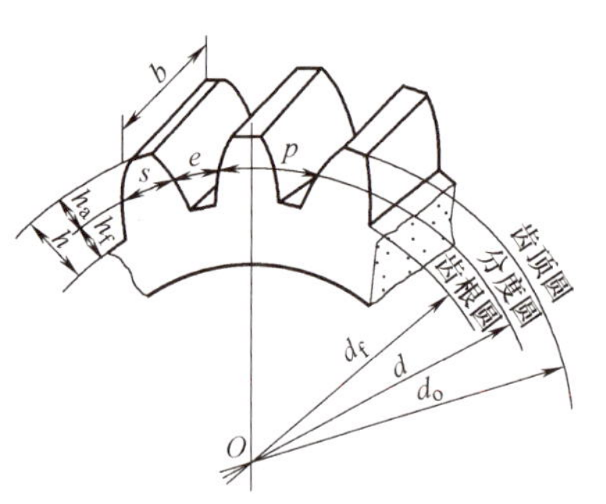

图 7-21　齿轮几何要素及其各部代号

（1）齿根圆　通过轮齿根部的圆，其直径用 d_f 表示。

（2）分度圆　是一个约定的假想圆，在该圆上，齿厚 s 等于齿槽宽 e（s 和 e 均指弧长）。分度圆直径用 d 表示，它是设计、制造齿轮时计算各部分尺寸的基准圆。

（3）齿距　分度圆上相邻两齿廓对应点之间的弧长，用 p 表示。

（4）齿高　轮齿在齿顶圆与齿根圆之间的径向距离，用 h 表示。

齿顶高　齿顶圆与分度圆之间的径向距离，用 h_a 表示。

齿根高　齿根圆与分度圆之间的径向距离，用 h_f 表示。全齿高 $h = h_a + h_f$。

（5）中心距　两啮合齿轮轴线之间的距离，用 a 表示。

2. 直齿圆柱齿轮的基本参数

（1）齿数 z　齿轮上轮齿的个数。

（2）模数 m　齿轮的分度圆周长 $d = zp$，则 $d = \frac{p}{\pi} \cdot z$，令 $\frac{p}{\pi} = m$，则 $d = mz$。所以模数是齿距 p 与圆周率 π 的比值，即 $m = \frac{p}{\pi}$，单位为 mm。

模数是齿轮设计、加工中十分重要的参数，模数大，轮齿就大，因而齿轮的承载能力也大。为了便于设计和制造，模数已经标准化，我国规定的标准模数值见表 7-5。

表 7-5　渐开线圆柱齿轮（GB/T 1357—1987）　　（单位：mm）

第一系列	1　1.25　1.5　2　2.5　3　4　5　6　8　10　12　16　20　25　32　40　50
第二系列	1.75　2.25　2.75(3.25)　3.5(3.75)　4.5　5.5　6.5　7　9(11)　14　18　22　28　36　45

（3）齿形角 α　指通过齿廓曲线上与分度圆交点所作的切线与径向所夹的锐角，如图 7-22 所示。根据 GB/T 1356—2001 的规定，我国采用的标准齿形角 α 为 20°。

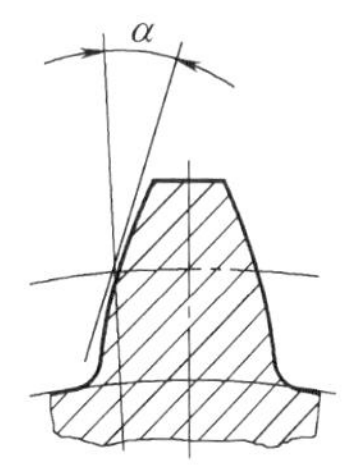

图 7-22　齿轮的齿形角概念

提示

两标准直齿圆柱齿轮正确啮合传动的条件是模数 m 和齿形角 α 相等。

3. 直齿圆柱齿轮各部分尺寸的计算公式

齿轮的基本参数 z、m、α 确定以后，齿轮各部分尺寸可按表 7-6 中的公式计算。

表 7-6　齿轮各部分尺寸的计算公式

名　称	代　号	计算公式
齿顶高	h_a	$h_a = m$
齿根高	h_f	$h_f = 1.25m$
齿高	h	$h = 2.25m$
分度圆直径	d	$d = mz$
齿顶圆直径	d_a	$d_a = m(z+2)$
齿根圆直径	d_f	$d_f = m(z-2.5)$
中心距	a	$a = \frac{1}{2}(d_1 + d_2) = \frac{1}{2}m(z_1 + z_2)$

4. 单个圆柱齿轮的画法

齿轮的轮齿是多次重复出现的结构，GB/T 4459.2 对齿轮的画法作了如下规定，如图 7-23 所示。

1）齿顶圆和齿顶线用粗实线表示；分度圆和分度线用细点画线表示；齿根圆和齿根线画细实线或省略不画。

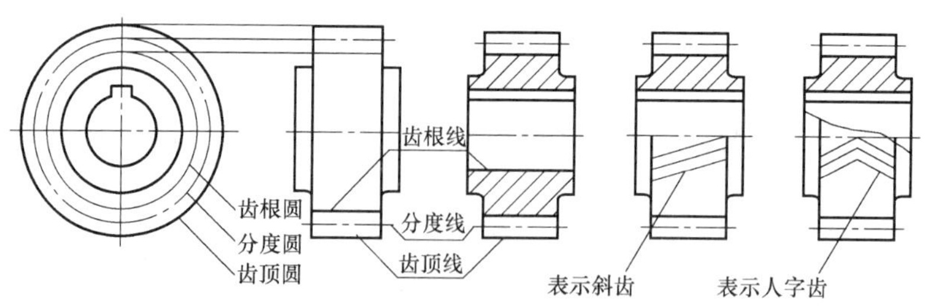

图 7-23 单个圆柱齿轮的表达画法

2）在剖视图中，齿根线用粗实线表示，轮齿部分不画剖面线。

3）对于斜齿或人字齿的圆柱齿轮，可用三条与齿线一致的细实线表示。齿线是分度圆柱面与齿面的交线。齿轮的其他结构，按投影画出。

5. 两圆柱齿轮啮合的画法

两标准齿轮互相啮合时，两轮分度圆处于相切的位置，此时分度圆又称为节圆。两齿轮的啮合画法，关键是啮合区的画法，其他部分仍按单个齿轮的画法规定绘制。啮合区的画法规定，如图 7-24 所示。

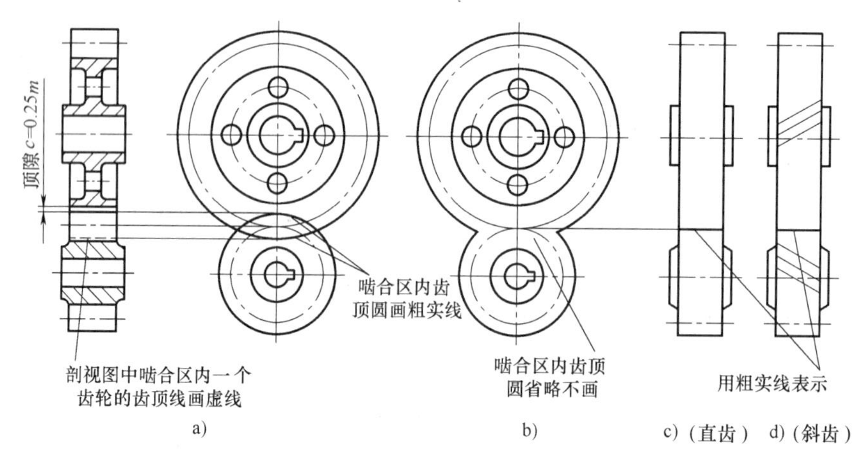

图 7-24 圆柱齿轮的啮合表达

1）在投影为圆的视图中，两齿轮的节圆相切。啮合区内的齿顶圆均画粗实线(图 7-24a)，也可以省略不画，如图 7-24b 所示。

2）在非圆投影的剖视图中，两齿轮节线重合，画细点画线，齿根线画粗实线。齿顶线的画法是将一个轮的轮齿作为可见画成粗实线，另一个轮的轮齿被遮住部分画成虚线，如图 7-24a 所示，该虚线也可省略不画。

3）在非圆投影的外形视图中，啮合区的齿顶线和齿根线不必画出，节线画成粗实线，如图 7-24c、d 所示。

6. 齿轮与齿条啮合的表达画法

当齿轮无穷大时，齿轮就成了齿条，如图 7-25 所示。此时的齿顶圆、分度圆、齿根圆和齿廓曲线(渐开线)都成了直线。齿轮与齿条相啮合时，齿轮旋转，而齿条作直线运动。这时，齿条的模数和齿形角与相啮合的齿轮的模数和齿形角相同。

齿轮和齿条啮合的表达画法与两圆柱齿轮啮合的表达画法基本相同，如图 7-25a 所示。

在主视图中，齿轮的节圆和齿条的节线相切。在全剖的左视图中，应将啮合区内的齿顶线之一画成粗实线，另一轮齿被遮部分画成虚线或省略不画。

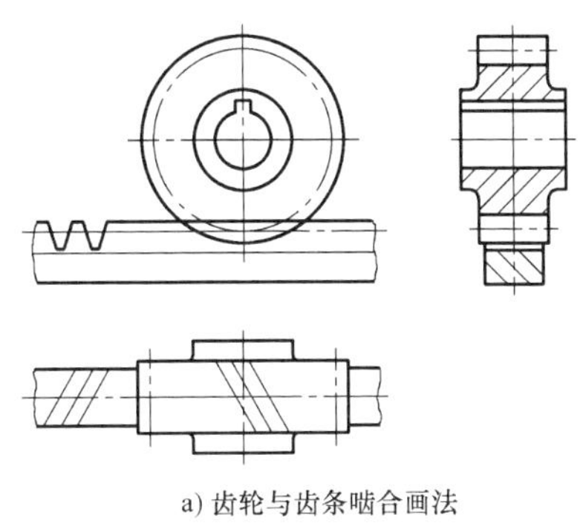

a) 齿轮与齿条啮合画法

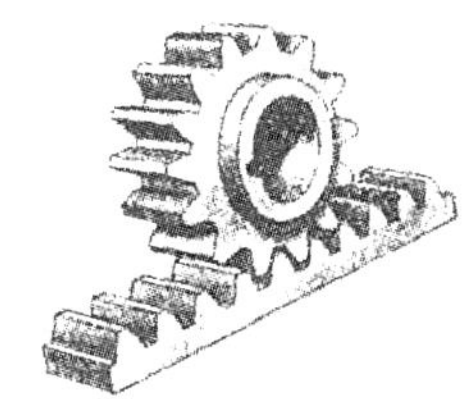

b) 齿轮与齿条啮合图

图 7-25　齿轮与齿条啮合的表达画法

二、直齿锥齿轮*

1. 直齿锥齿轮各部尺寸的关系

锥齿轮的轮齿是在圆锥面上制出的，轮齿的一端大，另一端小，齿厚是逐渐变化的，因此直径和模数也随之变化。为计算和制造方便，规定齿轮大端的模数为标准模数。锥齿轮上的其他尺寸也都是指的大端，如分度圆直径 d、齿顶圆直径 d_a、齿根圆直径 d_f 等。与分度圆锥相垂直的一个圆锥称为背锥，齿顶高和齿根高都是从背锥上量取的。直齿锥齿轮各部分名称，如图 7-26 所示，各部分的尺寸关系，如表 7-7 所示。

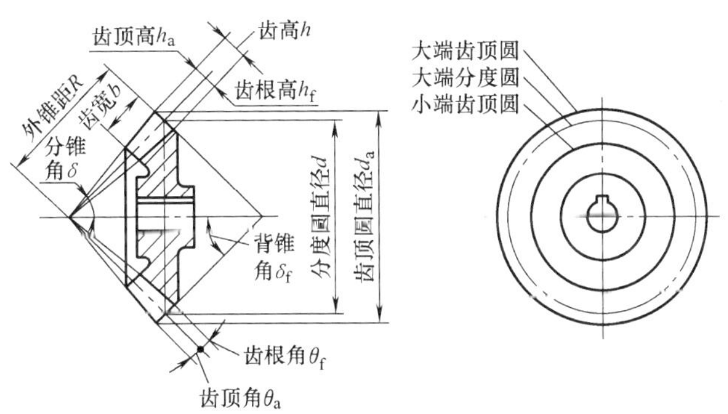

图 7-26　锥齿轮各部分名称和符号

表 7-7　锥齿轮各部分尺寸计算公式

项　目	代　号	计算公式
分度圆直径	d	$d = mz$
分锥角	δ	$\tan\delta_1 = z_1/z_2 \quad \delta_2 = 90° - \delta_1$
齿顶高	h_a	$h_a = m$
齿根高	h_f	$h_f = 1.2m$
齿高	h	$h = h_a + h_f$

（续）

项　　目	代　　号	计算公式
齿顶圆直径	d_a	$d_a=m(z+2\cos\delta)$
齿根圆直径	d_f	$d_f=m(z-2.4\cos\delta)$
齿顶角	θ_a	$\tan\theta_a=2\sin\delta/z$
齿根角	θ_f	$\tan\theta_f=2.4\sin\delta/z$
顶锥角	δ_a	$\delta_a=\delta+\theta_a$
根锥角（背锥角）	δ_f	$\delta_f=\delta-\theta_f$
外锥距	R	$R=mz/2\sin\delta$
齿宽	b	$b=(0.2\sim0.35)R$

2. 直齿锥齿轮的表达画法的规定

（1）单个锥齿轮的规定画法　锥齿轮的画法，如图 7-26 所示，主视图通常是画成剖视图，轮齿按不剖画。在左视图中表示大端和小端的齿顶圆画粗实线，表示大端分度圆画细点画线。大、小 端的齿根圆和小端分度圆都不画，而其他部分均按投影关系画出。

（2）锥齿轮啮合的表达画法　锥齿轮啮合表达的画图步骤，如图 7-27 所示，而啮合区的画法与直齿轮圆柱齿轮相同。

三、蜗轮蜗杆简介

1. 蜗轮与蜗杆

蜗轮蜗杆传动是用来传递交叉两轴间的回转运动，而最常见的就是两轴垂直交叉。工作

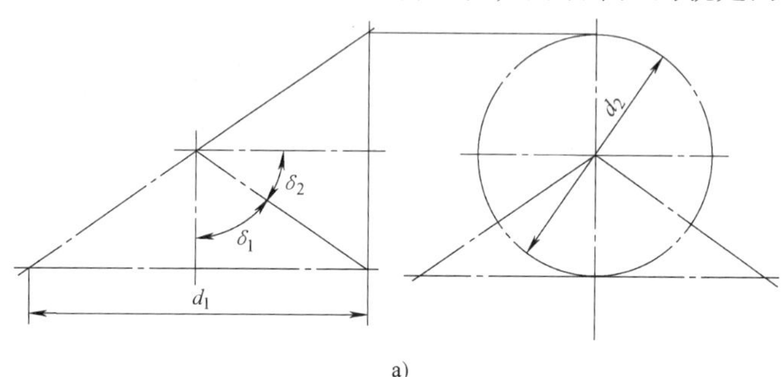

a)

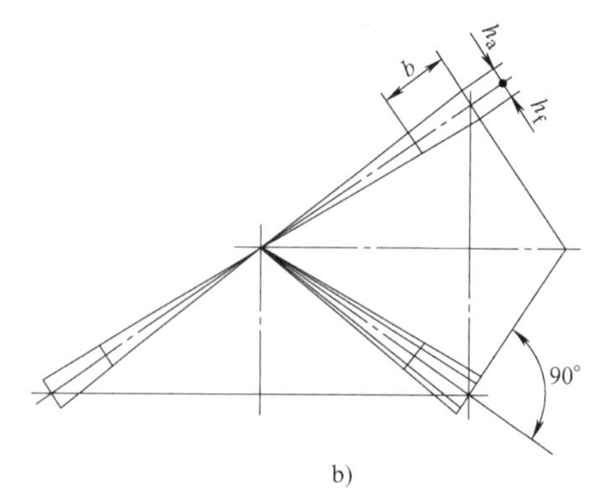

b)

图 7-27　直齿锥齿轮啮合的表达画图步骤

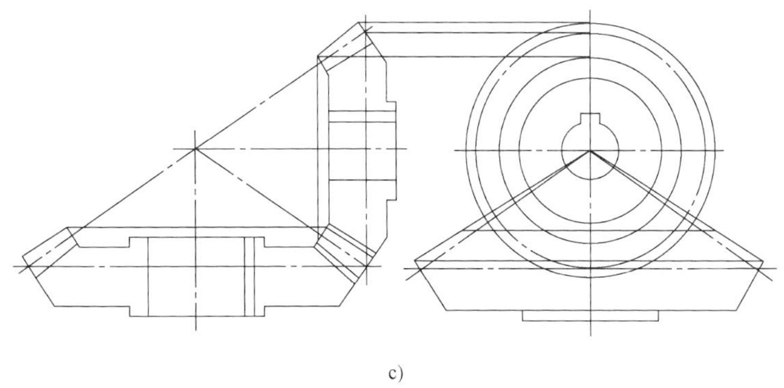

c)

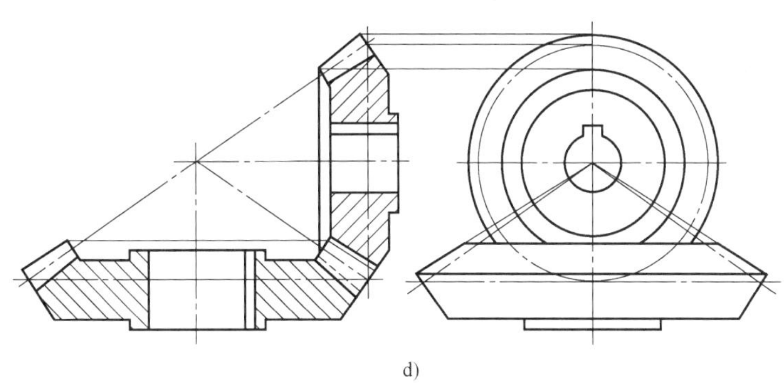

d)

图 7-27　直齿锥齿轮啮合的表达画图步骤(续)

时，蜗杆是主动件，蜗轮为从动件。

蜗杆的齿数 z_1 称为头数，相当于螺杆上螺纹的线数。常用蜗杆的头数是单头或双头的。传动时，蜗杆转动一圈，蜗轮却转过一个或两个齿。可见蜗轮蜗杆传动，可获得较大的传动比($i=z_2/z_1$，z_2 为齿轮齿数)。若是用圆柱齿轮或锥齿轮传动要获得越大的传动比，则齿轮所占的空间也就越大。相对而言，蜗轮蜗杆的传动结构更为紧凑，所以，常被用于传动比较大的机械传动中。但是蜗轮蜗杆的传动效率低，是其主要的缺点，应用时要加以注意。

蜗轮和蜗杆的轮齿是螺旋形的，蜗轮的齿顶面和齿根面制成圆环面。啮合的蜗轮和蜗杆，必须有相同的模数和齿形角。国家标准规定，在通过蜗杆轴线并垂直于蜗轮轴线的主平面内，蜗杆和蜗轮的模数和齿形角为标准值，其啮合关系相当于齿条和齿轮的啮合。

2. 蜗杆与蜗轮各部分几何要素代号与其表达画法

蜗杆与蜗轮各部分几何要素代号与其表达画法，如图 7-28 和图 7-29 所示。其画法与圆柱齿轮画法基本相同，但在蜗轮投影为圆的视图中，只画出分度圆和最外圆，不画齿顶圆和

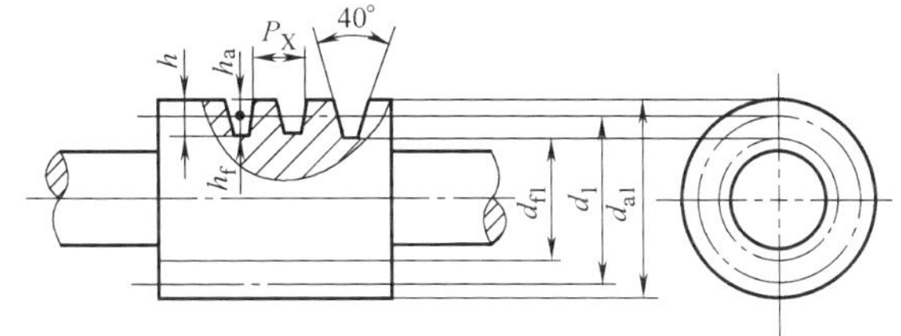

图 7-28　蜗杆几何要素的表达代号与画法

齿根圆。

蜗杆和蜗轮的啮合表达画法，如图 7-30 所示。

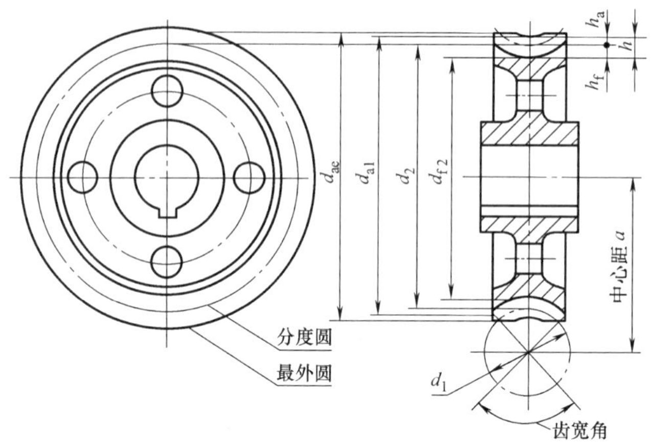

图 7-29　蜗轮的几何要素的表达代号与画法

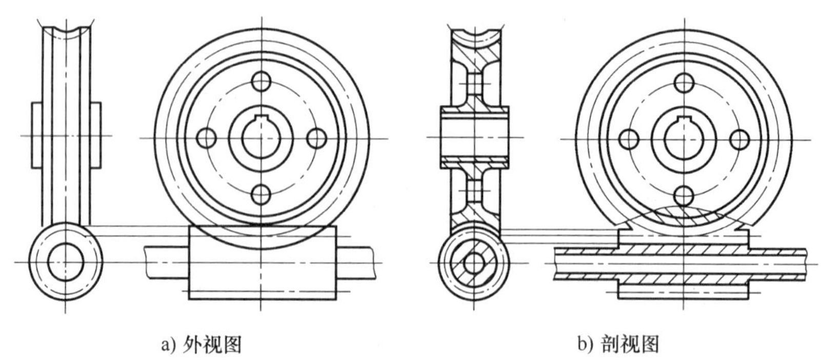

图 7-30　蜗杆与蜗轮啮合的表达画法

提示

蜗杆和蜗轮的啮合表达画法，应符合国家标准 GB/T 17452—1998 规定。

在蜗杆投影为圆的视图上，啮合区只画蜗杆，蜗轮被遮挡的部分可省略不画。在蜗轮投影为圆的视图上，蜗轮分度圆与蜗杆节圆相切，蜗轮外圆与蜗杆齿顶线相交。若采用剖视，蜗杆齿顶线与蜗轮外圆、喉圆（齿顶圆）相交的部分均不画出，如图 7-30b 所示。

小试身手

1. 如题图 7.3-1 所示，直齿轮 $m=5$，$z=40$，计算该齿轮的分度圆、齿顶圆和齿根圆的直径，采用 1:2 的比例，完成两视图，并进行计算。

2. 如题图 7.3-2 所示，已知大齿轮的模数 $m=4$，齿数 $z=38$，两齿轮的中心距 $a=108$mm。试计算大小齿轮的分度圆、齿顶圆和齿根圆直径。用 1:2 比例完成圆柱齿轮的的啮合图。

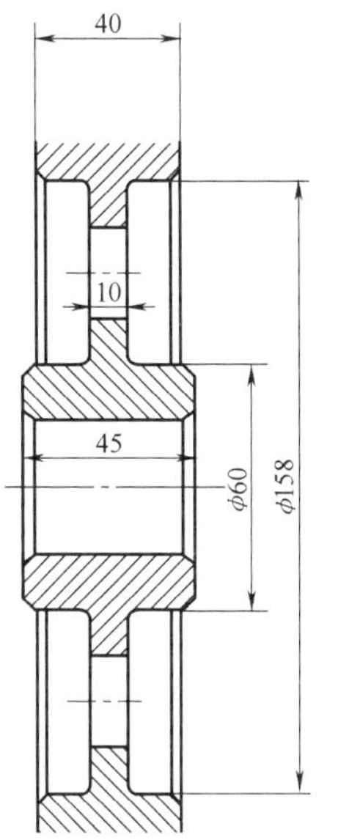

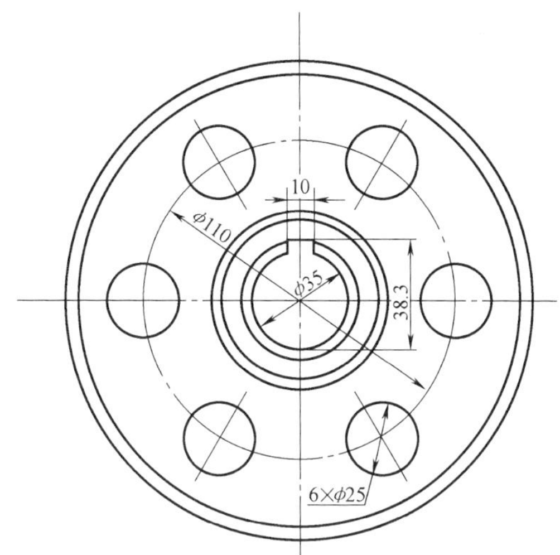

题图 7.3-1

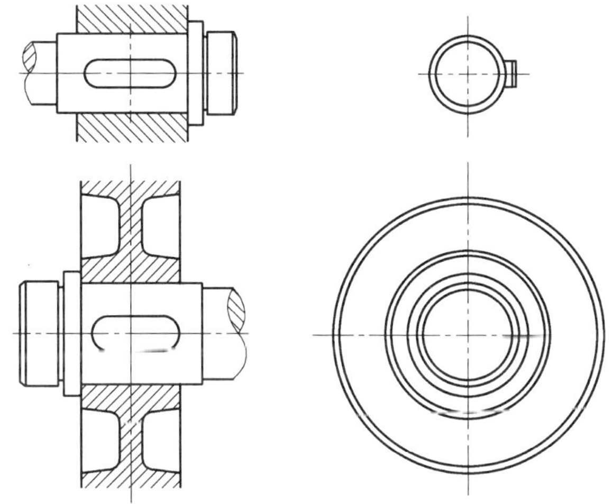

题图 7.3-2

计算结果：

(1) 小齿轮　分度圆 d_1 =　(2) 大齿轮　分度圆 d_2 =　(3) 传动比 i =

齿顶圆 d_{a1} =　齿顶圆 d_{a2} =

齿根圆 d_{f1} =　齿根圆 d_{f2} =

任务四	机械零件标准结构的表达——弹簧与轴承	学时：120min
学习目标	1. 了解机械零件弹簧与轴承的基本概念。 2. 了解弹簧与轴承结构的几何要素及其计算方法。 3. 了解弹簧与轴承结构的规定画法，会识读弹簧与轴承结构的表达形式。	
知识点	1. 机械零件弹簧与轴承结构的表达中国家标准的相关规定。 2. 完整表达弹簧与轴承结构的基本要素。	
技能点	1. 会识读国家标准中各类弹簧与轴承结构的规定。 2. 会在视图中标出弹簧与轴承结构的标记。 3. 会正确地应用和完整清晰地表达机件中弹簧与轴承结构及其识读。	
 弹簧结构基本要素与尺寸计算	弹簧与轴承结构的基本几何要素应符合 GB/T 2821—2003 和 GB/T 276—1994 的规定。 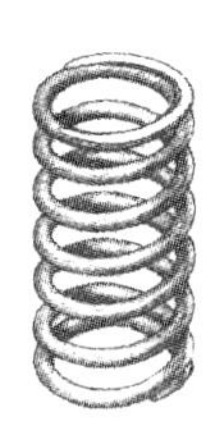 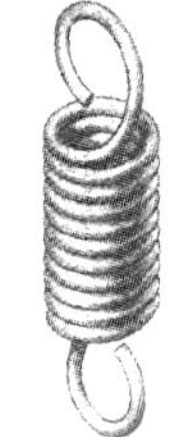 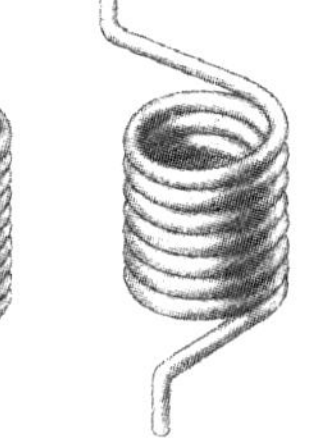 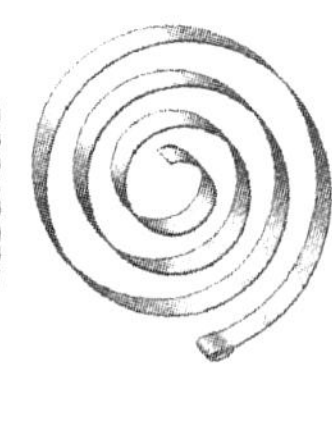 压缩弹簧　拉伸弹簧　扭转弹簧　平面蜗卷弹簧 a) 常用弹簧种类 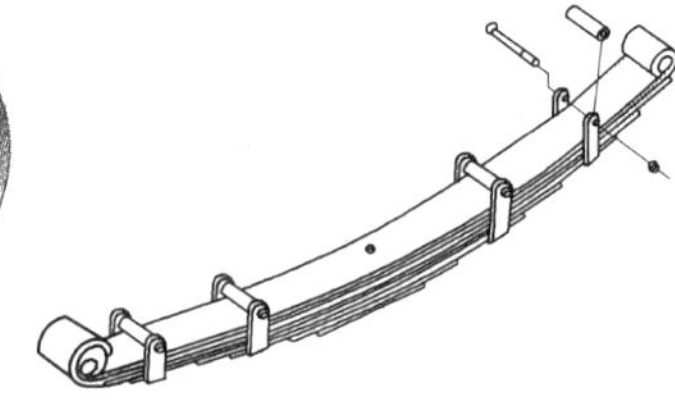 b) 汽车钢板的基本结构 圆柱螺旋压缩弹簧基本结构要素——簧丝直径、弹簧中径、弹簧外径、弹簧内径、节距、有效圈数、支撑圈数、总圈数、自由高度、展开长度等。	
滚动轴承结构的表达	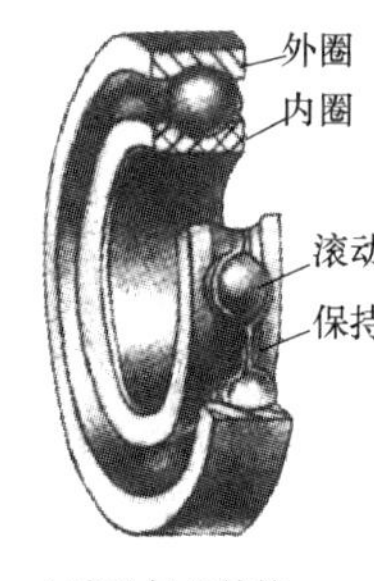 a) 滚动轴承结构    b) 常用滚动轴承类型 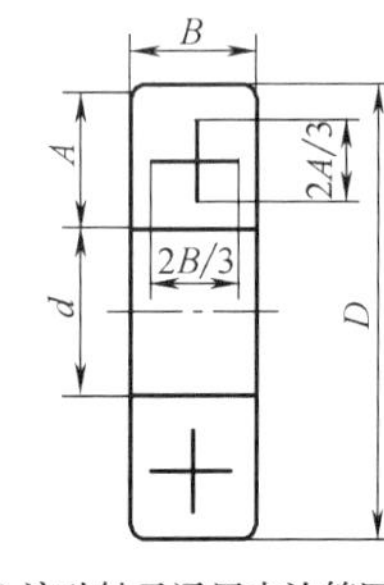 c) 滚动轴承通用表达简图 1）滚动轴承的标记由三部分组成：轴承名称、轴承代号、标准编号。 2）滚动轴承画法有通用画法、特征画法和规定画法三种。	
圆柱压缩弹簧各部分尺寸计算	弹簧中径 D_2　弹簧的平均直径，$D_2=\dfrac{D+D_1}{2}=D_1+d=D-d$。 簧丝直径 d、弹簧外径 D、弹簧内径 D_1、弹簧中径 D_2 有效圈数与支承圈数之和称为总圈数，即 $n_1=n+n_2$。 自由高度 H_0　弹簧在不受外力作用时的高度(或长度)，$H_0=nt+(n_2-0.5)d$。 展开长度 L　制造弹簧时坯料的长度。由螺旋线的展开可知 $L\approx n_1\sqrt{(\pi D_2)^2+t^2}$。	

一、弹簧

弹簧是用途广泛的常用零件。它主要用于减振、夹紧、储存能量和测力等方面。弹簧的特点是在其弹性限度内，去掉外力后，能立即恢复原状。常用的弹簧如图 7-31 所示。本节主要介绍普通圆柱螺旋压缩弹簧的画法和尺寸计算。

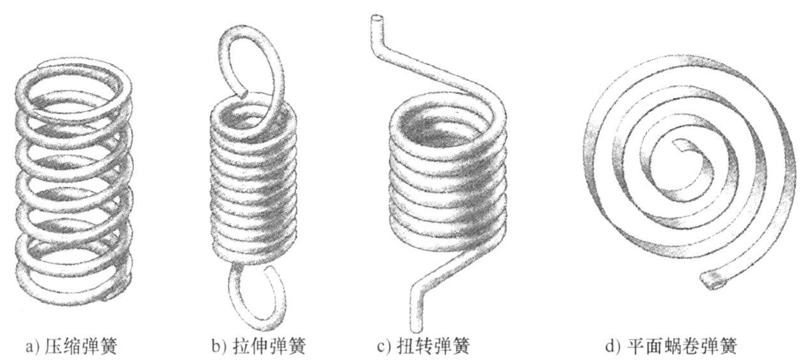

a) 压缩弹簧　b) 拉伸弹簧　c) 扭转弹簧　d) 平面蜗卷弹簧

图 7-31　常用弹簧

汽车机械结构中用到弹簧的地方很多，例如载重汽车前、后悬架上的承重钢板弹簧，如图 7-32 所示。

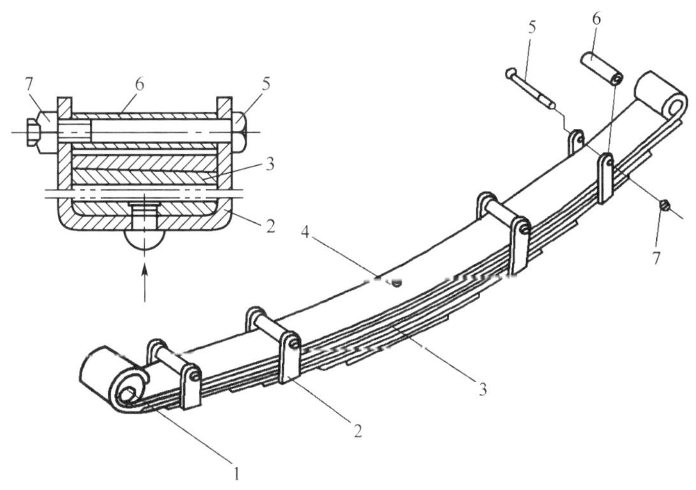

图 7-32　钢板弹簧

1—卷耳　2—弹簧夹　3—钢板弹簧　4—中心螺栓　5—螺栓　6—套管　7—螺母

1. 圆柱螺旋压缩弹簧各部名称和尺寸计算

圆柱螺旋压缩弹簧，如图 7-33 所示。

（1）簧丝直径 d　弹簧钢丝直径。

（2）弹簧外径 D　弹簧的最大直径。

（3）弹簧内径 D_1　弹簧的最小直径。

（4）弹簧中径 D_2　弹簧的平均直径 $D_2=(D+D_1)/2=D_1+d=D-d$。

（5）弹簧节距 t　除支撑圈外，相邻两有效圈上对应点之间的轴向距离。

（6）弹簧的有效圈数 n、支撑圈数 n_2 和总圈数 n_1 为使螺旋压缩弹簧工作时受力均匀，增加弹簧的平稳性，将弹簧的两端并紧、磨平。并紧、磨平的圈数主要起支撑作用，称之为支撑圈。图 7-33 所示的弹簧，其两端扣有 1.25 圈为支撑圈，即 $n_2 = 2.5$。保持相等节距的圈数，称为有效圈数。有效圈数与支撑圈数之和称为总圈数，即 $n + n_2 = n_1$。

（7）自由高度 H_0　弹簧在不受外力作用时的高度(或长度)，$H_0 = nt + (n_2 - 0.5)d$。

（8）展开长度 L　制造弹簧时坯料的长度。由螺旋线的展开可知 $L \approx \sqrt{(\pi D_2)^2 + t^2}$。

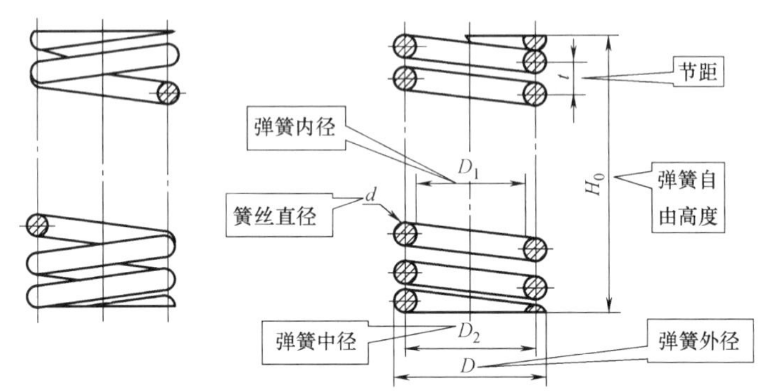

图 7-33　圆柱螺旋压缩弹簧的表达与标注

2. 圆柱螺旋压缩弹簧的表达画法

1）弹簧在平行于轴线投影面上的视图中，各圈的轮廓不必按螺旋线的真实投影画出，可用直线来代替螺旋线的投影，如图 7-33 所示。

2）螺旋弹簧均可画成右旋，但若是左旋弹簧，一律要加注旋向“左”字。有特定右旋要求时也可注明“右旋”。

3）有效圈数在四圈以上的弹簧，中间各圈可省略不画，只画出其两端的 1 ~ 2 圈(不包括支撑圈)，中间只需要通过簧丝断面中心的细点画线连起来。省略后，允许适当缩短图形的长度，但应注明弹簧设计要求的自由高度，如图 7-33 所示。

4）在装配图中，螺旋弹簧被剖切后，不论各圈是否省略，被弹簧挡住的结构一般不画出来，其可见部分应从弹簧的外轮廓线或弹簧钢丝的中心线画起，如图 7-34a 所示。

5）在装配图中，当弹簧钢丝的直径在图上等于或小于 2mm 时，其断面可以涂黑来表达，如图 7-34b 所示，或采用图 7-34c 所示的示意画法。支撑圈不等于 2.5 圈时可按 2.5

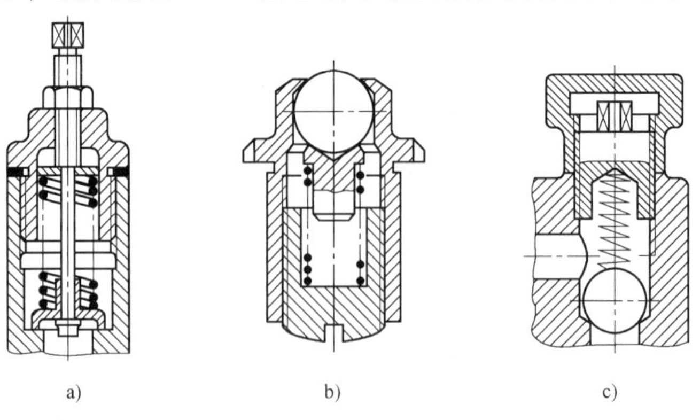

图 7-34　装配图中弹簧的表达

圈画。

3. 圆柱螺旋压缩弹簧的表达画法示例

对于两端并紧、磨平的圆柱螺旋压缩弹簧，其作图步骤如图7-35所示。

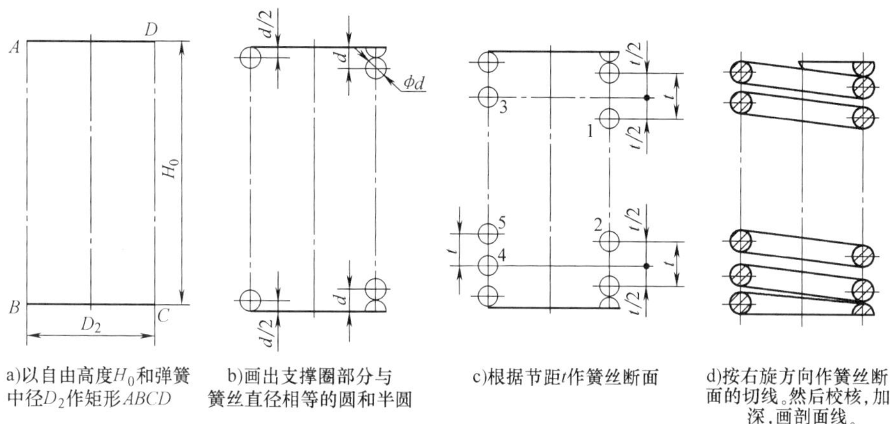

图7-35 圆柱螺旋压缩弹簧的画法

4. 圆柱螺旋压缩弹簧的零件图表达识读

图7-36所示为圆柱螺旋压缩弹簧零件图示例。识读时要留意几点：

1）弹簧的参数直接标注在图形上，若直接标注有困难时，也可在技术要求中进行说明。

2）有时需要用图解表达弹簧的负荷与高度(或长度)之间的弹性比例关系；圆柱螺旋压缩弹簧的机械性能画成直线(粗实线)，其中，F_1 为弹簧的预加负荷，F_2 为弹簧的最大负荷，F_3 为弹簧的允许极限负荷。

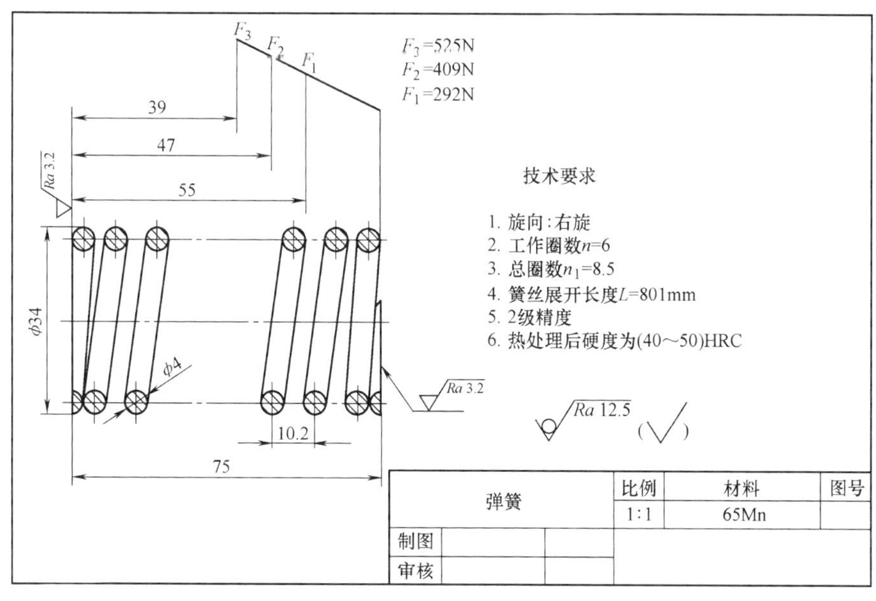

图7-36 圆柱螺旋压缩弹簧的零件图

5. 圆柱螺旋压缩弹簧的标记

弹簧的标记由名称、形式、尺寸、标准编号、材料牌号以及表面处理组成。

例如 YA 型螺旋压缩弹簧，材料直径 1.2mm，弹簧中径 8mm，自由高度 40mm，刚度、外径、自由高度的精度为 2 级，材料为碳素弹簧钢丝 B 级，则表面镀锌处理的左旋弹簧的标记为

YA1.2 ×8 ×40 —2 左 CB/T 2089—1994 B 级-D-Zn

小试身手

1. 如题图 7.4-1 所示，补画弹簧剖视图中漏掉的图线，用代号标注弹簧零件图上应标出的尺寸(本题不必画出弹簧压缩后的长度)。

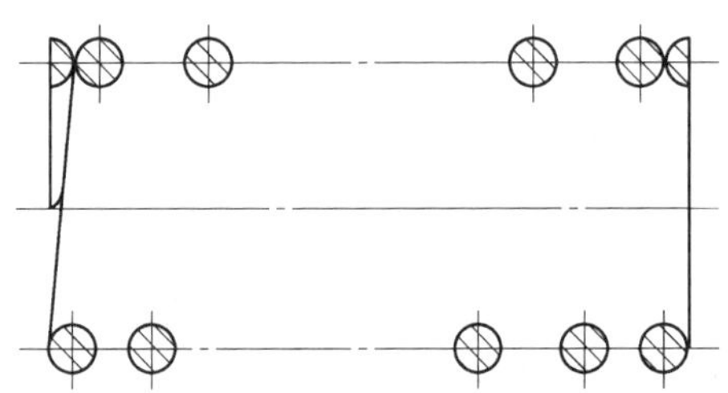

题图 7.4-1

2. 已知圆柱螺旋压缩弹簧簧丝直径 $d=10$mm，弹簧中径 $D=45$mm，节距 $l=10$mm，自由高度 $H=130$mm，有效圈数 $n=7.5$，支撑圈数 $n_2=2.5$，右旋。用 1∶1 比例画出弹簧的全剖视图(轴线为水平位置)。

二、滚动轴承

在机器(汽车)中，滚动轴承是用来支承旋转轴的标准件。它可以大大减小旋转轴旋转时的摩擦阻力，提高机械效率，且具有结构紧凑等优点，应用极为广泛。我们对它应该有所了解。

1. 滚动轴承的结构及表达方法(GB/T 4459.7—1998)

(1) 滚动轴承的结构　滚动轴承一般由内圈、外圈、滚动体、保持架等组成，如图 7-37 所示。

(2) 滚动轴承按承受载荷的方向分为三类

1) 向心轴承，主要承受径向载荷，如图 7-37a 所示。

2) 推力轴承，只承受轴向载荷，如图 7-37b 所示。

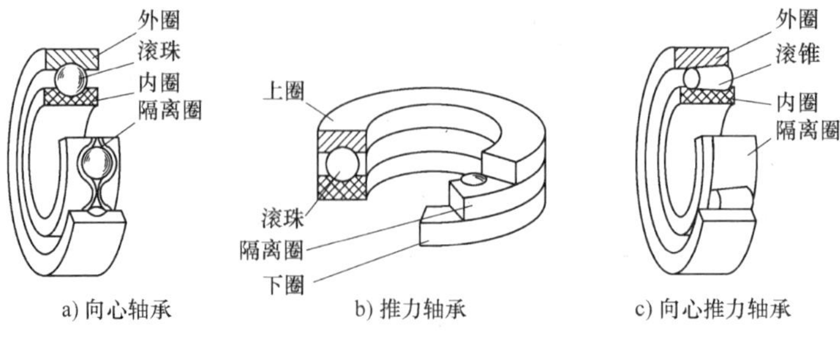

图 7-37　滚动轴承的基本结构

3）向心推力轴承，同时承受轴向和径向载荷，如图 7-37c 所示。

（3）滚动轴承表示法（GB/T 4459.7—1998） 滚动轴承的表达方法主要包括三种画法：通用画法、特征画法和规定画法。各种画法示例见表 7-8。

表 7-8 常用滚动轴承的表达方法

轴承类型	结构形式	通用画法	特征画法	规定画法	承载特征
		（均指滚动轴承在所属装配图的剖视图中的画法）			
深沟球轴承（GB/T 276—1994）6000 型			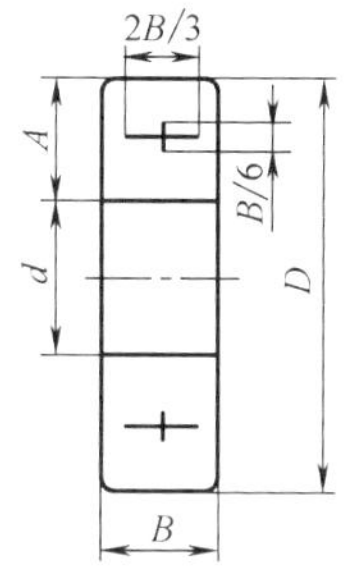	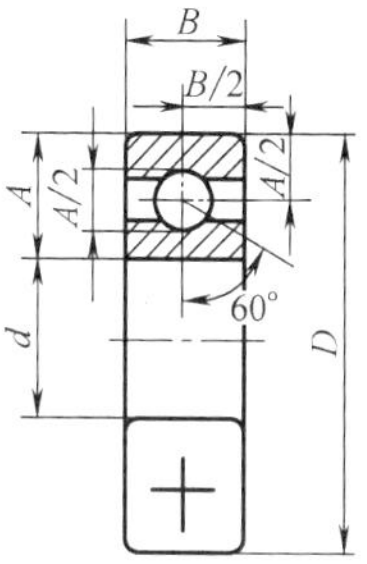	主要承受径向载荷
圆锥滚子轴承（GB/T 297—1994）30000 型	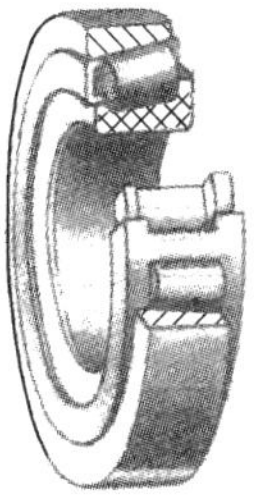	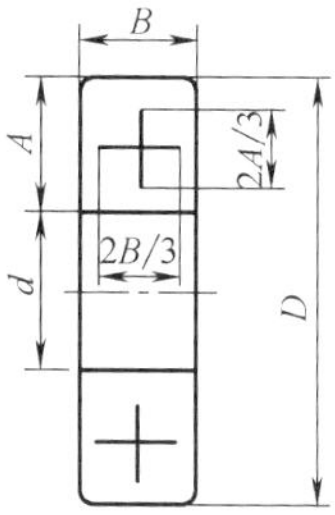	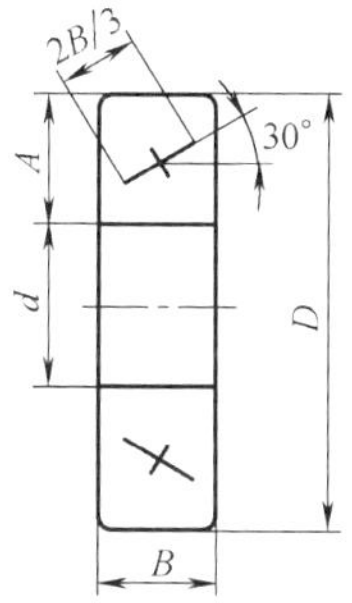	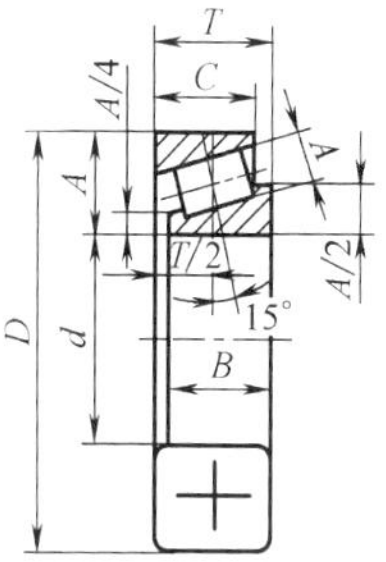	可同时承受径向和轴向载荷
推力球轴承（GB/T 301—1995）51000 型	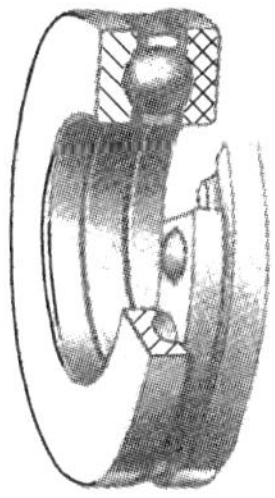		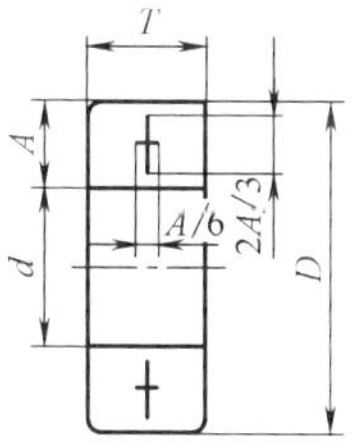	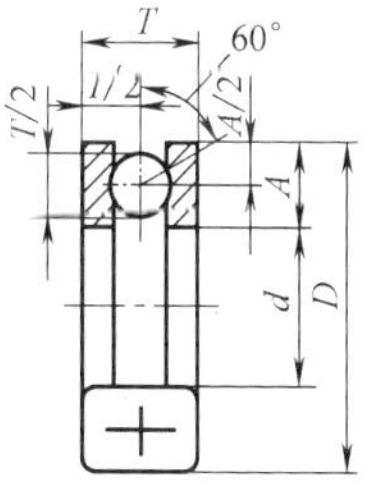	承受单方向的轴向载荷
三种画法的选用		当不需要确切地表示滚动轴承的外形轮廓、承载特性和结构特征时采用	当需要较形象地表示滚动轴承的结构特征时采用	滚动轴承的产品图样、产品样本、产品标准和产品使用说明书中采用	

（4）滚动轴承的代号 滚动轴承代号是用字母加数字来表示滚动轴承的结构、尺寸、公差等级、技术性能等特征的产品符号。一般用途的滚动轴承代号由基本代号、前置代号和后置代号构成，其各项内容如表 7-9 所示。

表 7-9 滚动轴承代号(GB/T 272—1993)

前置代号	基本代号					后置代号							
	五	四	三	二	一								
轴承的分部代号	类型代号	尺寸系列代号		内径代号		内部结构代号	密封与防尘结构代号	保持架及其材料代号	特殊轴承材料代号	公差等级代号	游隙代号	多轴承配置代号	其他代号
		宽度系列代号	直径系列代号										

轴承的基本代号由类型代号、尺寸系列代号和内径代号组成。基本代号最左边的一位数字(或字母)为类型代号，见表 7-9；尺寸系列代号由宽度的直径系列代号组成，具体可从 GB/T 272—1993 中查取；内径代号的表示有两种情况，即当内径不小于 20mm 时，内径代号数字为轴承公称内径除以 5 的商数，当商数为一位数时，需在左边加“0”；当内径小于 20mm 时，则另有规定。

表 7-10 滚动轴承类型代号(GB/T 272—1993)

代号	轴承类型	代号	轴承类型
0	双列角接触球轴承	6	深沟球轴承
1	调心球轴承	7	角接触球轴承
2	调心滚子轴承和推力调心滚子轴承	8	推力圆柱滚子轴承
3	圆锥滚子轴承	N	圆柱滚子轴承(双列或多列用字母 NN 表示)
4	双列深沟球轴承	U	外球面球轴承
5	推力球轴承	QJ	四点接触球轴承

小贴士

表 7-10 所示滚动轴承类型代号中的不同字母或数字，表达了滚动轴承不同的结构和性能。

例 7-1 以滚动轴承代号 6204 为例，说明滚动轴承代号各数字的含义如下：

6——类型代号。表示深沟球轴承。

2——尺寸系列代号“02”。其中“0”为宽度系列代号，按规定省略了“0”未写出，“2”为直径系列代号，两者组合时，只写“2”。

04——两位数字内径代号。表示该轴承内径尺寸为 04 ×5mm =20mm，即内径代号是公称直径 20mm 除以 5 的商数 4，前面加 0 成为“04”。

轴承代号的类型代号或尺寸系列代号，有时也可省略不写，具体的规定可在 GB/T 272—1993 中查知。

2. 滚动轴承的标记

根据各类滚动轴承的相应标记规定，主要由三部分组成：轴承名称 、轴承代号 、标准编号。

标记示例： 滚动轴承 6210 GB/T 276—1994

小试身手

如题图 7.4-2 所示，已知阶梯轴两端支承轴承轴肩处的直径分别为 25mm 和 15mm，用 1:1 比例表达出支承处的滚动轴承(按规定画法表达)。

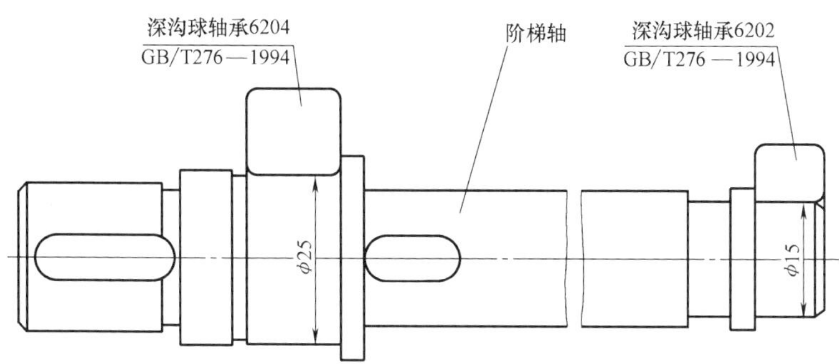

题图 7.4-2

学习活动情境七任务测评表

班级		姓名		日期		自评	互评	备注
1. 你知道机械零件标准结构的概念了吗?								
2. 你会识读表达螺纹结构的剖视图了吗?								
3. 你会识读齿轮结构剖视图和计算几何要素的尺寸了吗?								
4. 你会常用键和常用销的标记了吗?								
5. 你会圆柱压缩弹簧各部名称的相关计算了吗?								
6. 你知道滚动轴承标记的含义了吗?								
个人小结:								
总体评价						教师签字		

学习活动情境八：汽车零件的表达及识读

任务一	汽车零件的表达及识读——零件与零件图	学时：90min
学习目标	1. 了解机械零件的功能分类，知道哪类零件需用零件图来表达。 2. 通过识读零件图，了解零件图的概念、内容和作用。 3. 通过识读零件图，了解零件图识读的基本步骤。	
知识点	1. 零件图的概念、内容及其作用。 2. 识读零件图的一般步骤。 3. 零件图与装配图的关系。	
技能点	1. 通过识读零件图，了解零件图的内容和作用。 2. 通过识读零件图，掌握零件图识读的一般步骤。 3. 会表达零件图与装配图的关系。	
零件与零件图	按零件功能分类：连接件、传动件、专用件。一般连接件是按国家标准由专业厂家生产的，又称标准件，不需用零件图表达。表达单个零件结构形状、大小及技术要求的图样称为零件图。 （1）通过识读零件图，了解零件图的内容—标题栏、一组视图、齐全尺寸和技术要求。 （2）通过识读零件图，了解零件图的作用—指导生产的重要技术文件和零件制造、检验的主要依据。 （3）零件图与装配图的关系—先画装配图后画零件图，装配图是由设计者对具有一定功能的机器(或部件)整体结构的表达，零件图表达了组成该部机器(或部件)，且按一定技术要求进行装配的单个零件的结构形状、大小及技术要求。对于零件图能否准确、清晰、完整地表达设计者意图和机器功能所需具备的要求是十分重要的。同样，通过识读零件图能够准确、清晰、完整地理解设计者的意图及技术要求也是十分必要的。	
零件图表达的内容	识读零件图，了解零件图表达的内容。 零件图表达的内容是标题栏、一组视图、齐全尺寸和技术要求。 （1）标题栏—符合国家标准规定的内容，名称、比例、材料等。 （2）一组视图—完整、正确、清晰、简洁地表达零件的结构形状等特征。 （3）齐全尺寸—定形尺寸、定位尺寸与尺寸基准等，无重复，无遗漏。 （4）技术要求—表达零件制造的质量要求：表面精度、尺寸精度、形状和位置精度、热处理以及工艺说明和要求等。 通过识读零件图，逐步了解零件图表达的内容。	
识读零件图的基本步骤	识读零件图，了解识读零件图的基本步骤。 （1）看标题栏—了解零件名称、材料、比例、数量、设计、制图、审核、日期等。 （2）看视图—了解零件结构形状及其特征等。 （3）分析尺寸标注—了解零件设计基准与工艺基准、定位尺寸、定形尺寸以及标准结构与工艺结构的标注等，表达零件的尺寸精度要求。 （4）看技术要求—了解零件制造质量的要求和零件质量合格的标准，零件表面粗糙度、尺寸公差、形状与位置公差、材料热处理、表面处理及一些机械加工工艺要求等。这些内容多数采用了国家标准规定的符号和代号标注在视图上。 通过识读零件图，逐步了解读图步骤，为看懂零件图奠定基础。	

任何一辆汽车（机器）或其部件都是由若干零件按一定的装配关系和设计、使用功能装配而成的。表达单个零件结构形状、大小及技术要求的图样称为零件图，它是制造、检验零件的主要依据。

一、识读零件图的基本步骤

例 8-1 分析、识读图 8-1 所示的柱塞套零件图，了解识读零件图的基本步骤和零件图表达的内容。

（1）看标题栏　该零件称为柱塞套，材料为合金钢 CrWMn，绘图比例 1:1，数量 1 件，是喷油泵总成中的一个重要零件。

（2）看视图　该零件选用了两个视图，主视图为全剖视图，表达了柱塞套的内外结构形状。*A—A* 移出剖面图表达了 $\phi3.4$ 孔及圆弧槽的形状和位置。该柱塞套的外形由同轴且直径不等的两个圆柱构成。内部为 $\phi10$ 的通孔，距右端 10mm 处正下方有一个 $\phi3.4$ 的圆通孔；距离右端 12mm 处正上方也有一个 $\phi3.4$ 的圆通孔，且与宽 5mm、直径为 10mm 的圆弧槽相通。

（3）尺寸标注分析　该零件的径向基准为外圆柱的轴心线。长度基准为右端面，尺寸 10、12、16、57 均为从该基准面标出。定位尺寸有 12 ± 0.022、10 ± 0.027、17 ± 0.021，其余尺寸均为定形尺寸。倒角 *C*1、*C*2 表示为 $1\times45°$、$2\times45°$ 的倒角；双点画线圆表示为 $\phi10$mm 的铣刀加工而成。

（4）看技术要求　表面结构的表面粗糙度最高的是 0.05μm，最低是 3.2μm。标注的定形尺寸有 $\phi10h9$、$\phi15\pm0.055$、$\phi19e7$ 等。形位公差有圆柱度公差、圆度公差、垂直度公差和平行度公差，如图 8-1 所示。

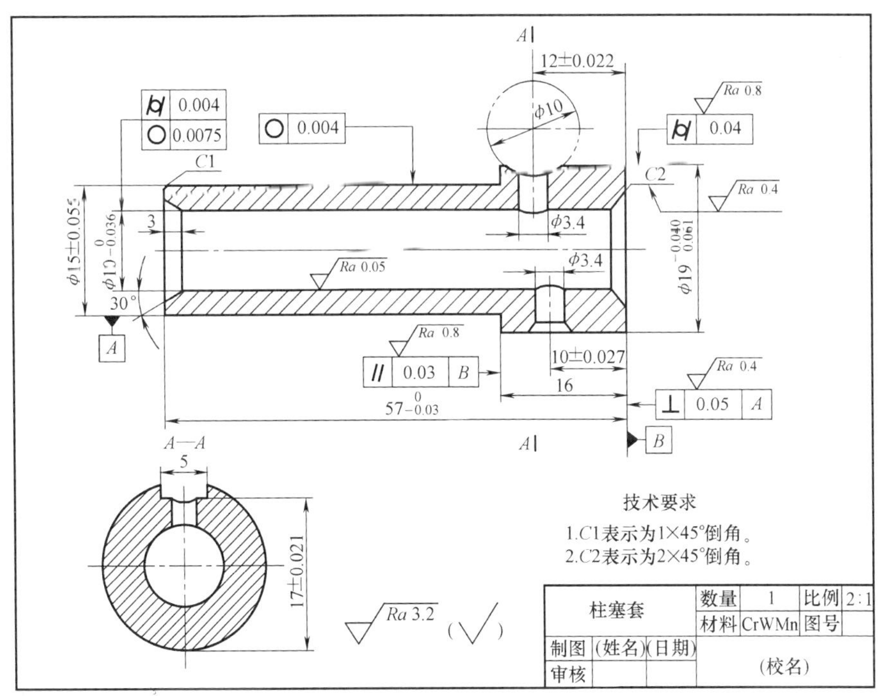

图 8-1　柱塞套零件图

小贴士

从以上的分析得知，该零件结构尺寸虽不大，但尺寸精度、形位精度和表面精度要求都很高，对材料的要求也很高，这是因为该零件是发动机柱塞喷油泵中一件非常重要的零件。

二、零件图的内容

通过对图 8-1 的分析，可以看出，一张足以成为加工和检验依据的零件图应包括的基本内容如下：

1. 标题栏

标题栏画在图框的右下角，填写零件的名称、材料、数量、比例、制图、审核人员的姓名、日期等内容。

2. 一组图形

选用一组适当的视图、剖视图、断面图等图形，将零件的内、外形状正确、完整、清晰地表达出来。

3. 齐全尺寸

正确、齐全、合理地标注零件在制造和检验时所需的全部尺寸。

4. 技术要求

用国家标准规定的符号、代号、标记和文字说明零件制造、检验或装配过程中所应达到的各项技术指标和要求。如尺寸公差、形位公差、表面粗糙度、热处理、表面处理等要求。

三、零件图的作用

1）用于指导零件的生产前准备工作（技术、设备、材料、人员等）。

2）生产制造过程中，用于指导零件的加工。

3）指导产品品质是否合格的检定及其品质级别的评估。

四、零件图与装配图的关系

图 8-2 是滑动轴承的分解图。滑动轴承是机器设备中支承轴传动的部件，它由一些标准件（如螺栓、螺母）和专用件（根据零件在装配体中的功能和装配关系专门设计的零件，如轴承座、轴承盖等）装配而成。

轴承座是滑动轴承的主要零件，它与轴承盖通过两组螺栓紧固，压紧上、下轴衬；轴承盖的上部油杯用来给轴衬加注润滑油；轴承座下部的底板是用于支承和固定轴承座的。可见，零件的结构形状和大小，是由其在机器或部件中的功用以及与其他零件的装配关系所确定的。

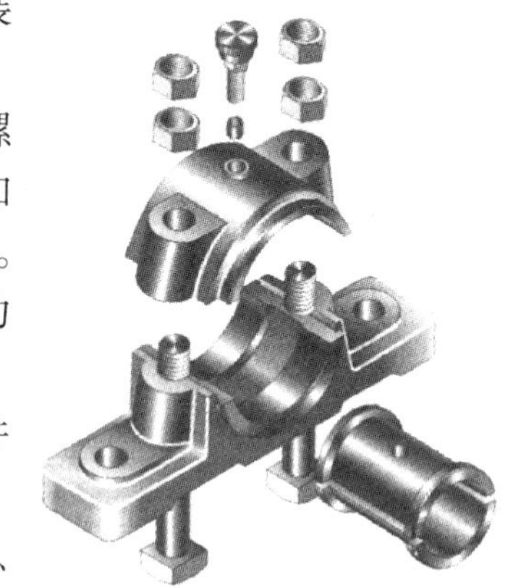

图 8-2　滑动轴承分解图

零件是构成机器的最基本单元，根据零件在机器或部件中的作用，可以分为连接件、传动件和一般零件。

1）连接件是指螺纹连接件（螺栓、螺钉、螺母、垫圈等）、键、销、滚动轴承等，在机器中主要起连接作用。连接件一般由专业厂家按国家标准制造，称为标准件。此类零件不必用零件图来表达。

2）传动件是指齿轮、蜗轮、蜗杆、带轮等零件，在机器中起着传动或传递转矩的作用。此类零件是必须要用零件图来表达的。而零件上的轮齿、齿槽、键槽等是标准化结构，需按国家标准规定来表达，零件图上常配置与结构相应的参数表。

3）一般零件是指为满足机器某些专用功能而设计的零件，又称专用件，必须用零件图来表达。

一部汽车(或机器)，是由若干个部件组成的，每一个部件又是由若干个零件组成的。零件是组成汽车(或机器)的一个基本单元。零件图表达的是零件的结构形状、大小和技术要求，并根据它来加工制造汽车的零件。汽车部件(总成)装配图是指导绘制零件图的根据，装配时，又是指导装配的依据。由此可见，零件图与装配图的关系是十分密切的。学会零件图的识读是我们识读汽车零部件图必备的基本功。

提示

零件图是生产过程中使用的实用图样，无论是零件的结构形状、尺寸大小，还是技术要求，都得必须既满足使用的要求，同时又要考虑制造的工艺和成本问题。这是与组合体视图的本质区别。但在图示方面仍然得遵守投影规则和视图的表达规定。

在生产过程中，要按照零件图准确地制造出图样所要求的零件，首先是通过分析，准确地理解设计者的意图，想象出零件的结构形状、了解零件的尺寸和技术要求，读懂零件图。

学习的目的：1）了解零件图的内容、作用和识读零件图的一般步骤和基本方法。

2）熟悉各类零件的工艺结构特点和视图的表达特点。

3）通过练习与实验课，学会识读一般的汽车零件图。

想一想

1. 零件的类型有哪些？各有什么特点？
2. 什么叫零件图，它与装配图有什么关系？
3. 描述题图 8.1-1 所示的带轮零件图表达的基本内容。

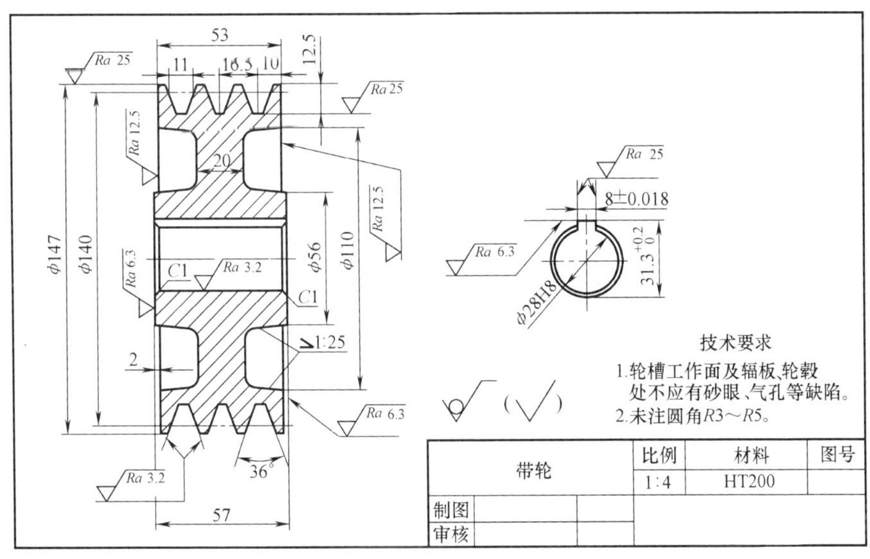

题图 8.1-1　带轮零件图

任务二	汽车零件的表达及识读——零件结构形状	学时：120min
学习目标	1. 了解零件的功能特点，知道哪些零件需要用零件图表达。 2. 了解零件结构形状特征，知道零件图表达其特征的原则。 3. 了解零件图表达零件结构形状的规律，会识读一般的零件图。	
知识点	1. 零件结构形状的特点。 2. 零件图主视图选择的原则，其零件结构形状表达的特点。 3. 零件图的尺寸和技术要求的表达与国家标准的规定。	
技能点	1. 懂得零件结构形状的类型。 2. 会不同类型的零件结构形状在零件图上表达的方法、步骤和技巧。 3. 会对零件图进行分析，确定零件结构形状的表达特点。	
零件结构形状类型与其视图选择	零件图若能正确、完整、清晰地表达零件结构形状，需要恰当地选择主视图和其他视图，确定一个比较合理的表达方案。 1. 零件结构形状的类型与其零件主视图选择的基本原则： 1）轴类（同轴回转体类，如轴、盘、轮等），按零件加工位置。 2）非轴类（非回转体类，如箱体、叉架等），按零件工作状态。 3）按主视图的投射方向，选择最能反映实形或结构形状的特征。 2. 其他视图的选择 总之，确定零件主视图及整体表达方案，应灵活运用上述各原则。从实际出发，根据具体情况全面分析、比较，以最能反映零件结构特征和实形的视图作为主视图，达到正确、完整、清晰、简洁地表达零件结构形状的目的。	
零件结构类型的表达	1）零件结构形状的类型——轴类（同轴回转体类，如轴、盘、轮等）；非轴类（非回转体类，如箱体、叉架等）。 2）结构形状类型不同的零件在其零件图上表达的方式。 3）零件图与装配图的关系——零件图表达单个零件的结构形状特征，由其装配图整体要求而确定的；装配图是由若干零件按一定的装配关系组合而成的，相辅相成，相互依存： ① 零件图要求把零件的结构形状正确、完整、清晰地反映出来。 ② 装配图要求把零件的相互装配关系正确、完整、清晰地反映出来。	
确定零件图表达方案的准则	1）分析图 8-6 支架零件图的表达方案。 2）分析图 8-7 箱体零件图的表达方案。 零件图以正确、完整、清晰、简洁地表达零件结构形状为准则。例如，图 8-6 支架零件图的 b 方案和图 8-7 箱体零件图，都是以较少的视图简洁、清晰、完整、正确地表达出该零件的结构形状特征。	

零件图要求把零件的结构形状正确、完整、清晰地表达出来。要满足这些要求，首先要对零件的结构形状特点进行分析，同时，还应尽可能多地了解零件在机器或部件中的位置、作用和它的加工方法，然后灵活地选择视图、剖视图、断面图等表达方法。表达零件结构形状的关键是恰当地选择主视图和其他视图，确定一个合理的表达方案。

提示

要准确地看懂零件图，必须要了解零件图是如何表达零件的形状的，只有熟悉了零件图表达零件的方法和原则，才能掌握识读零件图的方法、技巧。

一、主视图的选择

主视图是表达零件一组图形中的核心，在选择主视图时，一般综合下列因素进行考虑来确定。

1. 确定零件主视图的安放位置

零件主视图的安放原则是应符合零件的加工位置或零件的工作状态。

如汽车的轴（曲轴、凸轮轴、半轴、齿轮油泵轴）、套（连杆衬套）、轮（齿轮）、圆盘（端盖）等轴类零件的主视图的安放状态应尽可能地与零件在机械加工（车、磨、铣）时所处的位置一致。这类零件的主视图应当将其轴线水平放置，以便于加工。有些汽车的零件形状较复杂，如发动机箱体、叉架等，并且加工状态各有不同，需在多种机床上加工；还有如吊钩、前拖钩等，其主视图要尽可能选择零件的工作状态（或在部件中工作时所处的位置）来表达，如图 8-3a、b、c 所示。

2. 确定主视图的投射方向

确定主视图投射方向的原则是使所表达出来的零件主视图能较明显地反映该零件主要形状特征（反映零件实形），如图 8-3d 所示。

小贴士

对于形状不规则或工作位置不断变动的零件，一般应先放正或以最能反映实形的位置为主视图。根据零件的结构特点，综合分析，灵活考虑，有助于读懂零件图，如图 8-3e 所示。

二、其他视图的选择

主视图确定之后，要分析该零件还有哪些结构形状没有表达清楚，再考虑如何将主视图未表达清楚的部位辅以其他视图表达，并使每个视图都有表达的重点。在选择视图时，应优先选用基本视图以及在基本视图上作剖视。总之，要首先考虑看图方便，在充分表达清楚零件结构形状的前提下，尽量减少视图的数量，力求制图简便。

三、典型零件表达的方案

零件表达方案是指能完整、清晰地表达零件结构形状的若干种表达方法的组合。按照零件结构形状特征可概括分为轴类（同轴回转体）零件和非轴类（非回转体）零件两大类。

1. 轴类（同轴回转体）零件

当零件的主体结构形状为同轴回转体时，零件的形状特征比较明显，表达方案容易确定。如轴、套、轮、圆盘等，这类零件的表达特点是：在主视图上将主体沿轴线水平放置（加工位置），必要时用断面图、局部剖视图、局部放大图等方法来表达局部结构形状。

图 8-4 所示的轴，采用一个基本视图（主视图）就能表达其主要形状。对于轴上的键槽、销孔等局部结构，则采用了断面图、局部剖视图和局部放大图来表达。图 8-5 所示的端盖，将主视图画成全剖视图，标注尺寸后，其内外形状结构基本表达清楚了，将六个沿圆周均匀分布的沉头孔采用简化画法表达后，左视图可省略不画。对于防尘槽则采用局部放大的剖视图表达。

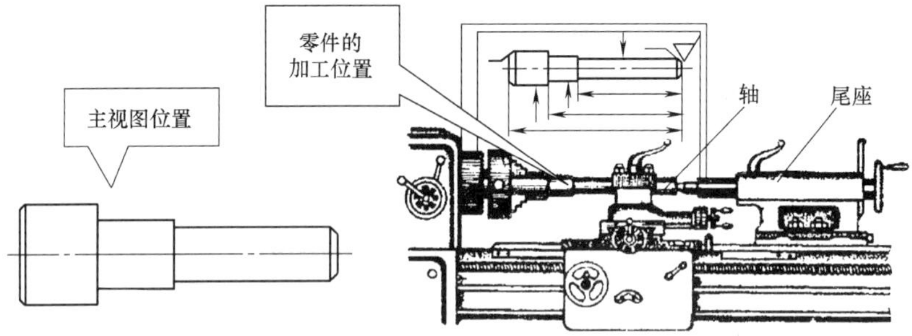

a)轴类的加工位置

b)吊钩工作状态

c)前拖钩工作状态

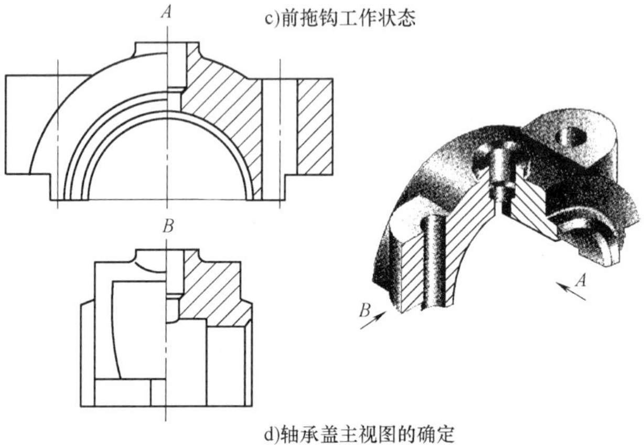

d)轴承盖主视图的确定

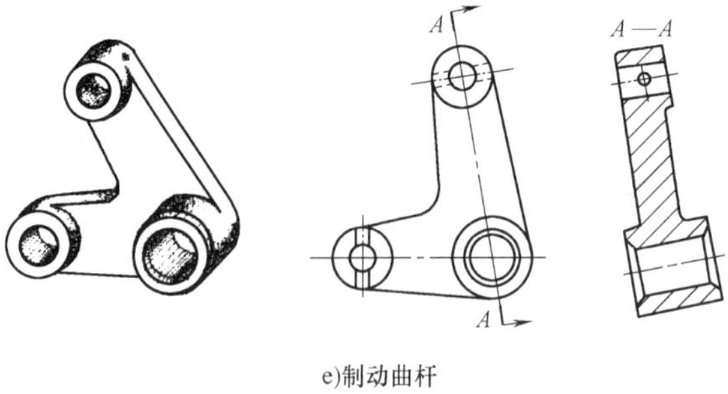

e)制动曲杆

图 8-3　零件主视图安放状态

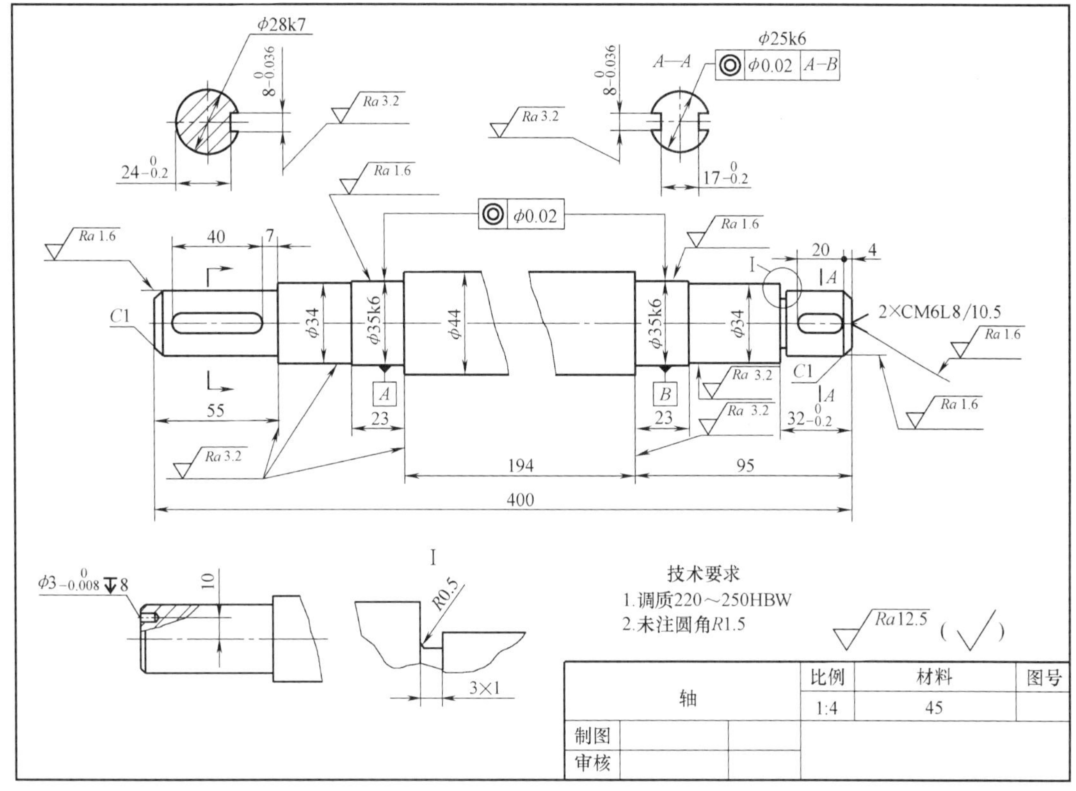

图 8-4　回转体类零件(轴)的视图表达

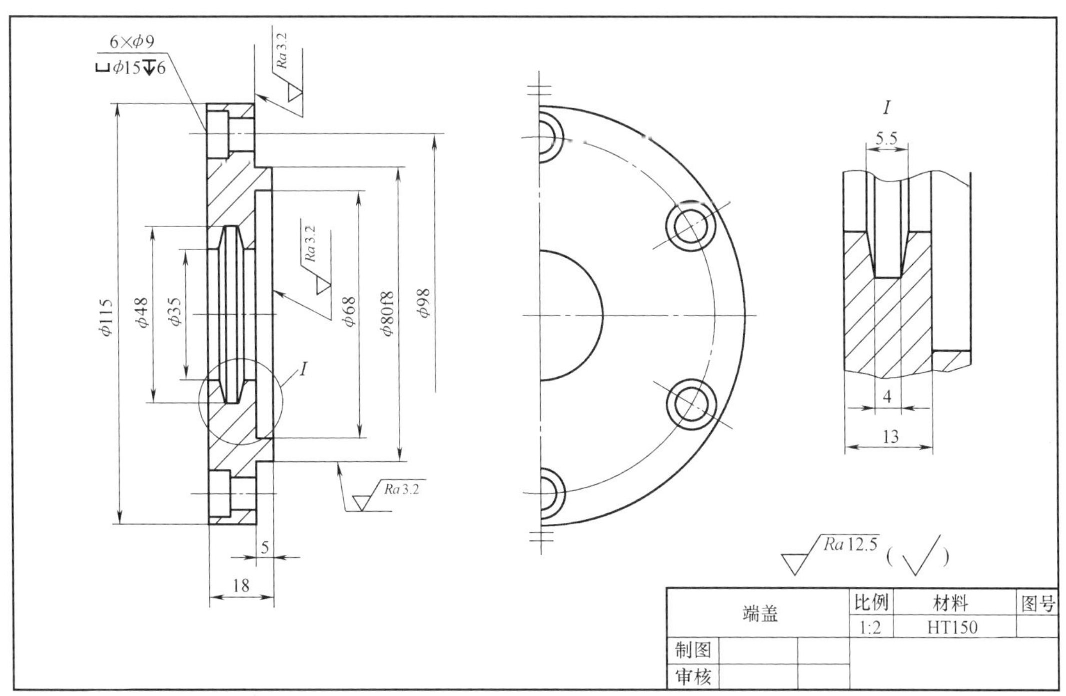

图 8-5　回转体类零件(端盖)的视图表达

2. 非轴类(非同轴回转体)零件

例 8-2 分析图 8-6 所示的支架零件的表达方案

当零件的主体结构形状为非同轴回转体时，零件的主体结构形状一般都比较复杂，同一个零件可能有几种表达方法。这就需要根据零件的结构形状特征，选择恰当的表达方法，从便于看图出发来分析不同表达方案的优缺点，来确定其合适的表达方案。

如图 8-6 所示的支架，上部的空心圆柱和左面的安装板通过中间的 T 形肋板连接。图 8-6a 采用三个基本视图：主视图、俯视图和右视图表达。由于主、俯视图已将空心圆柱的内、外结构形状表达清楚了，安装板的形状可以通过向视图表达，对于 T 形肋板采用断面图表达比较恰当，所以右视图可以省略不画。

图 8-6b 是支架的另一种表达方案，主视图表达空心圆柱、安装板和 T 形肋板的主要结构形状和相对位置，俯视图表达了空心圆柱、安装板和 T 形肋板的宽度。再用 *A* 向局部视图表达安装板左端面形状，用移出断面图表达 T 形肋板的断面形状。

比较两种表达方案，显然后一种方案更为简练、清晰。

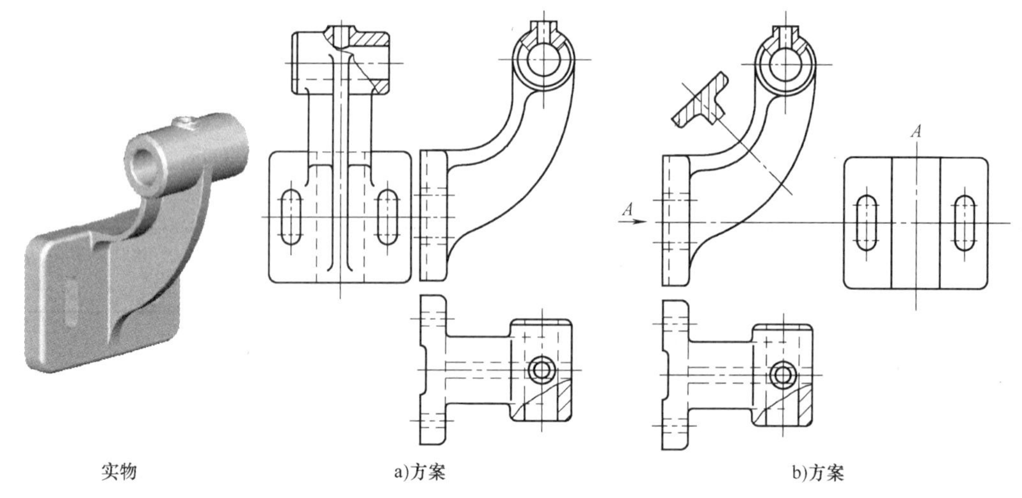

图 8-6 非回转体零件(支架)的视图表达

例 8-3 分析图 8-7 所示的箱体零件的表达特征

1）形状和结构分析。箱体类零件一般起支承、容纳、密封等作用，多为中空的壳体，具有内腔和壁，此外还有轴孔、轴承孔、凸台和肋板等结构，这类零件一般是部件的主体零件，许多零件都要装在其内部或外部，结构形状比较复杂，且多为铸件。

2）主视图的选择。箱体类零件由于结构形状一般都比较复杂，制造时需要在不同的机床上加工，且加工时的装夹位置又各不相同，所以这类零件的主视图按其工作位置摆放，并按形状特征原则确定主视图的投影方向。

3）其他视图的选择。简单的箱体零件，可能要两到三个基本视图，复杂的箱体常需要三个以上的基本视图，并配合其他各种表达方法才能表达清楚。

图 8-7 所示的箱体零件图，其主视图采用全视图来表达圆筒内部结构，并反映左右支板和底板的关系。为把圆筒端面上螺孔的分布、左右支承板的形状、中间肋板和底板的

结构关系及安装孔的结构表达清楚，选用了左视图，并作了两处局部剖视。至此，座体内、外结构形状大多表达清楚了，仅剩下底板的四角形状及安装孔在长度方向上的位置没表达清楚，因此选用了 A 向局部视图。这样，零件所有结构形状完整、简洁地表达出来了。

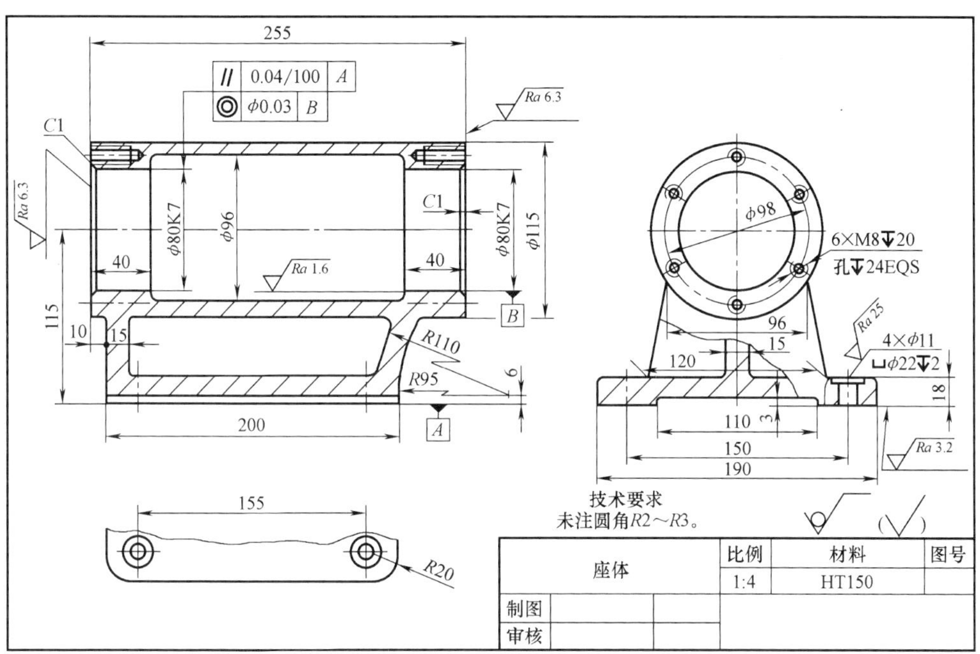

图 8-7　非回转体零件(箱体)的视图表达

想一想

描述一下，题图 8.2-1 所示为轴与盘零件结构形状的特点及其视图表达的特征。

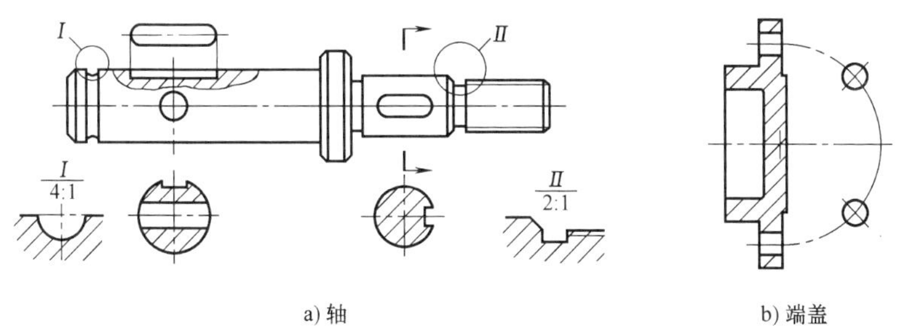

题图 8.2-1　轴与盘零件的视图表达

小试身手

简要说明题图 8.2-2 所示拨叉的结构特点和表达方案。

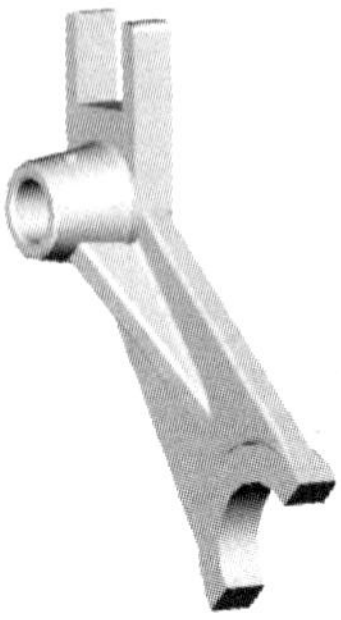

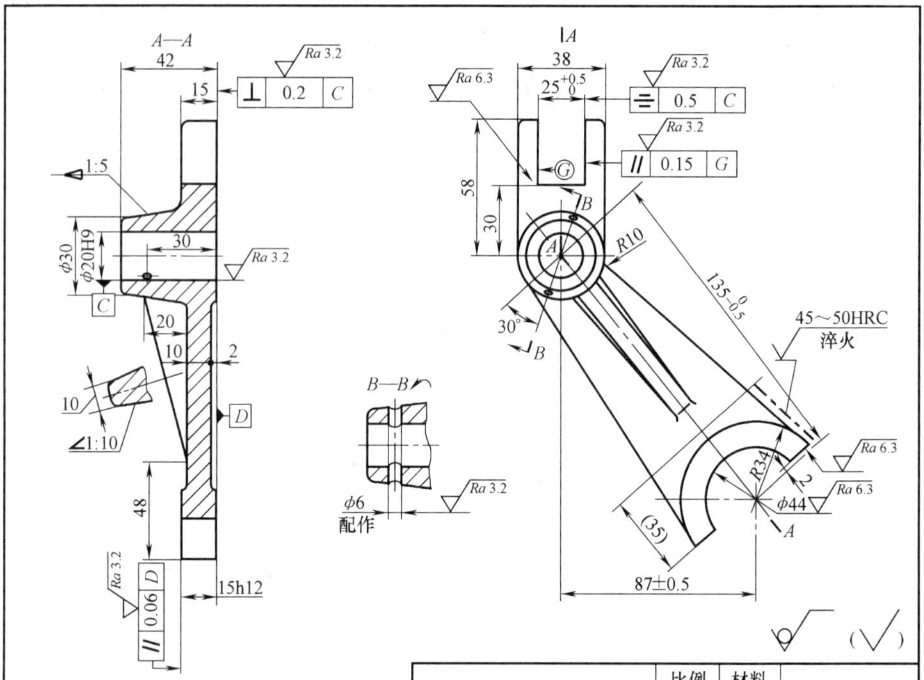

技术要求
未注铸造圆角$R1 \sim R3$。

拨叉		比例	材料	(图号)
		1:1	ZG45	
制图			(单位)	
校核				

题图 8.2-2

<table>
<tr><td colspan="2">任务三</td><td>汽车零件的表达及识读——常见与典型的工艺结构</td><td>学时：90min</td></tr>
<tr><td>学习目标</td><td colspan="3">1. 了解零件常见工艺结构的概念。
2. 知道零件图的工艺结构表达特征。
3. 了解零件工艺结构的特征与标注，会识读零件图中表达的零件工艺结构。</td></tr>
<tr><td>知识点</td><td colspan="3">1. 常见的零件工艺结构。
2. 常见的零件工艺结构的表达特征、作用与标注。
3. 零件图上常见的零件工艺结构国家标准的规定。</td></tr>
<tr><td>技能点</td><td colspan="3">1. 知道常见的零件工艺结构的特征。
2. 会识读零件图上常见的零件工艺结构。
3. 会对零件图的常见的零件工艺结构进行分析与识读。</td></tr>
<tr><td>零件常见工艺结构与其作用</td><td colspan="3">表达单个零件结构形状、大小及技术要求的图样称为零件图。
（1）零件的铸造工艺结构—壁厚与铸造圆角，其作用是防止砂型脱落和冷却收缩产生裂缝。
（2）零件的机械加工工艺结构
1）倒角与倒圆，其作用是便于装配防止应力集中。
2）退刀槽与越程槽，其作用是利于车削螺纹退刀和磨削加工面到位。
3）减少加工面结构，其作用是保证面接触良好。
（3）零件的钻孔工艺结构，其作用是保证钻孔精度和避免钻头折断。</td></tr>
<tr><td>零件常见工艺结构的表达</td><td colspan="3">零件工艺结构在零件图上必须明确加以表达，因为它对零件质量有直接的影响，对于这些已经标准化了的工艺结构表达及尺寸的注法，应符合相应国家标准的规定。
（1）壁厚与铸造圆角。
（2）倒角与倒圆。
（3）退刀槽与越程槽。
（4）减少加工面。
（5）钻孔结构。</td></tr>
<tr><td>零件常见典型结构的表达</td><td colspan="3">零件图中常见典型结构的表达　　光孔、螺孔、、销、中心孔及锥度等结构的标注与识读。
（1）光孔(一般孔、精加工孔、锥孔)。
（2）沉孔。
（3）螺孔。
（4）销孔。
（5）中心孔。
（6）锥孔。
零件图上常见的销孔、沉孔、螺孔、中心孔、锥度等结构的表达标注，应符合国家标准 GB/T 4458.4—2003 的规定。</td></tr>
</table>

汽车零件在生产制造的过程中必须要满足生产工艺的要求，才能确保零件的制造质量达到零件所需要的技术要求，若不能满足，则该零件难以保证质量要求。所以，零件的结构形状，除了应满足使用上的要求外，还应满足生产制造工艺的要求，具有合理的工艺结构。

一、铸造工艺结构

1. 起模斜度

如图 8-8a 所示，在铸造零件毛坯时，为便于将木模从砂型中取出，零件的内外壁沿起模方向应有一定的斜度，一般为1∶20～1∶10。起模斜度在制作木模时应予考虑，在视图上可不注出来。

2. 铸造圆角

如图 8-8b 所示，防止砂型在尖角处脱落和避免铸件冷却收缩时，在尖角处产生裂缝，铸件各表面相交处应有过渡圆角。

由于铸造圆角的存在，零件各表面交线就显得不明显。为区分不同形体的表面，在零件图上仍画出表面的交线，称为过渡线，可见过渡线用细实线表达。过渡线的画法与相贯线的画法基本相同，只是在其端点处不与其他轮廓线相接触，如图 8-9 所示。

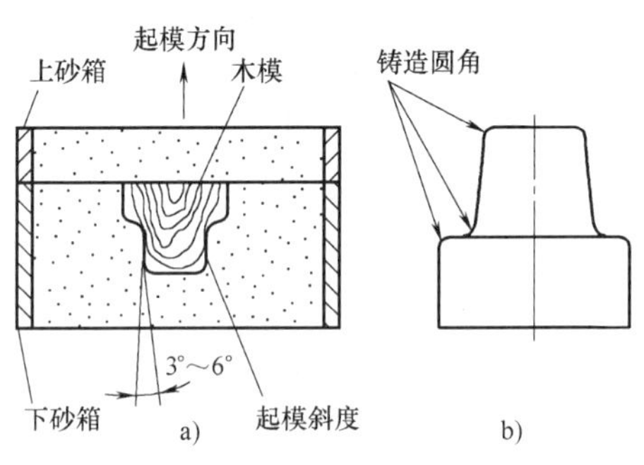

图 8-8 起模斜度与铸造成圆角

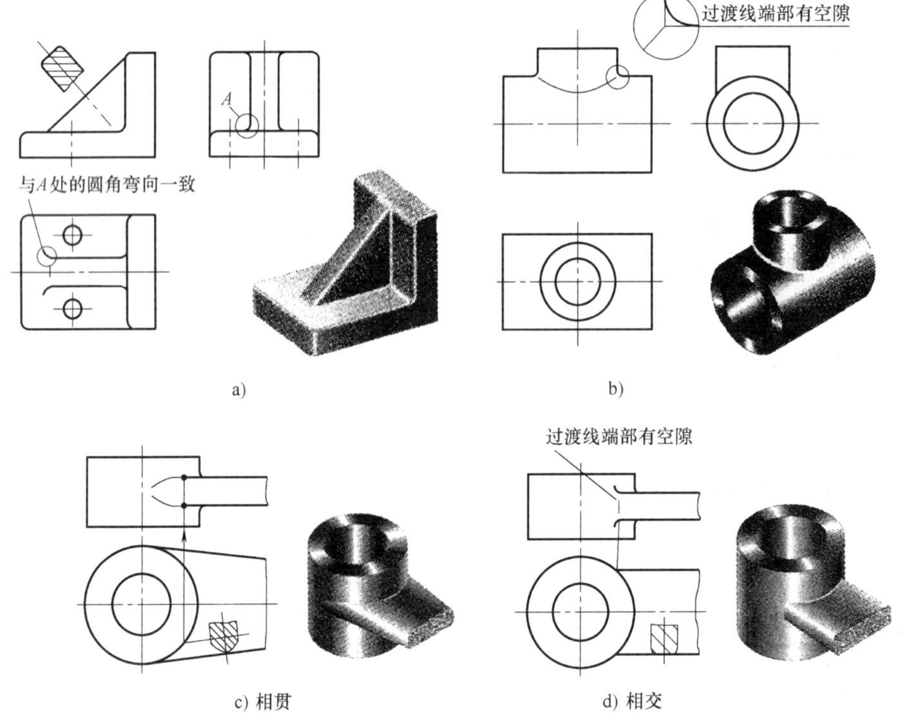

图 8-9 过渡线的表示方法

3. 铸件壁厚

为避免浇铸后由于铸件壁厚不均匀而产生缩孔、裂纹等缺陷，如图 8-10a 所示，应尽可能使铸件壁厚均匀或采用逐渐过渡的结构，如图 8-10b、c 所示。

二、机械加工工艺结构

1. 倒角和倒圆

如图 8-11 所示，为便于装配和安全操作，轴和轴孔的端部应加工成倒角；为避免应力集中而产生裂纹，轴肩处应有圆角过渡；当倒角为 45°时，尺寸标注可简化，如图 8-11 中 *C*2 所示。

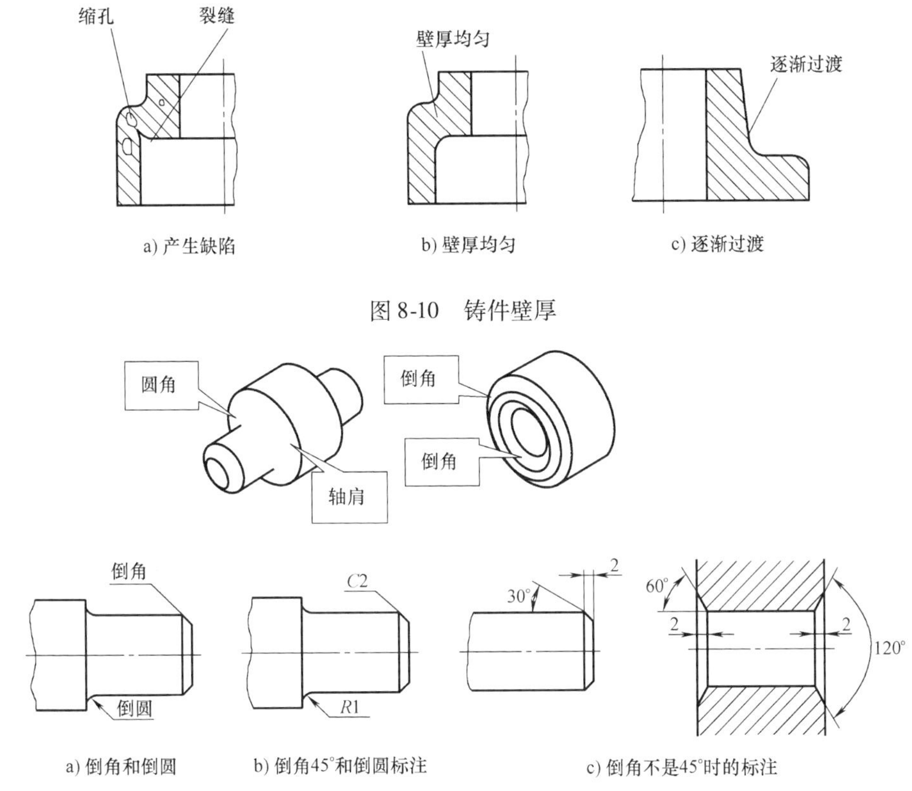

图 8-10　铸件壁厚

图 8-11　倒角和倒圆及其标注

提示

“*C*”代表45°倒角，可与倒角轴向尺寸连注。倒角不是45°时，要分开标注；倒圆应标注圆角的半径，用“*R*+数字”表达，如图8-12所示。

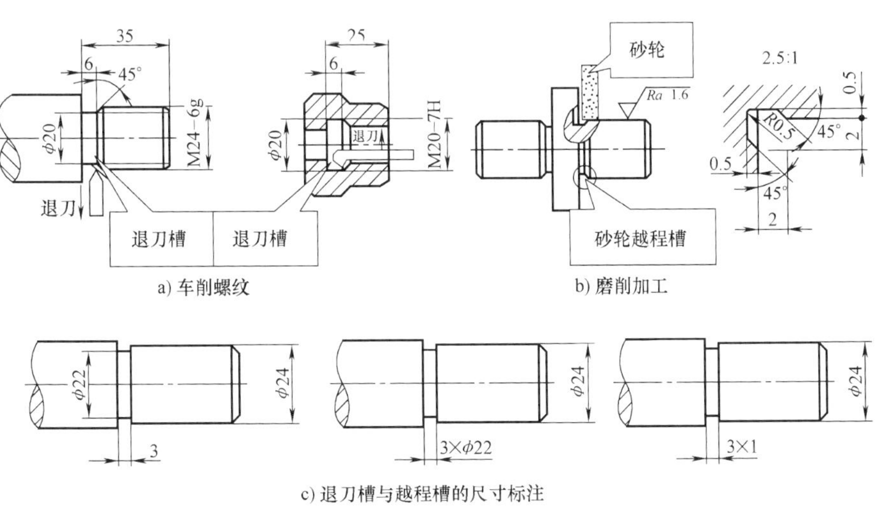

图 8-12　退刀槽和砂轮越程槽

2. 退刀槽和砂轮越程槽

在车削加工、磨削加工或车制螺纹时，为便于刀具退出或使砂轮越过加工面，通常在待加工表面的末端先加工出退刀槽或砂轮越程槽，如图 8-12 所示。

小贴士

倒角、倒圆角可查阅相关国家标准 GB/T 6403. 4—1986。对于倒角、倒圆尺寸太小时，在技术要求中加以说明，可不在图样上画出。

退刀槽和越程槽具体尺寸和结构要求查阅相关国家标准 GB/T 2—1985、GB/T 3—1997 和 GB/T 6403. 5—1986。可按“槽宽 × 槽径”或“槽宽 × 槽深”标注。

3. 减少加工面

两零件的接触表面都要加工时，为保证两零件表面接触良好和减少加工面，常将两零件的接触表面做成凸台或凹坑、凹槽等结构形式，如图 8-13 和图 8-14 所示。

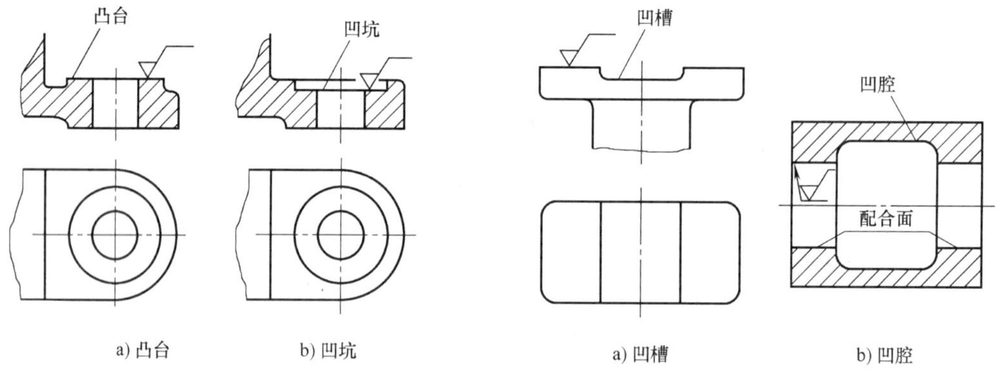

图 8-13　凸台和凹坑

图 8-14　凹槽和凹腔

4. 钻孔结构

钻孔时应尽可能使钻头轴线与被钻孔零件上相应的表面垂直，以保证孔的精度和避免钻头折断，其工艺结构如图 8-15 所示。

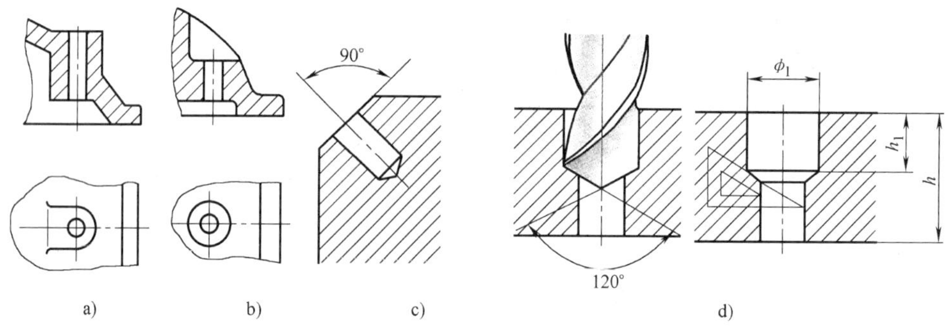

图 8-15　钻孔工艺结构

提示

当用麻花钻头钻削加工孔时，孔的底部应画成 120°，不注尺寸。孔和阶梯孔的表示方法及尺寸标注如图 8-15d 所示。

三、常见典型结构及其标注

1. 各种常见孔的结构及其标注

零件图常见的光孔（销孔、沉孔、锥孔）、螺孔等结构，应按 GB/T 4458.4—2003 规定标注，见表 8-1。

表 8-1　常见孔的标记

零件结构类型		简化注法	一般注法	表达说明
光孔	一般孔	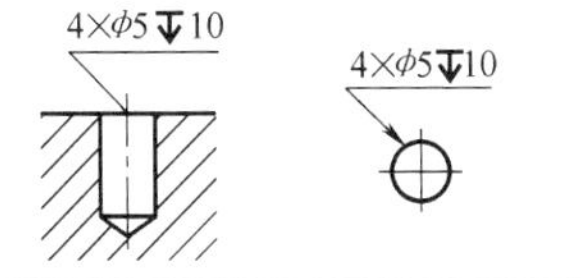 4×ϕ5↧10；4×ϕ5↧10	4×ϕ5；10	↧深度符号 4×ϕ5 表示直径为 5mm 均布的四个光孔，孔深可与孔径连注，也可分别注出
	精加工孔	4×$\phi5^{+0.012}_{0}$↧10 孔↧12；4×$\phi5^{+0.012}_{0}$↧10 孔↧12	4×$\phi5^{+0.012}_{0}$↧10 孔↧12	光孔深为 12mm，钻孔后需精加至 $\phi5^{+0.012}_{0}$mm，深度为 10mm
	锥孔	 锥销孔ϕ5 配作	锥销孔ϕ5 配作	ϕ5mm 为与锥销孔相配的圆锥销小头直径（公称直径）。锥销孔通常是两零件装在一起后加工的
沉孔	锥形沉孔	4×ϕ7 ⌵ϕ13×90°；4×ϕ7 ⌵ϕ13×90°	90°；ϕ13；4×ϕ7	⌵埋头孔符号 4×ϕ7 表示直径为 7mm 均匀分布的四个孔。锥形沉孔可以旁注，也可直接注出
	柱形沉孔	4×ϕ7 ⌴ϕ13↧3；4×ϕ7 ⌴ϕ13↧3	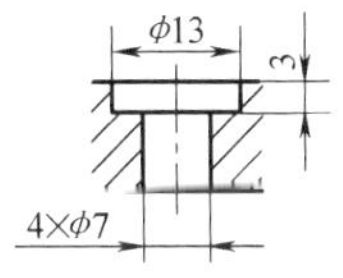 ϕ13；3；4×ϕ7	⌴沉孔及锪平孔符号 柱形沉孔的直径为 ϕ13mm，深度为 3mm，均需标注
	锪平沉孔	4×ϕ7 ⌴ϕ13；4×ϕ7 ⌴ϕ13	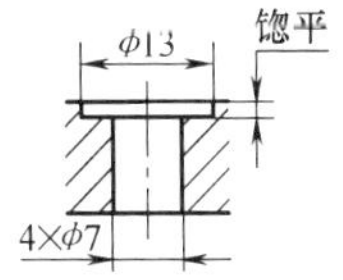 ϕ13；锪平；4×ϕ7	锪平面 ϕ13mm 的深度不必标注，一般锪平到不出现毛面为止
螺孔		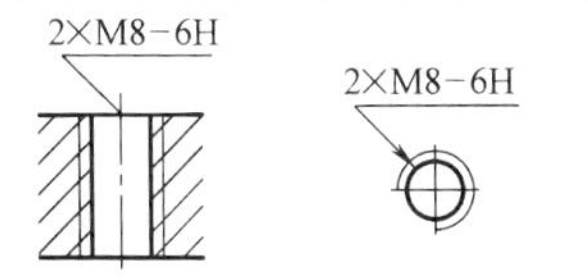 2×M8−6H；2×M8−6H	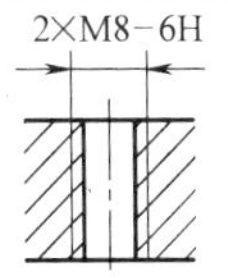 2×M8−6H	2×M8 表示公称直径为 8mm 的两螺孔，可以旁注，也可直接注出
		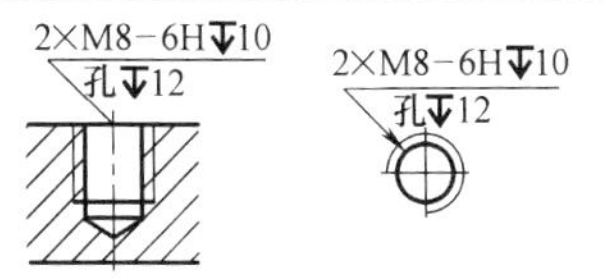 2×M8−6H↧10 孔↧12；2×M8−6H↧10 孔↧12	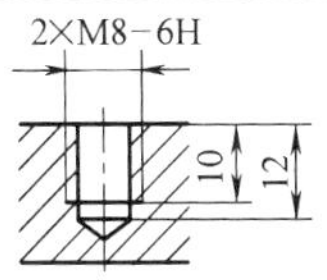 2×M8−6H；10；12	一般应分别注出螺纹和钻孔的深度尺寸

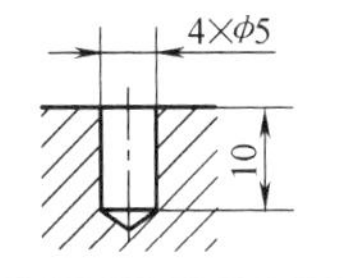

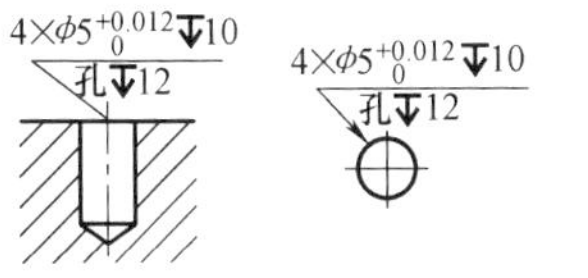

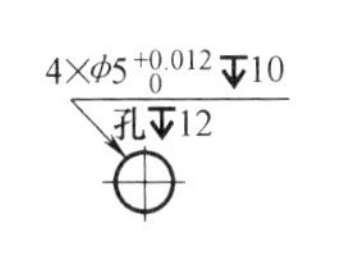

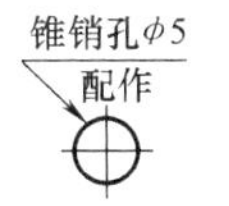

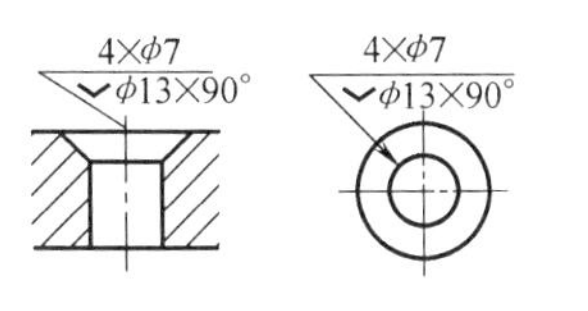

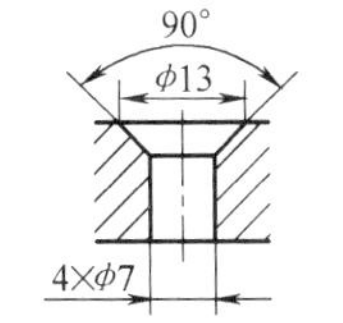

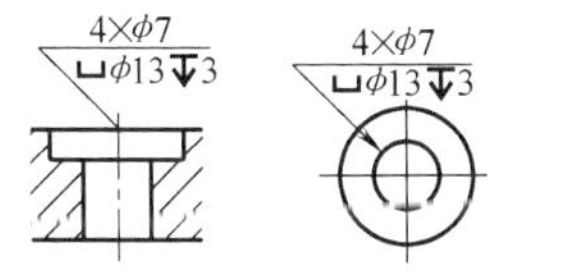

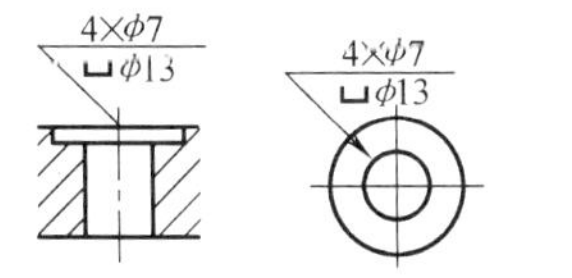

2. 中心孔的结构及其尺寸标注

（1）中心孔及其标记　加工轴类零件时，往往在轴的两端或一端打上中心孔作为工艺定位基准。中心孔的形式有：R 型 、A 型、B 型、C 型四种，其结构与标记，如表 8-2 和表 8-3 所示。

表 8-2　中心孔的形式与标记(一)

中心孔的形式	标记示例	标注说明
R (弧形) 根据 GB/T 145 选择中心钻	GB/T 4459.5—R3.15/6.7	$D=3.15\text{mm}$ $D_1=6.7\text{mm}$ 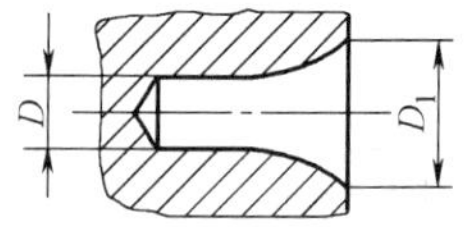
A (不带护锥) 根据 GB/T 145 选择中心钻	GB/T 4459.5—A4/8.5	$D=4\text{mm}$ $D_1=8.5\text{mm}$ $t=3.5\text{mm}$ 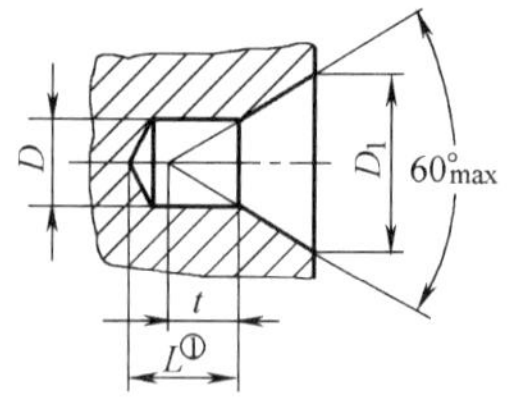
B (带护锥) 根据 GB/T 145 选择中心钻	GB/T 4459.5—B2.5/8	$D=2.5\text{mm}$ $D_1=8\text{mm}$ $t=2.2\text{mm}$ 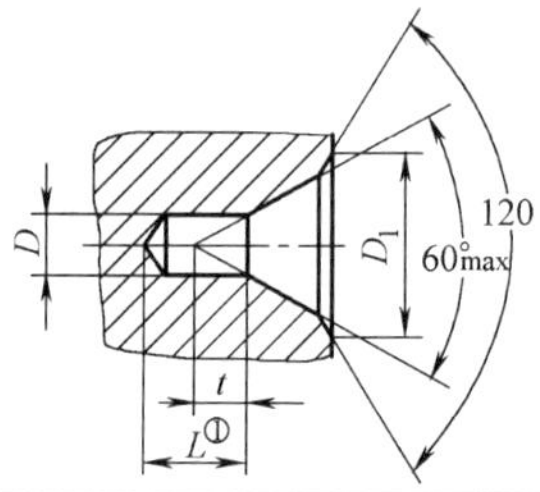
C (带螺纹) 根据 GB/T 145 选择中心钻	GB/T 4459.5—CM10L30/16.3	$D=\text{M10}$ $L=30\text{mm}$ $D_2=16.3\text{mm}$ 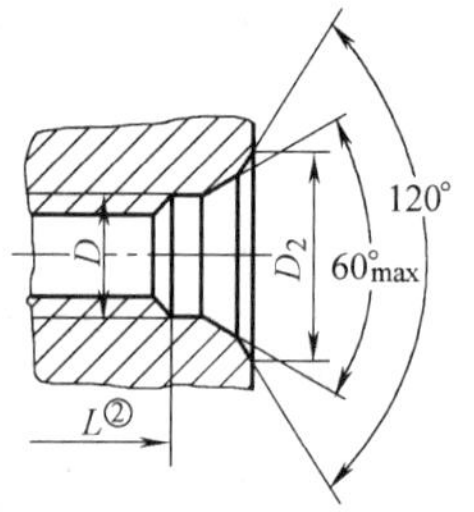

① 尺寸 L 取决于中心钻的长度，不能小于 t。

② 尺寸 L 取决于零件的功能要求。

(2) 中心孔的表达　机械图样上，在完工零件上是否保留中心孔的要求通常有三种情况，具体见表 8-3。

表 8-3　中心孔的形式与标记(二)

要　求	符　号	表示法示例	说　明
在完工的零件上要求保留中心孔	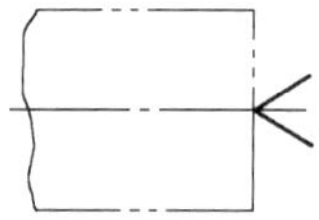	 GB/T 4459.5—B2.5/8	采用 B 型中心孔 $D=2.5\text{mm}$　$D_1=8\text{mm}$ 在完工的零件上要求保留
在完工的零件上可以保留中心孔	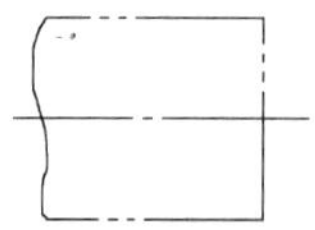	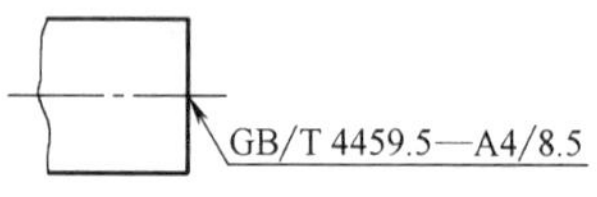 GB/T 4459.5—A4/8.5	采用 A 型中心孔 $D=4\text{mm}$　$D_1=8.5\text{mm}$ 在完工的零件上是否保留都可以

（续）

要　　求	符　　号	表示法示例	说　　明
在完工的零件上不允许保留中心孔		GB/T 4459.5—A1.6/3.35	采用 A 型中心孔 $D=1.6\text{mm}$　$D_1=3.35\text{mm}$ 在完工的零件上不允许保留

3. 锥轴、锥孔结构及其标注

锥轴、锥孔的结构及标注如图 8-16 所示。

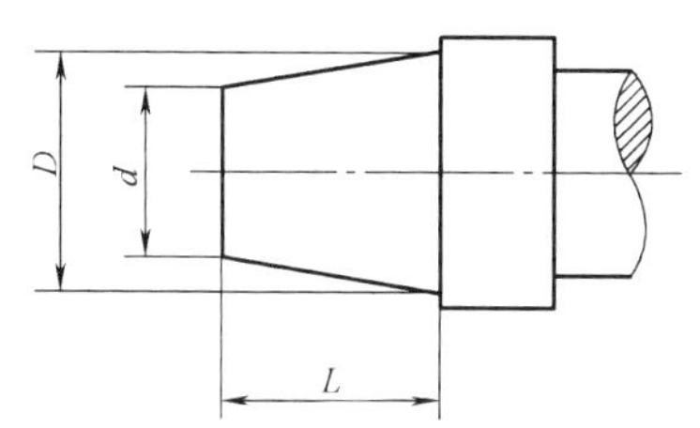

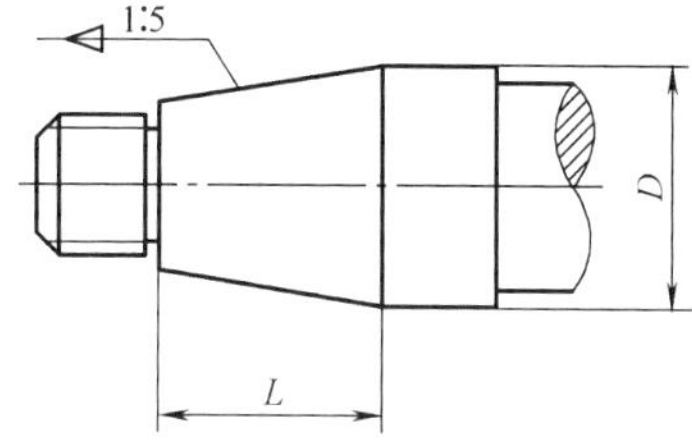

a) 锥轴结构与尺寸标注

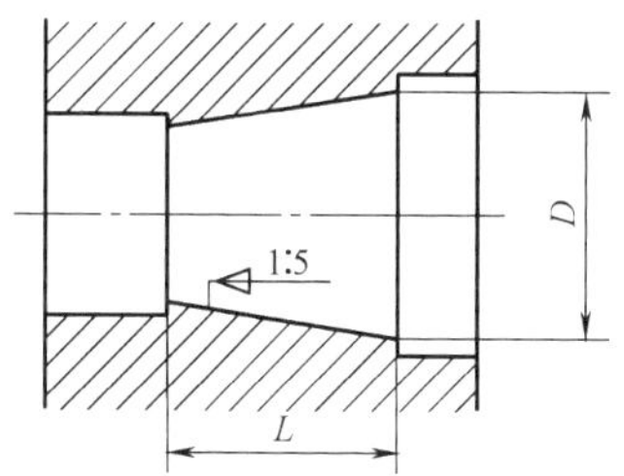

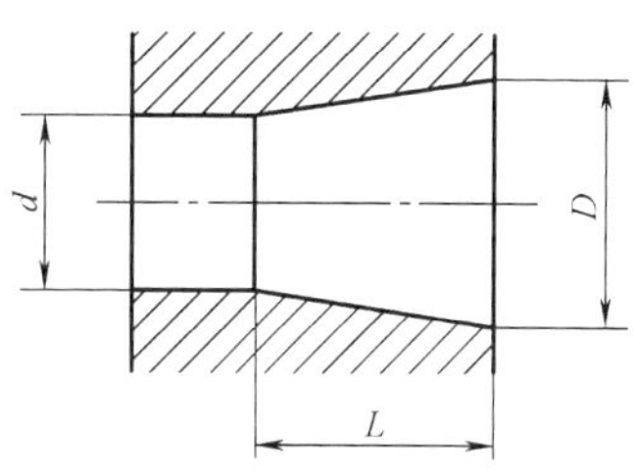

b) 锥孔结构与尺寸标注

图 8-16　锥轴、锥孔结构及其尺寸标注

提示

中心孔是轴加工过程中保证定心、定位精度的基准，同时，为后续加工也提供了可靠的定位基准。已标准化了的中心孔，只需在零件轴端用其符号表达，随后注写相应的标记，表面粗糙度和基准的标注，同轴两端中心孔相同，可标出一端，但要注明数量，如中心孔标注示例所示。

想一想

想一想，指出题图 8.3-1 所示零件的结构形状哪些是正确的，哪些是错误的，为什么？

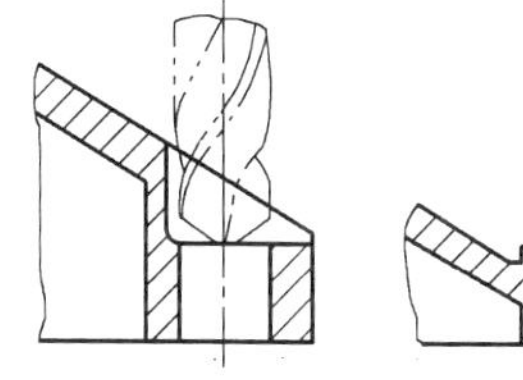
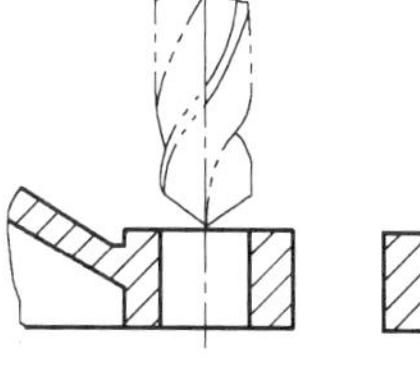
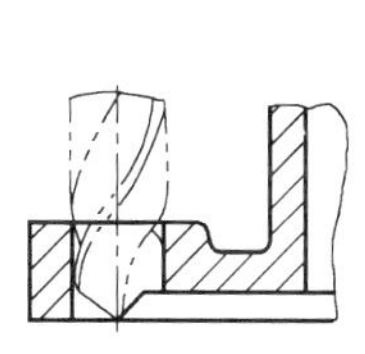
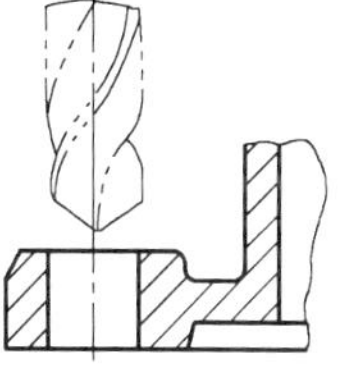

题图 8. 3-1

小试身手

1. 指出题图 8.3-2 所示中正确的尺寸标注，并说明符号或标注的含义。

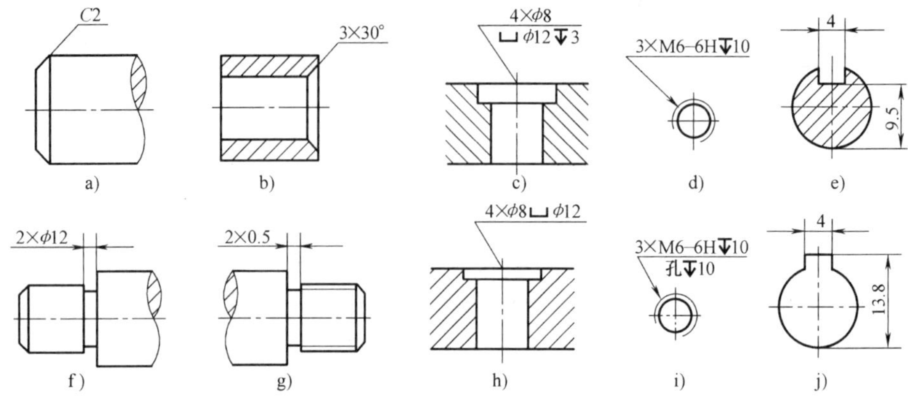

题图 8.3-2

2. 题图 8.3-2 中常见零件工艺结构，如倒角与倒圆、退刀槽与越程槽的作用是什么？

<table>
<tr><td>任务四</td><td>汽车零件的表达及识读——尺寸标注</td><td>学时：180min</td></tr>
<tr><td>学习目标</td><td colspan="2">1. 了解零件的尺寸标注基准。
2. 知道零件图的尺寸标注原则。
3. 了解零件尺寸标注的特征，会识读简单的汽车零件尺寸表达的标注形式。</td></tr>
<tr><td>知识点</td><td colspan="2">1. 零件尺寸标注的尺寸基准。
2. 常见零件的尺寸标注特点与作用。
3. 零件图尺寸标注国家标准的规定。</td></tr>
<tr><td>技能点</td><td colspan="2">1. 知道常见的零件工艺结构的特征。
2. 会识读零件图中零件的尺寸标注。
3. 会对零件图的尺寸标注进行分析与识读。</td></tr>
<tr><td>尺寸标注的基准</td><td colspan="2">零件尺寸标注基准：标注尺寸的起点。
（1）设计基准—根据零件在机器中的位置和作用及设计要求选定的基准。设计基准通常是主要基准。
（2）工艺基准—为零件加工和测量而选取的基准。零件上有些结构若以设计基准为起点标注尺寸，不便于加工和测量，必须增加一些辅助基准作为标注这些尺寸的起点，而这些辅助基准也是工艺基准。
选择基准时，应尽可能地使工艺基准与设计基准重合，当不能重合时，所注尺寸应在保证设计要求的前提下满足工艺要求。
作为基准要求要有确保零件的制造质量达到其技术要求相应的尺寸、表面及位置精度。</td></tr>
<tr><td>合理表达尺寸标注</td><td colspan="2">零件图上合理表达零件尺寸的标注对于加工、测量是十分必要的。以下总结出的一些基本原则：
1）重要尺寸直接标出。
2）避免出现封闭尺寸链。
3）便于加工与测量。
4）不同工序加工尺寸分别标注。
5）尺寸标注应符合加工方法的要求。
6）加工面尺寸标注与非加工面尺寸分别标注，但这两组尺寸间要有一个尺寸把它们联系起来。</td></tr>
<tr><td>尺寸标注的分析示例</td><td colspan="2">汽车(或机器)上的零件，除标准件外，传动件和一般零件(专用件)的结构形状都需通过其零件图进行表达。根据零件结构形状特征，归纳为轴套类、轮盘类、叉架类和箱体类等四类。
后文以轴类零件的尺寸标注进行分析示例，为进一步识读图奠定基础，详见蜗轮轴零件尺寸标注及分析示例。</td></tr>
</table>

零件图中的尺寸标注，除了满足正确、完整、清晰的要求外，还要考虑标注尺寸的合理性，标注尺寸合理性是指所注尺寸既要满足设计使用要求，又能符合工艺要求，便于零件的加工和检验。但要做到这一点，需要有一定的生产经验和专业知识。

一、尺寸基准的选择

任何零件都有长、宽、高三个方向的尺寸，每个方向至少要选择一个尺寸基准。一般常选择零件的对称面、回转轴线、主要加工面、重要支承面或结合面作为尺寸基准。

小贴士

零件都有长、宽、高三个方向的尺寸，每一方向至少有一个基准。当同一方向具有多个基准时，必有一个是主要基准，其余是辅助基准。

在标注零件尺寸时，若设计基准和工艺基准难以确定，常取回转面的轴线，或装配中的定位面、支承面、零件对称面和大的端面等作为基准。基准面的表面精度要求较高。

1. 设计基准(主要基准)

根据零件在机器中的位置和作用所选定的基准为设计基准。如图 8-17 所示，轴承座的底面为安装面，轴承孔的中心高应根据这一平面来确定，因此底面是高度方向的设计基准。设计基准通常是主要基准，轴承座的左右和前后对称面是长度和宽度方向的主要基准。

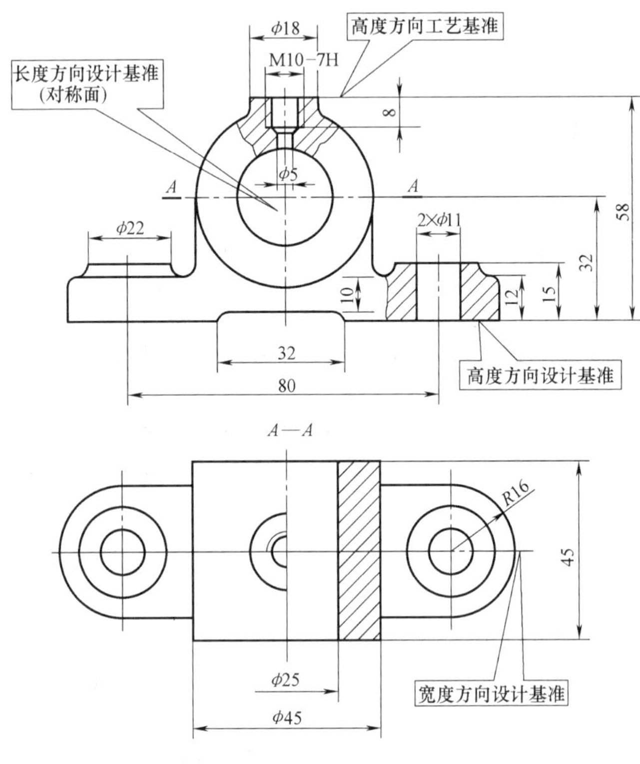

图 8-17　常见尺寸基准

2. 工艺基准(辅助基准)

工艺基准为零件加工和测量而选定的基准。零件上有些结构若以设计基准为起点标注尺寸，不便于加工和测量，必须增加一些辅助基准作为标注这些尺寸的起点，如图 8-17 中螺纹孔 M100-7H 的深度，若以底面为基准标注尺寸十分不便，而以轴承的顶面为基准标注其深度尺寸 8，则便于控制加工和测量，这时，顶面就是螺孔深度工艺基准，也是高度方向的辅助基准。

提示

选择基准时，应尽可能使工艺基准与设计基准重合，当不能重合时，所注尺寸应在保证设计要求的前提下满足工艺要求。

二、标注尺寸的一般原则

1. 标注尺寸要符合设计要求

如图 8-17 所示，轴承孔中心高的尺寸标注。

2. 标注尺寸要符合加工艺要求

如图 8-17 所示，轴承油杯螺孔的尺寸标注。

3. 重要尺寸直接标注

零件之间的配合尺寸、确定零件在机器部件的位置、反映零件在机器性能规格的尺寸等均属重要尺寸，如图 8-18a 所示支座的轴孔直径 ϕ 与中心高 a、两安装孔的中心距离 d 的尺寸标注。如图 8-18b 所示进行尺寸标注，容易造成累计误差。

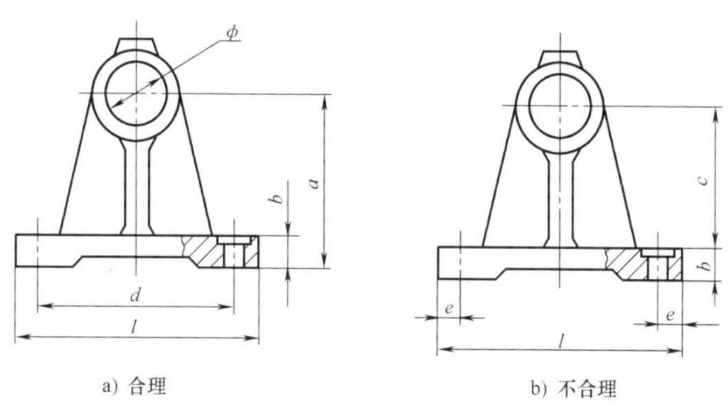

a) 合理　　b) 不合理

图 8-18　重要尺寸直接标注

4. 避免标注出封闭尺寸链

封闭尺寸链是指尺寸线首尾相接，串联成一个封闭图形的一组尺寸。避免形成封闭尺寸链，可选择一个不重要的尺寸不予标注，使尺寸链留有开环，如图 8-19a 所示。L 是总长，是 A、B、C 三个尺寸之和，且有一定精度要求，若是封闭的尺寸链，那么，A、B、C 三个尺寸的加工误差积累到 L 上，难以保证 L 的尺寸精度要求，只有将不重要的尺寸不注，留有开环，把所有尺寸误差累积到这一段，这样就保证了重要尺寸的精度要求，如图 8-19b 所示。

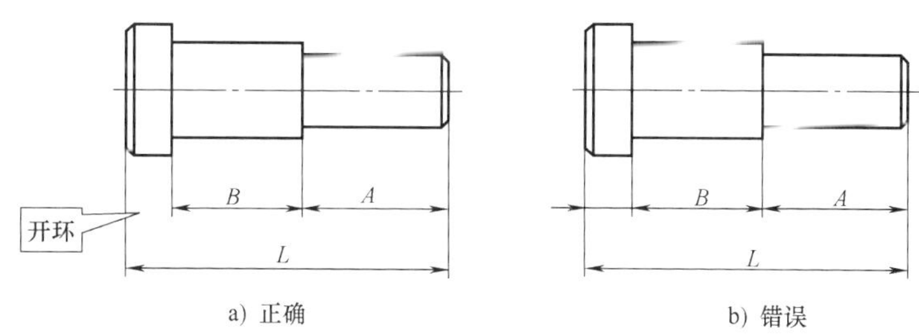

a) 正确　　b) 错误

图 8-19　避免标注出封闭尺寸链

5. 毛面与加工面的尺寸分别标注

铸件的表面俗称为毛面(非加工面)。标注毛面尺寸时，在同一方向上一般应只有一个毛面与加工面相联系，其他毛面尺寸按形体结构标注，只与该尺寸的毛面端联系，以保证毛面尺寸精度，如图 8-20c 所示。

毛面(非加工面)与加工面分别标注两组尺寸，这两组尺寸间应有一个尺寸把它们联系起来，如图 8-20d 所示。

6. 标注尺寸便于加工和测量

1）尺寸标注符合加工工序的要求，如图 8-21 所示。

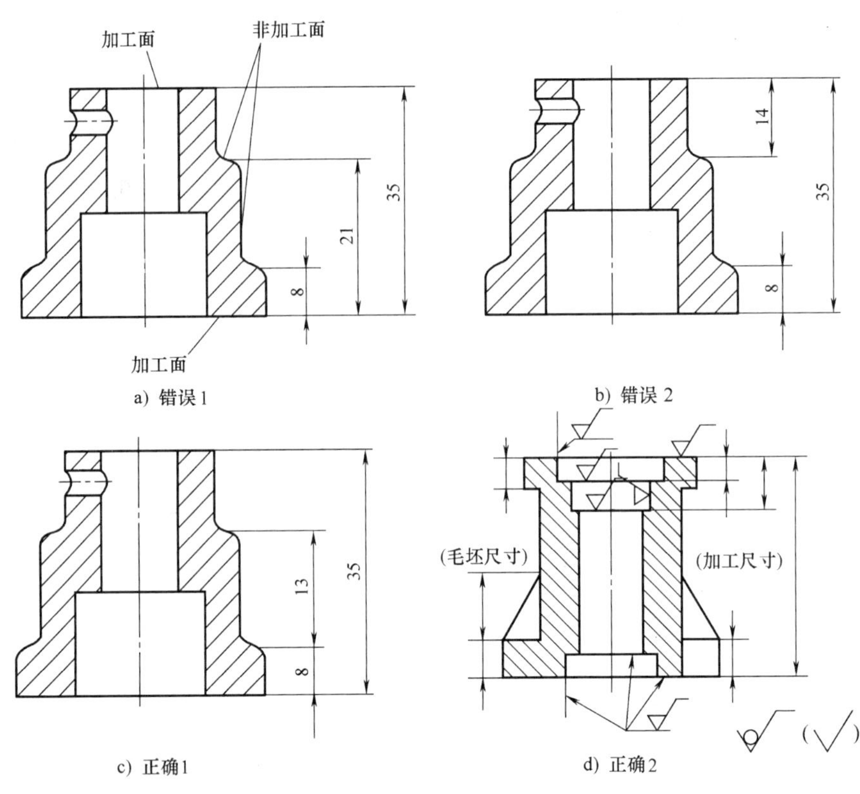

a) 错误1　b) 错误2　c) 正确1　d) 正确2

图 8-20　毛面与加工面尺寸分别标注

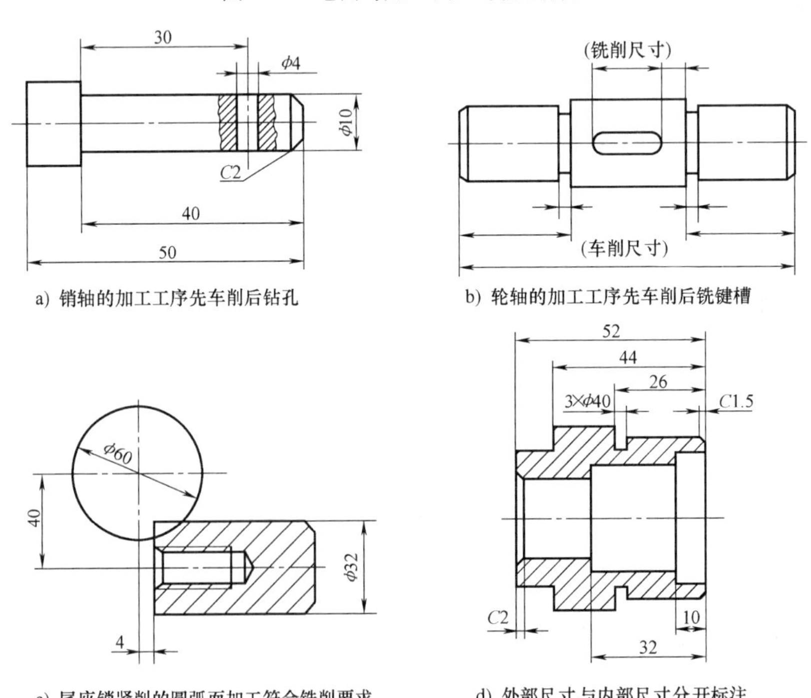

a) 销轴的加工工序先车削后钻孔　b) 轮轴的加工工序先车削后铣键槽

c) 尾座锁紧削的圆弧面加工符合铣削要求　d) 外部尺寸与内部尺寸分开标注

图 8-21　尺寸标注符合加工工序的要求

2）尺寸标注应便于测量，如图 8-22 所示，图 8-22b 中 l_3 的尺寸标注不便于测量，视为不合理。按图 8-22a 中尺寸标注合理，因为 l_2 和 l_3 两尺寸都便于测量，且不影响零件总长的尺寸精度。

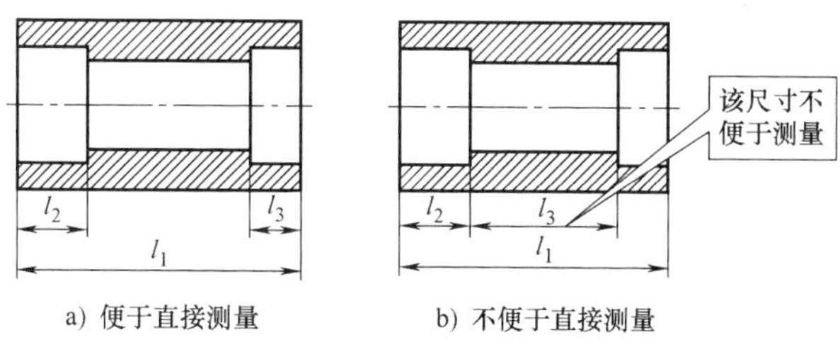

图 8-22　尺寸标注应便于测量(一)

图 8-23 所示为键槽深度尺寸的不同标注方案比较，哪种方案合理呢？考虑测量的方便性是不难得出结论的。

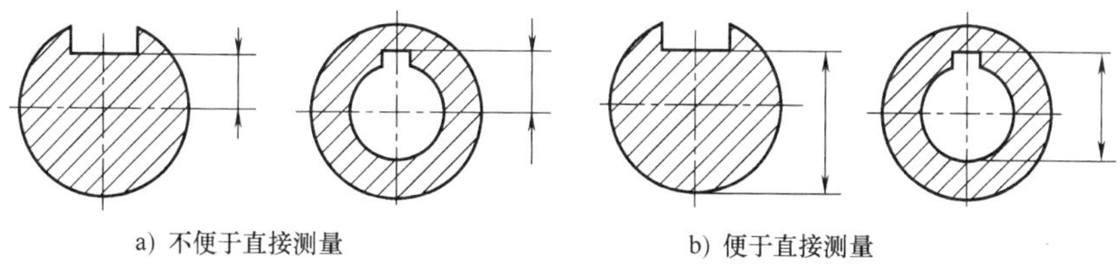

图 8-23　尺寸标注应便于测量(二)

三、标注尺寸示例

轴类零件尺寸标注分析

例 8-4　如图 8-24 所示，试分析并标注蜗轮轴的尺寸。

1）选取基准。径向设计基准和工艺基准选取轴线；为使蜗轮的对称平面与蜗杆的轴线在同一平面内，蜗轮的轴向位置要由蜗轮轴的轴肩来保证，所以选取轴上蜗轮的定位轴肩为轴向尺寸的设计基准，如图 8-25a 所示。

2）标注出各部分的功能尺寸(定位尺寸)，如图 8-25b 所示。

3）标注出非功能尺寸(工艺结构尺寸)，如图 8-25c 所示。

4）最后检查完成后的尺寸标注，如图 8-25d 所示。

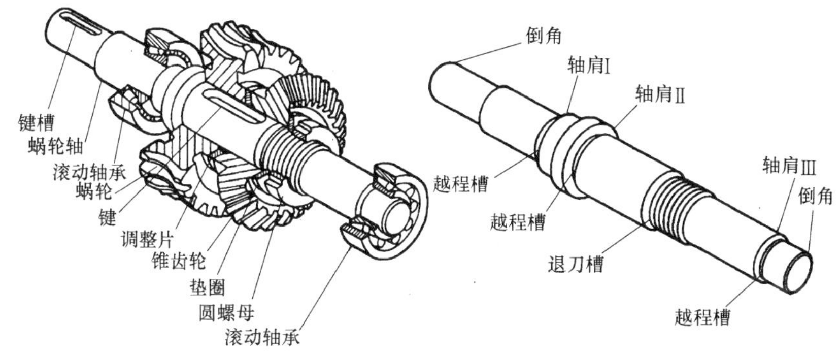

图 8-24　蜗轮轴的结构分析

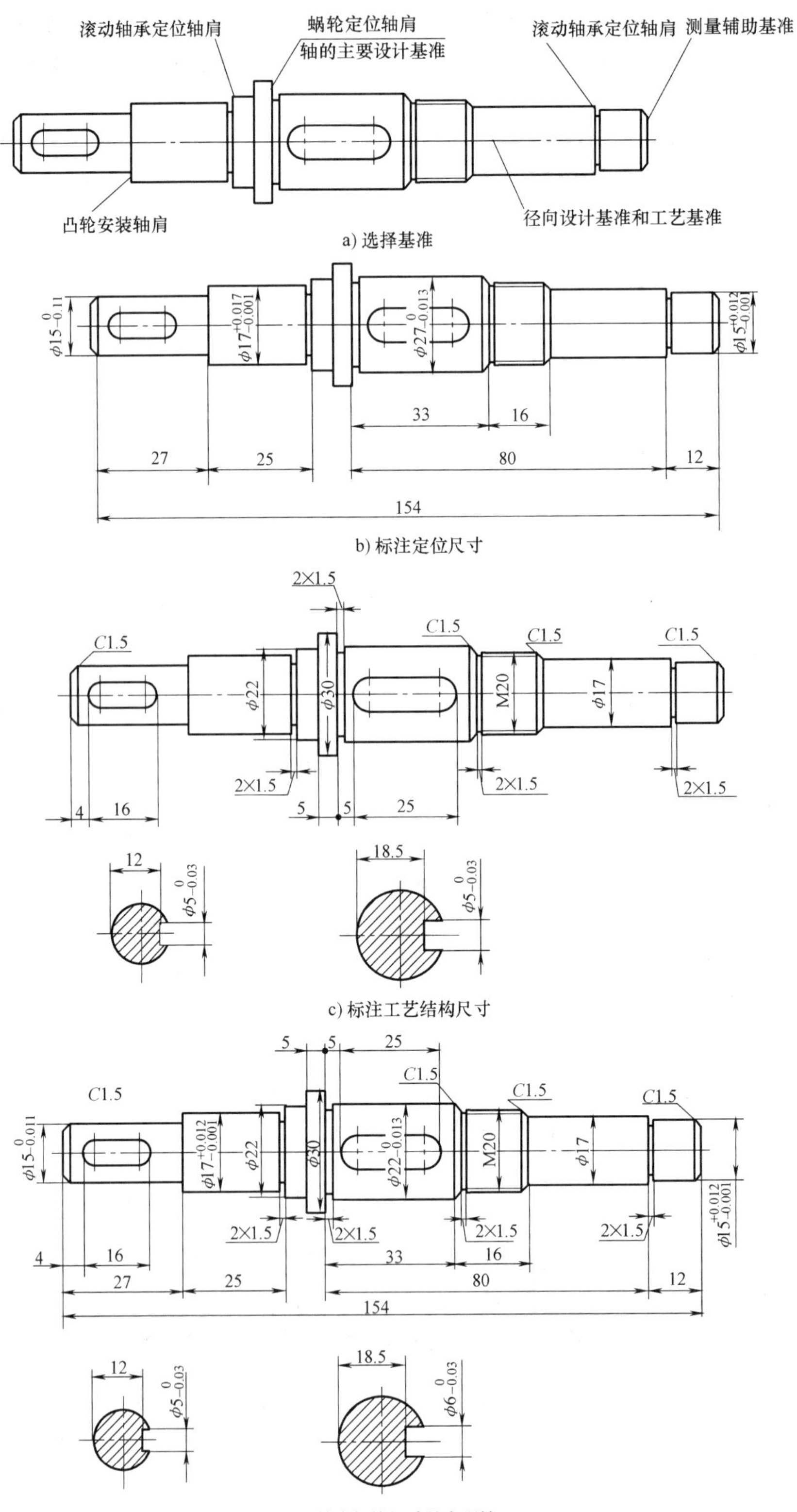

图 8-25　蜗轮轴的尺寸标注

小试身手

1. 指出题图 8. 4-1 所示尺寸标注存在的错误，并改为合理的尺寸标注。

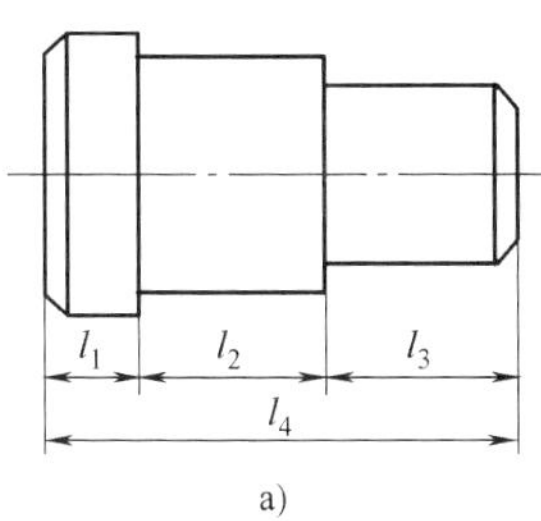

a)

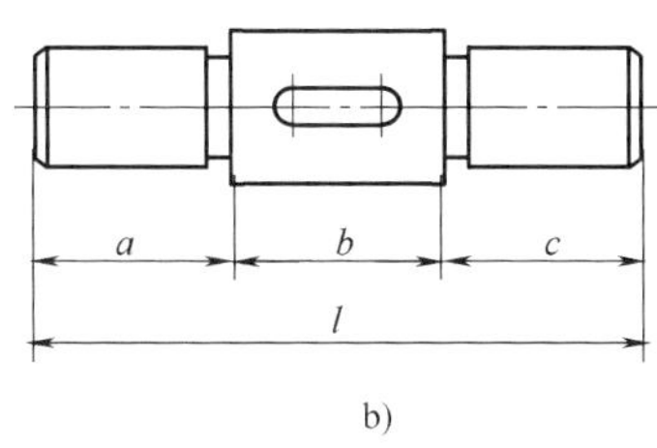

b)

题图 8. 4-1

2. 如题图 8. 4-2 所示，哪能个尺寸标注合理？说明理由。

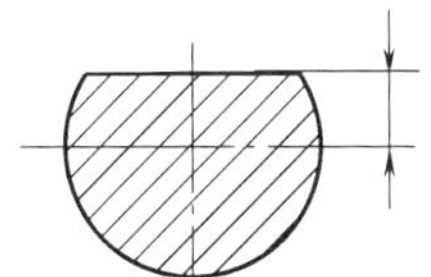

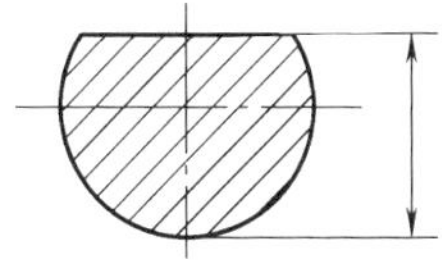

题图 8. 4-2

任务五	汽车零件的表达及识读——公差与配合	学时：120min
学习目标	1. 了解零件公差与配合的概念。 2. 知道零件图上公差与配合的标注原则。 3. 了解零件公差与配合标注的特征，会识读简单的汽车零件尺寸表达的公差与配合标注形式。	
知识点	1. 零件公差与配合的基本概念。 2. 常见零件的公差与配合标注的符号与作用。 3. 零件公差与配合标注国家标准的规定。	
技能点	1. 能理解零件图中公差与配合的相关基本概念。 2. 会阐述零件图中公差与配合标注的含义。 3. 会识读零件图中公差与配合的标注及查表计算。	
公差与配合的概念	零件技术要求的主要内容之一：公差与配合 机械图样中的技术要求主要是指零件的几何精度方面的要求，如尺寸公差、形状和位置公差、表面粗糙度等；技术要求还包括理化性能方面的要求，如对材料的热处理和表面处理等。技术要求通常是用符号、代号或标记标注在图形上，或者用简明的文字注写在标题栏附近。 尺寸精度的基本概念： 1）基本尺寸、极限尺寸、尺寸偏差、尺寸公差、公差带、公差带图、零线。 2）标准公差与基本偏差。 3）配合类型：间隙配合、过盈配合、过渡配合。 4）配合制：基孔制、基轴制。	
尺寸公差与配合的表达	零件图上表达零件公差与配合标注的原则，是为满足零件批量生产和零件的互换性，必须制定和执行统一的标准。国家标准《GB/T 4458.5—2003 尺寸公差与配合注法》对此进行了规定。 1）尺寸公差标注的表达。 2）极限偏差与配合及查表计算。 3）配合制。 4）公差等级的选用原则。 5）基准制的选用原则。	
公差与配合标注的识读	1. 零件图上常见公差标注的识读。 2. 装配图上零件之间配合的标注与识读。 3. 零件图上公差与配合的优先采用原则。	

极限与配合

现代化大规模生产要求零件具有互换性（从同一规格的一批零件中任取一件，不经修配就能装配到机器或部件上，并能保证使用要求）。为满足零件的互换性，就必须制定和执行统一的标准。国家标准制定了相应的规定。

1. 尺寸公差

在实际生产中零件的尺寸不可能加工得绝对准确，而是允许零件实际尺寸在一个合理的范围内变动。这个允许的尺寸变动量，称为尺寸公差，简称“公差”。

如图 8-26 所示，当轴装进孔时，为了满足使用过程中不同松紧程度的要求，必须对轴和孔的直径分别给出一个尺寸大小的限制范围。例如孔和轴的直径 $\phi30$ 后面的 ${}^{+0.021}_{0}$ 和 ${}^{-0.007}_{-0.020}$ 就是限制范围。它们的含义是孔直径的允许变动范围为 $\phi30 \sim \phi30.021$；轴直径的允许变动范围为 $\phi29.993 \sim \phi29.98$。这个范围即为尺寸公差。允许变动的两个界限值为极限尺寸。

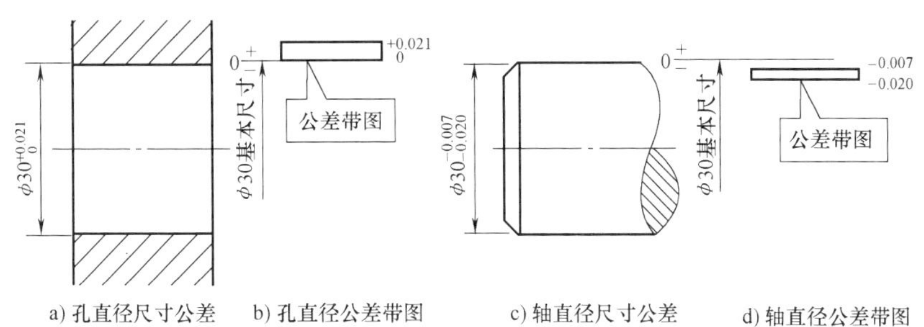

图 8-26　孔与轴的尺寸公差及公差带

（1）基本尺寸与极限尺寸

基本尺寸——设计给定的尺寸，如图 8-26 中孔、轴的直径 $\phi30$。

极限尺寸——允许尺寸变动的两个界限值：

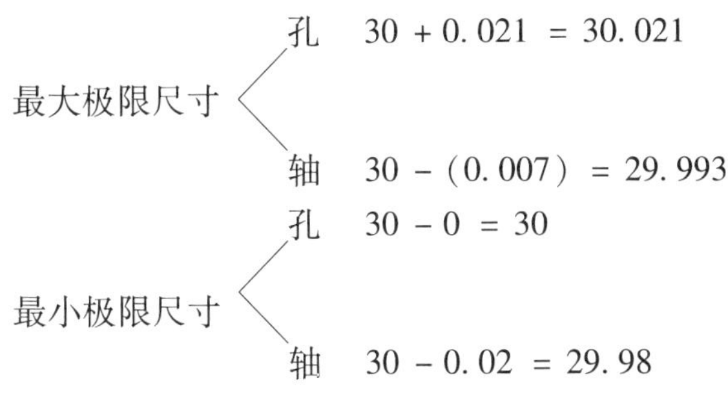

小贴士

零件经过测量所得的尺寸称为实际尺寸，若实际尺寸在最大和最小极限尺寸之间，即为合格零件。

（2）极限偏差与尺寸公差

极限偏差——极限尺寸减基本尺寸所得的代数差。

上偏差——最大极限尺寸减基本尺寸所得的代数差。

下偏差——最小极限尺寸减基本尺寸所得的代数差。

孔的上、下偏差代号用大写的字母 ES、EI 来表示；轴的上、下偏差代号用小写的字母 es、ei 来表示。

孔：上偏差 ES $30.021-30=0.021$

　　下偏差 ES $=0$

轴：上偏差 es $=29.993-30=-0.007$

　　下偏差 ei $=29.98-30=-0.02$

尺寸公差——零件尺寸的允许变动量。

公差 = 最大极限尺寸 − 最小极限尺寸 = 上偏差 − 下偏差

孔的公差　30.021 − 30 = 0.021 或 0.021 − 0 = 0.021

轴的公差　29.993 − 29.98 = 0.013 或 − 0.007 − (− 0.02) = 0.013

(3) 公差带、公差带图与零线　为便于分析尺寸公差和进行有关计算，以基本尺寸为基准(零线)，用夸大了间距的两条直线表示上、下偏差，这两条直线所限定的区域称为公差带。用这种方法画出的图称为公差带图。它表达了尺寸公差的大小和相对零线(基本尺寸线)的位置。

公差带图中，零线是确定正、负偏差的基准线，零线以上为正偏差，零线以下为负偏差。在零件图上标注尺寸公差，其上、下偏差有时都是正值，有时都是负值，有时一正一负。上、下偏差值中可以有一个值是“0”，但不得两个值都是“0”。公差值必定是正值，公差不应是“0”或负值。

(4) 标准公差 IT 与基本公差　公差带的两个要素：公差带的大小和公差带的位置。

公差带的大小是由标准公差确定的。标准公差分 20 个等级，即 IT01、IT0、IT1 ~ IT18。IT01 公差值最小，精度最高；IT18 公差值最大，精度最低。

公差带相对零线的位置是由基本偏差确定的。基本偏差通常是指靠近零线的那个偏差，它可以是上偏差，也可以是下偏差。

提示

标准公差由国家标准规定，用于确定公差带大小的任一公差。公差等级确定尺寸的精确程度，国家标准把公差等级组分成 20 个等级，分别用 IT01、IT0、IT1 ~ IT18 表示，称为标准公差。

同一公差等级，基本尺寸由小到大，其公差值也由小到大。

同一基本尺寸，公差等级数字小的公差数值也小，即精度等级也高。

公差等级数值大的公差值也大，但精度低。

在满足使用要求的前提下，尽可能选用较低的公差等级。

标准公差 = 上偏差 − 下偏差

IT = ES − EI(孔用)

IT = es − ei　(轴用)

小贴士

国家标准规定，用以确定公差带相对零线位置的极限偏差称为基本偏差，它可以是上偏差或下偏差，一般靠近零线的偏差称为基本偏差，当孔与轴配合时，为使轴、孔之间具有不同的松紧程度，国家规定了 28 个基本偏差类型。它们的代号，如图 8-27 所示。

它们的代号：a,b,c,…,x,y,z,za,zb,zc(轴)

A,B,C,…,X,Y,Z,ZA,ZB, ZC(孔)

从图中可以看出，当公差带位于零线上方时，基本偏差为下偏差；当公差带位于零线下方时，基本偏差为上偏差。基本偏差系列图只表达公差带的位置。

(5) 公差带代号　由基本偏差代号(字母)和标准公差等级代号(数字)组成。孔、轴的尺寸公差可用公差代号表示。

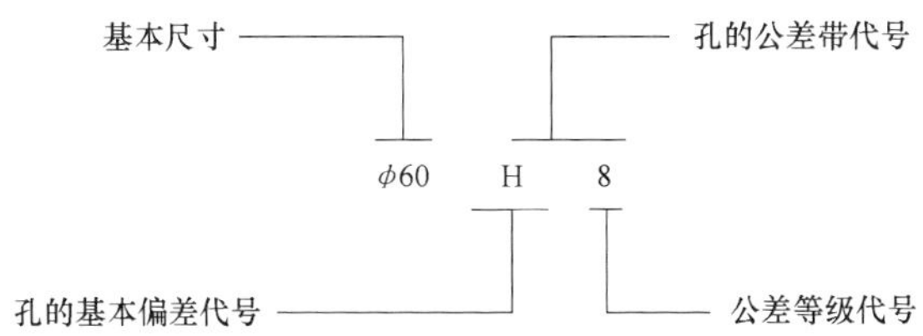

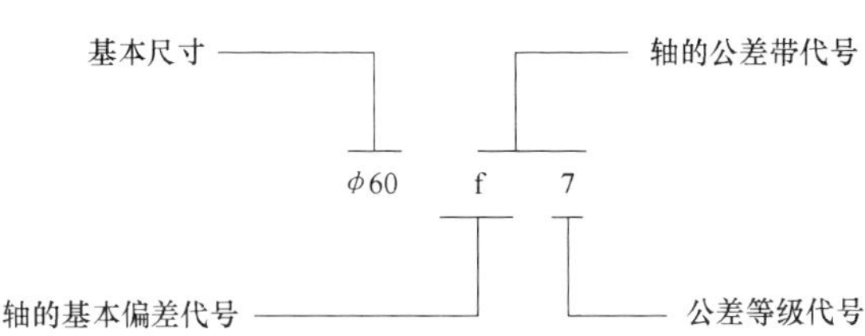

ϕ60H8 的含义：基本尺寸为 ϕ60，基本偏差为 H 的 8 级孔。

ϕ60f 7 的含义：基本尺寸为 ϕ60，基本偏差为 f 的 7 级轴。

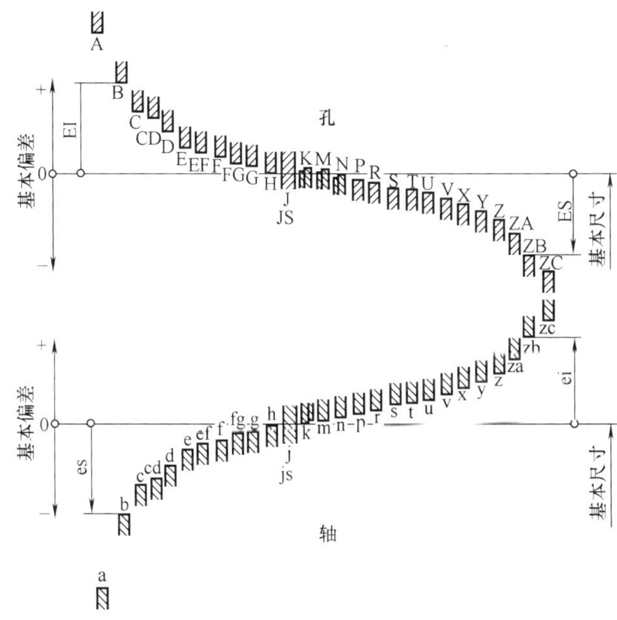

图 8-27 基本偏差系列图

2. 公差等级的选用

1）在满足使用要求的前提下，尽可能选用较低的公差等级，合理地解决使用要求、制造工艺和生产成本之间的矛盾。

2）基本尺寸 < 500mm，标准公差 ≤ IT8 的较高等级的配合，国家标准推荐孔比轴低一级相配合，如 H8/f 7、N7/h6。

3）标准公差 ≥ IT8 或基本尺寸 > 500mm 的配合，国家标准推荐孔与轴同级相配合，如 H8/f 8、N7/h7。

4）与标准件或部件相配合时，应与其精度相适应。

5）过渡配合与过盈配合的公差等级不能太低，一般孔的标准公差≤IT8 级，轴的标准公差≤IT7 级。间隙配合不受此限制，但间隙小的配合公差等级应较高，间隙大的配合公差等级应低一些。

通常 IT01 ~ IT4 用于块规和量规；IT5 ~ IT12 用于配合尺寸；IT12 ~ IT18 用于非配合尺寸。

6）选择公差等级　公差等级既要满足设计要求，又要考虑工艺的可能性和经济性。

小贴士

为保证相互接触的零件具有确定的机械性能和必要的精度，国家标准 GB/T 4458.5—2003《尺寸公差与配合注法》作出了相应的规定。

3. 配合的类型

基本尺寸相同而相互结合的孔与轴公差带之间的关系称为配合。按照使用的要求不同，孔与轴的配合有松有紧。如图 8-28 所示，轴承座、轴套和轴三者之间的配合是不一样的，轴套与轴承座之间是不允许相对运动的，应选择紧配合；轴与轴套之间要求能转动，应选择动配合。

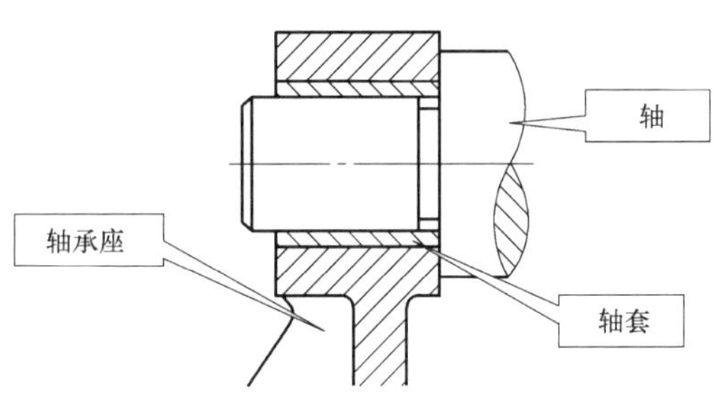

图 8-28　配合的概念

国家标准规定了三种配合：间隙配合、过盈配合、过渡配合。

（1）间隙配合　孔的实际尺寸总比轴的实际尺寸大，装配在一起后，轴与孔之间存在间隙(包含最小间隙接近为零的情况)，轴在孔中能作相对运动。这时，孔的公差带在轴的公差带之上，如图 8-29 所示。

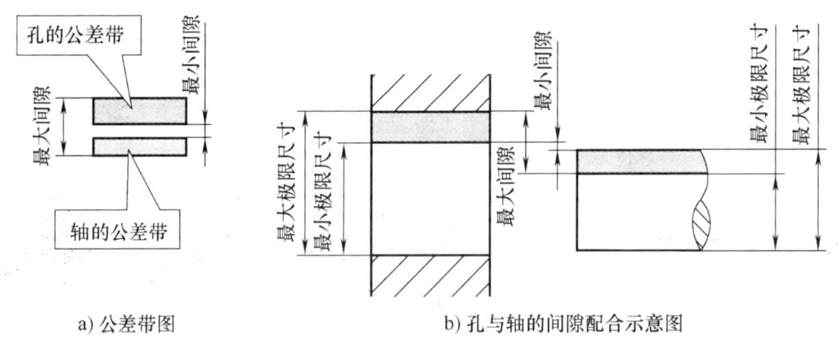

a) 公差带图　　b) 孔与轴的间隙配合示意图

图 8-29　孔与轴的间隙配合

（2）过盈配合　孔的实际尺寸总比轴的实际尺寸小，装配时需用一定的外力才能将轴压入孔中，轴与孔装配在一起后，轴在孔中不能作相对运动。这时，轴的公差带在孔的公差带之上，如图 8-30 所示。

（3）过渡配合　轴的实际尺寸比孔的实际尺寸有时小、有时大。轴与孔装配在一起后，可能出现间隙，或出现过盈，但间隙或过盈都相对较小。这种介于间隙和过盈之间

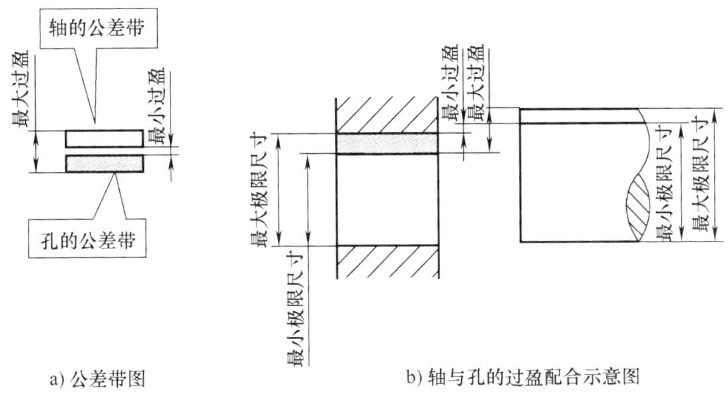

图 8-30 轴与孔的过盈配合

的配合，称之为过渡配合。这时，孔的公差带与轴的公差带出现相互重叠部分，如图8-31所示。

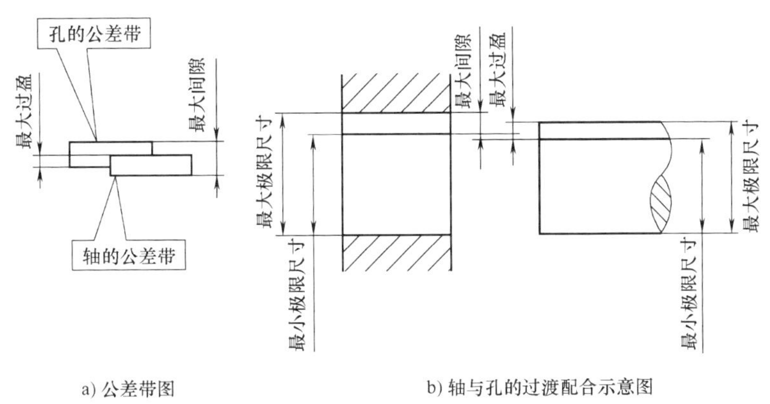

图 8-31 轴与孔的过渡配合

4. 配合制

孔和轴的公差带形成配合的一种制度，称为配合制。为了统一基准件的极限偏差，从而达到减少零件加工刀具和量具的规格数量，国家标准中规定，配合制度分为两种：基孔制和基轴制。

（1）基孔制配合　指基本偏差为一定的孔的公差带，与不同基本偏差的轴的公差带形成各种配合的一种制度。也就是在基本尺寸相同的配合中，将孔的公差带位置固定，通过变换轴的公差带位置来得到不同的配合，如图 8-32 所示。国家标准规定基准孔的下偏差为零，即最小极限尺寸等于基本尺寸，如图 8-32 所示。“H”为基准孔的基本偏差代号。

（2）基轴制配合　指基本偏差为一定的轴的公差带，与不同基本偏差的孔的公差带形成各种配合的一种制度。国家标准规定基准轴的上偏差为零，即最大极限尺寸等于基本尺寸，如图 8-33 所示。“h”为基准轴的基本偏差代号。

5. 极限与配合的标注与查表

（1）在装配图上的标注方法　在装配图上标注配合代号时，采用组合式注法，如图 8-34a所示。在基本尺寸后面用分式表示，分子为孔的公差带代号，分母为轴的公差带代号。

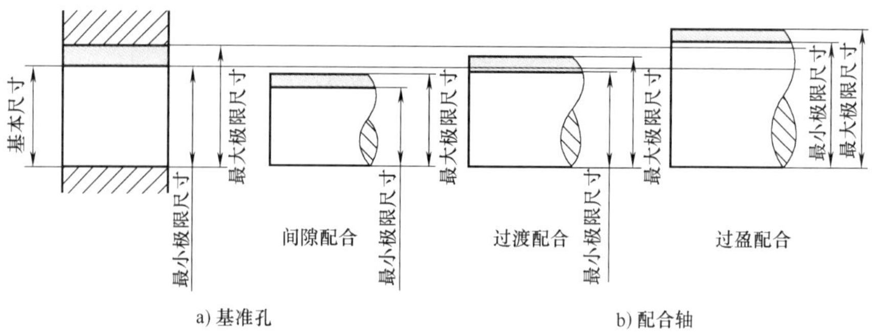

图 8-32　基孔制配合

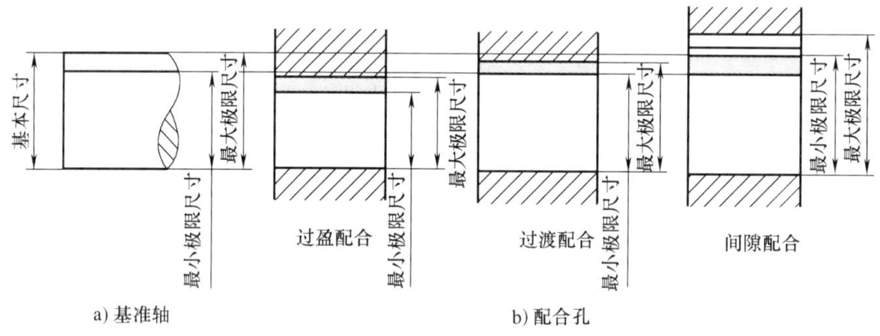

图 8-33　基轴制配合

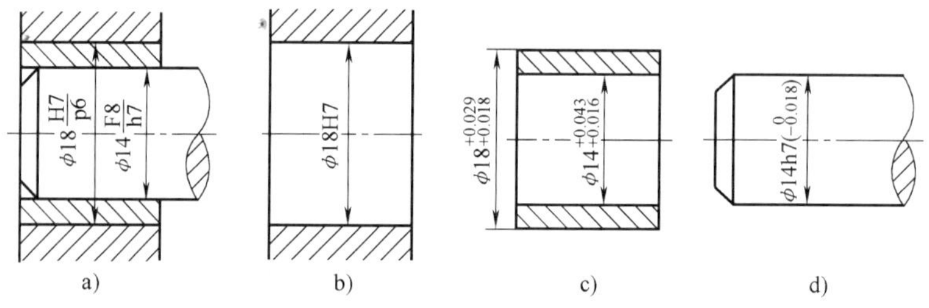

图 8-34　图样上的极限与配合标注方法

（2）在零件图上的标注方法　在零件图上标注公差有三种形式，在基本尺寸后面只注公差代号，如图 8-34b 所示；或只注极限偏差，如图 8-34c 所示；或公差带代号和极限偏差都标注，如图 8-34d 所示。

（3）查表法　若已知基本尺寸和配合代号，例如 ϕ16H7/p6、ϕ18F8/h7，需要知道孔、轴的极限偏差时，可用查表法查取。

① ϕ16H7/p6 是基孔制配合，其中 H7 是基准孔的公差带代号，p6 是配合轴的公差带代号。

ϕ16H7——基准孔的极限偏差可由附录 L 中查得。在表中由基本尺寸从 14 ~ 18 的行与公差带 H7 的列相交处查得 ${}^{+18}_{0}$（单位为 μm 改按 mm 为单位即为 ${}^{+0.018}_{0}$），这就是基准孔上、下偏差，所以 ϕ16H7 可写成 $\phi 16^{+0.018}_{0}$。

ϕ16p6——配合轴的极限偏差可由附录 K 中查得。在表中由基本尺寸从 14 ~ 18 的行与公差带 p6 的列相交处查得 $^{+29}_{+12}$（单位为 μm 改按 mm 为单位即为 $^{+0.029}_{+0.012}$），这就是配合轴上、下偏差，所以 ϕ16H7 可写成 $\phi16^{+0.029}_{+0.012}$。

② ϕ18F8/h7 是基轴制配合，其中 h7 是基准轴的公差带代号，F8 是配合孔的公差带代号。

ϕ18h7——基准轴的极限偏差可由附录 K 中查得。在表中由基本尺寸从 14 ~ 18 的行与公差带 h7 的列相交处查得 $^{0}_{-18}$（单位为 μm 改按 mm 为单位即为 $^{0}_{-0.018}$），这就是基准轴上、下偏差，所以 ϕ18h7 可写成 $\phi18^{0}_{-0.018}$。

ϕ18F8——配合孔的极限偏差可由附录 L 中查得。在表中由基本尺寸从 14 ~ 18 的行与公差带 F8 的列相交处查得 $^{+43}_{+16}$（单位为 μm 改按 mm 为单位即为 $^{+0.043}_{+0.016}$），这就是配合孔上、下偏差，所以 ϕ18F8 可写成 $\phi18^{+0.043}_{+0.016}$。

6. 基准制的选用

基准制的选择要从经济角度出发：

1）国家标准规定优先选用基孔制配合。采用基孔制可以减少刀具、量具的品种和数量，降低生产成本。

2）如轴的外圆不需加工，或同一基本尺寸的轴的各个部分需要安装不同配合的零件，可采用基轴制；或在能够获得明显经济效益的情况下，可采用基轴制。

3）与标准件配合时，基准制的选择通常是依据标准件或外购件而定。

4）为满足配合的特殊需要，允许采用任一孔、轴公差带组成配合。

国家标准规定了孔、轴公差带的配合标准。有优先、常用和一般用途的孔和轴公差配合形式，它们的选用顺序是：选用优先配合，其次是常用配合，在不能满足要求时才选用一般孔、轴公差配合。

想一想

1. 描述一下，基本尺寸、极限尺寸、尺寸偏差、尺寸公差、公差带、公差带图、零线的含义。

2. 说一说，题图 8.5-1 所示的含义。

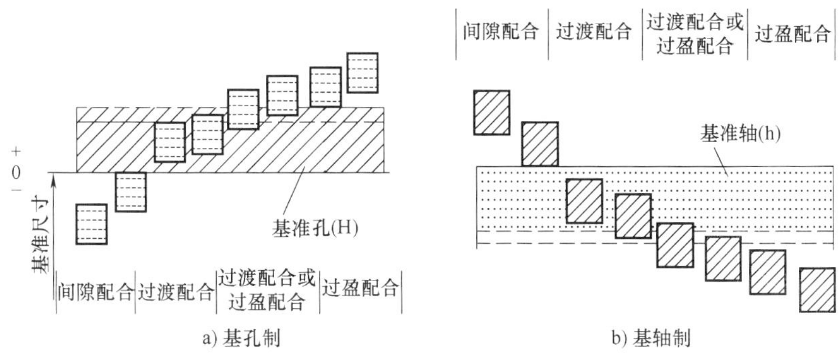

题图 8.5-1

巩固练习

结合表 8-4 读懂题图 8.5-2 中尺寸公差与配合的标准，解释其含义，计算相关数值。

表 8-4　孔、轴公差配合查表计算练习示例　　(mm)

项目 / 代号	孔的极限偏差	轴的极限偏差	公差	配合制度与类别	公差图解
$\phi60\frac{H7}{n6}$	+ 0.03 0		0.03	基孔制过渡配合	
		+0.039 +0.020	0.019		
$\phi20\frac{H7}{s6}$	+ 0.021 0		0.021	基孔制过盈配合	
		+0.048 +0.035	0.013		
$\phi30\frac{H8}{f7}$	+0.021 0		0.033	基孔制间隙配合	
		-0.020 -0.041	0.021		
$\phi24\frac{C7}{h6}$	+0.021 0		0.021	基轴制过盈配合	
		0 -0.013	0.013		
$\phi100\frac{K7}{h6}$	+0.021 0		0.035	基轴制过盈配合	
		0 -0.022	0.022		
$\phi75\frac{R7}{h6}$	-0.032 -0.062		0.032	基轴制间隙配合	
		0 -0.019	0.019		
$\phi50\frac{H6}{h5}$	+0.016 0		0.016	基孔制也可视为基轴制，是最小间隙为零的一种间隙配合	
		0 -0.011	0.011		

(1) ϕ18H7/s6 为基________制的________配合。

(2) ϕ22H8/e7 为基________制的________配合。

(3) ϕ28H7/n6 中：

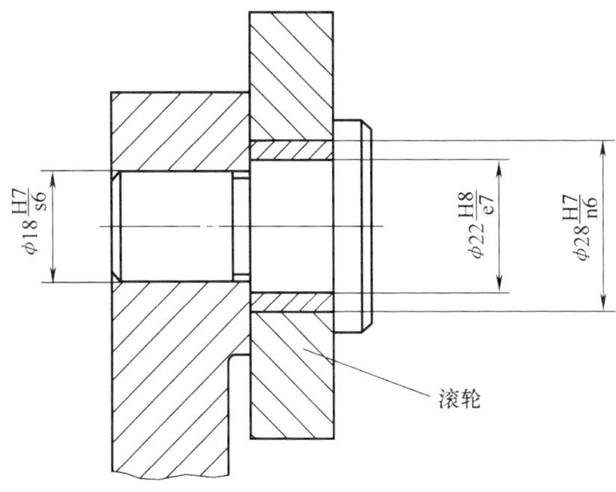

题图 8.5-2

孔的公差带代号为________，公差带等级为________级，基本偏差代号为________，上偏差为________，下偏差为________，公差值为________，最大极限尺寸为________，最小极限尺寸为________。

轴的公差带代号为________，公差带等级为________级，基本偏差代号为________，上偏差为________，下偏差为________，公差值为________，最大极限尺寸为________，最小极限尺寸为________。

<table>
<tr><td colspan="2">任务六</td><td>汽车零件的表达及识读——形状与位置公差</td><td>学时：120min</td></tr>
<tr><td>学习目标</td><td colspan="3">1. 了解零件的形状与位置公差内容。
2. 知道零件图上形状与位置公差标注原则。
3. 了解零件形位公差标注的特征，会识读简单零件形状与位置公差标注形式。</td></tr>
<tr><td>知识点</td><td colspan="3">1. 零件形状与位置公差的基本概念。
2. 零件形位公差的符号与其标注的含义。
3. 零件形位公差标注国家标准的规定。</td></tr>
<tr><td>技能点</td><td colspan="3">1. 会表达形状与位置公差的特征项目内容及其符号。
2. 能读懂零件图中零件形位公差中被测要素标注的表达方式。
3. 会对零件图的形位公差标注进行分析与识读。</td></tr>
<tr><td>形位公差的基本概念及其代号</td><td colspan="3">零件技术要求内容之二：形状与位置公差，简称形位公差。
1）形状公差：单一实际要素的形状所允许的变动量。
2）位置公差：关联实际要素的位置对基准要素所允许的变动量。
3）形位公差代号包括：形位公差特征项目符号、形位公差框格和指引线、基准代号、形位公差数值和其他有关符号等，如图 8-37 和表 8-6 所示。</td></tr>
<tr><td>零件形状与位置公差的标注</td><td colspan="3">1）形位公差特征项目及符号，如表 8-5 所示。
2）形位公差的标注：公差框格、被测要素的标注、基准代号等，见图 8-37。
3）形位公差符号及代号标注示例与识读，见表 8-6。</td></tr>
<tr><td>形位公差标注的识读</td><td colspan="3">识读图 8-49 所示的气门挺柱零件图，说明图中形位公差表达的含义。
| ⌭ | 0.005 |——表示 ϕ16 杆身的圆柱度公差为 0. 005。
| ◎ | ϕ0.1 | A |——表示 M8 ×1 的螺孔轴线对于 ϕ16 杆身轴线的同轴度公差为 ϕ0. 1。
| ↗ | 0.03 | A |——表示 SR75 的球面对于 ϕ16 杆身轴线的圆跳动公差为 0. 003。
| ↗ | 0.01 | A |——表示右端面对于 ϕ16 杆身轴线的端面跳动公差为 0. 1。</td></tr>
</table>

形状与位置公差

1. 基本概念

零件加工过程中，不仅会产生尺寸误差，也会出现形状和相对位置的误差。如加工轴时，可能出现轴线弯曲，这种现象属于零件的形状误差，如图 8-35a 所示。如加工有台阶的轴，两轴端的轴线相对中间部分的轴线也可能出现位置误差，如图 8-35b 所示。因此，设计

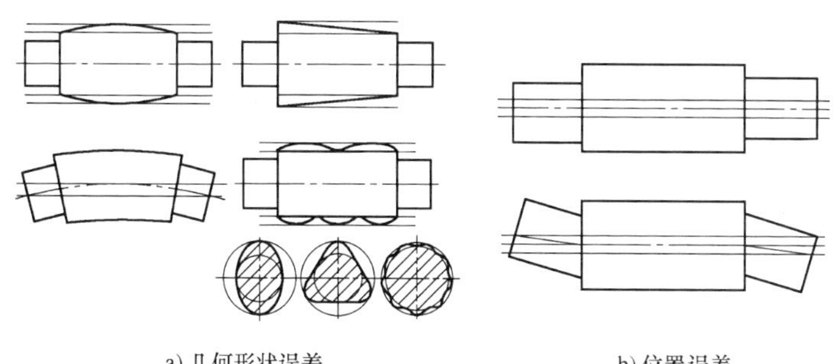

图 8-35　形位误差

产品时，必须对零件形状、位置误差予以合理的限制，国家标准规定了形状和位置公差（简称形位公差）。形位公差在图样上的表达应符合 GB/T 1182—2008 的规定。

（1）形状公差—单一实际要素的形状所允许的变动量。

（2）位置公差—关联实际要素的位置对基准要素所允许的变动量。

如图 8-36a 所示，注出销轴直径的尺寸外，还注出其圆柱轴线的形状公差——直线度，它表示圆柱实际轴线应限定在 $\phi0.06$ 的圆柱体内。又如图 8-36b 所示，箱体上两安装锥齿轮轴的孔，若两轴孔歪斜过大，势必影响锥齿轮的啮合传动。为保证其正常的啮合，必须标注两孔的位置公差——垂直度。图中代号的含义是，水平孔的轴线位于距离 0.05，且垂直于另一个轴孔轴线的两个平行平面之间。

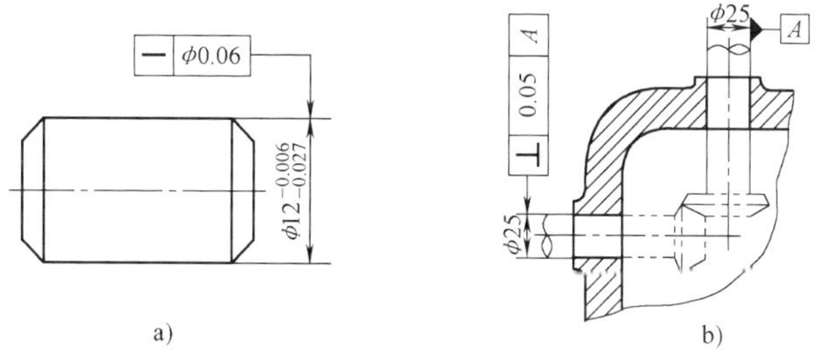

图 8-36　形状和位置公差示例

2. 形位公差代号

（1）形位公差代号　形位公差特征项目符号、形位公差框格和指引线、基准代号、形位公差数值和其他有关符号等，如图 8-37 所示。

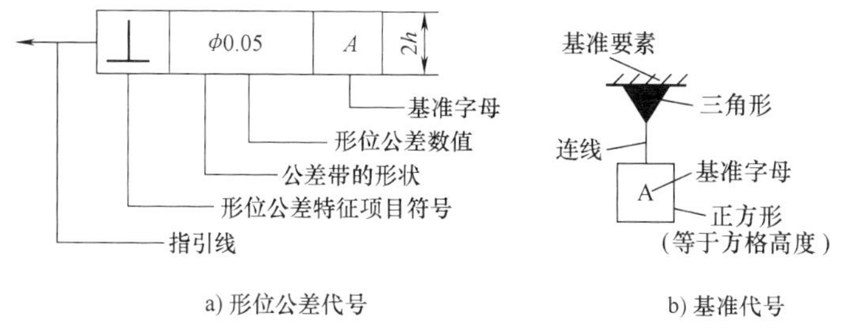

图 8-37　形位公差代号及基准代号

（2）形位公差的标注　形位公差特征项目及符号，如表 8-5 所示。

表 8-5　形位公差特征项目及符号

分类		特征项目	符号
形状		直线度	—
		平面度	▱
		圆度	○
		圆柱度	⌭
形状或位置	轮廓	线轮廓度	⌒
		面轮廓度	⌓
位置	定向	平行度	//
		垂直度	⊥
		倾斜度	∠
	定位	同轴度	◎
		对称度	⌯
		位置度	⌖
	跳动	圆跳动	↗
		全跳动	⌰

1）公差框格：形位公差要求在矩形方框中给出，方框由两格或多格组成，每格填写的内容，如图 8-37a 所示。若公差带是圆形或圆柱形的，在公差值前加注“ϕ”，若是球形的公差带，加注“$S\phi$”。第三格根据需要确定，形状公差无基准；位置公差则需要一个或多个字母表示基准要素或基准体系。公差框格可以是水平或垂直放置。

2）被测要素的标注：用箭头的指引线将框格与被测要素相连，按以下方式标注。

当公差涉及轮廓线或表面时，指引箭头应垂直指向该要素的轮廓线或其延长线，并与相应的尺寸线明显错开，如图 8-38 所示。

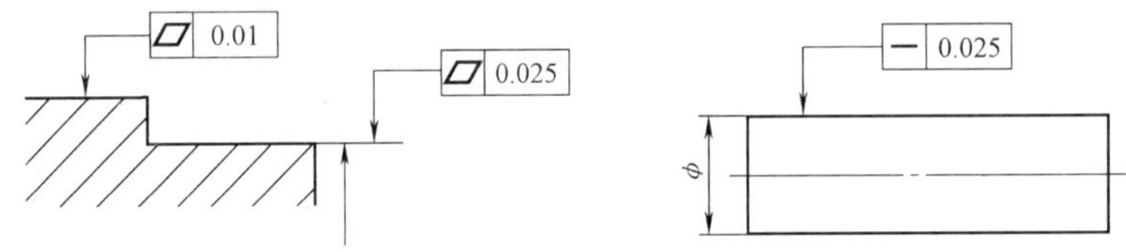

图 8-38　被测要素标注方式(一)

当公差涉及轴线或中心平面时，指引箭头应与该要素尺寸线的延长线重合，如图 8-39 所示。

对于多个被测要素具有同一形位公差要求时，则注写一个公差框格，从指引线上画出多个指引箭头分别指向各被测要素，如图 8-40 所示。

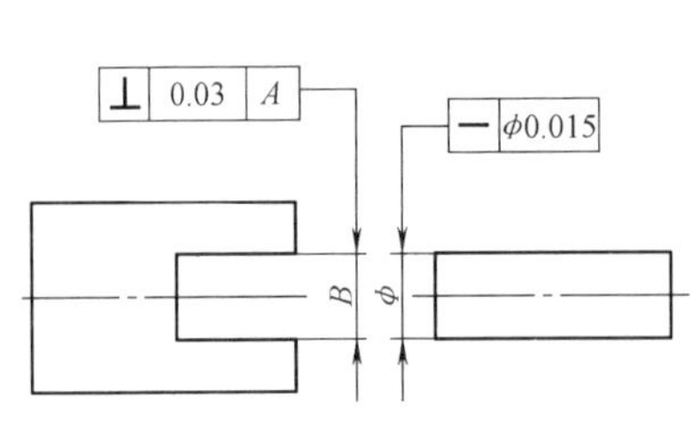

图 8-39　被测要素标注方式(二)

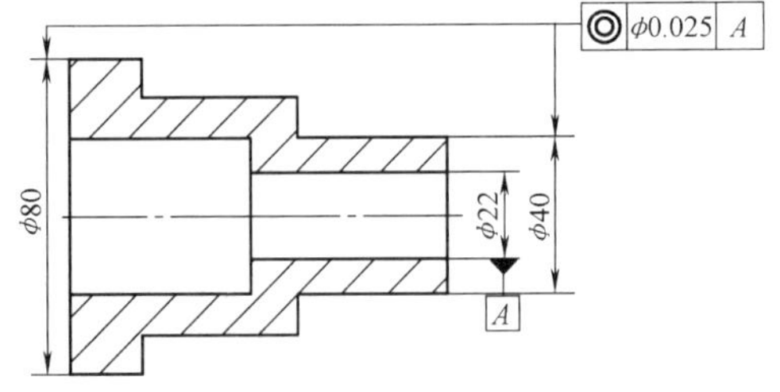

图 8-40　被测要素标注方式(三)

3. 形位公差的表达与识读

在图样中，形位公差是用框格的形式来表达的。常见的形位公差的表达示例及其识读，见表8-6。

表8-6　形位公差符号及代号标注示例与识读

分类	特征项目及符号	标注示例	识读说明
形状公差	直线度 —	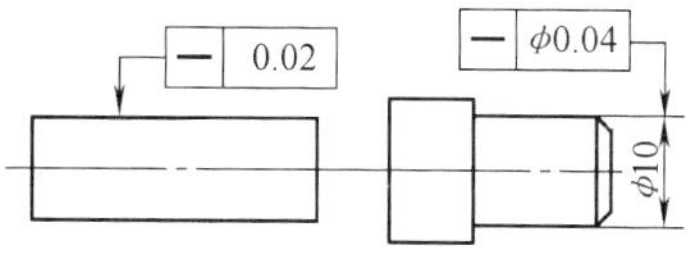 [— 0.02]　[— φ0.04]　φ10	1. 圆柱表面上任一素线的直线度公差为φ0.02mm(左图) 2. φ10轴线的直线度公差为φ0.02mm(右图)
	平面度 ▱	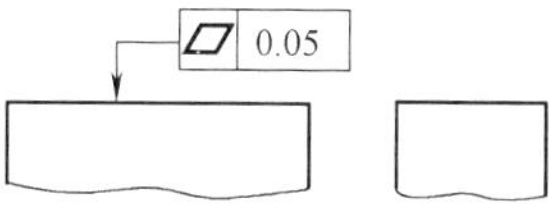 [▱ 0.05]	实际平面的形状所允许的变动全量为0.05mm
	圆度 ○	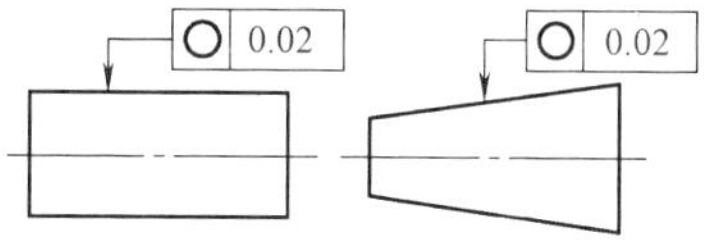 [○ 0.02]　[○ 0.02]	在垂直于轴线的任一正截面上实际圆的形状所允许的变动全量为0.02mm
	圆柱度 ⌭	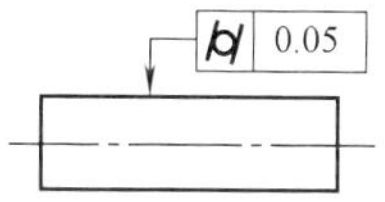 [⌭ 0.05]	实际圆柱面的形状所允许的变动全量为0.05mm
形状或位置公差	线轮廓度 ⌒	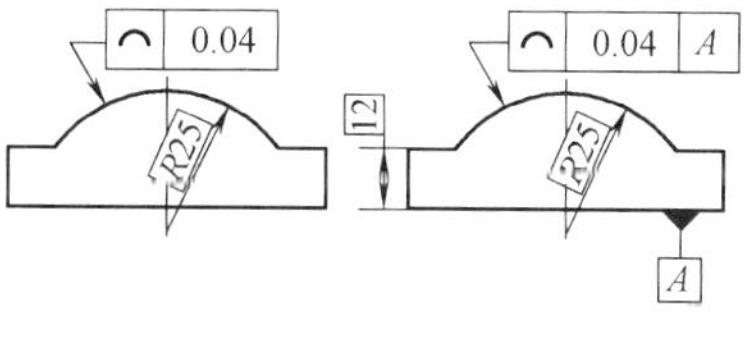 [⌒ 0.04]　R25　[⌒ 0.04 A]　12　R25　A	在零件宽度方向，任一横截面上实际线的轮廓形状(或对基准A)所允许的变动全量为0.04mm (尺寸线上有方框的尺寸为理论正确尺寸)
	面轮廓度 ⌓	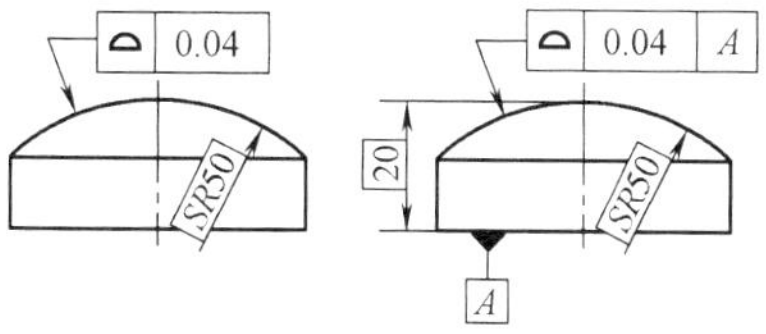 [⌓ 0.04]　SR50　[⌓ 0.04 A]　20　SR50　A	实际表面的轮廓形状(或对基准A)所允许的变动全量为0.04mm
位置公差	平行度 // 垂直度 ⊥ 倾斜度 ∠	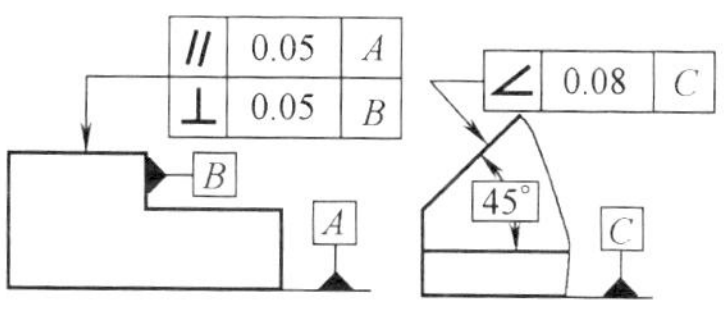 [// 0.05 A] [⊥ 0.05 B]　B　A　[∠ 0.08 C]　45°　C	实际要素对基准在方向上所允许的变动全量，即相对基准A平行度为0.04mm；相对基准B垂直度为0.05mm；相对基准C倾斜度为0.08mm

（续）

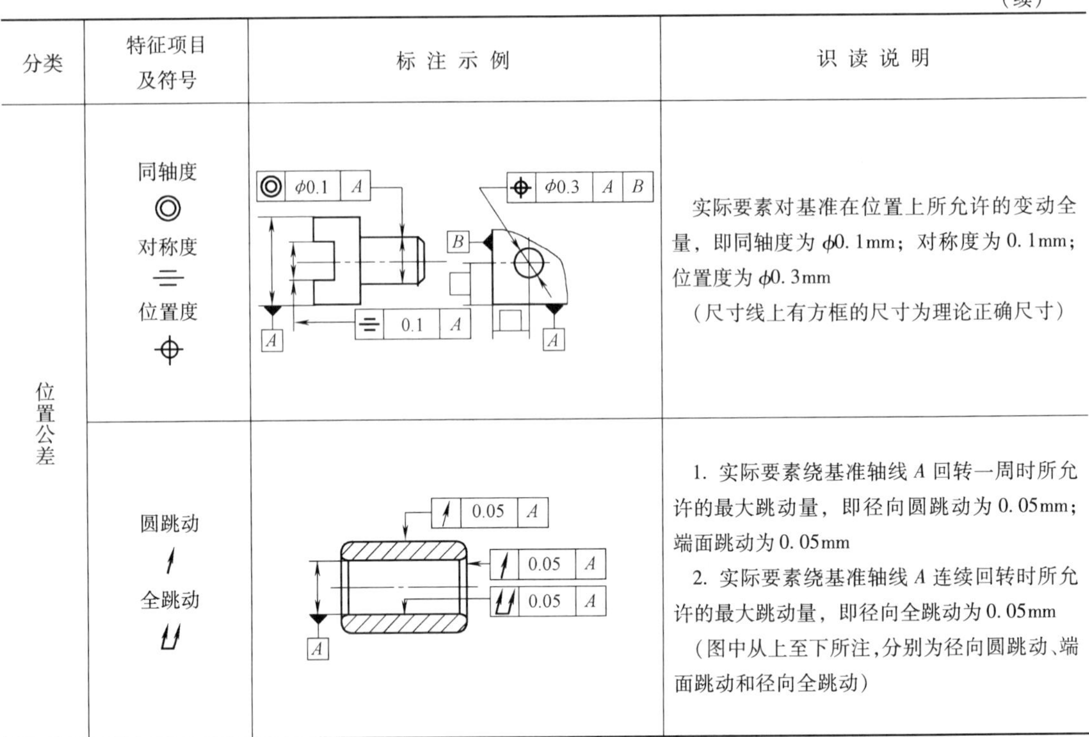

分类	特征项目及符号	标注示例	识读说明
位置公差	同轴度 ◎ 对称度 ⌯ 位置度 ⌖	◎ φ0.1 A；⌖ φ0.3 A B；⌯ 0.1 A；B；A	实际要素对基准在位置上所允许的变动全量，即同轴度为 φ0.1mm；对称度为 0.1mm；位置度为 φ0.3mm （尺寸线上有方框的尺寸为理论正确尺寸）
	圆跳动 ↗ 全跳动 ⌰	↗ 0.05 A；↗ 0.05 A；⌰ 0.05 A；A	1. 实际要素绕基准轴线 A 回转一周时所允许的最大跳动量，即径向圆跳动为 0.05mm；端面跳动为 0.05mm 2. 实际要素绕基准轴线 A 连续回转时所允许的最大跳动量，即径向全跳动为 0.05mm （图中从上至下所注，分别为径向圆跳动、端面跳动和径向全跳动）

例 8-5 识读图 8-41 所示气门挺柱形位公差标注的含义。

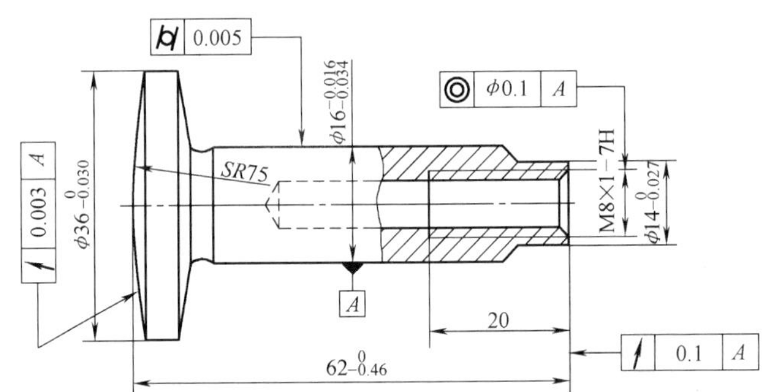

图 8-41 气门挺柱形位公差标注的识读

⌭ 0.005 ——表示 φ16 杆身的圆柱度公差为 0.005。

◎ φ0.1 A ——表示 M8×1 的螺孔轴线对于 φ16 杆身轴线的同轴度公差为 φ0.1。

↗ 0.03 A ——表示 SR75 的球面对于 φ16 杆身轴线的圆跳动公差为 0.003。

↗ 0.1 A ——表示右端面对于 φ16 杆身轴线的端面跳动公差为 0.1。

小试身手

读懂题图 8. 6-1 的形位公差标注，并填写表中各项内容，解释其含义。

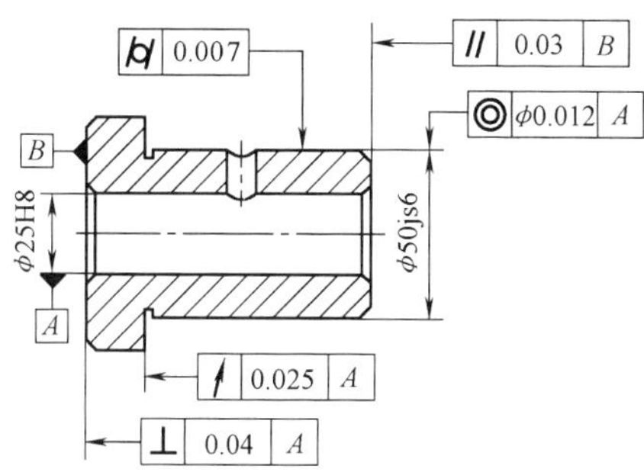

项目符号	公差项目名称	被测要素	基准要素	公差值
⌭				
//				
◎				
↗				
⊥				

题图 8. 6-1

任务七	汽车零件的表达及识读——表面结构与表面粗糙度	学时：90min
学习目标	1. 了解零件表面结构与表面粗糙度的基本概念。 2. 知道零件表面粗糙度的符号、代号的含义。 3. 了解零件表面粗糙度符号、代号的标注和识读。	
知识点	1. 零件表面结构与表面粗糙度基本概念。 2. 零件的表面粗糙度符号、代号的标注方法。 3. 零件表面粗糙度标注国家标准的规定。	
技能点	1. 懂零件表面结构与表面粗糙度的基本概念。 2. 能读懂零件图中零件标注的表面结构与表面粗糙度符号、代号及其含义。 3. 会对零件图的表面粗糙度的表达进行分析与识读。	
零件表面粗糙度的概念	零件的表面结构与表面粗糙度基本概念： 表面结构是指零件表面的几何形貌，它包括零件表面粗糙度、表面波纹度、表面纹理、表面缺陷和表面几何形状。 （1）表面粗糙度的基本概念—零件加工后表面上具有的较小间距和峰、谷所组成的微观几何形状的不平程度，称为表面粗糙度。 （2）常用表面粗糙度评价参数—国家标准 GB/T 131—2006 中规定了表面粗糙度参数有： *Ra*——轮廓算术平均值。 *Rz*——轮廓峰顶和轮廓谷底之间的距离。 其中，*Ra* 最为常用，见表 8-6。它们是评定表面结构要求时，普遍采用的主要参数。 （3）表面粗糙度的符号、代号及表达的注法—国家标准 GB/T 131—2006 中规定了表面粗糙度的符号、代号及注法。图样上所标注的表面粗糙度要求是对零件表面完工后的要求。	
零件表面粗糙度代号含义与识读	零件图上表面结构与表面粗糙度的表达规定： 1）表面粗糙度代号包括表面粗糙度符号、表面粗糙度参数以及其他有关规定。 若需要加工(采取去除材料的方法或不去除材料的方法)，但对表面粗糙度的其他规定没有要求时，允许只注表面粗糙度基本符号。 标注 *Ra* 值时，参数值前不需标注参数代号 *Ra*。 标注 *Rz* 值时，参数前需标注相应的参数代号 *Rz*。 2）表面结构图形的符号及其识读，见表 8-8；其代号和组成，如图 8-44 所示。 3）常用表面粗糙度符号的标注及其识读，见表 8-9。 4）选择表面粗糙度的原则：根据零件使用要求和加工工艺特性，以经济、便捷、可靠为原则，见表 8-12。	
 零件表面处理的表达与识读	1）零件表面处理的概念——泛指零件表面的镀(涂)覆和化学处理。 2）零件表面镀覆(如镀铬、镀铜)是使零件表面增加一镀层；化学处理(如钝化、氧化)是指用化学或电化学的方法处理零件，使其表面发生化学变化。用表面处理来提高零件的抗蚀性、耐磨性、导电性，使零件表面美观。 3）国家标准 GB/T 131—2006 中规定了热处理或表面处理要求在表面粗糙度符号上的注写位置，以及表面处理前后表面粗糙度要求的标注方法。 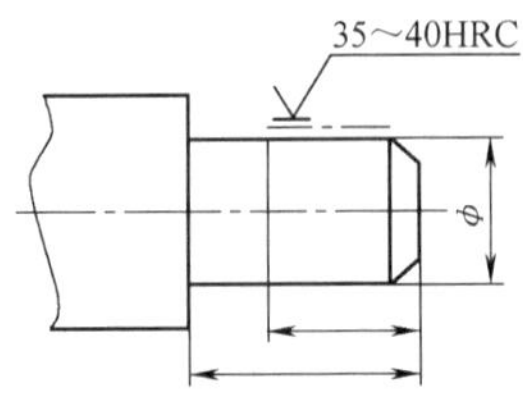 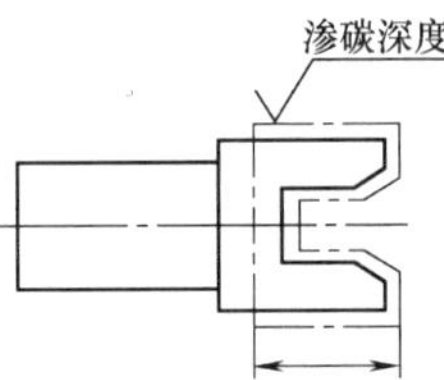	

一、表面结构的基本概念

表面结构是指零件表面的几何形貌，即零件的表面粗糙度、表面波纹度、表面纹理、表面缺陷和表面几何形状的总称。本节只介绍应用广泛的表面粗糙度的符号、代号在图样上的表示法与识读方法。

表面粗糙度是评定零件表面结构要求的一项重要参数，在满足零件表面功能的前提下，应合理选用表面粗糙度，并标注在零件加工的表面上。评定表面粗糙度的参数有轮廓算术平均偏差 *Ra*、轮廓最大高度 *Rz*。

零件经过机械加工后的表面看似光滑平整，可在显微镜下看到的是许多微小的峰顶和谷底。零件加工表面具有较小间距的峰谷所组成的微观几何形状特征，称为表面粗糙度。表面粗糙度的形成与工件的材料、加工方法、刀具、设备、环境条件等因素均有密切的关系。表面粗糙度对于零件的配合、耐磨性、抗腐蚀性及密封性都有明显的影响。

1. 轮廓算术平均偏差 *Ra*

轮廓算术平均偏差指在取样长度 *l* 内，沿测量方向(*Z* 方向)轮廓线上的点与基准线之间距离绝对值的算术平均值，用 *Ra* 表示，如图 8-42 所示。*Ra* 值越小，表面质量越要求越高，但加工成本也越高；*Ra* 值越大，表面越粗糙。在满足使用要求的条件下，应尽可能选用较大的 *Ra* 值，以降低生产成本。

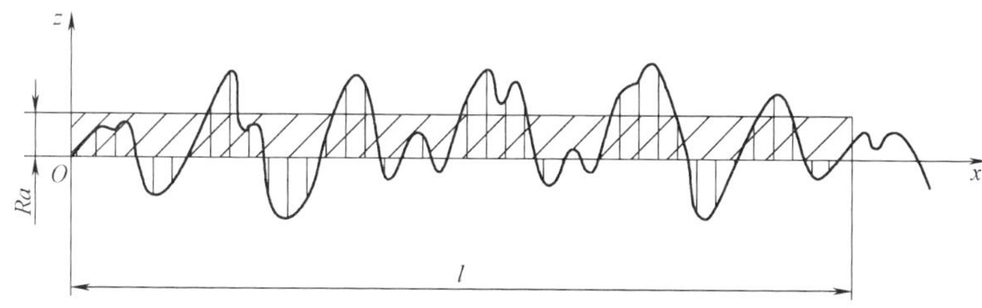

图 8-42　轮廓算术平均偏差 *Ra*

计算公式：

$$Ra = \frac{1}{l}\int_0^l |Z|\mathrm{d}x \text{ 或近似为 } Ra \approx \frac{1}{n}\sum_{i=1}^{n} |Z_i|$$

l 为取样长度，*Ra* 的取值见表 8-7。

表 8-7　轮廓算术平均偏差 *Ra* 的数值　　(单位：μm)

0.012	0.20	3.2	50
0.025	0.40	6.3	100
0.050	0.80	12.5	
0.100	1.60	25	

Ra 参数能充分反映表面微观几何形状高度方面的特性，并且所用仪器(电动轮廓仪)的测量比较简便，因此是国标推荐的首选评定参数。

提示

Ra 值越大，表面越粗糙。

2. 轮廓最大高度 *Rz*

Rz 是在取样长度内，轮廓峰顶线与谷底线之间的距离，如图 8-43 所示。

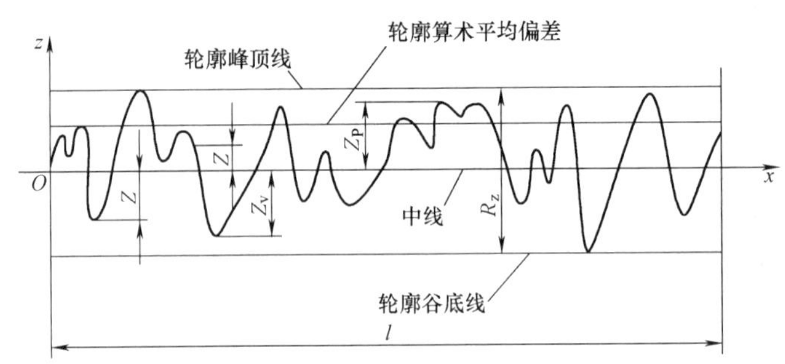

图 8-43　轮廓最大高度 Rz

在设计时，通常只采用轮廓算术平均偏差 Ra，只有在特定要求时才采用轮廓最大高度 Rz，Rz 的取值，如表 8-8 所示。

表 8-8　轮廓最大 Rz 的数值（单位:μm）

0. 025	0. 40	6. 3	100	1600
0. 050	0. 80	12. 5	200	
0. 100	1. 60	25	400	
0. 20	3. 2	50	800	

小贴士

表面结构图形已标准化，表面结构符号及其含义应符合国家标准 GB/T 131—2006 的规定，如表 8-9 所示。GB/T 131—1993《机械制图　表面粗糙度符号、代号及其标注》国家标准，于 2006 年修订为 GB/T 131—2006《产品几何技术规范(GPS)技术产品文件中表面结构的表示法》。新版标准适用于所有产品对表面结构有要求的标注，与原标准相比，技术内容有了很大的变化，贯彻标准时，要加以注意。原来的表面粗糙度参数 Rz(十点高度)已不再认可为标准代号，新的 Rz 为原 Ry 的定义，原来的 Ry 不再使用。

提示

零件加工过程中，不仅尺寸公差、表面粗糙度要得到保证，而且形位公差也必须得到保证，三者是评价零件质量的重要指标。

二、表面粗糙度的符号与代号的识读

1. 表面结构图形的符号及其含义

在图样中对零件表面结构的要求，可用几种不同的图形符号表达，GB/T 131—2006 规定了表面结构的图形符号，分为基本图形符号、扩展图形符号、完整图形符号、工件轮廓表面图形符号。图样及文件上所标注的表面结构符号应是完整的图形符号。各图形符号及其含义，见表 8-9。

表 8-9　表面结构图形的符号及其含义

序　号	分　类	图形符号	含义说明
1	基本图形符号		表示表面未指定工艺方法。通过一个注释时可单独使用，没有补充说明时不能单独使用
2	扩展图形符号		表示表面是用不去除材料的方法获得。例如铸、锻、冲压、冷轧、热轧、粉末冶金等工序形成的表面
			表示表面是用去除材料的方法获得。例如车、刨、磨、钻、剪切、抛光、腐蚀、电火花加工气割等。当其含义是“被加工表面时”时可单独使用
3	完整图形符号		在三个符号的长边上加一横线，用来标注有关参数和补充信息。左图的三个完整图形符号还可分别用文字表达为 APA、MRR 和 NMR，用于报告和合同的文本中
4	工件轮廓表面图形符号		视图上封闭轮廓的各表面有相同的表面结构要求时的符号。如果标注引起歧义时，各表面分别标注

2. 表面结构图形的代号的组成

在表面结构的基本符号周围，注上表面粗糙度值、单一要求和补充要求，如图 8-44 所示。

位置 a——注写表面结构的单一要求。

位置 b——注写第二个表面结构要求。

位置 c——注写加工方法。

位置 d——注写表面纹理和方向。

位置 e——注写加工余量。

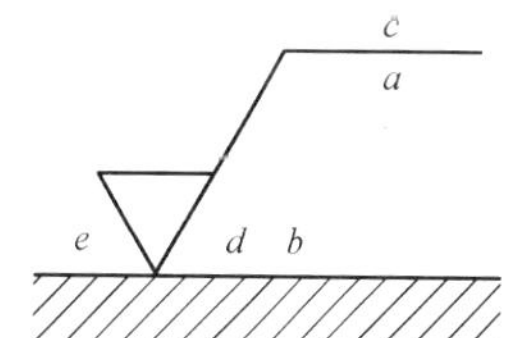

图 8-44　表面结构的图形代号组成

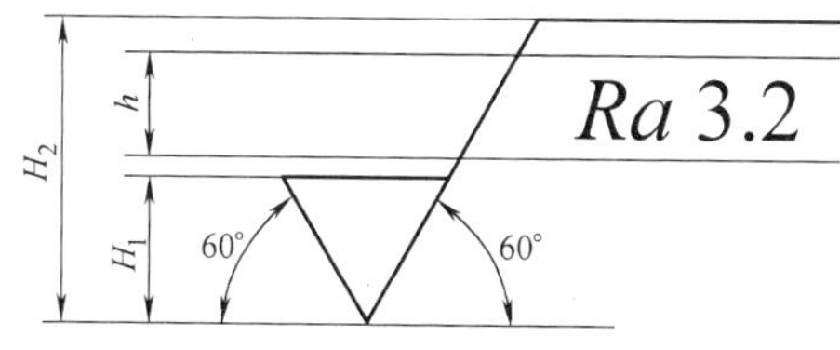

图 8-45　表面粗糙度符号

3. 常用表面粗糙度符号的标注及其含义

表面结构的图形上，注有表面粗糙度的参数和数值及有关规定，称为表面粗糙度代号，如图 8-45 所示。常用表面粗糙度符号的标注及其含义，见表 8-10。

表 8-10　常用表面粗糙度符号的标注及其含义

符　　号	含　　义	符　　号	含　　义
Rz 0.4	不允许去除材料，R 轮廓粗糙度最大高度为 0.4μm	Ra 0.8	R 轮廓，算术平均偏差为 0.8μm
Rz 6.3	R 轮廓，粗糙度最大高度为 6.3μm	Rzmax 0.2	R 轮廓，轮廓的最大高度的最大值为 0.2μm
Ra 0.8	不允许去除材料，R 轮廓算术平均偏差为 0.8μm	URz 1.6 LRa 0.8	R 轮廓，上限轮廓的最大高度为 1.6μm，下限算术平均偏差为 0.8μm

4. 加工方法和相关信息的注法

轮廓曲线的特征对实际表面的表面结构参数值影响很大，而加工工艺在很大程度上决定了轮廓曲线的特征，因此，一般应标注加工工艺。

轮廓曲线的特征对实际表面的表面结构参数值影响很大，而标注的参数代号、参数值只作为表面结构要求，有时不一定能够完全准确地表示表面功能。加工工艺在很大程度上决定了轮廓曲线的特征，因此一般应用文字注明加工工艺，如图 8-46a 所示。表示同样加工方法在图样上的注法，如图 8-46b 所示。带有补充注释符号的标注，见表 8-11。

MRR车Rz 3.2

a) 文本上注法

车
Rz 3.2

b) 图样上注法

图 8-46　加工工艺和表面粗糙度要求的注法

表 8-11　带有补充注释的符号

符　　号	含　　义	符　　号	含　　义
铣	加工方法：铣削		对投影视图上封闭的轮廓线所表示的各表面有相同的表面结构要求
M	表面纹理：纹理呈多方向	3	加工余量 3mm

5. 表面纹理的注法

若需要控制表面加工纹理及其方向时，可以在图形符号右侧加注相应的符号，如图 8-47 所示。

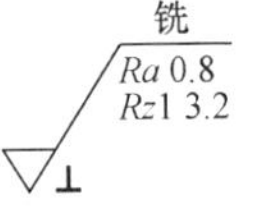

图 8-47　表面纹理方向的注法

采用定义的符号标注不适用于文本标注。国家标准规定的常见的加工纹理及其方向符号，如表 8-12 所示。

表 8-12　表面纹理的标注（GB/T 11—2006）

符　　号	解释和示例	
=	纹理平行于视图所在的投影面	纹理方向

（续）

符号	解释和示例	
⊥	纹理垂直于视图所在的投影面	纹理方向
×	纹理呈两斜向交叉且与视图所在的投影面相交	纹理方向

6. 加工余量的注法

在同一图样中，有多个加工工序的表面，可标注加工余量，例如在表示完工零件形状的铸、锻件图样中给出加工余量，如图 8-48 所示。图中给出加工余量的这种方式不适用于文本。加工余量可以是加注在完整符号上的统一要求，也可以同表面结构要求一起标注。

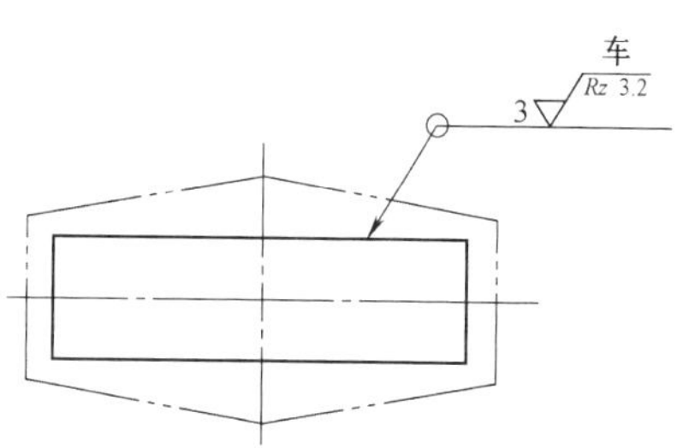

图 8-48　给出加工余量的注法

7. 选择表面粗糙度的原则

为了降低生产成本，减少加工难度，在满足使用功能要求的前提下，表面粗糙度允许尽可能大些。表面粗糙度参数值、经济加工方法应用举例，见表 8-13。

初步确定表面粗糙度值后，再对比工作条件做适当调整，但要注意以下情况中表面粗糙度值应相对较高：

1）同一零件的工作表面相对非工作表面。

2）速度高、单位面积压力大的摩擦表面，相对速度较低、单位面积压力小的非摩擦表面。

3）受变载荷作用、容易产生应力集中的表面、相对受静载荷作用的表面。

4）配合稳定性要求高的表面，如小间隙配合表面、受重载荷作用的过盈配合表面、配合的稳定性要求不高的表面。

5）运动精度要求高的表面、相对运动精度要求低的表面。

6）尺寸和形位精度高的表面、相对尺寸和形位精度低的表面。

7）同一尺寸和形位精度等级时，轴的表面相对孔的表面。

8）要求防腐蚀、密封性能好或要求外表美观的表面。

9）凡有关标准已对表面粗糙度作出规定的标准件或常用件（如与滚动轴承配合的轴颈和外壳孔、轴上键槽、轮毂键槽的工作表面、量规、齿轮等），应按相应标准确定其表面粗糙度参数值。

表 8-13　表面粗糙度的表面特征、经济加工方法及应用举例

表面微观特征		*Ra*(μm)	加工方法	应用举例
粗糙表面	微见刀痕	≤20	粗车、粗刨、粗铣、钻、毛锉、锯断	半成品粗加工的表面，非配合的加工表面，如轴端面、倒角、钻孔，齿轮带轮侧面、键槽底面、垫圈接触面
半光表面	微见加工痕迹	≤10	车、刨、铣、镗、钻、粗铰	轴上不安装轴承、齿轮处的非配合表面；紧固件的自由装配表面；轴和孔的退刀槽
	微见加工痕迹	≤5	车、刨、铣、镗、磨、拉、粗刮、滚压	半精加工表面，箱体、支架、盖面、套筒等和其他零件结合而无配合要求的表面；需要发蓝的表面等
	看不清加工痕迹	≤2.5	车、刨、铣、镗、磨、拉、刮、液压、铣齿	接近于精加工表面，箱体上安装轴承的镗孔表面、齿轮的工作面
光表面	可辨加工痕迹方向	≤1.25	车、镗、磨、拉、刮、精、铰、磨齿、滚压	圆柱销、圆锥销；与滚动轴承配合的表面；普通车床导轨面；内、外花键定心表面
	微辨加工痕迹方向	≤0.63	精铰、精镗、磨、刮、滚压	要求配合性质稳定的配合表面；工作时受交变应力的重要零件；较高精度车床导轨面
	不可辨加工痕迹方向	≤0.32	精磨、珩磨、研磨、	精密机床主轴锥孔、顶尖圆锥面；发动机曲轴、凸轮轴工作表面；高精度齿轮齿面
极光表面	暗光泽面	≤0.16	精磨、研磨、普通抛光	精密机床主轴颈表面、一般量规工作表面；气缸套内表面，活塞销表面
	亮光泽面	≤0.08	超精磨、镜面磨削、精抛光	精密机床主轴颈表面，滚动轴承的滚珠，高压油泵中柱塞和柱塞套配合表面
	镜状光泽面	≤0.04		
	镜面	≤0.01	镜面磨削、超精研	高精密量仪、量块的工作表面，光学仪器中的金属镜面

三、图样上表面结构要求的标注与识读

1. 表面结构符号、代号的标注方法

1）同一图样中，零件的每一表面上，一般粗糙度只标注一次，并尽可能注在相应的尺寸及其公差的同一视图上。除非另有说明，所标注的表面结构要求是对定期工零件的要求。

2）表面结构符号、代号标注的位置示例。

① 表面结构代号应标注在零件可见轮廓线、尺寸线、尺寸界线或它们的延长线上，如图 8-49 所示。

② 表面结构代号必要时可带黑点或箭头的指引线引出标注，如图 8-50 所示。表面结构

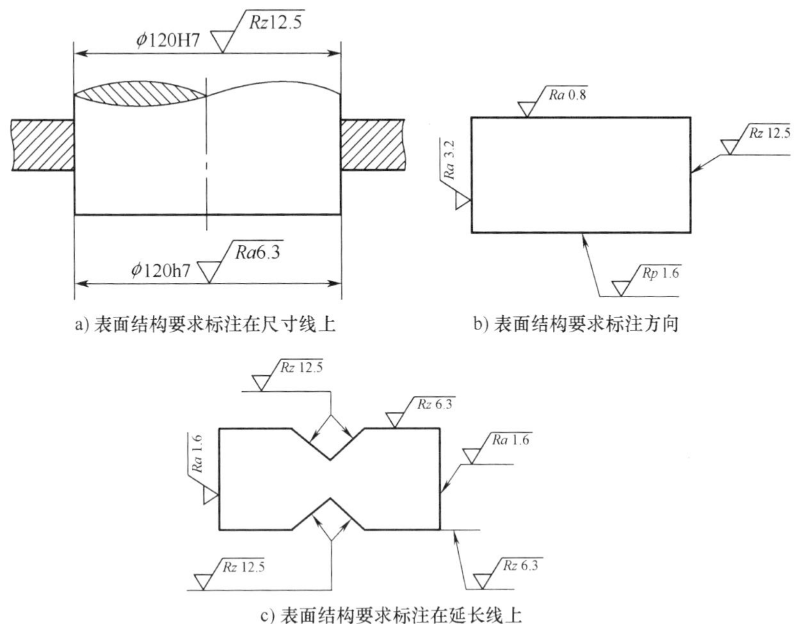

a) 表面结构要求标注在尺寸线上　b) 表面结构要求标注方向

c) 表面结构要求标注在延长线上

图 8-49　表面结构要求的注写方向和位置

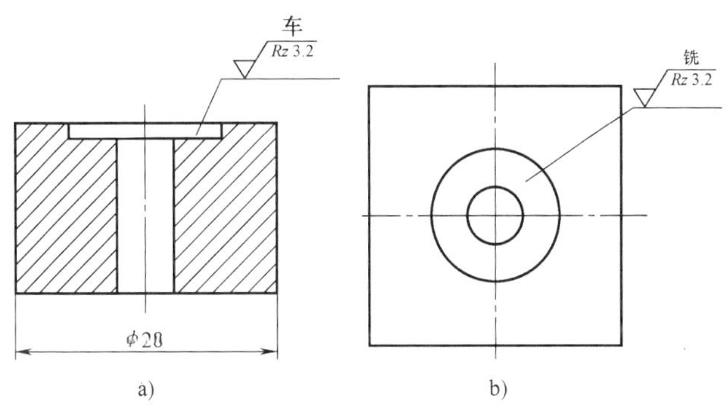

a)　b)

图 8-50　用指引线注出表面结构要求

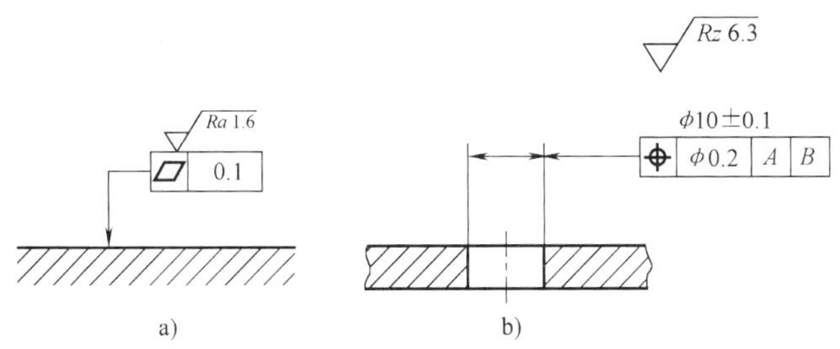

a)　b)

图 8-51　表面结构要求标注在形位公差框格上

代号也可以标注在形位公差框格上方，如图 8-51 所示。

③ 对零件上的连续表面及重复要素(如孔、槽 、齿等)的表面，以及用细实线连接的不连续的同一表面(螺纹工作表面)，其表面结构代号只标注一次，如图 8-52、图 8-53、图 8-54 所示。

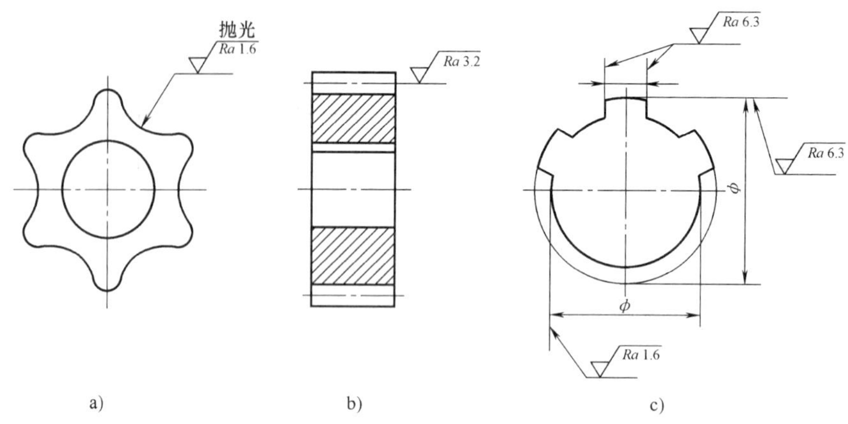

图 8-52　连续表面结构及重复要求的标注

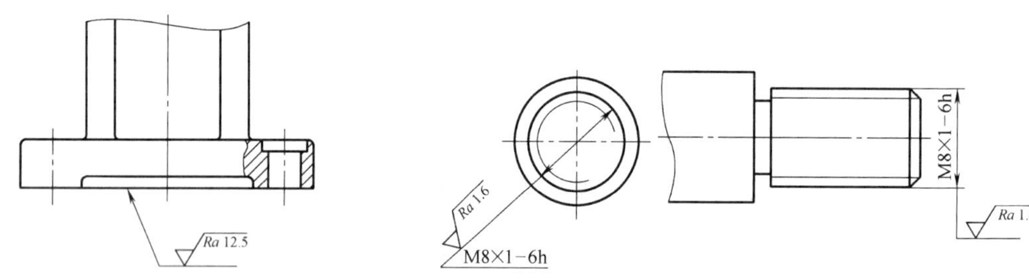

图 8-53　不连续的同一表面的注法　　　　图 8-54　螺纹工作表面的注法

④ 圆柱和棱柱表面的表面结构要求只注一次，如图 8-55 所示；如果每个圆柱和棱柱表面有不同的表面结构要求，则应单独标注，如图 8-56 所示。

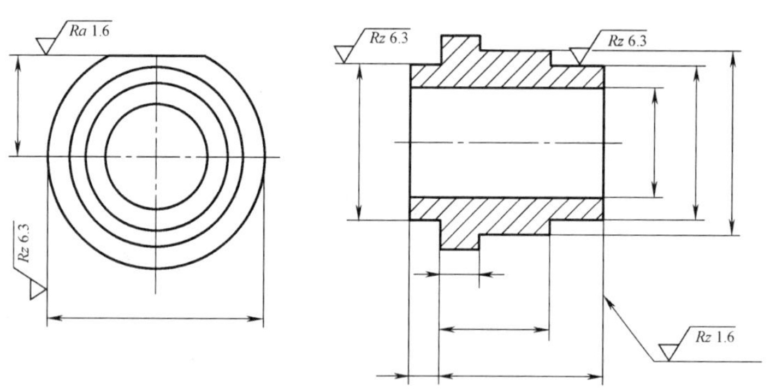

图 8-55　标注在圆柱特征延长线上

⑤ 对同一表面，但有不同的表面粗糙度值要求时，必须用细实线画出其分界线，并注出相应的表面结构代号和数值，如图 8-57 所示。

2. 表面结构要求的简化注法

（1）相同表面结构要求的简化注法　当零件所有表面具有相同的表面粗糙度值时，其符号、代号可统一注写在图样标题栏附近，而表面结构要求的符号后面应有圆括号，无任何其他要注的基本符号，如图 8-58 所示；若有其他不同的表面结构要求时，应直接标注在图形中，如图 8-59 所示。

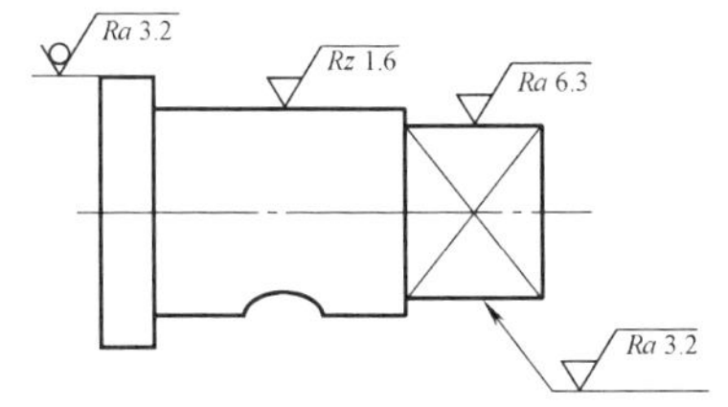

图 8-56　圆柱和棱柱表面结构要求的标注

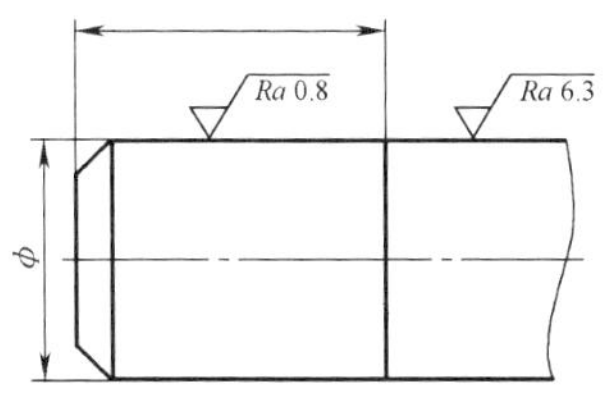

图 8-57　同一表面有不同表面结构要求的标注

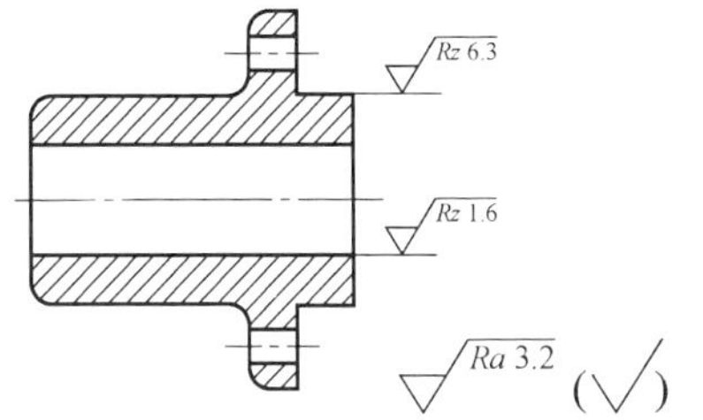

图 8-58　表面结构要求的简化标注(一)

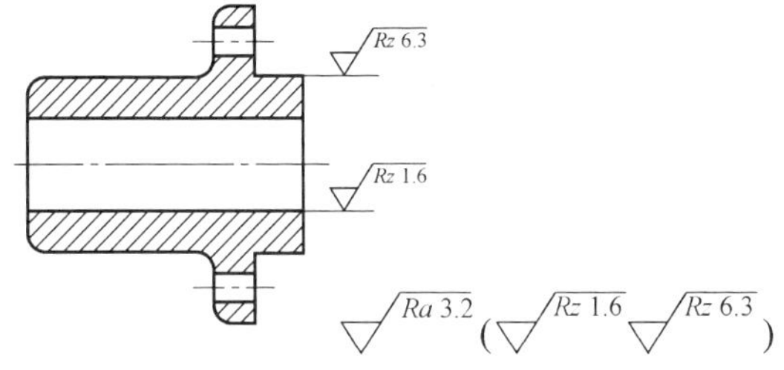

图 8-59　表面结构要求的简化标注(二)

（2）简化注法　当多个表面有相同的表面结构要求，或图纸空间有限时，可以采用简化标注。

1）可用带字母的完整图形符号，以等式的形式，在图纸或标题栏附近，对有相同表面结构要求的表面进行标注，如图 8-60 所示。

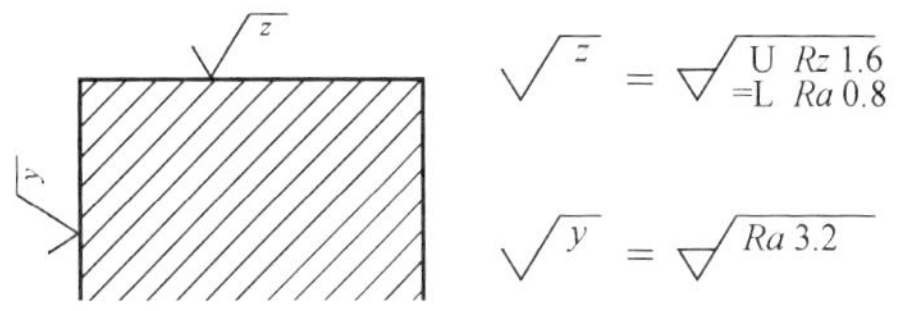

图 8-60　图纸空间有限时的简化标注

2）当采用基本图形符号、扩展图形符号即可说明表面结构要求时，可直接用标注表面结构的基本图形符号和扩展图形符号的简化方式，并以等式的形式说明相应的表面结要求，如图 8-61 所示。

Ra 3.2　Ra 3.2　Ra 3.2

a) 未指定工艺的方法　b) 要求去除材料的方法　c) 不去除材料的方法

图 8-61　用基本图形符号、扩展图形符号的简化标注

3. 有镀(涂)覆、热处理和其他表面处理要求的表面粗糙度的标注与识读

表面处理是泛指镀覆和化学处理。镀覆是使零件表面增加一镀层；化学处理是指用化学或电化学方法处理零件，使其表面发生化学反应。通过表面处理，可提高零件的抗蚀性、耐磨性、导电性、美观零件表面等。

热处理是将零件毛坯或半成品加热至一定的温度后保温一段时间，再以不同的方式冷却，以改变金属材料内部组织结构，从而改善材料力学性能(强度、硬度、韧性或切削性

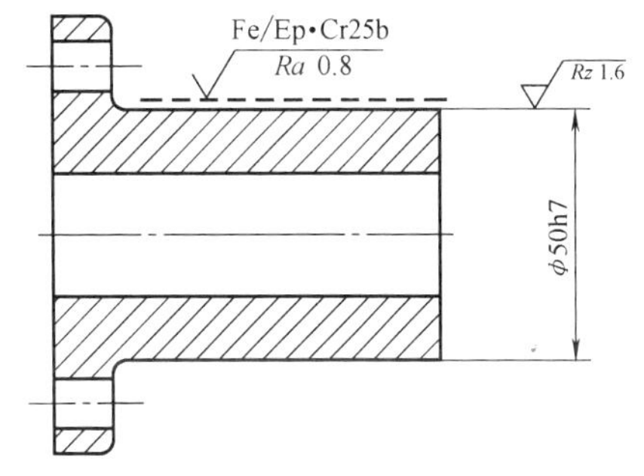

图 8-62　有表面处理要求的表面粗糙度标注

能等）的方法。

GB/T 131—2006 规定了热处理和其他表面处理的标注方法。

1）多种工艺获得的同一表面，当需要明确每种工艺方法的表面结构要求时，可以同时标注，如图 8-62 所示。

2）需要零件局部热处理或镀覆时，应用粗点画线画出其范围，并标注相应的尺寸，也可将其要求注写在表面结构符号内，如图 8-63 所示。

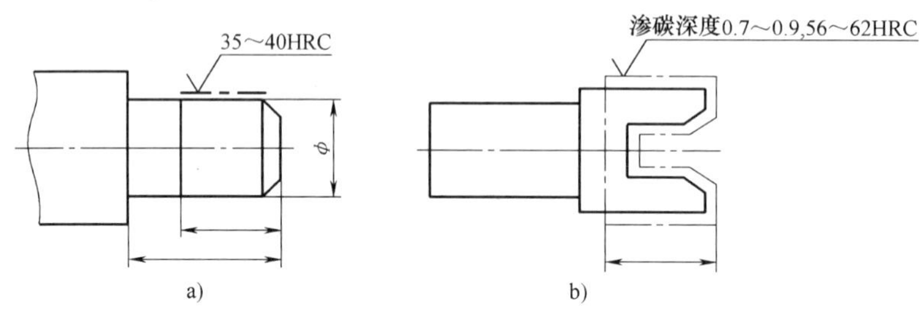

图 8-63　热处理要求的表面粗糙度标注

小试身手

如题图 8.7-1 所示，按 1∶1 的比例从图中量取尺寸数字，取整数标注尺寸，并按表中的表面粗糙度参数，分别标注表面结构要求代号。

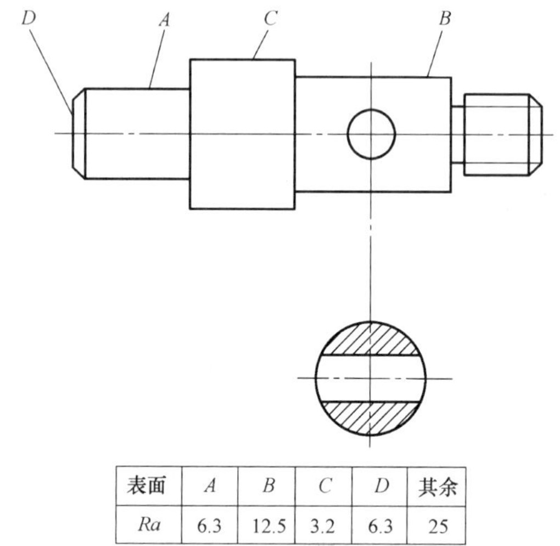

表面	*A*	*B*	*C*	*D*	其余
Ra	6.3	12.5	3.2	6.3	25

题图 8.7-1

任务八	汽车零件的表达及识读——读零件图	学时：120min
学习目标	1. 了解识读零件图的目的。 2. 知道零件图识读的方法与步骤。 3. 学会识读零件图。	
知识点	1. 识读零件图的方法与步骤。 2. 常见零件的表面粗糙度标注的符号与作用。 3. 零件表面粗糙度标注国家标准的规定。	
技能点	1. 通过典型零件图的识读，会对零件图进行综合分析。 2. 通过典型零件图的识读，会识读零件图的步骤与方法。 3. 会识读零件图。	
典型零件图的综合分析	典型零件图的综合分析——根据零件在机器(或部件)中的位置和作用及结构特征进行识读分析。一般是从零件的结构特征入手对其加工工艺方法、视图表达、尺寸标注和技术要求等方面进行综合分析来识读零件图的。 （1）轴类零件的识读与分析—轴类零件结构特征通常由几段不同直径同轴回转体组成，有键槽、退刀槽、越程槽、中心孔、销槽、轴肩、螺纹等。 （2）盘类零件的识读与分析—盘类零件的结构特征是主体部分常有回转体组成，也可能是方形或是组合体，常有轮辐、键槽、均布孔等。 （3）支架、叉类零件的识读与分析—该类零件结构通常由工作部分与支撑部分组成，形状比较复杂又不规则，常有叉形、肋板、孔和槽等。 （4）箱体类零件的识读与分析—箱体类零件主要起包容、支撑其他零件的作用，其结构上，常有内腔、轴承孔、凸台、肋、安装板、光孔、螺纹孔等。	
识读零件图的方法和步骤	识读零件图的方法和步骤： 1）概括了解。 2）分析视图，想象零件的结构形状。 3）分析尺寸特征，理解其含义。 4）分析技术要求，掌握零件的技术条件和质量指标。 5）综合分析，全面考虑，科学决策。	
零件图识读示例	零件图的识读示例： 1）泵体零件图的识读示例(图 8-65)。 2）端盖零件图的识读示例(图 8-67)。 3）轴零件图(图 8-68)与支架零件(图 8-69)的识读。	

一、识读零件图的方法与步骤

1. 识读零件图的目的

在生产实践中，零件图是制造和检验零件的依据，是反映零件结构、大小、技术要求的载体。识读零件图的目的就是根据零件图想象零件的结构形状、了解零件的尺寸和技术要求，以便指导生产和解决技术问题，这是作为工程技术人员应具备的识读零件图的能力。

识读零件图时，不仅从图样上分析，同时要联系零件在机器或部件中的位置、功能以及与其他零件的关系来读图。

2. 识读零件图的方法与步骤

（1）概括了解　由标题栏了解零件的名称、材料、比例等。从名称大致了解零件的用途；从材料可知其大概的制造方法；从图样比例可估计零件的大小。

（2）分析视图、想象零件结构形状　先找主视图，再分析零件各视图，弄清它们的视图名称、剖切位置、投影关系以及其所表达的内容。用形体分析法和线面分析法分析结构的相对位置，然后互相联系起来，想出零件的整体结构形状。

（3）分析尺寸　分析零件的总体尺寸、定形尺寸、定位尺寸、尺寸基准及零件的主要尺寸，明确零件各部分的大小。

（4）分析技术要求　分析零件的尺寸极限要求与形位公差、表面粗糙度等技术要求和质量指标。

（5）综上所述归纳　综上所述对获得的各方面资料进行归纳，再分析，就能对零件的全貌有个完整的了解，并在头脑中形成零件的整体形状。

小贴士

识读图时，一般情况下，按“先大后小，先外后内，先粗后细”的顺序进行。

二、识读零件图的方法与步骤示例

例 8-6　识读泵体零件图，如图 8-64 与图 8-65 所示。

1. 了解零件在机器或部件中的作用

（1）看标题栏　了解零件名称、材料、结构类型和制图比例等。

从标题栏可知零件名称为泵体，属箱体类零件，其材料为牌号 HT200 灰口铸铁。画图比例为 1:2。

（2）查看其他资料　了解零件在机器或部件中的位置和作用。

该零件为汽车上输送润滑油的齿轮泵的泵体，形状较为复杂，品质要求较高。

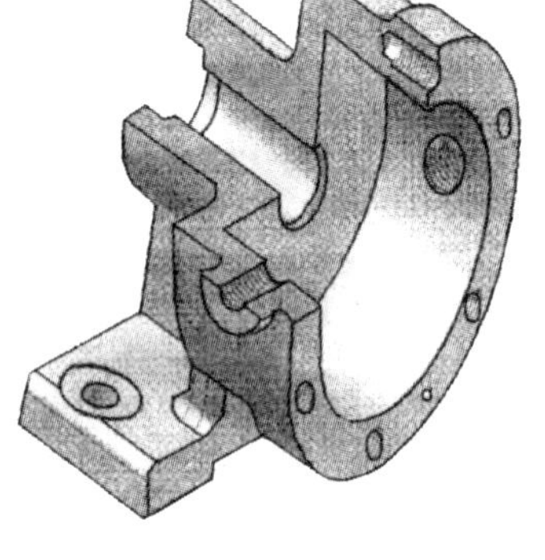

图 8-64　齿轮泵泵体

2. 分析表达方案，想象零件形状

1）看视图，进行视图表达分析。找出主视图和对应的其他视图，分析视图之间相互位置和投影关系，对剖视图、断面图等找出对应的剖切面位置。

如图 8-65 所示，该泵体按箱体类零件的表达特点，选用了主、俯、左三个基本视图和一个向视图。主视图反映了泵体上、中、下三个组成部分的形状及位置关系，左右凸台的位置所在，以及泵体大圆柱前端面的 6 个螺孔等的分布情况。主视图上的两处局部视图，分别表达了接进、出油管的螺孔以及底板上安装孔的结构。左、右视图为全剖视，表达了内腔、通孔、螺孔等的结构，同时也反映了组成泵体大小圆柱、底板、支承板、肋板等的位置关系以及接进、出油管的螺孔的位置情况。*A—A* 全剖的俯视图表达了底板的形状以及支承板、肋板的位置及厚度。*K* 向局部视图表达了上后部圆柱后端面上螺孔的分布。

2）结构形状分析，综合想象零件的整体结构形状。图 8-65 所示的泵体零件的上部分由直径不同的两个外圆柱组成，有圆柱形内腔，其作用是支承泵轴及泵轴上的零件，左右分别设有凸台及进、出油孔，油孔与内腔相通。

该零件的下部有两个安装孔的长方形底板，底部有凹槽结构，其中部为连接支承板，将上下两部分连接成一整体，为加强强度，在支承板后方有梯形肋板立于底板上，如图 8-64

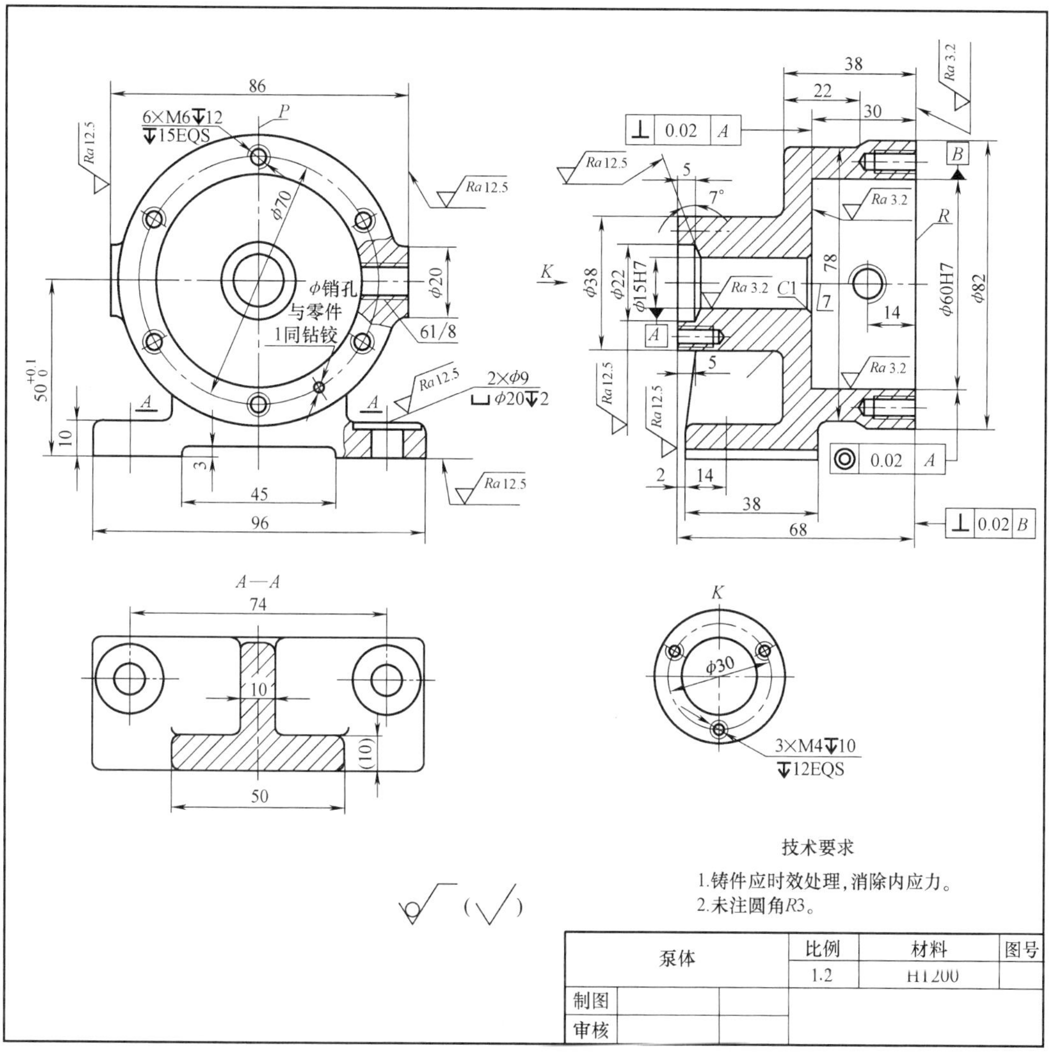

技术要求

1.铸件应时效处理，消除内应力。

2.未注圆角$R3$。

泵体	比例	材料	图号
	1:2	HT200	
制图			
审核			

图 8-65　泵体零件图

所示。

综合对泵体各部分结构形状的分析，根据视图的相互位置，想象出泵体零件的整体结构形状，如图 8-64 所示。

3. 尺寸分析

在上述分析的基础上，进而分析尺寸基准，找出主要基准、主要尺寸，读懂其他尺寸。

主要尺寸基准：长度方向是对称平面 P；宽度方向是前端面 R；高度方向是 ϕ15H7 孔的轴线。

主要尺寸：G1/8、ϕ60H7、ϕ15H7；安装孔中心距 74 及宽度方向距辅助基准 14；接进、出油管的螺孔中心高 $50^{+0.1}_{0}$ 及宽度方向距辅助基准 14，左、右凸台端面的位置尺寸 86；由 ϕ78 的后端面向前 10 确定底板的前端面位置；6 个均布螺孔的轨迹圆直径 ϕ70；K 视图上 3 个均布螺孔轨迹圆直径 ϕ30 等。

4. 技术要求分析

表面结构要求：泵体零件上表面结构要求最高代号是$\sqrt{Ra\ 3.2}$，一般要求的依次是$\sqrt{Ra\ 12.5}$、$\sqrt{Ra\ 25}$，铸造面的表面结构要求最低，为$\sqrt{}$（○）。

公差带尺寸：轴孔尺寸 ϕ15H7；内腔尺寸 ϕ60H7。

形位公差|⊥|0.02|B|表示泵体右外端面相对于 ϕ60H7 轴孔的轴线 B 的垂直度公差为 0.02；|◎|ϕ0.02|A|表示内腔圆柱孔 ϕ60H7 轴线相对于 ϕ15H7 轴线的同轴度为 ϕ0.02，表示公差带是圆柱形的。|⊥|0.02|A|表示泵体内腔侧底面相对于 ϕ15H7 内腔轴线 A 的垂直度为 0.02。

例 8-7 识读端盖零件图，如图 8-66 与图 8-67 所示。

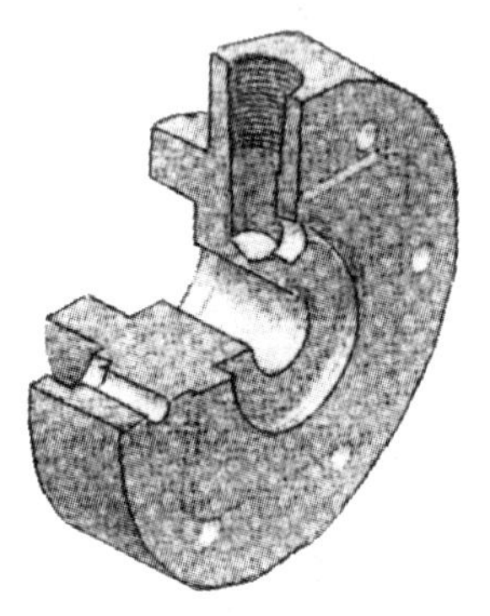

图 8-66 端盖

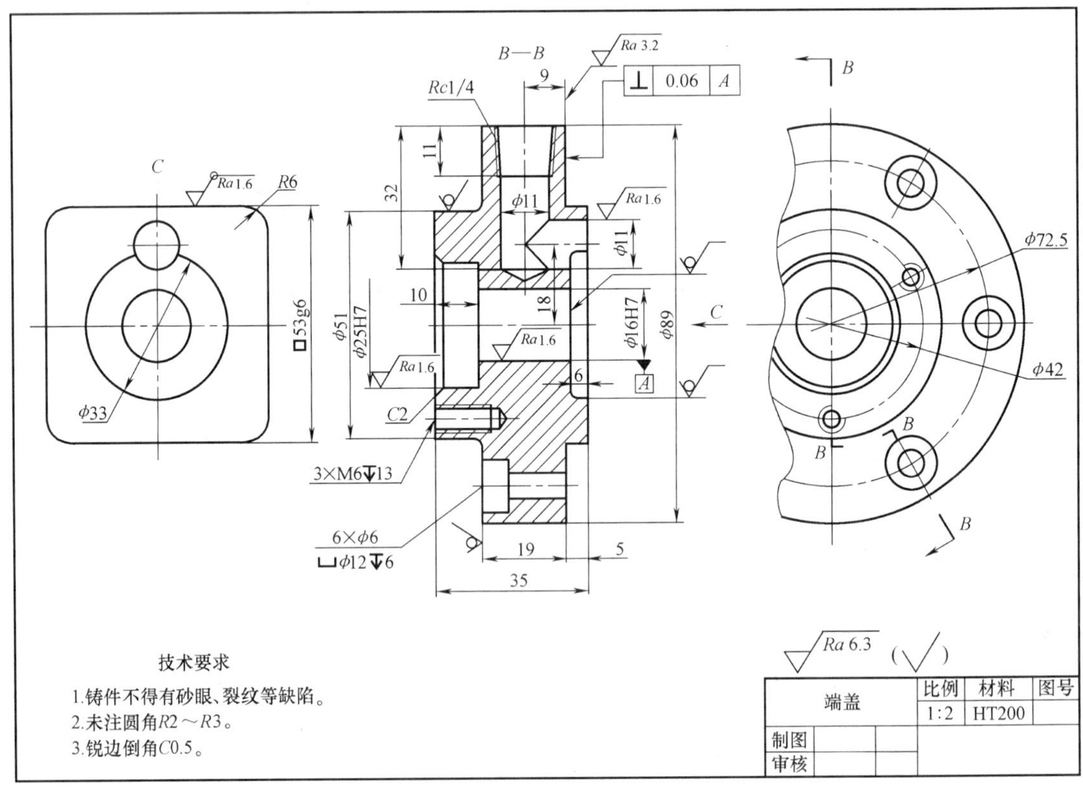

图 8-67 端盖零件图

1）读图分析

① 概括了解。从零件图的标题栏可知，零件名称为端盖，其材料为 HT200 灰口铸铁；制图比例为 1∶2。浏览零件的各视图和有关技术要求，可断定该零件工作在液体的环境中。

② 视图表达与结构形状分析。从视图上可以看出该零件的直径比轴尺寸大，外形是短而粗的回转体，属于盘类零件。主要为车加工。主视图采用全剖视图将其 *Rc*1/4 等内部结构形状表达清楚了，左视图采用局部剖视图表达了主视图的剖切平面和 6 个螺孔圆周均布位置；用向视图表达了 *C* 向的结构形状。

③ 尺寸和技术要求分析。零件的径向尺寸基准是其中心线，其中 ϕ16H7、ϕ25H7 外圆注出的尺寸公差带代号的极限偏差值较高，说明是重要尺寸。轴向尺寸的主要基准是标有表面粗糙度值为 *Ra*3.2 的右侧台阶面；并提出了与 ϕ16H7 轴线的垂直度要求，表明了该表面为重要的安装基准面。从技术要求第一条“铸件不得有砂眼、裂纹等到缺陷”分析，可知零件的材质和密封性要求较高。

2）综合归纳。综合考虑零件的结构形状、尺寸和技术要求，可以认为该零件的整体质量要求较高，在生产制造中要合理安排加工，引起重视。

例 8-8 轴类零件与叉类（支架类）零件图的识读分析

根据轴类零件图（图 8-68）与叉类（支架类）零件图（图 8-69）所示，请读者自行进行识读分析。

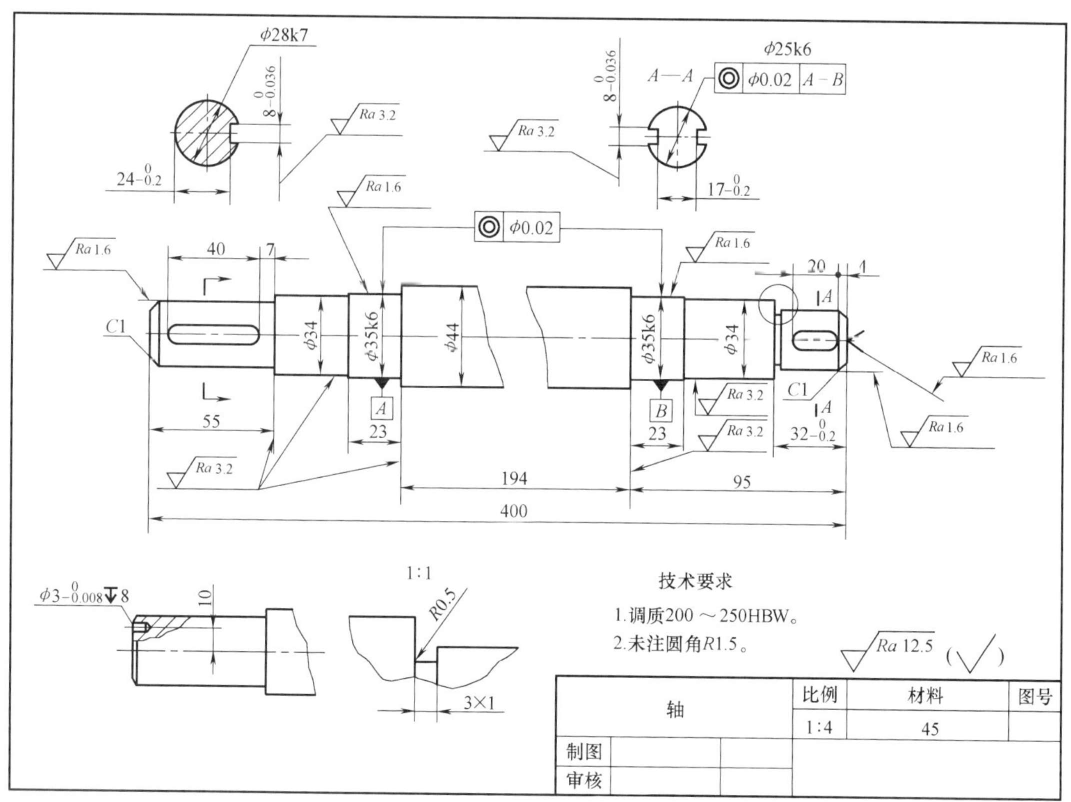

图 8-68　轴零件图

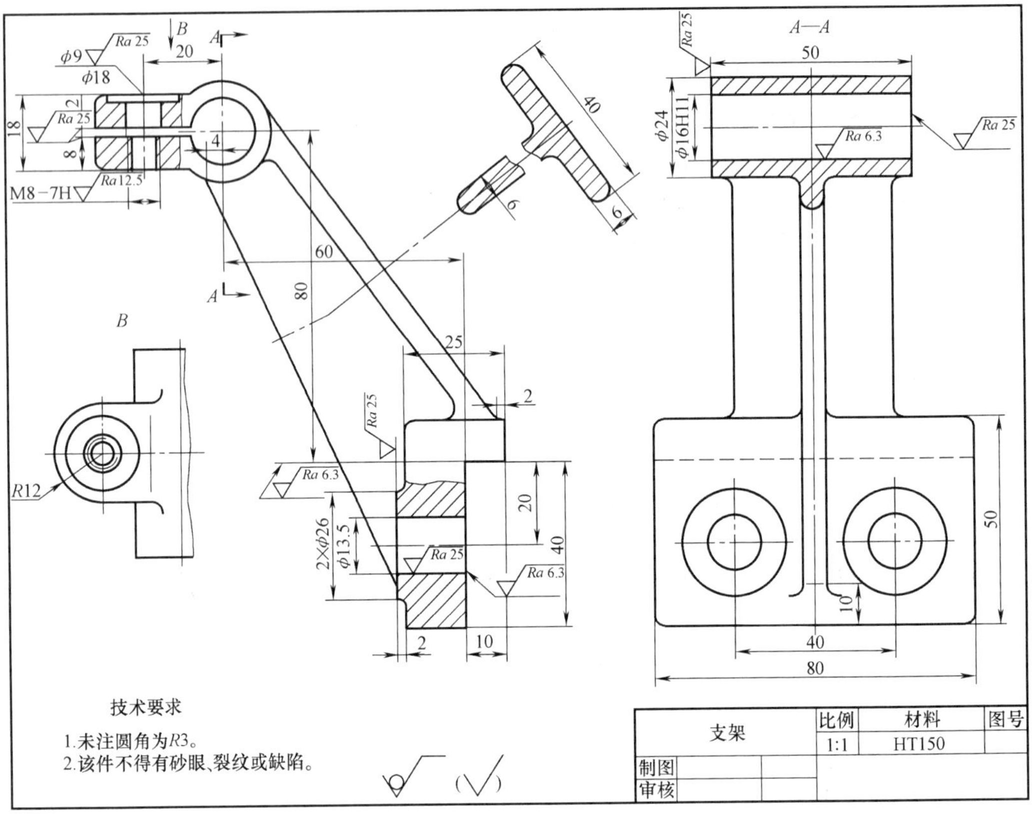

技术要求

1.未注圆角为R3。

2.该件不得有砂眼、裂纹或缺陷。

支架	比例	材料	图号
	1:1	HT150	
制图			
审核			

图 8-69　支架零件图

巩固练习

识读题图 8.8-1 泵轴零件图，回答下列问题。

(1) 该零件属于________类零件，材料选用________钢，钢种为________钢。零件图的比例是________，其含义是________。

(2) 零件上的键槽和小孔结构采用________视图形式予以表达。

(3) 轴上的键槽总长度为________，宽度为________，深度为________，均为________尺寸，其定位尺寸为________。

(4) 零件上表面粗糙度共有________级要求，最高的是________，共有________处。右端面的表面粗糙度为________。

(5) 左端轴段直径 $\phi14_{-0.011}^{\ 0}$ 为定________尺寸，其基本尺寸为________，上偏差为________，下偏差为________，最大极限尺寸为________，最小极限尺寸为________，公差为________。

(6) 指出该轴径向尺寸基准(用▲标出)。

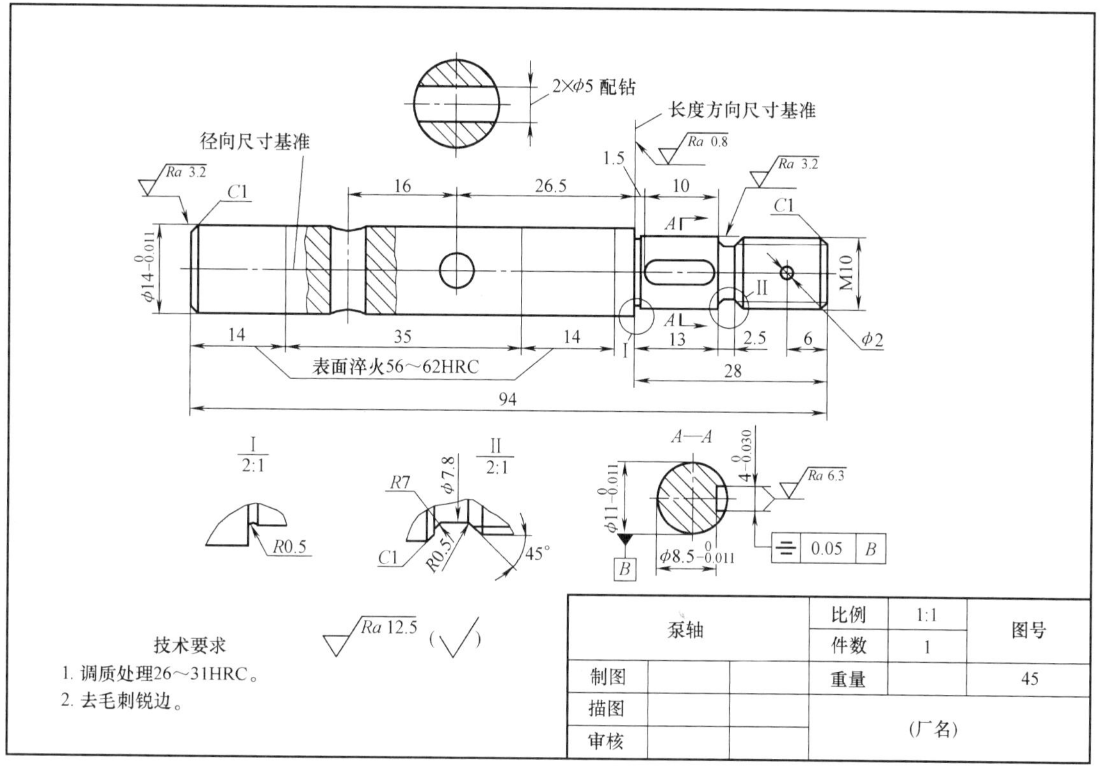

题图 8. 8-1　泵轴零件图

学习活动情境八任务测评表

班级		姓名		日期		自评	互评	备注
1. 你知道零件图的内容与作用了吗？								
2. 你会用零件图表达零件了吗？								
3. 你会合理选择尺寸基准，合理地标注尺寸了吗？								
4. 你了解了公差与配合的概念和配合制，并会标注了吗？								
5. 你会标注表面粗糙度和形位公差了吗？								
6. 你会就不同类型零件的结构形状、视图表达和尺寸标注进行综合分析识读了吗？								
个人小结：								
总体评价						教师签字		

学习活动情境九：汽车部件装配的表达与装配图的识读

任务一	汽车部件装配的表达——装配图概述	学时：120min
学习目标	1. 通过识读部件装配图，了解装配图的概念、内容。 2. 通过识读装配图，了解装配图的作用。 3. 了解反映机器或部件构造与功能装配图的一般表达方式。	
知识点	1. 装配图的概念与其作用。 2. 装配图的内容。 3. 装配图的一般表达方法。	
技能点	1. 了解装配图的概念和作用。 2. 通过识读球阀装配图，了解装配图的基本内容。 3. 了解装配图的基本表达方法。	
装配图的概念与作用	1）装配图的概念。汽车由多个总成和部件组成，总成和部件又由若干零件根据装配关系和技术要求装配而成，表达总成或部件的图样称为装配图。装配图是汽车制造、维修和检验的重要文件。通过识读装配图能够了解名称、规格、性能、功能和工作原理以及装配体中各零件间的相互位置、配合关系、传动路线和每个零件的作用，了解主要零件的结构形状和使用方法、拆装顺序等。读懂装配图是汽车制造与维修人员所必须具备的基本技能。 2）通过识读球阀装配图，了解装配图的作用。装配图是传递机器和部件的结构形状、装配关系、工作原理和技术要求等信息的工程语言。它是进行设计、安装、检测、使用、维修和反映整体设计意图，进行技术交流的重要技术文件。 3）通过识读球阀装配图，了解装配图尺寸标注和装配的尺寸公差标注。	
装配图的基本内容	识读球阀装配图(图 9-1)，了解装配图识读的内容：一组视图、必要尺寸、技术要求和标题栏、零件序号和明细栏。 装配图表达与识读的内容是： 1）一组视图　表达机器或部件总成结构和零件之间装配关系及工作原理的视图。 2）必要尺寸　规格尺寸、安装尺寸和装配尺寸。 3）技术要求　材料处理、表面结构精度、形状和位置精度、工艺条件等。 4）零件序号、明细栏和标题栏　应符合相应的国家标准规定。	
装配图的基本表达方法	了解并识读装配图的基本表达方法。主要有两种表达方法：规定画法和特殊画法 1）为表达零件之间的装配关系，必须遵守装配图的三个基本规定的表达方法； 零件图的各种表达方法，如视图、剖视图、断面图、简化画法等同样也用于装配图。 2）特殊表达的方法，8 种特殊表达方法的说明。 3）简化表达的方法，5 项简化表达方法的说明。	

一、装配图的概述

1. 装配图的概念

装配图是表达机器或部件中各组成零件之间的相互位置、连接关系、工作原理、配合性质和传动路线等的图样。如图 9-1 所示，球阀装配图是由 13 种零件按照一定的配合性质和相互位置与连接关系装配而成的，反映了球阀的工作原理是通过扳手转动，带动阀杆传递转矩，再带动阀芯转动来控制阀芯内孔与阀体管孔截面的大小，从而达到改变通过球阀的液体流量。

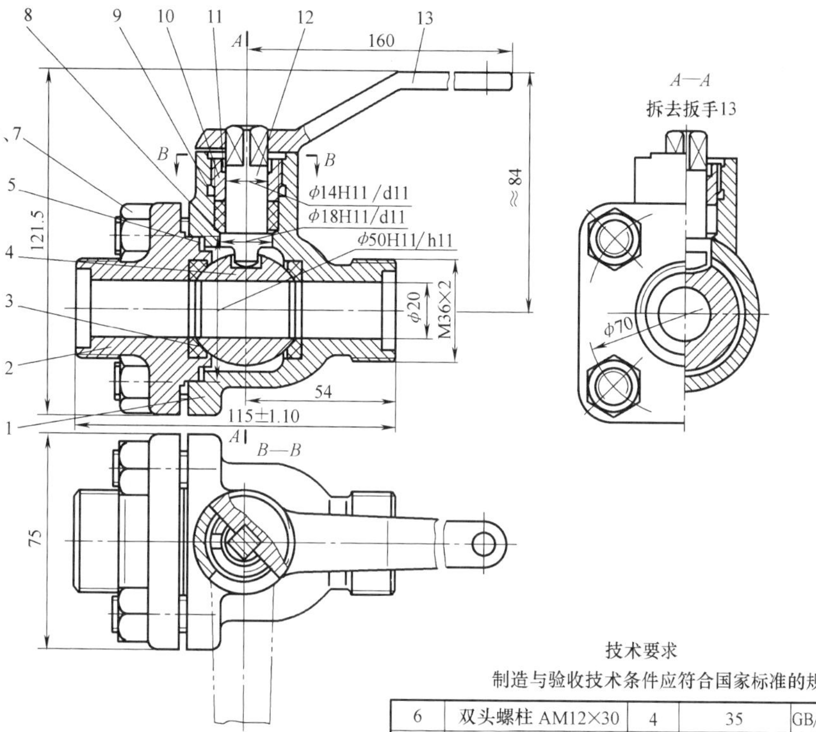

A—A 拆去扳手13

技术要求

制造与验收技术条件应符合国家标准的规定。

序号	名称	件数	材料	备注
13	扳手	1	ZG25	
12	阀杆	1	40Cr	
11	填料压紧套	1	35	
10	上填料	1	聚四氟乙烯	
9	中填料	2	聚四氟乙烯	
8	填料垫		40Cr	
7	螺母M12	4	Q235	GB/T 6170—2000
6	双头螺柱 AM12×30	4	35	GB/T 897—1988
5	调整垫	1	聚四氟乙烯	
4	阀芯	1	40Cr	
3	密封圈	2	填充聚四氟乙烯	
2	阀盖	1	ZG25	
1	阀体	1	ZG25	

球阀		比例	1:2	
		件数		
制图		重量		第1张共1张
制图		（厂名）		
审核				

图 9-1 球阀装配图

2. 装配图的内容

（1）一组视图　用一组视图完整、清晰、准确地表达出机器（汽车各部总成）或部件的工作原理、各零件之间相对位置及装配关系、连接方式和重要零件的形状结构等。

图 9-1 所示的球阀装配图采用了三个基本视图：主视图采用全剖视图；左视图为半剖视图；俯视图采用局部剖视图；清楚地表达了零件之间的装配关系及其工作原理。

（2）必要尺寸　装配图上要有表示机器或部件的规格、装配、检验和安装时所需要的一些必要的尺寸。如图 9-1 中，管口直径 ϕ20 为规格尺寸；M36 ×2 与 84 为安装尺寸，ϕ14H11/d11、50H11/h11 等为装配尺寸；115、75、121.5 为装配后的装配尺寸。

（3）技术要求　技术要求就是说明机器或部件的性能和装配、调整、试验等所必须满足的技术条件。

图 9-1 中的文字注写的技术要求是：制造与验收技术条件符合国家标准的规定。

（4）零件的序号、明细栏和标题栏　用标题栏注明机器（汽车总成）或部件的名称、规格、比例、图号以及设计、制图者签名等。在装配图上对每种零件或组件必须进行编号；并编制明细栏，依次注写出各种零件的序号、名称、规格、数量、材料等内容，以便于生产和图样的管理。

提示

零件图的各种表达方法，如视图、剖视图、断面图、简化画法等同样适用于装配图。零件图是为了表达零件的结构形状，而装配图是用来表示总成或部件的工作原理、装配关系和零件的主要结构形状。

3. 装配图的作用

在机器（总成）或部件的设计过程中，根据设计要求先画出装配图，然后根据装配图设计、拆画零件图；在生产过程中，根据零件图进行加工、检验，再依装配图将零件装配成部件或机器（总成）；在使用、维修过程中，通过装配图了解机器或部件的结构、性能、使用方法和分析故障。装配图表达了机器性能、工作原理、装配关系，它是指导安装、调整、维护和使用机器的重要技术文件。

表达机器（汽车）各零部件总成装配关系的装配图，称为总装配图；表达部件中各零件装配关系的则称为部件装配图。

二、装配图的尺寸及公差标注

1. 装配图的尺寸标注

（1）规格（性能）尺寸　它是设计和选用机器（汽车）或部件时主要依据的尺寸，表明机器（汽车）或部件的性能、规格的尺寸，如图 9-1 中的管口直径 ϕ20mm，就是规格（性能）尺寸。

（2）装配尺寸　保证相关零件间配合性质和相对位置的尺寸，如图 9-1 中，M36×2 与 84 为安装尺寸；ϕ14H11/d11、50H11/h11 等为装配尺寸。

（3）总体尺寸　表达机器（汽车）或部件的外形轮廓大小尺寸，即总长、总宽、总高尺寸，如图 9-1 中，115、75、121 为装配后的总体尺寸。

提示

上述尺寸之间不是孤立无关的，实际上有些尺寸有时是具有多种作用的，需要我们对装配图中的尺寸具体分析后，进行标注与识读。

2. 装配图的尺寸公差标注

1）在装配图中，标注线性尺寸的配合代号时，必须在基本尺寸的右边用分式的形式注出，分子位置标注孔的公差代号，分母位置标注轴的公差代号，如图 9-2a 所示；必要时，也允许按图 9-2b 或图 9-2c 的形式标注。

2）在装配图中，标注相配合零件的极限偏差时，一般按图 9-3a 的形式标注，孔的基本尺寸和极限尺寸注写在尺寸线的上方；轴的基本尺寸和极限偏差注写在尺寸线的下方。也允许按图 9-3b 的形式标注。若需要明确指出装配件的代号时，可按图 9-3c 的形式标注。

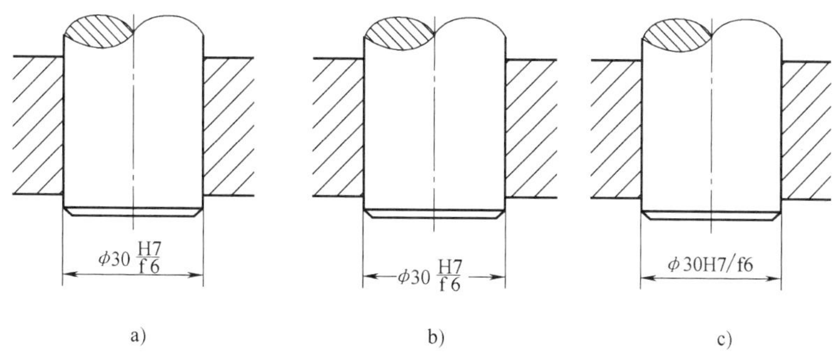

图 9-2　线性尺寸的配合代号标注

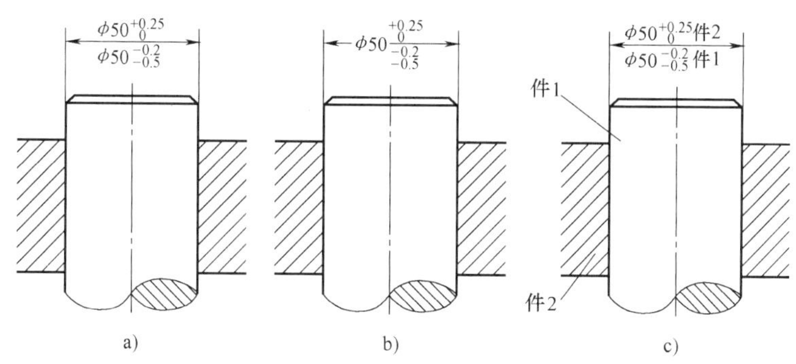

图 9-3　相配合零件极限偏差的标注

3）标注标准件、外购件与零件（轴或孔）的配合代号时，可以仅标注相配零件的公差带代号，如图 9-4 所示。

三、装配图的表达方法

装配图上只要求把零件之间的装配关系、工作原理表达清楚，而不需要把每个零件的形状完全表达出来。

机器或部件的表达方法与零件的表达方法有共同之处，前面介绍的零件的各种表达方法，在装配图中仍然适用。但是零件图表达的是单个零件，而装配图表达的是若干零件按一定装配关系组成的机器或部件。两种图的要求不同，所表达的侧重点也不同。因此，国家标准《机械制图》中规定了有关装配图表达的规定画法和特殊画法。

1. 规定画法

为了表达零件之间的装配关系，必须遵守装配图表达方法的三条规定。

图 9-4　与标准件配合要求的标注

1）接触面和装配面只用一条线表示其公共轮廓，如图 9-5 所示。

① 相邻零件的接触面和装配面，规定只画一条轮廓线。

② 相邻零件之间的不接触面，即使间隙再小也要画两条轮廓线。

2）在装配图中，对金属材料的零件其剖面线的画法有以下规定：

① 在同一装配图上，同一零件在各个视图、剖面图中剖面线的倾斜面方向和间距应画成一致的。

② 为了区分不同的零件，对于相邻零件的剖面线，其倾斜的方向或间距不得画成一样。应采用倾斜方向相反或剖面线间距不同加以区别，如图 9-5b 所示的件 1 与件 2。

③ 薄壁零件被剖，其厚度≤2mm 时允许用涂黑表达被剖部分，如图 9-8 所示的垫片。

3）标准实心件的画法，如图 9-6 所示。

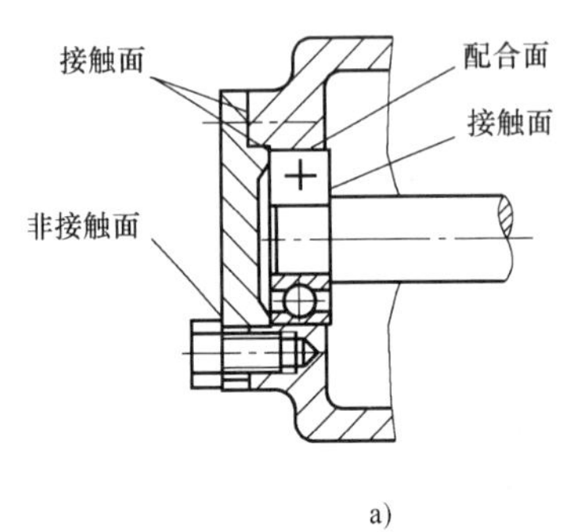

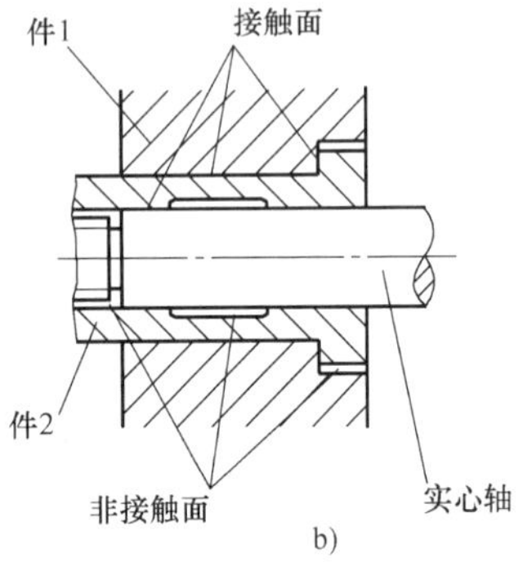

图 9-5　接触面与装配面画法

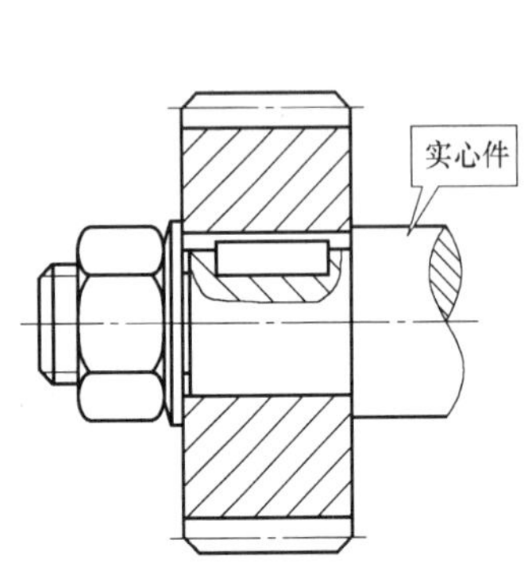

图 9-6　实心件和紧固件的画法

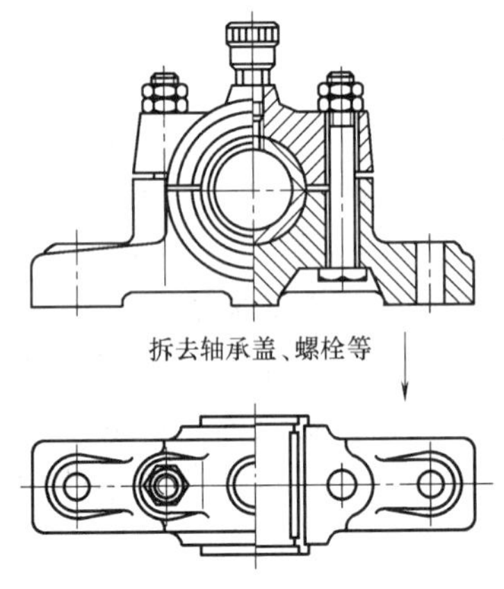

图 9-7　拆卸画法

提示

① 在装配图中，对于标准件如螺纹紧固件、键、销以及标准的实心零件（轴、球、手柄、连杆等），当剖切平面沿它们的轴线剖切时，均按不剖绘制。

② 实心轴上有需要表示的结构，如键槽 、销孔等，可采用局部剖表达。

③ 轴类实心零件，在被垂直于其轴线的平面剖切时，则应画剖面符号，如移出断面图。

2. 特殊画法

1）拆卸画法。在装配图的某一视图上，对于已经在其他视图中表达清楚的一个或几个零件，若它们遮住了其他装配关系和零件时，可假想将它们拆去，对其余部分再进行投影，这种画法被称为拆卸画法，但需在视图上方写明“拆去××件”，如图 9-7 所示。

2）沿结合面剖切画法。在装配图中，当需要表达某些内部结构时，可假想在某两个零浸结合面处剖切后画出投影。此时，零件的结合面不画剖面线，被横向剖切的轴、螺栓、销等实心杆件要画出剖面线，如图 9-8 所示。

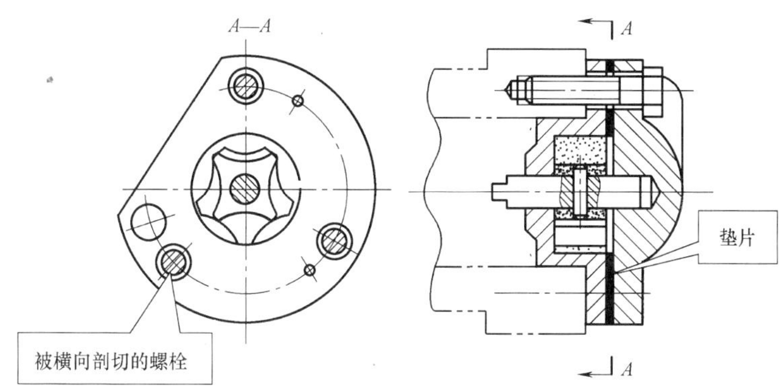

图 9-8　沿结合面剖切画法

3）单独画出某零件的某视图的画法。在装配图中，为表达某零件的结构形状，可另外单独画出该零件的某一视图，采用这种画法时，必须在所画视图上方注出该视图的名称，在相应视图附近用箭头指明投影方向，并注上相同的字母，如图 9-9 所示。

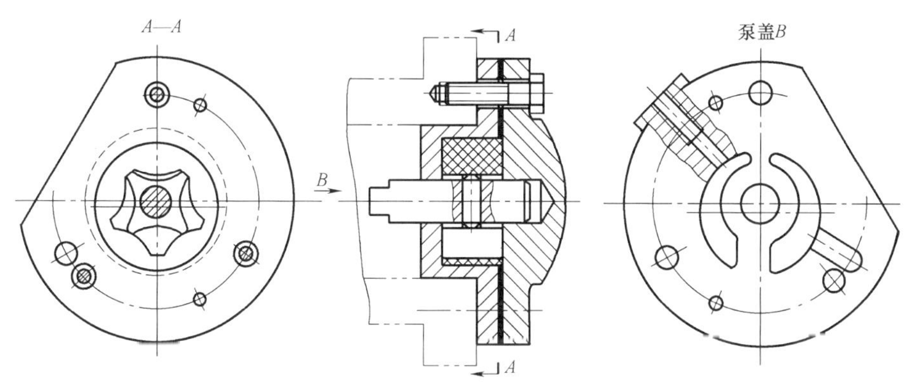

图 9-9　单独画出某零件的某视图的画法

4）假想画法。

① 在装配图中，当需要表达运动件的运动范围和极限位置时，可将运动件画在一个极限位置(或中间位置)上，另一极限位置(或两极限位置)用双点画线画出该运动件的外形轮廓，如图 9-10 所示。

② 在装配图中，当需要表达与本部件有关的相邻零部件时，可假想用双点画线画出该相邻件的外形轮廓，如图 9-8 所示。

5）夸大画法。装配图的薄片零件(图 9-8 中的垫片)细丝弹簧(图 9-11 中的弹簧)及较小间隙等，为了清楚表达，允许不按比例，适当加大尺寸画出。

6）透明材料制成的物体的画法。由透明材料制成的物体均按不透明物体绘制。对于供观察用的透明材料后面的

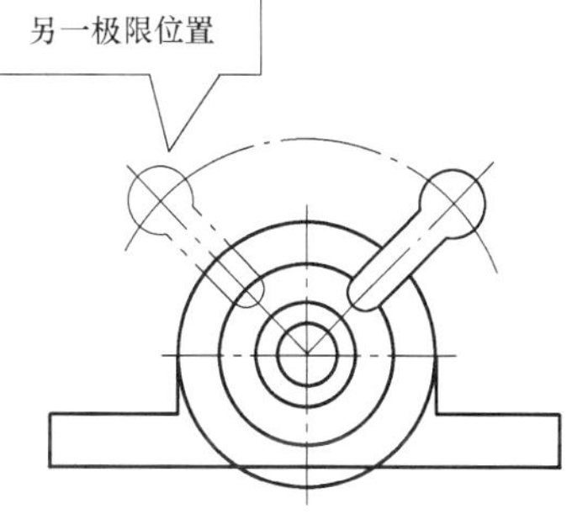

图 9-10　假想画法

刻度、字体、指针等按可见轮廓表达，如图 9-12 所示。

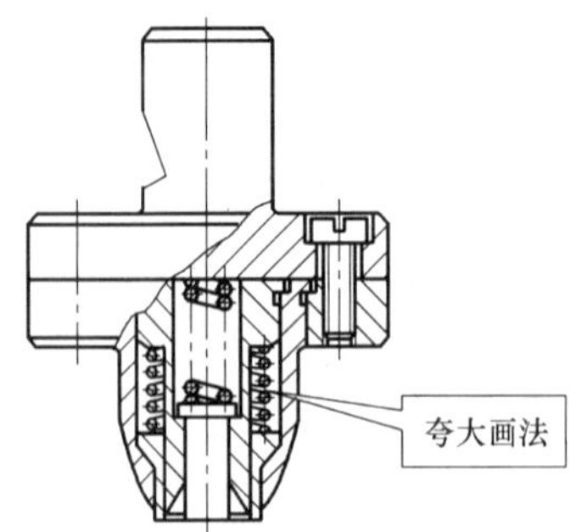

图 9-11　夸大画法

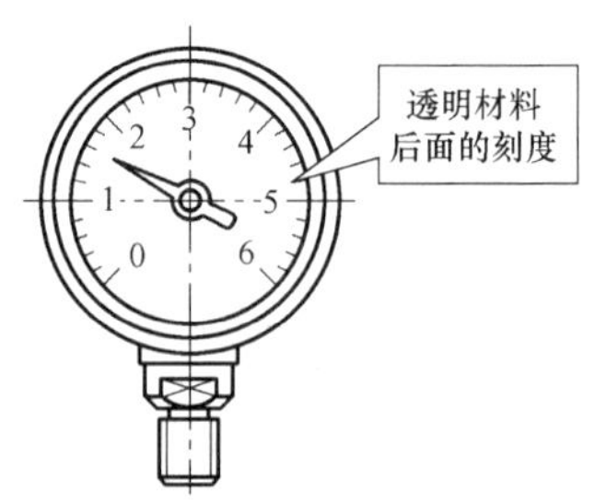

图 9-12　透明材料后面的图形画法

7）剖切平面之前的结构画法。在需要表达位于剖切面之前的结构时，这些结构按假想投影的轮廓线表达，如图 9-13 所示。

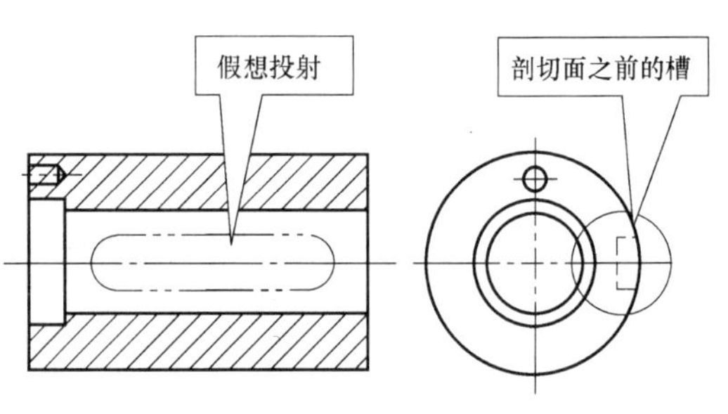

图 9-13　位于剖切平面之前结构的表达

8）在剖视图的剖面中可再作一次局部剖（称为剖中剖），采用该表达时，两个剖面线应方向相同、间距一致，但要错开，并用引出线标注其名称，如图 9-14 所示。

3. 简化画法

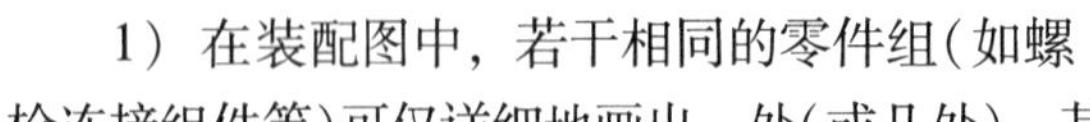
1）在装配图中，若干相同的零件组（如螺栓连接组件等）可仅详细地画出一处（或几处），其余各处以点画线表达其位置，如图 9-15 所示。

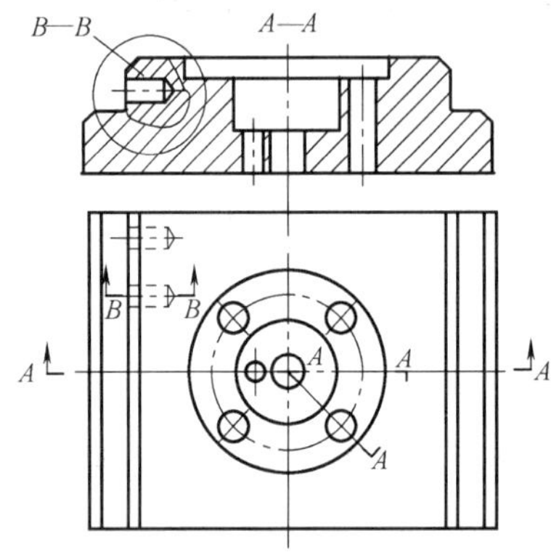

图 9-14　剖中剖的表达

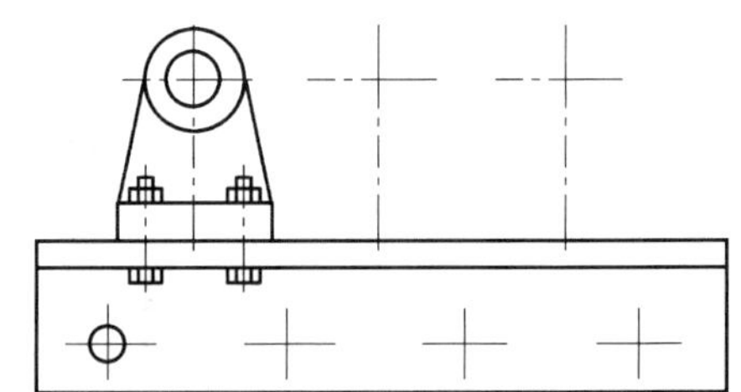
图 9-15　若干相同零件组的简化表达

2）在装配图中，用点画线表示链传动中的链条，如图 9-16a 所示；可用细实线表示带传动中的带，如图 9-16b 所示。

3）在装配图中，零件细小工艺结构如小圆角、倒角、退刀槽等均可省略不表达，如图 9-17 所示。

4）被网状物挡住的部分均按不可见轮廓线表达，如图 9-18a 所示。

5）在装配图中，滚动轴承允许采用简化画法来表达，如图 9-18b 所示；也可以采用特征画法表达，如图 9-18a 所示。

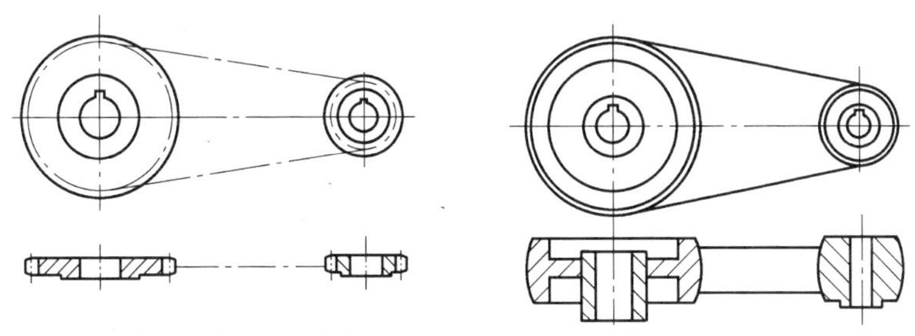

a) 点画线表示链传动中的链条　　b) 细实线表示带传动中的带

图 9-16　传动带和链条的简化表达

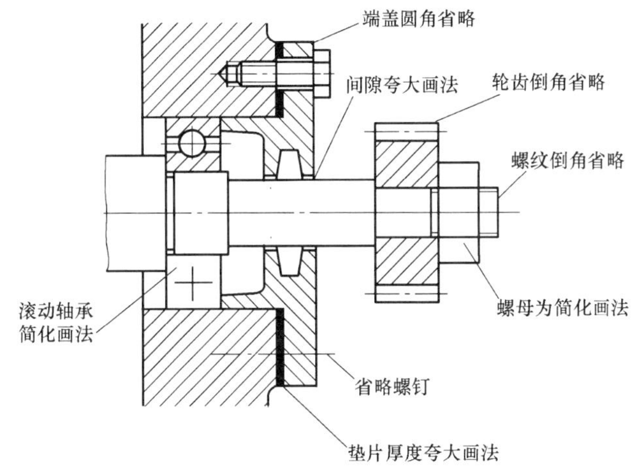

图 9-17　零件细小工艺结构的简化表达

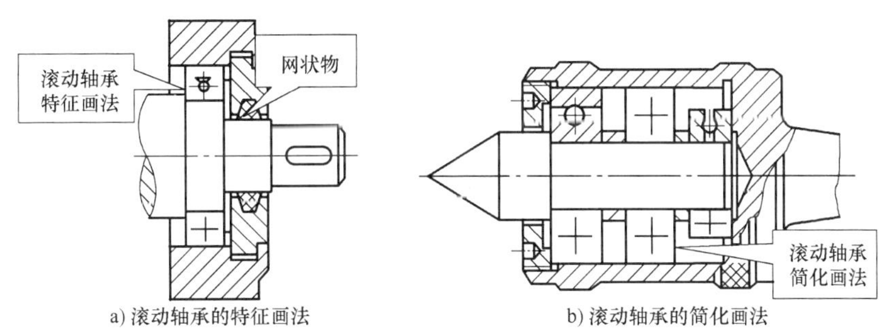

a) 滚动轴承的特征画法　　b) 滚动轴承的简化画法

图 9-18　滚动轴承的画法

小贴士

零件序号、明细栏和标题栏在国家标准 GB/T 4458. 2—2003 中有规定；装配图的表达方法，在国家标准《机械制图》中有详细的规定，在学习中，认真参阅。

想一想

1. 装配图与零件图在表达方面有什么异同之处？
2. 装配图上要表达哪些内容，你知道吗？
3. 说说装配图上零件细小工艺结构的简化表达。

任务二	汽车部件装配的表达——常见合理的装配结构	学时：160min
学习目标	1. 了解常见的装配结构的意义——装配的合理性。 2. 了解装配图中常见的装配结构，识读装配图中常见的装配结构。 3. 了解常见的装配结构表达方法。	
知识点	1. 常见的装配工艺结构及其作用。 2. 常见的装配工艺结构的合理性。 3. 常见的装配结构的表达方法。	
技能点	1. 能讲述常见的装配结构概念和作用。 2. 会识读常见的装配结构。 3. 会装配图中常见的装配结构的表达方法。	
常见工艺装配结构的合理性	常见工艺装配结构： 1）表面接触结构的合理性 ① 接触面结构的合理性。 ② 配合面结构的合理性。 2）装拆结构的合理性 ① 采用销钉连接的结构。 ② 螺纹连接件的结构。 ③ 滚珠轴承结构。 3）锁紧结构的合理性 4）螺纹紧固件防松结构的合理性 ① 摩擦防松结构。 ② 机械防松结构。 ③ 永久防松结构。	
轴系零件的合理装配结构	轴系零件的合理装配结构： 1）紧固件的连接 ① 用销连接　　② 紧定螺钉连接 2）滚动轴承的固定与间隙调整 ① 用轴肩或孔肩固定。　　② 用弹簧挡圈固定。 ③ 用轴端挡圈固定。　　④ 用圆螺母及止动垫圈固定。 ⑤ 用衬套固定和调整。　　⑥ 调整垫片厚度调整。 ⑦ 调整止推盘调整。　　⑧ 用衬套固定。	
常用的密封结构	常用的密封结构： ① 垫片密封结构。 ② 填料密封结构。 ③ 滚动轴承密封结构。 ④ 自锁式密封结构。 ⑤ 管道连接密封结构。	

为保证机器或部件的性能，并给加工和拆卸带来方便，有利于加工和降低生产成本，装配结构的合理性就显得格外的重要。在设计的过程中考虑装配结构的合理性是完全必要的。

一、常见的装配工艺结构

1. 接触面及配合面结构的合理性

1）当两个零件接触时，在同一方向上只能接触一对接触面，既满足装配要求，又可降低加工难度，如图 9-19 所示。

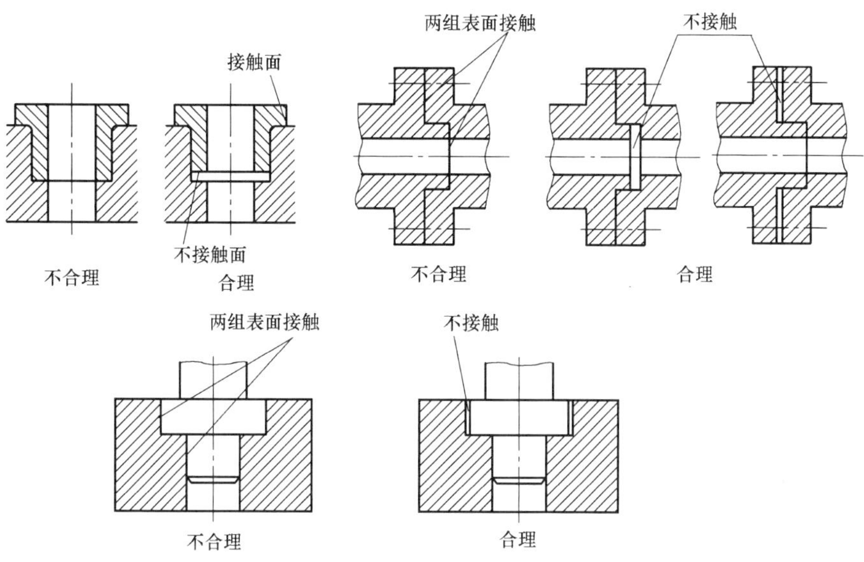

图 9-19　表面接触结构的合理性

2）当轴和孔配合时，应在轴肩根部或孔的接触端面制作倒角，以保证有良好的接触精度的装配要求，如图 9-20 所示。

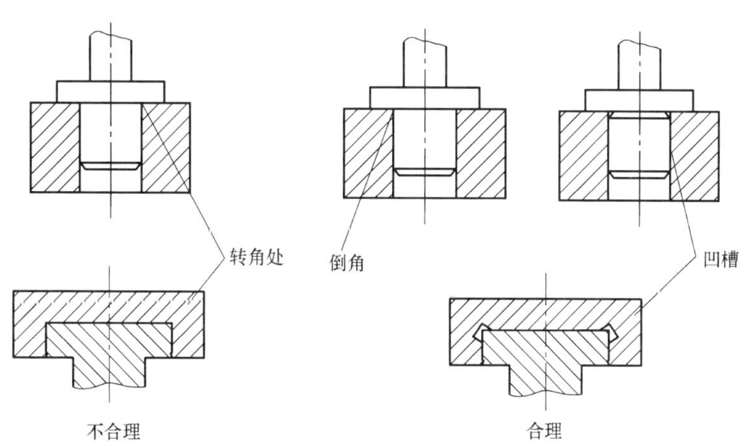

图 9-20　轴和孔配合结构的合理性

2. 装拆结构的合理性

1）采用销钉连接的结构，为了拆卸方便应尽可能将销孔加工成通孔，如图 9-21 所示。

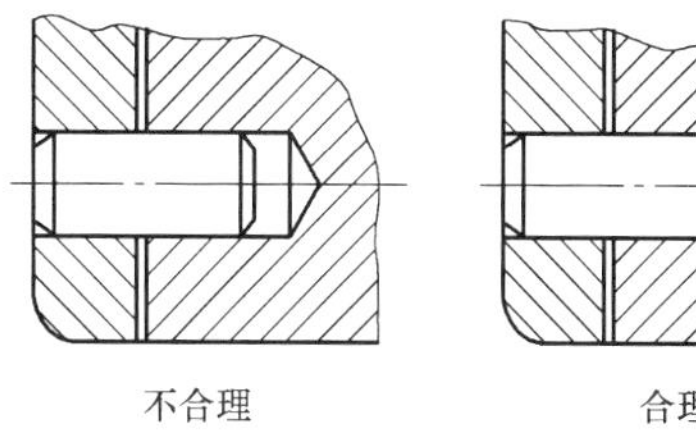

图 9-21　销连接装拆结构的合理性

2）螺纹连接装拆的合理结构，如图 9-22 所示。

3）如图 9-23a 所示，螺栓头部全封在箱体内，将无法安装；可在箱 上开出一个手孔或改用双头螺栓结构，如图 9-23b、c 所示。

4）滚动轴承的内、外圈在进行轴向定位设计时，必须考虑到其拆卸的方便，如图 9-24

所示。

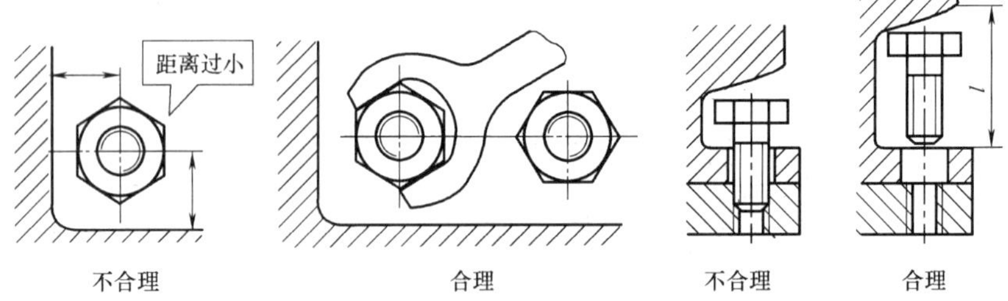

图 9-22　螺纹连接装拆结构的合理性(一)

3. 锁紧结构的合理性

夹紧式锁紧结构的轴和壳体的配合，锁紧时应画出最小间隙 b，如图 9-25 所示。

4. 螺纹紧固件防松结构的合理性

机器或部件在工作时，由于受到冲击或振动，一些连接件(如螺纹连接件)可能发生松脱，有时甚至产生严重事故，因此在某些结构中需要采用防松结构。

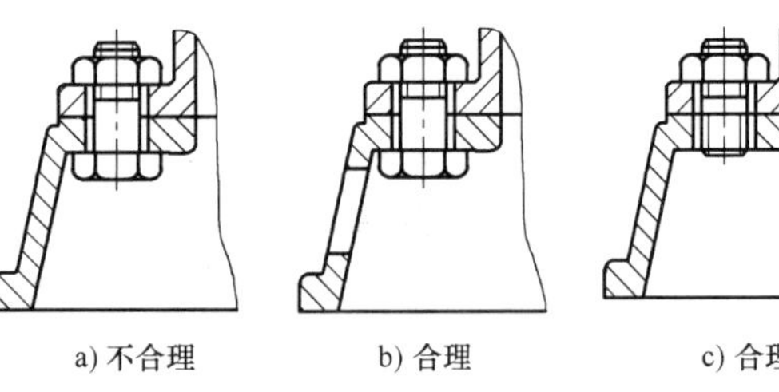

图 9-23　螺纹连接装拆结构的合理性(二)

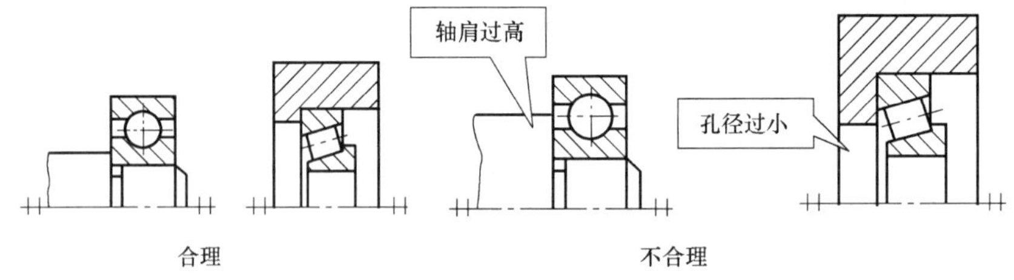

图 9-24　滚珠轴承装拆结构的合理性

1）摩擦防松结构，如图 9-26 所示。

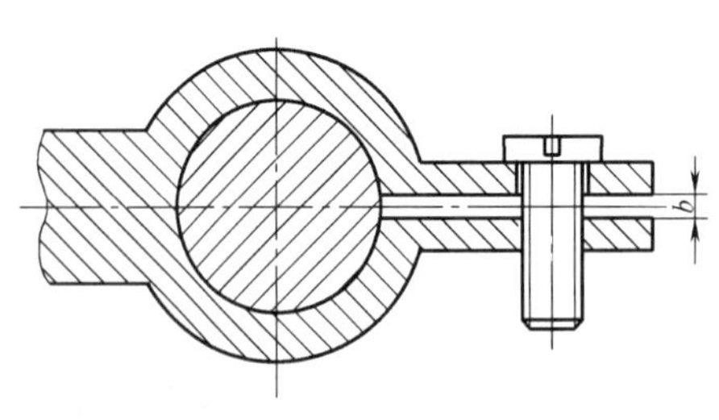

图 9-25　锁紧结构的合理性

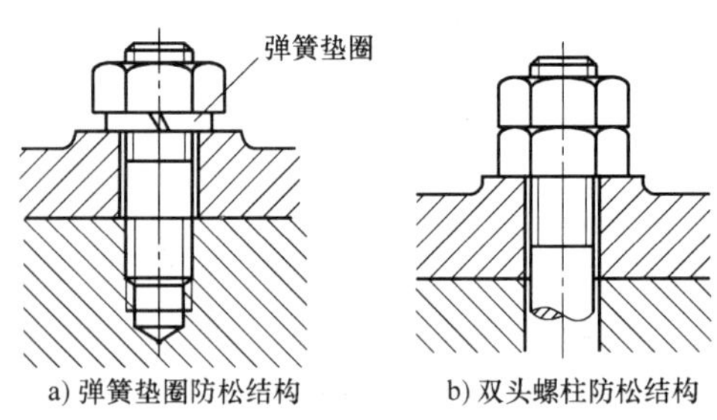

图 9-26　摩擦防松结构

2）机械防松结构，如图 9-27 所示。

3）永久防松结构，如图 9-28 所示。

二、轴系零件的工艺装配结构

1. 紧固件的连接

1）销连接，如图 9-29a 所示。

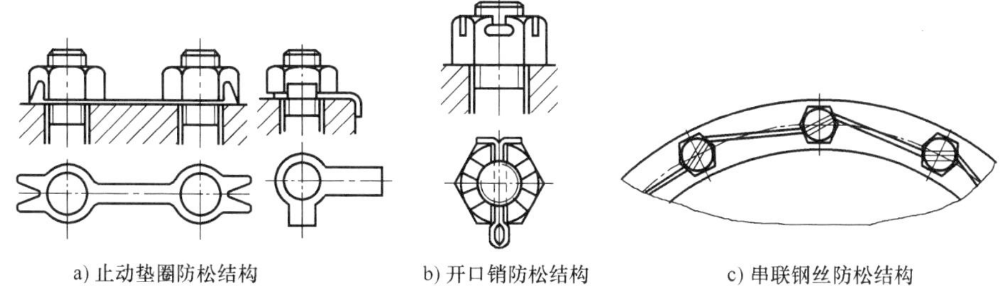

a) 止动垫圈防松结构　　b) 开口销防松结构　　c) 串联钢丝防松结构

图 9-27　机械防松结构

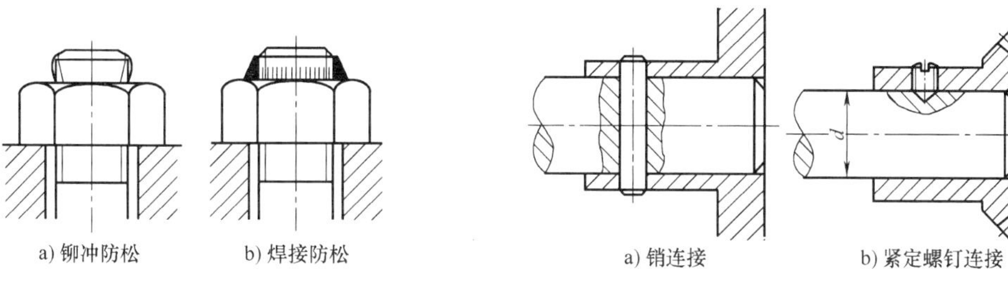

a) 铆冲防松　　b) 焊接防松

图 9-28　永远防松结构

a) 销连接　　b) 紧定螺钉连接

图 9-29　销连接与螺纹紧固件连接结构

2）紧定螺钉连接，如图 9-29b 所示。

2. 滚动轴承的固定与间隙调整

防止滚动轴承轴向窜动，必须采用相应的结构来固定滚动轴承的内、外圈。常用的结构如下：

1）用轴肩或孔肩固定，此时的轴肩与孔肩的高度不得超过轴承内、外圈的厚度(便于其拆卸)，如图 9-30a 所示。

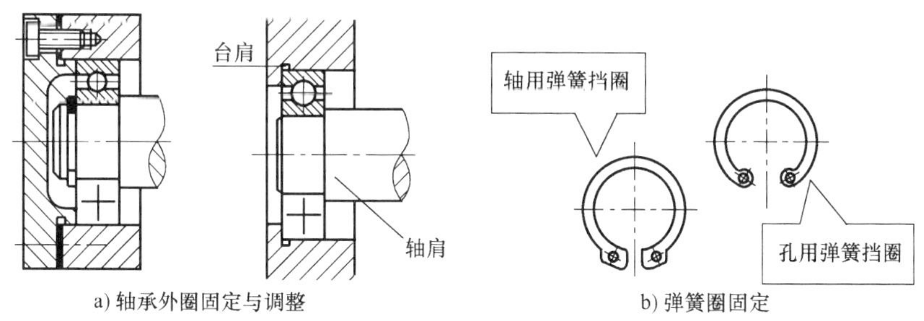

a) 轴承外圈固定与调整　　b) 弹簧圈固定

图 9-30　轴承内、外圈固定结构

2）用弹簧挡圈固定，如图 9-30b 所示。弹簧挡圈是标准件，其尺寸与相应的环槽尺寸均可在相应的手册中查取。

3）用轴端挡圈固定，如图 9-31 所示。轴端挡圈是标准件，其尺寸可在相应的手册中查取。

4）用圆螺母及止动垫圈固定，如图 9-32 所示。圆螺母及止动垫圈是标准件，其尺寸可在相应的手册中查取。

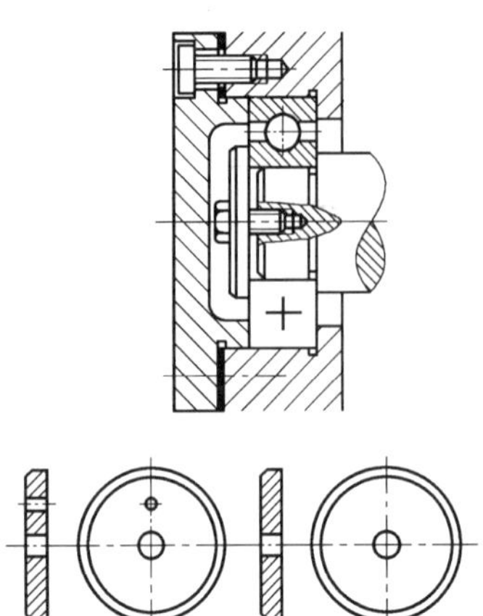

图 9-31 轴端挡圈固定结构

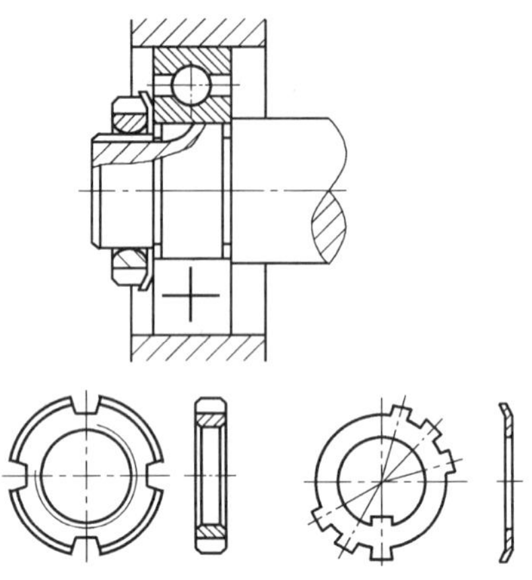

图 9-32 圆螺母及止动垫圈的固定结构

提示

采用轴端挡圈或圆螺母固定滚动轴承结构时，应注意其轴颈的长度要小于轴承的宽度，以使挡圈或圆螺母能压紧轴承的内圈，起到固定的作用。

5）用衬套固定，如图 9-33 所示。

6）滚动轴承间隙的调整结构十分重要。轴承与轴在高速旋转时会引起发热和鼓胀，为防止发热鼓胀使轴承转动不灵活或卡住，常常在轴承和轴承盖端面之间留有适量的间隙(一般为 0.2 ~0.3mm)。常用的方法有更换厚度不同的调整垫(图 9-34a)或采用螺钉调整止推盘，如图 9-34b 所示。

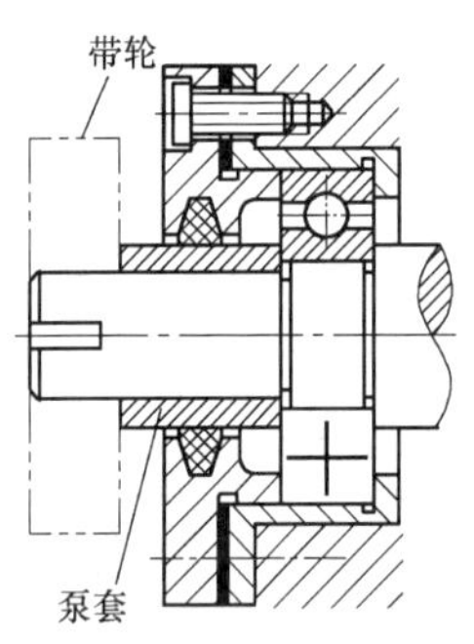

图 9-33 用衬套固定结构

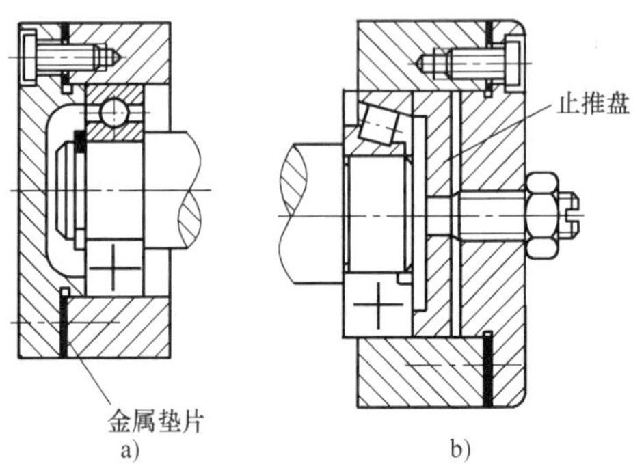

图 9-34 滚动轴承间隙的调整结构

三、常用的密封结构

为防止机器或部件内部的液体和润滑油向外渗透漏，同时避免外部灰尘、水汽和杂质等侵入，必须采用密封结构。

1. 垫片密封结构

密封垫片两端应分别与被密封件端面接触。

该结构的表达，如图 9-35 所示。

图 9-35 垫片密封结构

2. 填料密封结构

填料密封结构的主要作用，是通过对填料的预紧或挤压，封住孔与轴之间的间隙来达到密封效果的，其结构形式较多，如图 9-36 所示。

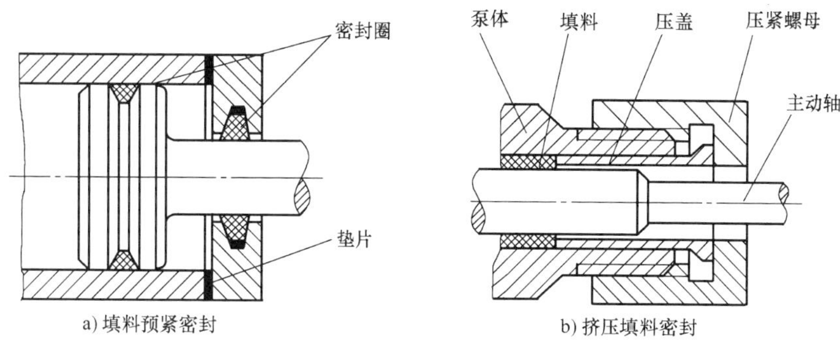

图 9-36　填料密封结构

小贴士

使用通过填料的预紧或挤压来达到密封效果的结构时，注意预紧力适当，既达到密封的目的，又不至于运行中产生过热。

3. 滚动轴承密封结构

滚动轴承为防止润滑油外流和外部灰尘、水汽等侵入，需要进行密封。常用的密封结构，如图 9-37 所示。常用的密封件已标准化了，如皮碗和毡圈；某些结构也已标准化了，如圈槽、油沟等，其尺寸可在相关手册查取。

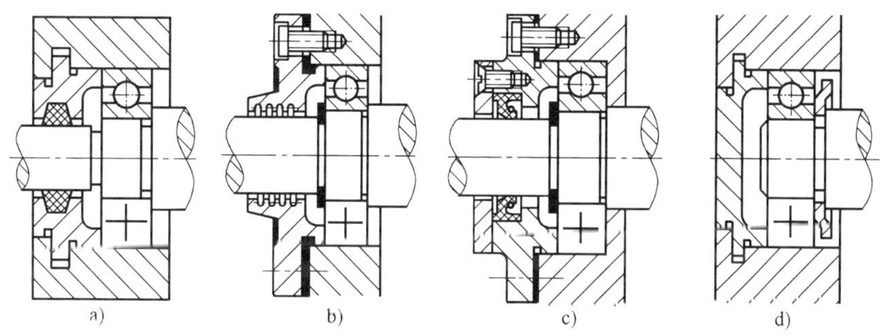

图 9-37　滚动轴承常用密封结构

4. 自锁式密封结构

密封件是 C 形环，其外圆柱面与被密封件接触，如图 9-38 所示。

5. 管道连接密封结构

橡胶圈密封与连接件是线接触，应画成相切，如图 9-39 所示。

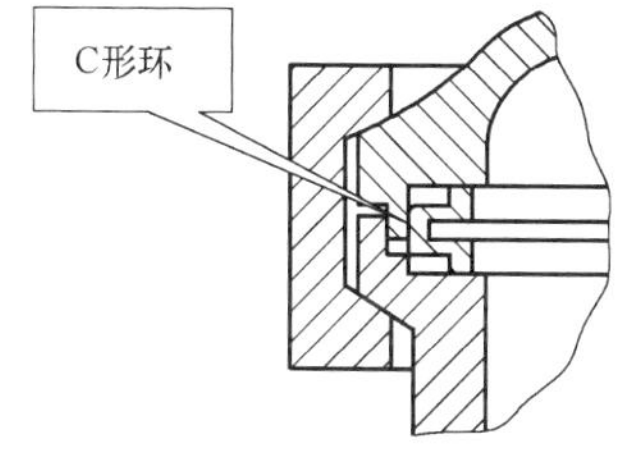

图 9-38　自锁式密封

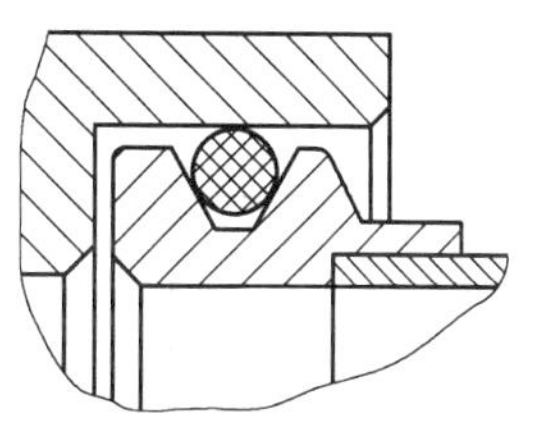

图 9-39　管道连接密封圈密封

想一想

你认为题图 9. 2-1 所示的装配结构合理吗？为什么？应该如何改进才合理呢？

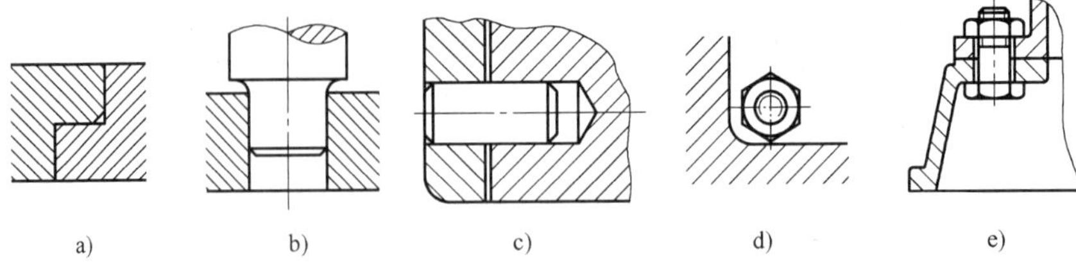

题图 9. 2-1

小试身手

你能指出题图 9. 2-2 所示的装配结构的作用吗？

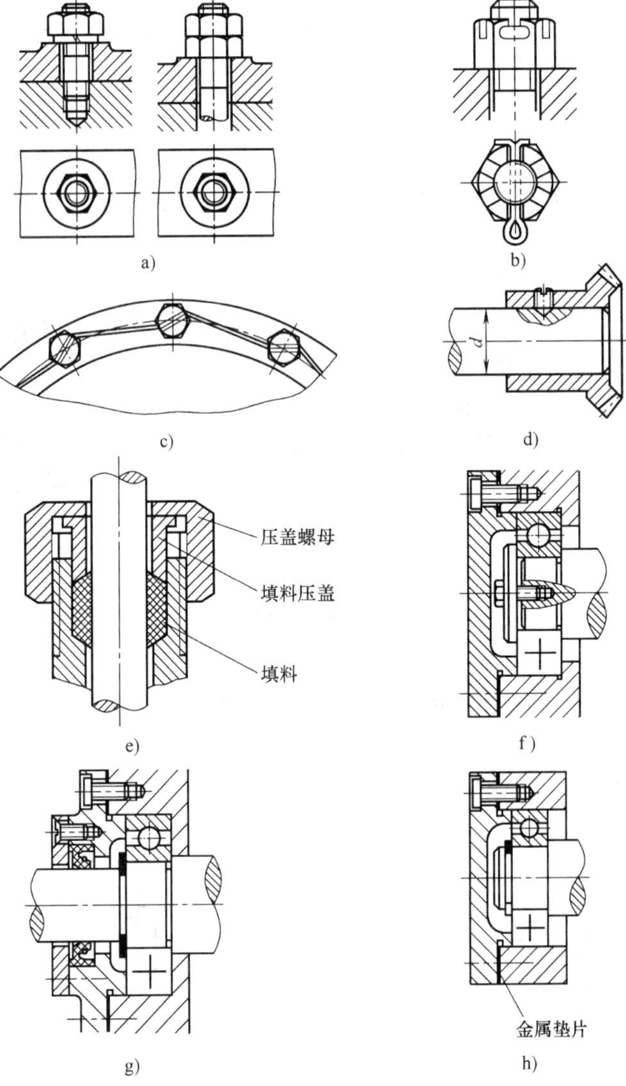

题图 9. 2-2

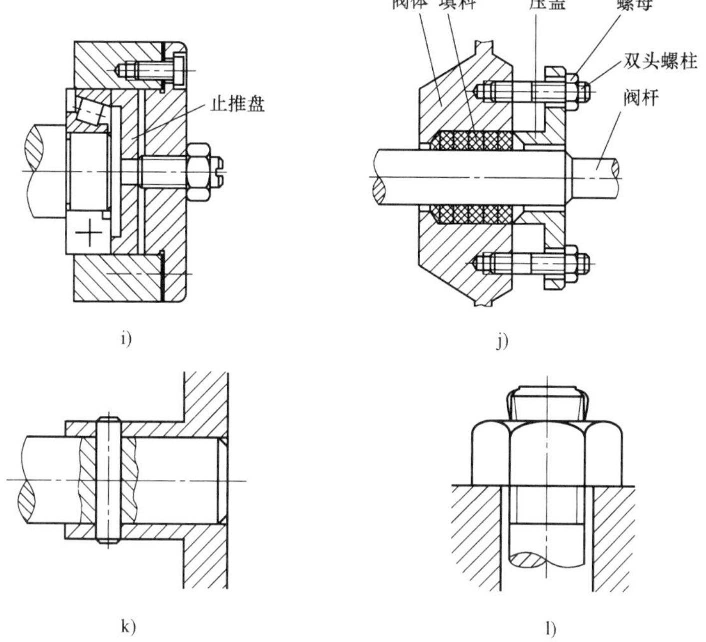

题图 9.2-2(续)

<table>
<tr><th>任务三</th><th>汽车部件装配的表达——装配图的画法</th><th>学时：120min</th></tr>
<tr><td>学习目标</td><td colspan="2">1. 了解装配图的表达方法。
2. 了解装配图的装配结构。
3. 了解零件序号、明细栏和标题栏（GB/T 4458. 2—2003）的编排和填写规定。</td></tr>
<tr><td>知识点</td><td colspan="2">1. 装配图的分析方法。
2. 画装配图的步骤与方法。
3. 零件序号、明细栏和标题栏（GB/T 4458. 2—2003）的编排和填写规定。</td></tr>
<tr><td>技能点</td><td colspan="2">1. 会画装配图。
2. 会编排和填写零件序号、明细栏和标题栏。</td></tr>
<tr><td>装配图的表达方法分析</td><td colspan="2">在对球阀的装配进行结构和工作原理分析的基础上，确定球阀的性能要求和球阀装配图的视图表达方案。
1）进行球阀装配结构特点和工作原理的分析，确定思路。
2）球阀装配表达方案的选择分析。
① 主视图选择。
② 其他视图选择。
零件图的各种表达方法，如视图、剖视图、断面图、简化画法等同样也适用于装配图，同时也要注意装配工艺结构的合理性。</td></tr>
<tr><td>装配图的画法</td><td colspan="2">球阀装配图的画法：
1）定好比例，选定图幅。
2）画出图框、标题栏和明细栏外框。
3）依据确定的表达方案，布置视图。
4）画出图样底稿。
5）校核图样底稿，按国标规定加深图线。
6）按国家标准画剖面线、标注尺寸、编序号、填写明细栏和技术要求。
7）再次校核无误，填写标题栏，完成球阀装配图。</td></tr>
<tr><td>零件序号、明细栏和标题栏规定</td><td colspan="2">1. 零件序号的编写
1）零件序号组成与形式。
2）零件序号编排要求与规定。
2. 明细栏的内容。
3. 明细栏的填写要求。</td></tr>
</table>

一、装配图的表达方法

机器或部件是由若干零件组成的，根据机器或部件所属的零件图，就可以拼画出装配图。以图 9-40 所示的球阀为例，说明由零件图画装配图的步骤和方法。

1. 由零件图画装配图的步骤和方法

例 9-1 参照图 9-40 所示，由零件图依据装配关系画球阀装配图。

2. 球阀的结构分析

在管道系统中，球阀是用于开启和调节流量的部件，因阀芯为球形，称其为球阀。其装配关系是阀体1和阀盖2均带有方形的凸缘，它们用四个调整垫5调节阀芯4与密封圈3之间的松紧程度。在阀体上部有阀杆12，阀杆下部有凸块，榫接阀芯4上的凹槽。为了密封，在阀体与阀杆之间加进填料9和上填料10，并旋入压紧套11。

3. 球阀的工作原理分析

扳手13的方孔套进阀杆12上部的四棱柱。当扳手处于图9-40所示的工作位置时，阀门全开启，管道畅通；当扳手按顺时针方向旋转90°时，阀门全部关闭，管道断流。

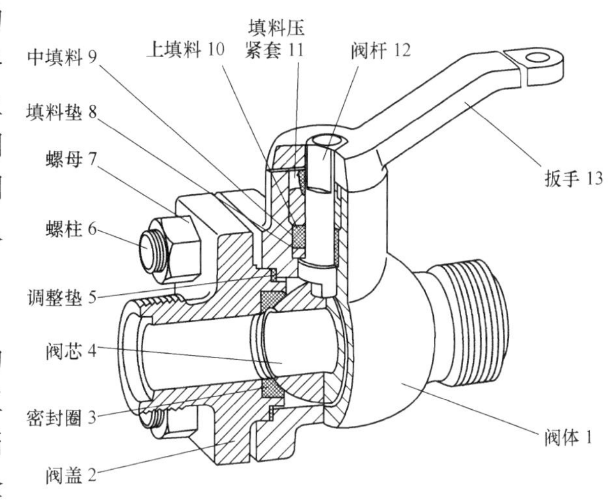

图9-40　球阀立体图

想一想

根据图9-40所示，会判断球阀使用的是什么样的密封结构吗？

4. 球阀装配结构的表达方案

（1）主视图的选择　部件的安放位置，应与部件的工作位置一致，这样有利于设计和指导装配。如球阀的工作位置情况多变，可通常按通路水平放置。当部件的工作位置确定后，应选择部件的主视图方向。应选择能清楚地反映主要装配关系和工作原理的那个视图作为主视图，并采取适当的剖视，比较清晰地表达各个主要零件及其之间的相互关系。如图9-41d中所选定的球阀主视图，就体现了选择主视图的上述原则。

（2）其他视图的选择　确定主视图后，再选择能反映其他装配关系、外形以及局部结构的视图。如图9-41b所示，球阀沿前后对称剖开的主视图，虽清楚地反映了各零件之间的主要装配关系和球阀的工作原理，可球阀的外形结构以及其他一些装配关系还没有表达清楚。于是选取左视图来补充反映它的外形结构，选择俯视图，且作*B*—*B*局部剖视，反映扳手与定位凸块的关系。

5. 画球阀装配的步骤

1）首先要定好比例，选定图幅。

2）画出图框、标题栏和明细栏外框。

3）依据确定的表达方案，布置视图。

画出各视图的主要轴线、对称中心线或其他作图基准线（或某些零件的主要平面和端面），如图9-41a所示。布置视图时，要考虑四周预留布置编写零件序号以及注写尺寸和技术要求的位置。

4）画出图样底稿。从主视图画起，几个视图相应配合进行；亦可先画某一个视图，再画其他视图。画某一个视图时，一般先画较大基体，由外往里画出各个零件的主要结构形状；也可以由内向外逐个画出各个零件，按装配顺序向四周扩展，这样画剖视图时可少画不可见轮廓线。选择哪种顺序画法要根据具体的机器或部件的结构装配关系有利作图而定。如图9-41b、c所示，先画出阀体的主视图、左视图和俯视图（三个视图联系起来画）；再由内向外画出阀芯、阀杆、阀盖、扳手等。

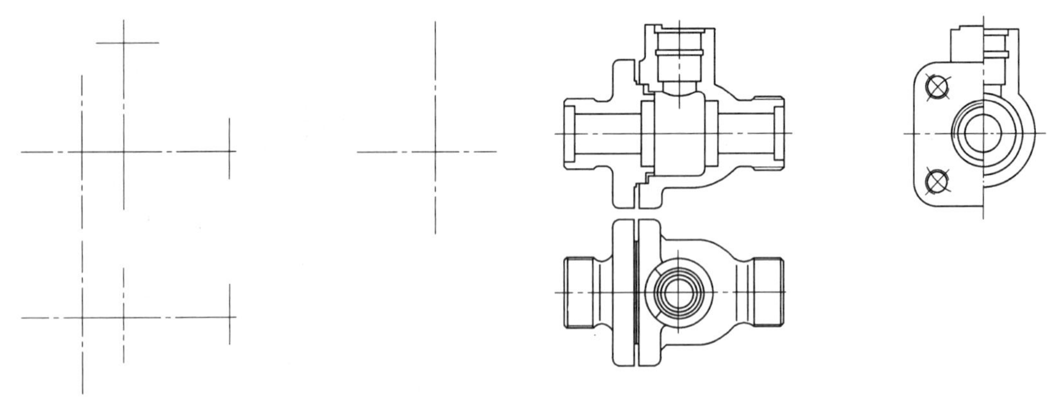

a) 画出各视图的主要轴线，对称中心线和作图基线

b) 先画出主要零件阀体与阀盖的轮廓线，其三个视图联系起来画

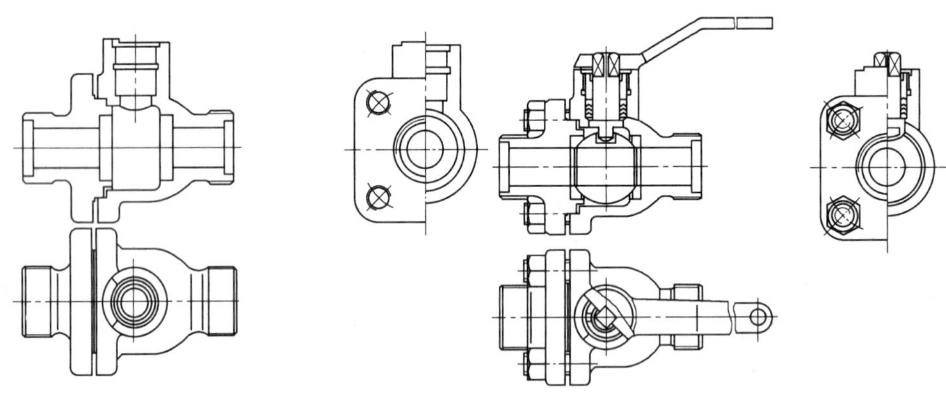

c) 由画出的阀体阀盖的相对位置画出其三视图

d) 画出其他零件（阀芯、阀杆等）和扳手的极限位置

图 9-41　画球阀装配图样底稿的步骤

5）进行校核，按国家图线标准描深图线。

6）按国家标准画剖面线、标注尺寸、编序号、填写明细栏和技术要求。

7）校核无误后，填写标题栏，完成球阀装配图，如图 9-41d 和图 9-1 所示。

小贴士

通过例 9-1 的学习，了解由零件图画装配图的步骤和方法，有助于我们识读装配图和拆画零件图。拆图是一项重要的基本功。

小试身手

抄画图 9-1 所示的球阀装配图，再一次体会由零件图画装配图的步骤与方法。

二、零序序号、明细栏和标题栏

1. 零件序号的编写

为方便读图、组织生产和图样管理的需要，对装配图中的每一个零件或部件都必须编写序号或国标代号，填写明细栏，并符合编写序号的基本要求。

（1）零件序号的组成与形式　装配图中的序号一般是由指引线（细实线）圆点（或箭头）横线（圆圈）和序号数字组成；其编注的方法，如图 9-42a、b 所示；也可不画水平线或圆圈，如图 9-42c 所示。当序号指引线所指部分内不宜画圆点时，所指的零件为很薄或涂黑剖面，可用箭头替代圆点，并指向该部分的轮廓线，如图 9-42d 所示。

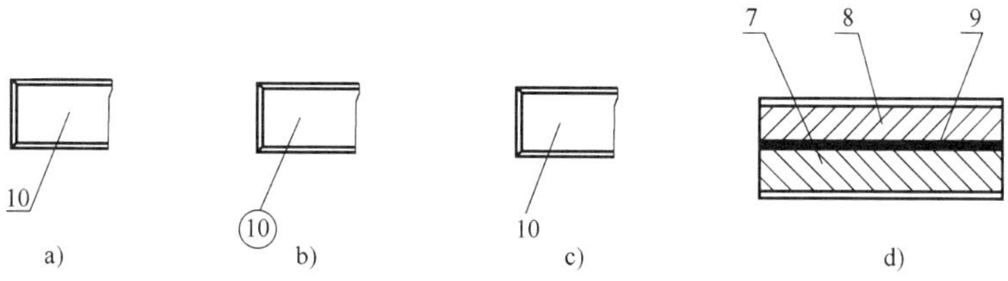

图 9-42　序号的组成

（2）序号编写的基本要求

1）装配图中的所有零件、部件都必须编注序号。

2）规格相同的零件只编一个序号，标准化组件，如滚动轴承、电动机等，可看成一个整体编注一个序号。

3）装配图中零件序号应与明细栏中的序号一致。

（3）序号编写的规定

1）指引线不要与轮廓线或剖面线等平行，指引线之间不允许相交，但可弯折一次，如图 9-43d 所示。

2）在指引线的非零件端的附近注写序号，序号数字比该装配图中所注尺寸数字的字号大一号或两号。

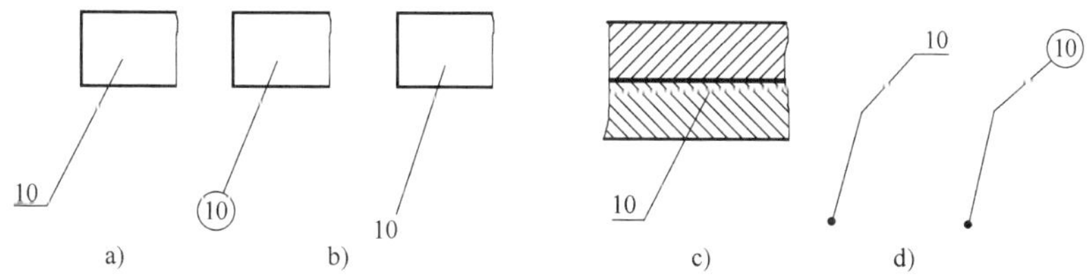

图 9-43　序号的形式

3）一组紧固件或装配关系清楚的零件组，可采用公共指引线，如图 9-44 所示。

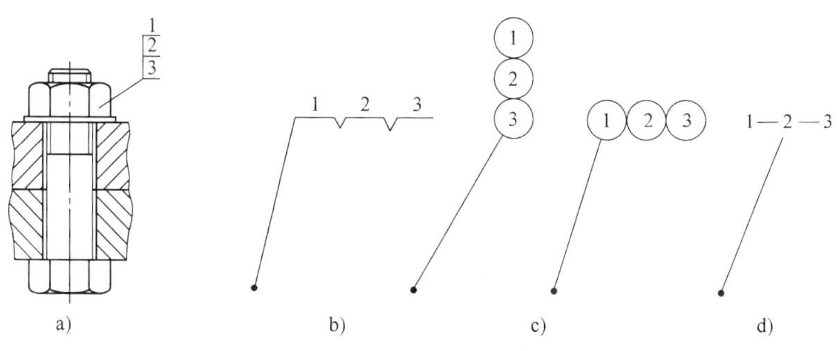

图 9-44　零件组序号的标注形式

4）装配图中的序号应按水平或竖直方向排列整齐，可按顺时针或逆时针方向顺次排列。在整个图上无法连续时，可只在每个水平或竖直方向顺次排列，也可按装配图明细栏（表）中的序号排列，采取此种方法时，应尽量在每个水平或竖直方向顺次排列，如图 9-45 所示。

学一学

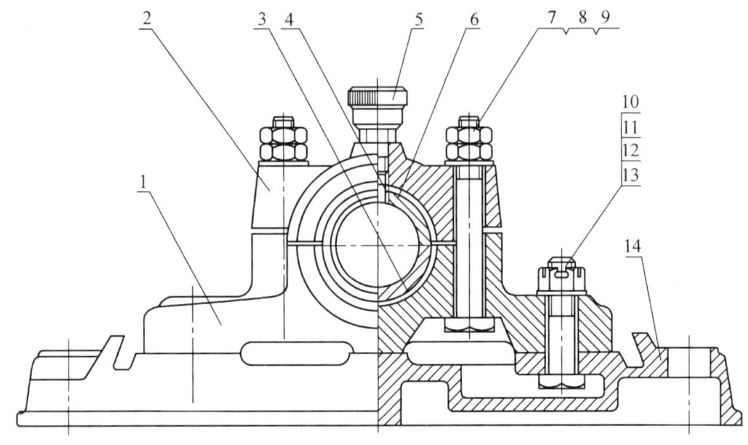

图 9-45　装配图上零部件序号的排列

提示

为避免编号出错，先画出需要编号零件的指引线和横线，检查无误（无重复、无漏）时，再统一填写序号。

2. 明细栏的编制

由零件序号、名称、数量、材料、附注和标准号等组成的明细栏是部件及全部零件的详细目录表，它直接绘制在装配图中时，其格式和尺寸如图 9-46 所示。

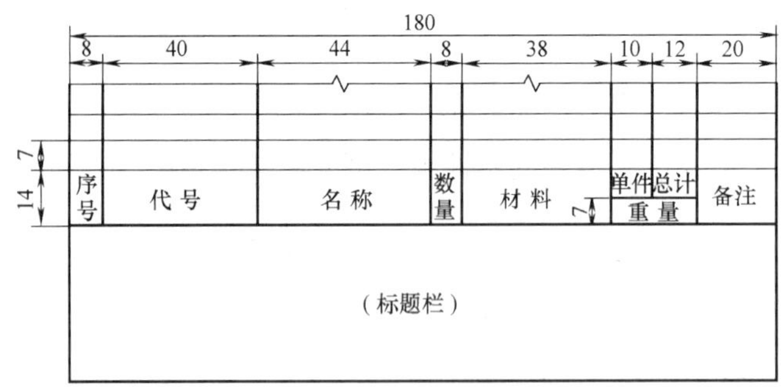

图 9-46　明细栏

（1）明细栏的画法

1）明细表一般应紧接在标题栏上方绘制，如图 9-47a 所示；若标题栏上方位置不够时，其余部分可画在标题栏的左方，如图 9-47b 所示。

2）明细栏最上方（最末）的边线一般用细实线绘制。

3）当装配图中的零部件较多，明细栏的位置不够时，可作为装配图明细栏的续页按 A4 幅面单独绘制出明细栏。若一页不够可连续加页，其格式和要求参见 GB/T10609. 2—1989。但各企业也有各自的标题栏和明细栏格式，如图 9-47a、b 所示。

8	GB/T 7940.3—1995	油杯 A12	1	Q235	
7		轴衬固定套	1	Q235	
6	GB/T 6170—2000	螺母 M10	4	Q235	
5	GB/T 35—1988	方头螺钉 M10×90	2	Q235	
4		上衬套	1	ZCuAL9Mn2	
3		轴承盖	1	HT150	
2		下衬套	1	ZCuAL9Mn2	
1		轴承座	1	HT150	
序号	代号	名称	件数	材料	备注
滑动轴承			比例	1∶2	10—00
			件数		
制图			重量		第 1 张共 1 张
描图					
审核					

a)

					6	托盘	1	H62	
					5	阀	1	HT150	
					4	垫片	1		
					3	阀门	1	H62	
					2	弹簧	1	60Mn	
					1	阀体	1	HT200	
12	螺母	4		GB 6170—86—M12	序号	零件名称	数量	材料	备注
11	螺柱 M12×35	4		GB 898—76	安全阀		比例		（图号）
10	阀盖	1	ZL101				件数	1	
9	螺杆	1	35		制图		材料		重量
8	螺母	1		GB 6172—86—M16	描图		（厂名）		
7	固定螺钉	1		GB 117—85	审核				

b)

图 9-47　明细栏格式

小贴士

零件序号、明细表和标题栏已标准化，按国家标准 GB/T 4458. 2—2003 规定进行表达。

提示

零件序号的编排、明细栏和标题栏的内容与填写应符合国家标准 GB/T 4458. 2—2003 的相关规定。

（2）明细栏的填写

1）当明细栏直接绘制在装配图中时，明细栏中的序号应按自下而上的顺序填写，以便发现有漏编的零件时，可继续向上填补，如图 9-47 所示。若是单独附页的明细栏，序号应按自上而下的顺序填写。

2）明细栏中的序号应与装配图上的编号一致，一一对应。

3）代号栏用来注写图样中相应组成部分的图样代号或标准号。

4）备注栏中，一般填写该项的附加说明或其他相关内容。如分区代号、常用件的主要参数，如齿轮模数、齿数，弹簧的内径或外径、簧丝直径、有效圈数、自由长度等。

5）螺栓、螺母、垫圈、键、销等标准件的标记通常分两部分填入明细栏中，将标准代号填入代号栏内，其余规格尺寸等填写在名称栏内。

试一试

抄画题图 9.3-1 所示的针形阀装配图中的明细栏，填写其内容，并说明明细栏填写的要点。

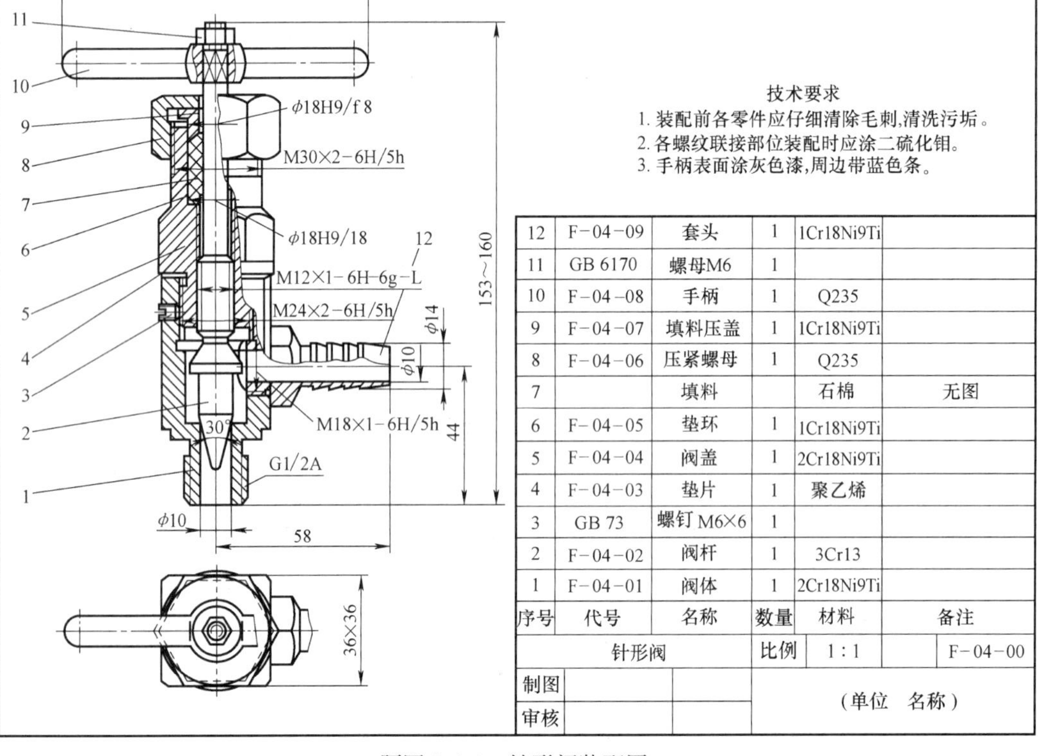

序号	代号	名称	数量	材料	备注
12	F−04−09	套头	1	1Cr18Ni9Ti	
11	GB 6170	螺母M6	1		
10	F−04−08	手柄	1	Q235	
9	F−04−07	填料压盖	1	1Cr18Ni9Ti	
8	F−04−06	压紧螺母	1	Q235	
7		填料		石棉	无图
6	F−04−05	垫环	1	1Cr18Ni9Ti	
5	F−04−04	阀盖	1	2Cr18Ni9Ti	
4	F−04−03	垫片	1	聚乙烯	
3	GB 73	螺钉 M6×6	1		
2	F−04−02	阀杆	1	3Cr13	
1	F−04−01	阀体	1	2Cr18Ni9Ti	

针形阀		比例	1：1		F−04−00
制图			（单位　名称）		
审核					

题图 9.3-1　针形阀装配图

想一想

编写题图 9.3-2 中的各零件、标准件序号。

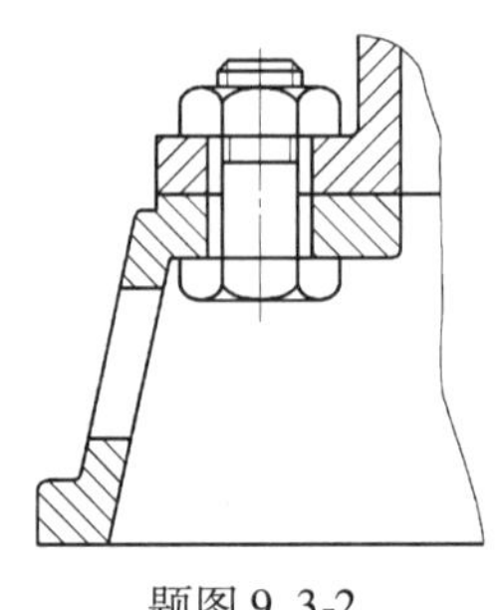

题图 9.3-2

任务四	汽车部件装配的表达——识读装配图拆画零件图	学时：180min
学习目标	1. 通过齿轮油泵装配图，了解识读装配图的方法与步骤。 2. 识读齿轮油泵装配图，拆画右端盖与泵体零件图。	
知识点	1. 识读装配图的方法与步骤。 2. 由装配图拆画零件图的方法与步骤。	
技能点	1. 会识读装配图。 2. 会分析零件，读懂零件结构形状。 3. 会拆画零件图。	
识读装配图的方法与步骤	识读装配图的方法与步骤： 1）概括了解。 2）了解装配关系和工作原理。 3）分析零件，读懂零件的结构形状。 4）由装配图拆画（设计）零件图。	
识读装配图	识读图9-49所示的齿轮油泵装配图，读懂齿轮油泵的工作原理、装配关系、零件组成及其结构形状、技术要求等。 1）从标题栏、装配图、技术资料中了解零件的构成与特征。 2）分析装配关系、尺寸特性和工作原理。 3）分析零件，读懂零件的结构形状。 4）分析装配图中的技术要求。	
拆画零件图的方法	识读齿轮泵装配图，拆画右端盖或泵体零件图的步骤与方法。 1）分离并完善零件。 2）确定表达方案。 ① 为表达零件之间的装配关系，必须遵守装配图的三个基本规定的表达方法。 ② 特殊表达的方法，共有7种特殊表达方法。 ③ 零件图的各种表达方法，如视图、剖视图、断面图、简化画法等同样也适用于装配图。 3）标注尺寸。 4）确定零件图的技术要求。 5）填写标题。	

在工业生产中，无论是机器或部件的设计、制造、技术交流，或是使用、维修，都要用到装配图。因此，从事工程技术的工作人员都必须能读懂装配图。

读装配图的目的是，从装配图中了解机器（汽车）或部件的性能、作用和工作原理；了解部件中各零件间的装配关系和装、拆顺序；了解主要零件及其他有关零件的结构形状特征和作用。在设计时，还需要根据装配图，画出各部件的零件图。

一、读装配图的方法与步骤

1. 概括了解

1）从标题栏了解部件的名称和用途，通过调查研究和查阅说明书及明细栏获知。

首先从标题栏入手，了解装配体的名称、绘图比例。由名称联系到生产实践知识，这样可以知道装配体的大致用途。如球阀一般是用于控制流量，起开关作用的。

2）从了解到的画图比例，与图形对照，可定性想象部件大小。查外形尺寸可定量明确部件的大小；了解标准零部件和非标准零部件的名称与数量；对照零部件序号，在装配图上查找这些零部件的位置。

3）对视图进行分析，找出主视图，确定其他视图的投射方向，明确各视图的画法。找出各个视图、剖视图、剖面图等配置的位置及其投影方向，从而搞清各视图的表达重点。

2. 了解装配关系和工作原理

对照视图仔细研究部件的装配关系和工作原理，这是读装配图的一个重要环节。在概括了解的基础上，分析各条装配干线，弄清各零件间相互配合的要求，以及零件间的定位、连接方式、密封等问题。再进一步搞清运动零件与非运动零件的相对运动关系。经过这样的观察与分析，就可以对部件的工作原理和装配关系有所了解了。

3. 分析零件并读懂零件的结构形状

分析零件，就是弄清每个零件的结构形状及其作用。一般先从主要零件入手，然后再分析其他零件。当零件在装配图中表达不完整时，可在对有关的其他零件仔细观察和分析后，再进行结构分析，从而确定该零件的内外形状。

在分离零件时，利用剖视图中剖面线的方向或间距的不同及零件间相互遮挡时的可见性规律来区分零件是十分有效的。对照投影关系时，借助三角板、分规等工具，往往能提高看图的速度和准确性。

4. 由装配图拆画零件图

在设计部件时，需要根据装配图拆画零件图。拆图的方法是在各视图的投影轮廓中划出零件的范围，结合分析，补齐所缺的轮廓线。

有时还需要根据零件图视图表达的要求，重新安排视图。画出视图以后，应按零件图的要求，注写尺寸和技术要求。

小贴士

通过例 9-2 识读齿轮泵装配图，学会识读齿轮泵装配图的方法与步骤，分析零件，读懂零件的结构形状，达到了解机器或部件的性能、作用、工作原理，了解部件中各零件间的装配关系和装、拆顺序，了解主要零件和其他相关零件的结构形状特征和作用的目的。在设计时，能根据装配图，画出部件中的各零件图。

二、读装配图示例

读齿轮油泵装配图。齿轮油泵分解图如图 9-48 所示。

1. 概括了解

齿轮油泵是机器中用来输送润滑油的一个部件，如图 9-49 所示。齿轮油泵的结构由泵体、左右端盖、运动零件(传动齿轮、齿轮轴)、密封零件及标准件等构成。对照零件序号与明细栏知道，齿轮油泵共由 17 个零件装配而成。装配图采用了两个视图表达。主视图为全剖，反映了组成齿轮泵各零件之间的装配关系。左视图是沿左端盖 1 和泵体 6 结合面剖切后移去垫片 5 的半剖视图 *B—B* ，它清楚地反映了油泵的外部形状、齿轮啮合情况；表达了油泵吸、压油的工作原理；用局部视图反映吸、压油的状况。齿轮油泵的外形尺寸为 118mm × 85mm × 95mm。

2. 了解装配关系和工作原理

泵体 6 是齿轮油泵中的主要零件之一，它的内腔有一对吸油和压油的齿轮。齿轮轴 2、传

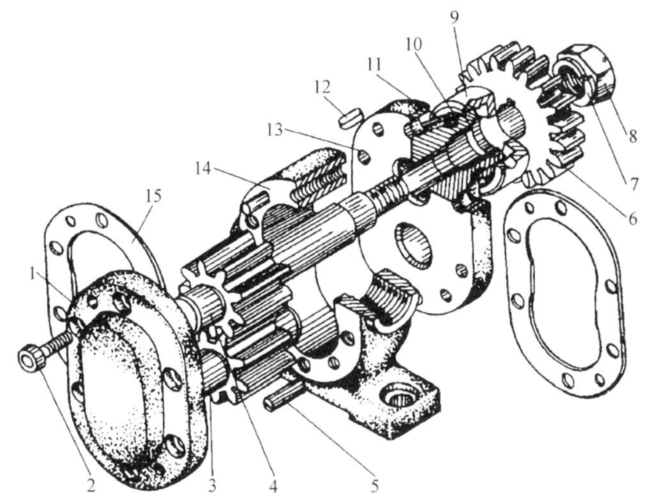

图 9-48　齿轮油泵分解图

1—左端盖　2—圆柱头内六角螺钉　3—齿轮轴　4—传动齿轮轴　5—圆柱销　6—传动齿轮　7—垫圈　8—螺母　9—压紧螺母　10—轴套　11—密封圈　12—键　13—右端盖　14—泵体　15—垫片

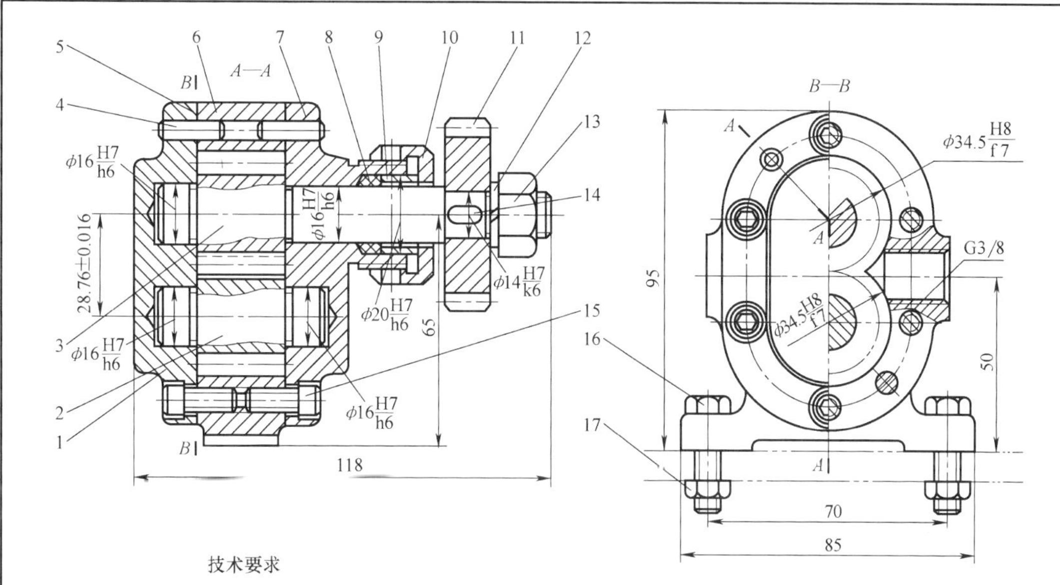

技术要求

1. 齿轮安装后，用手转动传动齿轮时，应灵活旋转。
2. 两齿轮轮齿的啮合面占齿长的3/4以上。

					10	压紧螺母	1	35		2	齿轮轴	1	45	$m=3,z=9$
17	螺母M6	2	Q235	GB/T 6170—1986	9	轴套	1	ZCuSn5PbZn5		1	左端盖	1	HT200	
16	螺栓M6×30	2	Q235	GB/T 5782—1986	8	密封圈	1	橡胶		序号	名称	件数	材料	备注
15	螺钉M6×16	12	35	GB/T 70—1985	7	右端盖	1	HT200		齿轮油泵		比例	04—00	
14	键5×10	1	45	GB/T 1096—1979	6	泵体	1	HT200				件数		
13	螺母M12×15	1	35	GB/T 6171—2000	5	垫片	2	纸	$\delta=1$	制图		重量	共1张 第1张	
12	垫圈12	1	65Mn	GB/T 859—1987	4	销A5×18	4	45	GB/T 119—2000	描图		(厂　名)		
11	传动齿轮	1	45	$m=2.5,z=20$	3	传动齿轮轴	1	45	$m=3,z=9$	审核				

图 9-49　齿轮油泵装配图

动齿轮轴 3 装入泵体后，两侧的左端盖 1、右端盖 7 支承这一对齿轮轴的旋转运动。由销 4 将左、右端盖与泵体定位后，再用螺钉 15 将两侧端盖与泵体连接成整体。为防止泵体与端盖结合面处和传动齿轮轴 3 伸出端漏油，分别装有垫片 5 和密封圈 8、轴套 9、压紧螺母 10 密封。

齿轮轴 2、传动齿轮轴 3、传动齿轮 11 是油泵中的运动零件。当传动齿轮 11 按逆时针方向(从左视图观察)转动时，通过键 14，将转矩传递给传动齿轮轴 3，经过齿轮啮合带动齿轮轴 2，从而使后者作顺时针方向转动。当一对齿轮在泵体内作啮合转动时，啮合区内右边空腔压力降低而产生局部真空，油池内的油在大气压力作用下进入油泵低压区内的吸油口，随着齿轮的转动，齿槽中的油就会不断地沿箭头方向被带至左边的压油口中将油压出，送达机器中需要润滑的部位，如图 9-50 所示。

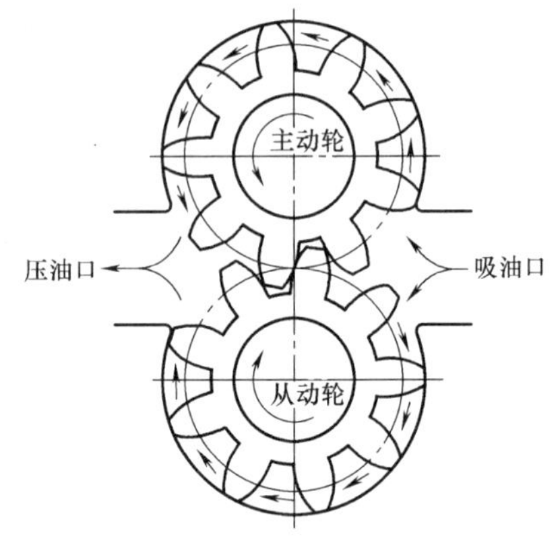

图 9-50　齿轮油泵工作原理图

3. 齿轮油泵中的配合及尺寸分析

根据零件在部件中的作用和要求，应注出相应的公差带代号。如传动齿轮 11 要带动传动齿轮轴 3 一起转动，除了靠键把两者连成整体传递转矩外，还需定出相应的配合。它们之间的配合尺寸为 ϕ14H7/k6，属于基孔制的优先过渡配合；4 个 ϕ16H7/h6 尺寸为齿轮与端盖在支承处的配合尺寸；齿轮轴的齿顶圆与泵体内腔的配合尺寸为 ϕ34. 5H8/f7，共有两个；尺寸 28. 76 ±0. 016 是两齿轮的啮合中心距。

尺寸 28. 76 ±0. 016 也是一个装配关系尺寸，这个尺寸的准确与否将直接影响齿轮的啮合传动。65、50、70 也是表示装配关系的尺寸。尺寸 65 是齿轮轴轴线距离泵体安装面的高度尺寸；尺寸 50 是吸、压油口中心线距离泵体安装面的高度尺寸；尺寸 70 表示两个安装螺栓的中心距离，这个尺寸的标注是为了便于确定在液压系统的机体上安装螺孔的位置。而吸、压油孔口的尺寸 G3/8 是为方便确定输油管接头的尺寸。

想一想

识读齿轮油泵装配图的过程中，你悟出读装配图的基本方法是什么？

三、拆图

由装配图拆画零件图的过程称为“拆图”。拆图是装配图设计或绘制工作中的重要环节。拆图的过程也是继续设计零件的过程。下面以拆画齿轮油泵右端盖零件图为例进行说明。

提示

拆图必须在充分读懂装配图的基础上进行。

1. 分离并完善零件

把零件从装配图中分离出来，想象出其大体的结构形状，结合零件的功能作用加以补充和完善。在装配图中允许省略不画的零件工艺结构，如倒角、倒圆、退刀槽 、越程槽等，在零件图上要求全部画出。

现以右端盖(序号 7)为例，进行零件图拆画分析。从主视图看，右端盖上部有传动齿轮轴 3 穿过，下部有齿轮轴 2 轴颈的支承孔，在右部的凸缘外圆柱面上加工有外螺纹，用于压紧螺母10通过轴套9将密封圈8压紧在轴的周围。从左视图看出右端盖的外形为长圆形，沿周边分布有6个螺钉沉孔和两个圆柱定位销孔。

拆画此零件图时，先从主视图上区分出右端盖的视图轮廓，由于在装配图的主视图上，右端盖的一部分可见投影被其他零件遮挡，因此它是一个不完整的图形，如图9-50a所示。再其作用和装配关系，补全所缺的轮廓线，如图9-51b所示。

2. 确定表达方案

零件图与装配图的表达目的不同，所以在确定拆画零件图的表达方案时，可以与装配图相同也可以不相同。应对零件的结构特点进行分析，重新考虑其表达方案。一般情况下，箱体类零件的主视图所选的位置可与装配图一致，按工作位置选取主视图；轴套、盘类零件一般按加工位置选择主视图；叉类零件则一般按形状特征或工作位置选取主视图。

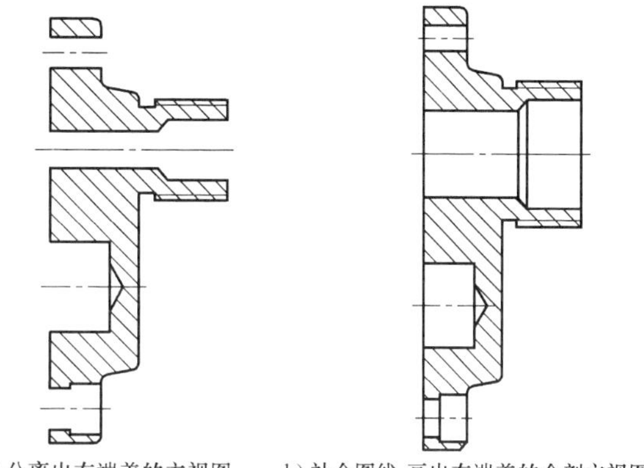
a) 分离出右端盖的主视图　　b) 补全图线,画出右端盖的全剖主视图

图9-51　由齿轮油泵装配图拆画右端盖装置零件图

右端盖属于盘类零件，一般用两个视图来表达，从装配图的主视图中拆画出来的右端盖的图形显示了右端盖的各部结构，可作为其零件图的主视图，再加一个左视图即可，如图9-51所示。

四、标注尺寸

拆画零件图时，零件图的尺寸来源一般从以下几个方面确定。

（1）抄注　与被拆零件有关的装配尺寸直接抄注在零件图上；配合尺寸应分别按孔、轴的公差带代号查出其偏差数值标注在零件图上。如由配合尺寸ϕ16H7/h6、装配关系尺寸28.76±0.016可以确定右端盖零件图上的轴孔尺寸和两轴孔的位置尺寸。由ϕ20H7/h6可确定与轴套外径配合的右端盖内孔的尺寸。

（2）查取　对于标准结构，如倒角、圆角、退刀槽 、越程槽、螺纹、销孔、键槽等，其尺寸数值，应从相关标准中查取核对后进行标注。如与压紧螺母配合部分的外螺纹尺寸及退刀槽尺寸、销孔的技术要求等，可用查取法解决。

（3）计算和量取　对于装配中没有标注的其余尺寸，需要通过计算或量取后进行标注。

（4）确定技术要求　根据零件的作用，并结合设计要求查阅有关手册或参阅同类、相近产品的零件图来确定所拆右端盖零件图上表面结构和表面粗糙度值、公差配合、形位公差、材料处理等技术要求。最后填写标题栏，完成拆画零件图。

图9-52所示即为根据齿轮油泵拆画的右端盖零件图，图9-53所示为其实物图。

试一试

参照图9-49所示的齿轮油泵装配图和提示，拆画泵体(序号6)零件图。

作题提示：

1）分离出泵体零件图，如题图9.4-1所示。

2）确定泵体零件的表达方案。

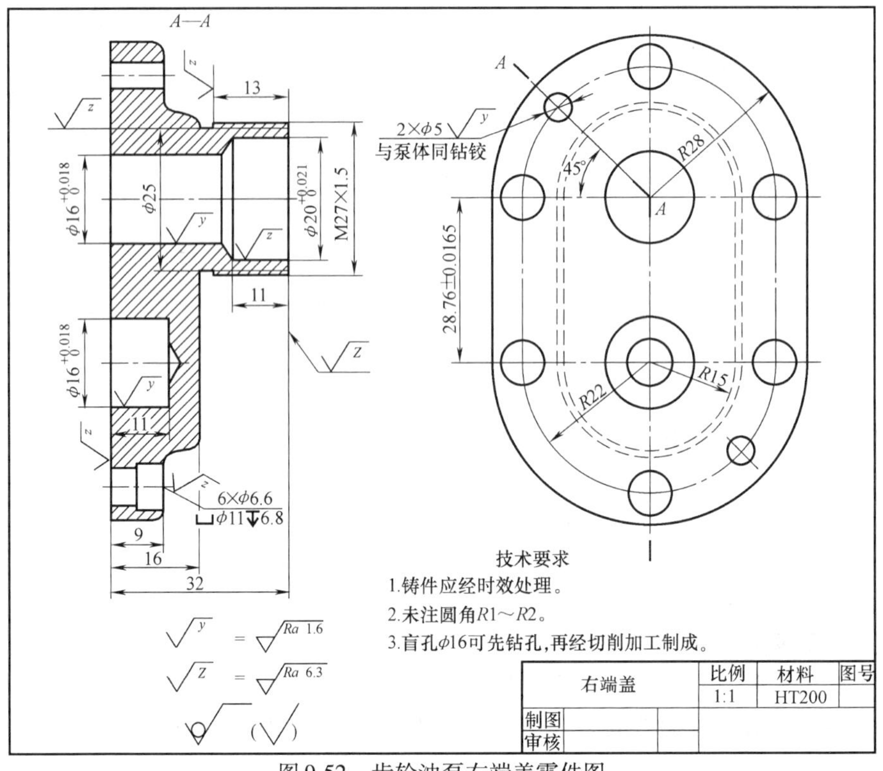

图 9-52　齿轮油泵右端盖零件图

a) 右端盖实物图

b) 右端盖 A—A 剖视图

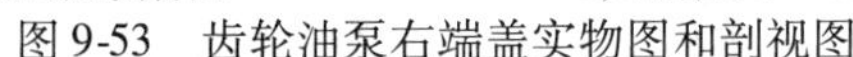

图 9-53　齿轮油泵右端盖实物图和剖视图

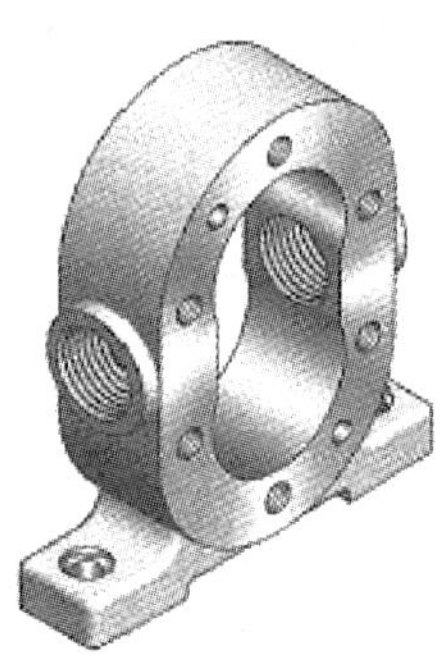

齿轮油泵泵体立体图

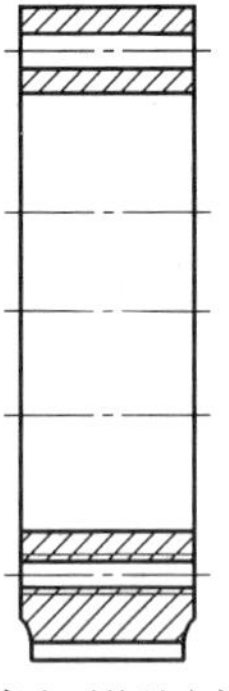

a) 分离出泵体的主视图

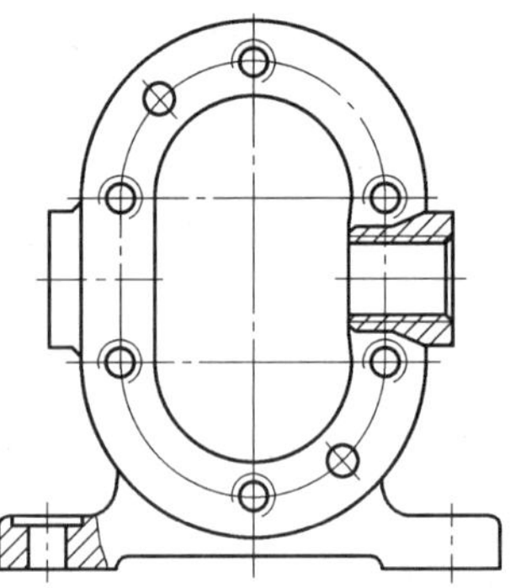

b) 分离出泵体的左视图

题图 9. 4-1　拆画齿轮油泵泵体零件图

3）标注泵体零件图的尺寸。

4）表达泵体零件图的技术要求。

题图9.4-2所示是根据齿轮油泵装配图拆画的泵体零件图。

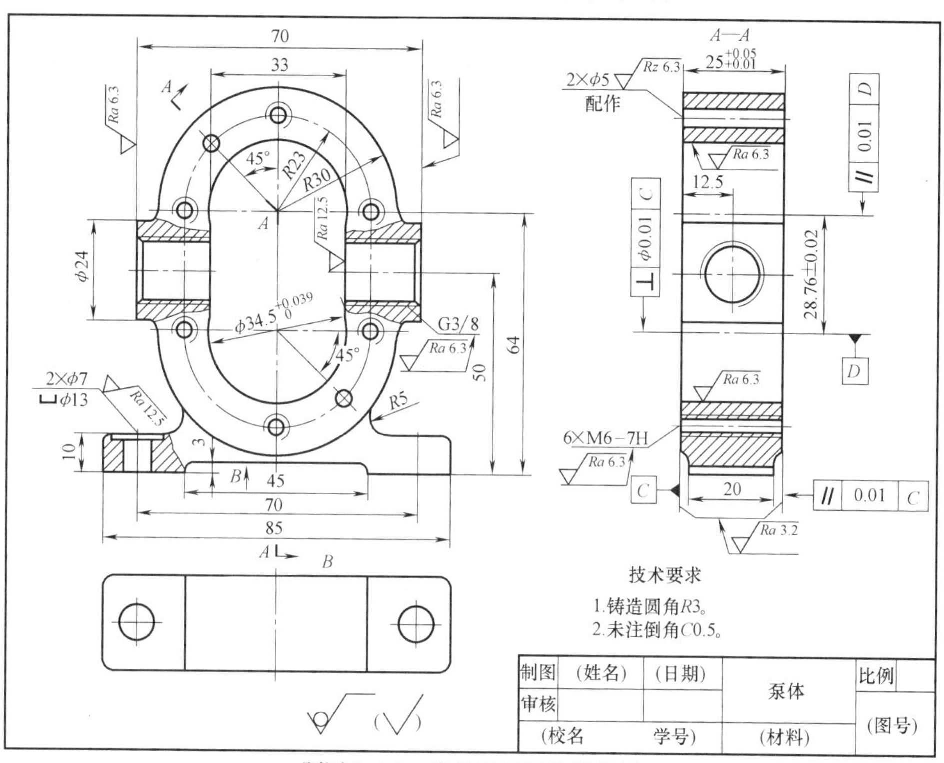

题图9.4-2　齿轮油泵泵体零件图

巩固练习

参照活塞连杆总成实物图（题图9.4-3），识读题图9.4-4所示的活塞连杆总成装配图，

a) 活塞连杆总成实物图

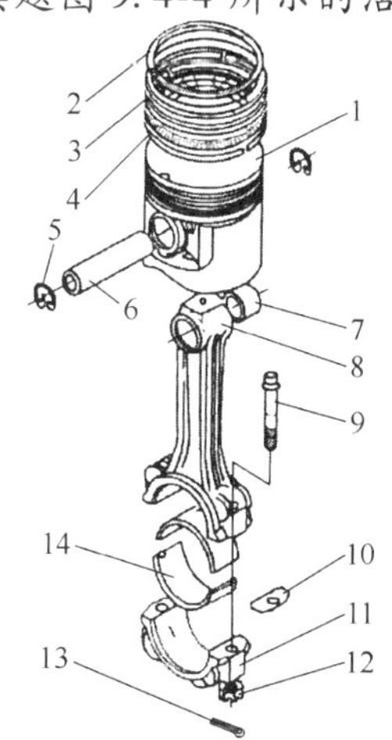

b) 活塞连杆总成分解图

题图9.4-3　活塞连杆总成实物图与分解图

1—活塞　2—上活塞环　3—中活塞环片　4—油环　5—锁环　6—活塞销　7—连杆衬套　8—连杆　9—连杆螺栓　10—调整垫片　11—连杆盖　12—连杆螺母　13—开口销　14—连杆轴瓦

并回答以下问题。

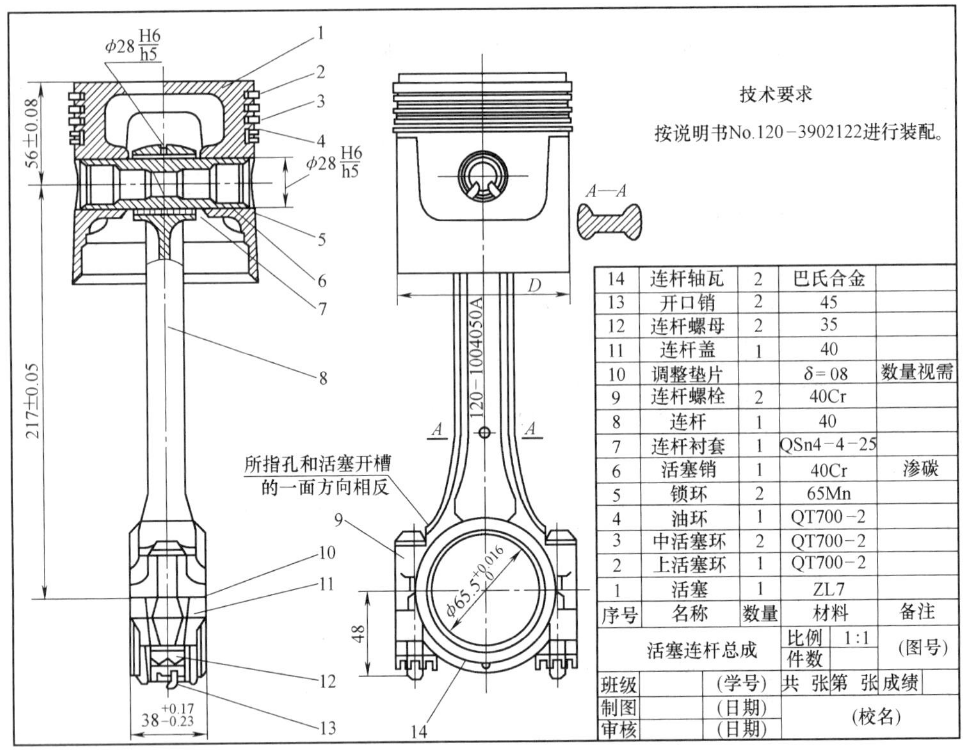

题图 9.4-4 活塞连杆总成装配图

1. 叙述活塞连杆总成的工作原理、传递动力路径以及它由哪些零件装配而成?

2. 有哪些标准件(螺栓、螺母、开口销等)?

3. 连杆衬套内圆柱面与活塞销中部外圆柱面的配合，连杆衬套与连杆小头孔的配合，活塞销两端与活塞销内孔的配合，各是什么性质的配合?

4. 在该装配图中，零件序号编排有何特点?明细表的主要内容有哪些?

5. 指出装配图中的规格尺寸、装配尺寸和总体尺寸。

6. 装配图中的技术要求表明了什么?

7. 根据该装配图，拆画活塞销和活塞衬套零件图。

学习活动情境九任务测评表

班级		姓名		日期		自评	互评	备注
1. 你知道装配图的内容与作用了吗?								
2. 你知道装配图的基本表达有哪些了吗?								
3. 你会合理进行装配图的尺寸标注了吗?								
4. 你会识读装配图中装配结构的表达了吗?								
5. 你了解识读装配图的基本方法和步骤了吗?								
6. 你会对装配图进行综合识读，拆画零件图了吗?								
个人小结:								
总体评价						教师签字		

学习活动情境十：汽车部件识图

任务一	汽车的类型与组成	学时：90min
学习目标	1. 了解汽车概述。 2. 知道汽车的组成。 3. 了解汽车各部组成的名称与作用。	
知识点	1. 汽车功能和种类。 2. 汽车的组成。 3. 汽车各部的特点与作用。	
技能点	1. 会识别分类汽车的特征。 2. 会识读汽车各组成部分的名称。 3. 会识读汽车各组成部分的作用。	
汽车的分类与特征	汽车的分类与特征： 1）按用途分类：6 类。 2）按动力装置分类：2 类。 3）按行驶的道路条件分类：2 类。 4）按行驶机构特征分类：轮式与其他形式。	
汽车的组成与功能	汽车的组成与功能： （1）发动机　主要由机体、曲柄连杆机构、配气机构、供给系、冷却系、润滑系、起动系组成。汽油机还有点火系。 （2）车身　要求既具有结构功能，同时还有装饰功能。 （3）底盘　底盘的承载性、平稳性、安全性。	
汽车的基本性能	汽车的基本性能： （1）动力性能　最高车速、加速时间、最大爬坡度。 （2）燃料经济性　燃油消耗量（L/100km）。 （3）制动性　制动效能、制动效能的恒定性、制动时方向的稳定性。 （4）操作稳定性　准确响应驾驶员的操作和抗外界干扰保持稳定行驶的能力。 （5）平顺性　对路面不平度的隔振特性。 （6）通过性　最小离地间隙或第一档时最大动力因数。 （7）环境安全性　控制有害物的排放和噪声，保证人类和环境安全的能力。	

一、汽车概述

汽车问世百年来，汽车工业有了较大发展，汽车产品不仅大批生产，而且品种繁多，特别是新能源汽车的出现，给汽车工业的发展带来了更加灿烂美好的前景。

汽车工业是一个资金密集、技术密集、人才密集，而且效益高的产业，同时也是衡量一个国家经济、科学技术发展和工业化程度的标志。汽车工业的发展带动了机械制造、电子技术、橡胶工业和城乡道路交通等到相关行业的发展。

改革开放以来，我国的汽车工业有了飞速发展，不仅是数量，而且品种和性能都已达到了世界先进水平，特别是新能源汽车的研究和生产，为这个行业注入了新的活力，打开了更加广阔的市场。

二、汽车类型

1. 按用途分类

汽车种类繁多，一般可按其用途、动力装置、行驶道路条件和行驶机构特征进行分类。

(1) 运输汽车

1) 轿车：乘坐2~9人的载客汽车，按其发动机工作容量(排量)分级，见表10-1。

表10-1 轿车分类表(按发动机排量)GB/T 3730.1—2001

轿车类型	微 型	普 通 级	中 级	中 高 级	高 级
发动机排量/L	≤1.0	>1.0~1.6	>1.6~2.5	>2.5~4.0	>4.0

2) 客车：乘坐9人以上的载客汽车。客车可分为城市公共汽车、长途汽车、团体客车、游览客车等。

表10-2 客车分类表(按总长)GB/T 3730.1—2001

客车类型	微 型	轻 型	中 型	大 型
总长/M	≤3.5	>3.5~7	>7~10	>10

3) 载货汽车简称货车，用于运载各种货物，其驾驶室可容纳2~6人。主要分普通货车和专用货车两大类。专用货车是专门为运输某种类型货物而专门设计的，如自卸式货车、厢式货车、罐式货车、平板货车等。

表10-3 货车分类表(按厂定最大总质量)GB/T 3730.1—2001

货车类型	微 型	轻 型	中 型	重 型
厂定最大总质量/t	≤1.8	>1.8~6	>6~14	>14

4) 越野汽车：越野汽车可以是轿车、客车、载货汽车或其他用途的汽车。越野汽车的结构特点是全轮驱动，传动系带分动器，具有高摩擦差速器或差速锁。

5) 牵引汽车是专门或主要用来牵引挂车的汽车。通常可分半挂和全挂汽车等类型。

6) 农用汽车主要是农村地区从事农业运输和作业的汽车。

(2) 专用(特种)汽车　主要用于承担专门运输或专项作业的汽车。如银行运钞车、竞赛汽车、消防车、各类工程车等。

2. 按动力装置形式分类

(1) 内燃机汽车　现代的大部分汽车都采用往复活塞式内燃机作为动力装置。按使用的燃料可分为汽油车、柴油车和代用燃料车。

(2) 电动汽车　其动力装置是直流电动机。电动机的动力装置通常是化学蓄电池，而太阳能电池的研发成功，使得电动汽车有了更为广泛的应用前景。

3. 按行驶的道路条件分类

汽车按行驶的道路条件分公路用车(行驶于城市道路、高速公路和1、2级公路)和非公路用车，后者是汽车总质量、单轴载荷量或外轮廓尺寸超出公路、桥涵和交通法规的限制而只能在矿山、工地、机场、工厂内或各种专用道路上行驶的汽车。

4. 按行驶机构的特征分类

（1）轮式汽车　可分为非全轮驱动和全轮驱动两种形式。

（2）其他形式的车辆　如履带式、雪橇式、步行机构式等车辆。

三、汽车的基本组成

汽车主要由发动机、车身、底盘三大部分组成，如图 10-1 所示。

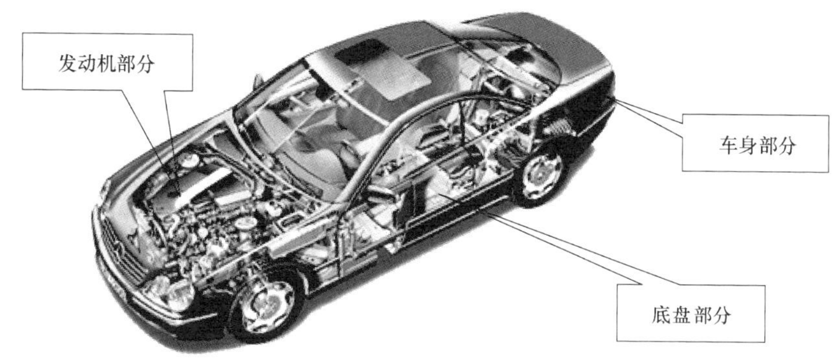

图 10-1　汽车的组成

1）发动机是将某一种形式的能量转化为机械能并输出动力的部件。汽车广泛应用的是汽油机和柴油机。汽油机和柴油机都属于往复活塞式内燃机，主要由机体、曲柄连杆机构、配气机构、供给系、冷却系、润滑系、起动系组成。汽油机还有点火系。

2）车身既具有结构功能，同时还有装饰功能。车身是驾驶员工作及容纳乘客或货物的地方。车身应既具有符合空气动力学所要求的合理外形，又要考虑车身结构对底盘性能的影响。车身应具有利于提高汽车行驶稳定性、安全性和有助于发动机进气冷却、隔声、防振等性能。车身的装饰功能反映在车身造型的艺术形象、内外装潢、色彩质感等方面。而车身的装饰功能对轿车来说尤为重要。

汽车车身分承载式结构和非承载式结构两大类。承载式车身起承载作用，其优点是整车质量轻、刚度大、高度较低、车内空间大；缺点是制造变形车困难，撞坏后难以处理、振动噪声易传到车内，一般适用于小轿车。非承载式是指用车架连接并支承车身、发动机、传动系、悬架（指车架与车轿之间一切传力连接装置的总称）等零部件。车架承受和传递底盘零部件传来的外力，具有提供撞车时所需的强度和吸收冲击能量的能力。

3）底盘是指车架与连接的传动系（包括前、后桥）、行驶系（悬架与减振装置）、转向系、制动系等零部件的总称。底盘的结构与质量的优劣对于汽车运行的承载性、平稳性、安全性以及操作的稳定性、制动性能等具有关键的作用，不可忽视。

四、汽车的基本性能

人们对汽车提出的使用性能的要求是多方面的，就其基本性能来说主要包括：动力性、燃料经济性、制动性、操作稳定性、平顺性、通过性和环境安全性。

 **提示**

学习汽车的基本组成和汽车的基本性能，其目的是为后面的识读汽车部件图作准备的。

1. 汽车的动力性

动力性是汽车各种性能中最基本的、最重要的性能。动力性能通常用汽车的最高车速、加速时间和最大爬坡度等三个参数来评价，称为动力性指标。

（1）最高车速　指车在良好的混凝土或沥青路面上行驶所能达到的最高行驶速度。一般轿车最高车速为130～200km/h；客车最高车速为90～130km/h；货车最高车速为80～110km/h。

（2）汽车的加速时间　汽车在水平良好路面上由原地起步的加速时间和超车的加速时间，它表示汽车的加速能力。

（3）汽车的最大爬坡度　指汽车满载时在良好路面上以1档行驶时可爬越的最大坡度，它对于越野车和货车来说是一个重要的指标。越野车的最大爬坡度要求达到30°；货车的最大爬坡度要求达到16.5°。

2. 汽车燃料经济性

汽车燃料经济性指汽车以最少的燃料消耗量完成运输的能力，是汽车主要使用性能之一。汽车的燃料经济性常用一定运行工况下汽车行驶百公里(100km)所消耗燃料量或一定燃料量能使汽车行驶的里程来衡量。我国的燃料经济性指标为百公里燃料消耗量，即行驶100公里所消耗的燃油数，单位为L/100km。

3. 汽车制动性

汽车制动性指汽车在行驶时能在短距离内停车并且维持行驶方向的稳定性和在下坡时连续制动能维持一定车速的能力。它包括制动效能、制动效能的恒定性、制动时方向的稳定性。

4. 汽车操作稳定性

汽车操作稳定性指汽车操纵性和稳定性。操纵性是指准确响应驾驶员的操作，稳定性是指受外界干扰时保持稳定行驶的能力。

5. 汽车平稳性

汽车平稳性指汽车在以正常速度行驶过程中，要保证乘员在汽车振动时不至于引起不舒适和疲劳感觉，所运货物保持完好的性能。它反映了汽车对路面不平度的隔振特性。

6. 汽车通过性

汽车通过性指汽车在一定装载质量下能以足够高的平均车速通过松软地面、坎坷不平地段等坏路或无路地带和陡坡、侧坡、壕沟、台阶等障碍的能力。表征汽车通过性的主要参数是最小离地间隙或第一档时最大动力因数。

7. 汽车环境安全性

汽车环境安全性指汽车控制有害物排放和噪声，保证人类和环境安全的能力。

想一想

1. 汽车是由哪些基本部分组成的？各部分的作用是什么？
2. 汽车发动机是内燃机吗？它由哪几大部分组成？
3. 你知道汽车基本性能要求吗？说说看。

<table>
<tr><td>任务二</td><td>汽车发动机的识图</td><td>学时：180min</td></tr>
<tr><td>学习目标</td><td colspan="2">1. 了解汽车发动机的功能。
2. 识读汽车发动机总体构造图。</td></tr>
<tr><td>知识点</td><td colspan="2">1. 汽车发动机的功用。
2. 汽车发动机总体图的识读方法。
3. 识读汽车发动机总体构造图的步骤与方法。</td></tr>
<tr><td>技能点</td><td colspan="2">1. 能表述汽车发动机的功用。
2. 会识读汽车发动机总体构造图。
3. 会识读汽车发动机的机体与气缸盖部件图。</td></tr>
<tr><td>汽车发动机总体构成</td><td colspan="2">识读东风 EQ6100-1 汽油机总体构造图示例，汽车发动机能将某一种形式的能量转化为机械能并输出动力。它的构成如下：
1）机体组。
2）曲柄连杆机构组。
3）配气机构组。
4）供给系。
5）润滑系。
6）冷却系。
7）点火系。
8）起动系。</td></tr>
<tr><td>识读气缸体部件图</td><td colspan="2">气缸体是气缸的壳体，上曲轴箱是支承曲轴作旋转运动的基体，气缸壳体与上曲轴箱铸为一体，气缸体应具有足够的刚度和强度。
识读汽车发动机机体组气缸体部件图：
1）曲轴活塞连杆机构组件(包括气缸)。
2）供给系部件。
3）冷却系部件。</td></tr>
<tr><td>识读气缸盖部件图</td><td colspan="2">气缸盖的结构特征与其主要功用：密封气缸盖上部，并与活塞顶部、气缸壁组成燃烧室，气缸盖内部铸有冷却水套，其端面上的冷却水孔与气缸体的冷却水孔相通，有利于循环冷却水来冷却燃烧室等部分的高温。
识读汽车发动机气缸盖部件图：
1）配气机构组件。
2）供给系部件。
3）冷却系部件。
4）点火系部件。</td></tr>
</table>

一、识读汽车发动机的总体构造图

汽车中广泛应用的是汽油机和柴油机。汽油机和柴油机都属于往复活塞式内燃机。汽车发动机是将某一种形式的能量转化为机械能并输出动力的部件。它主要由机体组、曲轴连杆机构组、配气机构组、供给系、冷却系、润滑系、起动系、点火系组成，如图 10-2 所示。

提示

为了将复杂的汽车发动机结构表达清楚，便于学习和理解，常用一部分立体图配合识读。

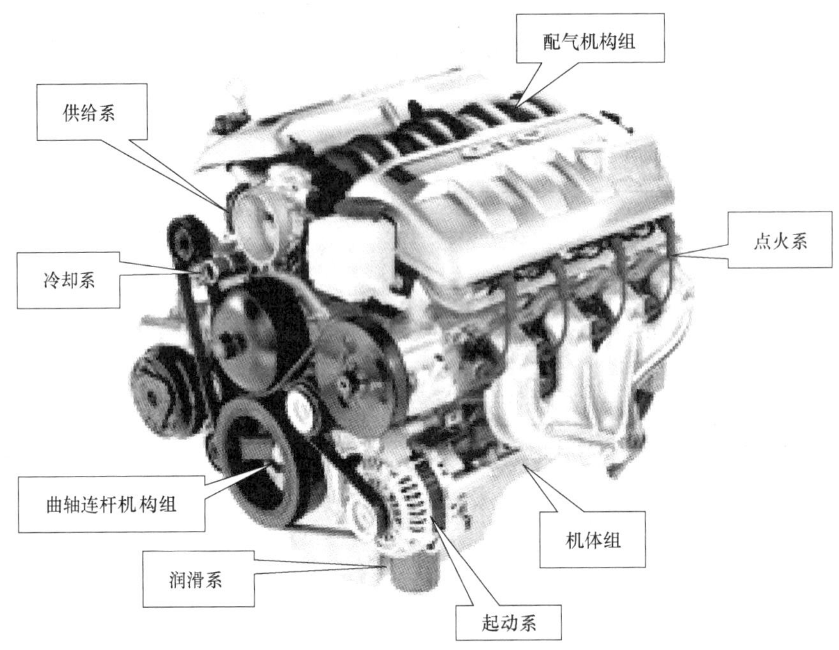

图 10-2　汽车发动机实物

识读汽车发动机的总体装配图主要是要搞清楚发动机的几大系统，按系统的组成进行识读，从而搞清各系统的功能以及它们之间的运动配合过程，掌握汽车发动机的工作原理和结构特征，达到识读的目的。

下面以东风 EQ6100-1 汽油机(图 10-3)为例讲解发动机总体构造图的识读。

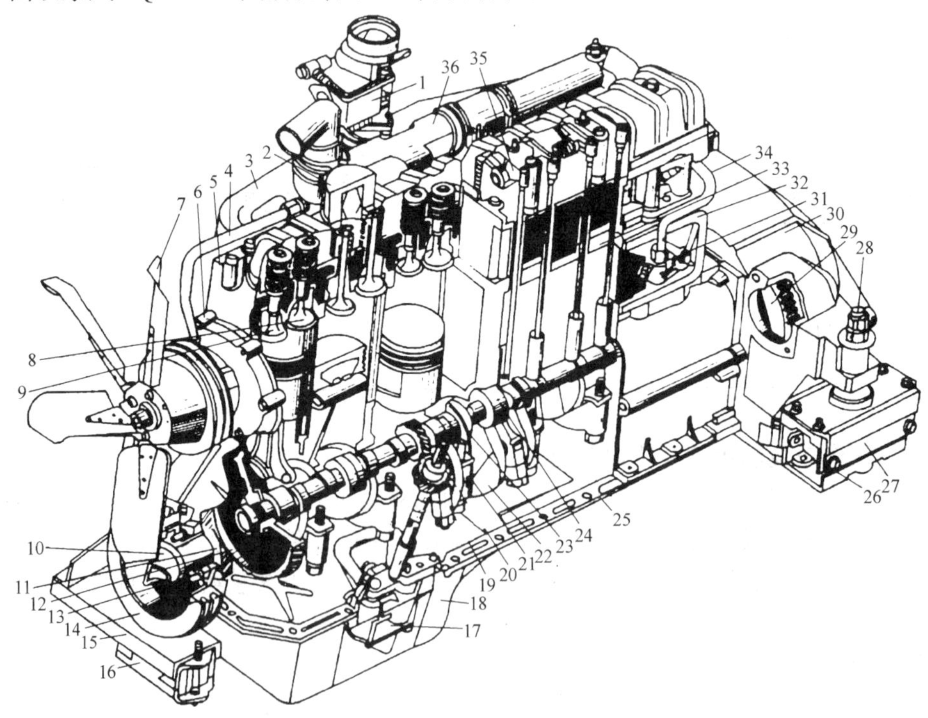

图 10-3　东风 EQ6100-1 汽油机总体构造图

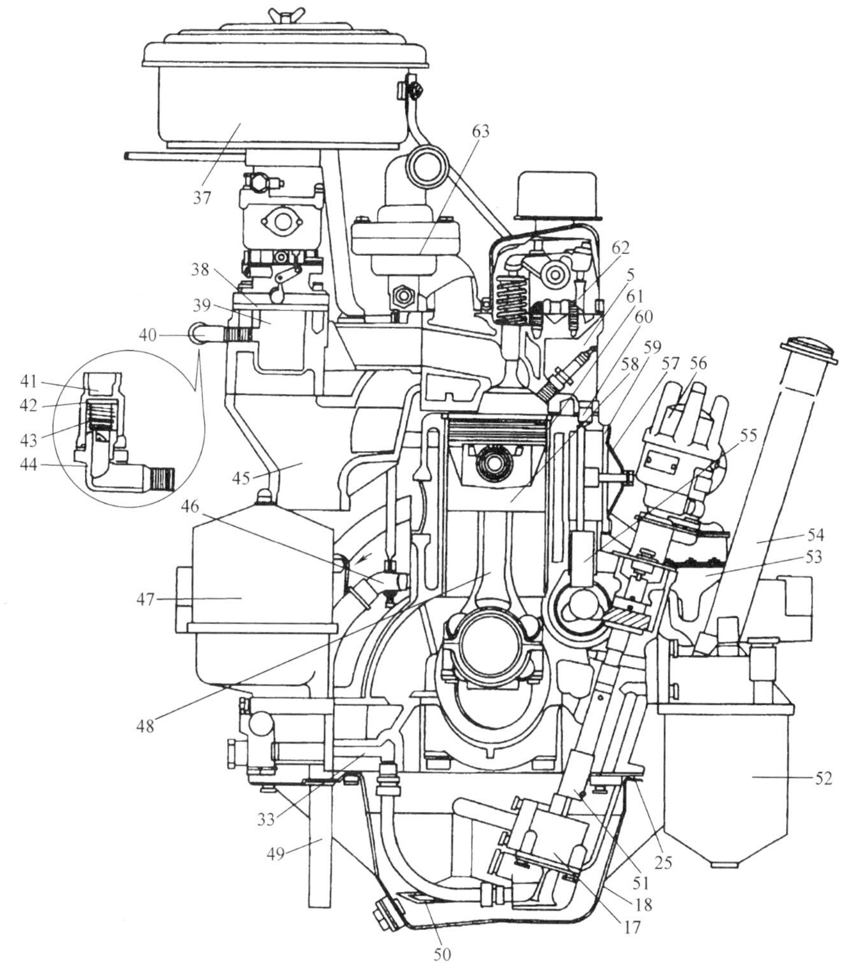

图 10-3　东风 EQ6100-1 汽油机总体构造图(续)

1—化油器　2—曲轴箱通风装置　3—进排气歧管总成　4—小循环水管　5—气缸盖　6—水泵　7—风扇　8—进气门　9—排气门　10—起动爪　11—曲轴正时齿轮　12—凸轮轴正时齿轮　13—正时齿轮室盖与曲轴前油封　14—曲轴输出带轮　15—发动机前悬置支架总成　16—发动机前悬置软垫总成　17—机油泵　18—油底壳　19—活塞连杆总成　20—机油泵、分电器驱动轴总成　21—主轴承盖　22—曲轴　23—曲轴止推垫　24—凸轮轴　25—油底壳衬垫　26—发动机后悬置软垫　27—限位板　28—发动机后悬置螺栓、螺母　29—飞轮　30—飞轮壳　31—曲轴箱通风挡油板　32—后挺杆室盖　33—气缸体　34—曲轴箱通风管　35—摇臂　36—气缸盖出水管　37—空气过滤器　38—绝热垫及衬垫　39—进气管　40—曲轴箱通风止回阀　41—阀体　42—止回阀　43—弹簧　44—弯管接头　45—排气管　46—放水阀　47—机油细过滤器　48—连杆　49—出水软管　50—集滤器　51—联轴套　52—机油粗过滤器　53—汽油泵　54—加机油管和盖　55—挺杆　56—分电器　57—挺杆室盖　58—活塞　59—挺杆室衬垫　60—定位销　61—气缸套　62—推杆　63—出水管、节温器

识读东风 EQ6100-1 汽油机总体构造图的方法是：按其组成的部件，即机体、曲柄连杆机构、配气机构、供给系、冷却系、润滑系、起动系、点火系及各部的组成和功能逐一进行分析来识读。

(1) 机体组　东风 EQ6100-1 汽油机的机体组主要包括气缸盖 5、气缸体 33 和油底壳 18。机体的作用是作为发动机各机构、各系统的装配基体或组成部分。气缸盖和气缸体的圆筒内壁(即气缸)共同组成燃烧室的一部分，是承受高温、高压的机件。

（2）曲轴连杆机构组　曲轴连杆机构包括活塞 58、连杆 48、飞轮 29 与曲轴 22 等主要零件，是发动机实现工作循环、完成能量转换的主要运动件。在做功行程中，活塞承受燃气压力，在气缸内作直线运动，通过连杆转换成曲轴的旋转运动，向外输出动力。而在进气、压缩和排气行程中，又把曲轴的旋转运动转换成活塞的往复直线运动。

（3）配气机构组　配气机构一般由气门组、气门传动组和气门驱动组组成，主要零件有进气门 8、排气门 9、挺杆 55、推杆 62、摇臂 35、凸轮轴 24、凸轮轴正时齿轮 12 等。其功用是依据发动机的工作顺序和工作过程，定时开启和关闭进气门和排气门，使可燃混合气体进入气缸，并将废气排出气缸，实现换气过程。

（4）供给系　汽油机供给系包括汽油箱、汽油泵 53、汽油过滤器、化油器 1、空气过滤器 37、进气管 39、排气管 45、消声器等。其功用是依据发动机的需求，配制出总量和浓度合适的可燃混合气，送入气缸；柴油机供给系的功用是把柴油和空气分别供入气缸，在燃烧室内形成可燃混合气进行燃烧，其组成与汽油机的供给系有所不同。

（5）润滑系　润滑系主要由机油泵 17、集滤器 50、限压阀、润滑油道、机油粗过滤器 52、机油细过滤器 47 和机油冷却器等组成。其功能是向作相对动动的零件表面输送定量的清洁润滑油，实现液体摩擦，减少摩擦阻力，减轻机件的磨损，并对零件表面起到清洗和冷却的作用。

（6）冷却系　冷却系通常由水套、水泵 6、风扇 7、散热器、节温器 63 等组成。它的功用是将受热零件吸收的部分热量及时散发，保证发动机在最适宜的温度状态下工作。

（7）点火系　它由蓄电池、发电机、分电器 56、点火线圈和火花塞组成。其功用是定时使火花塞电极间产生火花，点燃气缸内的可燃混合气。

（8）起动系　发动机由静止状态过渡到工作状态，必须先用外力转动发动机的曲轴，带动连杆活塞作往复运动，气缸内的可燃混合气燃烧膨胀做功，推动活塞向下运动，带动曲轴旋转，发动机进入自行运转。

想一想

1. 汽车发动机由哪几大系统组成，其功用是什么？

2. 通过识读东风 EQ6100-1 汽油机总体构造图，你悟出识读汽车部件图的方法了吗？

二、识读汽车发动机的机体组(气缸体部分)构造图

发动机机体是发动机整台机器的骨架和外壳，许多零部件和辅助系统的元件都安装在机体上。机体组主要包括气缸体、曲轴箱、气缸盖、气缸套、气缸垫和油底壳等零件。

下面介绍气缸体部件图的识读。

发动机机体组气缸体部件如图 10-4 所示。

气缸体是气缸的壳体，上曲轴箱是支承曲轴作旋转运动的基体，水冷发动机的气缸体和曲轴箱常铸成一体，称为气缸体，它是机体组中一个重要的箱体类零件。也可称为气缸体-曲轴箱。气缸体 12 上半部有四个活塞在其中运动的导向圆柱形空腔，称为气缸；下半部为支承曲轴的曲轴箱，其内腔为曲轴运动空间。它作为发动机各个机构和系统的装配基体，气缸体本身应具有足够的刚度和强度，如图 10-4 中件 12 所示。

该气缸体的特点是它的曲轴轴线与气缸体下表面在同一平面上，为一般式气缸体，这种

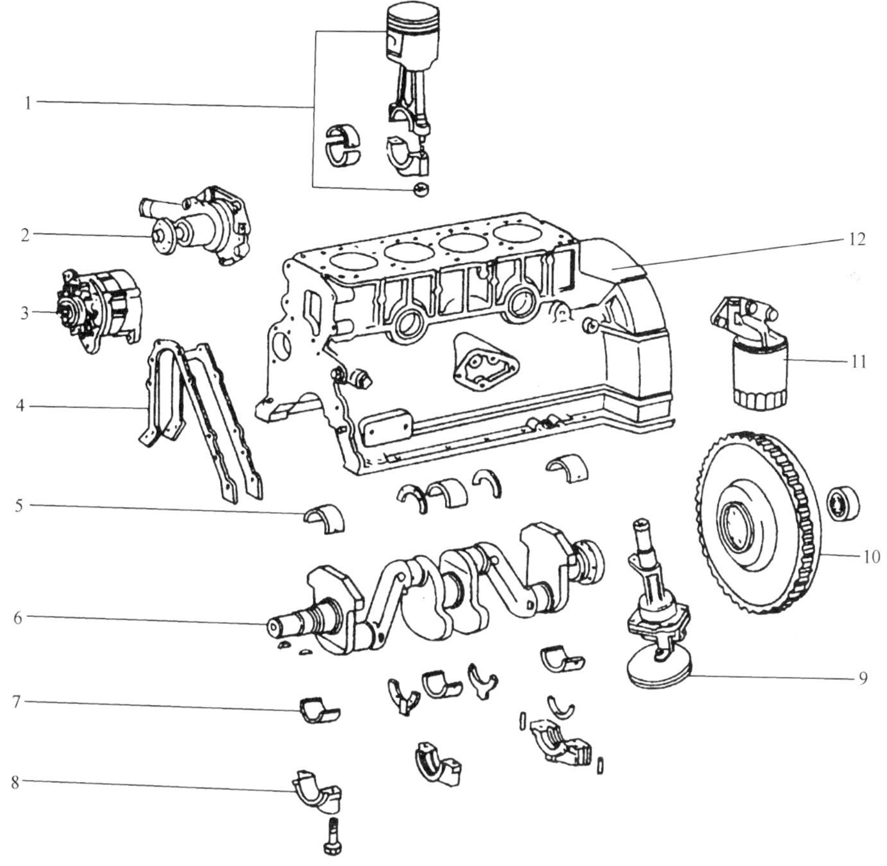

图 10-4　汽车发动机机体组气缸体部件图

1—活塞与连杆　2—水泵　3—交流发电机　4—正时齿轮盖底板　5—曲轴轴承上轴瓦　6—曲轴　7—曲轴轴承下轴瓦　8　曲轴轴承盖　9—机油泵　10—飞轮　11—机油过滤器　12—气缸体

气缸体的优点是机体高度小、重量轻、结构紧凑、便于机械加工和拆装曲轴；缺点是刚度和强度较差，一般适用于中、小型发动机，如 492Q 汽油机。

发动机的支承设在上曲轴箱上，下曲轴箱只用来盛装机油，不承受任何其他作用力，这种结构的下曲轴箱，一般称为油底壳，曲轴是同曲轴轴承盖 8 吊装在机体的横壁上。

气缸体上装有水泵 2(冷却系部件)、交流发电机 3(供给系部件)、正时齿轮盖底板 4、活塞与连杆 1、曲轴轴承上轴瓦 5、曲轴轴承下轴瓦 7、曲轴 6 与飞轮 10(曲轴活塞连杆机构)均安装在机体上，还有机油泵 9 和机油过滤器 11(供给系部件)也都安装在机体上。

这类图比较直观，我们按发动机的系统部件进行识读就十分清晰、明了、易懂。

三、识读汽车发动机的机体组(气缸盖部分)构造图

1. 发动机气缸盖的结构特征及其功用

气缸盖的结构特征及其主要功用是密封气缸盖上部，并与活塞顶部、气缸壁组成燃烧室，气缸盖内部铸有冷却水套，其端面上的冷却水孔与气缸体的冷却水孔相通，有利于循环冷却水来冷却燃烧室等部分的高温。

气缸盖上还加工有进排气门座和气门导管孔、进排气通道等。顶置凸轮轴式发动机的气缸盖上还加工有凸轮轴轴承孔，以便安装凸轮轴，气缸盖的上面还安装了一些主要的零部件。

2. 识读气缸盖部件图

汽车发动机机体组气缸盖部件图，如图 10-5 所示。

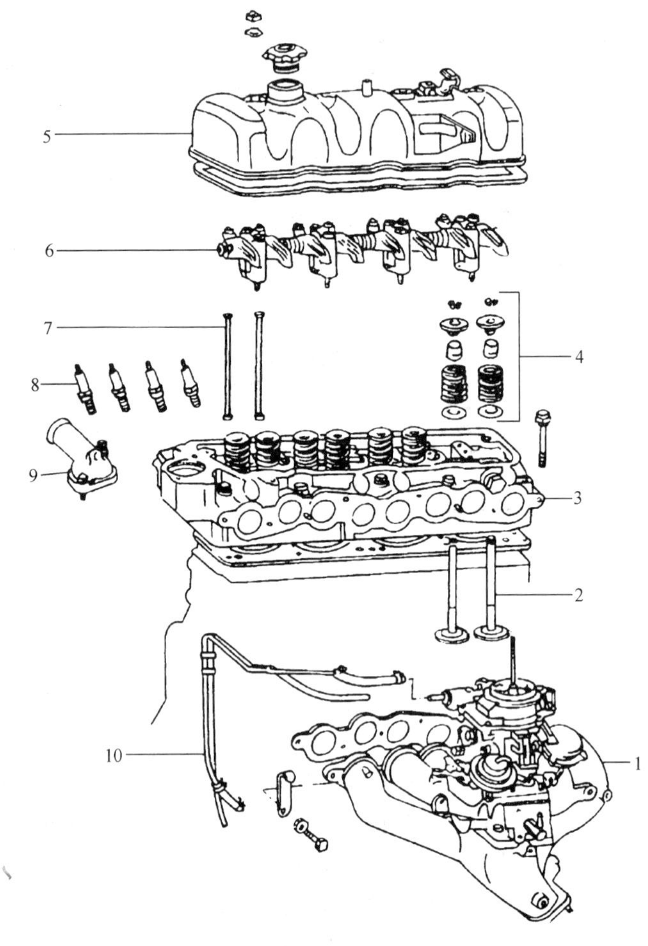

图 10-5　汽车发动机机体组气缸盖部件图

1—进排气歧管(配气机构)　2—进排气门(配气机构)　3—气缸盖与气缸垫
4—气门弹簧(配气机构)　5—气缸盖罩与密封垫　6—气门摇臂机构(配气机构)
7—推杆(配气机构)　8—火花塞(点火系)　9—出水管(冷却系)
10—燃油管和真空管(供给系)

气缸盖部件图中除了气缸盖结构特征所具有的功能外，从对安装其上的部件功能分析，可以确定这些部件的功能归属是：

（1）配气机构　气门摇臂机构 6、进排气门 2、推杆 7、气门弹簧 4 和进排气歧管 1。

（2）供给系　燃油管和真空管 10。

（3）冷却系　除气缸盖上的冷却水套外，还有出水管 9。

（4）点火系　火花塞 8。

学一学

曲轴活塞连杆机构是往复活塞式内燃机将热能转化为机械能的主要部件。其功用是把燃气燃烧膨胀作用于活塞顶面上的压力转变为曲轴的转矩，向工作机构输出机械能。曲轴活塞连杆机构由机体组、活塞连杆组、曲轴飞轮组等三部分组成。

小试身手

识读曲轴活塞连杆部件图，并将题图 10.2-1 所示的零件按活塞连杆组、曲轴飞轮组进行分类列出。

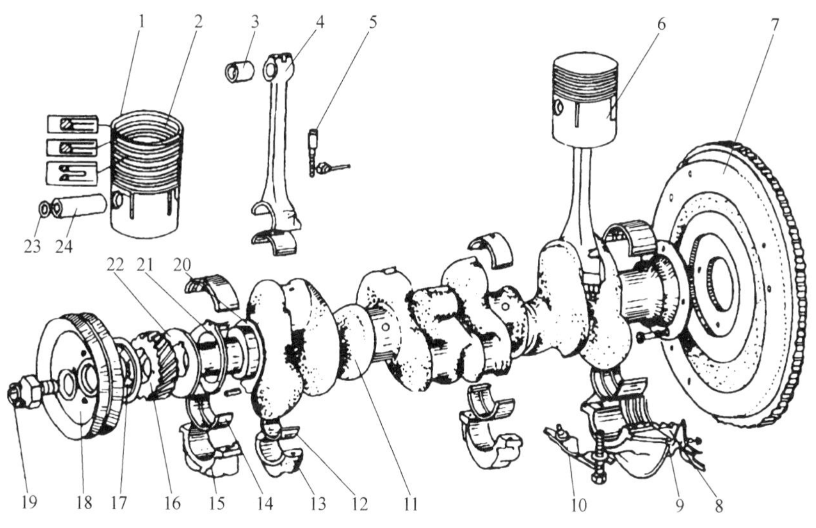

题图 10.2-1　曲轴活塞连杆部件图

1—气环　2—油环　3—连杆衬套　4—连杆　5—连杆螺栓　6—活塞　7—飞轮　8—曲轴后轴承盖　9—曲轴后轴承油封座　10—螺栓锁片组件　11—曲轴　12—连杆轴瓦　13—连杆盖　14—曲轴主轴承瓦　15—主轴承盖　16—曲轴齿轮　17—曲轴前挡油盘　18—曲轴带轮　19—曲轴起动爪　20—曲轴齿轮垫圈　21—止推前垫圈　22—止推后垫圈　23—活塞销锁环　24—活塞销

任务三	汽车底盘、离合器、悬架部件识图	学时：120min
学习目标	1. 了解汽车底盘的组成。 2. 识读汽车离合器结构图。 3. 识读汽车悬架部件图。	
知识点	1. 汽车底盘的组成。 2. 识读汽车底盘结构图。 3. 识读汽车悬架部件图。	
技能点	1. 能表述汽车底盘构造特征。 2. 会识读汽车离合器结构图。 3. 会识读汽车悬架部件图。	
汽车底盘组成及其功用	汽车底盘指汽车的传动系、行驶系、转向系、制动系等零部件总成。底盘的结构与质量的优劣对于汽车运行的承载性、平顺性、安全性有着十分重要的影响。 （1）传动系　包括离合器、变速器、万向传动装置、前/后驱动轿。主要功用是控制和传递发动机输出动力，改变转矩和变换车速，产生驱动力。 （2）行驶系　由车架、车桥、车轮和悬架(包括安全装置)组成。主要作用是：支承汽车的总重量；接受传动系输出的转矩；通过驱动轮与地面附着作用转化为汽车行驶驱动力；减少车身的振动，保证汽车行驶的平顺性。 （3）转向系　由转向传动机构、机械转向器和转向操纵机构(转向器、横拉杆、转向节和主销等)组成。主要功用是偏转前轮，但有些情况还偏转后轮。 （4）制动系　有领—从蹄式、双领蹄式、盘式、凸轮式制动器。其功用是暂短距离停车或控制下坡行驶的车速。	
识读膜片弹簧离合器结构图	汽车离合器的类型主要有摩擦离合器、液力偶合器、电磁离合器。 以拉式膜片弹簧离合器示例，进行识读分析。 （1）结构分析　汽车离合器主要结构由主动盘部分、从动盘部分、压紧装置、操纵机构组成。 （2）工作原理分析　主要是通过操纵机构，控制压紧装置，使离合器中的主、从动盘接合与分离，达到发动机输出转矩的传出或断开。 拉式膜片弹簧离合器结构具有自动调节压紧力的特点。	
识读汽车悬架部件图	悬架是车架(或承载式车身)与车桥(或车轮)之间一切传力连接装置的总称。其功用是弹性连接车桥与车架或车身；把路面作用于车轮上的垂直反力、纵向反力和侧向反力以及这些反力所形成的力矩都传递到车架上；衰减由于弹性系统引起的振动，保证汽车的正常行驶。 汽车的悬架有非独立悬架和独立悬架结构。 识读解放 CA1092 型汽车前悬架结构图： （1）结构分析　属非独立悬架结构。 （2）功用分析　具有减振作用和导向作用。	

一、汽车底盘的组成与功用

1. 汽车底盘的组成

汽车底盘由传动系、行驶系、转向系、制动系等零部件组成。

2. 汽车底盘的各部功用

（1）传动系　包括离合器、变速器、万向传动装置、前/后驱动轿。主要功用是控制和传递发动机输出动力，改变转矩和变换车速，产生驱动力。

（2）行驶系　由车架、车桥、车轮和悬架(包括安全装置)组成。主要作用是：支承汽车的总重量；接受传动系输出的转矩；通过驱动轮与地面附着作用转化为汽车行驶驱动力；减少车身的振动，保证汽车行驶的平顺性。

（3）转向系　由转向传动机构、机械转向器和转向操纵机构(转向器、横拉杆、转向节和主销等)组成。主要功用是偏转前轮，但有些情况还偏转后轮。

（4）制动系　有领—从蹄式、双领蹄式、盘式、凸轮式制动器。其功用是减速、停车。

二、离合器的概述

离合器位于发动机和变速器之间，是汽车传动系中直接与发动机相联系的总成件。通常离合器与发动机曲轴飞轮安装在一起，是切断和传递动力的部件。

1. 离合器的功用

1）使发动机与传动系平顺地接合，保证汽车起步平稳。汽车起步时，由静止到行驶的过程中，其速度由零逐渐增大。此时，驾驶员先踏下离合器踏板，离合器处于分离状态，切断发动机向传动系输出的动力，再挂上适当的档位，然后慢慢松开离合器踏板，使离合器逐渐接合。与此同时，逐渐踏下加速踏板，使发动机在输出动力的过程中能保持稳定的转速而不至于熄火，平稳起步。

2）保证传动系换档时工作平顺。汽车在行驶过程中，为适应不断变化的行驶工况，需要经常改变传动比(换档)。为保证在换档过程中变速器的啮合齿轮副顺利平稳地退出，啮合到另一齿轮副(顺利平稳换档)，在换档之前，必须踏下离合器踏板，让离合器处于分离状态，中断动力传递状况下进行换档，避免齿轮在啮合时的冲击过大。

3）防止传动系过载。当汽车进行紧急制动时，有了离合器的作用，则会通过其主、从动部分产生相对滑动而消除传动系的过载，从而避免对发动传动系造成超过其承载能力的冲击载荷。

2. 离合器的类型

要求离合器具有前述的功用，它应当是这样一种传动机构，主动部分和从动部分可暂时分离，也可以逐渐接合，且在传动过程中可以相对转动。这就要求主、从部分之间不得采用刚性连接。因此，根据主、从部分传动方式不同有如下几种类型：

利用两者接触面之间的摩擦作用来传递转矩的离合器称为摩擦离合器；利用液体作为传动介质的离合器称为液力偶合器；利用磁力传动的离合器称为电磁离合器。离合器是依靠摩擦力来传递动力的，而产生摩擦力所需的压紧力，可以是弹簧力、液压作用力或电磁力。目前汽车广泛采用的是用弹簧压紧的摩擦式离合器(摩擦离合器)。

三、离合器的工作原理

以拉式膜片弹簧离合器为例说明离合器的结构特点与工作原理。

1. 拉式膜片弹簧离合器的结构特点

图 10-6 所示为一种拉式膜片弹簧离合器，其结构特点是膜片弹簧 5 的靠中心部分有 18 个径向切槽，形成多个弹性杠杆，其余未切槽的截锥部分起弹簧作用。膜片弹簧 5 的两侧有支承环 6 和 11，膜片弹簧 5 的末端圆孔穿过固定铆钉 7 而处在两个支承环之间，借助于固定铆钉 7 将它们安装在离合器盖 1 上。两支承环成为膜片弹簧 5 工作的支点。拉式膜片弹簧离合器中，膜片弹簧 5 反装，支承环 11 移动到膜片弹簧 5 的外端，分离离合器时，必须通过分离套筒 9 将膜片中央部分向后拉。由于支承环 11 移动到膜片弹簧 5 的外端，其支承结构

大为简化（省去铆钉等），膜片弹簧强度得到了提高。离合器中间的窗孔可以做得大一些，有利于离合器散热；这种结构的优点是，在同样的磨损情况下，膜片弹簧5仍能保持与支承环6接触不会产生间隙，膜片弹簧离合器还具有自动调节压紧力的特点，它是一种很有发展前景的离合器结构。

膜片弹簧离合器根据分离杠杆内端受推力还是拉力，分为推式膜片弹簧离合器和拉式膜片弹簧离合器。捷达轿车采用的就是拉式膜片弹簧离合器，如图10-7所示。其结构主要由从动盘、膜片弹簧-压盘组和离合器盖等零部件组成。

压紧装置由压盘2、离合器盖1、膜片弹簧5、支承环6、11、限位螺钉、分离钩4和从动盘12组成。

2. 拉式膜片弹簧离合器的工作原理

拉式膜片弹簧离合器如图10-7所示。离合器盖3用螺栓固定在发

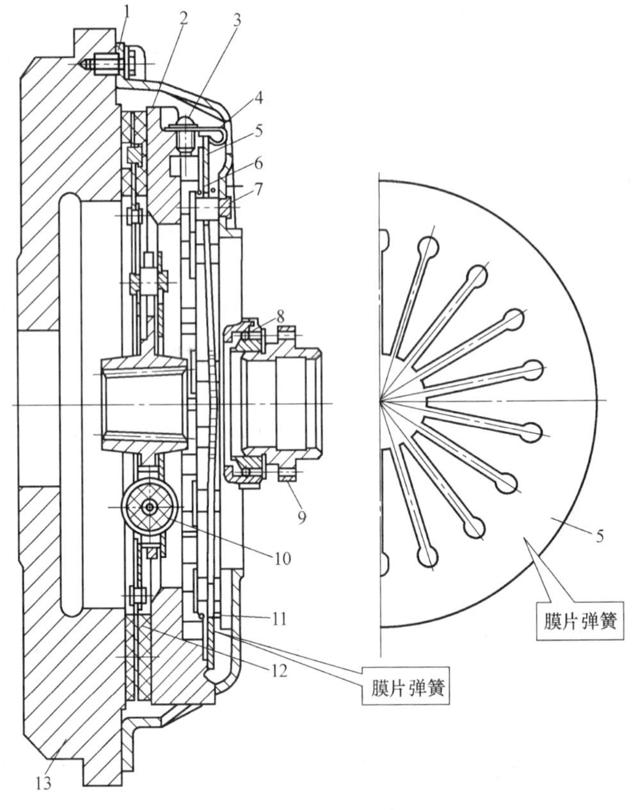

图10-6　拉式膜片弹簧离合器结构图

1—离合器盖　2—压盘　3—螺钉　4—分离钩　5—膜片弹簧　6、11—支承环　7—固定铆钉　8—分离轴承　9—分离套筒　10—扭转减振器　12—从动盘　13—飞轮

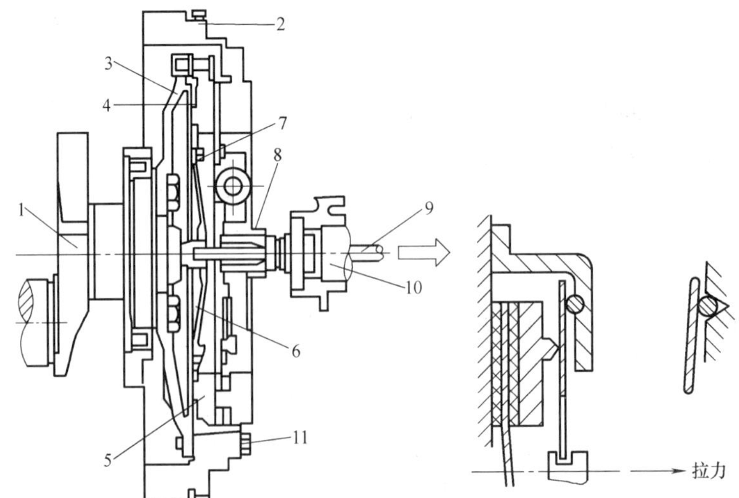

图10-7　拉式膜片弹簧离合器工作原理图

1—曲轴　2—飞轮　3—离合器盖　4—膜片弹簧　5—压盘　6—分离盘　7—卡环　8—从动盘　9—推杆　10—变速器输入轴　11—螺栓

动机曲轴 1 的法兰盘上，离合器压盘 5 通过传动片与离合器盖接近。膜片弹簧 4 装于离合器盖和压盘 5 之间，其大端与离合器相接触，膜片弹簧 4 的碟簧部分的小端压在离合器的压盘 5 上，发动机飞轮 2 通过螺栓 11 固联到离合器盖上。离合器压盘 5 和飞轮工作端面之间是离合器从动盘 8。离合器分离盘 6 通过卡环 7 固定在膜片弹簧分离指上。离合器分离推杆 9 安装在变速器输入轴 10 的中心，一端作用于安装在变速器内的分离轴承端面上。

四、识读拉式膜片弹簧离合器结构图

识读捷达轿车的拉式膜片弹簧离合器。

1. 捷达轿车的拉式膜片弹簧离合器结构分析

图 10-8 所示是捷达轿车的拉式膜片弹簧离合器基本组成图。其主动部分包括压盘 1、离合器盖 10、传动片 11、膜片弹簧 12、中间盘 2 和飞轮 8；从动部分包括从动盘 6 及与其相连的摩擦片、扭转减振器等；压盘总成由离合器盖 10、压盘 1、传动片 11 及弹簧等组成。捷达轿车离合器的压盘总成是不可拆卸件，若其中零件损坏需更换压盘总成。

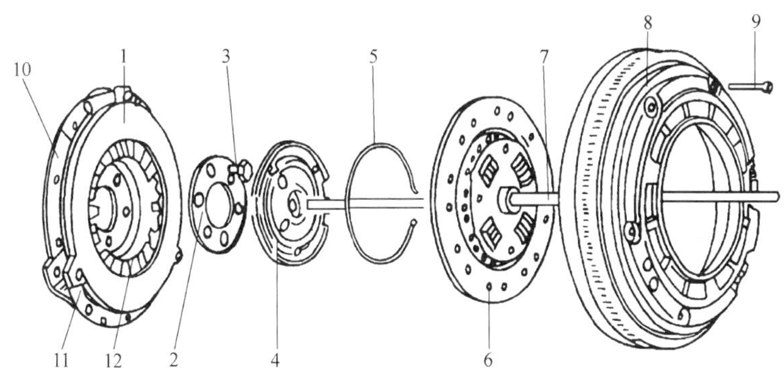

图 10-8　捷达轿车拉式膜片弹簧离合器结构示意图

1—压盘　2—中间盘　3—螺栓　4—分离盘　5—卡环　6—从动盘　7—推杆

8—飞轮　9—螺栓　10—离合器盖　11—传动片　12—膜片弹簧

2. 捷达轿车的拉式膜片弹簧离合器工作原理分析

压盘总成是通过螺栓与发动机曲轴上的法兰盘相联(图 10-9)，压紧弹簧是由薄弹簧钢板制成带有 24 个分离指的膜片弹簧。飞轮未固定在离合器盖上时，膜片弹簧不受力，处于自由状态；飞轮固定到离合器盖上后，在膜片弹簧 12 压紧力的作用下，从动盘 6 被牢固地夹在离合器压盘 1 与飞轮 8 之间，这时离合器处于接合状态，离合器从动部分与主动部分一起旋转。

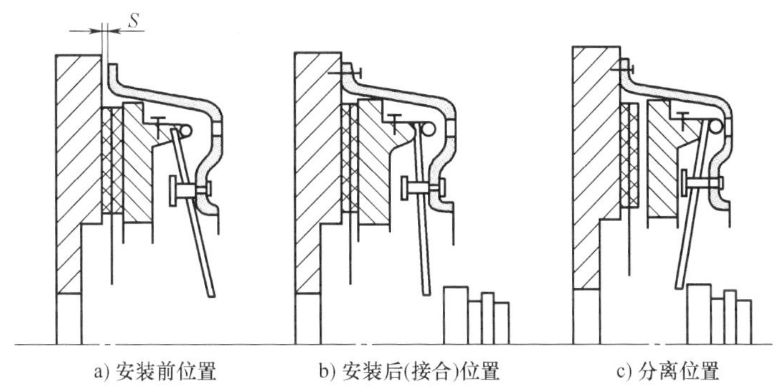

图 10-9　捷达轿车拉式膜片弹簧离合器工作原理示意图

当踏下离合器踏板时，在离合器操纵机构的连动下，通过分离盘压膜片弹簧的内端，将膜片弹簧分离指推向发动机方向，膜片弹簧带动压盘离开从动盘，这时离合器处于分离状态。

小贴士

学习离合器结构图识读时，最好是结合实物和实验课进行，有助于理解和提高。

想一想

离合器的主要功能是什么？

小试身手

如题图 10. 3-1 所示，通过对其结构和工作过程进行分析，识读东风 EQ1090E 型汽车的单片离合器的结构图。

提示

在观察东风 EQ1090E 型汽车单片离合器的立体图后，应在理解其工作原理的基础上，进行对比分析，摸清其结构和工作过程，按照其安装或拆卸的顺序来识图。前面学习过的零件识图与装配图识图的方法同样适用于汽车部件图的识读。

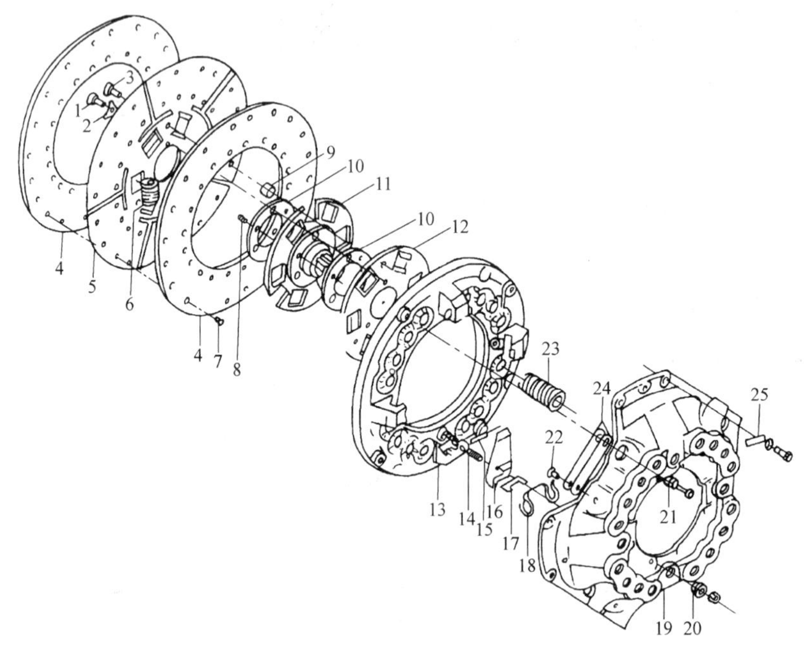

题图 10. 3-1　东风 EQ1090E 型汽车的单片离合器结构图(一)

1—减振器阻尼弹簧铆钉　2—减振器阻尼弹簧　3—从动盘铆钉　4—摩擦片　5—离合器从动盘
6—减振器弹簧　7—摩擦片铆钉　8—减振器阻尼片铆钉　9—从动盘铆钉隔套　10—减振器阻尼片
11—从动盘毂　12—离合器减振盘　13—离合器压盘　14—分离杠杆调整螺钉　15—分离杠杆浮动销
16—分离杠杆　17—分离杠杆摆动块　18—分离杠杆弹簧　19—离合器盖　20—分离杠杆调整螺母
21—压盘传动片螺钉座　22—压盘传动片铆钉　23—压盘弹簧　24—压盘传动片　25—离合器平衡片

小贴士

汽车是一部结构复杂、功能完备，同时可控性极强，具有多学科技术的综合性强的机器，在开展这一学习活动情境中，我们主要是学习识读汽车部件图的方法，对于有关汽车机械基础知识仅作了简要介绍，所以学习这一部分时，必须要结合其他相关课程知识以及相关的实验、实践课开展学习情境活动。汽车零部件识图是一项理论与实践紧密结合的学习活动的情境。

学一学

东风 EQ1090E 型汽车的单片离合器是周布弹簧离合器的典型结构。其结构如题图 10. 3-2 所示。

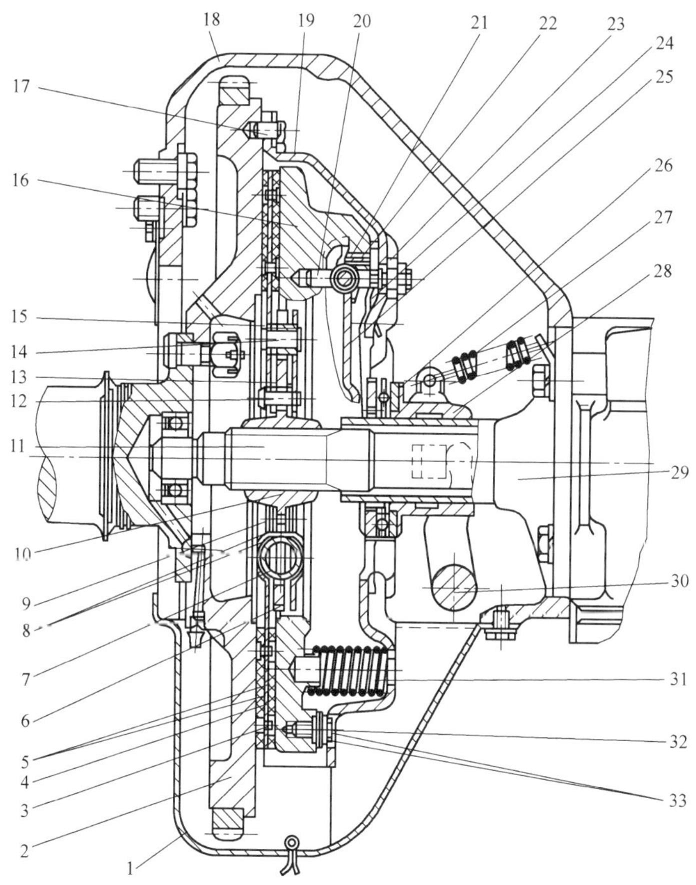

题图 10. 3-2　东风 EQ1090E 型汽车的单片离合器结构图(二)

1—离合器壳底盖　2—发动机飞轮　3—摩擦片铆钉　4—从动盘本体　5—摩擦衬片　6—减振器盘　7—减振器弹簧　8—减振器阻尼片　9—阻尼片铆钉　10—从动盘毂　11—变速器第一轴(离合器从动轴)　12—阻尼片弹簧铆钉　13—减振器阻尼弹簧　14—从动盘铆钉　15—从动盘铆钉隔套　16—压盘　17—离合器盖定位销　18—离合器壳　19—离合器盖　20—分离杠杆支承柱　21—摆动支片　22—浮动销　23—分离杠杆调整螺母　24—分离杠杆弹簧　25—分离杠杆　26—分离轴承　27—分离套筒回位弹簧　28—分离套筒　29—变速器第一轴轴承盖　30—分离叉　31—压紧弹簧　32—传动片铆钉　33—传动片

五、识读汽车前悬架结构图

1. 概述

悬架是车架(或承载式车身)与车桥(或车轮)之间一切传力连接装置的总称。其功用是弹性连接车桥与车架或车身；把路面作用于车轮上的垂直反力、纵向反力和侧向反力以及这些反力所形成的力矩都传递到车架上；衰减由于弹性系统引起的振动，保证汽车的正常行驶。

现代汽车的悬架虽有不同的结构形式，但一般都是由弹性组件、减振器和导向机构三部分组成，汽车的悬架有非独立悬架和独立悬架结构，如图 10-10 所示。

汽车行驶的路面不可能全是平坦的，路面作用于车轮上的垂直反力往往是冲击性的。尤其是高速行驶在路况差的路面时，这种冲击力就更大，为了缓和冲击，除了采用弹性充气轮胎外，在悬架中还装有弹性组件与车架(或车身)、车桥(或车轮)之间作弹性联系。但弹性系统在受到冲击后仍会产生振动，因此悬架还应具有减振作用，在许多结构形式的汽车悬架中都设有专门的减振器。

为保证汽车行驶操纵的稳定性，悬架中的某些传力构件还起导向作用，这些传力构件被称为导向机构。

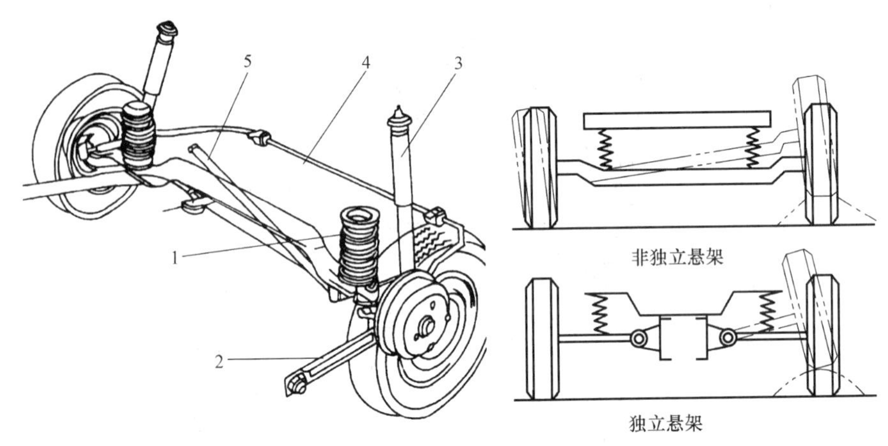

图 10-10　汽车悬架结构示意图

1—弹性组件　2—纵向推力杆　3—减振器　4—横向稳定器　5—横向推力杆

2. 识读汽车前悬架结构图

识读解放 CA1092 型汽车前悬架结构图。

(1) 钢板弹簧的结构与功用(弹性组件)

1) 钢板弹簧的一般结构。钢板弹簧是汽车悬架中应用最广泛的弹性组件，它是由若干片不等长但等宽、等厚(也可不同)的合金钢弹簧片组合而成的一根等强度的弹性梁，如图 10-11 所示。

钢板弹簧中最长的一片称为主片，其两端有卷耳，内装衬套，以便用弹簧销与固定在车架上的支架或吊耳作铰链连接。各弹簧片用中心螺栓连接，保证装配时各片的相对位置。中心螺栓距两端卷耳中心的距离相等的，称为对称式钢板弹簧，而不相等的称为非对称式钢板弹簧。

2) 钢板弹簧因载荷而变形，各片相对滑动产生的摩擦可衰减车架的振动；钢板弹簧兼

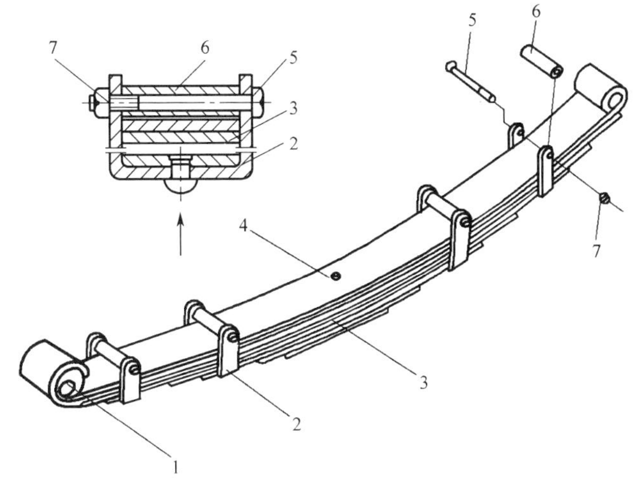

图 10-11　钢板弹簧结构示意图

1—卷耳　2—弹簧夹　3—钢板弹簧　4—中心螺栓　5—螺栓　6—套管　7—螺母

起导向机构作用；在各弹簧片之间夹入塑料片，保证弹簧片间产生定值摩擦力，同时消除噪声。

（2）解放 CA1092 型汽车前悬架结构与功用分析　图 10-12 所示为解放 CA1092 型汽车前悬架。钢板弹簧中部用 U 形螺栓固定在前桥上，钢板弹簧的前端卷耳用钢板弹簧销与前支架相连，形成固定式铰链支点，起传力和导向作用；而后卷耳则用吊耳销与可在车架上摆动的吊耳相连，形成摆动式铰链支点，从而保证了弹簧变形时，两卷耳中心线间的距离有改变的余地。

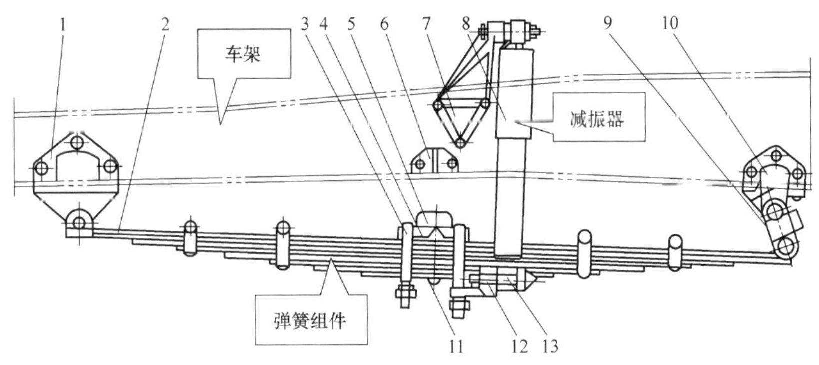

图 10-12　解放 CA1092 型汽车前悬架结构图

1—钢板弹簧前支架　2—前钢板弹簧　3—U 形螺栓　4—盖板　5—缓冲块（橡胶）
6—限位块　7—减振器上支架　8—减振器　9—吊耳　10—吊耳支架
11—中心螺栓　12—减振器下支架　13—减振器连接销

钢板弹簧销钻有轴向和径向油道，通过油嘴将润滑脂注入至衬套处进行润滑，以延长钢板弹簧的使用寿命。

减振器的上、下两个吊环通过橡胶衬套和连接销分别与车架上的上支架和车桥上的下支架相连接。盖板上装有橡胶缓冲块，以限制钢板弹簧的最大变形，防止钢板弹簧直接碰撞车架，起到缓冲减振作用。

小贴士

为改善汽车在行驶中的平顺性，大多数汽车的悬架系统都有与弹性组件并联安装的减振器。汽车悬架系统中广泛采用的是液力减振器。

想一想

1. 说一说，汽车的悬架的组成和作用。
2. 你了解一般钢板弹簧的结构和作用吗？

小试身手

识读汽车钢板弹簧结构图（为非对称式钢板弹簧），见题图 10.3-3。

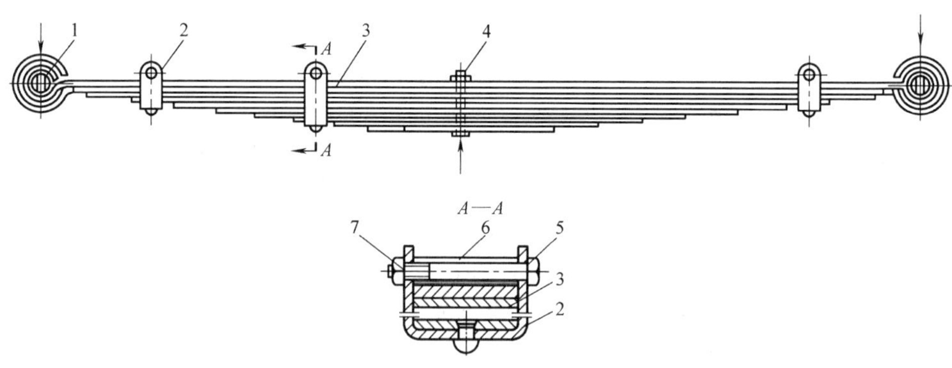

题图 10.3-3　非对称式钢板弹簧

1—卷耳　2—弹簧夹　3—钢板弹簧　4—中心螺栓　5—螺栓　6—套管　7—螺母

巩固练习

通过识读汽车后悬架结构图，叙述后悬架的结构特点和功用，见题图 10.3-4（可参考相关资料）。

学习活动情境十任务测评表

班级		姓名		日期		自评	互评	备注
1. 你知道汽车由哪三大部组成吗？								
2. 你知道汽车所应具有的基本性能吗？								
3. 你会识读东风 EQ6100-1 汽油机总体构造图吗？								
4. 你会识读发动机汽缸体结构图吗？								
5. 你会识读拉式膜片弹簧离合器的结构图吗？								
6. 你知道解放 CA1092 型汽车前悬架结构与功用吗？								
个人小结：								
总体评价						教师签字		

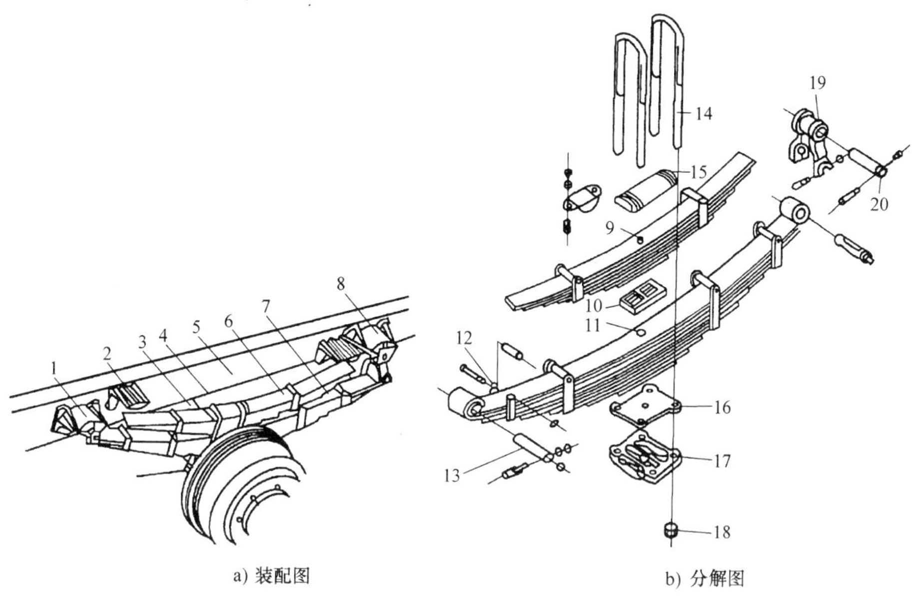

a) 装配图　　b) 分解图

题图 10.3-4　后悬架结构图

1—前支架　2—辅助钢板弹簧支架　3—后桥　4—软垫总成　5—车架　6—辅助钢板弹簧
7—后钢板弹簧　8—后支架　9—辅助钢板弹簧中心螺栓螺母　10—辅助钢板弹簧垫板
11—后钢板弹簧中心螺栓螺母　12—后钢板弹簧夹箍　13—前支架销及楔形锁紧螺母
14—U 形螺栓　15—盖板　16—垫板　17—连接片　18—螺母　19—吊环　20—吊环销

附　　录

附录 A　螺　　纹

表 A-1　普通螺纹（摘自 GB/T 193—2003、GB/T 196—2003）　　（单位：mm）

标 记 示 例

M10-5g6g（普通粗牙螺纹，公称直径 10mm，中径公差带代号 5g，顶径公差带代号 6g，中等旋合长度）

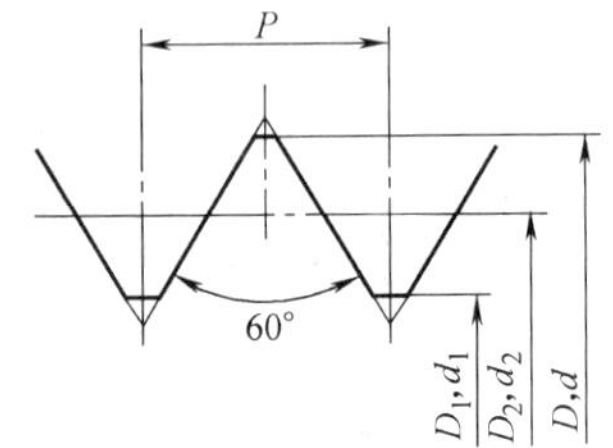

公称直径 D、d 第一系列	公称直径 D、d 第二系列	螺距 P 粗牙	螺距 P 细牙	粗牙小径 D_1、d_1
3		0.5	0.35	2.459
	3.5	0.6		2.850
4		0.7	0.5	3.242
	4.5	0.75		3.688
5		0.8		4.134
6		1	0.75	4.917
	7	1		5.917
8		1.25	1、0.75	6.647
10		1.5	1.25、1、0.75	8.376
12		1.75	1.25、1	10.106
	14	2	1.5、1.25、1	11.835
16		2	1.5、1	13.835
	18	2.5	2、1.5、1	15.294

公称直径 D、d 第一系列	公称直径 D、d 第二系列	螺距 P 粗牙	螺距 P 细牙	粗牙小径 D_1、d_1
20		2.5	2、1.5、1	17.294
	22	2.5		19.294
24		3		20.752
	27	3		23.752
30		3.5	(3)、2、1.5、1	26.211
	33	3.5	(3)、2、1.5	29.211
36		4	3、2、1.5	31.670
	39	4		34.670
42		4.5	4、3、2、1.5	37.129
	45	4.5		40.129
48		5		42.587
	52	5		46.587
56		5.5		50.046

注：1. 优先选用第一系列，括号内尺寸尽可能不用。第三系列未列入。

2. M14 × 1.25 仅用于发动机的火花塞。

表 A-2　梯形螺纹（摘自 GB/T 5796.1 ~ 5796.4—2005）　　（单位：mm）

标 记 示 例

Tr40 × 7-7H（梯形螺纹，公称直径 40mm，螺距 7mm，中径公差带代号 7H，中等旋合长度）

Tr40 × 14（P7）LH-7e-L（梯形螺纹，公称直径 40mm，导程 14mm，螺距 7mm，左旋（LH），中径公差带代号 7e，长旋合长度）

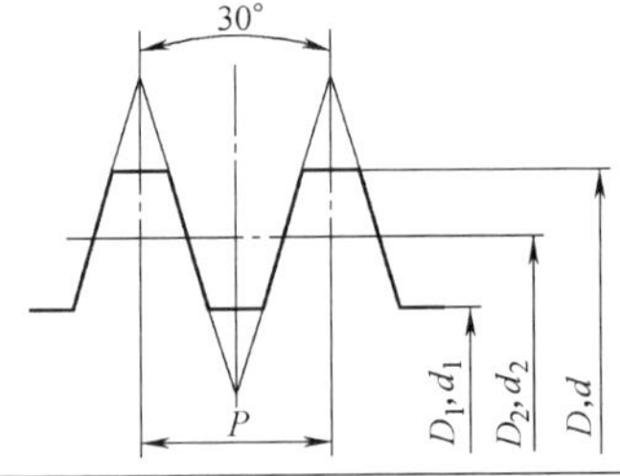

（续）

公称直径 D、d		螺距 P														
第一系列	第二系列	20	18	16	14	12	10	9	8	7	6	5	4	3	2	1.5
8																1.5
	9														2	1.5
10															2	1.5
	11													3	2	
12														3	2	
	14													3	2	
16													4		2	
	18												4		2	
20													4		2	
	22									8		5		3		
24										8		5		3		
	26									8		5		3		
28										8		5		3		
	30						10				6			3		
32							10				6			3		
	34						10				6			3		
36							10				6			3		
	38						10			7				3		
40							10			7				3		
	42						10			7				3		
44						12				7				3		
	46					12			8					3		
48						12			8					3		
	50					12			8					3		
52						12			8					3		
	55				14			9						3		
60					14			9						3		
	65			16			10						4			
70				16			10						4			

注：1. 优先选用第一系列。

2. 螺距优先选用粗线框内的。

表 A-3　55°非密封管螺纹（摘自 GB/T 7307—2001）　　（单位：mm）

标 记 示 例

G3/4-LH（55°非密封管螺纹，尺寸代号为 3/4，左旋）

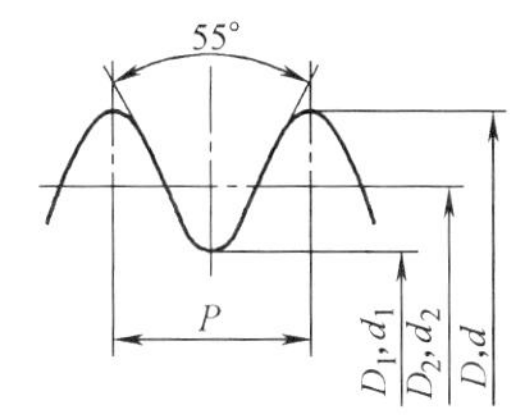

（续）

尺寸代号	每25.4mm内所包含的牙数 n	螺距 P	基本直径	
			大径 D，d	小径 D_1，d_1
1/8	28	0.907	9.728	8.566
1/4	19	1.337	13.157	11.445
3/8	19	1.337	16.662	14.950
1/2	14	1.814	20.955	18.631
5/8	14	1.814	22.911	20.587
3/4	14	1.814	26.441	24.117
7/8	14	1.814	20.201	27.877
1	11	2.309	33.249	30.291
1⅛	11	2.309	37.897	34.939
1¼	11	2.309	41.910	38.952
1½	11	2.309	47.803	44.845
1¾	11	2.309	53.746	50.788
2	11	2.309	59.614	56.656
2¼	11	2.309	65.710	62.752
2½	11	2.309	75.184	72.226
2¾	11	2.309	81.534	78.576
3	11	2.309	87.884	84.926

附录B　螺　　栓

表B-1　六角头螺栓（摘自GB/T 5782—2000、GB/T 5783—2000）　（单位：mm）

六角头螺栓（GB/T 5782—2000）

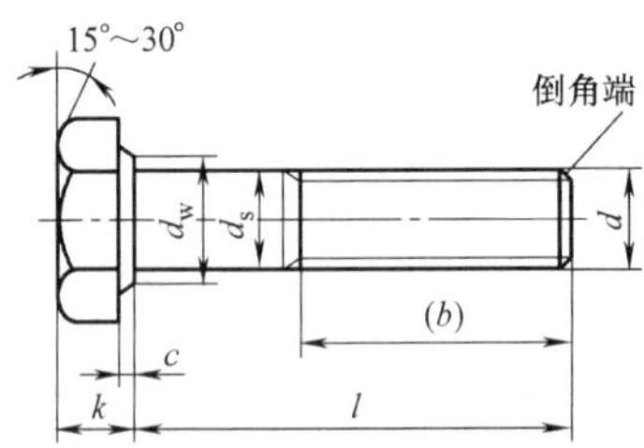

六角头螺栓　全螺纹（GB/T 5783—2000）

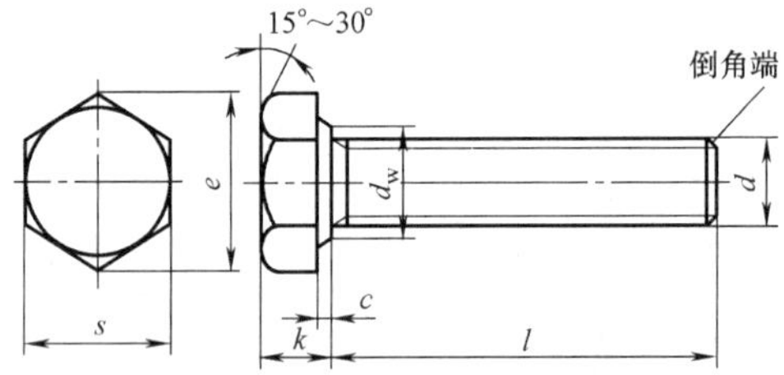

标记示例

螺栓　GB/T 5782　M12×80（螺纹规格 d = M12、公称长度 l = 80 mm、性能等级为8.8级、表面氧化、产品等级为A级的六角头螺栓）

螺栓　GB/T 5783　M12×80（螺纹规格 d = M12、公称长度 l = 80 mm、性能等级为8.8级、表面氧化、全螺纹、产品等级为A级的六角头螺栓）

螺纹规格	d	M4	M5	M6	M8	M10	M12	M16	M20	M24	M30	M36	M42	M48
b 参考	$l \leqslant 125$	14	16	18	22	26	30	38	46	54	66	—	—	—
	$125 < l \leqslant 200$	20	22	24	28	32	36	44	52	60	72	84	96	108
	$l > 200$	33	35	37	41	45	49	57	65	73	85	97	109	121

（续）

螺纹规格	d	M4	M5	M6	M8	M10	M12	M16	M20	M24	M30	M36	M42	M48
	c_{max}	0.4	0.5		0.6			0.8					1	
k_{max}	A	2.925	3.65	4.15	5.45	6.58	7.68	10.18	12.715	15.215	—	—	—	—
	B	3	3.74	4.24	5.54	6.69	7.79	10.29	12.85	15.35	19.12	22.92	26.42	30.42
	d_{smax}	4	5	6	8	10	12	16	20	24	30	36	42	48
	s_{max}	7	8	10	13	16	18	24	30	36	46	55	65	75
e_{min}	A	7.66	8.79	11.05	14.38	17.77	20.03	26.75	33.53	39.98	—	—	—	—
	B	7.50	8.63	10.89	14.2	17.59	19.85	26.17	32.95	39.55	50.85	60.79	71.3	82.6
d_{wmin}	A	5.88	6.88	8.88	11.63	14.63	16.63	22.49	28.19	33.61	—	—	—	—
	B	5.74	6.74	8.74	11.47	14.47	16.47	22	27.7	33.25	42.75	51.11	59.95	69.45
l 范围	GB/T 5782	25～40	25～50	30～60	40～80	45～100	50～120	65～160	80～200	90～240	110～300	140～360	160～440	180～480
	GB/T 5783	8～40	10～50	12～60	16～80	20～100	25～120	30～150	40～150	50～150	60～200	70～200	80～200	100～200
l 系列	GB/T 5782	20～65（5 进位）、70～160（10 进位）、180～500（20 进位）												
	GB/T 5783	8、10、12、16、20～65（5 进位）、70～160（10 进位）、180、200												

注：1. P——螺距。末端应倒角，对螺纹规格 $d \leqslant$ M4 为辗制末端（GB/T 2—2000）。

2. 螺纹公差带：6g。

3. 产品等级：A 级用于 $d = 1.6 \sim 24$ mm 和 $l \leqslant 10d$ 或 $\leqslant$150mm（按较小值）；

B 级用于 $d > 24$mm 或 $l < 10d$ 或 $>$150mm（按较小值）的螺栓。

附录 C　螺　　柱

表 C-1　双头螺柱（摘自 GB/T 897～900—1988）　　（单位：mm）

$b_m = 1d$（GB/T 897—1988）$b_m = 1.25d$（GB/T 898—1988）

$b_m = 1.5d$（GB/T 899—1988）$b_m = 2d$（GB/T 900—1988）

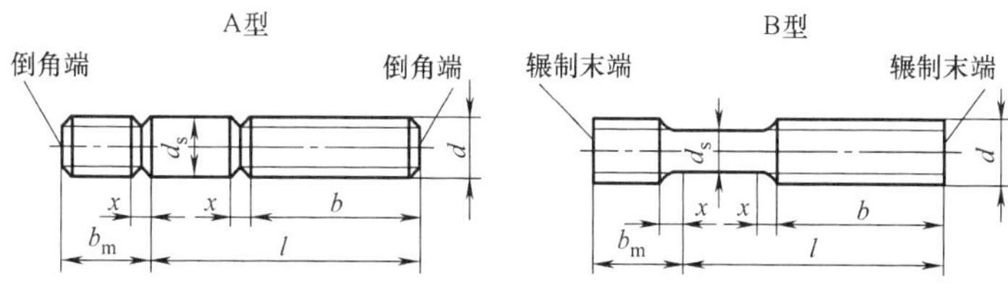

标记示例

螺柱　GB/T 897　M10×50（两端均为粗牙普通螺纹，$d = 10$mm，$l = 50$mm，性能等级为 4.8 级，B 型，$b_m = 1d$）

螺柱　GB/T 897　AM10-M10×1×50（旋入一端为粗牙普通螺纹，旋螺母一端为螺距 $P = 1$mm 的细牙普通螺纹，$d = 10$mm，$l = 50$mm，性能等级为 4.8 级，A 型，$b_m = 1d$）

螺柱　GB/T 897　GM10-M10×50－8.8（旋入一端为过渡配合的第一种配合，旋螺母一端为粗牙普通螺纹，$d = 10$mm，$l = 50$mm，性能等级为 8.8 级，B 型，$b_m = 1d$）

（续）

螺纹规格 d		M5	M6	M8	M10	M12	M16	M20	M24	M30	M36	M42	M48
b_m	GB/T 897	5	6	8	10	12	16	20	24	30	36	42	48
	GB/T 898	6	8	10	12	15	20	25	30	38	45	52	60
	GB/T 899	8	10	12	15	18	24	30	36	45	54	63	72
	GB/T 900	10	12	16	20	24	32	40	48	60	72	84	96
d_s		5	6	8	10	12	16	20	24	30	36	42	48
X		1.5P	1.5P	1.5P	1.5P	1.5P	1.5P	1.5P	1.5P	1.5P	1.5P	1.5P	1.5P
$\frac{l}{b}$		$\frac{16\sim22}{10}$ $\frac{25\sim50}{16}$	$\frac{20\sim22}{10}$ $\frac{25\sim30}{14}$ $\frac{32\sim75}{18}$	$\frac{20\sim22}{12}$ $\frac{25\sim30}{16}$ $\frac{32\sim90}{22}$	$\frac{25\sim28}{14}$ $\frac{30\sim38}{16}$ $\frac{40\sim120}{26}$ $\frac{130}{32}$	$\frac{25\sim30}{16}$ $\frac{32\sim40}{20}$ $\frac{45\sim120}{30}$ $\frac{130\sim180}{36}$	$\frac{30\sim38}{20}$ $\frac{40\sim55}{30}$ $\frac{60\sim120}{38}$ $\frac{130\sim200}{44}$	$\frac{35\sim40}{25}$ $\frac{45\sim65}{35}$ $\frac{70\sim120}{46}$ $\frac{130\sim200}{52}$	$\frac{45\sim50}{30}$ $\frac{55\sim75}{45}$ $\frac{80\sim120}{54}$ $\frac{130\sim200}{60}$	$\frac{60\sim65}{40}$ $\frac{70\sim90}{50}$ $\frac{95\sim120}{60}$ $\frac{130\sim200}{72}$ $\frac{210\sim250}{85}$	$\frac{65\sim75}{45}$ $\frac{80\sim110}{60}$ $\frac{120}{78}$ $\frac{130\sim200}{84}$ $\frac{210\sim300}{97}$	$\frac{70\sim80}{50}$ $\frac{85\sim110}{70}$ $\frac{120}{90}$ $\frac{130\sim200}{96}$ $\frac{210\sim300}{109}$	$\frac{80\sim90}{60}$ $\frac{95\sim110}{80}$ $\frac{120}{102}$ $\frac{130\sim200}{108}$ $\frac{210\sim300}{121}$
l（系列）		16、(18)、20、(22)、25、(28)、(30)、(32)、35、(38)、40、45、50、(55)、60、(65)、70(75)、80、(85)、90、(95)、100、110、120、130、140、150、160、170、180、190、200、210、220、230、240、250、260、280、300											

注：1. 括号内的规格尽可能不采用。

2. P 为螺距。

3. d_s≈螺纹中径（仅适用于 B 型）。

附录D　螺　　母

表 D-1　六角螺母（摘自 GB/T 6170—2000、GB/T 41—2000）　　（单位：mm）

1 型六角螺母（GB/T 6170—2000）　六角螺母　C 级（GB/T 41—2000）

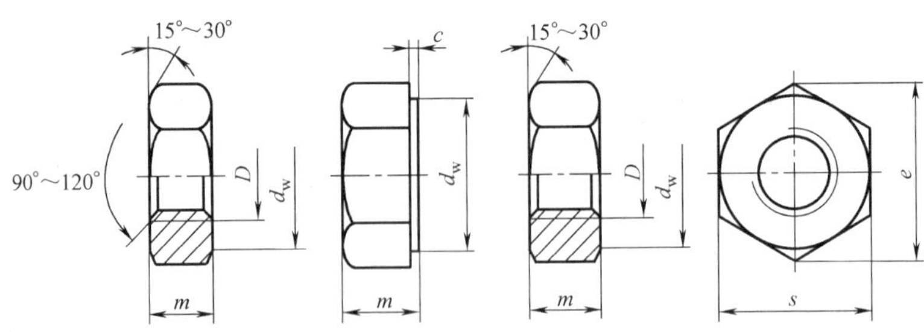

标 记 示 例

螺母　GB/T 6170　M12（螺纹规格 D = M12、性能等级为 10 级、不经表面处理、产品等级为 A 级的 1 型六角螺母）

螺母　GB/T 41　M12（螺纹规格 D = M12、性能等级为 5 级、不经表面处理、产品等级为 C 级的六角螺母）

（续）

螺纹规格 d		M4	M5	M6	M8	M10	M12	M16	M20	M24	M30	M36	M42	M48
c_{max}		0.4	0.5		0.6			0.8					1	
s 公称 = max		7	8	10	13	16	18	24	30	36	46	55	65	75
e_{min}	A、B 级	7.66	8.79	11.05	14.38	17.77	20.03	26.75	32.95	39.55	50.85	60.79	71.3	82.6
	C 级	—	8.63	10.89	14.2	17.59	19.85	26.17	32.95	39.55	50.85	60.79	71.3	82.6
m_{max}	A、B 级	3.2	4.7	5.2	6.8	8.4	10.8	14.8	18	21.5	25.6	31	34	38
	C 级	—	5.6	6.4	7.9	9.5	12.2	15.9	19.0	22.3	26.4	31.9	34.9	38.9
d_{wmin}	A、B 级	5.9	6.9	8.9	11.6	14.6	16.6	22.5	27.7	33.3	42.8	51.1	60	69.5
	C 级	—	6.7	8.7	11.5	14.5	16.5	22	27.7	33.3	42.8	51.1	60	69.5

注：1. A 级用于 $D \leqslant 16$mm 的 1 型六角螺母；B 级用于 $D > 16$mm 的 1 型六角螺母；C 级用于螺纹规格为 M5 ~ M64 的六角螺母。

2. 螺纹公差：A、B 级为 6H，C 级为 7H；性能等级：A、B 级为 6、8、10 级(钢)；C 级为 4、5 级

附录 E　垫　　圈

表 E-1　平垫圈(摘自 GB/T 97.1 ~ 97.2—2002)　　　(单位：mm)

平垫圈　A 级(GB/T 97.1—2002)

平垫圈　倒角型　A 级(GB/T 97.2—2002)

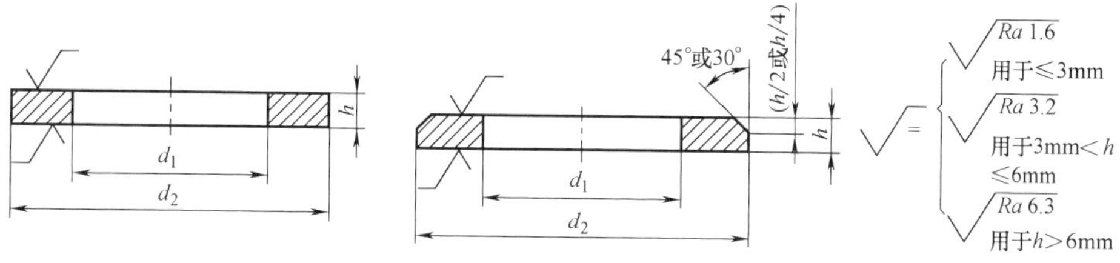

标 记 示 例

垫圈　GB/T 97.1　8(标准系列、公称尺寸 d = 8mm、性能等级为 140HV 级、不经表面处理的平垫圈)

公称规格（螺纹大径 d）	内径 d_1		外径 d_2		厚度 h		
	公称(min)	max	公称(max)	min	公称	max	min
1.6	1.7	1.84	4	3.7	0.3	0.35	0.25
2	2.2	2.34	5	4.7	0.3	0.35	0.25
2.5	2.7	2.84	6	5.7	0.5	0.55	0.45
3	3.2	3.38	7	6.64	0.5	0.55	0.45
4	4.3	4.48	9	8.64	0.8	0.9	0.7
5	5.3	5.48	10	9.64	1	1.1	0.9
6	6.4	6.62	12	11.57	1.6	1.8	1.4
8	8.4	8.62	16	15.57	1.6	1.8	1.4
10	10.5	10.77	20	19.48	2	2.2	1.8
12	13	13.27	24	23.48	2.5	2.7	2.3
16	17	17.27	30	29.48	3	3.3	2.7
20	21	21.33	37	36.38	3	3.3	2.7
24	25	25.33	44	43.38	4	4.3	3.7
30	31	31.39	56	55.26	4	4.3	3.7
36	37	37.62	66	64.8	5	5.6	4.4
42	45	45.62	78	76.8	8	9	7
48	52	52.74	92	90.6	8	9	7
56	62	62.74	105	103.6	10	11	9
64	72	70.74	115	113.6	10	11	9

注：平垫圈　倒角型　A 级(GB/T 97.2—2002)用于螺纹规格为 M5 ~ M64。

附录F 螺　　钉

表F-1 **螺钉**(摘自GB/T 65—2000、GB/T 67—2000)　　　　(单位:mm)

1. 开槽圆柱头螺钉(GB/T 65—2000)

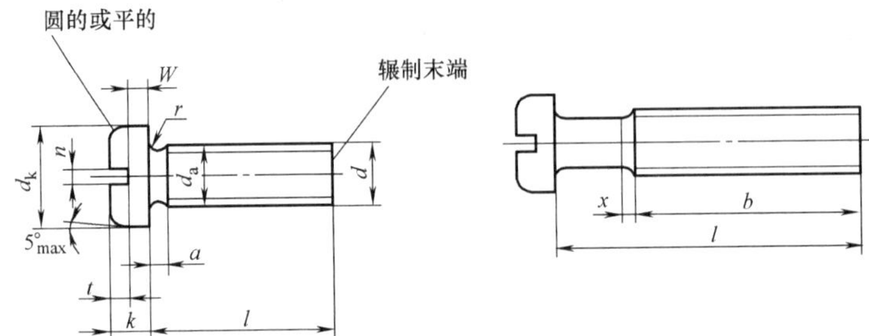

无螺纹部分杆径约等于中径或允许等于螺纹大径

标 记 示 例

螺钉　GB/T 65　M5×20(螺纹规格 d=M5、公称长度 l=20mm、性能等级为4.8级、不经表面处理的A级开槽圆柱头螺钉)

2. 开槽盘头螺钉(GB/T 67—2000)

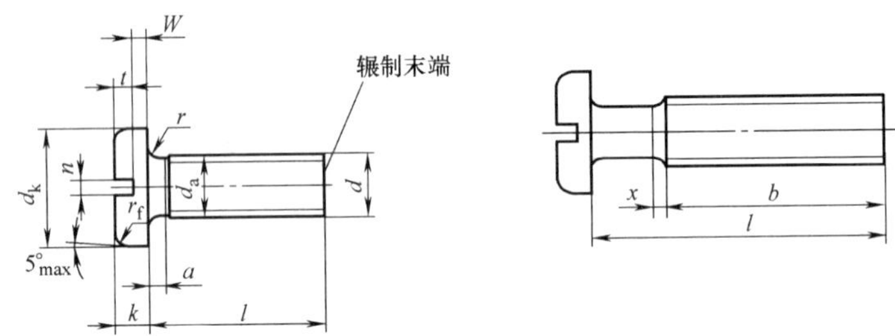

无螺纹部分杆径约等于中径或允许等于螺纹大径

标 记 示 例

螺钉　GB/T 67　M5×20(螺纹规格 d=M5、公称长度 l=20mm、性能等级为4.8级、不经表面处理的A级开槽盘头螺钉)

螺纹规格 d		M1.6		M2		M2.5		M3		(M3.5)		M4		M5		M6		M8		M10	
类别		GB/T 65	GB/T 67	GB/T 65	GB/T 67	GB/T 65	GB/T 67	GB/T 65	GB/T 67	GB/T 65	GB/T 67	GB/T 65	GB/T 67	GB/T 65	GB/T 67	GB/T 65	GB/T 67	GB/T 65	GB/T 67	GB/T 65	GB/T 67
P		0.35		0.4		0.45		0.5		0.6		0.7		0.8		1		1.25		1.5	
a_{max}		0.7		0.8		0.9		1		1.2		1.4		1.6		2		2.5		3	
b_{min}		25		25		25		25		38		38		38		38		38		38	
d_k	公称=max	3.00	3.2	3.80	4.0	4.50	5.0	5.50	5.6	6.00	7.00	7	8	8.5	9.5	10	12	13	16	16	20
	min	2.86	2.9	3.62	3.7	4.32	4.7	5.32	5.3	5.82	6.64	6.78	7.64	8.28	9.14	9.78	11.57	12.73	15.57	15.73	19.4
d_{max}		2		2.6		3.1		3.6		4.1		4.7		5.7		6.8		9.2		11.2	

（续）

螺纹规格 d		M1.6		M2		M2.5		M3		(M3.5)		M4		M5		M6		M8		M10	
k	公称＝max	1.10	1.00	1.40	1.30	1.80	1.50	2.00	1.80	2.40	2.10	2.6	2.40	3.30	3.00	3.9	3.6	5	4.8	6	
	min	0.96	0.86	1.26	1.16	1.66	1.36	1.86	1.66	2.26	1.96	2.46	2.26	3.12	2.86	3.6	3.3	4.7	4.5	5.7	
n	公称	0.4		0.5		0.6		0.8		1		1.2		1.2		1.6		2		2.5	
	min	0.46		0.56		0.66		0.86		1.06		1.26		1.26		1.66		2.06		2.56	
	max	0.60		0.70		0.80		1.00		1.20		1.51		1.51		1.91		2.31		2.81	
r_{min}		0.1		0.1		0.1		0.1		0.1		0.2		0.2		0.25		0.4		0.4	
r_f 参考		—	0.5	—	0.6	—	0.8	—	0.9	—	1	—	1.2	—	1.5	—	1.8	—	2.4	—	3
t_{min}		0.45	0.35	0.6	0.5	0.7	0.6	0.85	0.7	1	0.8	1.1	1	1.3	1.2	1.6	1.4	2	1.9	2.4	
w_{min}		0.4	0.3	0.5	0.4	0.7	0.5	0.75	0.7	1	0.8	1.1	1	1.3	1.2	1.6	1.4	2	1.9	2.4	
x_{max}		0.9		1		1.1		1.25		1.5		1.75		2		2.5		3.2		3.8	

l 公称	min	max	M1.6		M2		M2.5	M3	(M3.5)	M4	M5	M6	M8	M10
2	1.8	2.2												
2.5	2.3	2.7												
3	2.8	3.2												
4	3.76	4.24												
5	4.76	5.24												
6	5.76	6.24												
8	7.71	8.29				商品								
10	9.71	10.29												
12	11.65	12.35												
(14)	13.65	14.35												
16	15.65	16.35								规格				
20	19.58	20.42												
25	24.58	25.42												
30	29.58	30.42												
35	34.5	35.5											范围	
40	39.5	40.5												
45	44.5	45.5												
50	49.5	50.5												
(55)	54.05	55.95												
60	59.05	60.95												

注：1. 尽可能不采用括号内的规格。

2. P——螺距。

3. 公称长度在阶梯虚线以上的螺钉，制出全螺纹($b=l-a$)。

4. 开槽圆柱头螺钉(GB/T 65)无公称长度 $l=2.5$mm 规格。

附录G　销

表 G-1　圆柱销　不淬硬钢和奥氏体不锈钢(摘自 GB/T 119.1—2000)　(单位:mm)

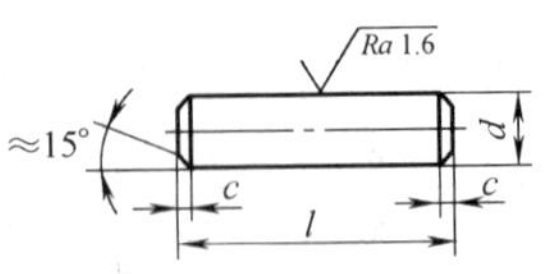

标记示例

销 GB/T 119.1　8　m6×30(公称直径 $d=8$mm、公差为 m6、公称长度 $l=30$mm、材料为钢、不经淬火、不经表面处理的圆柱销)

d 公称	2	2.5	3	4	5	6	8	10	12	16	20
c≈	0.35	0.40	0.50	0.63	0.80	1.2	1.6	2.0	2.5	3.0	3.5
l(商品范围)	6～20	6～24	8～30	8～40	10～50	12～60	14～80	16～95	22～140	26～180	35～200
l(系列)	2，3，4，5，6，8，10，12，14，16，18，20，22，24，26，28，30，32，35，40，45，50，55，60，65，70，75，80，85，90，95，100，120，140，160，180，200										

注：1. 公称直径 d 的公差规定为 m6 和 h8，其他公差由供需双方协议。

2. 公称长度 l 大于 200mm，按 20mm 递增。

表 G-2　圆锥销(摘自 GB/T 117—2000)　(单位:mm)

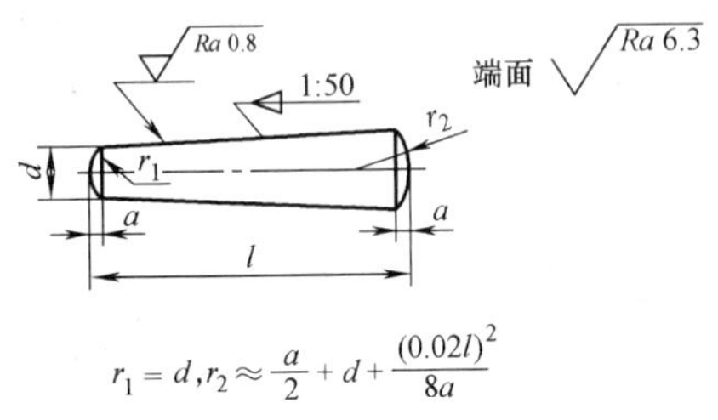

$$r_1=d,r_2\approx\frac{a}{2}+d+\frac{(0.02l)^2}{8a}$$

标记示例

销　GB/T 117　10×60(公称直径 $d=10$mm、公称长度 $l=60$mm、材料 35 钢,热处理硬度 28～38HRC、表面氧化处理的 A 型圆锥销)

d 公称	2	2.5	3	4	5	6	8	10	12	16	20
a≈	0.25	0.3	0.4	0.5	0.63	0.8	1	1.2	1.6	2	2.5
l(商品范围)	10～35		12～45	14～55	18～60	22～90	22～120	26～160	32～180	40～200	45～200
l(系列)	2，3，4，5，6，8，10，12，14，16，18，20，22，24，26，28，30，32，35，40，45，50，55，60，65，70，75，80，85，90，95，100，120，140，160，180，200										

注：1. 公称直径 d 的公差规定为 h10，其他公差如 a11、c11 和 f8 由供需双方协议。

2. 圆锥销有 A 型和 B 型。A 型为磨削，锥面 $Ra=0.8\mu m$；B 型为切削或冷墩，锥面 $Ra=3.2\mu m$。

3. 公称长度 l 大于 200mm，按 20mm 递增。

附录H 键

表H-1 普通型平键(摘自GB/T 1095—2003、GB/T 1096—2003) (单位:mm)

1. GB/T 1095—2003 平键 键槽的剖面尺寸

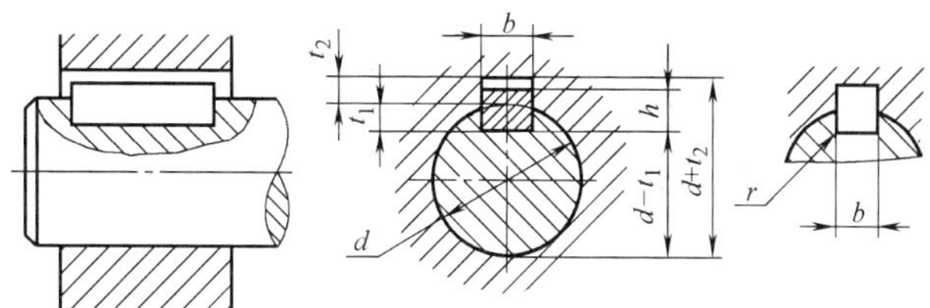

2. GB/T 1096—2003 普通型 平键

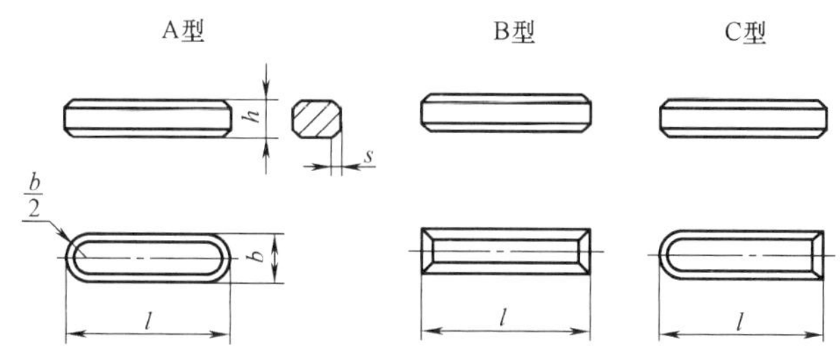

标 记 示 例

GB/T 1096 键 B16×10×100(平头普通平键(B型)b=16mm、h=10mm、L=100mm)

键尺寸				键槽											
				宽度 b						深度				半径 r	
				基本尺寸	极限偏差					轴 t_1		毂 t_2			
宽度 b	高度 h	长度 L	倒角或倒圆 s		松联结		正常联结		紧密联结						
					轴H9	毂D10	轴N9	毂JS9	轴和毂P9	基本尺寸	极限偏差	基本尺寸	极限偏差	min	max
2	2	6~20	0.16~0.25	2	+0.025 0	+0.060 +0.020	-0.004 -0.029	±0.0125	-0.006 -0.031	1.2	+0.1 0	1	+0.1 0	0.08	0.16
3	3	6~36		3						1.8		1.4			
4	4	8~45		4	+0.030 0	+0.078 +0.030	-0 -0.030	±0.015	-0.012 -0.042	2.5		1.8			
5	5	10~56	0.25~0.40	5						3.0		2.3		0.16	0.25
6	6	14~70		6						3.5		2.8			
8	7	18~90		8	+0.036 0	+0.098 +0.040	-0 -0.036	±0.018	-0.015 -0.051	4.0	+0.2 0	3.3	+0.2 0		
10	8	22~110	0.40~0.60	10						5.0		3.3		0.25	0.40
12	8	28~140		12	+0.043 0	+0.120 +0.050	-0 -0.043	±0.0215	-0.018 -0.061	5.0		3.3			
14	9	36~160		14						5.5		3.8			
16	10	45~180		16						6.0		4.3			
L(系列)	6, 8, 10, 12, 14, 16, 18, 20, 22, 25, 28, 32, 36, 40, 45, 50, 56, 63, 70, 80, 90, 100, 110, 125, 140, 160, 180														

注:1. 轴槽、轮毂槽的键槽宽度 b 两侧面的表面粗糙度参数 Ra 值推荐为1.6~3.2μm。

2. 轴槽底面、轮毂槽底面的表面粗糙度参数 Ra 值为6.3μm。

表 H-2 半圆键(摘自 GB/T 1098—2003、GB/T 1099.1—2003)　　(单位:mm)

1. GB/T 1098—2003 半圆键　键槽的剖面尺寸
2. GB/T 1099.1—2003　普通型　半圆键

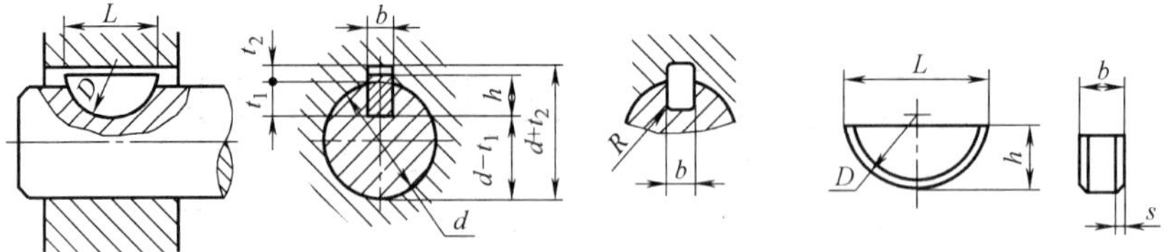

标记示例

GB/T 1099.1　键　6×10×25(普通型　半圆键 $b=6\text{mm}$、$h=10\text{mm}$、$d_1=25\text{mm}$)

键			键槽											
键尺寸 $b \times h \times D$	倒角或倒圆 s		宽度 b						深度				半径 R	
			基本尺寸	极限偏差					轴 t_1		毂 t_2			
				正常联结		紧密联结		松联结						
	min	max		轴 N9	毂 JS9	轴和毂 P9	轴 H9	毂 D10	基本尺寸	极限偏差	基本尺寸	极限偏差	min	max
1×1.4×4	0.16	0.25	1.0	−0.004 −0.029	±0.0125	−0.006 −0.031	+0.025 0	+0.060 +0.020	1.0	+0.1 0	0.6	+0.1 0	0.08	0.16
1.5×2.6×7			1.5						2.0		0.8			
2×2.6×7			2.0						1.8		1.0			
2×3.7×10			2.0						2.9		1.0			
2.5×3.7×10			2.5						2.7		1.2			
3×5×13			3.0						3.8	+0.2 0	1.4			
3×6.5×16			3.0						5.3		1.4			
4×6.5×16	0.25	0.40	4.0	0 −0.030	±0.015	−0.012 −0.042	+0.030 0	+0.078 +0.030	5.0		1.8		0.16	0.25
4×7.5×19			4.0						6.0		1.8			
5×6.5×16			5.0						4.5		2.3			
5×7.5×19			5.0						5.5		2.3			
5×9×22			5.0						7.0	+0.3 0	2.3			
6×9×22			6.0						6.5		2.8			
6×10×25			6.0						7.5		2.8	+0.2 0		
8×11×28	0.40	0.60	8.0	0 −0.036	±0.018	−0.015 −0.051	+0.036 0	+0.098 +0.040	8.0		3.3		0.25	0.40
10×13×32			10.0						10.0		3.3			

注：1. 轴槽、轮毂槽的键槽宽度 b 两侧面的表面粗糙度参数按 GB/T 1031，选 Ra 值为 1.6 ~ 3.2μm。

2. 轴槽底面、轮毂槽底面的表面粗糙度参数按 GB/T 1031，选 Ra 为 6.3μm。

附录Ⅰ　滚动轴承

表Ⅰ-1　深沟球轴承(摘自 GB/T 276—1994)　　(单位:mm)

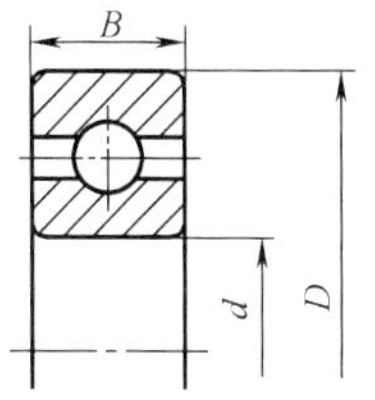

类型代号
6

代号示例
尺寸系列代号为(02)、内径代号为06的深沟球轴承:6206

轴承代号		外形尺寸 d	外形尺寸 D	外形尺寸 B	轴承代号		外形尺寸 d	外形尺寸 D	外形尺寸 B
10系列	6004	20	42	12	03系列	6304	20	52	15
	6005	25	47	12		6305	25	62	17
	6006	30	55	13		6306	30	72	19
	6007	35	62	14		6307	35	80	21
	6008	40	68	15		6308	40	90	23
	6009	45	75	16		6309	45	100	25
	6010	50	80	16		6310	50	110	27
	6011	55	90	18		6311	55	120	29
	6012	60	95	18		6312	60	130	31
	6013	65	100	18		6313	65	140	33
	6014	70	110	20		6314	70	150	35
	6015	75	115	20		6315	75	160	37
	6016	80	125	22		6316	80	170	39
	6017	85	130	22		6317	85	180	41
	6018	90	140	24		6318	90	190	43
	6019	95	145	24		6319	95	200	45
	6020	100	150	24		6320	100	215	47
02系列	6204	20	47	14	04系列	6404	20	72	19
	6205	25	52	15		6405	25	80	21
	6206	30	62	16		6406	30	90	23
	6207	35	72	17		6407	35	100	25
	6208	40	80	18		6408	40	110	27
	6209	45	85	19		6409	45	120	29
	6210	50	90	20		6410	50	130	31
	6211	55	100	21		6411	55	140	33
	6212	60	110	22		6412	60	150	35
	6213	65	120	23		6413	65	160	37
	6214	70	125	24		6414	70	180	42
	6215	75	130	25		6415	75	190	45
	6216	80	140	26		6416	80	200	48
	6217	85	150	28		6417	85	210	52
	6218	90	160	30		6418	90	225	54
	6219	95	170	32		6419	95	240	55
	6220	100	180	34		6420	100	250	58

表 I-2 圆锥滚子轴承(摘自 GB/T 297—1994)　　(单位:mm)

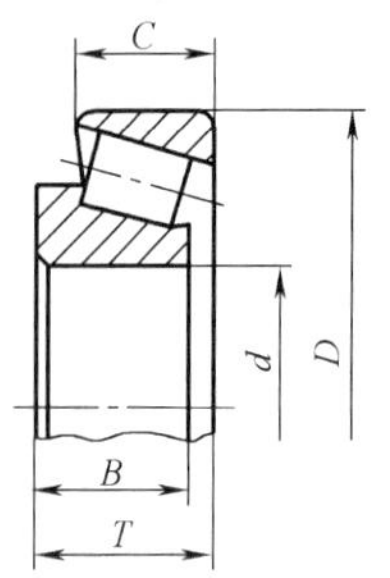

类型代号
3

代 号 示 例
尺寸系列代号为03、内径代号为12的圆锥滚子轴承:30312

轴承代号		外形尺寸					轴承代号		外形尺寸				
		d	D	T	B	C			d	D	T	B	C
02系列	30204	20	47	15.25	14	12	22系列	32204	20	47	19.25	18	15
	30205	25	52	16.25	15	13		32205	25	52	19.25	18	16
	30206	30	62	17.25	16	14		32206	30	62	21.25	20	17
	30207	35	72	18.25	17	15		32207	35	72	24.25	23	19
	30208	40	80	19.75	18	16		32208	40	80	24.75	23	19
	30209	45	85	20.75	19	16		32209	45	85	24.75	23	19
	30210	50	90	21.75	20	17		32210	50	90	24.75	23	19
	30211	55	100	22.75	21	18		32211	55	100	26.75	25	21
	30212	60	110	23.75	22	19		32212	60	110	29.75	28	24
	30213	65	120	24.75	23	20		32213	65	120	32.75	31	27
	30214	70	125	26.25	24	21		32214	70	125	33.25	31	27
	30215	75	130	27.25	25	22		32215	75	130	33.25	31	27
	30216	80	140	28.25	26	22		32216	80	140	35.25	33	28
	30217	85	150	30.50	28	24		32217	85	150	38.50	36	30
	30218	90	160	32.50	30	26		32218	90	160	42.50	40	34
	30219	95	170	34.50	32	27		32219	95	170	45.50	43	37
	30220	100	180	37	34	29		32220	100	180	49	46	39
03系列	30304	20	52	16.25	15	13	23系列	32304	20	52	22.25	21	18
	30305	25	62	18.25	17	15		32305	25	62	25.25	24	20
	30306	30	72	20.75	19	16		32306	30	72	28.75	27	23
	30307	35	80	22.75	21	18		32307	35	80	32.75	31	25
	30308	40	90	25.25	23	20		32308	40	90	35.25	33	27
	30309	45	100	27.25	25	22		32309	45	100	38.25	36	30
	30310	50	110	29.25	27	23		32310	50	110	42.25	40	33
	30311	55	120	31.50	29	25		32311	55	120	45.50	43	35
	30312	60	130	33.50	31	26		32312	60	130	48.50	46	37
	30313	65	140	36	33	28		32313	65	140	51	48	39
	30314	70	150	38	35	30		32314	70	150	54	51	42
	30315	75	160	40	37	31		32315	75	160	58	55	45
	30316	80	170	42.50	39	33		32316	80	170	61.50	58	48
	30317	85	180	44.50	41	34		32317	85	180	63.50	60	49
	30318	90	190	46.50	43	36		32318	90	190	67.50	64	53
	30319	95	200	49.50	45	38		32319	95	200	71.50	67	55
	30320	100	215	51.50	47	39		32320	100	215	77.50	73	60

附录 J　标准公差数值

表 J-1　标准公差数值(摘自 GB/T 1800.3—1998)

基本尺寸 mm		标准公差等级																	
		IT1	IT2	IT3	IT4	IT5	IT6	IT7	IT8	IT9	IT10	IT11	IT12	IT13	IT14	IT15	IT16	IT17	IT18
大于	至	μm											mm						
—	3	0.8	1.2	2	3	4	6	10	14	25	40	60	0.1	0.14	0.25	0.4	0.6	1	1.4
3	6	1	1.5	2.5	4	5	8	12	18	30	48	75	0.12	0.18	0.3	0.45	0.75	1.2	1.8
6	10	1	1.5	2.5	4	6	9	15	22	36	58	90	0.15	0.22	0.36	0.58	0.9	1.5	2.2
10	18	1.2	2	3	5	8	11	18	27	43	70	110	0.18	0.27	0.43	0.7	1.1	1.8	2.7
18	30	1.5	2.5	4	6	9	13	21	33	52	84	130	0.21	0.33	0.52	0.84	1.3	2.1	3.3
30	50	1.5	2.5	4	7	11	16	25	39	62	100	160	0.25	0.39	0.62	1	1.6	2.5	3.9
50	80	2	3	5	8	13	19	30	46	74	120	190	0.3	0.46	0.74	1.2	1.9	3	4.6
80	120	2.5	4	6	10	15	22	35	54	87	140	220	0.35	0.54	0.87	1.4	2.2	3.5	5.4
120	180	3.5	5	8	12	18	25	40	63	100	160	250	0.4	0.63	1	1.6	2.5	4	6.3
180	250	4.5	7	10	14	20	29	46	72	115	185	290	0.46	0.72	1.15	1.85	2.6	4.6	7.2
250	315	6	8	12	16	23	32	52	81	130	210	320	0.52	0.81	1.3	2.1	3.2	5.2	8.1
315	400	7	9	13	18	25	36	57	89	140	230	360	0.57	0.89	1.4	2.3	3.6	5.7	8.9
400	500	8	10	15	20	27	40	63	97	155	250	400	0.63	0.97	1.55	2.5	4	6.3	9.7

注：尺寸小于或等于 1mm 时，无 IT14 至 IT18。

附录 K 轴的

表 K-1 基本尺寸至 500mm 的轴的极

代号	c	d		e		f		g		h							js
基本尺寸	等																
mm	11	8	9	7	8	7	8	6	7	5	6	7	8	9	10	11	6
≤3	-60 -120	-20 -34	-20 -45	-14 -24	-14 -28	-6 -16	-6 -20	-2 -8	-2 -12	0 -4	0 -6	0 -10	0 -14	0 -25	0 -40	0 -60	±3
>3 ~6	-70 -145	-30 -48	-30 -60	-20 -32	-20 -38	-10 -22	-10 -28	-4 -12	-4 -16	0 -5	0 -8	0 -12	0 -18	0 -30	0 -48	0 -75	±4
>6 ~10	-80 -170	-40 -62	-40 -76	-25 -40	-25 -47	-13 -28	-13 -35	-5 -14	-5 -20	0 -6	0 -9	0 -15	0 -22	0 -36	0 -58	0 -90	±4.5
>10 ~14	-95	-50	-50	-32	-32	-16	-16	-6	-6	0	0	0	0	0	0	0	±5.5
>14 ~18	-205	-77	-93	-50	-59	-34	-43	-17	-24	-8	-11	-18	-27	-13	-70	-110	
>18 ~24	-110	-65	-65	-40	-40	-20	-20	-7	-7	0	0	0	0	0	0	0	±6.5
>24 ~30	-240	-98	-117	-61	-73	-41	-53	-20	-28	-9	-13	-21	-33	-52	-84	-130	
>30 ~40	-120 -280	-80	-80	-50	-50	-25	-25	-9	-9	0	0	0	0	0	0	0	±8
>40 ~50	-130 -290	-119	-142	-75	-89	-50	-64	-25	-34	-11	-16	-25	-39	-62	-100	-160	
>50 ~65	-140 -330	-100	-100	-60	-60	-30	-30	-10	-10	0	0	0	0	0	0	0	±9.5
>65 ~80	-150 -340	-146	-174	-90	-106	-60	-76	-29	-40	-13	-19	-30	46	-74	-120	-190	
>80 ~100	-170 -390	-120	-120	72	-72	36	36	12	-12	0	0	0	0	0	0	0	±11
>100 ~120	-180 -400	-174	-207	-107	-126	-71	-90	-34	-47	-15	-22	-35	-54	-87	-140	-220	
>120 ~140	-200 -450	-145	-145	-85	-85	-43	-43	-14	-14	0	0	0	0	0	0	0	
>140 ~160	-210 -460																±12.5
>160 ~180	-230 -480	-208	-245	-125	-148	-83	-106	-39	-54	-18	-25	-40	-63	-100	-160	-250	
>180 ~200	-240 -530	-170	-170	-100	-100	-50	-50	-15	-15	0	0	0	0	0	0	0	
>200 ~225	-260 -550																±14.5
>225 ~250	-280 -570	-242	-285	-146	-172	-96	-122	-44	-61	-20	-29	-46	-72	-115	-185	-290	
>250 ~280	-300 -620	-190	-190	-110	-110	-56	-56	-17	-17	0	0	0	0	0	0	0	±16
>280 ~315	-330 -650	-271	-320	-162	-191	-108	-137	-49	-69	-23	-32	-52	-81	-130	-210	-320	
>315 ~355	-360 -720	-210	-210	-125	-125	-62	-62	-18	-18	0	0	0	0	0	0	0	±18
>355 ~400	-400 -760	-299	-350	-182	-214	-119	-151	-54	-75	-25	-36	-57	-89	-140	-230	-360	
>400 ~450	-440 -840	-230	-230	-135	-135	-68	-68	-20	-20	0	0	0	0	0	0	0	±20
>450 ~500	-480 -880	-327	-385	-198	-232	-131	-165	-60	-83	-27	-40	-63	-97	-155	-250	-400	

极限偏差表

限偏差表(摘自 GB/T 1800.4—1999)　　　　(单位:μm)

k		m		n		p		r		s		t		u	v	x	y	z
级																		
6	7	6	7	5	6	6	7	6	7	5	6	6	7	6	6	6	6	6
+6 0	+10 0	+8 +2	+12 +2	+8 +4	+10 +4	+12 +6	+16 +6	+16 +10	+20 +10	+18 +14	+20 +14	—	—	+24 +18	—	+26 +20	—	+32 +26
+9 +1	+13 +1	+12 +4	+16 +4	+13 +8	+16 +8	+20 +12	+24 +12	+23 +15	+27 +15	+24 +19	+27 +19	—	—	+31 +23	—	+36 +28	—	+43 +35
+10 +1	+16 +1	+15 +6	+21 +6	+16 +10	+19 +10	+24 +15	+30 +15	+28 +19	+34 +19	+29 +23	+32 +23	—	—	+37 +28	—	+43 +34	—	+51 +42
+12	+19	+18	+25	+20	+23	+29	+36	+34	+41	+36	+39	—	—	+44	—	+51 +40	—	+61 +50
+1	+1	+7	+7	+12	+12	+18	+18	+23	+23	+28	+28			+33	+50 +39	+56 +45	—	+71 +50
+15	+23	+21	+29	+24	+28	+35	+43	+41	+49	+44	+48	—	—	+54 +41	+60 +47	+67 +54	+76 +63	+86 +73
+2	+2	+8	+8	+15	+15	+22	+22	+28	+28	+35	+35	+54 +41	+62 +41	+61 +48	+68 +55	+77 +64	+88 +75	+101 +88
+18	+27	+25	+34	+28	+33	+42	+51	+50	+59	+54	+59	+64 +48	+73 +48	+76 +60	+84 +68	+96 +80	+110 +94	+128 +112
+2	+2	+9	+9	+17	+17	+26	+26	+34	+34	+43	+43	+70 +54	+79 +54	+86 +70	+97 +81	+113 +97	+130 +114	+152 +136
+21	+32	+30	+41	+33	+39	+51	+61	+60 +41	+70 +41	+66 +53	+72 +53	+85 +66	+96 +66	+106 +87	+121 +102	+141 +122	+163 +144	+191 +172
+2	+2	+11	+11	+20	+20	+32	+32	+62 +43	+72 +43	+72 +59	+78 +59	+94 +75	+105 +75	+121 +102	+139 +120	+165 +146	+193 +174	+229 +210
+25	+38	+35	+48	+38	+45	+59	+72	+73 +51	+86 +51	+86 +71	+93 +71	+113 +91	+126 +91	+146 +124	+168 +146	+200 +178	+236 +214	+280 +258
+3	+3	+13	+13	+23	+23	+37	+37	+76 +54	+89 +54	+94 +79	+101 +79	+126 +04	+139 +104	+166 +144	+194 +172	+232 +210	+276 +254	+332 +310
+28	+43	+40	+55	+45	+52	+68	+83	+88 63	+103 +63	+110 +92	+117 +92	+147 +120	+162 +122	+195 +170	+227 +202	+273 +248	+325 +300	+390 +365
								+90 +65	+105 +65	+118 +100	+125 +100	+159 +134	+174 +134	+215 +190	+253 +228	+305 +280	+365 +340	+440 +415
+3	+3	+15	+15	+27	+27	+43	+43	+93 +68	+108 +68	+126 +108	+133 +108	+171 +146	+186 +146	+235 +210	+277 +252	+335 +310	+405 +380	+490 +465
+33	+50	+46	+63	+51	+60	+79	+96	+106 +77	+123 +77	+142 +122	+151 +122	+195 +166	+212 +166	+265 +236	+313 +284	+379 +350	+454 +425	+549 +520
								+109 +80	+126 +80	+150 +130	+159 +130	+209 +180	+226 +180	+287 +258	+339 +310	+414 +385	+499 +470	+604 +575
+4	+4	+17	+17	+31	+31	+50	+50	+113 +84	+130 +84	+160 +140	+169 +140	+225 +196	+242 +196	+313 +284	+369 +340	+454 +425	+549 +520	+669 +640
+36	+56	+52	+72	+57	+66	+88	+108	+126 +94	+146 +94	+181 +158	+190 +158	+250 +218	+270 +218	+347 +315	+417 +385	+507 +475	+612 +580	+742 +710
+4	+4	+20	+20	+34	+34	+56	+56	+130 +98	+150 +98	+193 +170	+202 +170	+272 +240	+292 +240	+382 +350	+457 +425	+557 +525	+682 +650	+822 +790
+40	+61	+57	+78	+62	+73	+98	+119	+144 +108	+165 +108	+215 +190	+226 +190	+304 +268	+325 +268	+426 +390	+511 +475	+626 +590	+766 +730	+936 +900
+4	+4	+21	+21	+37	+37	+62	+62	+150 +114	+171 +114	+233 +208	+244 +208	+330 +294	+351 +294	+471 +435	+566 +530	+696 +660	+867 +820	+1036 +1000
+45	+68	+63	+86	+67	+80	+108	+131	+166 +126	+189 +126	+259 +232	+272 +232	+370 +330	+393 +330	+530 +490	+635 +595	+780 +740	+960 +920	+1140 +1100
+5	+5	+23	+23	+40	+40	+68	+68	+172 +132	+195 +132	+279 +252	+292 +252	+400 +360	+423 +360	+580 +540	+700 +660	+860 +820	+1040 +1000	+1290 +1250

附录 L　孔的

表 L-1　基本尺寸至 500mm 的孔的极

代号	C	D		E		F		G		H						
基本尺寸	等															
mm	11	9	10	8	9	8	9	6	7	6	7	8	9	10	11	12
≤3	+120 +60	+45 +20	+60 +20	+28 +14	+39 +14	+20 +6	+31 +6	+8 +2	+12 +2	+6 0	+10 0	+14 0	+25 0	+40 0	+60 0	+100 0
>3 ~6	+145 +70	+60 +30	+78 +30	+38 +20	+50 +20	+28 +10	+40 +10	+12 +4	+16 +4	+8 0	+12 0	+18 0	+30 0	+48 0	+75 0	+120 0
>6 ~10	+170 +80	+76 +40	+98 +40	+47 +25	+61 +25	+35 +13	+49 +13	+14 +5	+20 +5	+9 0	+15 0	+22 0	+36 0	+58 0	+90 0	+150 0
>10 ~14	+205	+93	+120	+59	+75	+43	+59	+17	+24	+11	+18	+27	+43	+70	+110	+180
>14 ~18	+95	+50	+50	+32	+32	+16	+16	+6	+6	0	0	0	0	0	0	0
>18 ~24	+240	+117	+149	+73	+92	+53	+72	+20	+28	+13	+21	+33	+52	+84	+130	+210
>24 ~30	+110	+65	+65	+40	+40	+20	+20	+7	+7	0	0	0	0	0	0	0
>30 ~40	+280 +120	+142	+180	+89	+112	+64	+87	+25	+34	+16	+25	+39	+62	+100	+160	+250
>40 ~50	+290 +130	+80	+80	+50	+50	+25	+25	+9	+9	0	0	0	0	0	0	0
>50 ~65	+330 +140	+174	+220	+106	+134	+76	+104	+29	+40	+19	+30	+46	+74	+120	+190	+300
>65 ~80	+340 +150	+100	+100	+60	+60	+30	+30	+10	+10	0	0	0	0	0	0	0
>80 ~100	+390 +170	+207	+260	+125	+159	+90	+123	+34	+47	+22	+35	+54	+87	+140	+220	+350
>100 ~120	+400 +180	+120	+120	+72	+72	+36	+36	+12	+12	0	0	0	0	0	0	0
>120 ~140	+450 +200	+245	+305	+148	+185	+106	+143	+39	+54	+25	+40	+63	+100	+160	+250	+400
>140 ~160	+460 +210															
>160 ~180	+480 +230	+145	+145	+85	+85	+43	+43	+14	+14	0	0	0	0	0	0	0
>180 ~200	+530 +240	+285	+355	+172	+215	+122	+165	+44	+61	+29	+46	+72	+115	+185	+290	+460
>200 ~225	+550 +260															
>225 ~250	+570 +280	+170	+170	+100	+100	+50	+50	+15	+15	0	0	0	0	0	0	0
>250 ~280	+620 +300	+320	+400	+191	+240	+137	+186	+49	+69	+32	+52	+81	+130	+210	+320	+520
>280 ~315	+650 +330	+190	+190	+110	+110	+56	+56	+17	+17	0	0	0	0	0	0	0
>315 ~355	+720 +360	+350	+440	+214	+265	+151	+202	+54	+75	+36	+57	+89	+140	+230	+360	+570
>355 ~400	+760 +400	+210	+210	+125	+125	+62	+62	+18	+18	0	0	0	0	0	0	0
>400 ~450	+840 +440	+385	+480	+232	+290	+165	+223	+60	+83	+40	+63	+97	+155	+250	+400	+630
>450 ~500	+880 +480	+230	+230	+135	+135	+68	+68	+20	+20	0	0	0	0	0	0	0

极限偏差表

限偏差表(摘自 GB/T 1800.4—1999)　　　　(单位:μm)

JS		K		M		N		P		R		S		T		U
级																
7	8	6	7	7	8	6	7	6	7	6	7	6	7	6	7	6
±5	±7	0 -6	0 -10	-2 -12	-2 -16	-4 -10	-4 -14	-6 -12	-6 -16	-10 -16	-10 -20	-14 -20	-14 -24	—	—	-18 -24
±6	±9	+2 -6	+3 -9	0 -12	+2 -16	-5 -13	-4 -10	-9 -17	-8 -20	-12 -20	-11 -23	-16 -24	-15 -27	—	—	-20 -28
±7	±11	+2 -7	+5 -10	0 -15	+1 -21	-7 -16	-4 -19	-12 -21	-9 -24	-16 -25	-13 -28	-20 -29	-17 -32	—	—	-25 -34
±9	±13	+2 -9	+6 -12	0 -18	+2 -25	-9 -20	-5 -23	-15 -26	-11 -29	-20 -31	-16 -34	-25 -36	-21 -39	—	—	-30 -41
±10	±16	+2 -11	+6 -15	0 -21	+4 -29	-11 -24	-7 -28	-18 -91	-14 -35	-24 -37	-20 -41	-31 -44	-27 -48	—	—	-37 -50
														-37 -50	-33 -54	-44 -57
±12	±19	+3 -13	+7 -18	0 -25	+5 -34	-12 -28	-8 -33	-21 -37	-17 -42	-29 -45	-25 -50	-38 -54	-34 -59	-43 -59	-39 -64	-55 -71
														-49 -65	-45 -70	-65 -81
±15	±23	+4 -15	+9 -21	0 -30	+5 -41	-14 -33	-9 -39	-26 -45	-21 -51	-35 -54	-30 -60	-47 -66	-42 -72	-60 -79	-55 -85	-81 -100
										-37 -56	-32 -62	-53 -72	-48 -78	-69 -88	-64 -94	-96 -115
±17	±27	+4 -18	+10 -25	0 -35	+6 -48	-16 -38	-10 -45	-30 -52	-24 -59	-44 -66	-38 -73	-64 -86	-58 -93	-84 -106	-78 -113	-117 -139
										-47 -69	-41 -76	-72 -94	-66 -101	-97 -119	-91 -126	-137 -159
±20	±31	+4 -21	+12 -28	0 -40	+8 -55	-20 -45	-12 -52	-36 -61	-28 -68	-56 -81	-48 -88	-85 -110	-77 -117	-115 -140	-107 -147	-163 -188
										-58 -33	-50 -90	-93 -118	-85 -125	-127 -152	-119 -159	-183 -208
										-61 -86	-53 -93	-101 -126	-93 -133	-139 -164	-131 -171	-203 -228
±23	±36	+5 -24	+13 -33	0 -46	+9 -63	-22 -51	-14 -60	-41 -70	-33 -79	-68 -97	-60 -160	-113 -142	-105 -151	-157 -186	-149 -195	-227 -256
										-71 -100	-63 -109	-121 -150	-113 -159	-171 -200	-163 -209	-249 -278
										-75 -104	-67 -113	-131 -160	-123 -169	-187 -216	-179 -225	-275 -304
±26	±40	+5 -27	+16 -36	0 -52	+9 -72	-25 -57	-14 -66	-47 -79	-36 -88	-85 -117	-74 -126	-149 -181	-138 -190	-209 -241	-198 -250	-306 -338
										-89 -121	-78 -130	-161 -193	-150 -202	-231 -263	-220 -272	-341 -373
±28	±44	+7 -29	+17 -40	0 -57	+11 -78	-26 -62	-16 -73	-51 -87	-41 -98	-97 -133	-87 -144	-179 -215	-169 -226	-257 -293	-247 -304	-379 -415
										-103 -139	-93 -150	-197 -233	-187 -244	-283 -319	-273 -330	-424 -460
±31	±48	+8 -32	+18 -45	0 -63	+11 -86	-27 -67	-17 -80	-55 -95	-45 -108	-113 -153	-103 -166	-219 -259	-209 -272	-317 -357	-307 -370	-477 -517
										-119 -159	-109 -172	-239 -279	-229 -292	-347 -387	-337 -400	-527 -567

附录 M　基孔制优先、常用配合

表 M-1　基孔制优先、常用配合(摘自 GB/T 1801—1999)

基准孔	轴																				
	a	b	c	d	e	f	g	h	js	k	m	n	p	r	s	t	u	v	x	y	z
	间隙配合								过渡配合			过盈配合									
H6						H6/f5	H6/g5	H6/h5	H6/js5	H6/k5	H6/m5	H6/n5	H6/p5	H6/r5	H6/s5	H6/t5					
H7						H7/f6	▼H7/g6	▼H7/h6	H7/js6	▼H7/k6	H7/m6	▼H7/n6	▼H7/p6	H7/r6	▼H7/s6	H7/t6	▼H7/u6	H7/v6	H7/x6	H7/y6	H7/z6
H9					H8/e7	▼H8/f7	H8/g7	▼H8/h7	H8/js7	H8/k7	H8/m7	H8/n7	H8/p7	H8/r7	H8/s7	H8/t7	H8/u7				
				H8/d8	H8/e8	H8/f8		H8/h8													
H9			H9/c9	▼H9/d9	H9/e9	H9/f9		▼H9/h9													
H10			H10/c10	H10/d10				H10/h10													
H11	H11/a11	H11/b11	▼H11/c11	H11/d11				▼H11/h11													
H12		H12/b12						H12/h12													

注：1. 标注▼的配合为优先配合。

2. $\frac{H6}{n5}$、$\frac{H7}{p6}$在基本尺寸小于或等于 3mm 和$\frac{H8}{r7}$在小于或等于 100mm 时，为过渡配合。

附录 N　基轴制优先、常用配合

表 N-1　基轴制优先、常用配合(摘自 GB/T 1801—1999)

基准轴	孔																				
	A	B	C	D	E	F	G	H	JS	K	M	N	P	R	S	T	U	V	X	Y	Z
	间隙配合								过渡配合			过盈配合									
h5						F6/h5	G6/h5	H6/h5	JS6/h5	K6/h5	M6/h5	N6/h5	P6/h5	R6/h5	S6/h5	T6/h5					
h6						F7/h6	▼G7/h6	▼H7/h6	JS7/h6	▼K7/h6	M7/h6	▼N7/h6	▼P7/h6	R7/h6	▼S7/h6	T7/h6	▼U7/h6				
h7					E8/h7	▼F8/h7		▼H8/h7	JS8/h7	K8/h7	M8/h7	N8/h7									
h8				D8/h8	E8/h8	F8/h8		H8/h8													
h9				▼D9/h9	E9/h9	F9/h9		▼H9/h9													
h10				D10/h10				H10/h10													
h11	A11/h11	B11/h11	▼C11/h11	D11/h11				▼H11/h11													
h12		B12/h12						H12/h12													

注：标注▼的配合为优先配合。

参 考 文 献

[1] 国家技术监督局，技术制图与机械制图[S]. 北京：中国标准出版社，1996.
[2] 国家技术监督局，技术制图与机械制图[S]. 北京：中国标准出版社，2004.
[3] 郑伟光. 汽车发动机构造与维修[M]. 北京：机械工业出版社，2002.
[4] 幺居标. 汽车底盘构造与维修[M]. 北京：机械工业出版社，2002.
[5] 钱可强. 机械制图[M]. 北京：高等教育出版社，2003.
[6] 钱可强. 机械制图习题集[M]. 北京：高等教育出版社，2003.
[7] 冯学敦. 汽车机械基础[M]. 武汉：华中科技大学出版社，2008.
[8] 叶曙光. 机械制图[M]. 北京：机械工业出版社，2008.
[9] 周友梅，王小玲. 机械制图[M]. 北京：北京理工大学出版社，2009.
[10] 李广慧，李波. 机械制图简明手册[M]. 上海：上海科学技术出版社，2010.
[11] 毛谦德，李振清. 袖珍机械设计师手册[M]. 2 版. 北京：机械工业出版社，2000.